Kambodscha

W0105272

**Die Tempel
von Angkor**
S. 138

Siem Reap
S. 98

**Nordwest-
kambodscha**
S. 250

Ostkambodscha
S. 297

Phnom Penh
S. 36

Südküste
S. 186

Nick Ray, Jessica Lee

PSAR THMEI S. 82,
PHNOM PENH

MANN IM TRADITIONELLEN
KOSTÜM, BAYON S. 160

Inhalt

Willkommen in Kambodscha

Aufstieg ins Reich der Götter in Angkor Wat, ein Blick in die Hölle im Gefängnis Tuol Sleng – die dramatische Geschichte Kambodschas lässt niemanden kalt.

Im Reich der Tempel

Das moderne Kambodscha ging aus dem mächtigen Khmer-Reich hervor, das während der Angkor-Periode große Teile des heutigen Laos, Thailands und Vietnams umfasste. Imposante Relikte dieses Reichs sind die berühmten Tempel von Angkor, die in ganz Südostasien ihresgleichen suchen. Sie zeugen von der genialen Baukunst der Khmer und nur wenige Orte auf der Welt wie Machu Picchu oder Petra sind ähnlich beeindruckend.

Die Städte

Doch Kambodscha besteht nicht nur aus seinen berühmten Tempeln: Die Städte des Landes überraschen mit ihrem hohen Maß an Kultiviertheit. Die chaotische, aber charismatische Hauptstadt Phnom Penh punktet revitalisiert mit ihrer tollen Lage am Fluss, ihrem wiederauflebenden Kulturleben und ihrer Restaurant- und Barszene von Weltrang. Siem Reap ist mit seinen kosmopolitischen Cafés und seinem bunten Nachtleben ebenso ein Reiseziel wie die nahen Tempel von Angkor. Und das aufstrebende Battambang, das an das Siem Reap vor der Ankunft des Massentourismus erinnert, verzaubert Besucher mit seiner anmutigen französischen Architektur und blühenden zeitgenössischen Kunstszene.

Abenteuer auf dem Land

Städte wie Siem Reap und Phnom Penh sind Welten entfernt von der Realität des ländlichen Kambodschas: Dort spielt sich der Alltag in einer anderen Geschwindigkeit ab. Reisfelder und Zuckerpalmen prägen die zeitlos schönen Landschaften. Vor der Südküste des Landes reihen sich herrliche tropische Inseln aneinander. Landeinwärts erhebt sich das Kardamom-Gebirge, Teil einer riesigen tropischen Wildnis, in der immer mehr Ökotourismus-Angebote entstehen. Der mächtige Mekong bietet den letzten Süßwasserdelfinen Südostasiens ein Refugium. Und in den wilden Bergregionen des Nordostens leben ethnische Minderheiten.

Der Geist Kambodschas

Das kostbarste Gut des Landes sind jedoch seine Bewohner. Die Khmer sind durch die Hölle gegangen und haben Jahre des Blutvergießens, der Armut sowie politischer Instabilität hinter sich. Dank ihres unbeugsamen Naturells und ansteckenden Optimismus haben sie das Ganze irgendwie überstanden und sich dabei ihr Lächeln bewahrt. Und kein Besucher Kambodschas wird nach Hause zurückkehren, ohne Bewunderung und Zuneigung für die Bewohner des rätselhaften Königreichs zu empfinden.

Warum ich Kambodscha so liebe

von Nick Ray

Wo anfangen? Zum ersten Mal kam ich 1995 als junger Backpacker nach Kambodscha und ließ mich von der spannenden Geschichte des Landes fesseln. Das Eindrucksvollste dieser ersten Reise waren jedoch die Menschen mit ihrem ansteckenden Lächeln. Angkor ist spektakulär und immer wieder eine Reise wert, die wunderschöne Küste ist im Vergleich zu anderen der Region fabelhaft unerschlossen. Und vom Kardamom-Gebirge im Südwesten bis nach Mondulkiri und Ratanakiri im Nordosten ist das Land ein Paradies für Motorradfreaks. Trotz aller Erschließung ist Kambodscha nach wie vor ein echtes Abenteuer!

Mehr Infos über unsere Autoren gibt's auf S. 427.

Mönche im Ta Prohm (S. 169)

Kambodscha

THAILAND

Prasat Preah Vihear
Die Mutter aller
Bergtempel (S. 286)

**Dangkrek-Gebirge
(Chuor Phnom Dangkrek)**

Die Tempel von Angkor
Die beeindruckendste archäologische Stätte der Welt (S. 138)

Chong Chom
O Smach
Choam
Srawngam

Choam
Anlong Veng
Prasat Preah
Vihear

Preah-
Vihear-
Waldschutz-
gebiet

Sra Em
Choam
Ksant

**Banteay-Chhmar-
Naturschutzgebiet**
*Banteay
Chhmar*
Samraong
ODDAR
MEANCHEY

Kulen-Promtep-
Tierschutzgebiet

Preah-Vihear-Stac
(Tbeng Meanche

Siem Reap
Das hippe neue Gesicht
Kambodschas (S. 98)

Thmor Pouk
*Ang-Trapeng-
Thmor-Reservat*
**Ang-Trapeng-
Thmor-Wald-
schutzgebiet**
BANTEAY
MEANCHEY

SIEM
REAP

**Phnom-Kulen-
Nationalpark**

Koh Ker
Srayong
Kulen

Aranya Prathet
Poipet
Sisophon
Mongkol Borei

Kralanh
**Angkor-
Naturschutz-
gebiet**
Phnom
Kulen
(487 m)
*Beng
Mealea*
Svay Leu

Beng-Per-
Tierschutzgebiet

Khvau
Ta Seng
*Preah
Khan*

*Roneim-Daun-Sam-
Tierschutzgebiet*

**Tonlé-Sap-
Mehrzweckgebiet**
*Die Tempel
von Angkor*
Me Chrey
Siem Reap
Dam Dek
Phnom De

Kouk
Kduoch
**Prek-Toal-
Vogelschutzgebiet**
Schwimmendes Dorf
Chong Kneas

Kompong
Khleang

Daun Lem
Kamrieng
Battambang
*Kamping
Poy*
Reang
Kesei
**Tonlé-Sap-
Biosphären-
reservat**
Tonlé Sap
Stoeng
Sambor Prei
Kuk

Ban Pakard
Psar Pruhm
Pailin
Treng
Moung
Russei
**KRONG
PAILIN**
**Samlaut-
Mehrzweckgebiet**
BATTAMBANG
Kompong
Luong
Krakor

Boeng-Tonlé-Chhmar-
Tierschutzgebiet
Kompong Thom

Battambang
Kolonialarchitektur und Einblicke
in den Alltag vor Ort (S. 259)

Pursat

Trat
*Phnom-Samkos-
Tierschutzgebiet*
**Phnom
Krapang
(1711 m)**

Pouthisat
PURSAT
KOMPONG
CHHNANG
Kompong
Chhnang

Ko Chang
12° N
**Phnom
Samkos
(1717 m)**
**Zentrales Kardamom-
Waldschutzgebiet**
**Phnom Aural
(1813 m)**
Romeas

**Phnom
Kuang Trapeang
(1213 m)**
*Phnóm-Aural-
Tierschutzgebiet*
Udong
KANDA

Khlong Yai
Hat Lek
**Südliches Kardamom-
Waldschutzgebiet**
KOMPONG
SPEU

PHNOM PENH

Ko Kut
Cham Yeam
Krong Koh Kong
Kompong Speu
Takhmau

*Peam-Krasaop-
Tierschutzgebiet*

Golf von Thailand

**Koh Kong
Conservation
Corridor**
Chi Phat
Sre
Ambel
**Kirirom
National-
park**
Ta-Moa-
Waldschutz-
gebiet

Provinz Kampot
Entspannte Kleinstädte und
Outdoor-Abenteuer (S. 229)

Koh Kong
**Botum-Sakor-
Nationalpark**

Angk
Tasaom
KAMPOT

11° N
*Golf von
Kompong
Som*
**Kirirom
National-
park**
Chhuk
Phnom
Da
TAKE

Koh Samit
**Kbal-Chhay-
Waldschutz-
gebiet**
Veal
Renh
Bokor Hill
Station
Tani
Pher

Südliche Inseln
Paradiesische Eilande mit
perfekten Stränden (S. 219)

Koh Rong
Sihanoukville
PREAH
SIHANOUK
Kampot
**KRONG
KEP**
Tuk Meas
Kompong
Trach

Strände von Sihanoukville
Weißer Sand und azur-
blaues Wasser (S. 201)

**Ream-
National-
park**
**Koh
Thmei**
**Kep-
National-
park**
Kep
**Koh
Tonsay**
Prek Chak
Xa Xia
Ha Tien
Tinh Bi

Phu Quoc
102° O
103° O

N 0 ▬▬▬▬▬▬ 50 km

LAOS

Preah-Vihear-
Waldschutzgebiet

Muang Khong

Siem Pang

**Virachey-
Nationalpark**

Voen Sai

PREAH
VIHEAR

Nong Nok Khiene

Ko Chheuteal
Thom

Trapaeng
Kriel

RATANAKIRI

*Boeng
Yeak
Lom*

Le Tanh

Stung-Treng-
Ramsar-Stätte

Anlong
Seima

**STUNG
TRENG**

Ban Lung

O'Yadaw

Bokheo

Tonlé Kong

Tonlé San

Thala Boravit

Stung Treng

Rovieng

Lumphat

*Lomphat-
Tierschutzgebiet*

Mondulkiri
Der wilde Osten
Kambodschas (S. 325)

Sen

Koh Nhek

*Phnom-Prich-
Tierschutzgebiet*

MONDULKIRI

Mondulkiri-
Waldschutzgebiet

**KOMPONG
THOM**

Mekong

Sambor

Sandan

KRATIE

*Nam-Lear-
Wildschutz-
gebiet*

aray

Kratie

Sen Monorom

Spoe Tbong

Stung
Trang

Chhlong

*Snoul-
Wildschutz-
gebiet*

Sre Khtum

**KOMPONG
CHAM**

Snuol

Trapaeng Sre

Kratie
Seltene Delfine
im Mekong (S. 305)

uon

Kompong
Cham

Suong

**TBONG
KHMUM**

Loc Ninh

Chub
Krau

Trapaeng
Plong

Memot

Xa Mat

VIETNAM

Prey Veng

Neak
uong

**PREY
VENG**

Ba Phnom

**SVAY
RIENG**

Tay
Ninh

Phnom Penh
Die Perle Asiens
ist wieder da (S. 36)

Tonlé

Svay
Rieng

Bavet

Moc Bai

Banteay
Chakrey

Kaam
Samnor

Chiphu

Khanh
Binh

Vinh Xuong

Chau Doc

**HO-CHI-MINH-STADT
(SAIGON)**

Höhe

	1500 m
	1000 m
	500 m
	250 m
	0

107° O

108° O

*SÜDCHINESISCHES
MEER*

Kambodschas
Top 10

1

Siem Reap & die Tempel von Angkor

1 Die Tempel von Angkor (S. 138) zählen zu den grandiosesten historischen Stätten der Erde. Neben dem Angkor Wat (Foto unten links; S. 154), dem größten religiösen Bauwerk der Welt, sind hier der geheimnisvolle Bayon mit seinen großen Steingesichtern und der überwucherte Ta Prohm zu sehen. Ausgangspunkt für Tempelerkundungen ist die lebendige Stadt Siem Reap mit ihren erstklassigen Restaurants und Bars. In der Nähe liegen die schwimmenden Dörfer des Sees Tonlé Sap. Außerdem warten hier Aktivitäten wie Quadfahren und Ziplining sowie Kochkurse und Vogelbeobachtungstouren.

Phnom Penh

2 Die kambodschanische Hauptstadt ist eine chaotische, aber verlockende Metropole, die die Schatten der Vergangenheit hinter sich gelassen hat und einer vielversprechenden Zukunft entgegensieht. Phnom Penh (S. 36), eine der schönsten Flussstädte Südostasiens, ist überraschend kultiviert: Schicke Hotels, feine Restaurants und hippe Bars heißen urbane Entdecker willkommen. Das inspirierende Nationalmuseum (Foto unten; S. 43) und das deprimierende Gefängnis Tuol Sleng zeigen die beste und die schlimmste Seite von Kambodschas Geschichte. Phnom Penh, die einstige „Perle Asiens", erstrahlt jetzt wieder im alten Glanz.

WAJ / SHUTTERSTOCK ©

MARCEL TOUNG / SHUTTERSTOCK ©

Die Strände von Sihanoukville

3 Sihanoukville ist zwar als Partymekka bekannt, die wirkliche Attraktion sind aber seine Strände (S. 201). Der beliebte, nur einen Katzensprung vom Stadtzentrum entfernte Otres Beach beeindruckt noch immer mit seiner erhabenen Schönheit. Zentraler liegt der schönste Strand der Stadt, der Sokha Beach. Der eigentliche Traveller-Magnet ist der Serendipity Beach, der in den Occheuteal Beach (Foto oben; S. 201) übergeht, tagsüber beliebt bei den Einheimischen und nachts beim Partyvolk.

Battambang

4 Hier findet man das „wahre" Kambodscha. Battambang (Foto oben; S. 259) am Ufer des Sangker ist eine der besterhaltenen Kolonialstädte des Landes. In den alten französischen Ladenhäusern ist alles Mögliche zu finden – vom Café bis zur Kunstgalerie. Im Hinterland der Stadt liegen einige uralte Tempel – zwar können sie sich nicht mit Angkor Wat messen, dafür ist hier viel weniger los. Dazu kommt noch der Bambuszug, ein einzigartiges kambodschanisches Verkehrsmittel, wie man es nur hier findet. Battambang in einem Wort? Reizend!

Die Provinz Kampot

5 Die Provinz Kampot (S. 229) wartet mit stimmungsvollen Städten und Attraktionen wie Nationalparks, Höhlenpagoden und Stränden auf. Im entspannten Kampot kann man das französische Architekturerbe genießen oder per Paddleboard oder Kajak den Fluss erkunden. Das stillere Kep bietet den berühmten Krebsmarkt, Wandermöglichkeiten im Kep-Nationalpark sowie die nahe Insel Koh Tonsay (Kanincheninsel; Foto oben; S. 239). Landpartien führen hoch zur Bokor Hill Station oder zu den berühmten Pfefferplantagen der Provinz.

Mondulkiri

6 Hier werden die endlosen Reisfelder von einer sanften Hügellandschaft abgelöst. In Mondulkiri (S. 325), dem wilden Osten, leben die Bunong (Foto oben), die heute noch Animismus und Ahnenverehrung praktizieren. Die große Attraktion hier ist die Tierwelt: Man kann mit Elefanten spazieren gehen oder bei einer Wanderung durch das Seima-Waldschutzgebiet Ausschau nach Kleideraffen und Gibbons halten. Außerdem gibt's hier donnernde Wasserfälle, eine Dschungel-Zipline und Quadfahren – der perfekte Abenteuermix.

ALEKSANDAR TODOROVIC / SHUTTERSTOCK ©

Die südlichen Inseln

7 Die aufstrebenden südlichen Inseln (S. 219) Kambodschas erinnern an das Thailand der 1980er-Jahre. Die vor Sihanoukville gelegenen Eilande Koh Rong (Foto oben links; S. 221) und Koh Rong Sanloem sind echte asiatische Paradiese. Koh Rong ist ein Partymekka, während das familien-freundliche Koh Rong San-loem mit versteckten tropischen Resorts und sanften, seichten Buchten aufwartet. Außerdem gibt's noch das Koh-Sdach-Archipel und die große, noch fast unerschlossene Insel Koh Kong.

Kratie

8 Bei Kratie (S. 305) leben die seltenen Irawadi-Delfine im Mekong und der Ort entwickelt sich immer mehr zu einer geschäftigen Station auf der Route von Phnom Penh nach Nordostkambodscha und Südlaos. Es locken verblichene Kolonialpracht und wunderschöne Son-nenuntergänge über dem Mekong. Die nahe Insel Koh Trong lädt zu Übernachtun-gen in Privathäusern oder zu Erkundungstouren per Fahrrad ein. Nördlich von Kratie verläuft der Mekong Discovery Trail mit vielen Aktivitäten rund um den Fluss, z. B. Radtouren und Bootstrips.

Prasat Preah Vihear

9 Die Mutter aller Berg-tempel, der Prasat Preah Vihear (S. 286), er-hebt sich majestätisch über dem Dangkrek-Gebirge und bildet einen Grenzposten zwischen Kambodscha und Thailand. Sein Fundament erstreckt sich bis zum Rand der Felsen und die Ausbli-cke über Nordkambodscha sind atemberaubend. Aufgrund seiner 300 Jahre währenden Baugeschichte ermöglicht der Tempel einen einmaligen Einblick in die Entwicklung der Bild-hauerkunst der Angkor-Zeit. Am spektakulärsten ist jedoch seine Lage.

9

Khmer-Küche

10 Die Küche der Khmer (S. 372) ist eher unbekannt, bietet dafür aber ein unerwartetes kulinarisches Abenteuer. *Amok* (gebackener Fisch mit Zitronengras, Chili und Kokosnuss; Foto rechts) ist das Nationalgericht, und es gibt eine riesige Vielfalt an Seafood-Spezialitäten, z. B. Krebse aus Kep mit Pfeffer aus Kampot. Auch in Kambodscha sind Straßensnacks sehr beliebt, von Nudeln (*mee*) und Congee (*bobor;* Reisbrei) bis hin zu frittierten Taranteln und gerösteten Grillen, die teils auf einer Gourmettour durch Siem Reap probiert werden können.

10

GUENTER FISCHER / GETTY IMAGES ©

Gut zu wissen

Weiteres siehe Praktische Informationen (S. 385)

Währung
Riel (R); US-Dollar werden überall akzeptiert.

Sprache
Khmer; auch Englisch und Chinesisch sowie teils Französisch werden gesprochen.

Visa
Ein für einen Monat gültiges Touristenvisum kostet bei der Ankunft 30 US$; benötigt wird außerdem ein Passfoto. Ein relativ leicht zu verlängerndes Business-Visum kostet 35 US$.

Geld
Geldautomaten sind in den Touristenzentren und Provinzhauptstädten weit verbreitet. In den Städten akzeptieren viele Hotels und Restaurants Kreditkarten.

Handys
Roaming ist möglich, aber teuer. Kambodschanische SIM-Karten und ungesperrte Handys sind überall erhältlich.

Zeit
MEZ plus sechs Stunden, MESZ plus fünf Stunden

Reisezeit

Siem Reap
REISEZEIT Nov.–Aug.

Sen Monorom
REISEZEIT ganzjährig

Phnom Penh
REISEZEIT ganzjährig

Sihanoukville
REISEZEIT Nov.–Juni

Kep
REISEZEIT Nov.–Juli

■ Tropisches Klima, Trocken- und Regenperioden

Hauptsaison
(Nov.–März)

➡ Kühl, windig und fast schon mediterrane Temperaturen; allgemein die beste Reisezeit.

➡ Für die Zeit um Weihnachten und Neujahr sollte man Unterkünfte im Voraus buchen.

Zwischensaison
(Juli & Aug.)

➡ Meist regnerisch, mit hoher Luftfeuchtigkeit, aber die Landschaft präsentiert sich in sattem Grün.

➡ An der Südküste kann es voll werden, da während der Schulferien viele Urlauber aus dem Westen unterwegs sind.

Nebensaison
(April–Juni & Sept. & Okt.)

➡ Im April und Mai ist es heiß, mit Temperaturen um die 40 °C.

➡ September und Oktober können feucht sein, die Niederschläge werden von heftigen Stürmen begleitet.

Websites

Lonely Planet (www.lonely planet.com) Die besten Reise-infos für die Mekong-Region.

Phnom Penh Post (www. phnompenhpost.com) Beste kambodschanische Zeitung.

Travelfish (www.travelfish. org) Artikel und Kritiken von Reisenden.

Move to Cambodia (www. movetocambodia.com) Auf-schlussreicher Blog zum Leben und Arbeiten in Kambodscha.

Cambodia Tribunal Monitor (www.cambodiatribunal.org) Detaillierte Berichte über das Rote-Khmer-Tribunal.

Wichtige Telefon-nummern

Bei Telefonaten nach Kambod-scha aus dem Ausland die 0 der Ortsvorwahl weglassen.

Länder-vorwahl Kambodscha	☎855
Auslands-vorwahl	☎001
Ambulanz	☎119
Feuer	☎118
Polizei	☎117

Wechselkurse

Eurozone	1 €	4663 R
Schweiz	1 SFr	4240 R
Thailand	1 B	116 R
USA	1 US$	4057 R

Aktuelle Wechselkurse siehe www.xe.com.

Tagesbudget

Budget: bis 50 US$

➡ Günstiges Zimmer im Gästehaus: 5–10 US$

➡ Einfaches kambodschani-sches Essen & Straßenküche: 1–3 US$

➡ Busse: 2–3 US$ pro 100 km

Mittelklasse: 50–200 US$

➡ Klimatisiertes Hotelzimmer: 15–50 US$

➡ Gutes kambodschanisches Restaurant: 5–10 US$

➡ Einheimischer Reiseführer pro Tag: 25 US$

Spitzenklasse: ab 200 US$

➡ Boutiquehotel oder -resort: 50–500 US$

➡ Gourmetessen mit Geträn-ken: 25–50 US$

➡ Allradfahrzeug pro Tag: 60–120 US$

Öffnungszeiten

Die Öffnungszeiten variieren je nach Jahreszeit, hier diejenigen der Hauptsaison (in der Zwi-schen- und Nebensaison gelten in der Regel kürzere):

Banken Montag bis Freitag 8–15.30 Uhr sowie samstag-vormittags

Bars 17 Uhr bis spät

Behörden Montag bis Freitag 7.30–11.30 und 14–17 Uhr

Geschäfte täglich 8–18 Uhr

Restaurants 7–21 Uhr oder zu den Mahlzeiten

Ankunft in Kambodscha

Flughafen Phnom Penh (S. 397) 7 km westlich des Stadtzentrums. Offizielle Taxis/ remork-motos in die Stadt kosten pauschal 12/9 US$ (30–60 Min.).

Flughafen Siem Reap (S. 397) 7 km vom Stadtzentrum entfernt. Taxis kosten 9 US$ (15 Min.). Eine Fahrt ins Stadtzentrum mit einem moto (Motorradtaxi) kostet ca. 3 US$. Viele Hotels und Gästehäuser bieten bei Vorausbuchung eine kostenlose Abholung vom Flughafen.

Grenzen Grenzen mit Laos, Thailand und Vietnam; Visa für Kambodscha werden bei der Ankunft ausgestellt. Die meisten Übergänge sind zwischen 7 und 17 Uhr geöffnet. An der thailändischen Grenze wird für das kambodschanische Visum gern zu viel verlangt. Besonders berüchtigt sind Poipet und Cham Yeam (Koh Kong), sodass sich viele Reisende im Voraus ein E-Visum besorgen.

Unterwegs vor Ort

Bus Für die meisten Traveller die beliebteste Art zu reisen.

Auto Wer es eiliger hat, kann einen Pkw oder ein Allradfahr-zeug mieten.

Motorrad Für erfahrene Biker eine tolle Art des Reisens im Land.

Flugzeug Inlandsflüge verbin-den Phnom Penh mit Siem Reap.

Boot Heute dank besserer Straßen weniger verbreitet als früher, aber die Strecken von Siem Reap nach Battambang oder Phnom Penh sind nach wie vor beliebt.

Mehr zum Thema **Unterwegs vor Ort** ab S. 400 ➡

Wie wär's mit ...

Tempel

Angkor Wat Der Tempel, der alle anderen in den Schatten stellt, mit epischen Flachreliefs und den berühmten *apsaras*. (Nymphen; S. 154)

Ta Prohm Riesige Baumwurzeln umschlingen uralte Steinblöcke – hier tobt sich die Natur wirklich aus. (S. 169)

Prasat Preah Vihear Der „bergigste" aller Bergtempel der Khmer thront gebieterisch hoch oben im Dangkrek-Gebirge. (S. 286)

Sambor Prei Kuk Die präangkorianische Hauptstadt Isanapura war die erste Tempelstadt der Mekong-Region und markiert eine wichtige Etappe auf dem Weg der Geschichte nach Angkor. (S. 294)

Inseln & Strände

Sihanoukville Das Juwel unter den kambodschanischen Badeorten mit einer Landzunge, die von wunderbar weißen Sandstränden und azurblauem Wasser gesäumt ist. (S. 200)

Koh Rong & Koh Rong Sanloem Aufstrebende Inseln bei Sihanoukville mit langen weißen Sandstränden, Backpacker- und Flashpacker-Resorts sowie Tauchrevieren. (S. 221)

Koh Kong Auf der praktisch unbewohnten Insel Koh Kong und den Inseln vor der Küste des Botum-Sakor-Nationalparks herrscht kein Mangel an Traumstränden. (S. 192)

Kep Der erste kambodschanische Badeort wurde im Krieg zerstört, hat sich aber mit Boutiqueresorts, Meeresfrüchte-Spezialitäten und dem Backpacker-Mekka Koh Tonsay (Kanincheninsel; S. 239) zurückgemeldet.

Kulinarische Erlebnisse

Phnom Penh In den Lokalen, die benachteiligte Kambodschaner ausbilden, ist jede Bestellung eine gute Tat. (S. 36)

Siem Reap In den Restaurants rund um den Alten Markt hat man die Wahl zwischen exotischen Grillgerichten, moderner Khmer-Küche und Straßensnacks. Oder man nimmt an einer der neuen Gourmettouren teil. (S. 98)

Sihanoukville Der bekannteste Badeort Kambodschas lockt mit herrlichen Meeresfrüchten, u. a. frischen Krebsen, Garnelen und Tintenfischen, zubereitet mit Pfeffer aus Kampot. (S. 200)

Battambang In der entspannten Stadt am Fluss kann man bei einem günstigen und unterhalt-

samen Kochkurs die Freuden der kambodschanischen Küche entdecken. (S. 259)

Wasseraktivitäten

Mekong Discovery Trail Hier warten seltene Delfine und abgeschiedene Mekong-Inseln, die zum Radfahren einladen. (S. 311)

Tonlé Sap Am „Großen See" gibt es schwimmende Dörfer, Bambus-Wolkenkratzer, überflutete Wälder und seltene Vögel zu sehen. (S. 136)

Boeng Yeak Lom Der kleine Kratersee im Dschungel im Herzen der Provinz Ratanakiri ist das schönste natürliche Schwimmbecken Kambodschas. (S. 315)

Bou-Sraa-Wasserfall Der Bou Sraa, einer der größten Wasserfälle Kambodschas, ergießt sich in der abgeschiedenen Provinz Mondulkiri aus dem Dschungel. Außerdem lockt hier jetzt die atemberaubende Mayura Zipline. (S. 331)

Märkte & Shoppen

Russischer Markt & **Psar Thmei** In Phnom Penh gibt's die meisten Märkte des Landes wie den bekannten Psar Thmei und das Shoppingmekka Russischer

Markt. Dazu kommen noch Wohltätigkeitsläden, Seidenboutiquen und quirlige Einkaufszentren – hier kann man shoppen bis zum Umfallen. (S. 81)

Psar Chaa Siem Reap ist ein wichtiges Ziel für Shopping-Freunde, besonders wegen des Psar Chaa (Alter Markt; S. 126). Außerdem beherbergt die Stadt Boutiquen mit phantasievoller Kleidung und gemeinnützige Geschäfte. (S. 127)

Battambangs Galerien Das aufstrebende Battambang wartet mit einer aufblühenden Kunstszene auf: In mehreren Galerien werden die Werke einheimischer Künstler verkauft. Auch der Markt Psar Nath, ein Wahrzeichen aus französischer Zeit, lohnt einen Besuch. (S. 259)

Otres Market Mehr Strandort als Shopping-Mekka: Im Dorf Otres bei Sihanoukville findet jede Woche am Samstagabend der reizende und unterhaltsame Otres Market statt. (S. 214)

Nachtleben

Phnom Penh Hier tobt das kambodschanische Nachtleben. Der Abend beginnt mit der Happy Hour am Fluss, dann geht's durch das Viertel um die Bassac Lane und am Ende trifft sich alles in den Clubs der Stadt. (S. 76)

Siem Reap Rund um den Alten Markt gibt es unzählige Kneipen. Inzwischen wurde sogar eine Straße in „Pub Street" umbenannt. Ruhigere Bars gibt's in den Sträßchen in der Nähe. Wer lange genug durchhält, erlebt den etwas anderen Sonnenaufgang von Angkor. (S. 122)

Sihanoukville Die Vergnügungsmeilen an den Stränden Serendipity und Occheuteal bilden seit Langem das Partymekka der Küste, doch auch am Otres Beach herrscht keine Totenstille. (S. 213)

Oben: Der stimmungsvolle Ta Prohm (S. 169), einer der Tempel von Angkor
Unten: Die quirlige Pub Street (S. 116) in Siem Reap

Monat für Monat

Januar

Hauptreisezeit in Kambodscha: In Phnom Penh, Siem Reap und an der Südküste ist es voll. Manchmal fällt auch das chinesische und vietnamesische Neujahrsfest in den Januar.

⚘ Chaul Chnam Chen (Chinesisches Neujahr)

Kambodschas Chinesen feiern Neujahr zwischen Ende Januar und Mitte Februar. Da zahlreiche Geschäfte in Phnom Penh von Chinesen geführt werden, steht der Handel in dieser Zeit still und in der ganzen Stadt werden Löwentänze aufgeführt. Viele Vietnamesen, die in Kambodscha leben, kehren dann für mindestens eine Woche in ihr Heimatland zurück.

Februar

Noch immer sind viele Besucher im Land. In manchen Jahren findet das chinesisch-vietnamesische Neujahr im Februar statt.

⚘ Umzug der Riesenpuppen

Diese bunte Benefizveranstaltung (www.giantpuppet project.com) findet alljährlich in Siem Reap statt. Örtliche Organisationen, Waisenhäuser und Unternehmen bauen für eine Art Karnevalsumzug entlang des Flusses riesige Puppen, die Tiere, Götter und zeitgenössische Personen darstellen.

April

Für die Khmer ist der April die wichtigste Zeit des Jahres, denn Mitte des Monats wird das Khmer-Neujahrsfest gefeiert. Touristen bleiben allerdings meist zu Hause, da die Temperaturen oft auf 40 °C klettern.

⚘ Chaul Chnam Khmer (Khmer-Neujahr)

Diese dreitägige Feier ist wie Weihnachten und Neujahr am selben Tag. Kambodschaner legen in Wats Opfergaben nieder, putzen ihre Häuser und tauschen Geschenke aus. Eine Kambodscha-Reise ist in dieser Zeit eine ziemlich muntere Angelegenheit. Auf dem Land treiben die Einheimischen mit Wasser Schabernack und Angkor platzt beim Sangkranta-Fest aus allen Nähten. Wer die Tempel lieber in Ruhe sehen möchte, sollte das Fest meiden. Trotzdem wird das Neujahr nicht ganz so exzessiv gefeiert wie in Thailand oder Laos.

Mai

Mit dem Einsetzen des Monsuns, der bis Oktober andauert, beginnt die Nebensaison. Die letzten heißen Tage läuten die Mangozeit ein und auch andere köstliche Früchte werden nun geerntet.

⚘ Chat Preah Nengkal (Königliche Pflügezeremonie)

Angeführt wird diese Zeremonie von der Königsfamilie. Das Fest läutet den traditionellen Beginn der Reisanbausaison ein und findet Anfang Mai vor dem Nationalmuseum in

Phnom Penh statt. Angeblich riechen die königlichen Ochsen, ob die Ernte gut oder schlecht ausfallen wird.

✶✶ Visakha Puja (Buddha-Tag)

Die Aktivitäten zur Feier von Buddhas Geburt, Erleuchtung und Hinscheiden finden rund um die Tempel statt. Das Fest wird am achten Tag des vierten Mondes (Mai oder Juni) gefeiert. Am besten steuert man Angkor Wat an, wo Mönche eine Prozession mit Kerzen durchführen.

September

In der Regel der feuchteste Monat in Kambodscha mit vereinzelten Überschwemmungen am Mekong. In den September fällt gewöhnlich das zweitwichtigste Fest des Jahres, P'chum Ben.

✶✶ P'chum Ben (Fest der Verstorbenen)

Dieses mehrtägige Fest entspricht in etwa Allerseelen. Man gedenkt der Toten, indem man Opfergaben in die Tempel bringt, z. B. Papiergeld, Blumen, Kerzen und Weihrauch sowie Speisen und Getränke, die über die Mönche an die Verstorbenen weitergegeben werden. Von gläubigen Buddhisten wird erwartet, dass sie während der Feierlichkeiten sieben Wats besuchen. Im Dorf Vihear Sour in der Provinz Kandal, etwa 35 km nordöstlich von Phnom Penh, finden Büffelrennen und ein traditionelles Khmer-Ringen statt.

Oktober

Die Regenzeit reicht oft bis in den Oktober hinein und in den letzten Jahren gab es in Siem Reap einige schwere Überschwemmungen. Aber das Land zeigt sich in dieser Zeit von seiner grünsten Seite.

✶✶ Bon Om Tuk (Wasserfest)

Bei diesem Fest wird der glorreiche Sieg von Jayavarman VII. über die Cham gefeiert, die Angkor 1177 überfielen. Gleichzeitig feiert man das Naturschauspiel, bei dem der Fluss Tonlé Sap seine Fließrichtung ändert. Dies ist einer der wichtigsten Termine im kambodschanischen Kalender und eine wunderbare, wenn auch chaotische Zeit für einen Besuch in Phnom Penh oder Siem Reap. Auf den Flüssen Tonlé Sap und Siem Reap finden Bootsrennen mit bunt geschmückten Kähnen statt. Bis zu 2 Mio. Menschen kommen für das Fest in die Hauptstadt; deshalb sollte man rechtzeitig eine Unterkunft reservieren. 2010 wurde das Fest von einer Tragödie überschattet, als auf einer Brücke eine Panik ausbrach und mehr als 350 Menschen zu Tode kamen. Das Fest fiel drei Jahre lang aus, fand aber 2014 wieder statt.

November

Mit dem November beginnt die trockene, windige Jahreszeit und die beste Reisezeit für Kambodscha (bis Januar oder Februar). Bon Om Tuk fällt oft in den November.

✶✶ Angkor Photo Festival

In Siem Reap zeigen Fotografen einheimischen Jugendlichen in den Tempeln ihre Tricks und Kniffe (www.angkor-photo.com). In der gesamten Stadt finden Fotoausstellungen statt.

✶✶ Kampot Writers & Readers Festival

Bei dem 2015 ins Leben gerufenen Festival (www.kampotwritersfestival.com) gibt's in Kampot vier Tage lang Diskussionen, Lesungen, Kunstausstellungen, Konzerte und Workshops.

Dezember

Weihnachten und Neujahr bilden in Angkor und den großen Badeorten den Höhepunkt der Hauptsaison – lange vorausbuchen! Wer etwas für wohltätige Zwecke tun möchte, kann an einem Halbmarathon oder Radrennen teilnehmen.

🏃 Angkor Wat International Half Marathon

Dieser Halbmarathon (www.angkormarathon.org) findet nun schon seit über 15 Jahren statt. Teilnehmer haben die Wahl zwischen einem 21 km langen Halbmarathon, einem 10 km langen Volkslauf und verschiedenen Radrennen. Eine schönere Kulisse für ein Straßenrennen als die Tempel von Angkor ist kaum denkbar. Seit 2014 findet im August außerdem der Angkor Empire Marathon (www.angkorempiremarathon.org) statt.

Reiseplanung
Reiserouten

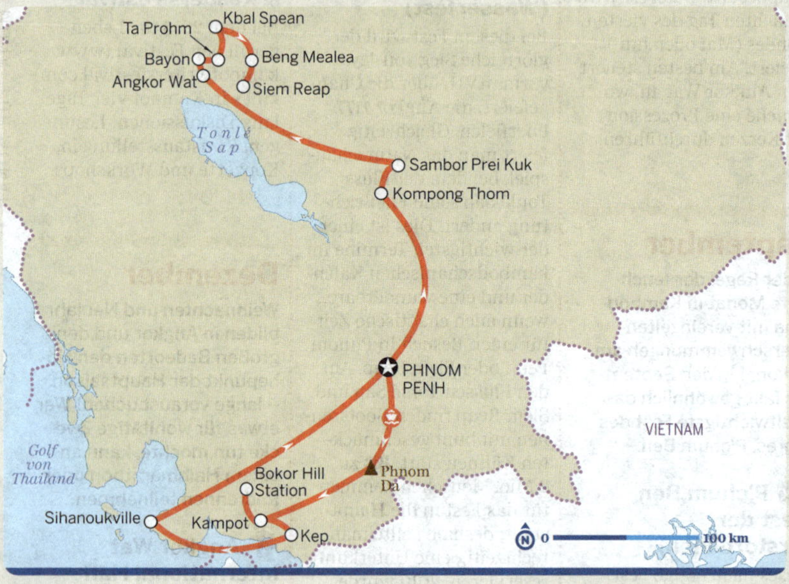

Kbal Spean
Ta Prohm
Bayon — Beng Mealea
Angkor Wat — Siem Reap

Tonle Sap

Sambor Prei Kuk
Kompong Thom

★ PHNOM PENH

VIETNAM

Golf von Thailand

Bokor Hill Station — ▲ Phnom Da
Sihanoukville — Kampot — Kep

N 0 ——— 100 km

2 WOCHEN

Highlights in Kambodscha

Der ultimative Kambodscha-Trip mit Tempeln, Stränden und der Hauptstadt. Man kann ihn in verschiedene Richtungen unternehmen, besser jedoch wie hier beschrieben, beginnend in der Hauptstadt, dann an der Küste entlang und schließlich zu den wunderbaren Tempeln von Angkor.

Phnom Penh prunkt mit dem eindrucksvollen Nationalmuseum und der umwerfenden Silberpagode. Hier gibt's die vielfältigste kulinarische Szene des Landes, mit feinen Khmer-Restaurants, internationalen Speiselokalen und sicherem Straßenessen. Shoppingwütige stürmen den Psar Tuol Tom Pong; danach stürzt man sich ins Nachtleben.

Per Expressboot geht's weiter zum präangkorianischen Bergtempel **Phnom Da**, von dort südwärts zur Kolonialstadt **Kampot**, von der aus sich bestens die Umgebung erkunden lässt. In der Nähe locken der Badeort **Kep** (und vor der Küste Koh Tonsay) und einige Höhlenpagoden. Außerdem kann man einen Abstecher in den **Bokor-Nationalpark** oder zu einer Pfefferplantage machen.

Bayon (S. 160), Angkor Thom

Anschließend geht's Richtung Westen nach **Sihanoukville**, wo Meeresfrüchte, Tauchen und Schnorcheln oder einfach nur die Sonne locken: am Partystrand Serendipity Beach, am relaxten Otres Beach oder auf den Inseln Koh Rong und Koh Rong Sanloem. Über Phnom Penh geht's dann nach **Kompong Thom** und zu den Tempeln von **Sambor Prei Kuk**.

Am Ende der Route warten die Tempel von Angkor; zu sehen sind u. a. der unvergleichliche **Angkor Wat**, der skurrile **Bayon** und **Ta Prohm**, den sich die Natur zurückerobert hat. Etwas weiter

entfernt liegen **Kbal Spean** und mitten im Dschungel **Beng Mealea**.

Auch für **Siem Reap**, eines der vielfältigsten Ziele in Kambodscha, sollte man sich etwas Zeit nehmen. Geboten wird alles von Kochkursen bis zu Vespatouren – eine nette Abwechslung zu den Tempelbesichtigungen.

Diese Rundreise nimmt je nach Tempo etwa zwei bis drei Wochen in Anspruch. Auf den meisten Strecken verkehren öffentliche Verkehrsmittel, für einige der Abstecher benötigt man jedoch ein eigenes Fahrzeug oder Motorrad.

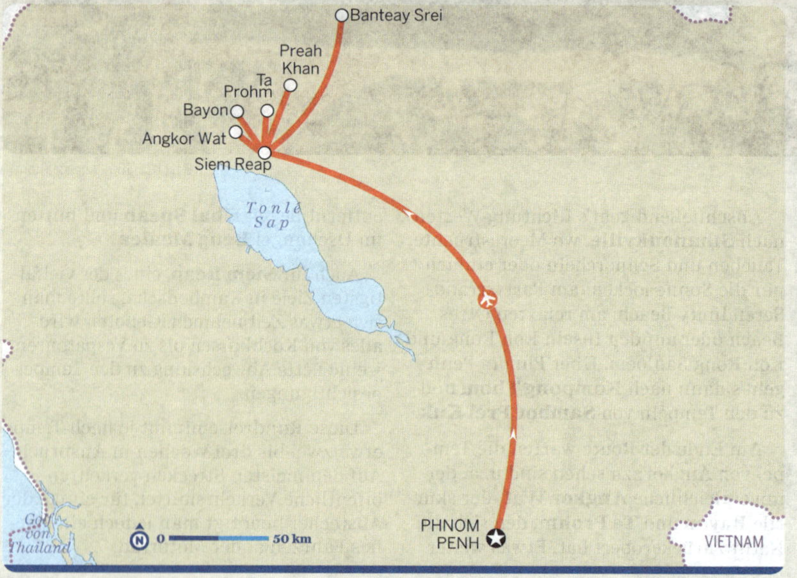

Banteay Srei

Preah
Khan

Ta
Prohm

Bayon

Angkor Wat

Siem Reap

*Tonlé
Sap*

PHNOM
PENH

VIETNAM

Golf
von
Thailand

N 0 ——————— 50 km

1 WOCHE Zwei Städte

Wer wenig Zeit hat, sollte sich auf die Highlights Phnom Penh und Siem Reap, Tor zu den Tempeln von Angkor, konzentrieren. Mit zwei Übernachtungen in der Hauptstadt und drei oder vier in Siem Reap erlebt man das Beste des neuen und alten Kambodschas.

Los geht's in **Phnom Penh** mit einem Blick auf die widersprüchliche Geschichte des Landes. Das Nationalmuseum beleuchtet mit der weltweit besten Sammlung von Angkor-Skulpturen, der Königspalast mit unschätzbar wertvollen Kunstwerken die ruhmreiche Vergangenheit. Die düstere Geschichte präsentieren das Tuol-Sleng-Genozidmuseum und die Killing Fields von Choeung Ek – deprimierend, aber wichtig für das Verständnis des heutigen Kambodschas.

Phnom Penh ist außerdem eine dynamische, wenn auch chaotische Stadt mit schicken Hotels, schriller Mode, modernen Cafés und Restaurants sowie hippen Bars – um all das auszukosten, braucht man auf jeden Fall zwei Übernachtungen.

Ein halbstündiger Flug führt Richtung Nordwesten nach **Siem Reap**; wer mehr vom Land sehen möchte, bewältigt die Strecke an einem Tag auf dem Landweg. Für die Tempel von Angkor in der Nähe von Siem Reap wie den **Angkor Wat**, den **Bayon** und den **Ta Prohm** sollte man zwei Tage einplanen und sich auch Zeit nehmen für einige unbekanntere Tempel wie den schönen **Banteay Srei** und den großen **Preah Khan**. Ein Zipline-Abenteuer bei Flight of the Gibbon Angkor oder eine Quadtour durch die Reisfelder lockern die Tempelbesichtigungen auf.

Oder man entspannt sich einfach und genießt die gute Küche und die munteren Bars in Siem Reap. Die kulinarische Szene bietet alles von authentischer Khmer-Landküche bis zur feinen französischen Cuisine. Abends stehen dann die Sträßchen um die Pub Street auf dem Programm. Ein Besuch in einem der opulenten Spas der Stadt rundet den Besuch ab.

Für eine Überlandfahrt zwischen den beiden Städten ist die Zeit von Juli bis Dezember am besten – dann zeigt sich die Landschaft von ihrer üppigsten Seite.

Oben: Banteay Srei (S. 177), Angkor;
Unten: Unabhängigkeitsdenkmal (S. 49), Phnom Penh

4 WOCHEN

Die große Rundreise

Kambodscha ist ein kleines Land, und obwohl die Straßen zum Teil schlecht sind und Reisende nur langsam vorwärtskommen, können die meisten Highlights innerhalb von einem Monat besucht werden.

DAVID HANNAH / GETTY IMAGES ©

Los geht's in der Hauptstadt **Phnom Penh**, dann über die quirlige Mekong-Stadt **Kompong Cham** nach **Kratie** zu den Irawadi-Delfinen. Anschließend haben Reisende im Nordosten die Wahl zwischen der Provinz **Ratanakiri** mit dem Vulkankratersee Boeng Yeak Lom und **Mondulkiri** mit dem faszinierenden Elephant Valley Project. Auf beiden Routen sind Begegnungen mit Affen möglich. Wer mehr Zeit hat, kann die beiden Provinzen zu einer Schleife zusammenfügen – die Straße zwischen Sen Monorom und Ban Lung ist jetzt in gutem Zustand.

Dann geht's weiter Richtung Südküste. Am besten lässt man sich hier etwas Zeit und bleibt ein paar Nächte in **Kep** oder auf einer der Inseln in der Nähe und unternimmt von **Sihanoukville** einen Bootstrip zu den Inseln vor der Küste. Landeinwärts lockt der **Kirirom-Nationalpark** mit seinen Kiefern, Bären und einigen spektakulären Ausblicken auf das Kardamom-Gebirge.

Anschließend macht man sich auf den Weg Richtung Nordwesten ins reizende **Battambang** – eine der besterhaltenen Kolonialstädte des Landes und Ausgangspunkt für Touren aufs Land. Eine Bootsfahrt führt auf dem verschlungenen Fluss Sangker durch atemberaubende Landschaft nach **Siem Reap** und zu den **Tempeln von Angkor**.

Zwischen all den Tempeln sollte man sich noch Zeit lassen für einen Abstecher in die Flusshauptstadt im Dschungel, **Koh Ker**, oder zum **Prasat Preah Vihear**, einem Bergtempel an der thailändischen Grenze.

Reisende auf Südostasientour können diese Route auch in umgekehrter Richtung in Angriff nehmen. Man beginnt dann in Siem Reap und verlässt am Ende Kambodscha per Fluss Richtung Vietnam oder Laos. Wer von Laos einreist, kann erst einen Abstecher Richtung Osten nach Ratanakiri unternehmen und dann weiter nach Süden fahren. Der Transport ist gewöhnlich problemlos: Auf den großen Straßen verkehren Busse, auf den kleineren Taxis und die vielen Flüsse werden von Booten befahren.

GRANT DIXON / GETTY IMAGES ©

Oben: Schwimmendes Dorf (S. 251) bei Battambang
Unten: Elephant Valley Project (S. 329)
Provinz Mondulkiri

LAOS

Prasat
Preah Vihear

Provinz
Ratanakiri

THAILAND

Provinz
Mondulkiri

Die Tempel
von Angkor

Koh Ker

Siem
Reap

Battambang

Kratie

Kompong
Cham

PHNOM
PENH

VIETNAM

Kirirom-
National-
park

Phnom
Da

Golf
von
Thailand

Sihanoukville

Kep

N 0   200 km

Abseits der üblichen Pfade: Kambodscha

PROVINZ PREAH VIHEAR

Der Prasat Preah Vihear in atemberaubender Felslage ist der majestätischste unter den Bergtempeln. Weitere Sehenswürdigkeiten aus der Angkorzeit sind Koh Ker und Preah Khan. (S. 284)

VOGELSCHUTZGEBIET PREK TOAL

Das entlegene Prek Toal ist das Tor zu einem wunderbaren Vogelschutzgebiet, das einigen der weltweit seltensten großen Wasservögel wie Milchstorch und Graupelikan einen Lebensraum bietet. (S. 133)

KOH KONG CONSERVATION CORRIDOR

Die Kardamomberge sind ein tolles Ziel für Abenteuerlustige. Um Chi Phat locken Angebote des Community Tourism, um Thma Bang geht's mit neuen Ökotourismus-Initiativen tiefer in den Dschungel. (S. 193)

KOH-SDACH-ARCHIPEL-

Kambodschas Inselwelt ist im Vergleich zu Thailand bisher recht wenig entwickelt. Noch gibt es zwischen Sihanoukville und Koh Kong ein paar abgeschiedene Eilande zu entdecken. (S. 228)

THAILAND

Prasat Preah Vihear

Anlong Veng
Choam Ksant

PROVINZ PREAH VIHEAR

Preah-Vihear-Stadt (Tbeng Meanchey)

Koh Ker

Sisophon

Preah Khan

Siem Reap

VOGELSCHUTZGEBIET PREK TOAL

Chong Kneas

Battambang

Tonlé Sap

Pailin

Moung Russei

Kompong Thom

Pursat

Romeas

Ko Kut

PHNOM PENH

Golf von Thailand

Koh Kong

Chi Phat

KOH KONG CONSERVATION CORRIDOR

Koh Samit

KOH-SDACH-ARCHIPEL

Koh Rong

Golf von Kompong Som

Veal Renh

Takeo

Sihanoukville

Phnom Den

Prek Chak

Koh Thmei

Phu Quoc

Koh Tonsay

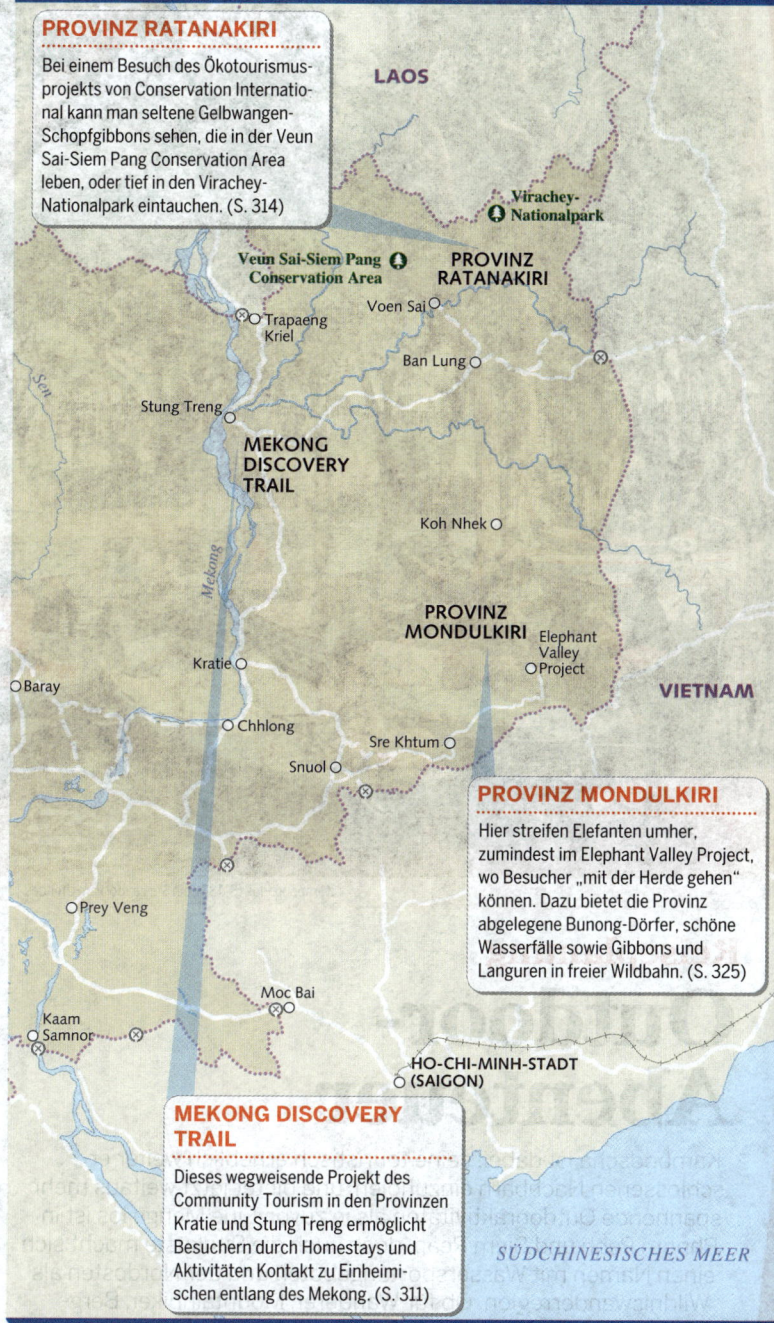

PROVINZ RATANAKIRI

Bei einem Besuch des Ökotourismus-projekts von Conservation International kann man seltene Gelbwangen-Schopfgibbons sehen, die in der Veun Sai-Siem Pang Conservation Area leben, oder tief in den Virachey-Nationalpark eintauchen. (S. 314)

LAOS

Virachey-
Nationalpark

Veun Sai-Siem Pang
Conservation Area

PROVINZ
RATANAKIRI

Trapaeng
Kriel

Voen Sai

Ban Lung

Stung Treng

MEKONG
DISCOVERY
TRAIL

Koh Nhek

Mekong

Sen

PROVINZ
MONDULKIRI

Elephant
Valley
Project

Kratie

Baray

VIETNAM

Chhlong

Sre Khtum

Snuol

PROVINZ MONDULKIRI

Hier streifen Elefanten umher, zumindest im Elephant Valley Project, wo Besucher „mit der Herde gehen" können. Dazu bietet die Provinz abgelegene Bunong-Dörfer, schöne Wasserfälle sowie Gibbons und Languren in freier Wildbahn. (S. 325)

Prey Veng

Moc Bai

Kaam
Samnor

HO-CHI-MINH-STADT
(SAIGON)

MEKONG DISCOVERY
TRAIL

Dieses wegweisende Projekt des Community Tourism in den Provinzen Kratie und Stung Treng ermöglicht Besuchern durch Homestays und Aktivitäten Kontakt zu Einheimischen entlang des Mekong. (S. 311)

SÜDCHINESISCHES MEER

Kompong Pluk (S. 137), ein Stelzendorf am Ufer des Tonlé Sa

Reiseplanung

Outdoor-Abenteuer

Kambodscha ist dabei, seine touristisch erheblich weiter erschlossenen Nachbarn einzuholen, und bietet jetzt weitaus mehr spannende Outdooraktivitäten als je zuvor. Eine Menge los ist in Phnom Penh und Siem Reap, doch auch die Südküste macht sich einen Namen mit Wassersportangeboten und der Nordosten als Wildniswanderregion. Ob für Wanderer, Mountainbiker, Bergsteiger oder Taucher: Kambodscha hat jedem etwas zu bieten.

Reisezeit

November bis Februar

Die kühlere Trockenzeit ist die beste Zeit für anstrengende Aktivitäten wie Wandern und Radfahren. Höher gelegene Regionen wie Mondulkiri und Ratanakiri sind zu jeder Jahreszeit mögliche Ziele: Hier ist es immer kühler, nachts allerdings auch teils kalt.

März bis Mai

In der heißen Jahreszeit steigen die Temperaturen regelmäßig auf bis zu 40 °C. In dieser Zeit bieten sich an der Südküste Wassersportaktivitäten wie Tauchen, Stehpaddeln und Segeln perfekt zum Abkühlen an.

Juni bis Oktober

Die Regenzeit ist mit ihren Regengüssen und den Blutegeln, die dann in vielen Dschungelgebieten zu finden sind, nicht gerade ideal zum Wandern und Radfahren. Jedoch ist sie eine tolle Zeit für Bootsfahrten und Kajaktouren auf dem ausgedehnten Flussnetz des Landes.

Bootfahren

Bei so viel Wasser im Land verwundert es kaum, dass Bootsfahrten bei Reisenden sehr beliebt sind. Einige Strecken wie die auf dem Tonlé Sap von Phnom Penh nach Siem Reap und auf dem Sangker von Siem Reap nach Battambang sind ganz gewöhnliche Verkehrsverbindungen. Es gibt viel Wasser in Kambodscha, besonders in der Regenzeit: Dann erreicht der Mekong seine volle Stärke und der Tonlé Sap seine größte Ausdehnung. Man sollte es also den Einheimischen nachtun und per Boot reisen.

Ziele

Chi Phat Von dieser Dschungelbasis (S. 196) aus lassen sich die ungezähmten Flüsse des Kardamom-Gebirges erkunden – vielleicht sieht man eins der seltenen Siam-Krokodile.

Kampot Von Kampot (S. 229) geht's flussaufwärts zu Mangroven und flussabwärts zu einsamen Stränden und zum offenen Meer.

Mekong Der Mekong Discovery Trail (S. 311) bietet zahlreiche Gelegenheiten, stille Inseln und geruhsame Privatunterkünfte zu entdecken.

Tonlé Sap Auf einer Bootstour auf dem „Großen See" können schwimmende Dörfer (S. 136), überschwemmte Wälder (S. 137) und Vogelschutzgebiete (S. 133) erkundet werden.

Motocross

Für erfahrene Biker wartet Kambodscha mit erstklassigen Möglichkeiten für Geländetouren auf. Die Straßen zählen gemeinhin zu den schlechtesten Asiens – also für eingefleischte Enduro-Fans zu den besten. Im ganzen Land finden sich tolle Pisten, besonders in den Provinzen Preah Vihear, Mondulkiri und Ratanakiri sowie im Kardamom-Gebirge. Von den größeren Fernstraßen hält man sich jedoch am besten fern: Verkehr und Staub machen das Fahren zur Qual. Wer mit dem Motorrad unterwegs ist, kann auch kleine Dörfer ansteuern, in die selten ein westlicher Tourist kommt. Auch im Gebirge sind Motorradtouren möglich, jedoch sollten sich nur wirklich erfahrene Geländefahrer an diese Pisten wagen.

Motorräder können in Phnom Penh und an anderen wichtigen Touristenorten gemietet werden. In Siem Reap dürfen keine Motorräder verliehen werden – wer Touren im Nordwesten plant, muss sich also anderswo eine Maschine besorgen. Ein 100-ccm-Motorrad kostet 5 bis 10 US\$ pro Tag, eine 250er-Enduro etwa 10 bis 25 US\$.

Ziele

Kardamom-Gebirge Nichts für Ängstliche: Das Kardamom-Gebirge bietet Richtung Norden nach Pailin oder Pursat einige harte Dschungelpisten. Nur mit erfahrenem Anbieter angehen (S. 402)!

Kampot Um Kampot (S. 229) locken Reisfelder, Salzpfannen, Pfefferplantagen, Karstgipfel und die Bokor Hill Station (S. 238).

QUADFAHREN

Quads erfreuen sich in Kambodscha dank der vielen ungeteerten Straßen immer größerer Beliebtheit. In Siem Reap organisieren drei Veranstalter (S. 107) Touren in die Umgebung der Tempelstadt. In Phnom Penh wartet ein Anbieter von Quadtouren (S. 57) mit einem völlig unstädtischen Erlebnis auf. Oben in Mondulkiri bietet ein Veranstalter (S. 327) die Möglichkeit, die Aussichtspunkte um Sen Monorom zu erkunden. Die Preise reichen von 25 US$ pro Stunde bis über 100 US$ für ein Ganztagsabenteuer.

Mondulkiri Die Hügel von Mondulkiri sind perfekt für Geländetouren, u. a. auf der atemberaubenden Straße am Seima-Waldschutzgebiet (S. 332) entlang nach Sen Monorom (S. 325).

Preah Vihear Der NH66 führt vom Beng Mealea (S. 181) zum abgeschiedenen Tempel Preah Khan (S. 289). Oder man klettert hinauf ins Reich der Götter am Prasat Preah Vihear (S. 286).

Radfahren

Kambodscha ist ein tolles Land für abenteuerlustige Radler. Angesichts der zahllosen Schlaglöcher eignet sich ein Mountainbike am besten. Viele Straßen sind nach wie vor in erbärmlichem Zustand, doch meist befindet sich an der Seite ein unbefestigter flacher Streifen. Bei geruhsamem Tempo bieten sich Radlern zudem viele Möglichkeiten, mit den Einheimischen in Kontakt zu kommen. Fahrräder können hinten auf Pick-ups oder auf dem Dach von Minibussen transportiert werden.

Auf einer Radtour in Angkor lässt sich wunderbar ein Gefühl für die Größe des Tempelkomplexes gewinnen. In den Provinzen Mondulkiri und Ratanakiri wird das Mountainbiken in den nächsten Jahren wahrscheinlich immer beliebter werden, denn es gibt hier einige tolle Trails. In ganz Kambodscha verleihen Gästehäuser und Hotels für etwa 2 US$ am Tag Fahrräder (importierte Räder für 7 bis 15 US$).

Ziele

Battambang Die reizende Umgebung von Battambang (S. 259) lässt sich wunderbar per Drahtesel erkunden.

Chi Phat Das Ökotourismuszentrum (S. 196) im Kardamom-Gebirge bietet Dschungelpfade zu abgeschiedenen Wasserfällen.

Mondulkiri In dieser Bergprovinz gibt's einige tolle Radstrecken zu Bunong-Dörfern (S. 332) und Dschungelwasserfällen (S. 332).

Angkor In den Tempeln (S. 163) kann es in der Hauptsaison sehr voll werden. Am besten schlägt man den Massen auf den Dschungeltrails (S. 108) in der Umgebung ein Schnippchen. Es werden auch organisierte Touren angeboten.

Tierbeobachtung

Kambodscha beeindruckt mit einer reichen und vielfältigen Tierwelt. Große und kleine Katzen, Elefanten, Primaten und einige merkwürdige Kreaturen bevölkern den kambodschanischen Dschungel und sind im ganzen Land zu sehen. Beliebt ist die Vogelbeobachtung, denn Kambodscha beherbergt einige der seltensten großen Wasservögel der Region wie Adjutanten, Störche und Pelikane.

Ziele

Kratie Extrem seltene Flussdelfine bevölkern Abschnitte des Mekongs zwischen Kratie (S. 307) und der laotischen Grenze.

Mondulkiri Beim Elephant Valley Project (S. 329) kann man mit der Herde wandern, im Seima-Waldschutzgebiet (S. 332) nach Gibbons und Kleideraffen Ausschau halten.

Tierschutzzentrum Phnom Tamao Viel mehr als ein Zoo: Dieses Tierschutzzentrum (S. 95) gewährt einen Blick hinter die tierischen Kulissen.

Vogelschutzgebiet Prek Toal Das Vogelschutzgebiet von Weltrang (S. 133) wartet mit seltenen Wasservögeln wie dem Graupelikan, Schwarzkopfibis und Buntstorch auf.

Ratanakiri Die abgelegene Dschungelprovinz beherbergt ein wegweisendes Projekt zur Gibbonbeobachtung.

Siem Reap Hier locken die Zipline Flight of the Gibbon (S. 105) und das Angkor Centre for Conservation of Biodiversity (S. 179) mit seltenen Tieren wie Riesenibissen, Schuppentieren, Silbernen Haubenlanguren und Leopardkatzen.

Oben: Nordtor von Angkor Thom (S. 159)

Unten: Vogelschutzgebiet Prek Toal (S. 133)

ROCBJAS / GETTY IMAGES ©

Wandern

Bei Kambodscha kommen einem ange-sichts der vielen Landminen Wanderungen vielleicht nicht als Erstes in den Sinn. Doch es gibt jede Menge sichere Wander-gebiete im Land, z. B. die Nationalparks. Die Nordostprovinzen Mondulkiri und Ratanakiri entwickeln sich mit ihrer wil-den Natur, den vielen Wasserfällen und den ethnischen Minderheiten zum führen-den Wanderziel des Landes.

Schritt für Schritt richtet Kambodscha ein Netz von Nationalparks mit Einrich-tungen für Besucher ein. Die National-parks Bokor, Kirirom und Ream verspre-chen allesamt viel Wanderpotenzial und im Virachey-Nationalpark in Ratanakiri werden mehrtägige Treks angeboten. Chi Phat und das Kardamom-Gebirge warten ebenfalls mit der Möglichkeit zu Wildnis-wanderungen auf.

In Angkor kann man zwischen den Tempeln schöne Spaziergänge unterneh-men. Angesichts wachsender Besucher-zahlen ist dies eine Möglichkeit, Stille und Einsamkeit zu genießen.

Ziele

Koh Kong Im an der Küste gelegenen Tor zum Kardamom-Gebirge bieten mehrere Wanderveran-stalter um Tatai (S. 193) Dschungeltreks an.

Mondulkiri Dank kühlerem Klima, Begegnungen mit Bunong (S. 332) und donnernden Wasser-fällen, ganz zu schweigen von Elefanten (S. 329) und Gibbons (S. 315), eines der schönsten Trekking-Ziele in Kambodscha.

ZIPLINES IN KAMBODSCHA

Ziplines werden in Kambodscha immer beliebter. Flight of the Gibbon Angkor (S. 105) bietet mit zehn Seil-rutschen den längsten Zipline-Par-cours im Land – und vielleicht sieht man in der Wildnis sogar ein paar Gibbons. Neu ist die Mayura Zipline (S. 331) über dem Bou-Sraa-Wasser-fall in der Provinz Mondulkiri. Auch auf Koh Rong (S. 222) sorgt eine Zipline für einen Adrenalinschub. Das Ganze ist jedoch nicht billig: Flight of the Gibbon Angkor verlangt etwa 109 US$ pro Person, die Mayura Zipline etwa 69 US$.

FELSKLETTERN

Im Vergleich zu den Nachbarländern Laos, Thailand und Vietnam steckt der Klettersport hier noch in den Kinder-schuhen, doch in der Provinz Kampot mit ihren vielen Karstbuckeln bietet Climbodia (S. 230) Klettersteigtouren auf den Phnom Kbal Romeas, ca. 5 km südlich der Stadt Kampot, für ab 35 US$ für einen halben Tag.

Ratanakiri Wanderungen zu den Dörfern ethni-scher Minderheiten sowie anspruchsvolle Treks ins Herz des Virachey-Nationalparks (S. 326).

Angkor Von Siem Reap aus Angkor Thom (S. 159) zu Fuß erkunden oder beim Kbal Spean (S. 179) zum Fluss der tausend Lingas hinaufsteigen.

Wassersport

Vor Sihanoukville kann man tauchen und schnorcheln – auch wenn es hier nicht so spektakulär ist wie anderswo in Asien, gibt's im Meer doch so einiges zu sehen. Am besten sind die abgelegeneren Tauch-reviere wie Koh Tang und Koh Prins mit Übernachtung auf dem Boot. Vor der Küs-te zwischen Koh Kong und Sihanoukville gibt's zahlreiche unerforschte Gebiete, die Kambodscha eines Tages vielleicht zu einem begehrten Tauchziel machen.

Es werden auch immer mehr Wasser-sportarten angeboten wie Bootfahren, Windsurfen und Kitesurfen an den Stränden von Sihanoukville. In Kampot hat sich das Stehpaddeln, bei dem man wunderbar die Flusslandschaft genießen kann, zu einem echten Renner entwickelt.

Ziele

Kep Im Sailing Club (S. 241) kann man kleine Katamarane und Windsurfer für Erkundungen der ruhigen Küstengewässer ausleihen.

Kampot Fluss und Mangroven stehpaddelnd (S. 231) erkunden oder sich auf einem Reifen-schlauch herumtreiben lassen.

Sihanoukville Die Wassersporthauptstadt Kam-bodschas (S. 203): Tauchen, Schnorcheln, Wind-surfen, Wakeboarden, Jetskifahren und mehr.

Südliche Inseln Koh Rong und Koh Rong Sanloem (S. 221) entwickeln sich immer mehr zur Basis für Taucher.

Kambodscha im Überblick

In Phnom Penh, der aufblühenden Hauptstadt, schlägt das Herz des modernen Kambodschas. Siem Reap, das Tor zu den majestätischen Tempeln von Angkor, wird mit seinen edlen Restaurants, schicken Bars und eleganten Boutiquen immer mehr zur ernst zu nehmenden Konkurrenz für die Hauptsstadt. Und die Weltkulturerbestätte Angkor hat einige der spektakulärsten Tempel der Welt zu bieten.

An der Südküste finden Besucher mehrere aufstrebende Badeorte vor sowie tropische Inseln, die im Gegensatz zu denen in benachbarten Ländern gerade erst erschlossen werden. Nordwestkambodscha lockt mit Battambang, seinen reichen Traditionen sowie mehreren abgeschiedenen Dschungeltempeln. Im wilden Osten des Landes streifen Elefanten umher, Wasserfälle donnern in die Tiefe und manchmal zeigen sich auch seltene Süßwasserdelfine.

Phnom Penh

**Essen
Ausgehen
Shoppen**

Kreative Küche

Hier sind jede Menge französische Bistros zu finden und tolle Restaurants verbinden kambodschanische und europäische Kochkunst. Bodenständigeres bieten Essensstände oder man probiert Khmer-Gourmetküche.

Happy Hour

Am besten beginnt man den Abend in einer Kneipe am Mekong, wechselt dann in einen Livemusikladen und verbringt den Rest der Nacht in einem Club. Phnom Penh ist rund um die Uhr geöffnet und eine der quirligsten Hauptstädte Asiens.

Schicke Boutiquen

Auf den bunten Märkten winken Schnäppchen, einheimische Modeschöpfer verkaufen schicke Kreationen und dazu kommen noch zahlreiche Wohltätigkeitsläden.

S. 36

Siem Reap

**Tempel
Essen
Aktivitäten**

Göttliche Inspiration

Neben dem Angkor Wat, einem der berühmtesten Bauten der Welt, gibt's ganz in der Nähe noch die geheimnisvollen Gesichter des Bayon und den Dschungeltempel Ta Prohm.

Vielseitige Küche

Moderne Khmer-Küche, würziges Straßenessen, feine französische Küche – Siem Reap ist ein tolles Ziel für Freunde des guten Essens. Und danach bietet sich ein Bummel über die Pub Street und durch die gentrifizierten Gassen dahinter an.

Jenseits von Angkor

Vom Hubschrauber aus präsentiert sich Angkor in einem ganz anderen Licht. Außerdem im Angebot: Ziplines im Dschungel, Quadtouren durch die Reisfelder, Kochkurse und Massagen.

S. 98

Südküste

Strände
Aktivitäten
Essen

Tropische Freuden

Hier gibt's noch jede Menge Platz zum Entspannen, egal ob am Strand oder in den Strandbars. Wer es gern trubelig mag, steuert Sihanoukville an, ruhiger ist Kep und am idyllischsten ist es auf den Inseln.

Land oder Meer

Nationalparks und Schutzgebiete bieten zahlreiche Möglichkeiten zum Wandern, Mountainbiken, Kajakfahren, Klettern und Kitesurfen. Oder man taucht und schnorchelt.

Seafood-Spezialitäten

Jede Küstenstadt hat ihre eigene Spezialität. In Kep gibt's köstliche Krebse, Takeo lockt mit Hummer und in Kampot wird alles mit dem berühmten Pfeffer der Region gewürzt. Sihanoukville wartet mit Seafood in allen erdenklichen Formen auf.

S. 186

Norwest- kambodscha

Tempel
Städte
Bootsfahrten

Weg von den Massen

Wer von Angkor Wat genug hat, kann sich der präangkorianischen Hauptstadt Sambor Prei Kuk, den Dschungeltempeln der Provinz Preah Vihear oder dem stimmungsvollen Banteay Chhmar zuwenden.

Das wahre Kambodscha

Battambang verfügt über mit die besterhaltene französische Architektur im Land. Die Kompongs Chhnang und Thom bieten einen Einblick ins wahre Kambodscha.

Schwimmende Dörfer

Eine der schönsten Bootstouren führt auf dem Sangker von Battambang nach Siem Reap. Faszinierend ist auch das größte schwimmende Dorf auf dem Tonlé Sap, Kompong Luong.

S. 250

Ostkam- bodscha

Tiere
Kultur
Flussleben

Wilde Wesen

In der Umgebung von Kratie warten Flussdelfine, in Mondulkiri Spaziergänge mit Elefanten und in den Wäldern von Mondulkiri und Ratanakiri Begegnungen mit Affen.

Eine eigene Welt

In Nordostkambodscha leben unterschiedlichste ethnische Minderheiten, u. a. die Bunong in Mondulkiri. Über Dschungelflüsse gelangt man in Ratanakiri zu abgelegenen Stammesfriedhöfen.

Der mächtige Mekong

Mitten durch die Region verlaufen der Mekong und der Mekong Discovery Trail, eine gemeindebasierte Tourismusinitiative. Der Mekong-Nebenfluss Tonle Srepok hatte einen Auftritt in *Apocalypse Now*.

S. 297

Reiseziele in Kambodscha

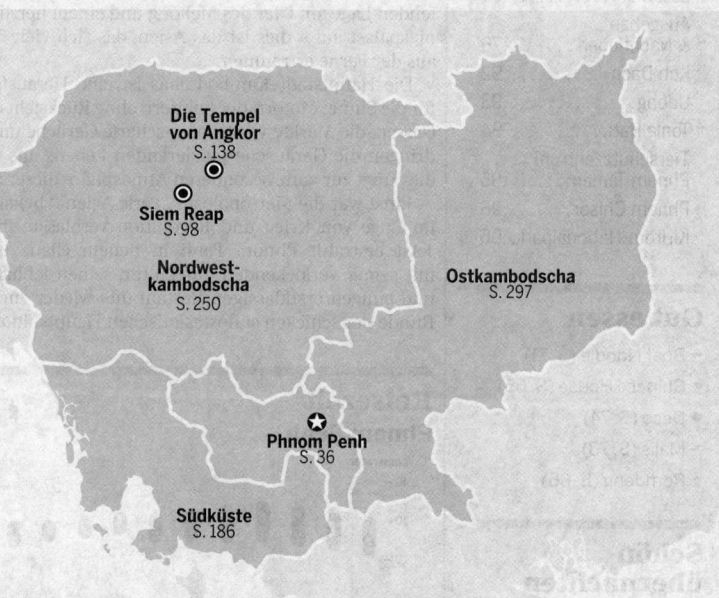

Die Tempel von Angkor
S. 138

Siem Reap
S. 98

Nordwest-kambodscha
S. 250

Ostkambodscha
S. 297

Phnom Penh
S. 36

Südküste
S. 186

Phnom Penh

📓 023 / 2 MIO. EW. / 290 KM²

Gut essen

➡ Boat Noodle (S. 71)

➡ Chinese House (S. 65)

➡ Deco (S. 74)

➡ Malis (S. 73)

➡ Romdeng (S. 66)

Schön übernachten

➡ Eighty8 Backpackers (S. 59)

➡ Foreign Correspondents' Club (S. 76)

➡ Pavilion (S. 61)

➡ Raffles Hotel Le Royal (S. 61)

➡ Rambutan Resort (S. 62)

Auf nach Phnom Penh

Phnom Penh (ភ្នំពេញ): Dieser Name strotzt förmlich von Exotik. Die kambodschanische Hauptstadt ist eine häufig übersehene Attraktion, dabei wartet sie mit einer umwerfenden Lage am Ufer des Mekong und einem herrlichen Königspalast auf – dies ist das Asien, das sich viele Touristen aus der Ferne erträumen.

Die Hauptstadt Kambodschas ist eine Herausforderung für die Sinne: Motorräder knattern ohne Rücksicht durch die Gassen, die Märkte verströmen scharfe Gerüche und überall dringen die Geräusche pulsierenden Lebens ans Ohr – all dies trägt zur ganz besonderen Atmosphäre dieser Stadt bei.

Einst war die Metropole als „Perle Asiens" bekannt, doch im Zuge von Krieg und Revolution verblasste ihr Ruhm. Jetzt erstrahlt Phnom Penh in neuem Glanz und zählt mit seiner verlockenden Cafékultur, seinen lebhaften Bars und einigen erstklassigen Restaurants wieder zur illustren Runde der schicken südostasiatischen Hauptstädte.

Reisezeit
Phnom Penh

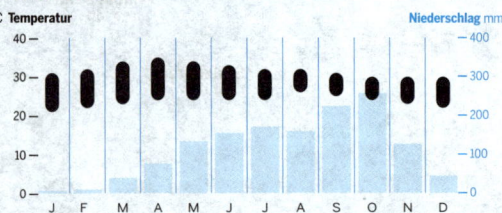

°C Temperatur   Niederschlag mm

Jan. & Feb. Die Hauptreisezeit ist vorbei, angenehme Nordostwinde kühlen das Flussufer.

Sept. & Okt. Starke Regengüsse bringen willkommene Abkühlung; viele Hotels senken ihre Preise.

Okt. & Nov. Eine riesige Straßenparty findet am Ufer des Tonlé-Sap statt: das Wasserfest Bon Om Tuk.

Japanische Brücke

Mekong

St 70

St 47

Baugelände (ehemals Boeng Kak)

St 315

St 289

6 **Bootsrundfahrten bei Sonnenuntergang**

s. Karte Nördliches Phnom Penh (S. 52)

Phnom Penh

Sisowath Quay

Tonlé Sap

Königliche Universität Phnom Penh

Russian Blvd

Kampuchea Krom Blvd

Jawaharlal Blvd

Charles de Gaulle Blvd

Nachtleben

4

1 **Nationalmuseum**

Silberpagode 3

Mao Tse Toung Blvd

Monireth Blvd

Monivong Blvd

Sihanouk Blvd

Norodom Blvd

Lokaler Fähr-Übergang

Koh Pich (Diamond Island)

Mao Tse Toung Blvd

Tuol-Sleng-Museum 2

s. Karte Südliches Phnom Penh (S. 46)

5 **Russischer Markt**

Tonlé Bassac

s. Karte Russischer Markt (S. 58)

2 **Killing Fields von Choeung Ek** (8 km)

Monivong-Brücke

Highlights

1 Die erlesene Sammlung von Khmer-Skulpturen im umwerfenden **National-museum** (S. 43) bestaunen

2 Im **Tuol-Sleng-Museum** (S. 43) und auf den **Killing Fields** (S. 44) die dunklen Kapitel der kambodschanischen Geschichte kennenlernen

3 Sich von den 5000 silbernen Bodenfliesen der **Silberpagode** (S. 41) im Königlichen Palast blenden lassen

4 Mit einem Happy-Hour-Drink, einer Kneipentour und einem Besuch in einem legendären Club in Phnom Penhs wildes **Nachtleben** eintauchen

5 Auf dem unüberschaubaren **Russischen Markt** (S. 81) der Hitze trotzen und shoppen

6 Bei Sonnenuntergang und einem Cocktail eine **Mekong-Rundfahrt** (S. 51) machen

Geschichte

Der Überlieferung zufolge gehen die Anfänge von Phnom Penh auf eine alte Frau namens Penh zurück, die vier Buddha-Darstellungen am Mekong-Ufer fand. Sie verwahrte diese auf einem nahe gelegenen Hügel und der Ort, der ringsum entstand, wurde als Phnom Penh (Penhs Hügel) bezeichnet.

In den 1430er-Jahren wurde Angkor aufgegeben und Phnom Penh zur neuen Hauptstadt Kambodschas erklärt. Angkor hatte sich als zu abgelegen erwiesen und war wiederholt von siamesischen Truppen aus Ayutthaya angegriffen worden. Phnom Penh war innerhalb des Khmer-Territoriums praktischer und zentraler gelegen und eignete sich hervorragend für den Flusshandel:

Großraum Phnom Penh

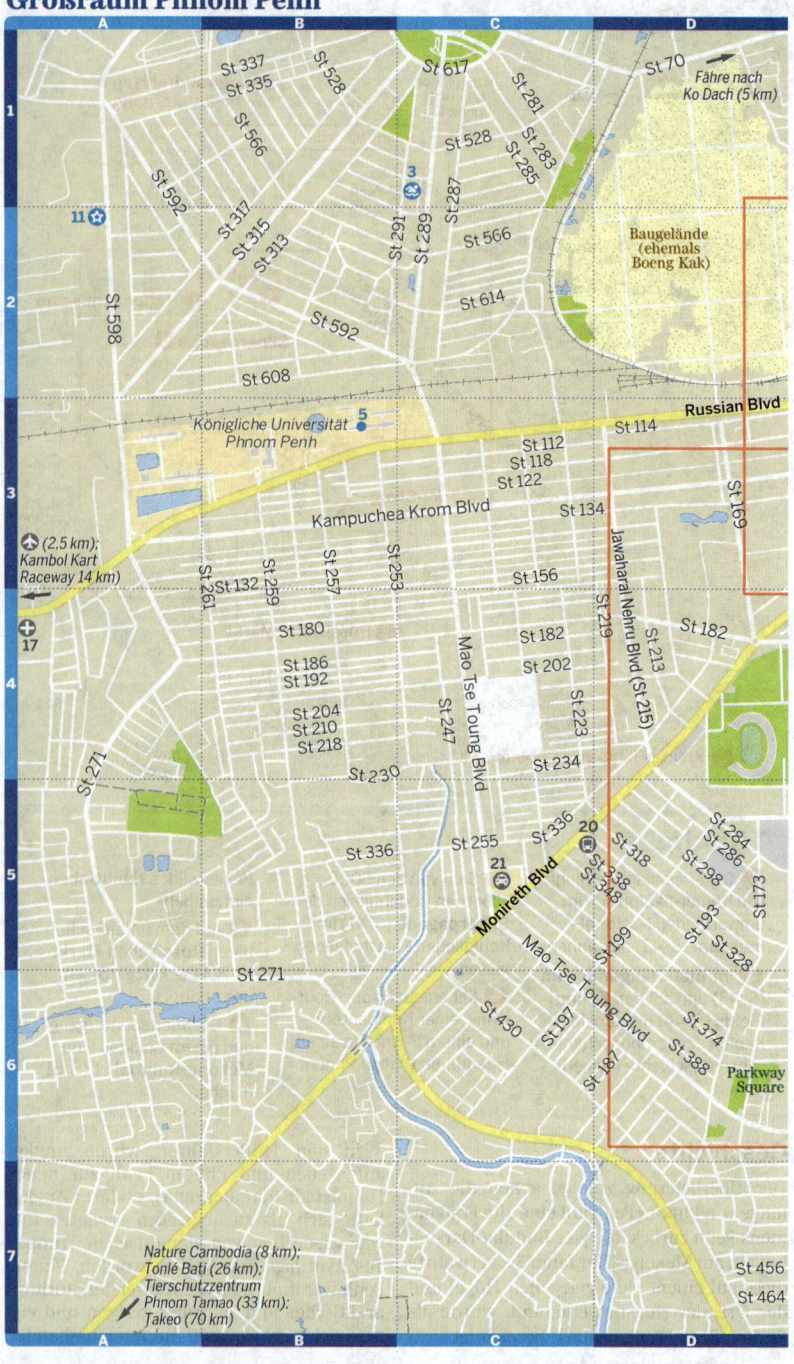

St 337
St 335
St 528
St 617
St 70
Fähre nach
Ko Dach (5 km)

St 566
St 281
St 283
St 285
St 528

St 592
St 317
3
St 291
St 289
St 287
St 566

11

St 315
St 313

St 598
St 592
St 614

St 608

Baugelände
(ehemals
Boeng Kak)

Russian Blvd

Königliche Universität
Phnom Penh
5

St 114
St 112
St 118
St 122

St 134

St 169

Kampuchea Krom Blvd

(2,5 km);
Kambol Kart
Raceway 14 km)

Jawaharal Nehru Blvd (St 215)

St 261
St 132
St 259
St 257
St 253
St 156

17

St 180

St 182
St 219
St 213
St 182

St 186
St 192

St 202

St 204
St 210
St 218

Mao Tse Toung Blvd

St 223

St 271

St 247

St 234

St 230

St 336
St 255
St 336
20
St 318
St 284
St 286

21
Monireth Blvd
St 338
St 348
St 298
St 173

St 199
St 193
St 328

St 271

Mao Tse Toung Blvd

St 374

St 430
St 197

St 388

St 187
Parkway
Square

Nature Cambodia (8 km);
Tonlé Bati (26 km);
Tierschutzzentrum
Phnom Tamao (33 km);
Takeo (70 km)

St 456
St 464

N 0 1 km

Kingdom Brewery (1 km);
Prek-Pnov-Brücke; (11 km);
Prek-Kdam-Brücke (30 km);
Udong (35 km)

1 ◉
4
13 ✚
19
6
8
12
2
7
St 82
St 75
St 86
St 47
Sisowath Quay

St 88
St 90
St 92
St 94
St 96
St 102
St 106
St 108
St 13
St 110

Monivong Blvd
St 93

Phnom
Penh

s. Karte Nördliches Phnom Penh (S. 52)

Tonlé Sap Rd

Mekong

Tonlé Sap

St 118
St 130
St 67
St 51
St 136
St 144
St 148

s. Karte Südliches Phnom Penh (S. 46)

10

St 107
St 137
St 164
St 139
Charles de Gaulle Blvd
St 53
St 63
St 154
St 172

St 174
St 178

Psar O
Russei

St 184
St 200
St 208
Norodom Blvd
St 19

St 198
St 141
St 242
St 214
St 222
St 228
St 240
St 51
St 242
St 254
St 264
St 240
St 244
St 7
St 246
St 258

2Cycle
Cambodia (2 km);
Smango (17 km)

St 252
Sihanouk Blvd

UMGEBUNG
DER GOLDEN ST

St 276
St 278
St 282
St 288
St 29
St 21
St 9

UMGEBUNG
VON BOENG
KENG KANG

UMGEBUNG
VON TONLÉ
BASSAC

9

St 280
St 292
St 300
St 304
St 310
St 105
St 85
St 63
St 57
St 302
St 310
St 322
St 51
St 320

UMGEBUNG
VON BOENG
KENG KANG

Norodom Blvd

Sandech Sothearos Blvd

Koh Pich
(Diamond
Island)

s. Karte Russischer Markt (S. 58)

St 360
St 386
St 376
St 380
St 390
St 71
St 398
St 396
St 400

Mao Tse Toung Blvd
St 410

St 426
St 432
St 428
St 422
St 436
16
St 440
St 63
18
St 454
St 436
14 15
St 460
St 466
St 99
St 468

Tonlé Bassac

Neak Luong (60 km);
Grenze zu Vietnam (140 km)

Großraum Phnom Penh

Durch das Mekong-Delta konnten Waren nach Laos und China verschifft werden.

Bis Mitte des 16. Jhs. konnte Phnom Penh so zu einem bedeutenden Handelszentrum in der Region aufsteigen, in dem sich zahlreiche indonesische und chinesische Kaufleute tummelten. Ein Jahrhundert später war das zunehmend isolierte Königreich wenig mehr als ein Puffer zwischen den erstarkenden Vietnamesen und Thailändern, bis 1863 die Franzosen die Macht an sich reißen konnten.

Als Kambodscha zum französischen Protektorat wurde, teilte man die Stadt in *quartiers* (Viertel) auf. Französische und andere europäische Geschäftsleute ließen sich nördlich des Wat Phnom zwischen dem Monivong Boulevard und dem Tonlé-Sap-Fluss nieder. Die Franzosen zogen sich 1953 aus dem Land zurück, hinterließen jedoch deutliche Spuren in Form von bedeutenden Wahr-

zeichen, u. a. den Königspalast, das Nationalmuseum, den Psar Thmei (Hauptmarkt) und beeindruckende Regierungsgebäude.

In den friedlichen Jahren nach der Unabhängigkeit unter Norodom Sihanouk wuchs die Stadt schnell: Als Sihanouk 1970 gestürzt wurde, lag die Einwohnerzahl bei ca. 500 000. Wenige Jahre später waren die Auswirkungen des Vietnamkriegs auch in Kambodscha zu spüren, denn in Phnom Penh wimmelte es von Flüchtlingen. Anfang 1975 lebten fast 3 Mio. Menschen in der Stadt. Die Roten Khmer eroberten die Metropole am 17. April 1975. Ein Teil ihrer radikalen Revolution bestand in der Vertreibung der gesamten Stadtbevölkerung aufs Land. Bei dieser „Befreiung" wurden zahlreiche Familien auseinandergerissen.

Zu Zeiten des Demokratischen Kampuchea wurden Zehntausende ehemalige Hauptstadtbewohner ermordet, unter ihnen der Großteil der gebildeten Schicht. Während der Herrschaft der Roten Khmer in Phnom Penh lag die Einwohnerzahl nie über 50 000; die Bevölkerung setzte sich aus verdienten Kadern der Partei, Fabrikarbeitern und militärischen Führern zusammen.

Mit Ankunft der Vietnamesen 1979 ließen sich hier wieder mehr Menschen nieder, wobei die Neubesiedelung von der neuen Regierung zunächst aufs Strengste kontrolliert wurde. In den 1980er-Jahren war in der Hauptstadt der Anblick von Kühen in den Straßen üblicher als der von Autos. Für manch einen waren die 1990er-Jahre überaus ertragreich: Die Einrichtung der UN Transitional Authority in Cambodia (Untac) brachte auch Fördergelder in Höhe von 2 Mrd. US-Dollar ins Land (größtenteils für Gehälter von ausländischen Angestellten).

Seit ungefähr 15 Jahren vollzieht sich ein wirklicher Wandel. Straßen werden ausgebessert, Abwasserrohre gelegt, Parks eingeweiht und Flussufer baulich erschlossen. Viele Stadtteile zeugen mit Hochhäusern von einer florierenden Wirtschaft, todschicke neue Restaurants öffnen ihre Pforten und die Geldgeber reiben sich mit seligem Gesichtsausdruck die Hände – das hat man früher nur in Bangkok oder Hanoi gesehen. Phnom Penh ist wieder da und es stehen weitreichende Veränderungen ins Haus.

⊙ Sehenswertes

Phnom Penh ist relativ klein und schachbrettartig angelegt, sodass es recht einfach ist, sich zurechtzufinden. Die bedeutendsten kulturellen Sehenswürdigkeiten können bequem zu Fuß erreicht werden; sie liegen in der Nähe des Flussufers und damit im schönsten Teil der Stadt. Auch die meisten anderen Sehenswürdigkeiten liegen recht zentral, nur eine kurze Fahrt mit einem *remork-moto (tuk tuk)* vom Ufer entfernt.

★ **Königspalast** PALAST
(ព្រះបរមរាជវាំង; Karte S. 42; Sothearos Blvd; Eintritt inkl. Fotoapparat 25 000 R, Guide 10 US$ pro Std.; ☉7.30–11 & 14–17 Uhr) Mit seinen Dächern im klassischen Khmer-Stil und dem kunstvollen Goldüberzug dominiert der Königspalast Phnom Penhs Skyline. Das umwerfende Bauwerk unweit des Flussufers hat erstaunlich viel Ähnlichkeit mit dem Königspalast in Bangkok.

Die Anlage ist der offizielle Wohnsitz von König Sihamoni, weshalb Teile des weitläufigen Palastgeländes für die Öffentlichkeit nicht zugänglich sind. Besucher sind nur im Thronsaal und einer Handvoll Bauten darum zugelassen. Der Silberpagodenkomplex neben dem Palast hat ebenfalls Publikumsverkehr.

Für den Palast gilt eine Kleiderordnung: Hosen müssen mindestens bis zum Knie reichen, T-Shirts und Blusen bis zum Ellbogen. Wer nicht angemessen angezogen ist, muss sich ein entsprechendes Outfit leihen. Sonntags herrscht hier ein enormer Andrang; dann wimmelt es nur so von Khmer aus den ländlichen Regionen.

➧ **Palastgelände**
Alle Besucher betreten den östlichen Bereich des Palastgeländes in der Nähe des **Chan-Chaya-Pavillons**. In diesem Pavil-lon fanden einst klassische kambodschanische Tanzvorführungen statt; heute wird er manchmal zu Ehren bestimmter Feste oder Jahrestage angestrahlt.

Hauptattraktion des Palastkomplexes ist der **Thronsaal**. Gekrönt wird er durch einen 59 m hohen Turm, der dem Bayon von Angkor nachempfunden ist. König Sisowath weihte ihn 1919 ein.

Der Bau ist Schauplatz von Krönungen und anderen Zeremonien, z. B. bei Staatsempfängen. Viele wertvolle Gegenstände, die man hier einst bewundern konnte, fielen den Roten Khmer zum Opfer.

Südlich des Thronsaals steht der seltsame Eisenbau des Napoleon-Pavillons, ein Geschenk Napoleons III. an König Norodom. Bei seinem Bau wurde das kambodschanische Klima offensichtlich nicht berücksichtigt.

➧ **Silberpagodenkomplex**
Vom Palastgelände aus führt das nördliche Tor in den Silberpagodenkomplex. Der Name der **Silberpagode** (Karte S. 42; Samdech Sothearos Blvd; im Eintritt zum Königspalast inbegriffen; ☉7.30–11 & 14–17 Uhr), die auch als Wat Preah Keo (Pagode des Smaragd-Buddhas) bekannt ist, geht auf ihren Boden zurück, der aus mehr als 5000 Silberfliesen von jeweils 1 kg besteht – insgesamt liegen hier also um die fünf Tonnen! In der Nähe des Eingangs kann man ein paar davon sehen, der Großteil ist jedoch abgedeckt.

Das ursprüngliche Bauwerk bestand aus Holz und wurde 1892 unter König Norodom errichtet. Dieser hatte sich offensichtlich vom Wat Phra Kaeo in Bangkok inspirieren

PHNOM PENH IN ...

... zwei Tagen

Frühaufsteher können den Einwohnern Phnom Penhs beim Aerobic am Flussufer zusehen und nach dem Frühstück den Königspalast (S. 41) ansteuern. Danach geht's weiter ins Nationalmuseum (S. 43) mit seiner phantastischen Skulpturensammlung. Zum Mittagessen lockt das Restaurant Friends (S. 66) und der Verdauungsspaziergang führt zur schicken Architektur des Psar Thmei (S. 82). Das Geldausgeben sollte man sich aber für den Russischen Markt (S. 81) aufheben. Die Shopping-Beute kann man dann am Fluss mit einem Happy-Hour-Drink im Foreign Correspondents' Club (S. 58) begießen und anschließend ausgiebig ausgehen.

Tag zwei beginnt mit einem Rundgang (S. 57) um das Zentrum oder den Wat Phnom, wo die Khmer um Glück beten. Nach einem Mittagessen am Ufer steht ein ernüchternder Besuch im Tuol-Sleng-Museum (S. 43) auf dem Plan, gefolgt von den Killing Fields von Choeung Ek (S. 44). Dieser Nachmittag bietet jede Menge schwere Kost, doch nur so lässt sich wirklich ermessen, wie gut sich Kambodscha in den letzten Jahren entwickelt hat. Den krönenden Abschluss bildet eine Mekong-Rundfahrt bei Sonnenuntergang mit wunderschönem Ausblick auf den Königspalast.

Königspalast & Silberpagode

lassen. 1962 entstand das aktuelle Bauwerk. Die Roten Khmer sahen von der Zerstörung der Silberpagode ab, um zu zeigen, dass ihnen etwas an der Bewahrung der kambodschanischen Kultur lag. Obwohl mehr als die Hälfte der hier ursprünglich aufbewahrten Schätze im Zuge der vietnamesischen Invasion verloren ging, gestohlen oder zerstört wurde, ist das Bauwerk einfach atemberaubend. Es handelt sich um einen der wenigen Orte in Kambodscha, an dem mit Edelsteinen verzierte Objekte nach wie vor einen Eindruck von der Pracht und dem Glanz der Khmer-Kultur vermitteln.

Eine Treppe aus italienischem Marmor führt in das Gebäude. Drinnen sitzt der **Smaragd-Buddha** – er soll aus Baccarat-Kristall bestehen – auf einem vergoldeten Sockel. Vor dem Podium steht ein lebensgroßer **Gold-Buddha**, der mit 9584 Diamanten besetzt ist. Der größte Edelstein ist in die Krone eingelassen und hat stolze 25 Karat.

Die Statue wurde ca. 1907 in den Palastwerkstätten gefertigt und wiegt um die 90 kg.

Die Wände der Pagode schmücken außergewöhnliche Khmer-Kunstwerke, darunter reich verzierte Masken, die bei traditionellen Tänzen zum Einsatz kamen, und Dutzende von goldenen Buddhas – daneben wirken die zahlreichen kostbaren Gastgeschenke ausländischer Staatschefs geradezu einfallslos. Fotografieren ist innerhalb der Silberpagode verboten.

Die Mauer um den Komplex ist mit einem großflächigen **Wandgemälde** des klassischen indischen Epos *Ramayana* (in Kambodscha *Reamker*) verziert. Die Darstellung beginnt gleich südlich des östlichen Tors und zeigt u. a. lebhafte Bilder der Schlacht um Lanka. Das Wandgemälde entstand bereits um 1900 – was sich inzwischen stellenweise deutlich bemerkbar macht.

Auf dem Gelände befinden sich noch weitere sehenswerte Gebäude. In der **Mondap**

Königspalast & Silberpagode

(Bibliothek) beispielsweise waren früher reich verzierte heilige Texte untergebracht, die auf Palmblättern niedergeschrieben wurden (mittlerweile befinden sie sich in einem klimatisierten Raum). Interessant sind auch der **Schrein** und ein **Reiterstandbild** von König Norodom (reg. 1860–1904) sowie der **Schrein** von König Ang Duong (reg. 1845–59). Dann gibt es da noch einen Pavillon mit einem großen Fußabdruck Buddhas und den **Phnom Mondap**, einen künstlichen Hügel mit einer Kapelle und einem bronzenen Fußabdruck Buddhas aus Sri Lanka sowie den **Schrein** für Kantha Bopha, eine Tochter von Prinz Sihanouk, einen **Pavillon** für königliche Zeremonien, den **Schrein** von König Norodom Sihanouks Vater, König Norodom Suramarit (reg. 1955–60), und einen **Turm**, dessen Glocke ertönt, wenn die Tore geöffnet oder geschlossen werden sollen.

⭐ **Nationalmuseum**   MUSEUM
(សារមន្ទីរជាតិ; Karte S. 52; www.cambodiamuseum.info; Ecke St 13 & St 178; Eintritt 5 US$; ◷8–17 Uhr) Direkt nördlich des Königspalasts befindet sich das Nationalmuseum. Es ist in einem stattlichen Terrakottabau im traditionellen Stil untergebracht (erb. 1917–20) und verfügt über die schönste Sammlung von Khmer-Skulpturen weltweit. Rund um den hübschen Hofgarten gruppieren sich vier Pavillons. Die meisten Besucher beginnen von links und bewegen sich im Uhrzeigersinn, der chronologischen Anordnung folgend.

Gleich am Eingang werden sie von einem bemerkenswerten Fragment begrüßt – dem recht gut erhaltenen Kopf, den Schultern und Armen einer riesigen Bronzestatue des liegenden Vishnu, die 1936 aus dem westlichen Mebon-Tempel in der Nähe von Angkor Wat geborgen werden konnte. Im nächsten Pavillon links beginnt die Ausstellung mit Stücken aus der präangkorischen Periode. Sie demonstrieren, wie sich die menschlichen Darstellungen der indischen Bildhauerei bei den Khmer zwischen dem 5. und 8. Jh. zu göttlicheren Formen entwickelt haben. Zu den Highlights zählen eine imposante achtarmige Statue von Vishnu aus dem 6. Jh. (gefunden in Phnom Da) und ein starrender Harihara aus Prasat Andet in der Provinz Kompong Thom, der Attribute von Shiva und Vishnu vereint. Die Angkor-Sammlung umfasst einige beeindruckende Statuen von Shiva aus dem 9., 10. und 11. Jh., ein großes Paar miteinander ringender Affen (Ko Ker, 10. Jh.), eine wunderschöne Steinstele aus dem 12. Jh. aus der Provinz Oddar Meanchey mit Darstellungen aus dem Leben Shivas und eine sitzende Statue des Jayavarman VII. (reg. 1181–1219) in meditativer Haltung (Angkor Thom, Angkor Thom, spätes 12. Jh.).

Darüber hinaus werden Tonwaren und Bronzearbeiten aus der Funan- und Chenla-Ära (4.–9. Jh.), der Indravarman-Periode (9.–10. Jh.) und der klassischen Angkor-Periode (10.–14. Jh.) sowie Arbeiten jüngeren Datums gezeigt, u. a. ein wunderschönes königliches Holzboot.

Fotos darf man leider nur im zentralen Hof machen. Vor Ort können Guides engagiert werden, die Englisch, Französisch oder Japanisch sprechen (6 US$). Am Eingang bekommt man die detaillierte Broschüre *The New Guide to the National Museum* (10 US$) oder die Kurzfassung *Khmer Art in Stone* (2 US$) mit Infos zu den wichtigsten Stücken.

⭐ **Tuol-Sleng-Genozid-Museum**   MUSEUM
(សារមន្ទីរប្រល័យពូជសាសន៍; Karte S. 46; Ecke St 113 & St 350; Eintritt 2 US$, Guide 6 US$; ◷7–17.30 Uhr) 1975 besetzten Pol Pots Truppen die Tuol-Svay-Prey-Schule und funktionierten sie zu einem Gefängnis um, das sogenannte Security Prison 21 (S-21). Bald war es das größte Gefangenenlager und gleich-

zeitig die schlimmste Folterstätte des Landes. Zwischen 1975 und 1978 wurden mehr als 17 000 Inhaftierte des S-21 zu den Killing Fields von Choeung Ek (S. 44) verfrachtet. Wo einst das Gefängnis war, befindet sich heute das Tuol-Sleng-Museum, in dem sich alles um die Verbrechen der Roten Khmer dreht.

Ähnlich wie die Nazis führten die Roten Khmer genauestens Buch über ihre Gräueltaten. Alle Insassen des S-21 wurden fotografiert, z. T. vor und nach der Folter. Zu den Exponaten zählen Unmengen erschütternder Schwarz-Weiß-Aufnahmen. Fast alle darauf abgebildeten Männer, Frauen und Kinder wurden später getötet. Das Entstehungsjahr der Fotografien kann man anhand der Ziffern auf der Brust des jeweiligen Gefangenen ableiten. Es lohnt sich, eine Führung zu buchen, da die Guides ein paar Hintergrundinfos zu dem einen oder anderen Bild parat haben.

Als die Schreckensherrschaft der Roten Khmer auf ihrem Höhepunkt angelangt war, richtete sie sich auch gegen die eigenen Leute: Unzählige Folterexperten und Henker des S-21 wurden von ihren Nachfolgern umgebracht. Anfang 1977 starben an diesem Ort pro Tag etwa 100 Menschen durch die Hand der Parteikader – alles im Sinne der „politischen Säuberung".

Als die vietnamesische Armee Phnom Penh Anfang 1979 befreite, fanden sie nur sieben Überlebende vor. Man hatte sie verschont, weil sie über besondere Fähigkeiten verfügten (sie konnten z. B. malen oder fotografieren). Vierzehn andere Menschen waren zu Tode gefoltert worden, als die Vietnamesen bereits die Stadt einkreisten. In den Zimmern, wo ihre verwesenden Leichen gefunden wurden, sind Aufnahmen von ihrem grausamen Tod zu sehen; sie wurden im Hof beigesetzt.

BLUT SPENDEN

Das Spenden von Blut ist in Kambodscha verpönt; gleichzeitig ist die Thalassämie-Rate sehr hoch. Die Folge ist ein akuter Mangel an Blutkonserven. Jeder kann helfen: Einfach im **National Blood Transfusion Centre** (Karte S. 52; Preah Ang Doung Hospital, Ecke Norodom Blvd & St 114; ⏰8–17 Uhr) eine Spende abgeben. Es besteht kein Risiko und jeder Spender bekommt ein T-Shirt.

Ein Besuch des Museums setzt vielen Leuten zu. Besonders verstörend ist die augenscheinliche Normalität dieses Ortes. Die Vorstadtlage, die einfachen Schulgebäude und die grasbewachsene Fläche, auf der Kinder Fußball spielen, wollen nicht zu den verrosteten Betten, Folterinstrumenten und den Wänden mit den zahlreichen grausamen Bildern passen. Dieser Ort beweist, was für eine dunkle Seite im Menschen schlummert. Tuol Sleng ist definitiv nichts für Zartbesaitete.

Viele Exponate stammen aus dem Documentation Center of Cambodia. Das „DC-Cam" wurde 1995 im Rahmen des Cambodian Genocide Program der Yale-Universität gegründet und hat sich die Recherche und Dokumentation der Verbrechen der Roten Khmer zur Aufgabe gemacht. Aus dem Projekt entwickelte sich 1997 eine eigenständige Organisation. Die Forscher haben Jahre damit zugebracht, Geständnisse und Unterlagen aus Tuol Sleng zu übersetzen, Massengräber ausfindig zu machen und Beweise für die Gräueltaten sicherzustellen.

Bophana, ein Film des französisch-kambodschanischen Regisseurs Rithy Panh von 1996, erzählt die wahre Geschichte von Hout Bophana, einer jungen Frau, und Ly Sitha, einer regionalen Führungspersönlichkeit der Roten Khmer, die sich ineinander verlieben, für dieses „Vergehen" jedoch büßen müssen. Sie werden inhaftiert und im S-21 hingerichtet. Man sollte sich diesen beeindruckenden Film unbedingt ansehen; er wird jeden Tag um 10 und 15 Uhr im Museum gezeigt und dauert eine Stunde. Rithy Panh führte auch Regie bei *The Khmer Rouge Killing Machine* mit Interviews ehemaliger Gefängnisaufseher. Montags und freitags um 14 Uhr sowie mittwochs um 9 Uhr zeigt DC-Cam eine Diashow.

Killing Fields von Choeung Ek   MUSEUM

(វាលពិឃាតជើងឯក; Eintritt inkl. Audiotour 6 US$; ⏰7.30–17.30 Uhr) Zwischen 1975 und 1978 überführte man ca. 17 000 Männer, Frauen und Kinder vom S-21 in das Vernichtungslager Choeung Ek. Oft wurden die Menschen zu Tode geprügelt, um Munition zu sparen.

1980 exhumierte man 8985 Leichname, von denen viele Fesseln und Augenbinden trugen. Die sterblichen Überreste waren in Massengräbern verscharrt. 43 der 129 Grabstätten sind unberührt und rund um die übrigen Stätten liegen noch immer menschliche Knochenfragmente und Kleiderfetzen.

Im 1988 errichteten Gedenk-Stupa sind mehr als 8000 Schädel, nach Geschlecht und Alter sortiert, zu sehen. Heute wirkt das Areal so friedlich, dass man sich kaum vorstellen kann, was sich hier vor wenigen Jahrzehnten abgespielt hat.

Der Eintritt für die Killing Fields beinhaltet einen hervorragenden Audioführer in mehreren Sprachen. Die Stätte ist rund 7,5 km südlich der Stadtgrenze gut auf Englisch ausgeschildert. Die Fahrt kostet mit dem *remork* etwa 10 US$ (die Fahrer verlangen vielleicht mehr).

Die Audiotour beleuchtet einige Geschichten von Überlebenden des Terrors der Roten Khmer – aber auch die gruseligen Schilderungen von Him Huy, einem ehemaligen Wachmann und Henker von Choeung Ek, in denen er beschreibt, auf welch bestialische Art er und seine Kollegen unschuldige und schutzlose Gefangene, darunter Frauen und Kinder, getötet haben. Ein Museum bietet interessante Informationen zum Regime der Roten Khmer und zum aktuellen Prozess gegen die überlebenden Drahtzieher. Jedes Jahr am 9. Mai wird in Choeung Ek eine Gedenkveranstaltung abgehalten.

Phnom Penh Hop On Hop Off (☑016 745880; www.phnompenhhoponhopoff.com; 1/2 Fahrgäste ohne Eintrittsgelder 15/25 US$) bietet eine Shuttlebustour inklusive Abholung vom Hotel ab 8 Uhr morgens oder 13.30 Uhr mittags.

Wat Phnom   BUDDHISTISCHER TEMPEL
(វត្តភ្នំ; Karte S. 52; Norodom Blvd Höhe St 94; Eintritt Tempel 1 US$, Museum 2 US$; ⊘7–18.30 Uhr, Museum 7–18 Uhr) Auf dem einzigen „Hügel" der Stadt, einer 27 m hohen, baumbestandenen Erhebung, thront der Wat Phnom. Der Legende zufolge wurde die erste Pagode bereits 1373 an dieser Stelle errichtet. In ihr befanden sich vier Buddha-Statuen, die Madame Penh aus den Fluten des Mekong geborgen hatte. Den Haupteingang erreicht man über die stattliche Osttreppe, die von den Löwen und *nagas* (mythischen Schlangen) an den Brüstungen bewacht werden.

Heutzutage kommen viele Menschen hierher, um Glück bzw. Erfolg in der Schule oder im Beruf zu erbitten. Geht ein Wunsch in Erfüllung, bringen die Gläubigen Opfergaben in Form einer Girlande aus Jasminblüten oder eines Strunks Bananen dar – angeblich haben die Geister das besonders gerne.

Der *vihara* (Tempelheiligtum) wurde mehrmals neu aufgebaut (1434, 1806, 1894 und 1926). Der große Stupa westlich davon beherbergt die Asche von König Ponhea Yat (reg. 1405–67). In einem Pavillon an der Südseite des Durchgangs zwischen den beiden Bauten steht eine lächelnde und etwas plump wirkende Figur von Madame Penh.

Ein Stück nördlich und etwas unterhalb des Tempelheiligtums liegt Preah Chaus erlesener Schrein. Er wird vor allem von den Vietnamesen verehrt. Zu beiden Seiten des Eingangs stehen Schutzgeister mit Eisenschlägern, die den zentralen Altar bewachen. In der Kammer, rechts von der Statue, sind Malereien von Konfuzius sowie zwei Figuren im chinesischen Stil (die Weisen Thang Cheng, rechts, und Thang Thay, links) zu sehen.

Unterhalb des Tempelheiligtums im nordwestlichen Teil des Anwesens befindet sich ein Museum mit alten Figuren und historischen Artefakten, die man getrost links liegen lassen kann, wenn man im Nationalmuseum gewesen ist.

Am Wat Phnom geht's ein wenig zu wie in einem Zirkus. Es wimmelt von Bettlern, Straßenkindern, Getränkeverkäufern und Leuten, die Vögel in Käfigen anbieten. (Man zahlt dafür, die Tiere zu „befreien" und fliegen zu lassen. Allerdings sind sie darauf abgerichtet, anschließend in ihren Käfig zurückzukehren.)

Wat Ounalom   BUDDHISTISCHER TEMPEL
(វត្តឧណ្ណាលោម; Karte S. 52; Sothearos Blvd; ⊘6–18 Uhr) GRATIS Dieser Wat ist der Hauptsitz der kambodschanischen Buddhisten. Er wurde 1443 gegründet und besteht aus insgesamt 44 Bauten. Unter Pol Pot wurde er übel zugerichtet, doch mittlerweile geht alles wieder seinen normalen Gang. Neben dem buddhistischen Oberhaupt des Landes lebt hier auch eine große Zahl von Mönchen.

Im zweiten Obergeschoss des Hauptgebäudes, links vom Podium, steht eine Skulptur von Huot Tat, dem vierten Patriarchen des kambodschanischen Buddhismus. Pol Pot ordnete seine Ermordung an. Die Statue stammt aus dem Jahr 1971 – damals war der Patriarch 80 Jahre alt – und wurde von den Roten Khmer in den Mekong geworfen, um so das Ende des Buddhismus zu verdeutlichen. 1979, nach dem Ende ihrer Schreckensherrschaft, barg man die Figur. Die Statue rechts vom Podium verkörpert einen ehemaligen Patriarchen der Thummayuth-Sekte, der die königliche Familie angehört.

Die Treppe hinter dem Podium führt hinauf zum dritten Stock. Hier ist in einem

Südliches Phnom Penh

PHNOM PENH

Kampuchea Krom Blvd

St 53

St 134

St 134

St 107

Sorya Shopping Centre

St 169

St 211

St 139

St 137

St 152

St 164

St 158

St 63

St 134

Kim Seng Express

Charles de Gaulle Blvd

St 166

s. Karte Nördliches Phnom Penh (S. 52)

St 182

Psar O Russei
119

St 178

Jawaharal Nehru Blvd (St 215)

St 213

St 182

Hua Lian

Capitol Tour

Lucky! Lucky!

St 198
73

105

Kampot Express

St 336

St 161

Deutsche Botschaft

St 214

St 222

Monivong Blvd

St 143

St 141

St 125

St 115

St 111

St 107

St 105

St 228

26

St 240

5

City Mall

40

Ph 232

38
32
41

St 242

45
St 252

112

Olympic Express (200 m)

Ph 205

Sapaco

Long Phuong

St 250

St 260

42

51

Sihanouk Blvd

St 276

10

St 286

St 284

St 280

St 113

St 143

St 85

St 278

St 282

St 318

St 199

St 298

Psar Olympic

St 173

St 288

St 338

St 328

St 193

St 292

St 85

58

11

St 348

St 300

St 304

Ausschnitt

St 310

Sihanouk Blvd

St 320
109

104

102

100

94

62

124

86

44

St 330

St 348

120

46

9

111

123

1

Tuol-Sleng-Museum

68

121

Palm Tours

22

St 350

UMGEBUNG DER GOLDEN ST

29

St 282

103

88

St 51

24

St 288

s. Karte Russischer Markt (S. 58)

St 360

59

UMGEBUNG VON BOENG KENG KANG

52

St 57

St 294

St 368

St 376

St 386

St 143

St 113

St 105

St 95

0   200 m

St 390

St 183

Chinesische Botschaft

St 396

Mao Tse Toung Blvd

A   B   C   D

N

0 — 1 km

E | F | G | H

St 144
Psar Kandal
St 15
St 13
Wat Ounalom
St 148
St 51
St 154
St 19
St 172
St 174
St 178

Tonlé Sap

s. Karte Königspalast & Silberpagode (S. 42)

Sisowath Quay

Visitor Information Centre
95
106

33
37
114

Norodom Blvd

St 184
St 200
St 51
St 208
International SOS Medical Centre
74
84
75
82
54
St 63
St 55
83
St 242
43
71
Naga Clinic
115
St 254

113
12
117
90
50
97
St 244
St 240
Wat Botum Park
St 246
53
98
34
30
St 258
17
Hotel Cambodiana
27
36
91
28
St 264
60
14
St 7
2
78
67
15

St 282
47
35
18
57
UMGEBUNG DER GOLDEN ST
s. Ausschnitt

Suramarit Blvd
3
4
Sihanouk Blvd
77
65
49
85
80
92
108
St 19
Samdech Sothearos Blvd

Botschaft von Singapur

St 294
56
48
St 302
St 306
31
20
UMGEBUNG VON BOENG KENG KANG
St 310
69
16
Hanuman Travel
64
St 322
81
66
87
72
99
118
Canadia Bank
79
6
Harley Tours Cambodia
96
St 29
St 21
55
13
White Building
107
UMGEBUNG VON TONLÉ BASSAC
101
Naga World Casino
National-versammlung
Australische Botschaft
künstliche Landaufschüttung

116
St 334
89
St 352
St 57
61
St 360
122
63
European Dental Clinic
70
21
110
St 51
Norodom Blvd
Samdech Sothearos Blvd

St 71
St 63
St 392
St 398
St 400
19
St 380
23
125
93
25
Cambodia Angkor Air
Botschaft von Myanmar
Japanische Botschaft (300 m);
Indische Botschaft (450 m);
Thailändische Botschat (450 m);
Indonesische Botschaft (450 m);
Malaysische Botschaft (1,2 km);
Monivong-Brücke (1,6 km)
39
Koh Pich (Diamond Island)

Südliches Phnom Penh

Glaskasten ein kleiner Marmor-Buddha burmesischen Ursprungs zu sehen, der von den Roten Khmer zerbrochen und später wieder zusammengesetzt wurde. Hier oben hat man außerdem einen schönen Ausblick auf den Mekong.

Der Stupa hinter dem Hauptgebäude enthält ein Augenbrauenhaar von Buddha. Die Inschrift über dem Eingang ist in Pali (einer sehr alten indischen Sprache) verfasst.

Olympiastadion   WAHRZEICHEN
(ពហុកីឡដ្ឋានជាតិអូឡាំពិក; Karte S. 46; nahe Ecke Sihanouk & Monireth Blvd; ⊙6–22 Uhr) GRATIS Allgemein bekannt als National Sports Complex, ist das Olympiastadion ein bemerkens

wertes Beispiel für die neue Khmer-Architektur der 1960er-Jahre. Es umfasst eine Arena sowie Anlagen für Boxer, Turner, Volleyballspiele etc. Nach 17 Uhr können sich Besucher Fußball- und Badmintonpartien sowie *pétanque*-Begegnungen ansehen. Außerdem gibt's zum Sonnenauf- und -untergang Massen-Aerobic mit Musikuntermalung.

Wat Moha Montrei   BUDDHISTISCHER TEMPEL
(វត្តមហាមន្ត្រី; Karte S. 46; Sihanouk Blvd Höhe St 161) Ganz in der Nähe des Olympiastadions liegt der Wat Moha Montrei. Sein Name (*moha montrei* bedeutet „der großartige Minister") geht auf einen Angestellten von König Monivong, Chakrue Ponn, zurück. Die

ser hatte den Bau der Pagode angeregt. 1970 wurde der Beton-*vihara* mit seinem 35 m hohen Turm fertiggestellt. Zwischen 1975 und 1979 missbrauchten die Roten Khmer das Bauwerk als Reis- und Maisspeicher.

Die Wandmalereien im Tempelheiligtum erzählen die Geschichte Buddhas und weisen Elemente im kambodschanischen Stil auf. Alle Engel, die Buddha in den Himmel begleiten, sind wie Khmer-Tänzer gekleidet, und die versammelten Beamten tragen die weißen Militäruniformen der Sihanouk-Ära.

Unabhängigkeitsdenkmal DENKMAL
(វិមានឯករាជ្យ; Karte S. 46; Ecke Norodom & Sihanouk Blvd) Das Unabhängigkeitsdenkmal

ist dem Hauptturm von Angkor Wat nachempfunden und wurde 1958 zum Gedenken an die Unabhängigkeit von Frankreich 1953 errichtet. Gleichzeitig ist es ein Denkmal für die kambodschanischen Kriegsopfer. An Nationalfeiertagen legt man hier Kränze nieder. Gleich östlich davon steht in einem Park eine eindrucksvolle **Statue** (Karte S. 46; Sihanouk Blvd) des legendären Königs/Premierministers/Staatsmannes Norodom Sihanouk, der 2012 als Nationalheld starb.

Nicht weit entfernt, im **Wat Botum Park** (ឧទ្យានវត្តបុទុម) gegenüber dem fotogenen Wat Botum (Karte S. 46; zw. St 7 & St 19), erhebt sich ein vietnamesisch (und kommunistisch) anmutendes Monument, das einen äußerst optimistischen Namen trägt: das **Kambodschanisch-Vietnamesische Freundschaftsdenkmal** (Karte S. 46) von 1979. Der Park wird nach 17 Uhr von Aerobic-Begeisterten, Fußballern und *takraw*-Spielern (sie jonglieren einen Rattanball mit dem Fuß) zum Leben erweckt.

Vann Nath Gallery · KUNSTGALERIE

(Karte S. 46; Restaurant Kith Eng; 33B St 169) GRATIS Der kambodschanische Künstler Vann Nath ist auf der ganzen Welt bekannt für seine Darstellung von Folterszenen aus dem berüchtigten Gefängnis S-21 in Phnom Penh. Er war einer von gerade mal sieben Menschen, die diesen Ort lebend verließen. Viele von Vann Naths Spätwerken sind hier im Kith Eng, dem Restaurant seiner Familie, zu sehen. Feste Öffnungszeiten gibt es keine; Besucher werden von seiner Frau oder seinem Schwiegersohn (der Englisch spricht) hereingelassen.

Bis zu seinem Tod im Jahr 2011 malte Vann Nath eindringliche Bilder des Gefängnisses. Seine berühmtesten Bilder sind teilweise im Tuol-Sleng-Museum ausgestellt. Von 1980 bis 1982 brachten die Vietnamesen den Künstler nach S-21 zurück – mit dem ausdrücklichen Auftrag, diese Werke zu schaffen. „Wir müssen der Seelen jener gedenken, die an diesem Ort gestorben sind", erklärte uns Vann Nath in einem Interview kurz vor seinem Tod. „Für sie bestand keinerlei Hoffnung, es gab kein Licht und keine Zukunft. Sie hatten kein Leben mehr. Ich male, um der Welt die Geschichte der Menschen zu erzählen, die nicht überlebt haben." Seit seinem Tod sind nun Chum Mey und Bou Meng die letzten Überlebenden des S-21.

Französische Botschaft · WAHRZEICHEN

(Karte S. 38; 1 Monivong Blvd) Am nördlichen Ende des Monivong Boulevard stößt man auf die Französische Botschaft. Sie spielte eine wichtige Rolle im Zuge der Ereignisse nach dem Fall der Hauptstadt: Etwa 800 Ausländer und 600 Kambodschaner suchten dort Zuflucht, doch innerhalb von nur 48 Stunden informierten die Roten Khmer den französischen Vizekonsul darüber, dass sie sich nicht um diplomatische Immunität scherten, und forderten die Auslieferung aller Einheimischen auf dem Botschaftsgelände. Für den Fall, dass ihrem Befehl nicht Folge geleistet würde, sollten eben alle sterben, egal, aus welchem Land sie stammten.

Kambodschanerinnen, die mit Ausländern verheiratet waren, durften bleiben, kambodschanische Männer, die mit Ausländerinnen verheiratet waren, mussten sich hingegen stellen. Die Menschen, die in der Botschaft zurückblieben, weinten, als man Bedienstete, Kollegen, Freunde und Ehemänner hinauseskortierte. Ende des Monats wurden sie mit Lkw außer Landes gebracht. Heute umgibt eine hohe, weiß getünchte Mauer den Gebäudekomplex, und die Franzosen sind mit viel Tamtam nach Kambodscha zurückgekehrt, um in der ehemaligen Kolonie für ihre Sprache und Kultur zu werben.

Nationalbibliothek · WAHRZEICHEN

(បណ្ណាល័យជាតិ; Bibliothèque Nationale; Karte S. 52; St 92; ☺Mo–Fr 8–11 & 14–17 Uhr) Die Nationalbibliothek ist in einem 1924 errichteten eleganten Gebäude nahe dem Wat Phnom untergebracht. Die Roten Khmer nutzten sie als Stall und zerstörten einen Großteil der Bücher, der Rest wurde achtlos auf die Straße geworfen und von Einheimischen aufgesammelt. Teilweise spendeten diese ihre Funde nach dem Ende der Schreckensherrschaft an die Bibliothek, manche verwendeten das Papier zum Einwickeln von Lebensmitteln. Heute beherbergt die Bibliothek u. a. eine alternde Sammlung englischer und französischer Titel, darunter auch einige uralte Lonely-Planet-Ausgaben.

Prayuvong-Buddha-Fabriken · BUDDHISMUS

(សិប្បកម្មរូបសាងង្រពុទ្ធរូប ព្រះយុវវង្ស; Karte S. 46; zw. St 308 & St 310) ✎ Auf dem Gelände des Wat Prayuvong entstand ein ganzes Viertel voller privater Werkstätten, in denen Buddhas aus Beton, *nagas* und kleine Stupas hergestellt werden. Sie sollen den Mangel an rituellen Gegenständen wettmachen, der auf den Zerstörungswahn der Roten Khmer zurückzuführen ist. Zwar kann man die grell bemalten Betonfiguren kaum Kunstwerke nennen, aber immerhin stehen sie für den Versuch, den Status des Buddhismus in Kambodscha wiederherzustellen. Zu finden sind sie 300 m südlich des Unabhängigkeitsdenkmals.

⚡ Aktivitäten

Aerobic

Jeden Tag im Morgengrauen und in der Abenddämmerung versammeln sich die Kambodschaner an verschiedenen Orten in der Stadt, um an merkwürdigen bunte Aerobic-Übungen teilzunehmen. Zu diesem typisch kambodschanischen Ritual gehört ein Vorturner mit Ghettoblaster und Mikrofon, der seine Schützlinge mit einer Mischung aus Fitnessübungen im Stil des sowjetischen Sportdrills der 1980er-Jahre und Choreografien nach Michael-Jackson-Art zum Schwitzen bringt. Zu den Teilnehmern gehören vor allem Khmer-Frauen mittleren Alters, aber eigentlich sind hier beide Geschlechter und alle Altersgruppen vertreten und Touristen sind immer willkommen.

Es gibt viele Orte in der Stadt, die Gelegenheit zum Mitmachen beim bunten Treiben oder zum Zuschauen bieten. Das Olympiastadion (S. 48) ist aber wohl aufgrund der großen Zahl an Teilnehmern die beste Anlaufstelle. Hier buhlen verschiedene Trainer und Trainerinnen um die fitnessbegei-

sterte Klientel und auf den oberen Rängen der Zuschauertribüne ist ein unglaubliches Durcheinander von Lautsprechern zu hören.

Auch am Flussufer trifft sich die Aerobic-Gemeinde – das Areal gegenüber dem Blue Pumpkin (S. 64) am Ende der Street 144 ist ein guter Tipp. Beliebt ist auch der Wat Botum Park (S. 49) am Sotheros Boulevard, in dem sich immer mehrere Gruppen zum kollektiven Workout versammeln.

Bootsfahrten

Touren auf dem Tonlé Sap und Mekong erfreuen sich bei Reisenden großer Beliebtheit. Besonders zu empfehlen sind Fahrten

---

PHNOM PENH MIT KINDERN

Phnom Penh zeichnet sich aus durch chaotischen Verkehr, wenig Grünflächen und vorwiegend düstere Sehenswürdigkeiten. Nicht gerade kinderfreundlich, möchte man meinen. Falsch. Denn die Hauptstadt bietet auch jede Menge versteckte Schätze, die spannend für Kinder sind. Und welches Kind findet eine *remork*-Fahrt nicht toll?

Meist sind Kinder auch von den buddhistischen Tempeln begeistert – vor allem von farbenfrohen Exemplaren wie dem Wat Langka (S. 56) oder dem Wat Ounalom (S. 45). Aber auch Hügeltempel wie Wat Phnom (S. 45) und Udong außerhalb der Stadt (S. 93) kommen gut an. Glänzende Gold-Buddhas und Stupas, Tierstatuen und der eine oder andere Affe bieten den Kids mehr als genug optische Reize (solange man sie von den beängstigenden Dämonen ablenkt). Ähnlich viel buddhistischen Bildreichtum bietet auch der Königspalast (S. 41).

Wenn der Nachwuchs gerne Fahrrad fährt, kann man auch vom Hafen hinter dem Imperial Garden Hotel (S. 54) mit der Fähre über den Mekong setzen und eine Tour mit Mieträdern machen. Jenseits des Flusses erreicht man auf guten Straßen und Wegen nach etwa 15 km Fahrt Richtung Norden das Gästehaus Smango (☑ 016 994555; www.smangohouse.com; Poolzugang 5 US$), das anständiges Essen und einen erfrischenden Pool zu bieten hat. Die genaue Anfahrt steht auf der Website.

Phnom Penh hat gute öffentliche Flächen zum Spielen, darunter einen Kinderspielplatz (Karte S. 46; Samdech Sotheros Blvd) nordwestlich des Kambodschanisch-Vietnamesischen Freundschaftsdenkmals im Wat Botum Park. Ein weiterer Spielplatz (Karte S. 52) liegt gleich südlich des Wat Phnom. Auch Swimmingpools sind in dieser sehr heißen Stadt beliebt: Viele Hotels gestatten auch Nicht-Gästen die Nutzung ihrer Pools, gegen eine kleine Gebühr oder einen Mindestverzehr. Toll für diejenigen, die sich nicht vor einer kleinen Exkursion (6 km) nach außerhalb scheuen, ist das Kingdom Resort (☑ 023-721514; www.thekingdomresort.net; abseits des NH1; Erw./Kind 5/3 US$).

Der Hitze (oder auch dem Regen) entgeht man am besten in der Kids City (Karte S. 46; www.kidscityasia.com; Sihanouk Blvd; 1 Std. ab 5 US$; ☺ 8–21.30 Uhr). Der riesige Spielpalast hat eine erstklassige Kletterhalle, eine raffinierte Dschungelhalle, eine Wissenschaftsgalerie und eine Schlittschuhbahn. Weitere überdachte Spielareale (Socken mitbringen!) mit ausgetüftelten Rutschbahnen, Hüpfburgen u. Ä. finden sich im Themenpark Dream Land (Karte S. 46; www.dreamland.com.kh; 8 Sisowath Quay; Eintritt 6 US$, Spielplatz 2000 R; ☺ 9–21 Uhr), das auch noch ein Riesenrad und andere Fahrgeschäfte bietet. Für kleine Kinder gibt's hier außerdem das Monkey Business (Karte S. 46; St 370 Höhe St 57; Kind 2–4 US$, Erw. frei; ☺ 9–19 Uhr) mit WLAN und einem Café für Erwachsene. Viele Restaurants und Cafés sind kinderfreundlich.

Die spannendste Attraktion liegt jenseits der Stadtgrenze und eignet sich gut als Tagesausflug: das Tierschutzzentrum Phnom Tamao (S. 95), ein Schutzgebiet für Kambodschas unglaubliche Wildtiere.

Nördliches Phnom Penh

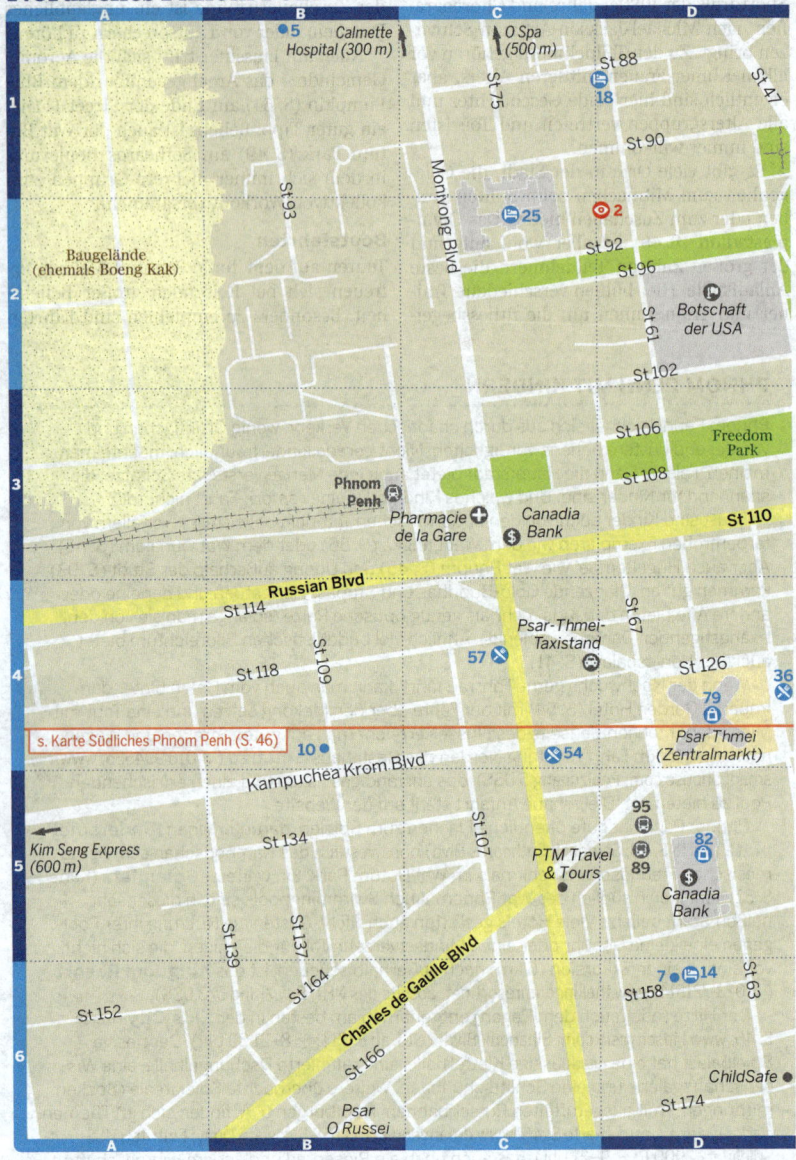

Calmette Hospital (300 m)

O Spa (500 m)

●5

St 88

18

St 90

St 75

Monivong Blvd

St 93

25

2

St 92

St 96

Baugelände (ehemals Boeng Kak)

St 61

Botschaft der USA

St 102

St 106

Freedom Park

St 108

Phnom Penh

St 110

Pharmacie de la Gare

Canadia Bank

Russian Blvd

St 114

St 67

Psar-Thmei-Taxistand

St 118

St 109

57

St 126

36

79

s. Karte Südliches Phnom Penh (S. 46)

10 ●

54

Psar Thmei (Zentralmarkt)

Kampuchea Krom Blvd

Kim Seng Express (600 m)

St 134

St 107

95

82

PTM Travel & Tours

89

Canadia Bank

St 139

St 137

St 164

Charles de Gaulle Blvd

7 ● 14

St 158

St 63

St 152

St 166

ChildSafe

St 174

Psar O Russei

am frühen Abend, denn dann sieht man die Sonne langsam hinter den funkelnden Türmen des Königspalasts verschwinden. Am Flussufer etwa 500 m nördlich des Touristenhafens wartet eine ganze Armada **Ausflugs-** **boote** (Karte S. 38) auf Kundschaft. Für rund 20 US$ pro Stunde (je nach Verhandlungsgeschick und Passagierzahl) kann man spontan eines kapern und in See stechen. Bier und Erfrischungsgetränke kann man an Bord kau-

Japanische Brücke (1 km)

Sisowath Quay

St 94

Sundance
Riverside

Anlegestelle
für Touristenboote

St 104

St 13

Tropical &
Travellers
Medical Clinic

St 118

National Blood
Transfusion
Centre

Norodom Blvd

St 19

St 136

St 130

St 15

St 144

St 148

Psar
Kandal

St 154

EXO Travel

St 53

St 51

St 172

St 178

St 19

St 178

St 184

St 13

Wat
Ounalom

U-Care
Pharmacy

CAB Bank

ANZ Royal Bank

Tonle Sap

s. Karte Königspalast
& Silberpagode (S. 42)

**1 National-
museum**

Sandech Sothearos Blvd

---

fen oder auch selbst mitbringen. Eine weitere Option sind öffentliche Rundfahrten. Diese legen von 17 bis 19.30 Uhr alle 30 Minuten vom Touristenhafen (S. 52) ab und dauern etwa 45 Minuten (5 US$ pro Pers.).

Kanika Boat Tour
BOOTSTOUR

(Karte S. 52; ☎089 848959; www.kanika-boat.com; Sonnenuntergangs-/Dinner-Rundfahrt 7/20 US$) Der auffallend weiße Katamaran *Kanika* schippert allabendlich außer montags über

Nördliches Phnom Penh

die Gewässer des Tonlé Sap und des Mekong. Zur Wahl stehen eine Sonnenuntergangstour (15 US$ mit Bier vom Fass oder Probiertellern) um 17 Uhr und eine längere Dinner-Rundfahrt um 19 Uhr.

Fitnessstudios & Schwimmen

Die vornehmsten Hotels in diesem Kapitel erlauben Tagesgästen gegen eine saftige Gebühr die Benutzung ihrer Fitnessstudios und Swimmingpools. Im **Sofitel** (Karte S. 46; ☑023-999200; www.sofitel.com; 26 Sothearos Blvd) und **Imperial Garden** (Karte S. 46; ☑023-219991; www.imperialgarden-hotel.com; 315 Sisowath Quay) ist noch ein Tennisplatz dabei.

Einige Hotels gewähren Eintritt zum Pool, wenn man für ein paar Dollar Essen oder Cocktails kauft. Gute Adressen sind das Teahouse (S. 61) und **The 252** (Karte S. 46; ☑023-998252; www.the-252.com; 19 St 152).

Allerdings haben sie eher kleine Becken, die sich mehr zum Abkühlen eignen als zum Bahnenschwimmen. Die meisten anderen

Boutiquehotels der Mittelklasse verlangen 5 US$ für die Poolbenutzung.

Himawari Hotel   SCHWIMMEN
(Karte S. 46; ☑023-214555; 313 Sisowath Quay; Eintritt werktags/am Wochenende 7/8 US$) Hat einen größeren Pool, in dem man Bahnen schwimmen kann.

Long Beach Plaza Hotel   SCHWIMMEN
(Karte S. 38; ☑023-998007; 3 St 289; Eintritt 1 US$) Günstig für einen sporttauglichen Pool, dafür weit vom Zentrum entfernt.

Muscle Fitness   FITNESSSTUDIO
(Karte S. 58; Ecke St 95 & St 386; 3,50 US$ pro Trainingseinheit; ☉6–20 Uhr) Ziemlich günstig angesichts der Geräteauswahl (dafür funktioniert die Klimaanlage nicht).

The Place   FITNESSSTUDIO
(Karte S. 46; ☑023-999799; 11 St 51; ohne Anmeldung 15 US$; ☉6–22 Uhr) Modernstes Studio mit zahllosen Maschinen, großem Pool und verschiedenen Cardio-Kursen.

Gokart

Kambol Kart Raceway
GOKART

(☎ 012 232332; 12 US$ für 10 Min.) Der Kambol Kart Raceway ist eine professionelle Kartbahn in ländlicher Gegend außerhalb von Phnom Penh. Die Bahn liegt etwa 2 km abseits der Straße nach Sihanoukville: 8 km hinter dem Flughafen taucht rechts ein leicht zu übersehendes Hinweisschild auf – wer die Mautstelle erreicht, ist zu weit gefahren. Helm und Anzug sind im Preis inbegriffen.

Golf

Wer ohne Golf nicht leben kann, findet in Phnom Penh mehrere 18-Loch-Plätze, die allerdings zumeist 30 km oder mehr außerhalb liegen.

Grand Phnom Penh Golf Club
GOLF

(☎ 023-690 0888; www.grandphnompenhgolf.com; Hanoi Rd; wochentags/am Wochenende 85/129 US$, plus Caddy & Cart 40 US$) Der am günstigsten

gelegene 18-Loch-Platz in der Umgebung der Hauptstadt wurde vom Großmeister Jack Nicklaus persönlich entworfen. Anfahrt: von der Airport Road auf die Hanoi Road abbiegen; nach 5 km liegt rechts der imposante Eingang.

Joggen

Hash House Harriers
JOGGEN

(www.p2h3.com) Wer in Phnom Penh lebende Ausländer kennenlernen möchte, schließt sich am besten den sogenannten Hash House Harriers an, die oft einfach nur als „the Hash" bezeichnet werden. Interessierte treffen sich immer sonntags um 14 Uhr vor dem Bahnhof (S. 90). Die Teilnahmegebühr von 5 US$ deckt die Versorgung mit Getränken (in erster Linie Bier) ab.

Massage & Wellness

In Phnom Penh gibt's jede Menge Massagesalons. Manche sind zwar ein wenig verrufen, aber trotzdem ist die Auswahl an seriösen Unternehmen gut. Darüber hinaus kann man sich in ein paar hervorragenden Wellnesszentren verwöhnen lassen.

Spa Bliss WELLNESS
(Karte S. 46; ☏ 023-215754; www.blissspacambodia.com; 29 St 240; Massagen ab 22 US$) Das renommierte Spa ist in einem hübschen alten französischen Haus an der beliebten Street 240 untergebracht.

Bodia Spa WELLNESS
(Karte S. 52; ☏ 023-226199; www.bodia-spa.com; Ecke Sotheros Blvd & St 178; Massagen ab 26 US$; ⊙10–23 Uhr) Eine der besten Adressen der Stadt, im Zen-Stil und nahe des Flussufers.

O Spa WELLNESS
(Karte S. 38; ☏ 023-992405; www.ospacambodia.com; 4B St 75; Massagen ab 20 US$; ⊙11–22 Uhr) Eine Oase der Ruhe. Regenerierende Massagen mit heißen Steinen sowie balinesische und thailändische Behandlungen.

Daughters WELLNESS
(Karte S. 52; ☏ 077 657678; www.daughtersofcambodia.org; 65 St 178; 1-std. Fußpflege 10 US$; ⊙Mo–Sa 9–17.30 Uhr) Hand- und Fußmassagen von Teilnehmerinnen der Berufsausbildungsprogramme einer NGO für gefährdete Frauen. Es gibt auch Behandlungen von 15–30 Min.

Nail Bar MASSAGE
(Karte S. 52; www.mithsamlanh.org; im Geschäft Friends 'n' Stuff, 215 St 13; 30-/60-min. Massagen 4/7 US$; ⊙11–21 Uhr) Günstige Maniküren, Pediküren, Fuß- und Handmassagen sowie Nageldesign. Der Erlös kommt Straßenkindern zugute.

Seeing Hand Massage
Chan Tharith MASSAGE
(Karte S. 46; ☏ 092 260910; www.seeinghandmassage.com; 77 Sotheros Blvd; Massagen 5–7,50 US$; ⊙7–22 Uhr) Hier verdienen sich blinde Masseure ihren Lebensunterhalt. Nirgendwo in der Stadt gibt es gute Massagen zu einem günstigeren Preis.

Meditation & Yoga
Im zentralen *vihara* des **Wat Langka** (Karte S. 46; Ecke St 51 & Sihanouk Blvd) finden montags, donnerstags und samstags um 18 Uhr und sonntagmorgens um 8 Uhr kostenlose einstündige Vipassana-Meditationen statt. Achtung: Wer noch nie meditiert hat, wird hier die längste Stunde seines Lebens erleben. Es ist aber auch in Ordnung, nur 20 oder 30 Minuten mitzumachen.

In Yoga-Studios überall in der Stadt wird regelmäßig Unterricht angeboten – Termine stehen auf den Websites. In der Regel gibt es Ermäßigungen bei Buchung mehrerer Stunden.

NaṭaRāj Yoga YOGA
(Karte S. 46; ☏ 090 311341; www.yogacambodia.com; 52 St 302; Unterricht ab 9 US$) Beliebtes Yoga-Studio mit abwechslungsreichem Angebot.

Yoga Phnom Penh YOGA
(Karte S. 46; ☏ 012 739419; www.yogaphnompenh.com; 172 Norodom Blvd; Unterricht ab 8 US$)

Radfahren
Man kann einfach ein Fahrrad mieten und losfahren: Die Tour nach Koh Dach (S. 92) lässt sich leicht auf eigene Faust unternehmen. Wer hinter dem Imperial Garden Hotel (S. 54) mit der Fähre über den Mekong setzt (1000 R inkl. Fahrrad), kann aber auch die idyllischen Nebenstraßen jenseits des Flusses erkunden. Alle, die es lieber etwas organisierter mögen, können über die folgenden Anbieter eine Tour mit oder ohne Guide buchen: Vicious Cycle bietet täglich eine Gruppentour nach Udong (S. 92) oder Koh Dach an; Abfahrt vor 8 Uhr.

Bike Shop RADFAHREN
(Karte S. 46; ☏ 089 834704; www.bicycletourscambodia.com; 31 St 302) Vermietet erstklassige Mountainbikes und Straßenräder (10–30 US$) und ist auf mehrtägige Radtouren kreuz und quer durchs Land spezialisiert (für Paare 80 US$ pro Pers. und Tag).

Vicious Cycle RADFAHREN
(Karte S. 52; ☏ 012 430622; www.grasshopperadventures.com; 23 St 144; Straßenrad/Mountainbike 4/8 US$ pro Tag) Hat jede Menge hervorragende Mountainbikes und sonstige Drahtesel. Für 3 US$ kann ein Kindersitz am Mountainbike angeboten werden. Vicious Cycle ist in Phnom Penh die Vertretung des angesehenen Anbieters Grasshopper Adventures.

🎓 Kurse

Cambodia Cooking Class KOCHKURSE
(Karte S. 46; ☏ 012 524801; www.cambodia-cooking-class.com; Buchung 67 St 240; halber/ganzer Tag 15/23 US$) Die Kurse des Restaurants Frizz vermitteln die Finessen der Khmer-Küche. Sie finden in der Nähe der russischen Botschaft statt. Vorab buchen.

☞ Geführte Touren

In und um Phnom Penh werden einige interessante Spezialtouren angeboten. Wer eine Stadtführung unternehmen möchte: Die meisten Gästehäuser und Reiseagenturen bieten eine Stadttour für ca. 6 US$ pro Person (zzgl. Eintrittspreise) an.

Khmer Architecture Tours KULTURTOUREN
(www.ka-tours.org; Führungen 10–55 US$, je nach Teilnehmerzahl) Wer sich für die neuere Khmer-Architektur der Sangkum-Ära (1953–70) interessiert, ist hier an der richtigen Adresse. Zu Fuß bzw. per *cyclo* (Fahrradtaxi) geht es zu den auffälligsten Gebäuden der Stadt. Abfahrt ist gewöhnlich jedes zweite Wochenende um 8.30 Uhr, die Tour dauert zwei bis drei Stunden. Auf der Webseite gibt es eine selbst gezeichnete Karte mit den beliebtesten Spazierrouten.

Mehr Informationen zu besonders sehenswerten Bauwerken bieten *Cultures of Independence* (2001) und *Building Cambodia: New Khmer Architecture 1953–70* (2006).

Cambodian Living Arts KULTURTOUREN
(CLA; Karte S. 46; ☎017 998570; www.cambodianlivingarts.org; 128 Sothearos Blvd) Cambodian Living Arts (CLA) fördert die Unterrichtung junger und gefährdeter Kambodschaner in den Disziplinen der traditionellen Musik, des Tanzes und anderer Kunstformen durch altgediente Künstler. Viele dieser Kurse können im Rahmen der von CLA angebotenen „Living Arts Tours" besucht werden. Einer der interessantesten ist der des **Pinpeat-Ensemble** (☉Mo–Fr 10.45–12.15 Uhr) im baufälligen modernistischen „White Building". Hier lernen Schüler Melodien, die bei Zeremonien, Tänzen und Maskenspielen am Königshof von Angkor gespielt wurden.

In Phnom Penh, Siem Reap Takeo und anderen Provinzen werden noch viele weitere Touren angeboten – Details auf der Website.

Cyclo Centre TOUR
(Karte S. 52; ☎097 700 9762; www.cyclo.org.kh; 95 St 158; ab 3/12 US$ pro Std./Tag) Diese Touren unterstützen den *cyclo*-Fahrer in der Hauptstadt und sind eine tolle Art, die Sehenswürdigkeiten der Stadt abzuklappern. Es gibt verschiedene Themenführungen, z. B. Kneipentouren oder Kulturausflüge.

Kingdom Brewery TOUR
(☎023-430180; 1748 NH5; Führungen 6 US$; ☉Mo–Fr 13–17 Uhr) Eine Führung durch die Kingdom Brewery kostet nur 6 US$. Zwei Bier sind im Preis enthalten, Reservierungen sind nicht notwendig. 1 km nördlich der Japanischen Brücke am NH5.

Nature Cambodia QUADTOUR
(☎012 676381; www.nature-cambodia.com; Touren 90 Min./halber/ganzer Tag 25/55/110 US$) Quadbike-Touren in Phnom Penhs Umgebung mit Fahrzeugen mit Automatikgetriebe, die auch für Anfänger problemlos zu handhaben sind (max. 2 Pers. pro Quad). Die Ganztagestouren führen z. B. zum Tonlé Bati und Phnom Tamao. Die Gegend in der unmittelbaren

FIGHT CLUB AUF KAMBODSCHANISCH

Die Begriffe *muay Thai* (Thaiboxen) und Kickboxen sind weltweit bekannt, aber nur wenige wissen, dass diese Kontaktsportart vermutlich ursprünglich aus Kambodscha stammt. *Pradal serey* (wörtlich übersetzt „freier Kampf") ist die hiesige Version des Kickboxens und wer mag, kann sich in Phnom Penh ein paar Vorführungen ansehen. Freitags, samstags und sonntags um 14 Uhr richtet der beliebte TV-Sender CTN Boxkämpfe aus. Als Schauplatz dient das Hauptstudio an der Nationalen Schnellstraße 5 etwa 4 km nördlich der Japanischen Brücke. Der Eintritt ist gratis. Normalerweise wird man dort zahlreiche Einheimische antreffen, die heimlich wetten. Fast alle Kämpfe enden damit, dass ein Boxer einen brutalen Schlag mit dem Ellbogen kassiert. Beim *pradal serey* führt man weit mehr Ausweichmanöver aus als bei anderen Kickboxvarianten.

Eine noch ältere Kampfsportart ist *bokator* oder *labokatao*. Manche sagen, sie stamme aus der Angkor-Periode. Der Name bedeutet so viel wie „sich mit einem Löwen schlagen". Ursprünglich war *bokator* für Begegnungen auf dem Schlachtfeld gedacht. Zulässige Waffen sind Bambusstäbe und kurze Stöcke, in manchen Situationen auch der *krama* (Schal). Die **Pras-Khan-Chey-Bokator-Schule** (Karte S. 52; ☎095 455555; www.bokatorcambodia.com; 10 St 109; ☉8–10 & 18–20 Uhr) in Phnom Penh bietet Einzelstunden (5 US$ pro Stunde) oder vollständige Braungürtelkurse (1500 US$) an. Wer Wert auf einen englischsprachigen Lehrer legt, sollte vorher anrufen.

Umgebung der Hauptstadt ist wunderschön und eignet sich gut für Ausflüge. Es sind auch längere Trips sowie Jeepausflüge im Angebot.

Einfach den Schildern zu den Killing Fields von Choeung Ek folgen; Nature Cambodia befindet sich ca. 300 m vor dem Eingang. Am besten ruft man vorher an, denn die Zahl der Quads ist begrenzt.

🛏 Schlafen

Wie in ganz Kambodscha sind gute Unterkünfte in Phnom Penh äußerst günstig und für jeden Geldbeutel erschwinglich. Reisende können zwischen Hunderten von Pensionen und Hotels wählen.

🛏 Nördliches Zentrum (Flussufer)

Die Unterkünfte entlang des Flussufers sind zwar sehr beliebt, doch andernorts kommt man besser und günstiger unter. Darüber hinaus bieten die Hotels am Fluss nur wenig Ruhe und ihre günstigeren Zimmer haben meist keine Fenster oder liegen vom Fluss abgewandt. Im oberen Preissegment gibt es ein paar herausragende Unterkünfte, während die Auswahl in der mittleren und unteren Preisklasse um Einiges magerer ausfällt.

⭐ **Foreign Correspondents' Club** BOUTIQUEHOTEL $$
(FCC; Karte S. 52; ☎ 023-210142; www.fcccambo dia.com; 363 Sisowath Quay; Standard-/Luxus-Zi. mit Frühstück ab 59/79 US$; ❄ 🖥) In diesem auffälligen Hotel fühlt man sich in die nervenaufreibende Zeit der Kriegsberichterstattung zurückversetzt. Die Zimmer sind exquisit mit poliertem Holz und Kunst, erstklassigen Möbeln und historischen Titelblättern der *Phnom Penh Post* eingerichtet. Die Luxuszimmer haben luftige Balkone mit wunderbarem Flussblick.

Bougainvillier Hotel HOTEL $$
(Karte S. 52; ☎ 023-220528; www.bougainvillier hotel.com; 277G Sisowath Quay; Zi. ohne/mit Fluss-

Russischer Markt

Map legend and labels:
N 0 — 400 m

St 360, St 368, Two Wheels Only, St 386, St 163, St 143, St 113, St 105, St 360, St 376, St 95, St 71, St 380, St 392, St 390, 1, St 398, 8, 2, St 396, 3, St 400, Laotische Botschaft, Chinesische Botschaft (300 m); Psar Dang Kor (1,7 km), Mao Tse Toung Blvd, Monivong Blvd, St 408, St 410, Wat Toul Tom Pong, St 426, St 155, St 428, St 432, St 422, Philippinische Botschaft, Vietnamesische Botschaft, St 63, 11, 5, St 446, 16, 19, 18, 14, St 450, St 123, St 99, St 95, 7, St 135, 9, 12, 4, 6, 10, St 436, St 456, 13, 15, St 454, St 460, Indische Botschaft (150 m); Indonesische Botschaft (200 m), St 464, St 468, Cooperation Committee for Cambodia (100 m), Sovanna Phum Arts Association (300 m), Monivong-Brücke (1,5 km); Chbah Ampeau-Taxistand (1,8 km), St 466, 17

blick inkl. Frühstück ab 55/90 US$; ❄ 🛜) Zu den geschmackvoll eingerichteten Zimmern zählen großzügig bemessene Suiten mit Flussblick und Balkon. Man kann auch zur Dachbar (S. 77) mit bestem Ausblick emporsteigen – einen Aufzug gibt's jedoch nicht.

Amanjaya Pancam Hotel BOUTIQUEHOTEL $$$
(Karte S. 52; 📞 023-214747; www.amanjaya-suites-phnom-penh.com; 1 St 154; Zi. mit Frühstück 135–175 US$; ❄@🛜) Das Amanjaya wartet mit einer hervorragenden Lage am Fluss und großen Zimmern mit dunklen Holzböden, eleganten Khmer-Gardinen und tropischen Möbeln auf. Auf dem Dach ist die wunderbare Bar Le Moon (S. 77), im Erdgeschoss das trendige Café **K West**.

The Quay BOUTIQUEHOTEL $$$
(Karte S. 52; 📞 023-224894; www.thequayhotel.com; 277 Sisowath Quay; Zi./Suite mit Frühstück ab 50/90 US$; ❄@🛜) The Quay bringt zeitgenössischen Stil direkt ans Flussufer. Die Panorama-Suiten mit großem Balkon und Blick über den Fluss bieten wesentlich mehr Platz als die ebenso stilvollen, aber düsteren Zimmer nach hinten. In der Dachbar Chow (S. 77) lässt sich der Ausblick bei einer angenehmen Brise genießen.

Russischer Markt

📖 Nördliches Zentrum (abseits des Flusses)

Wer nicht weit vom Flussufer wohnen möchte, ohne Flussuferpreise zu zahlen, ist hier richtig. Allerdings ist Vorsicht geboten: Die Häuserblocks westlich des Flusses von Street 104 bis etwa Street 144 sind schmuddelig und teilweise heruntergekommen. Eine Handvoll exquisiter neuer Boutiquehotels deutet hier jedoch bereits auf eine kommende Gentrifizierung dieser erstklassigen Lage hin. Außerdem hat sich Street 172 zwischen Street 19 und Street 13 inzwischen zum Lieblingsbezirk der Backpacker gemausert.

⭐ Eighty8 Backpackers HOSTEL $
(Karte S. 52; 📞 023-500 2440; www.88backpackers.com; 98 St 88; B 5,25–7,75 US$, Zi. 18–26 US$; ❄@🛜♨) Ein Hostel mit Swimmingpool – das schreit förmlich nach Partys! Und tatsächlich findet hier jeden ersten Freitag im Monat eine große statt. Das weitläufige Haus beherbergt verschiedenste Schlafsäle und Zimmer. Den Hof ziert in der Mitte eine Bar mit Billardtisch und vielen Sitzgelegenheiten am Pool. Die Dorms gibt's mit Klimaanlage, mit Ventilator und nur für Frauen.

DoDo Guesthouse GÄSTEHAUS $
(Karte S. 52; 📞 023-999912; http://dodoguesthouse.wordpress.com; 2B St 90; Zi. 15–25 US$; ❄🛜) Die Zimmer in dem eindrucksvollen kleinen Gästehaus nördlich des Wat Phnom sind sauber, geräumig und sehr preisgünstig – hier sind die Bäder teils genauso groß wie anderswo die zellenartigen Zimmer. Unten gibt's eine originelle kleine Café-Bar.

Me Mate's Place GÄSTEHAUS $
(Karte S. 52; 📞 023-500 2497; www.mematesplace.com; 5 St 90; B 6–7 US$, EZ/DZ ab 18/20 US$; ❄@🛜♨) Schickes, kleines Gästehaus mit Bar an einer ruhigen Straße nördlich des Wat Phnom. In den Sechsbettzimmern stehen stabile Doppel-Stockbetten und es gibt eine kühle Klimaanlage. Die spartanischen Privatzimmer (teils ohne Fenster) sind dagegen eher enttäuschend. Gäste dürfen kostenlos in den Swimmingpool des Eighty8 Backpackers (S. 59). Eine Flashpacker-Alternative ist die **New Me Mate's Villa** (Karte S. 46; 📞 012 795961; 21A St 184; B 6–10 US$, Zi. 20–25 US$; ❄🛜) in der Street 184.

Mama Veary's Guesthouse GÄSTEHAUS $
(Karte S. 52; 📞 023-989696; www.mamavearyguesthouse.com; 26 St 172; B/EZ/DZ 4/15/20 US$;

✳@🛜) Die Standard-Hotelzimmer zu Gästehauspreisen machen das Mama Veary's zu einer tollen kleinen Unterkunft an der beliebten Backpackermeile Street 172. Die sauberen Dorms werden von einer Klimaanlage gekühlt und die Betten zählen zu den billigsten der Stadt.

Velkommen Backpackers GÄSTEHAUS $
(Karte S. 52; ☑ 077 757701; www.velkommenback packers.com; 17 St 144; B 5 US$; Zi. 8–30 US$; ✳🛜) Das beliebte Velkommen kümmert sich nun schon seit rund zehn Jahren um Traveller. Die Dorms haben Klimaanlagen und die Privatzimmer sind unterschiedlich groß. Unten befindet sich ein Restaurant mit Bar und es werden jede Menge nützliche Reiseinfos geboten. Direkt gegenüber ist das **Velkommen Guesthouse** (Karte S. 52; ☑ 077 757701; www.velkommenguesthouse.com; 18 St 144; Zi. 18–45 US$; ✳🛜) mit schickeren Zimmern.

11 Happy Backpacker HOSTEL $
(Karte S. 52; ☑ 088 777 7421; happy11gt@hotmail.com; 87-89 St 136; B 5 US$, Zi. 8–15 US$; ✳@🛜) Die riesige Dachterrasse einer der ersten Backpacker-Herbergen in Phnom Penh mit Bar und Restaurant hat gemütliche Sessel zum Chillen und einen Billardtisch. Tagsüber toll zum Entspannen, abends ein Riesenspaß. Die weiß gekachelten Zimmer sind sauber und funktional. Praktischerweise ist im Erdgeschoss auch noch das **Kino Flicks 2**.

★ **Blue Lime** BOUTIQUEHOTEL $$
(Karte S. 52; ☑ 023-222260; www.bluelime.asia; 42 St 19z; Zi. mit Frühstück 50–85 US$; ✳@🛜) Das Blue Lime wartet mit schicken, minimalistischen Zimmern und einer begrünten Pool-Umgebung auf, die zum Entspannen einlädt. Die teureren Zimmer verfügen über eigene kleine Pools, Himmelbetten und moderne Zweiersofas aus Beton. Die günstigeren Zimmer in den oberen Stockwerken des Hauptgebäudes sind genauso ansprechend. Keine Kinder.

Monsoon Boutique Hotel BOUTIQUEHOTEL $$
(Karte S. 52; ☑ 023-989856; www.monsoonhotel.com; 53–55 St 130; Zi. mit Frühstück 30–45 US$; ✳@🛜) Die kleine Oase übersieht man auf der chaotischen Street 130 nur allzu leicht. Darin verbergen sich hübsche Zimmer mit Wänden aus geschliffenem Beton und schönen Wandgemälden. Ein toller Preis für das raffinierte Design und die flussnahe Lage.

De Art Hotel BOUTIQUEHOTEL $$
(Karte S. 52; ☑ 023-622 2298; www.dearthotel.com; 9–12 St 106; Zi. 30–70 US$; ✳@🛜) Das neue Boutiquehotel lockt mit einigen phantastischen Sonderangeboten, sodass die Zimmer hier ein echtes Schnäppchen sind: Viersternekomfort zu Zweisternepreisen! Die Zimmer sind ultramodern, mit zeitgenössischer Kunst an den Wänden. Allerdings kann's hier etwas lauter sein, da sich das Hotel in der Nähe von Busunternehmen befindet.

Billabong BOUTIQUEHOTEL $$
(Karte S. 52; ☑ 023-223703; www.thebillabong hotel.com; 5 St 158; EZ/DZ/3BZ mit Frühstück ab 36/60/75 US$; ✳@🛜) Trotz seiner Nähe zum Psar Thmei ist das Billabong eine Oase der Ruhe. Die 41 Zimmer liegen um einen offenen Innenhof mit großem Swimmingpool. Am schönsten sind die Erdgeschosszimmer mit Poolblick und Veranda, sie sind größer als die Zimmer im hinteren Bereich.

Sundance Inn & Saloon GÄSTEHAUS $$
(Karte S. 52; ☑ 016 802090; www.sundancecambodia.com; 61 St 172; Zi. 23–38 US$; ✳@🛜) Das Sundance setzt sich von der Masse an der Street 172 deutlich ab: Alle Zimmer haben riesige Betten, Designerbäder, Küchenzeilen und PCs mit Verbindung zum Flachbild-TV. Montags ist Jamsession und auch sonst ist oft Livemusik angesagt. Wenn man dann noch bedenkt, dass die Cocktails hier den ganzen Tag 1 US$ kosten und hinten ein Pool ist, ist hier die optimale Partyzone. Bei Anmeldung 24 Stunden im Voraus kostenlose Abholung vom Flughafen.

Artist Guesthouse GÄSTEHAUS $$
(Karte S. 52; ☑ 023-213930; www.the-artist-guest house.com; 69 St 178; 28–58 US$; ✳🛜) Kleines, aber perfekt konzipiertes B&B-Gästehaus beim Nationalmuseum. Die Zimmer nach vorne raus haben Balkone und lohnen den Aufpreis. Unten befindet sich das neue Restaurant **Jay's Diner**.

Sangkum BOUTIQUEHOTEL $$
(Karte S. 38; ☑ 023-987775; www.thesangkum.com; 35A St 75; Zi. 55–85 US$; ✳@🛜) Der Name des Hotels in einer 1960er-Jahre-Villa nördlich des Wat Phnom erinnert an die sogenannten Goldenen Jahre Kambodschas unter der Herrschaft von Sihanouk und seiner Sangkum-Partei. Die Zimmer sind mit zeitgenössischem Schwung eingerichtet; für die Abkühlung nach der Stadterkundung gibt's einen kleinen Pool.

★ Raffles Hotel Le Royal   HOTEL $$$

(Karte S. 52; ☎023-981888; www.raffles.com/ phnompenh; Ecke Monivong Blvd & St 92; Zi. ab 250 US$; ✳@🏠🛜) Gemeinsam mit dem Oriental in Bangkok und Raffles in Singapur zählt diese Unterkunft zu den prächtigsten alten Hotels in Asien. Der klassische Kolonialbau gilt als Phnom Penhs absolute Topadresse. Gäste dürfen sich auf einen ausgezeichneten Service und jede Menge Stil freuen. Zur Anlage gehören zwei Swimmingpools, ein Fitnessstudio, ein Spa sowie luxuriöse Bars und Restaurants. Zwischen 1970 und 1975 übernachteten hier viele bekannte Journalisten. Zu den Promigästen jüngerer Zeit zählten z. B. Barack Obama und Angelina Jolie.

★ La Maison D'Ambre   BOUTIQUEHOTEL $$$

(Karte S. 52; ☎023-222780; www.lamaisondambre. com; 123 St 110; Suite mit Frühstück 100–190 US$; ✳@🏠) Das mit dem angesehenen Modehaus Ambre verbandelte Designhotel ist wie gemacht für Fashion Shootings. Die großzügigen, individuellen Suiten sind mit atemberaubender moderner Kunst dekoriert und haben spacige Lampen und Designerküchen. Von der psychedelischen Dachbar **The Fifth Element** bieten sich umwerfende Ausblicke auf den Wat Phnom, ob zum Frühstück oder zum Sundowner.

Frangipani Royal Palace Hotel   BOUTIQUEHOTEL $$$

(Karte S. 52; ☎023-223320; www.frangipanipalace hotel.com; 27 St 178; 80–135 US$; ✳@🏠🛜) Frangipani ist eine kambodschanische Kette von Boutiquehotels in Phnom Penh und Siem Reap und dies ist ihr Aushängeschild – mit Blick auf den Königspalast. Am besten fragt man nach einem Zimmer in den oberen Stockwerken. Auf dem Dach lockt ein Pool mit Palastblick und Happy Hour in der **Sky-bar** von 17 bis 19.30 Uhr.

🛏 Rund um die Street 240

Die Lage der Hotels in diesem Gebiet ist ideal – oft nur einen kurzen Fußweg vom Fluss entfernt und ganz in der Nähe des Königspalasts. Hier herrscht kein Mangel an gemütlichen Boutiquehotels mit Pool. Spontane Rucksacktouristen sollten die billigen Unterkünfte in Street 258 ansteuern.

Number 9 Guesthouse   FLASHPACKER $

(Karte S. 46; ☎023-984999; www.number9hotel. com; 7C St 258; Zi. ab 15 US$; ✳🏠🛜) Dies ist die erste alte Backpacker-Herberge Phnom Penhs, die zu einem Flashpacker aufgehübscht wurde – und dank der guten Preise, einem Dachpool und einer geselligen Bar mit Restaurant ist hier immer noch jede Menge los. Gut für Rucksacktouristen, die sich nach der Erkundung des ländlichen Kambodschas mal ein bisschen was gönnen möchten.

Aura Thematic Hostel   HOSTEL $

(Karte S. 42; ☎023-986211; www.aurahostel.com; 205A St 19; B 8–12 US$; ✳@🏠) Das funkige neue Hostel hinter dem Königspalast bietet Zimmer unter dem Motto „Wüste", „Dschungel" und „Meer". Eigentlich besteht der Unterschied nur aus den großen Bildern an der Wand, doch die Zimmer sind makellos sauber und haben eigene kleine Bäder. Auf dem Dach kann man sich in der stylischen Eluvium Lounge entspannen.

Lazy Gecko Guesthouse   GÄSTEHAUS $

(Karte S. 46; ☎078 786025; lazygeckocafe@ gmail.com; 1D St 258; Zi. mit Ventilator 6–10 US$, mit Klimaanlage 14–20 US$; ✳🏠) Das Lazy Gecko ist besser bekannt als Café und seine Zimmer sind von gemischter Qualität. Die klimatisierten Doppelzimmer sind schlicht, haben aber Flachbild-TV und viel Platz; die Zimmer mit Ventilator sind eher klein. Aber die Lage in der Backpacker-Hochburg Street 258 ist toll.

★ Pavilion   BOUTIQUEHOTEL $$

(Karte S. 46; ☎023-222280; www.thepavilion. asia; 227 St 19; Zi. mit Frühstück 50–100 US$, Apt. 110–120 US$; ✳@🏠🛜) Diese sehr beliebte Unterkunft mit viel Atmosphäre ist in einer eleganten französischen Villa untergebracht und löste den Boutiquehotel-Hype in Phnom Penh aus. Alle Zimmer haben einladende Himmelbetten, tolle Möbel, PC und iPod-Docks, die neueren haben teilweise ein eigenes Tauchbecken. Die Benutzung der Bambusfahrräder ist für Gäste kostenlos. Kinder sind hier allerdings nicht erwünscht.

Teahouse   BOUTIQUEHOTEL $$

(Karte S. 46; ☎023-212789; www.theteahouse.asia; 32 St 242; Zi. mit Frühstück 33–89 US$; ✳@🏠🛜) Die Zimmer des kleineren, günstigeren Schwesterhotels der Plantation bieten angesichts ihrer Eleganz ein tolles Preis-Leistungs-Verhältnis. Der Rezeptionsbereich ist im Freien unter einem chinesischen Pavillon und hat neben bequemen Sitzgelegenheiten auch kostenloses Internet.

Kabiki
BOUTIQUEHOTEL $$

(Karte S. 46; ☎023-222290; www.thekabiki.com; 22 St 264; Zi. mit Frühstück 50–80 US$; ❄@🛜🏊) Phnom Penhs familienfreundlichste Bleibe hat einen weitläufigen, üppigen Garten mit einem einladenden Swimmingpool und einem Kinderbecken. Die Familienzimmer sind mit Etagenbetten ausgestattet, außerdem verfügen die meisten Unterkünfte über private Gartenterrassen.

Plantation
BOUTIQUEHOTEL $$$

(Karte S. 46; ☎023-215151; www.theplantation. asia; 28 St 184; Zi. mit Frühstück 85–298 US$; ❄@🛜🏊) Dies ist das größte und ehrgeizigste Hotel der Pavilion-Gruppe. Es erfüllt alle Ansprüche, mit hohen Decken, erstklassigen Möbeln und toller Einrichtung, offenen Bädern und Balkonen. Außerdem gibt es zwei Swimmingpools und eine schöne Rezeption im Hof, wo auch regelmäßig Kunstausstellungen stattfinden.

🛏 Boeng Keng Kang & Tonlé Bassac

Bei Mitarbeitern von NGOs und Ausländern sind die Bezirke um Boeng Keng Kang (BKK) und Tonlé Bassac, südwestlich des Unabhängigkeitsdenkmals, besonders beliebt. Inzwischen haben sie sich zu einem Hotelviertel für Individualreisende mit etwas größerer Reisekasse entwickelt. Man findet hier eine wachsende Zahl von guten Mittelklassehotels, unzählige hippe Bars und Restaurants sowie einige gute Hostels. Die meisten Hotels liegen in der Street 278, die aufgrund der vielen Unterkünfte mit dem Wörtchen „Golden" im Namen auch als „Golden Street" bekannt ist.

★ Mad Monkey
HOSTEL $

(Karte S. 46; ☎023-987091; www.phnompenhho stels.com; 26 St 302; B 4–7 US$, Zi. ab 14–30 US$; ❄@🛜) Dieses farbenfrohe, muntere Hostel ist mit Recht sehr beliebt. Die geräumigen Dorms sind klimatisiert und bieten Platz für 6 bis 20 Gäste. In den kleineren sind die Stockbetten ausreichend breit für zwei Personen. Die Privatzimmer sind für den Preis recht peppig, haben dafür aber kein TV und oft auch keine Fenster. In der Dachbar über der ruhigen Street 302 wird montags von 18 bis 20 Uhr Freibier ausgeschenkt.

Top Banana Guesthouse
HOSTEL $

(Karte S. 46; ☎012 885572; www.topbanana.biz; 9 St 278; B 5 US$, Zi. 8–18 US$; ❄@🛜) Nach einem gründlichen Lifting sind die Zimmer jetzt viel schöner. Außerdem gibt's nun auch Dorms, darunter ein Vierbettzimmer für Frauen. Die wichtigsten Pluspunkte sind jedoch die wunderbare Lage am Wat Langka und an der Golden Street sowie die gemütliche Chilloutzone unter freiem Himmel. Weit im Voraus buchen! Das **One Up Banana Hotel** (Karte S. 46; ☎023-211344; www.1uphotelcam bodia.com; Z9-132 St 51; EZ/DZ ab 33/39 US$; ❄@🛜) ist ein Flashpacker in der Nähe.

White Rabbit
HOSTEL $

(Karte S. 46; ☎023-223170; www.whiterabbitguest house.com; 40A St 294; B mit Ventilator/Klimaanlage ab 3/5 US$, Zi. 6–15 US$; ❄🛜) Das gesellige Hostel ist ein verstecktes Kleinod mit hübscher Bar im Erdgeschoss und Gemeinschaftsbereich mit 1000 Filmen und Sony-PS3-Games auf dem Großbildschirm. Die Privatzimmer sind günstig, die meisten Gäste entscheiden sich aber für die komfortablen Dorms mit sauberen Bädern und breiten Stockbetten.

Blue Dog Guesthouse
HOSTEL $

(Karte S. 46; ☎012 658075; bluedogguesthouse@ gmail.com; 13 St 51; B 5–6 US$, Zi. 9–22 US$; @🛜) Lage und Preis stimmen; außerdem sorgen ein gemütlicher Gemeinschaftsbereich und eine beliebte Bar im Erdgeschoss dafür, dass man nicht allzu viel Zeit in den sauberen, aber sehr schlichten Zimmern verbringen wird. Zu den Hauptgerichten im Restaurant mit Bar wird ein kostenloses Getränk gereicht.

★ Rambutan Resort
BOUTIQUEHOTEL $$

(Karte S. 58; ☎017 992240; www.rambutanre sort.com; 29 St 71; Zi. mit Frühstück 55–150 US$; ❄🛜🏊) Das sehr gut geführte, schwulenfreundliche Hotel mit Sixties-Groove ist in einer auffälligen Villa untergebracht, die einst zur amerikanischen Botschaft gehörte. Der stiefelförmige Pool steht direkt im Schatten des hohen Altbaus und des neueren Flügels. Die 19 eleganten Zimmer haben erstklassige Ausstattung und verströmen mit ihren Betonböden industriellen Schick.

★ Villa Langka
BOUTIQUEHOTEL $$

(Karte S. 46; ☎023-726771; www.villalangka.com; 14 St 282; Zi. mit Frühstück 50–120 US$; ❄@🛜🏊) Eines der ersten der Boutiquehotels mit Pool und seit langem eines der beliebtesten der Stadt – trotz wachsender Konkurrenz. Die 48 Zimmer sind mit postmodernem Elan eingerichtet, unterscheiden sich aber hinsichtlich Größe und Stil erheblich.

Palm Tree Boutique Hotel BOUTIQUEHOTEL $$

(Karte S. 58; 📞023-229933; www.palmtreebou
tiquehotel.com; 7 St 398; 42–96 US$; ✳@🛜🅿)
Dieses nagelneue Boutiquehotel residiert in
einer geräumigen Villa in BKK. Die Zimmer
verfügen über polierte Holzböden und saf-
ranfarbene Seidentextilien. Und die Minibar
mit Softdrinks und ein paar Bieren ist im
Preis inbegriffen! Außerdem kann man um-
sonst Fahrräder ausleihen.

Khmer Surin
Boutique Guesthouse BOUTIQUEHOTEL $$

(Karte S. 46; 📞012 731909; www.khmersurin.com.
kh; 11A St 57; Zi. mit Frühstück 40–65 US$; ✳🛜)
Dieses Gästehaus gehört zu dem gleichnamigen und schon länger existierenden Restaurant in einer großzügigen Villa. Die 19
Zimmer punkten mit Flachbild-TV, begrünten Balkonen und antiken Möbeln – ganz zu
schweigen von den Badezimmern, bei deren
Anblick die meisten Vier-Sterne-Hoteliers
erblassen würden.

Willow BOUTIQUEHOTEL $$

(Karte S. 46; 📞023-996256; www.thewillowpp.
com; 1 St 21; Zi. mit Frühstück 40–70 US$; ✳🛜🅿)
Ein weiteres hippes kleines Boutiquehotel
mit 12 geräumigen Zimmern in einer grandiosen Villa aus den 1960er-Jahren, jetzt mit
Swimmingpool. Himmelbetten, moderne
Kunst, Holzmöbel, Regenduschen und Flachbild-TV sorgen für gute Stimmung. Das Wil-
low ist außerdem bekannt für seine Sandwiches und den Pubquiz am Mittwochabend.

Governor's House BOUTIQUEHOTEL $$$

(Karte S. 46; 📞023-987025; www.governors
house.net; 3 Mao Tse Tung Blvd; Zi. mit Frühstück
ab 75–185 US$; ✳🛜🅿) Im Governor's House
bleiben einem leicht Augen, Nase und Mund
offenstehen. Kein Wunder, denn die luxuriösen Zimmer sind mit jahrhundertealten
Möbeln eingerichtet (aus der Sammlung des
belgischen Inhabers, der auch Antiquitäten-
händler ist). Das Gebäude selbst stammt
aus der Kolonialzeit und ist für sich genommen schon eindrucksvoll genug; die Suiten
(185 US$) wären sogar eines belgischen Kö-
nigs würdig.

🛏 Psar O Russei & Tuol Sleng

Nach dem Niedergang der Gegend um Boeng
Kak ist das Viertel südlich des Psar O Russei
zur beliebten Alternative für Traveller mit
begrenztem Budget geworden. Es bietet eine
Mixtur aus Hochhaushotels und pensions-
ähnlichen Backpacker-Unterkünften.

Narin Guesthouse GÄSTEHAUS $

(Karte S. 46; 📞099 881133; www.naringuest
house.com; 50 St 125; Zi. mit Ventilator/Klimaan-
lage 12/17 US$; ✳@🛜) Einer der Veteranen
in der Guesthouse-Szene von Phnom Penh –
wir haben hier bereits 1995 zum ersten Mal
übernachtet! Die Zimmer sind elegant, die
Badezimmer noch schicker und der Preis ist
wirklich gut. Zum entspannten Speisen gibt
es eine wunderbare Restaurantterrasse.

Smiley's Hotel HOTEL $

(Karte S. 46; 📞012 365959; smileyhotel.pp@
gmail.com; 37 St 125; EZ mit Ventilator 6 US$, DZ
15–20 US$; ✳@🛜) Das Smiley's ist aus Siem
Reap hierher gezogen; ein riesiges siebenstö-
ckiges Hotel mit 40 geräumigen Zimmern,
die man fast als vornehm schick bezeichnen könnte. Die Zimmer für 20 US$ haben
große Flachbild-Fernseher. Mit Aufzug.

Sunday Guesthouse GÄSTEHAUS $

(Karte S. 46; 📞023-211623; gech_sundayguest
house@hotmail.com; 97 St 141; DZ/3BZ ab 7/11 US$;
✳@🛜) Das ist mal ein *echtes* Gästehaus:
Das dreistöckige Haus ohne Aufzug wird
von einer freundlichen Familie geführt, die
auch Mahlzeiten kocht und mit der Weiterreise hilft.

Tat Guesthouse GÄSTEHAUS $

(Karte S. 46; 📞012 921211; tatcambodia@yahoo.
com; 52 St 125; EZ ohne Bad 4 US$, Zi. 7–15 US$;
✳@🛜) Superfreundliche Bleibe mit luftigem Aufenthaltsbereich auf dem Dach. Die
Zimmer sind kein Hingucker, aber durchaus

DAS SCHICKSAL VON BOENG KAK

Boeng Kak war lange Zeit das beliebteste Ziel der Backpacker-Gemeinde
– sozusagen die Seeufer-Variante von
Bangkoks Khao San Road –, bis der
Boeng-Kak-See 2011 im Rahmen eines
Wohnbauprojekts komplett mit Sand
aufgefüllt wurde. Heute macht die Gegend einen verlassenen Eindruck, da die
meisten Gästehäuser Richtung Süden
zur Street 172 oder 258 umgezogen
sind. Einige Anwohner halten noch aus,
um vom Staat entschädigt zu werden,
und es gibt auch noch ein paar Gästehäuser hier. Doch der eigentliche Grund,
sich in den Norden der Stadt zu begeben, ist die Street-Art-Szene: Auf den
verbleibenden Mauern finden sich jede
Menge Kunstwerke im Banksy-Stil.

funktional. Für 12 US$ gibt's eine Klimaanlage. Den Betreibern gehört auch das **Tattoo Guesthouse** (Karte S. 46; ☑011 801000; 62A St 125; Zi. 5–10 US$; ❋ ☎) mit schickeren Zimmern ganz in der Nähe.

Terrace on 95
BOUTIQUEHOTEL **$$**

(Karte S. 46; ☑ 023-996143; www.theterraceon95.com; 43 St 95; Zi. 35–45 US$; ❋ ☎) Dieses Hotel beeindruckt mit der persönlichen Atmosphäre eines B&B. Die sechs ansprechend eingerichtetcn Zimmer teilen sich ein makelos restauriertes traditionelles Haus mit veganerfreundlichem Restaurant K'nyay (S. 75) im Obergeschoss. Die Zimmer unten haben eine gemeinsame Terrasse.

H 22
KAPSELHOTEL **$$**

(Karte S. 46; ☑ 023-964020; www.d22h22.com; 22. Stock, Phnom Penh Hotel, 445 Monivong Blvd; Kapselzi. ab 29 US$, Zi. 60–110 US$; ❋ ☎) Die Kapselzimmer sind fast so minimalistisch wie der Name des Hotels: Auf sehr kleinem Raum sind ein Bett, ein Tisch und eine schlichte Ausstattung untergebracht. Die normalen Zimmer sind erheblich teurer, bieten aber weite Blicke über die Stadt.

✗ Essen

Wer gutes Essen liebt, wird sich in Phnom Penh wohlfühlen. Die Auswahl an Restaurants ist phantastisch, denn man kann sich an landestypischer Khmer-Küche, aber auch an chinesischen, vietnamesischen, thailändischen, indischen, französischen, italienischen, spanischen und mexikanischen Spezialitäten laben – Phnom-Penh-Reisende haben die Qual der Wahl.

✗ Nördliches Zentrum (Flussufer)

Blue Pumpkin
CAFÉ **$**

(Karte S. 52; 245 Sisowath Quay; Hauptgerichte 3–7 US$; ⊙ 6–23 Uhr; ☎) Gesundes Frühstück, Pasta und Sandwiches sowie mit das beste Eis in der ganzen Hauptstadt dominieren die Karte; abends kann man hier dem Aerobic-Spektakel am Flussufer zusehen. Weitere Filialen in der ganzen Stadt, u. a. eine bei Kids City (S. 51) und eine weitere bei Monument Books (S. 84).

Anjali/Karma Cafe
CAFÉ **$**

(Karte S. 52; 273 Sisowath Quay; Hauptgerichte 3–6 US$; ⊙ 7 Uhr–open end) Zwillingsrestaurants unter einem Dach. Für diesen Teil der Stadt sind die Preise wirklich vernünftig. Anjali bietet einige indische Gerichte, an-

sonsten ist das Angebot in beiden Lokalen gleich: einfaches Essen und einige asiatische Spezialitäten.

Kandal House
INTERNATIONAL **$**

(Karte S. 52; ☑ 012 525612; 239B Sisowath Quay; Hauptgerichte 4–6 US$; ☎) Das Restaurant am Fluss ist so klein, dass man es leicht übersieht. Hier gibt es köstliches *amok* und andere kambodschanische Klassiker, außerdem hausgemachte Pasta, Salatc und Suppen. Anchor-Bier wird vom Fass in Halblitergläser gezapft.

¡Viva!
MEXIKANISCH **$**

(Karte S. 52; 139 Sisowath Quay; Gerichte 4–6 US$; ⊙ 10–23 Uhr; ☎) Es sieht nicht nach viel aus, aber dieser Laden am Fluss hat dem mexikanischen Essen in Phnom Penh die Türen geöffnet. Ein Krug Margarita kostet 5 US$. Wer sich erst umsehen möchte, findet in der gleichen Ladenzeile noch alle möglichen internationalen Restaurants.

★ Yi Sang
CHINESISCH **$$**

(Karte S. 46; Sisowath Quay; 6–20 US$; ⊙ 6–23 Uhr; ☎) Dies ist eines der wenigen Restaurants der Stadt, in dem man direkt am Fluss speisen kann – perfekt für einen entspannenden Sonnenuntergangs-Cocktail. Die Karte wartet mit verschiedensten, schön präsentierten kambodschanischen Speisen auf, z. B. *nam ben choc* (Reisnudeln mit Curry), dazu jeder Menge *dim sum* und auch einigen internationalen Gerichten.

Pop Café
ITALIENISCH **$$**

(Karte S. 52; ☑ 012 562892; 371 Sisowath Quay; Pastagerichte 6–9 US$; ⊙ 11–14 & 18–22 Uhr) Besitzer Giorgio begrüßt seine Gäste, als wären sie zu einem Abendessen bei ihm zu Hause eingeladen. Auf dem Programm stehen Pizzas mit dünnem Boden, hausgemachte Pasta und leckere Gnocchi – fast wie in Rom!

Grand River
INTERNATIONAL **$$**

(Karte S. 52; ☑ 023-220244; 357 Sisowath Quay; 3–12 US$; ⊙ 7–24 Uhr) Eines der neueren Restaurants am Fluss – toll, um die Welt an sich vorbeiziehen zu lassen. Auf der Karte stehen kambodschanische und internationale Gerichte zu moderaten Preisen, die durch eine gute Auswahl an Getränken ergänzt werden.

La Croisette
INTERNATIONAL **$$**

(Karte S. 52; ☑ 023-220554; 241 Sisowath Quay; Hauptgerichte 5–18 US$; ⊙ 7–1 Uhr; ☎) Das stilvolle La Croisette ist ein beliebtes Lokal am Flussufer mit einer guten Auswahl an hausgemachter Pasta und Gnocchi sowie herzhaften Steaks, Lammkoteletts und einigen kambodschanischen Speisen.

Limoncello   ITALIENISCH **$$**
(Karte S. 52; 81 Sisowath Quay; Pizza 5,50–8 US$; ⏰11.30–14 & 17.30–22 Uhr; ☎) Die Pizza hier ist hervorragend – vielleicht die beste der Stadt. Weitere Pluspunkte sind die hübsche Lage am Flussufer und die tollen Desserts. Und versüßen lässt sich alles mit einem Limoncello.

Fish   FISCH & MEERESFRÜCHTE **$$**
(Karte S. 52; ✉023-222685; Ecke St 108 & Sisowath Quay; Hauptgerichte 6–17 US$; ⏰7–23 Uhr; ☎) Völlig klar, was die Spezialität dieses Lokals ist. Raffinierte Tapas und Hauptgerichte, darunter eine herausragende Bouillabaisse, verteilen sich über die Speisekarte. Die Fish 'n' Chips mit Pazifik-Petersfisch sind mit die besten der Stadt.

Happy Herb Pizza   PIZZA **$$**
(Karte S. 52; ✉012 921915; 345 Sisowath Quay; mittlere Pizza 6–8,50 US$; ⏰8–23 Uhr; ☎) Hier gibt's Pizza mit Marihuana-Belag. Die „normalen" Varianten schmecken ebenfalls ziemlich gut. Ein toller Ort, um ein kühles Bier zu genießen und sich die Action am Flussufer zu Gemüte zu führen.

Bopha Phnom Penh Restaurant   KAMBODSCHANISCH **$$**
(Karte S. 52; Sisowath Quay; Hauptgerichte 5–10 US$; ⏰6–23 Uhr; ☎) Dieses Lokal – Beiname Titanic – liegt direkt am Fluss und will mit Schnitzereien im Angkor-Stil und eleganten Rattanmöbeln beeindrucken. Die Karte strotzt vor Exotik, u. a. mit Wasserbüffel. Aber es gibt auch europäische Küche für die weniger Abenteuerlustigen.

★**Chinese House**   FUSION-KÜCHE **$$$**
(Karte S. 38; ✉023-991514; 45 Sisowath Quay, Ecke St 84; Hauptgerichte 12–20 US$; ⏰Mo–Sa 17–22.30 Uhr) Allein die besondere Atmosphäre der Kolonialzeit lohnt einen Besuch im Chinese House. Die neue Karte lockt mit zeitgenössischen asiatischen Speisen. Für 12,50 US$ wird ein dreigängiges Mittagessen geboten. Unten befindet sich eine schicke Cocktailbar, in der regelmäßig Konzerte stattfinden.

Metro   FUSION-KÜCHE **$$$**
(Karte S. 52; ✉023-222275; 271 Sisowath Quay; kleine Teller 4–8 US$, große Teller 8–24 US$; ⏰9.30–1 Uhr; ☎) Eines der angesagtesten Lokale am Flussufer, das mit einem tollen Design und einer ausgefallenen Speisekarte aufwartet. Es gibt kleinere Probierportionen (z. B. Rind mit roten Ameisen), Hauptgerichte wie Steak und Soja-Ente, aber auch hinreißende Eggs Benedict. Die neue Loungebar **Mara Metro** (Karte S. 46; ✉092 776552; www.mararestaurant.com; 16 St 214; Hauptgerichte 4,80–13,70 US$; ⏰Mo–Fr 10–1, Sa & So 17–1 Uhr) ist eine glamouröse Alternative in der Street 214.

✘ Nördliches Zentrum (abseits des Flusses)

Feel Good Cafe   CAFÉ **$**
(Karte S. 52; 79 St 136; Hauptgerichte 2–5 US$) Eines der wenigen Cafés der Stadt, die ihren Kaffee selbst rösten und mahlen – die Bohnen stammen aus Kambodscha, Laos und Thailand. Die Karte präsentiert sich international, mit Einflüssen vom Mittelmeerraum bis nach Mexiko, z. B. mit Wraps und Burgern.

Noodle House   ASIATISCH **$**
(Karte S. 52; ✉077 919110; 32A St 130; Hauptgerichte 3,50–5,50 US$; ⏰6–22 Uhr) Das in einem liebevoll restaurierten Juwel aus der Franzosenzeit untergebrachte Restaurant sieht teurer aus, als es ist. Kredenzt werden hier alle möglichen asiatischen Nudelsuppen, vom kambodschanischen *kyteow* bis zur malaysischen *laksa*.

Sorya Food Court   ASIATISCH **$**
(Karte S. 52; 11 St 63; 5000–10 000 R; ⏰9–21 Uhr) Die Essbuden im Obergeschoss bieten lokale Küche in sauberer Umgebung. Hier oben gibt es eine breite Palette kambodschanischer, chinesischer, vietnamesischer, malaysischer und koreanischer Gerichte. Funktioniert mit Coupons.

Special Pho   VIETNAMESISCH **$**
(Karte S. 52; 11 St 178; Hauptgerichte 2,50–4,50 US$; ⏰8–21 Uhr) Lokal in toller Lage nahe dem Flussufer. Hier dreht sich alles um *pho*, die berühmte vietnamesische Nudelsuppe. Außerdem günstig: gebratener Reis und gebratene Nudeln.

Laughing Fatman   KAMBODSCHANISCH **$**
(Karte S. 52; 63 St 172; Hauptgerichte 2,50–6,50 US$; ⏰7–24 Uhr) Einladendes Backpacker-Café mit günstigem Essen und großen Frühstücksportionen. Früher hieß der Laden Oh My Buddha – „neuer Name, gleicher Körper", kommentiert der korpulente Besitzer augenzwinkernd.

Restaurant Soksan KAMBODSCHANISCH **$**
(Karte S. 52; 30 St 136; Hauptgerichte 4000–10 000 R; ☺17.30–21 Uhr) Dieses Straßenlokal liegt ganz in der Nähe des Psar Thmei; gut sind hier *lok lak*, scharf gewürztes Brathühnchen und Nudelsuppe.

★Sam Doo Restaurant CHINESISCH **$$**
(Karte S. 52; 56-58 Kampuchea Krom Blvd; Hauptgerichte 2,50–15 US$; ☺7–2 Uhr; ✿) Viele chinesischstämmige Khmer schwören auf dieses Restaurant in der Nähe des Hauptmarkts. In der Küche werden u. a. würziger gebratener Reis à la „Sam Doo" (das perfekte Frühstück), *trey chamhoy* (gedämpfter Fisch in Sojasauce und Ingwer) sowie frische Meeresfrüchte, Eintöpfe und *dim sum* zubereitet.

Boston KAMBODSCHANISCH **$$**
(Karte S. 52; 54 St 172; Hauptgerichte 3–10 US$; ☺7.30–23 Uhr; ☎) Der Laden ist so etwas wie ein gehobenes Backpacker-Café, das vor allem bei Auswanderern beliebt ist. Bei guter Musik werden verschiedene kambodschanische und internationale Gerichte kredenzt. Es gibt sogar eine Weinkarte und auch sonst wird auf die Aufmachung geachtet. Insgesamt durchaus eine Klasse besser als die meisten Restaurants auf der geschäftigen Street 172. Tipp: das Beef Wellington.

Exchange INTERNATIONAL **$$**
(Karte S. 38; ☎023-992865; 28 St 47; 5–15 US$; ☺10–24 Uhr) Das stylische Bistro samt Bar residiert in einem der stattlichsten alten französischen Häuser der Stadt. Die Karte entführt die Gäste auf eine Weltreise und enthält u. a. einige exzellente Platten für mehrere Personen mit mediterranem und Meeresmotto sowie erstklassige importierte Steaks.

La Patate BELGISCH **$$**
(Karte S. 52; 14 St 5; Hauptgerichte 4–15 US$; ☺7–2 Uhr; ☎) Liebhaber herzhafter belgi-

---

ESSEN FÜR EINEN GUTEN ZWECK

Hinter ein paar Restaurants in der Hauptstadt stehen Hilfsorganisationen, die ihre Projekte in Kambodscha u. a. mit Einnahmen aus dem Gaststättengewerbe finanzieren. Mit einer leckeren Mahlzeit kann man also aktiv zum Wiederaufbau des Landes beitragen. Außerdem bieten diese Lokale Einheimischen die Chance, wertvolle Arbeitserfahrungen zu sammeln.

Nördliches Zentrum

Veiyo Tonlé (Karte S. 52; 237 Sisowath Quay; Hauptgerichte 3,50–6,50 US$; ☺7–23 Uhr; ☎) In dem kleinen Laden am Fluss zaubern die Köche italienische Klassiker (z. B. leckere Pizza) und Khmer-Küche auf den Tisch. Die Gewinne des gemeinnützigen Unternehmens werden zur Unterstützung eines örtlichen Waisenhauses verwendet.

Romdeng (Karte S. 52; ☎092 219565; 74 St 174; Hauptgerichte 5–8 US$; ☺11–21 Uhr; ☎) Das Restaurant befindet sich in einer wunderbaren Kolonialvilla mit kleinem Pool und ist auf kambodschanische Landküche spezialisiert, z. B. das berühmte Fisch-*amok*, zweifarbigen Pomelo-Salat oder Riesengarnelen-Curry. Besonders Mutige können sich an frittierten Taranteln oder pfannengerührten Baumameisen mit Rindfleisch und Tulsi-Basilikum wagen. Das Lokal gehört zum erweiterten Kreis des Friends; dementsprechend setzt sich das Personal aus ehemaligen Straßenkindern und deren Lehrern zusammen.

Friends (Karte S. 52; ☎012 802072; www.friends-restaurant.org; 215 St 13; Tapas 4–7 US$, Hauptgerichte ab 6–10 US$; ☺11–22.30 Uhr; ☎) Eines der beliebtesten Restaurants in Phnom Penh sollte man sich nicht entgehen lassen – es gibt leckere Tapashappen, herrliche Smoothies und abwechslungsreiche Cocktails. Ehemalige Straßenkinder bekommen hier eine Chance zum Einstieg in die Gastronomie.

Sugar 'n Spice Cafe (Karte S. 52; www.daughtersofcambodia.org; 65 St 178; Sandwiches 3,50–7 US$; ☺Mo–Sa 9–18 Uhr; ☎) Das phantastische Café im obersten Stock des Daughters-Besucherzentrums hat Suppen, Smoothies, originelle Kaffeegetränke, Cupcakes und Fusion-Hauptgerichte. Die Bedienungen sind ehemalige Opfer des Menschenhandels, die von den Daughters auf die Reintegration in die Gesellschaft vorbereitet werden.

Südliches Zentrum

Café Yejj (Karte S. 58; www.cafeyejj.com; 170 St 450; Hauptgerichte 3,50–6 US$; ☺8–21 Uhr; ☎🖉) Café im Bistrostil unterhalb des Russischen Marktes, mit angenehmer Klimaanlage.

scher Küche sind hier gut aufgehoben: Fleisch wird schwimmend in gehaltvoller Sauce serviert. Wer richtig Hunger hat, sollte den 30 cm langen „Bazooka-Burger" auf einem riesigen Bett von Phnom Penhs besten belgischen *frites* versuchen.

Dim Sum Emperors CHINESISCH **$$**
(Karte S. 52; ☏023-650 7452; 48 St 130; Dim Sum 2–3 US$, Hauptgerichte 5–15 US$; ☺7–21 Uhr; 🛜) Extrem beliebt sowohl für seine *dim sum* als auch für die leistungsstarke Klimaanlage, die nach einem Shoppingtrip durch den nahe gelegenen Psar Thmei besonders gut tut.

Lemongrass THAILÄNDISCH **$$**
(Karte S. 52; ☏012 996707; 14 St 130; Hauptgerichte 4,50–9 US$; ☺9–23 Uhr; 🛜) Ein gehobenes Thai-Restaurant mit einer ordentlichen Auswahl klassischer Khmer-Gerichte. Die Preise sind für das Ambiente in Ordnung.

Zu empfehlen sind *choo chee goong* (Riesengarnelen in rotem Curry).

Sher-e-Punjab INDISCH **$$**
(Karte S. 52; ☏023-216360; 16 St 130; Hauptgerichte 3–7 US$; ☺11–23 Uhr; 🚶) Die Inder in Phnom Penh favorisieren in diesem Laden die Curry-Gerichte; besonders die Tandoori-Gerichte sind hervorragend und selbst Garnelen gibt es für nur 6 US$.

Lone Star TEX-MEX **$$**
(Karte S. 52; 30 St 23; 4,50–7 US$; ☺7–23 Uhr; 🛜) Ein Ausflug in die USA: Auf dem Satelliten-TV läuft American Football, zum Essen gibt es Kalorienbomben wie Hackbraten und Fischtacos à la Baja California. Die geräucherten Schweinerippchen und Chicken Wings gehören zu den besten der Stadt.

⭐ **Van's Restaurant** FRANZÖSISCH **$$$**
(Karte S. 52; ☏023-722067; www.vans-restaurant.com; 5 St 13; Hauptgerichte 16–43 US$; ☺11.30–

Zaubert aus Biozutaten Pasta, Salate, Wraps und ambitioniertere Gerichte wie marokkanischen Lammeintopf und Chili con Carne. Setzt sich für Fair Trade und gute Arbeitsbedingungen ein.

Jars of Clay (Karte S. 58; 39B St 155; Kuchen 1,50 US$, Hauptgerichte 3–5,50 US$; ☺Mo–Sa 7.30–21 Uhr; 🛜) Mehr als nur eine Bäckerei: Hier gibt's authentische Khmer-Hauptgerichte wie das vom Haus patentierte *lok lak* (traditionelles kambodschanisches Rindfleischgericht) sowie durstlöschende Getränke – und eine hochwillkommene Klimaanlage. 10 % des Umsatzes gehen an Bedürftige, u. a. an Frauen, die aus dem Menschenhandel befreit wurden.

Hagar (Karte S. 46; 44 St 310; Mittags-/Abendbuffet 6,50/11 US$; ☺Do–Sa 7–14 & 18–21, So–Mi 7–14 Uhr; 🛜) Der Gewinn aus dem All-you-can-eat-Buffet wird zur Unterstützung mitteloser oder missbrauchter Frauen verwendet. Zur Auswahl stehen meist asiatische Fusion-Küche oder Grill; nur mittwochmittags und donnerstagabends ist das legendäre italienische Buffet angesagt.

Le Lotus Blanc (Karte S. 46; 152 St 51; Hauptgerichte 4–8,50 US$; ☺Mo–Sa 7–22 Uhr; 🛜) Dieses elegante Restaurant dient als Ausbildungsstätte für Jugendliche, die zuvor die städtischen Müllhalden nach Essbarem absuchen mussten. Betreiber ist die französische NGO Pour un Sourire d'Enfant („Für das Lächeln eines Kindes"). Es werden erstklassige französische und Khmer-Gerichte zubereitet und auch Menüs angeboten.

Restore One Cafe (Karte S. 58; ☏016 302727; http://restoreone.org; 23 St 123; Burger 5,75–6,50 US$; ☺11–21 Uhr; 🛜) Dieses Lokal in einem hübschen Holzhaus beim Russischen Markt ist keine normale Burgerschmiede. Neben „Mottoburgern" wie American Oink oder Rugged Cowboy gibt's auch welche mit Fisch oder Huhn, jeweils mit Saucen und Pommes frites. Mit den Erlösen wird die Ausbildung von Dorfbewohnern gefördert, die in extremer Armut leben.

Craft Peace Cafe (Karte S. 58; https://www.facebook.com/craftpeacecafe; 14 St 392; 2,50–4,50 US$; ☺8–19.30 Uhr; 🛜) Das von Jesuiten geführte Café zaubert Smoothies, frische Säfte, Fair-Trade-Kaffee, Salate und leckere Mini-Sandwiches. Außerdem gibt's noch Textilien, die vom behinderten Personal hergestellt werden. Gemütlich, hübsch und gut klimatisiert.

Phnom Penh

Kambodschas Hauptstadt zieht einfach jeden Besucher in seinen Bann. Ob mit den glänzenden Dächern des Königspalasts, der eleganten französischen Architektur, dem Hauch von Zitronengras von einem Imbissstand, oder der ansteckenden Lebhaftigkeit des von Cafés gesäumten Flussufers – irgendwie nimmt Phnom Penh jeden für sich ein.

TOM COCKREM/GETTY IMAGES ©

2

BEN PIPE/GETTY IMAGES ©

3

1. Königspalast (S. 41)
Buddhistische Mönche auf dem Gelände der offziellen Residenz des Königs

2. Straßen von Phnom Penh (S. 36)
Eine Familie unterwegs auf den geschäftigen Straßen der Hauptstadt

3. Lebensmittelmärkte (S. 72)
Einer der vielen lebhaften Märkte in Phnom Penh, auf denen frische Lebensmittel verkauft werden

4. Thronsaal (S. 41)
Der für Krönungen und wichtige Zeremonien genutzte Saal mit klassischen Khmer-Dächern und Vergoldung

STUART DEE/GETTY IMAGES ©

4

14.30 & 17–22.30 Uhr) Auf dem Weg in den eleganten Speisesaal im Obergeschoss dieses Gebäudes passieren die Gäste die alten Tresortüren der ehemaligen Banque Indochine. Die Gerichte werden der Pracht des Gebäudes entsprechend dekorativ angerichtet; Höhepunkte auf der Karte sind u. a. Kaisergranat-Ravioli, zartes Kalb oder Wachteln (knochenfrei). „Business Lunch" gibt es für 15 US$, ein Glas Wein und ein Kaffee inklusive.

Armand's   FRANZÖSISCH $$$
(Karte S. 52; ☎ 015 548966; 33 St 108; Mahlzeiten 12–25 US$; ⏱ Di–So ab 18 Uhr) Die besten Steaks der Stadt serviert Armand in seinem französischen Bistro grundsätzlich nur flambiert. Das Fleisch ist einfach erstklassig – ebenso wie alles andere, was hier auf der Schiefertafel steht. Unbedingt reservieren – das Lokal ist klein.

Dine in the Dark   INTERNATIONAL $$$
(DID; Karte S. 52; ☎ 077 589458; www.didexperience.com; 126 St 19; Festmenü 18 US$; ⏱ 18–23 Uhr) Tagsüber ist dies der Tea Garden (ab 8 Uhr) mit einem üppig grünen, versteckten Hof und frisch aus Blättern aufgegossenen Tees als Spezialität. Abends gehen dann die Lichter aus und die Räumlichkeiten oben verwandeln sich ins Dine in the Dark. Mit Hilfe eines sehbehinderten Guides nehmen die Gäste dann in der Dunkelheit ein Khmer-, westliches oder vegetarisches Menü zu sich. Eine nachhaltige Erfahrung!

Selbstversorger

Thai Huot   SUPERMARKT $
(Karte S. 52; 103 Monivong Blvd; ⏱ 7.30–20.30 Uhr) In diesem Supermarkt bekommt man verschiedene französische Produkte, darunter Bonne-Maman-Marmelade und die beste Käse-Auswahl der Stadt. Weitere Filiale in **BKK** (Karte S. 46; Ecke St 63 & St 352; ⏱ 7.30–20.30 Uhr).

🍴 Südliches Zentrum

The Vegetarian KAMBODSCHANISCH, VEGETARISCH $
(Karte S. 46; 158 St 19; Hauptgerichte 1,75–2,50 US$; ⏱ Mo–Sa 10.30–20.30 Uhr; 🍴) Hier gibt's mit das günstigste Essen in Phnom Penh. Alle Gerichte kosten unter 2,50 US$ und die Portionen sind üppig. Spezialitäten des Hauses sind Nudeln und gebratener Reis. Ein weiteres Plus ist die schattige Lage in einem ruhigen Eck abseits des zentral gelegenen Sihanouk Boulevard.

★ The Shop   CAFÉ
(Karte S. 46; ☎ 023-986964; 39 St 240; Hauptgerichte 3,50–6 US$; ⏱ 7–19, So bis 15 Uhr; 🍴) Wer sich nach seinem Lieblingscafé daheim sehnt, sollte diesen Laden aufsuchen: Hier wird eine oft wechselnde Auswahl an Sandwiches und Salaten angeboten. Zur Verwendung kommen dabei ausnahmslos abwechslungsreiche Zutaten, z. B. wilde Linsen, Pilze und Lammfleisch. Auch Gebäck, Kuchen und Schokolade sind schlichtweg köstlich.

Mercy House Coffee Restaurant   ASIATISCH, VEGETARISCH $
(Karte S. 46; 157 St 51; Hauptgerichte 7500–15 000 R; ⏱ 7–18 Uhr; 🍴) Das vegetarische Freiluftrestaurant serviert japanische Kost mit kambodschanischem Einschlag. Gut sind die *teppanyaki hot plates* (brutzelheißer Fleischersatz auf Reis, überbacken mit Spiegelei) und die süßsauren „Schweinerippchen".

ARTillery   CAFÉ $$
(Karte S. 46; St 240½; Hauptgerichte 4–6 US$; ⏱ Di–So 7.30–21, Mo bis 17 Uhr; 📶🍴) Das kreative Lokal in einer Künstlergasse abseits der Street 240 serviert gesunde Salate, Sandwiches, Milchshakes und Snacks wie Hummus und Falafel. Die Speisekarte tendiert in Richtung vegetarisch; auf der kleinen Rohkostkarte findet sich auch eine Pizza. Es lohnt sich, nach den Tagesgerichten zu fragen.

Public House   FUSION-KÜCHE, PUBFOOD $$
(Karte S. 46; ☎ 017 770754; St 240½; Hauptgerichte 5–8 US$; ⏱ Di–So 11.30–23 Uhr; 📶) Das von Neuseeländern betriebene Public House war der erste Gastropub an der angesagten Street 240½ und lockt mit seiner langen Bar und seinem geradlinigen Design hippe Ausländer an. Das eigentliche Highlight ist jedoch das Essen: eine Mischung aus Fusion-Küche (gebratene Entenbrust auf Couscous) und gehobenem Pub-Essen (Fish 'n' Chips). *High tea* gibt's von 15 bis 17.30 Uhr (reservieren!).

Backyard Cafe   VEGAN $$
(Karte S. 46; ☎ 078 751715; www.backyardeats.com; 11b St 246; Hauptgerichte 4–7 US$; ⏱ 7.30–16.30 Uhr; 📶🍴) In dem coolen, modernen Superfoods-Café hat man den Finger am Puls der Vegetarierszene von Phnom Penh. An Rohkost gibt's beispielsweise gefüllte Avocados und eine vegane Füllhorn-Schüssel. Alles komplett vegan, auch die köstlichen Desserts.

Sleuk Chark
KAMBODSCHANISCH **$$**

(Karte S. 46; ☑012 979199; 165 St 51; Hauptgerichte 3–10 US$; ⊙10.30–15 & 17–22 Uhr; ☎) Von der Straße aus gesehen macht dieses Restaurant nicht viel her, aber drinnen wartet ein echtes Speiseerlebnis, mit pikanten Froschschenkeln und Wachteleiern in einem Zuckerpalmen-Schwarzpfeffer-Tontopf oder auch einer Fischeiersuppe. Wer möchte, stellt seine Geschmacksnerven mit gebratenen Spinnen oder Rind mit roten Ameisen auf die Probe.

Magnolia
ASIATISCH **$$**

(Karte S. 46; ☑012 529977; 55 St 51; Hauptgerichte 3–8 US$; ⊙6–22 Uhr; ☎) In einem liebevoll restaurierten alten Haus werden hier ein erschwingliches Mittagsbuffet, hostiendünne *ban xeo* (herzhafte vietnamesische Pfannkuchen) sowie Klassiker aus Hanoi bis Saigon geboten.

Sonoma Oyster Bar
FISCH & MEERESFRÜCHTE **$$**

(Karte S. 46; ☑077 723911; 159 St 222; 6 Austern 7,50–9 US$; ⊙17–23 Uhr; ☎) Der Inhaber verkauft en gros erstklassige Austern an die Hotels der oberen Kategorie. Oder eben hier zum Sonderpreis an seine Gäste. Ein Muss für alle Austernliebhaber. Die Muscheln und Steaks sind auch nicht zu verachten.

Kravanh
KAMBODSCHANISCH **$$**

(Karte S. 46; ☑012 792088; 112 Sothearos Blvd; Hauptgerichte 3–8 US$; ⊙11.30–22 Uhr; ☎) Das stilvolle Khmer-Restaurant unter Leitung eines Franko-Khmers hebt sich von seinen Nachbarn durch seine Tischwäsche und Einrichtung ab. Auf der Karte stehen traditionelle Salate, aromatische Suppen und regionale Spezialitäten.

Black Bambu
FUSION-KÜCHE **$$$**

(Karte S. 46; ☑023-966895; www.black-bambu.com; 29 St 228; 3,50–21,50 US$; ⊙Di–So 8.30–23 Uhr) In modernen Räumlichkeiten befindet sich das stylische Black Bambu, in dem zusammen mit dem Cambodia Children's Fund Jugendliche, die als Kinder auf Müllkippen gehaust haben, im Gastgewerbe ausgebildet werden. Die Karte wartet u. a. mit köstlichen Vorspeisen wie hausgemachten Lamm-Zitronengras-Würstchen und karamellisiertem Schwarzpfeffer-Schweinebauch auf.

Origami
JAPANISCH **$$$**

(Karte S. 46; ☑012 968095; 88 Sothearos Blvd; Sushisets ab 25 US$; ⊙11.30–14 & 18–22 Uhr; ☎) Hier erreicht die japanische Kochkunst eine neue Dimension. Es ist teuer, aber einen wahren Sushi-Kenner kann das nicht wirklich schrecken. Die Menüs umfassen wunderbar angerichtete Sushi-, Sashimi- und Tempura-Kreationen.

🍴 Boeng Keng Kang & Tonlé Bassac

★ Boat Noodle Restaurant
THAILÄNDISCH **$**

(Karte S. 46; ☑012 774287; 57 Sothearos Blvd; Hauptgerichte 3–7 US$; ⊙7–21 Uhr; ☎) Das alteingesessene Thai-Khmer-Restaurant ist an den Sothearos Boulevard umgezogen und bietet nach wie vor einige der preisgünstigsten regionalen Gerichte der Stadt. Speisen kann man im modernen, aber traditionell eingerichteten Saal vorne oder in einem traditionellen Holzhaus hinten. Köstliche Nudelsuppen und jede Menge kambodschanische Spezialitäten.

Aeon Mall Food Court
ASIATISCH **$**

(Karte S. 46; 132 Sothearos Blvd; 1–6 US$; ⊙9–22 Uhr; ☎) Es ist vielleicht etwas überraschend, im schickesten Einkaufszentrum des Landes billiges Essen zu finden, aber hier gibt's zwei Food Courts mit gutem Essen aus Asien und anderen Erdteilen. Unten befindet sich die eher landestypisch ausgerichtete Option mit Nudelsuppen, gebratenem Reis und frischem Sushi. Oben auf Ebene 2 ist der World Dining Food Court mit schickerer Einrichtung und Livemusik.

Brown Coffee
CAFÉ **$**

(Karte S. 46; Ecke St 294 & St 57; Hauptgerichte 2–5 US$; ⊙7–21 Uhr; ☎) Das Flaggschiff einer kambodschanischen Cafékette stellt all die ausländischen Ketten inzwischen mit wunderbaren Räumlichkeiten und bestem Kaffee in den Schatten. Filialen sind in ganz Phnom Penh zu finden – das Ziel ist es schließlich, ganz Kambodscha zu erobern.

My Burger Lab
BURGER **$**

(Karte S. 46; ☑099-666424; www.myburgerlab.com.kh; 160B Norodom Blvd; Burger ab 1,50 US$; ⊙10.30–21 Uhr; ☎) Dieser neue Burgerladen gibt sich ganz und gar experimentell und schafft Fusion-Speisen mit kreativen Namen wie „Say Cheese" oder „Kick in the Face". Unser persönlicher Favorit ist „The A+" mit Cheddar, karamellisierten Zwiebeln und Shiitake-Pilzen – jedoch neigen die gerösteten Brötchen dazu, sich aufzulösen.

JoMa Bakery Cafe
CAFÉ **$**

(Karte S. 46; www.joma.biz; Ecke Norodom Blvd & St 294; Hauptgerichte 2–6 US$; ⊙8–22 Uhr; ☎)

ESSEN WIE DIE EINHEIMISCHEN

Khmer-Grill- & Suppenrestaurants

Nach Sonnenuntergang erstrahlen die Neon-Schriftzüge der Khmer-Restaurants. Nur nicht schüchtern sein und einfach dem optischen Reiz folgen: Als Lohn winken leckeres Essen, große Bierkrüge und eine lebendige Atmosphäre.

Die meisten Läden bieten vor allem gegrillte Fleisch- oder Fischgerichte, aber es gibt meist auch gebratene Nudeln, gebratenen Reis, Curry-Gerichte und andere Spezialitäten sowie einige vegetarische Gerichte.

Häufig wird in diesen Lokalen auch *phnom pleung* (Feuerhügel) serviert. Gäste bereiten dabei ihr Fleisch auf einem eigenen Grill zu. Eine andere Spezialität ist *soup chhang dei*, bei dem Gäste ihre eigene Suppe in einem Tontopf kochen – ein witziges Gruppenevent. Einheimische Gäste helfen Ausländern meist gerne: Damit die Suppe gelingt, muss beim Garen der Zutaten nämlich eine bestimmte Reihenfolge eingehalten werden.

Ein Khmer-Grill ist nicht gerade schwer zu finden: Sie sind über die ganze Stadt verteilt.

Koh Pich (Diamantinsel; Karte S. 38; 2–6 US$) liegt östlich des riesenhaften Casinos Naga World und verfügt über eine Reihe von Grilllokalen mit gutem Ruf.

Red Cow (Karte S. 46; 126 Norodom Blvd; Hauptgerichte 2,50–7 US$; ◷16–23 Uhr) Hier wird alles gegrillt, was man sich vorstellen kann – Aal, Aubergine, Frosch, Schweineinnereien und Wachtel. Außerdem gibt's Currys und andere traditionelle kambodschanische Gerichte.

Sovanna (Karte S. 46; 2C St 21; Hauptgerichte 2–8 US$; ◷6–11 & 15–23 Uhr) Immer gut besucht von Einheimischen und Ausländern, die dieses Grillrestaurant dank der großen Karte zu ihrer zweiten Heimat gemacht haben. Ein guter Ort für das Nationalfrühstück *bai sait chrouk* (Schweinefleisch mit Reis).

Psar Kabco Restaurant (Karte S. 46; ☎012 702708; 5 St 9; Hauptgerichte 1,50–4 US$; ◷6–21 Uhr) Das tolle kambodschanisch-chinesische Restaurant gegenüber vom sehr kambodschanischen Psar Kabco (Kabco-Markt) serviert unterschiedlichstes Street Food wie Nudelsuppen, Currys und Eintöpfe sowie Khmer-Desserts.

Sonivid (Karte S. 46; 39 St 242; Mahlzeiten 5–10 US$; ◷15–24 Uhr) Die Spezialitäten dieses überaus beliebten Ecklokals sind Taschenkrebs, Tintenfisch, Fisch und Krustentiere – sowohl gedünstet als auch gegrillt. Sieht zwar aus wie ein Grilllokal, ist aber keins.

Master Suki (Karte S. 52; 7. Stock, Sorya Shopping Center; Suppe ab 5 US$; ◷9–22 Uhr) Das Konzept des Ladens ist zwar japanisch angehaucht, Khmer-Einflüsse sind jedoch nicht zu übersehen – der perfekte Ort, um die Suppe *chhnang dei* zu probieren. Fotos erleichtern ausländischen Gästen die Auswahl der Zutaten und ein toller Ausblick ist inklusive. Weitere Filialen sind über die ganze Stadt verteilt.

Straßenimbisse & Märkte

Straßenimbisse sind nicht so zahlreich und kundenfreundlich wie z. B. in Bangkok, aber wer das Abenteuer liebt und Geld sparen möchte, ist bei ihnen genau richtig. Kambodschanische Männer frühstücken meist außer Haus. Deshalb sind die Straßenimbisse morgens an den großen Menschentrauben zu erkennen.

Zu den vielen Märkten von Phnom Penh gehören meist große zentrale Areale mit Ständen, wo einheimisches Essen frisch zubereitet und verkauft wird, vor allem Nudelsuppe und gebratene Nudeln. Die meisten Gerichte sind günstig und kosten zwischen 4000 und 6000 R. Essen kann man am besten am Russischen Markt (S. 81): Innen gibt's eine Esszone mit guter Auswahl an kambodschanischen Spezialitäten. Den großen Parkplatz auf der Westseite des Markts nehmen ab etwa 16 Uhr Grillimbisse für Meeresfrüchte und anderes ein. Eine gute Wahl sind auch Psar Thmei (S. 82) und Psar O Russei (S. 83). Der **Psar Kandal** (Karte S. 52; zw. St 144 & St 154) nicht weit vom Flussufer bietet sich für einen Imbiss am frühen Abend an – hier holen sich Kambodschaner gerne ein Takeaway.

Wem die Märkte zu heiß und hektisch sind, sollte einen der Straßenverkäufer ansteuern, die ihre Waren auf den Schultern tragen bzw. in kleinen Karren durch die Gegend schieben. Beliebt und den ganzen Tag im Betrieb sind die zahlreichen **Currynudelstände** (Karte S. 46) gegenüber dem Wat Botum Park.

Die Kette JoMa Bakery Cafe ist kürzlich aus Laos in Kambodscha angekommen und breitet sich mit einem erfolgreichen Geschäftsmodell schnell in Phnom Penh aus. Salate, Suppen und Sandwiches in verschiedenen Kombinationen füllen die Karte, aber toll sind auch der Kaffee, die Kuchen und Shakes.

Jidaiya   JAPANISCH $
(Karte S. 58; ☎ 097 230 6301; 79A St 63; Hauptgerichte 1–7 US$; ⊙17–24 Uhr; 🐾) Wenn das Personal zur Begrüßung *irasshaimase* (Willkommen) ruft, wirkt dieses Lokal im Herzen von „Little Tokyo" am Südende der Street 63 wie ein nach Kambodscha verpflanztes Stückchen Japan. Die Fleischspieße vom Grill sind billig und sättigend, dazu kommen verschiedene Soba- und Ramen-Gerichte. Das Sapporo-Bier kostet nur 2 US$ die Flasche.

Dosa Corner   INDISCH $
(Karte S. 46; 5E St 51; Hauptgerichte 1,50–5 US$; ⊙8.30–14 & 17–22 Uhr) Wo *dosa* draufsteht, ist auch *dosa* drin: Hier gibt es eine große Auswahl der deftigen Pfannkuchen aus Südindien. Wer *dosas* mag, wird diesen Laden lieben. Vegetarische *thalis* kosten 4 US$.

Mama Wong's   CHINESISCH, FUSION-KÜCHE $$
(Karte S. 46; ☎ 097 850 8383; 41 St 308; Hauptgerichte 3–8 US$; ⊙10–22 Uhr; 🐾) Mama Wong's versieht die chinesische Gastroszene der Stadt mit einem zeitgenössischen Flair: Hier gibt's neben traditionellen Nudelsuppen, *steamed buns* und Congee auch Mini-Burger, Slider und andere Speisen, bei denen sich asiatische und europäische Aromen vermählen. Gutes Preis-Leistungs-Verhältnis und sehr vergnüglich.

★ Malis   KAMBODSCHANISCH $$
(Karte S. 46; ☎ 023-221022; www.malis-restaurant. com; 136 Norodom Blvd; Hauptgerichte 6–12 US$; ⊙7–23 Uhr; 🐾) Das führende Khmer-Restaurant der Hauptstadt bietet ein schickes Ambiente unter freiem Himmel. Die Köche zaubern Rindfleisch mit Bambus, Sandgrundel mit Kampot-Pfefferkörnern sowie traditionelle Suppen und Salate auf den Tisch. Großer Beliebtheit erfreut sich vor allem das aufwendige Frühstück – für 3 bis 4 US$ ein echtes Schnäppchen. Zum Abendessen einen Tisch reservieren!

Java Café   CAFÉ $$
(Karte S. 46; www.javaarts.org; 56 Sihanouk Blvd; Hauptgerichte 4–8 US$; ⊙7–22 Uhr; 🐾) Dank seines schönen Balkons und einer abwechs-

lungsreichen Karte ist dieses Café sehr beliebt. Zum Angebot gehören knackige Salate, leckere hausgemachte Sandwiches, Burger und hervorragender Kaffee von allen Kontinenten. Das obere Geschoss wird außerdem als Galerie genutzt, das untere als Bäckerei.

Piccola Italia Da Luigi   PIZZA $$
(Karte S. 46; ☎ 017 323273; 36 St 308; Pizza 4,50–9 US$; ⊙11–14 & 18–22 Uhr; 🐾) Dieser Laden war ein Bahnbrecher auf der Street 308. Das belebte Straßenrestaurant wirkt nicht nur genauso wie in Italien – es produziert auch mit die beste Pizza der Stadt. Für alle, die Lust auf eine Runde peppige *antipasti* haben, gibt es auch einen kleinen Delikatessenladen. Für den Abend ist reservieren keine schlechte Idee.

Lost Room   INTERNATIONAL $$
(Karte S. 46; ☎ 078 700001; www.thelostroom. asia; 43 St 21; Hauptgerichte 4–12 US$; ⊙Mo–Sa 17 Uhr–open end; 🐾) Wer in den Nebenstraßen von Bassac den symbolischen Schlüssel findet, erschließt sich ein verstecktes Juwel. Auf der Karte stehen viele kleine Speisen, die man sich in geselliger Runde einverleibt. Tipps: das scharf angebratene Känguru-Steak und der Seebarsch mit Ziegenkäse-Tatar.

Chicky   GRILL $$
(Karte S. 46; ☎ 023-430606; 165 St 63; Hauptgerichte 3–10 US$; ⊙11.30–22 Uhr) In dem Grillrestaurant im französischen Stil steht Hühnchen im Mittelpunkt. Ganz einfach: Man wählt ein Viertel, halbes oder ganzes Huhn und dazu Beilagen wie neue Kartoffeln oder Salat. Köstlich!

Ngon   STRASSENESSEN $$
(Karte S. 46; ☎ 023-987151; www.ngonpnh.com; 60 Sihanouk Blvd; Hauptgerichte 3–9 US$; ⊙6.30–22 Uhr; 🐾) Der kambodschanische Ableger des beliebten Quan An Ngon in Saigon bringt Straßenessen in ein kultiviertes Ambiente. Die Gäste klappern einfach die verschiedenen Stände ab und suchen sich die leckersten Sachen aus. Oder sie bestellen von der Karte.

From Farm to Table   CAFÉ $$
(Karte S. 46; ☎ 078 899722; 16 St 360; Hauptgerichte 3,50–7 US$; ⊙8–22 Uhr; 🐾) Das ehemalige Le Jardin ist nicht mehr das durch und durch familienfreundliche Café wie vorher, verfügt aber immer noch über einen üppigen Garten mit Jackfruit-Bäumen und einem alten Trecker, auf dem die Kids he-

rumturnen können. Es gehört denselben Leuten wie das ARTillery (S. 70) und hat sich die Förderung des organischen Landbaus in Kambodscha auf die Fahnen geschrieben. So gibt's hier gesundes Ganztagsfrühstück, Salate, Sandwiches und Mixgetränke. Freitags erklingt ab 18 Uhr Livemusik.

Comme à la Maison   FRANZÖSISCH $$

(Karte S. 46; ☑ 023-360801; www.commealamai son-delicatessen.com; 13 St 57; Hauptgerichte 5–9 US$; ⊙ 6–22.30 Uhr; ☎) Das hübsche Freiluftrestaurant unter balinesischem Strohdach hat eine umfangreiche Speisekarte mit französischer Landküche sowie Pizza, Pasta und verlockende Wochenangebote. Die hauseigene Bäckerei macht es zu einem guten Ort für köstliche Backwaren.

Zino Wine Bar   INTERNATIONAL $$

(Karte S. 46; ☑ 023-998519; 12 St 294; Hauptgerichte 5–15 US$; ⊙ 10.30–24 Uhr; ☎) Die Karte der beliebten Weinbar mit Bistro präsentiert sich sehr vielfältig. Beliebt ist der Wochenendbrunch für 7,50 US$, ebenso die ausgedehnte Happy Hour (16–19 Uhr). Mittagsmenüs mit Vorspeise, Hauptgericht und Kaffee kosten 9 US$. Eindrucksvolle Weinkarte.

Aussie XL   INTERNATIONAL $$

(Karte S. 46; www.aussiexl.com; 205A St 51; Hauptgerichte 7–14 US$; ⊙ 9–23 Uhr) Der Name sagt es schon – hier gibt's Portionen in Übergröße: gigantische Fisch-, Lamm-, Huhn- und Rindfleischgerichte sowie wirklich jede erdenkliche Art von Burger. An den Wochenenden wird gelegentlich ein Schwein am Spieß geröstet. Der beste Ort für australische Sportübertragungen.

Sushi Bar   JAPANISCH $$

(Karte S. 46; ☑ 023-215041; www.sushibar-kh. com; 2D St 302; Sushisets ab 6 US$; ⊙ 11–22 Uhr; ☎) Puristen werden die Nase über die niedrigen Preise rümpfen. Aber der Laden ist immer voll und das nicht ohne Grund: Nirgends sonst kommt der rohe Fisch so schnell und unkompliziert auf den Tisch. Gäste können wählen zwischen der Bar, dem Innenhof und den Privatzimmern im Obergeschoss.

La Plaza   SPANISCH $$

(Karte S. 46; 22B St 278; Tapas 2,50–10 US$; ⊙ 11–14 & 17–22 Uhr; ☎) Die authentisch spanische Tapasbar im gemütlichen Ladenhaus an der Golden Street hat eine lange Speisekarte mit allen Standards (*gambas al ajillo*, spa-

nische Fleischbällchen), aber auch kambodschanisch inspirierte Kreationen wie *boquerones del Mekong* (kleiner Mekong-Fisch in Essig).

Vego Salad Bar   CAFÉ $$

(Karte S. 46; ☑ 011 457711; 3 St 51; Hauptgerichte 4–7 US$; ⊙ 7.30–21 Uhr; ☎ ✍) Mit Salaten und Wraps, die die Gäste selbst zusammenstellen können, lockt das Vego Gesundheitsfreaks an. Es gibt auch Kombis, die ein gesundes Getränk einschließen.

Taste Budz   INDISCH $$

(Karte S. 46; ☑ 092 961554; 13E St 282; Hauptgerichte 3–6 US$; ⊙ 10–14.30 & 17–22 Uhr) Dieser winzige Laden mit dem lustigen Namen hat mit das leckerste indische Essen in ganz Phnom Penh. Aufgetischt werden vor allem Gerichte aus Kerala (Südindien) wie etwa würzige *kedai*-Gerichte – himmlisch! Sie werden mit Hilfe von *porotta* (Fladenbrot) mit den Fingern gegessen.

★ Deco   EUROPÄISCH $$$

(Karte S. 46; ☑ 017 577327; www.decophnompenh. com; Ecke St 352 & St 57; Hauptgerichte 7–15 US$; ⊙ 12–14 & 17–22 Uhr; ☎) Das Deco ist ganz bestimmt eines der raffiniertesten Restaurants in Phnom Penh – passend dazu ist es beneidenswert schön untergebracht in einem aufwendig restaurierten modernistischen Haus aus den 1960er-Jahren. Auf der wechselnden Speisekarte steht progressive europäische Küche wie Entenbrust oder Kampot-Krebsfrikadellen. Die kreativen Cocktails sind legendär, außerdem wird Craft-Bier kredenzt.

Topaz   FRANZÖSISCH $$$

(Karte S. 46; ☑ 023-221622; www.topaz-restaurant. com; 182 Norodom Blvd; Gerichte 5–25 US$; ⊙ 11–14 & 18–23 Uhr; ☎) Das Topaz ist eines der ersten Restaurants von Phnom Penh und in einer eleganten Villa mit spiegelnden Wasserbecken und einem begehbaren Weinkeller untergebracht. Die Karte ist klassisch parisserisch, mit delikaten Burgunder Schnecken in Knoblauch oder *Steak tartare* für Leute, die es roh lieben.

Tiger's Eye   FUSION-KÜCHE $$$

(Karte S. 46; ☑ 023-212917; http://thetigerseye.asia; 49 Sothearos Blvd; Hauptgerichte 12–23 US$, Probiermenü 55 US$; ⊙ 7.30–22.30 Uhr; ☎) Das ehemalige The Common Tiger bietet mit die innovativsten Fusion-Aromen der Stadt. Seine Kreationen serviert der südafrikanische Küchenchef persönlich auf übergroßen Tellern.

Die regelmäßig wechselnde Karte zieren nur eine Handvoll Hauptgerichte. Cocktails und Craft-Biere runden das Bild ab.

✕ Psar O Russei & Tuol Sleng

Asian Spice   ASIATISCH $
(Karte S. 46; 79 St 111; Hauptgerichte 2–3,50 US$; ⏰6–21 Uhr; ☎) Spezialität des Hauses sind die würzigen *laksa* aus Singapur. Auf der Karte stehen aber auch genügend scharfe Sachen aus Indonesien und Malaysia sowie ein paar europäische Gerichte. Einer der besten Deals in Phnom Penh.

Mama Restaurant   KAMBODSCHANISCH $
(Karte S. 46; 10C St 111; Hauptgerichte 1,50–4 US$; ⏰7.30–20.30 Uhr) Das alteingesessene Backpacker-Café im Herzen des Psar O Russei serviert leckeres französisch angehauchtes Khmer-Essen wie Rindfleischeintopf und *hachis parmentier* (Kartoffel-Hack-Auflauf).

Spider Restaurant   KAMBODSCHANISCH $
(Karte S. 46; 50 St 113; Hauptgerichte 2,50–6 US$; ⏰8–17 Uhr; ☎) Das relaxte kleine Café mit Ventilator und Schachbrettboden gegenüber vom Tuol Sleng hat gutes Curry und guten Kaffee, begleitet von Jazzmusik.

Chinese Noodle/
China Restaurant   CHINESISCH $
(Karte S. 46; 553 Monivong Blvd; Hauptgerichte 1,50–3 US$; ⏰6–2 Uhr) Dieser Zwillingsimbiss ist bei Einheimischen und Zugereisten gleichermaßen beliebt. Im Chinese Noodle dreht sich alles um chinesische Nudeln – was sonst? – dazu gibt's alles von Ente bis Schweinebauch. Das China Restaurant ist für seine knödelartigen Schwein-im-Brot-Kreationen berühmt.

★ K'nyay   KAMBODSCHANISCH, VEGAN $$
(Karte S. 46; ☎011 454282; 43 St 95; Hauptgerichte 4–7 US$; ⏰Di–Fr 12–22, Sa & So 8–22 Uhr; ☎🖊) Das attraktive Restaurant über dem Boutiquehotel Terrace on 95 (S. 64) ergänzt seine traditionell fleischlastigen kambodschanischen Gerichte durch eine vegane Speisekarte und bastelt auch vegane Lunchpakete für Tagesausflügler. Gut ist z. B. das Bananen- oder Kürbiscurry. Nach einem bedrückenden Besuch des nahen Tuol-Sleng-Museums tut auch einer der originellen Gesundheits-Shakes gut.

✕ Rund um den Russischen Markt

Wenn man sich erfolgreich durch das Gewusel und Gewimmel des Russischen Markts (S. 81) geschlagen hat, geht nichts über einen Eiskaffee oder einen frisch zubereiteten Fruchtshake! Ein guter Tipp ist der charismatische **Mr Bounnareth** (Karte S. 58; Shop 547, Russischer Markt) im zentralen Bereich der Essensstände, dessen patentierter „bester Eiskaffee in Phnom Penh" seit 35 Jahren für zuverlässige Qualität steht. Andere Stände haben gebratene Nudeln und *banh cheav* (Fleisch oder Meeresfrüchte mit Gemüse in einem dünnen Eierpfannkuchen oder Salatblatt) für 1 bis 2 US$.

In den Straßen, die Richtung Osten und Süden vom Russischen Markt wegführen, feiern mehrere Mittagslokale einen derartigen Erfolg, dass sie jetzt auch abends geöffnet haben.

Sesame Noodle Bar   NUDELN $
(Karte S. 58; www.sesamenoodlebar.com; 9 St 460; Hauptgerichte 3,75–4,50 US$; ⏰11.30–14.30 & 17–21.30 Uhr; ☎) Hinter dem trendigsten Mittagslokal am Russischen Markt steckt ein japanisch-amerikanisches Duo. Die kalten Nudeln gibt's vegetarisch oder als Eiernudeln mit einem gekochten Ei und karamellisiertem Schweinefleisch oder gegrilltem Tofu: einfach köstlich!

BLUMENKINDER

Wer einige Male in Phnom Penh ausgegangen ist, gewöhnt sich schnell an die Omnipräsenz junger Blumenverkäufer in den beliebtesten Bars und Restaurants. Die Kids sind wirklich unglaublich süß, deshalb kann ihrem Angebot kaum einer widerstehen. Eigentlich wäre das ja eine gute Sache, wenn die Kleinen das hart verdiente Geld tatsächlich mit nach Hause nehmen würden. Dies ist jedoch meist nicht der Fall: Draußen auf der Straße wird man für gewöhnlich einen wartenden *moto*-Fahrer mit einem Eimer voller Blumen erspähen, der die Jungen und Mädchen später zu einer anderen Bar bringt. Sie werden also ausgenutzt, damit sich irgendein Erwachsener die Taschen füllen kann. Man sollte sich deshalb zweimal überlegen, ob man ihnen wirklich etwas abkauft.

Alma Cucina Mexicana
MEXIKANISCH $

(Karte S. 58; 43A St 454; Mahlzeiten 3–5 US$; ⏱7–14 Uhr; 🖥) Wie sich die authentische mexikanische Hausmannskost hierher verirrt hat, ist ein Rätsel – aber schön, dass sie hier ist! Auf der wechselnden Karte stehen Leckereien wie *quesadillas* mit *chorizo* oder *bistec encebollado* (Steak mit Zwiebeln). Das Frühstück mit *huevos rancheros* ist einfach nur legendär. Achtung: begrenzte Öffnungszeiten!

Buffalo Sister
SANDWICHES $$

(Karte S. 58; 📞017 879403; 55D Street 456; Sandwiches ab 4,25 US$; ⏱11–19.30 Uhr; 🖥) Die ausgedehnte Sandwichkarte steht in diesem Lokal mit Fleischbuffet auf einer Schiefertafel an der Wand. Besonders gut ist das Sandwich mit Schweinebraten und Apfelsauce. Wer es gesünder mag, kann auch einen Wrap mit gegrilltem Gemüse oder Falafel bestellen. Besonders begehrt ist der wöchentliche Sonntagsbraten.

Sumatra
INDONESISCH $

(Karte S. 58; 35 St 456; Hauptgerichte 1,50–3,50 US$; ⏱11–20 Uhr; 🖥🍴) Die vegetarischen Gerichte werden zum phantastischen Preis von durchschnittlich 2 US$ angeboten. Das Essen ist gut, aber die Portionen für große Esser möglicherweise etwas zu klein. Die scharfen *balado*-Gerichte (mit Tomaten-Chili-Sauce) sind lecker; Gäste sitzen im grünen Hofgarten unter einem Blechdach.

Sisters
BÄCKEREI $

(Karte S. 58; 26B St 446; Sandwiches 2,50–3,50 US$; ⏱7–18 Uhr; 🖥) Winzig, kann aber problemlos mit den „Großen" mithalten. Im Angebot sind leichte Speisen, den ganzen Tag gibt's Frühstück, ein paar Khmer-Hauptgerichte und natürlich ausgezeichnete hausgemachte Kuchen, darunter billige Cupcakes.

★ Brooklyn Bistro
INTERNATIONAL $$

(Karte S. 58; 📞089 925926; 20 St 123; Hauptgerichte 3–17 US$; ⏱11–22 Uhr; 🖥) Der stilvolle amerikanische Diner lässt vermuten, in welche Richtung sich das Viertel um den Russischen Markt entwickeln wird, und ist bei eingeweihten Ausländern in Phnom Penh ungeheuer beliebt. Die 40-cm-Pizzas sind die größten der Stadt und es gibt auch eine eigene Karte für Chicken Wings, obendrein tolle Sandwiches und wohl den besten New York Cheesecake in diesem Teil der Welt.

Roots & Burgers/Tipico
FUSION-KÜCHE, TAPAS $$

(Karte S. 58; 80 St 454; ⏱10–22 Uhr; 🖥) Das neue Restaurant wartet mit dem perfekten Zwei-Fliegen-mit-einer-Klappe-Deal auf. Unten bietet **Roots & Burgers** in *bao*-Brötchen Fusion-Aromen. Oben gibt's ein stilvolles kleines spanisches Tapas-Café namens **Tipico**, eine der wenigen Bars in dieser Gegend und auch ein wenig länger geöffnet.

Selbstversorger

Super Duper
SUPERMARKT

(www.super-duper.biz; 21 St 488; ⏱24 Std.) Phnom Penhs einziger rund um die Uhr geöffneter Supermarkt ist gut für alle, die zu sehr später Stunde der Hunger plagt. Er wartet mit einem erstklassigen Sortiment auf: Die Betreiber importieren ihre Sachen selbst aus den USA und Australien.

Ausgehen & Nachtleben

Phnom Penh hat ein paar hervorragende Bars und Clubs zu bieten. Es gibt ein paar gute Meilen für Kneipentouren in der Stadt, z. B. konzentrieren sich viele lange geöffnete Lokale um die Kreuzung von Street 51 und Street 172, wo in der späteren Phase des Abends scheinbar jeder vorbeistolpert. Die „Golden Street" (Street 278) ist ebenfalls beliebt und auch das Flussufer hat einige Bars. Immer beliebter werden auch die Street 308 und die benachbarte Bassac Lane. Weiter Richtung Norden präsentieren sich die Bars abseits des Flusses immer zwielichtiger und viele der Kneipen an Street 104 und 136 sogenannte *girlie bars,* in denen die weiblichen Angestellten dazu da sind, mit den Gästen anzubändeln.

Bars

Happy Hour ist in Phnom Penh sehr beliebt; selbst vornehme Adressen wie der Foreign Correspondents' Club und das Raffles bieten jetzt zwei Drinks zum Preis von einem an. In einiger der schickeren Bars der Stadt ist mittwochs „Ladies' Night" mit zwei Getränken zum Preis von einem den ganzen Abend lang oder sogar Gratis-Drinks. Die meisten Bars haben mindestens bis Mitternacht offen und übergeben dann das Nightlife-Zepter an Phnom Penhs übermütige Clubszene.

Nördliches Zentrum (Flussufer)

★ FCC
BAR

(Foreign Correspondents' Club; Karte S. 52; 363 Sisowath Quay; ⏱6–24 Uhr; 🖥) Diese Institution der Barszene ist in einem kolonialen Kleinod mit großartigem Ausblick und kühler Brise untergebracht. Alle Kambodscha-Besucher sollten hier mal auf einen Drink hereinschauen – und fast alle tun es auch. Happy Hour ist von 17 bis 19 und 22 bis 24 Uhr. Ist die Bar selbst zu voll, bietet sich die Dachterrasse an, wo am Wochenende auch oft Livemusik zu hören ist. Außerdem gibt's hier Tag und Nacht hervorragendes Essen.

Blue Dragon BAR
(Karte S. 42; 391 St 184; ⏱17.30–1 Uhr) Die Lage mit erstklassigem Blick auf den Königspalast und einer kühlenden Brise vom Fluss an lauen Abenden könnte besser nicht sein. Bier, Wein und Hochprozentiges fließen in Strömen.

Oskar Bistro BAR
(Karte S. 52; www.oskar-bistro.com; 159 Sisowath Quay; ☎) Der neue Gastropub verschmilzt Bar und Restaurant auf perfekte Weise. Untermalt von subtilen DJ-Beats können Gäste hier aus kreativen Cocktails und einer umfangreichen Weinkarte mit 55 Rebensäften wählen. Auch toll für ein spätes Abendmahl: Die Küche ist bis 23 Uhr geöffnet.

Paddy Rice IRISH PUB
(Karte S. 52; 213 Sisowath Quay; ⏱24 Std.; ☎) Ein echter Alleskönner – hier gibt's ordentliches Kneipenessen, große Leinwände für Sportübertragungen und gelegentlich Livemusik, donnerstags ist Open-Mic-Session. Und alles in toller Lage am Fluss.

Pickled Parrot SPORTSBAR
(Karte S. 52; 4 St 104; ⏱24 Std.; ☎) Eine der wenigen Kneipen der Stadt, in der man sich zu jeder Tages- und Nachtzeit zu anderen Biertrinkern gesellen kann – ein freundlicher Laden mit Klimaanlage, großen Bildschirmen, Billardtisch und billigen Getränken. Und im Gegensatz zu vielen anderen Bars in der Gegend ist dies keine *girlie bar*.

Chez Rina COCKTAILBAR
(Karte S. 52; 6 St 98; ⏱17–24 Uhr; ☎) Die winzige Cocktailbar versteckt sich zwischen Flussufer und Postamt in einem Teil eines Gebäudes aus französischer Zeit, das perfekt renoviert worden ist. Bekannt für ihre Martinis.

Nördliches Zentrum (abseits des Flusses)

★ Dusk Till Dawn BAR
(Karte S. 52; 46 St 172) Die Dachterrassenbar ist aufgrund ihrer Klientel und Musik auch als Reggae Bar bekannt. Ein toller Ort für einen Sundowner, wobei die Party damit noch lange nicht zu Ende ist. Die Bar erstreckt sich über zwei Etagen – falls unten nichts los ist, einfach ein Stockwerk höher gehen! Im hohen Gebäude gegenüber vom Pontoon im Aufzug bis ganz oben fahren.

Elephant Bar BAR
(Karte S. 52; Raffles Hotel Le Royal, St 92; ⏱Happy Hour 16–21 Uhr; ☎) Nur wenige Lokale bieten eine so schicke Atmosphäre wie die Bar im

---

BARS MIT AUSSICHT

Phnom Penh wächst in die Höhe, deshalb gibt es immer mehr Dachbars mit Aussicht. Hier einige der besten:

Chow (Karte S. 52; 277 Sisowath Quay; ⏱7–23 Uhr) Die elegante Dachterrasse des Quay-Hotels hat eine Aussicht auf den Fluss, ein kühles Lüftchen und eine Happy Hour von 16 bis 20.30 Uhr. Auf der Cocktailkarte stehen Getränke mit pikanten Zutaten wie Ingwer oder Zitronengras sowie eine Caipi mit Passionsfrucht.

Eclipse (Karte S. 46; Phnom Penh Tower, 445 Monivong Blvd; ⏱17–2 Uhr) Diese Freiluftbar im 24. Stock ist in der Trockenzeit die erste Wahl für erfrischende Brisen und weite Ausblicke. In der Regenzeit geht's zwei Etagen tiefer ins **D-22** (⏱7–24 Uhr), ein stylisches Restaurant mit Bar; hier genießt man dieselben Ausblicke, ohne den Elementen ausgesetzt zu sein.

Ibiza Lounge (Karte S. 52; 277 Sisowath Quay; ⏱17–24 Uhr) Geräumige Bar am Fluss über dem Bougainvillier-Hotel. Seine Happy-Hour-Belohnung (17–19 Uhr) muss man sich hier schon verdienen: Es gibt keinen Aufzug zum fünften Stock.

Le Moon (Karte S. 52; 1 St 154; ⏱17–1 Uhr) Die Hotelbar des Amanjaya punktet mit Atmosphäre und Flussblick; die Bedienung ist allerdings etwas launisch. Geduld mitbringen.

Tonle Sab Sky Bar (Karte S. 38; Hotel Sokha Phnom Penh) Mit einem Drink in der Hand kann man sich in dieser Bar hoch oben auf dem riesigen Sokha-Hotel auf der anderen Seite des Tonlé Sap Phnom Penh aus anderer Perspektive zu Gemüte führen.

Hotel Raffles. Sie wird schon seit über 80 Jahren von Journalisten, Politikern und von den Reichen und Berühmten des Landes frequentiert. Während der großzügig bemessenen Happy Hour gibt's Singapore Sling und viele andere Drinks zum halben Preis.

Howie Bar
BAR
(Karte S. 52; 32 St 51; ☺19–6 Uhr) Das freundliche, unberechenbare und total coole Howie ist die perfekte Alternative, wenn andere Läden in der Nähe aus allen Nähten platzen. Bis in den frühen Morgen tummeln sich hier Expats, Traveller und Einheimische.

Zeppelin Bar
BAR
(Karte S. 46; St 278; ☺17 Uhr–open end) Wer hat behauptet, dass Vinyl out ist? In dieser Rockbar der alten Schule steht der Besitzer Abend für Abend an den Plattenspielern und spielt vor allem 70er-Jahre-Rock. Einen Billardtisch gibt's auch. Die Bar ist in die beliebte Golden Street umgezogen.

Dodo Rhum House
BAR
(Karte S. 52; 42C St 178; ☺17 Uhr–open end) Der französische Klassiker ist auf hausgemachte, mit tropischen Früchten und Gewürzen aromatisierte Rumsorten spezialisiert. Außerdem werden hier ausgezeichnetes Fischfilet und andere Leckereien aufgetischt.

Blue Chili
GAY
(Karte S. 52; 36 St 178; ☺18 Uhr–open end; ☎) Der Besitzer dieser alteingesessenen schwulenfreundlichen Bar bringt hier jeden Freitag und Samstag um 22.30 Uhr seine eigene Travestie-Show auf die Bühne.

Südliches Zentrum
Bar Sito
BAR
(Karte S. 46; St 240½; ☺17–24 Uhr; ☎) Die Bar Sito war ein Vorreiter auf der Street 240½ – durch den versteckten Eingang wirkt sie wie ein Privatclub, aber drinnen entpuppt sie sich als hippes Refugium mit eindrucksvollen Cocktails, Wein per Glas und Bier aus der Flasche.

Strangefruit Bar
BAR
(Karte S. 42; 213 St 19½; ☺17–23 Uhr; ☎) Das kleine, aber perfekte Strangefruit ist eine gayfreundliche Bar in einer Gasse hinter dem Königspalast; ein künstlerisch angehauchtes Refugium für erstklassige Cocktails, Wein und eine interessante Sammlung von Fotos und Kunst.

Bouchon
WEINBAR
(Karte S. 46; 3 St 246; ☺16–24 Uhr) Das Bouchon hat eine feine Auswahl an französischen Weinen, dazu werden Gänseleberpastete und andere französische Leckereien gereicht. Die Bar mit modernem Ambiente liegt in einer ruhigen Seitenstraße. Ein Glas Hauswein (rot) kostet 3,50 US$.

Boeng Keng Kang & Tonlé Bassac
Che Culo
BAR
(Karte S. 46; www.checulocambodia.com; 6b St 302; ☺Mo–Sa 11 Uhr–open end; ☎) Die unkonventionelle neue Bar im angesagten BKK-Viertel prägen Retro-Kacheln und Sitznischen, die eine intime Atmosphäre schaffen. Die tollen Cocktails schmecken zur Happy Hour von 17 bis 19 Uhr noch besser. Zu essen gibt's Tag und Nacht kleine Häppchen nach Tapas-Art.

Duplex
BAR
(Karte S. 46; www.duplex.com.kh; 3 St 278; ☺10–2 Uhr; ☎) Diese Kneipe im belgischen Stil mit großem Bierangebot ist gleichzeitig eine supercoole moderne Bar mit regelmäßigen Salsa- und Latin-Abenden. Prima Cocktails und eine gute Auswahl an kleinen Speisen.

Score
BAR
(Karte S. 46; ☏023-221357; www.scorekh.com; 5 St 282; ☺8 Uhr–open end; ☎) Eine kinogroße Leinwand und Fernsehbildschirme an allen Wänden – genau richtig für Sportübertragungen, und zwar nicht nur Fußball und Rugby, sondern alle möglichen Sportarten. Für alle, die lieber selbst aktiv sind, gibt's ein paar Billardtische.

Liquid
BAR
(Karte S. 46; 3b St 278; ☺11–24 Uhr; ☎) Die alteingesessene Bar an der beliebten Street 278 hat billige Drinks, eine noch günstigere Happy Hour und einen begehrten Billardtisch. Wer rausbekommt, wie die Musikanlage funktioniert, kann ihr einige tolle Stücke entlocken.

Red Bar
BAR
(Karte S. 46; Ecke St 308 & St 29; ☺17–1 Uhr; ☎) Freundliche kleine Bar in der angesagten Street 308. Die Getränke sind hier so billig, dass man länger als geplant verweilt – oder geht das nur uns so?

⚲ Clubs

Details zur Clubszene stehen im Phnom Penh Underground (www.phnom-penh-underground.com), einem Online-Guide zur Szene in der Hauptstadt Kambodschas.

★ Heart of Darkness
CLUB
(Karte S. 52; www.heartofdarknessclub.com.kh; 26 St 51; ☺20 Uhr–open end) Dieser Laden mit

ansprechendem Angkor-Styling ist eine feste Institution und hat sich im Laufe der Jahre von einer Bar zu einem echten Club gemausert. Hier wird jede Nacht gefeiert und das Publikum ist bunt gemischt – man trifft wirklich alles und jeden! Sollte jeder Phnom-Penh-Reisende gesehen haben.

⭐**Pontoon**   CLUB
(Karte S. 52; www.pontoonclub.com; 80 St 172; Eintritt am Wochenende 3–5 US$, werktags frei; ⊙21.30 Uhr–open end) Nach zahlreichen Umzügen von Pier zu Pier hat der führende Club der Stadt nun sicheres Terrain erreicht. Hier legen die besten DJs der Stadt auf und gelegentlich auch internationale Stars. Der Donnerstagabend gehört der schwulen Community, mit Ladyboy-Show um 1 Uhr. Das benachbarte Pontoon Pulse ist eine Art Loungeclub mit Electronica und Ambient-Musik.

Vito   CLUB
(Karte S. 42; 8 St 214; ⊙21–3 Uhr) Der populäre neue Retroclub spielt einige ältere Tanzsachen aus den 90er- und Nuller-Jahren, teils gar aus den Achtzigern. Beliebt bei einer etwas älteren Klientel, die nicht nur tanzen, sondern sich auch unterhalten will.

BARS IN DER BASSAC LANE

Bassac Lane – so wird eine Gasse genannt, die südlich von der Street 308 wegführt. Das Konzept geht auf die beiden neuseeländischen Brüder Norbert-Munns zurück: Sie haben ein echtes Händchen für Getränke und Design und daher gibt es an diesem vielfältigen Plätzchen mehr als ein halbes Dutzend kleine Kneipen, die von 17 bis 1 Uhr geöffnet sind (Karte S. 46). Bei Meat & Drink kann man sich mit Fusion-Wraps und Burgern stärken; dazu gibt's noch das winzige, intime Seibur, das kultivierte Library, den Newcomer Harry's Bar und die Motorradbar Hangar 44. Sogar eine Ginkneipe ist vorhanden: die klitzekleine Cicada Bar. Indische und mexikanische Lokale sind in Planung und auch der schicke Bekleidungsladen Paperdolls (S. 83) plant eine Filiale. Quasi aus dem Nichts hat sich die Bassac Lane zum neuen Szeneviertel Phnom Penhs gemausert und lohnt auf jeden Fall einen Abstecher.

Epic   CLUB
(Karte S. 46; ☏010 600608; www.epic.com.kh; 122b Tonlé Bassac; ⊙21–5 Uhr) Mit der Öffnung des Epic hat der Superclub Phnom Penh erreicht: ein riesiges Lagerhaus, dessen Einrichtung bestimmt nicht aus dem Warenhaus stammt, und der sich an die jungen Reichen des Landes richtet.

Rock   CLUB
(Karte S. 58; 468 Monivong Blvd; Eintritt unterschiedlich; ⊙open end) Im Rock haben Besucher die Chance, eine typische Phnom-Penh-Partynacht zu erleben. Sieht aus wie ein gigantischer Heimwerkermarkt, aber die Einheimischen lieben diesen Laden mit Komplettausstattung, darunter z. B. Karaokezimmer.

☆ Unterhaltung

Wer wissen möchte, was Phnom Penh in puncto Unterhaltung zu bieten hat: Kostenlos und monatlich erscheint *Asia Life* mit Veranstaltungsterminen und Informationen. Online gibt's noch www.ladypenh.com und www.khmer440.com.

Kinos

⭐**Meta House**   KINO
(Karte S. 46; www.meta-house.com; 37 Sothearos Blvd; ⊙Di–So 16–24 Uhr; ☏) Von Deutschen betriebenes Kino, in dem an den meisten Tagen um 14 Uhr (Eintritt frei) und 19 Uhr (Eintritt unterschiedlich) vor allem kambodschanische und internationale Art-House-Filme, Dokumentationen und Kurzfilme gezeigt werden. Manchmal gibt's im Anschluss die Möglichkeit, mit Filmemachern ins Gespräch zu kommen. Das kulinarische Angebot besteht vor allem aus Flammkuchen, deutschen Würsten und Bier.

Major Cineplex   KINO
(Karte S. 46; ☏023-901111; www.majorcineplex. com.kh; Aeon Mall, 132 Sothearos Blvd; Tickets 3–15 US$; ⊙9–24 Uhr) Das schickste Filmtheater der Stadt, mit sieben Sälen, darunter eine Art Business-Class-VIP-Kino und eine 4DX-Leinwand für ein interaktives Filmerlebnis (mit beweglichen Sitzen und Überraschungseffekten).

Flicks   KINO
(Karte S. 46; www.theflicks-cambodia.com; 39B St 95; Tickets 3,50 US$; ☏) Mindestens zwei Filme pro Tag in superkomfortabler Atmosphäre. Die Eintrittskarte gilt für beide Filme.

ARN CHORN-POND, MUSIKER

Arn Chorn-Pond ist der Begründer der Cambodian Living Arts (CLA; S. 57), einer Gruppe, die es sich zur Aufgabe gemacht hat, traditionelle Musik und Tänze sowie andere kambodschanische Kunstformen, die während der Herrschaft der Roten Khmer beinahe verloren gegangen sind, zu bewahren. Arn selbst hat diese dunkle Zeit nur knapp überlebt. Seine Eltern betrieben ein angesehenes traditionelles Opernensemble in Battambang. Dadurch wurden sie zu Zielen der Roten Khmer, die, so Arn, fast alle darstellenden Künstler ermorden ließen. 25 engste Familienangehörige, darunter fünf seiner acht Geschwister, wurden umgebracht.

Allerdings waren die Roten Khmer während ihrer Herrschaft auf Musiker angewiesen, die ihre revolutionären Hymnen spielen mussten. Und Arn gehörte zu den wenigen Kindern in Battambang, die auserkoren waren, im örtlichen Todestempel zu tanzen oder Flöte und *khim* (ein traditionelles kambodschanisches Streichinstrument) zu spielen. „Sie brachten drei Kinder, die zu langsam lernten, einfach um", erzählt Arn. „Ich habe relativ schnell lernen können, da ich die Musik im Blut hatte. Wenn es die Musik nicht gegeben hätte, wäre ich wahrscheinlich auch ermordet worden. Musik hat mein Leben gerettet."

Im Todestempel wurde Arn Zeuge vieler Gräueltaten. Die Roten Khmer zwangen ihn, Musik zu spielen, um die lauten Schreie zu übertönen. Ende der 1970er-Jahre wurde der gerade zwölfjährige Arn gezwungen, seine *khim* gegen eine Waffe einzutauschen und für die angeschlagenen Streitkräfte der Roten Khmer zu kämpfen. Ihm gelang jedoch die Flucht und er schaffte es schließlich über die Grenze in ein thailändisches Flüchtlingslager. Dort wurde er zusammen mit einigen anderen Flüchtlingen von einer amerikanischen Familie aus New Hampshire adoptiert. Als Arn Jahre später nach Kambodscha zurückkehrte, erkannten die Einwohner von Battambang ihn als „den kleinen Jungen, der die *khim* spielte". 1998 gründete er die CLA.

Arn verriet uns seine fünf Lieblingsorte Orte für kambodschanische Kultur in der Stadt:

➡ **Amrita Performing Arts** (www.amritaperformingarts.org) „Amrita arbeitet mit traditionellen Apsara-Tänzern und inszeniert neue Geschichten. Zusammen mit CLA haben sie 2013 die „Season of Cambodia" in New York organisiert."

➡ **Apsara Arts Association** (S. 81) „Eine toller familiengeführter Verein, in dem die jüngste Generation die traditionellen Tänze wie z. B. Apsara erlernt."

➡ **Plae Pakaa** (S. 80) „CLA veranstaltet die Aufführungen, die jeden Abend vor dem Nationalmuseum zu sehen sind."

➡ **CLA's Yike Class** (Karte S. 46; 65 Sothearos Blvd) „Jeden Tag werden gefährdete Jugendliche unter der Leitung von Theaterchef Ieng Sithul in der Kunst der traditionellen Oper unterrichtet. Touristen sind willkommen und dürfen zusehen. Viele der Kids würden wohl als Prostituierte arbeiten, wenn sie nicht den Unterricht hätten."

➡ **Sovanna Phum Arts Association** (S. 81) „Sovann Phum gelingt es auf ganz großartige Weise, mithilfe der traditionellen kambodschanischen Kunstformen neue Stücke und Tänze zu erschaffen."

Bophana Centre FILMCENTER
(Karte S. 46; ☎ 023-992174; www.bophana.org; 64 St 200; Eintritt frei; ⊙ Mo–Fr 8–12 & 14–18, Sa 14–18 Uhr) Gegründet vom kambodschanisch-französischen Filmemacher Rithy Panh. Regisseure, Filmwissenschaftler und andere Interessenten finden hier audiovisuelles Material, u. a. ein Archiv voller alter Fotos und Filme. Samstags um 16 Uhr gibt es kostenlose Filmvorführungen.

Mekong River Restaurant KINO
(Karte S. 52; Ecke St 118 & Sisowath Quay; Tickets 3 US$) Zeigt jede Stunde zwischen 11 und 21 Uhr zwei Streifen in englischer oder französischer Sprache; einer handelt von den Roten Khmer, der andere beleuchtet die Landminen-Problematik.

Klassischer Tanz & Kunst

⭐ **Plae Pakaa** DARSTELLENDE KÜNSTE
(Fruitful; Karte S. 52; ☎ 023-986032; www.cambodianlivingarts.org; Nationalmuseum, St 178; Erw./Kind 15/6 US$; ⊙ Okt.–März Mo–Sa 19 Uhr, Mai–Sept. Fr & Sa, April geschl.) Plae Pakaa heißt eine Reihe sehenswerter Aufführungen der Cambodian Living Arts (S. 57). Die drei wechselnden Vorstellungen dauern jeweils

eine Stunde. *Children of Bassac* zeigt traditionelle Tänze. *Passage of Life* stellt Feiern und Rituale aus dem Leben der Khmer dar (Hochzeiten, Begräbnisse und andere wichtige Stationen). *Mak Therng* ist eine traditionelle *yike*-Oper.

Apsara Arts Association   TANZ
(Karte S. 38; 📱 012 979335; www.apsara-art.org; 71 St 598; Tickets 6–7 US$) 🏃 Samstags um 19 Uhr finden hier abwechselnd klassische und Volkstanzvorführungen statt (Termine telefonisch bestätigen lassen). Interessierte können den Tanzschülern montags bis samstags von 7.30 bis 10.30 und von 14 bis 17 Uhr beim Training zusehen (Eintrittsspende gern gesehen, um 3 US$).

Nicht vergessen: Dies ist eine Tanzschule, deshalb sollte man sich möglichst ruhig verhalten und nur wenige Fotos mit Blitz machen. Im Tuol-Kork-Viertel, weit im Norden der Stadt.

Sovanna Phum
Arts Association   DARSTELLENDE KÜNSTE
(📱 023-987564; www.shadow-puppets.org; 166 St 99, zw. St 484 & St 498; Erw./Kind 5/3 US$) 🏃 Regelmäßige traditionelle Schattentheatervorführungen sowie gelegentliche klassische Tanzstücke und traditionelle Percussion-Shows freitags und samstags abends um 19.30 Uhr. Nach der 50-minütigen Vorführung können Besucher sich selbst im Spiel mit den Puppen versuchen. Außerdem werden auch Kurse angeboten: Schattentheater, Puppenherstellung, klassischer und Volkstanz sowie Unterricht im Spiel traditioneller kambodschanischer Instrumente.

Chatomuk Theatre   THEATER
(Karte S. 46; Sisowath Quay) Offiziell dient das Theater im Herzen von Phnom Penhs beliebter Ufermeile als Konferenzzentrum der Regierung, es finden aber auch regelmäßig Kulturveranstaltungen statt.

Livemusik

In Phnom Penh gibt es eine erstaunlich vielfältige Musikszene mit zahlreichen talentierten ausländischen und einheimischen Musikern und Bands. Infos über Konzerte in Phnom Penh bietet Leng Pleng (www.lengpleng.com).

Showbox   BAR
(Karte S. 46; 11 St 330; ⏱ 11–1 Uhr; 📶) Diese abgerockte Musikbar hat regelmäßig Konzerte und Open-Mic-Abende im Programm und dient außerdem als beliebter Club und

manchmal auch als Comedy Club. Nett sind die Specials wie etwa das kostenlose Bier täglich von 18.30 bis 19 Uhr. Und danach kann man hier noch einen tollen Abend verbringen.

Sharky's   LIVEMUSIK
(Karte S. 52; www.sharkybarblog.com; 126 St 130; ⏱ 17 Uhr–open end; 📶) Der alteingesessene Laden war lange als Billard- und Abschlepp-Schuppen bekannt. In letzter Zeit hat er sich jedoch erfolgreich um ein neues Image bemüht und präsentiert jetzt gute Livemusik. Nimmt für sich in Anspruch, Südostasiens ältseste Rockkneipe zu sein.

Doors   LIVEMUSIK
(Karte S. 38; 18 St 84; ⏱ 7–24 Uhr; 📶) Das raffinierte Lokal mit der langen Bar beschreibt sich selbst als „Musik- und Tapasbar" und serviert spanische Leckerbissen und teure Drinks zu gutem Livejazz und mehr.

🛍 Shoppen

In Phnom Penh kann man phantastisch einkaufen, auf Märkten sollte man aber nie vergessen zu handeln, sonst bekommt man den „Kopf geschoren" – das sagen die Einheimischen, wenn man über den Tisch gezogen wird.

Märkte & Einkaufszentren

Neben den Märkten gibt es in der Stadt mittlerweile mehrere Einkaufszentren. Sie sind vielleicht nicht ganz so glamourös wie das Siam Paragon in Bangkok, bieten sich aber dank Klimaanlage sehr gut zum Bummeln an.

Russischer Markt   MARKT
(Psar Tuol Tom Pong; Karte S. 58; St 155; ⏱ 6–17 Uhr) Diesem brütend heißen Basar sollte jeder mindestens einen Besuch abstatten: Für Souvenirs und günstige Klamotten von bekannten Marken gibt es buchstäblich keine bessere Adresse. Nicht für alles gibt es eine Garantie auf Authentizität, aber unter den vielen Fälschungen finden sich auch immer einige Originalartikel, die in kambodschanischen Werkstätten und Fabriken genäht wurden und irgendwie auf den Markt gelangt sind. Für Marken wie Banana Republic, Billabong, Calvin Klein, Colombia, Gap oder Next muss man gerade mal 20 % des in Europa üblichen Preises zahlen.

Der Russische Markt – der seinen Namen der Tatsache schuldet, dass dort in den 1980er-Jahren vor allem Russen ihre Einkäufe tätigten – hat auch eine große Aus-

SHOPPEN FÜR EINEN GUTEN ZWECK

In Phnom Penh gibt es eine Reihe toller Geschäfte für Kunsthandwerk und Textilien, deren Betreiber soziale Projekte in Kambodscha unterstützen.

Cambodian Handicraft Association (CHA; Karte S. 46; 1 St 350; 8–19 Uhr) Große Ausstellungsfläche mit Werkstatt, Verkauf von Seidenkleidung, Schals, Spielzeug und Taschen, die von Landminenopfern und Poliogeschädigten hergestellt werden.

Daughters (Karte S. 52; www.daughtersofcambodia.org; 65 St 178; Mo–Sa 9–18 Uhr) Daughters ist eine NGO, die in verschiedenen Programmen ehemalige Prostituierte oder Opfer des Sexhandels unterstützt und ausbildet. Die modischen Klamotten, Taschen und Accessoires werden mit biologisch angebauter Baumwolle und natürlichen Farben von den Teilnehmerinnen der Programme hergestellt.

Mekong Blue (Karte S. 52; www.bluesilk.org; 9 St 130; 8–18 Uhr) In dieser Boutique werden wunderschöne Schals und Tücher der bekanntesten Seiden-Kooperative aus Stung Treng angeboten, daneben auch Schmuck. Ziel ist es, die Unabhängigkeit kambodschanischer Frauen zu fördern.

Rajana (Karte S. 58; www.rajanacrafts.org; 170 St 450; Mo–Sa 7–18, So 10.30–17 Uhr) Gehört zu den besten Allround-Läden in Phnom Penh. Rajana setzt sich für fairere Löhne und eine gute Ausbildung ein. Die Auswahl an Karten ist toll, es gibt aber auch ein paar ausgefallene Waren aus Metall, feinen Schmuck, Kunsthandwerk aus Bambus, herrliche Shirts, phantastische Wandbehänge, Pfeffer, Kerzen – und vieles mehr. Hat noch einen zweiten **Laden** (Karte S. 58; 10–18 Uhr) auf dem Russischen Markt.

Rehab Craft (Karte S. 46; 1 St 278; 9–21 Uhr) In dieser Werkstatt stellen behinderte Kunsthandwerker Schnitzereien, Webarbeiten, Geldbörsen, Schmuck und Taschen her, oft aus Recyclingmaterialien.

Sobbhana (Karte S. 52; www.sobbhana.org; 23 St 144; 8–12 & 13–18 Uhr) Die Sobbhana Foundation ist eine gemeinnützige Organisation, die von Prinzessin Marie gegründet wurde. Hier werden Frauen in der traditionellen Fertigung von Webstoffen geschult. Zum Angebot zählen herrliche Seidenartikel.

Tabitha (Karte S. 46; 239 St 360; Mo–Sa 7–18 Uhr) Noch ein NGO-Laden mit einer guten Auswahl an Seidentaschen, Geschirr, Dekowaren für das Schlafzimmer und Kinderspielzeug. Der Erlös kommt dem Aufbau ländlicher Gemeinden zugute, z. B. zum Graben von Brunnen.

Villageworks (Karte S. 46; www.villageworks.biz; 118 St 113; Mo–Sa 8–17 Uhr) Gegenüber dem Tuol-Sleng-Museum. Auch hier gibt's Seide, außerdem Taschen und Gegenstände aus Kokosnussholz, hergestellt von benachteiligten Handwerkern aus der Provinz Kompong Thom.

Watthan Artisans (Karte S. 46; www.wac.khmerproducts.com; 180 Norodom Blvd; 8–18.30 Uhr) Direkt am Eingang zum Wat Than. Hier werden Seide und andere Produkte verkauft, z. B. tolle moderne Handtaschen, die von einer projektfinanzierten Kooperative aus Landminenopfern und Poliogeschädigten gefertigt werden. Die Web- und Holzwerkstätten auf dem Gelände können besichtigt werden.

Women for Women (WFW; Karte S. 52; www.womanforwoman.net; 9 St 178; 7–22 Uhr) Kissen, Tagesdecken, Taschen, Schals, Schmuck, Silber und vieles mehr, hergestellt von behinderten Frauen.

wahl an Kunsthandwerk und Antiquitäten (oft unecht), darunter Mini-Buddhas, Holzschnitzereien, Musikinstrumente, Betelnusskistchen, Seidenstoffe, Silberschmuck, etc. Hier heißt es handeln, was das Zeug hält, denn der Markt zieht täglich Hunderte von Touristen an.

Psar Thmei MARKT
(វត្តថ្មី, Zentralmarkt; Karte S. 52; St 130; 6.30–17.30 Uhr) Der Markt gilt als ein Wahrzeichen der Hauptstadt. Wegen seiner Größe und Lage wird das Art-déco-Gebäude häufig auch als Hauptmarkt bezeichnet. Mit dem riesigen Kuppeldach erinnert es an eine ba-

bylonische Zikkurat (pyramidenartiger Stufentempel). Manche behaupten, dass die Kuppel zu den zehn größten der Welt gehört. Die besondere Architektur ermöglicht eine optimale Belüftung, deshalb ist es in der Haupthalle selbst bei glühend heißen Temperaturen angenehm kühl. Die Markthalle wurde kürzlich mit Unterstützung der französischen Regierung renoviert und macht jetzt wieder einen guten Eindruck.

Das Marktgebäude hat vier Flügel voller Stände, an denen Gold- und Silberschmuck, antike Münzen, nachgemachte Markenuhren, Kleidung und Ähnliches feilgeboten werden. Für Fotografen stellt der Lebensmittelmarkt einen besonderen Leckerbissen dar. Wer Lust auf ein lokaltypisches Mittagessen hat, hält sich am besten an die Buden an der Westseite (Richtung Monivong Boulevard) .

Zweifellos ist der Psar Thmei eine tolle Anlaufstelle zum Bummeln und Shoppen, Kambodschaner beklagen sich jedoch darüber, dass viele Händler überteuerte Preise verlangen.

Nachtmarkt MARKT
(Psar Reatrey; Karte S. 52; Ecke St 108 & Sisowath Quay; ☺Fr–So 17–23 Uhr) Der Nachtmarkt ist eine Art Open-Air-Version des Russischen Markts und findet jeden Freitag-, Samstag- und Sonntagabend statt, sofern das Wetter mitspielt. Unbedingt handeln, denn der Psar Reatrey ist nicht gerade billig! Interessanterweise sind hier mehr Einheimische als Ausländer unterwegs.

Psar O Russei MARKT
(Karte S. 46; St 182; ☺6.30–17.30 Uhr) Der Psar O Russei ist um einiges größer als andere bekannte Märkte der Stadt. Man findet Lebensmittel, Modeschmuck, importierte Kosmetikartikel, gebrauchte Kleidung und vieles mehr. Das riesige, labyrinthartige Gebäude sieht von außen wie ein Einkaufszentrum aus und beherbergt Hunderte von Ständen.

Aeon Mall EINKAUFSZENTRUM
(Karte S. 46; www.aeonmallphnompenh.com; 132 Sothearos Blvd) Die von Japanern geführte Mall ist die schickste von Phnom Penh und wartet mit internationalen Boutiquen, mehreren Gastrohallen und zahlreichen Esslokalen auf. Dazu kommen noch ein Multiplexkino mit sieben Sälen, eine Eislauf- und eine Bowlingbahn.

Sorya Shopping Centre EINKAUFSZENTRUM
(Karte S. 52; Ecke St 63 & St 154; ☺9–21 Uhr) Das immer noch populäre ältere Einkaufszent-

rum ist zentral gelegen und hat eine insgesamt gute Auswahl an Läden, einen Food Court, ein Kino und einen hervorragenden Ausblick über den traditionelleren Psar Thmei.

Bekleidung, Seide & Accessoires

Die Märkte selbst sind vor allem bekannt für Billigklamotten, aber ein paar Läden in der Umgebung des Russischen Markts verkaufen auch authentische Marken aus kambodschanischer und vietnamesischer Herstellung. Mehrere Boutiquen in der Stadt haben sich auf Seidenausstattung und stilvoll-originelle Bekleidung oder glamouröse Accessoires spezialisiert. Viele sind praktischerweise an der Street 240 zu finden – so etwas wie Kambodschas Shoppingmeile.

Ambre BEKLEIDUNG
(Karte S. 52; ✆023-217935; 37 St 178; ☺10–18 Uhr) Die führende kambodschanische Modedesignerin Romyda Keth hat eine umwerfende Villa aus der Kolonialzeit in die perfekte Kulisse für ihre phantastische Seidenkollektion verwandelt.

Bliss Boutique BEKLEIDUNG, KOSMETIK
(Karte S. 46; 29 St 240; ☺9–21 Uhr) Lässige Kleider, Blusen und Männerhemden aus herrlich luftigem Material. Außerdem Kissen sowie parfümierte Cremes und Öle.

Couleurs d'Asie ACCESSOIRES
(Karte S. 46; www.couleursdasie.net; 33 St 240; ☺8–19 Uhr) Mitbringsel gefällig? Hier gibt es alles: Kinderklamotten, Seide, Klunkerschmuck, schöne Taschen, Schnickschnack, Duftseifen, Hautcremes, Weihrauch und Öle.

DAH Export BEKLEIDUNG, KINDER
(Karte S. 46; 87 Sihanouk Blvd; ☺9–21 Uhr) Das größte und beste der Fabrik-Outlets hat eine eindrucksvolle Winterkollektion (z. B. North-Face-Goretex-Skijacken für 99 US$), haufenweise Kinderklamotten und eine hervorragende Lage.

Lost 'N' Found Vintage Shop BEKLEIDUNG
(Karte S. 46; http://lostnfoundvintagestore.weebly.com; 321 St 63; ☺9–20 Uhr) Die Mitarbeiter dieses Ladens für Vintage-Mode suchen auf den Märkten der Stadt nach den besten Stücken, in erster Linie Damenbekleidung und Accessoires.

Paperdolls BEKLEIDUNG
(Karte S. 46; Bassac Lane; ☺Di–So 10–18 Uhr) Toller Mädelskram: Sommerkleider, Schuhe, Sonnenbrillen, Handtaschen, Schmuck ...

Spicy Green Mango BEKLEIDUNG, KINDER
(Karte S. 46; www.spicygreenmango.com; 4A St 278; ⊙9–21 Uhr) *Der* Laden für originelle und kreative Kinderkleidung sowie hochwertige T-Shirts und Klamotten im Hippie-Stil für erwachsene Frauen.

Smateria ACCESSOIRES, KINDER
(Karte S. 52; 7 St 178; ⊙9–21.30 Uhr) Es gibt schon auch ein paar Klamotten, aber das Hauptaugenmerk liegt auf Taschen, darunter eine originelle Kinderrucksacklinie, hergestellt aus Fischernetzen und anderem Recyclingmaterial. Eine weitere Filiale gibt's in **BKK** (Karte S. 46; 8 St 57; ⊙8–21 Uhr).

Subtyl BEKLEIDUNG, KINDER
(Karte S. 46; www.subtyl.com; 43 St 240; ⊙9–19 Uhr) Eine Boutique mit französischem Management. Stilvolle Damenaccessoires und -kleidung. Außerdem gibt's hier eine neue, angesagte Linie namens Chilli Kids speziell für Kinder.

Tuol Sleng Shoes SCHUHE
(Karte S. 46; 136 St 143; ⊙7.30–17 Uhr) Der Name verheißt nichts Gutes, doch an den Preisen für die von Hand gefertigten Schuhe ist absolut nichts auszusetzen. Das nahe gelegene **Beautiful Shoes** ist ähnlich gut.

Waterlily ACCESSOIRES
(Karte S. 46; 37 St 240; ⊙Mo–Fr 10–19, Sa 9–17 Uhr) Auffällige Taschen, Schmuck, Kunst und Puppen. Alles wird original gefertigt aus recyceltem Material.

Kunst & Bücher
Gegenüber der Königlichen Universität der Schönen Künste entlang Street 178 (zwischen Street 13 und 19) verkaufen viele Geschäfte Werke heimischer Künstler. Zurzeit wächst eine neue Generation von Malern heran und die Auswahl an Bildern kann sich sehen lassen. Angeboten werden außerdem viele Reproduktionen berühmter Angkor-Skulpturen, die sich prima im heimischen Regal oder auf dem Fensterbrett machen. Auch hier ist Handeln angesagt.

Artisans Angkor KUNSTHANDWERK
(Karte S. 52; 12 St 13; ⊙9–18 Uhr) Schicke Filiale der ehrwürdigen Skulpturen- und Seidenspezialisten aus Siem Reap in Phnom Penh.

Asasax Art Gallery KUNST
(Karte S. 52; 192 St 178; ⊙8–19.30 Uhr) In dieser erlesenen Galerie sind die umwerfenden Arbeiten von Asasax zu sehen.

Bohr's Books BÜCHER
(Karte S. 52; 5 Sothearos Blvd; ⊙8–20 Uhr) Antiquariat beim Flussufer mit einer umfangreichen Auswahl von Romanen und Sachbüchern.

D's Books BÜCHER
(Karte S. 52; 7 St 178; ⊙9–21 Uhr) Die größte Ladenkette für gebrauchte Bücher in der Hauptstadt wartet mit einer ziemlich guten Auswahl auf. Eine zweite **Filiale** (Karte S. 46; 79 St 240; ⊙9–21 Uhr) ist gleich östlich des Norodom Boulevard.

Estampe VINTAGE
(Karte S. 46; 197A St 19; ⊙Mo–Sa 10–19 Uhr) Reproduktionen von Bildern, Plakaten, Journalen und mehr, außerdem Original-Sammlerstücke aus dem alten Indochina wie Bücher, Land- und Postkarten.

International Book Center BÜCHER, ACCESSOIRES
(IBC; Karte S. 46; 59 Sihanouk Blvd; ⊙8–20 Uhr) Hochwertige Kopfhörer, Notebooks, Taschenlampen, Turnschuhe, Schwimmbrillen, Kugelschreiber, und und und.

Monument Books BÜCHER
(Karte S. 46; 111 Norodom Blvd; ⊙7–20.30 Uhr) Phnom Penhs bestsortierte Buchhandlung führt so ziemlich jeden lieferbaren Titel zu Kambodscha und hat eine ausgezeichnete Karten- und Reiseabteilung. Im Buchladen gibt's außerdem eine Filiale des Cafés Blue Pumpkin (S. 64) mit WLAN.

Open Book BÜCHER, KINDER
(Karte S. 46; 41 St 240; ⊙10–17 Uhr) Die von einer NGO geführte Präsenzbibliothek mit französischen und englischen Büchern verkauft auch eine gute Auswahl an Kinderbüchern zum Thema Kambodscha an.

Theam's House KUNSTHANDWERK
(Karte S. 52; www.theamshouse.com; 47 St 178; ⊙8–18 Uhr) Der renommierte Lackwarendesigner aus Siem Reap hat in den alten Reyum-Räumlichkeiten eine Flagship-Galerie eröffnet. Sowohl modern als auch klassisch.

ℹ Praktische Informationen

GEFAHREN & ÄRGERNISSE

➜ Phnom Penh ist nicht so gefährlich, wie immer vermutet wird, trotzdem zahlt sich Wachsamkeit aus. Manchmal ereignen sich bewaffnete Raubüberfälle, aber rein statistisch betrachtet müsste man schon ein echter

ⓘ WARNUNG: TASCHENDIEBSTAHL

Taschendiebstahl ist ein echtes Problem in Phnom Penh und oft sind Touristen die Opfer. Als bevorzugte Jagdreviere gelten das Flussufer und überlaufene Orte wie Märkte. Die Täter folgen keinem bestimmten Muster, *moto*-Diebe treten meist zu zweit auf und können jederzeit zuschlagen. Zahllose Expats und Touristen sind bei einem solchen Überfall schon vom Rad gestürzt und verletzt worden; 2007 endete eine solche Attacke tödlich, als eine junge Französin von einem fahrenden *moto* direkt vor ein Auto gezerrt wurde. Am besten besorgt man sich eine Tasche, die eng am Körper getragen wird (etwa einen Rucksack) und in der man Wertgegenstände verstauen kann. Kamera & Co. nie offen zur Schau stellen, insbesondere wenn man auf der Straße oder per *remork-moto (tuk-tuk)* bzw. *moto* unterwegs ist. Die Diebe sind Profis, denen meist nur eine einzige Gelegenheit reicht.

Pechvogel sein, um in so eine Situation zu geraten. Taschen- und Smartphone-Diebstahl sind jedoch ein Riesenproblem; Opfer eines solchen Überfalls werden auch oft vom Fahrrad oder Motorrad gezerrt und dabei verletzt. Wird man eingekreist, sollte man ruhig bleiben und sich unter keinen Umständen widersetzen. Stattdessen Hände hochheben und den Dieb nehmen lassen, was er will. *Keinesfalls* in die Taschen greifen, denn der Angreifer könnte denken, dass sich dort eine Waffe versteckt. Nachts hat man besser keinen Rucksack bzw. keine Handtasche dabei, denn sie könnten das Interesse von Langfingern wecken.

→ Manchmal halten Polizisten Motorradfahrer aus dem Ausland wegen Bagatellen an, um ein „Bußgeld" einzuheimsen. Hin und wieder sind sie richtig dreist und wollen einen z. B. dafür belangen, dass man tagsüber mit Licht fährt (wohingegen es völlig in Ordnung zu sein scheint, nachts ohne Licht zu fahren!). Wahrscheinlich fordern die Polizisten 5 US$. Wenn man sich weigert zu zahlen, werden sie damit drohen, einen auf die Wache mitzunehmen, wo man ein offizielles Bußgeld in Höhe von 20 US$ entrichten soll. Wer geduldig und freundlich ist, muss letztendlich meist nur 1 US$ zahlen. Am besten stellt man erst gar keinen Blickkontakt mit den Polizisten her, weil man dann wahrscheinlich überhaupt nicht in eine solche Situation geraten wird.

→ Am Flussufer – vor allem da, wo man im Freien sitzen kann – und auf Marktgeländen (Psar Thmei, Russischer Markt) tummeln sich besonders viele Bettler, die aber normalerweise nicht zudringlich sind.

→ In der Regenzeit (Juni–Okt.) kommt es nach heftigen Niederschlägen häufig zu Überschwemmungen und manche Straßen verwandeln sich vorübergehend in regelrechte Kanäle.

GELD

In Phnom Penh kommt man mit US-Dollar überall zurecht; Riel braucht hier keiner. Wer noch Euro hat, die in Dollar (oder auch Riel) eingetauscht werden sollen, kann das an den Schmuckständen um den Psar Thmei und den Russischen Markt tun. Viele Hotels der gehobenen Klasse bieten 24-Stunden-Wechselstuben an, die jedoch meist nur Hotelgästen zur Verfügung stehen. Geldautomaten und Wechselstuben gibt es überall, vor allem in Einkaufszentren und Supermärkten. Entlang des Flussufers sind aber auch Dutzende solcher Büros zu finden.

ANZ Royal Bank (Karte S. 52; 265 Sisowath Quay; Mo–Fr 8.30–16, Sa bis 12 Uhr) Betreibt eine ganze Reihe Geldautomaten in der ganzen Stadt, u. a. in Supermärkten und an Tankstellen. Allerdings kostet jede Transaktion 5 US$.

CAB Bank (Karte S. 52; 263 Sisowath Quay; 8–21 Uhr) Praktische Öffnungszeiten und Lage. Tauscht Reiseschecks in verschiedene Währungen (3 % Provision). Hier befindet sich auch eine Western-Union-Filiale (es gibt mehrere in der Stadt).

Canadia Bank (Karte S. 52; Ecke St 110 & Monivong Blvd; Mo–Fr 8–15.30, Sa bis 11.30 Uhr) An Canadia-Bank-Geldautomaten in der Stadt wird eine Abbuchungsgebühr von 4 US$ erhoben. Hier in der Hauptniederlassung werden Reiseschecks gegen eine Provision von 2 % in verschiedenen Währungen getauscht. Barvorschüsse per Kreditkarte (MasterCard und Visa) sind kostenlos. Die Bank vertritt Money Gram.

INTERNETZUGANG

Phnom Penh ist gut vernetzt und fast alle Hotels, Gästehäuser, Cafés und Restaurants bieten kostenloses WLAN. Internetcafés sind inzwischen nicht mehr so häufig zu finden, jedoch gibt's in den Backpacker-Gegenden (St 258, St 278 und St 172) noch einige. Die meisten Internetcafés bieten Skype-Verbindungen, günstige VOIP-Anrufe oder ähnliche Dienste.

MEDIEN

Leicht zu bekommen sind die *Cambodia Daily* und *Phnom Penh Post*. Sie enthalten eine Mischung aus lokalen Meldungen und internationalen Agenturnachrichten. Das Monatsmagazin

KINDERPROSTITUTION

In Kambodscha stellt der sexuelle Missbrauch von Kindern durch pädophile Reisende ein ernstzunehmendes Problem dar. Dieses Verbrechen wird in Kambodscha geahndet, deshalb sitzen hier viele Ausländer Haftstrafen ab. So etwas wie einen speziellen Trakt für Sexualverbrecher gibt es nicht. Einige Länder, darunter Deutschland, Frankreich, Großbritannien, die USA und Australien, haben die notwendigen Gesetze erlassen, um Staatsbürger, die im Ausland Sex mit Minderjährigen haben, auf heimischem Boden verurteilen zu können.

Obwohl man immer effektiver gegen Kindesmissbrauch vorgeht, treibt die Armut Menschen nach wie vor dazu, ihre Babys an Adoptiveltern zu verkaufen und Kinder als Prostituierte arbeiten zu lassen. Der Handel mit den Kleinen wird in verschiedensten Formen betrieben und Prostitution ist nur eine von zahlreichen Spielarten. Manche verarmte Familien „verleihen" ihre Kinder beispielsweise als Bettler, Arbeitskräfte und Verkäufer. Zahlreiche Kinderprostituierte stammen ursprünglich aus Vietnam und wurden von ihren Eltern an kambodschanische „Unternehmen" verkauft. Wer einmal in dieses Netz hineingeraten ist, hat kaum Chancen, einem traurigen Schicksal voller Gewalt wieder zu entkommen. Oft werden die Kinder von ihren Zuhältern mit Drogen wie *yama* (ein Metamphetamin) oder Heroin gefügig und abhängig gemacht.

Pädophilie ist kein Verbrechen, das nur westliche Touristen ausüben. Ein spezielles Problem mit asiatischen „Touristen" ist, dass Kindesmissbrauch in vielen benachbarten Nationen wie ein Kavaliersdelikt behandelt wird, dazu gehört auch der Handel mit Jungfrauen. In Kambodscha glaubt man, dass Sex mit einer Jungfrau Kraft verleiht. NGOs können vielleicht westlichen Pädophilen Einhalt gebieten, alten Traditionen den Garaus zu machen steht jedoch auf einem ganz anderen Blatt.

Als verantwortungsvoller Traveller sollte man seine Augen nicht vor dieser Problematik verschließen. Wer etwas Seltsames bemerkt, kann nützliche Informationen – z. B. den Namen oder die Staatsangehörigkeit eines auffälligen „Urlaubers" – an die jeweilige Botschaft weitergeben. Melden kann man Kindesmissbrauch bei einer kambodschanischen **Hotline** (☏ 023-997919); ChildSafe (S. 87) hat anonyme Hotlines in **Phnom Penh** (☏ 012 311112), **Siem Reap** (☏ 017 358758) und **Sihanoukville** (☏ 012 478100). Wer in einem Hotel eincheckt oder sich für ein Transportmittel entscheidet, hält am besten nach dem Logo von ChildSafe Ausschau: Es deutet darauf hin, dass die jeweilige Einrichtung bzw. der Fahrer zur Erkennung von und Reaktion auf Kindsmissbrauch geschult wurde. Das globale Netzwerk **End Child Prostitution and Trafficking** (ECPAT; www.ecpat.net) kämpft gegen Kinderprostitution, -pornografie und -handel und arbeitet mit Partnerorganisationen in den meisten westlichen Ländern zusammen.

AsiaLife richtet sich mit seinen Storys an die ausländischen Bewohner von Phnom Penh. Nützlich sind auch *Drinking & Dining* und *Out & About*, beide produziert von **Cambodia Pocket Guide** (www.cambodiapocketguide.com). Der *Phnom Penh Visitors Guide* (www.canbypublications.com) ist vollgestopft mit nützlichen Informationen über die Hauptstadt und seine Umgebung und enthält ausführliche Karten der ganzen Stadt.

MEDIZINISCHE VERSORGUNG

In Phnom Penh besteht ein deutlicher Unterschied zwischen Kliniken und Krankenhäusern. Normalerweise ist die Ausstattung in Kliniken ausreichend. Liegt jedoch ein Notfall vor, sollte man stattdessen besser ein Krankenhaus aufsuchen.

Calmette Hospital (Karte S. 38; ☏ 023-426 948; 3 Monivong Blvd; ⊙ 24 Std.) Das beste örtliche Krankenhaus mit dem umfassendsten Leistungsangebot und einer Intensivstation.

Royal Phnom Penh Hospital (Karte S. 38; ☏ 023-991000; www.royalphnompenhhospital.com; 888 Russian Blvd; ⊙ 24 Std.) Eine erstklassige internationale Institution, die zum Bangkok-Krankenhaus gehört. Teuer.

International SOS Medical Centre (Karte S. 46; ☏ 023-216911, 012 816911; www.internationalsos.com; 161 St 51; ⊙ Mo–Fr 8–17.30, Sa bis 12 Uhr, Notfälle 24 Std.) Erstklassige Klinik mit vielen ausländischen Ärzten und entsprechenden Preisen.

Tropical & Travellers Medical Clinic (Karte S. 52; ☏ 023-306802; www.travellersmedical clinic.com; 88 St 108; ⊙ Mo–Fr 9.30–11.30 &

14.30–17, Sa 9.30–11.30 Uhr) Angesehene Klinik, die seit über zehn Jahren von einem britischen Allgemeinmediziner geführt wird.

Naga Clinic (Karte S. 46; ☑ 023-211300; www.nagaclinic.com; 11 St 254; ⏱ 24 Std.) Wird von Franzosen geleitet und ist eine verlässliche Adresse.

European Dental Clinic (Karte S. 46; ☑ 023-211363; 160A Norodom Blvd; ⏱ Mo–Fr 8–12 & 14–19, Sa 8–12 Uhr, So geschl.) Bietet Zahnarztbehandlung und hat einen guten Ruf.

Pharmacie de la Gare (Karte S. 52; 81 Monivong Blvd; ⏱ 7–21 Uhr) Diese Apotheke berät Kunden wahlweise auf Englisch oder Französisch.

U-Care Pharmacy (Karte S. 52; 26 Sothearos Blvd; ⏱ 8–22 Uhr) Apotheke mit internationalem Standard in praktischer Lage nahe dem Fluss.

NOTFÄLLE

Medizinische Notfälle müssen eventuell in Bangkok behandelt werden.

Feuerwehr (☑ auf Khmer 118)
Krankenwagen (☑ 119, ☑ auf Englisch 023-724891)
Polizei (☑ auf Khmer 117)

POST

Hauptpost (Karte S. 52; St 13 Höhe St 100; ⏱ 8–18 Uhr) Das Gebäude aus der französischen Kolonialzeit gleich östlich des Wat Phnom ist ein Wahrzeichen der Stadt.

REISEBÜROS

In der Stadt gibt's eine ganze Reihe von Reisebüros. Die folgenden sind gute Anlaufstellen für die Buchung von Flugtickets und Ausflügen im Inland jeder Art. Sie vermitteln auch Transportmöglichkeiten vor Ort und mehrsprachige Fremdenführer.

EXO Travel (Karte S. 52; ☑ 023-218948; www.exotravel.com; 66 Norodom Blvd) Touren in ganz Kambodscha und in der Mekong-Region.

Hanuman Travel (Karte S. 46; ☑ 023-218396; www.hanuman.travel; 12 St 310) Mehrsprachige Guides, Touren und mehr – überall im Land.

Palm Tours (Karte S. 46; ☑ 023-726291; www.palmtours.biz; 1B St 278; ⏱ 8–21 Uhr) Die geschäftstüchtige Volak und ihr Team sind eine Superadresse für Bustickets und Ähnliches (keine Provision!).

PTM Travel & Tours (Karte S. 52; ☑ 023-219 268; www.ptmcambodia.com; 200 Monivong Blvd; ⏱ Mo–Sa 8–17.30 Uhr) Gute Adresse für Flugtickets ins Ausland.

TOURISTENINFORMATION

Visitor Information Centre (Karte S. 46; Sisowath Quay; ⏱ Mo–Sa 8–17 Uhr; ☎) Am Flussufer unweit des Chatomuk-Theaters. Bislang ist das Infomaterial nicht sehr umfangreich, doch dafür gibt's kostenlosen Internetzugang, freies WLAN, Klimaanlage und saubere Toiletten.

ChildSafe (Karte S. 52; ☑ 023-986601, Hotline 012 311112; www.childsafe-cambodia.org; 71 St 174; ⏱ Mo–Fr 8–17 Uhr) Im ChildSafe-Zentrum können Touristen lernen, wie sie sich am besten gegenüber bettelnden Kindern verhalten, welche Gefahren bei einer Führung durch ein Waisenhaus bestehen, wie Kinder ausgebeutet werden und welche Gefahren sonst noch für sie bestehen (eine Checkliste gibt es unter www.thinkchildsafe.org). Viele *remorks* und Hotels werben auch mit dem ChildSafe-Logo: Das Netzwerk ist zum Schutz von Kindern in Kambodscha ausgebildet.

ℹ An- & Weiterreise

FLUGZEUG

Viele internationale Airlines bedienen Phnom Penh. Im Inland verkehren inzwischen drei Fluggesellschaften zwischen Phnom Penh und Siem Reap. **Cambodia Angkor Air** (Karte S. 46; ☑ 023-

---

WEITERREISE NACH VIETNAM: VON PHNOM PENH NACH HO-CHI-MINH-STADT

Bis zur Grenze Zur ursprünglichen Landesgrenze in Bavet/Moc Bai gibt es seit 20 Jahren viele Verkehrsverbindungen. Die einfachste Art, von Phnom Penh nach Ho-Chi-Minh-Stadt (Saigon) zu kommen, bieten die internationalen Busse (8–13 US$, 7 Std.). Hier empfehlen sich vor allem die vietnamesischen Anbieter wie Sapaco (S. 89), die bei großem Andrang den Grenzübertritt nach Vietnam beschleunigen. Mehrere Unternehmen bieten die Verbindung an.

An der Grenze Lange Schlangen sind auf beiden Seiten der Grenze keine Seltenheit. Wer aber im Voraus ein vietnamesisches Visum kauft (falls man eins benötigt), wird keine Schwierigkeiten haben.

Weiterreise Wer nicht mit dem internationalen Bus einreist, findet leicht eine anschließende Verbindung nach Ho-Chi-Minh-Stadt und zu anderen Zielen.

666 6786; www.cambodiaangkorair.com; 206A Norodom Blvd) fliegt vier- bis sechsmal täglich nach Siem Reap (ab 60 US$ einfach, 30 Min.), die Newcomer **Bassaka Air** (☎ 023-217613; www.bassakaair.com) und **Cambodia Bayon Airlines** (☎023-231555; www.bayonairlines.com) haben mindestens einen Flug täglich (ab 40 US$ einfach).

AUF DEM LANDWEG

Bus

Alle großen Städte in Kambodscha sind mittlerweile von Phnom Penh aus mit klimatisierten Bussen zu erreichen. Diese starten gewöhnlich vor den Niederlassungen der jeweiligen Unternehmen. Die meisten findet man rund um den Psar Thmei bzw. nahe der Ecke Street 106/Sisowath Quay. Das Ticket im Voraus zu kaufen, kann zur eigenen Beruhigung von Vorteil sein, ist aber nicht immer notwendig, um einen Platz zu bekommen.

Bus ist jedoch nicht gleich Bus – und auch die Preise unterscheiden sich z. T. erheblich. Am billigsten sind meist die Busse von Capitol Tour und Phnom Penh Sorya. Giant Ibis, Mekong Express und Orient Express 1907 sind schicker und teurer.

BUSSE AB PHNOM PENH

ZIEL	DAUER (STD.)	PREIS	UNTERNEHMEN	HÄUFIGKEIT
Ban Lung	11	12 US$	PP Sorya, Rith Mony	nur morgens
Bangkok, Thailand	12	18–23 US$	Mekong Express, PP Sorya, Virak Buntham	1-mal tgl.
Battambang (Tag)	5–6	5–6 US$	GST, Phnom Penh Sorya, Rith Mony	mehrmals tgl.
Battambang (Nacht)	6	8–10 US$	Virak Buntham	4-mal pro Nacht
Ho-Chi-Minh-Stadt, Vietnam	7	8–13 US$	Capitol Tour, Long Phuong, Mekong Express, PP Sorya, Sapaco, Virak Buntham (Nachtbus)	mehrmals bis ca. 15 Uhr
Kampot (direkt)	3	5–6 US$	Capitol Tour, Rith Mony	2-mal tgl.
Kampot (über Kep)	4	6 US$	PP Sorya	7.30, 9.30, 14.45 Uhr
Kep	3	5 US$	PP Sorya	7.30, 9.30, 14.45 Uhr
Koh Kong	5½	7 US$	Olympic Express, PP Sorya, Virak Buntham	2- bis 3-mal tgl. (bis 12 Uhr)
Kompong Cham	3	5 US$	PP Sorya, Rith Mony	stündl. bis 16 Uhr
Kratie	6–8	8 US$	PP Sorya, Rith Mony	6.45, 7.15, 7.30, 9.30, 10.30 Uhr
Pakse über Don Det, Laos	12–14	28 US$	PP Sorya	6.45 Uhr
Poipet (Tag)	8	9–11 US$	Capitol Tour, Gold VIP, PP Sorya, Rith Mony	häufig bis 12 Uhr
Poipet (Nacht)	7	10–11 US$	Gold VIP, Rith Mony, Virak Buntham,	mind. 1-mal tgl.
Preah-Vihear-Stadt	7	10 US$	GST, PP Sorya	nur morgens
Sen Monorom	8	35 000 R	PP Sorya	7.30 Uhr
Siem Reap (Tag)	6	6–8 US$	die meisten Unternehmen	häufig
Siem Reap (VIP)	6	13–15 US$	Giant Ibis, Mekong Express, Orient Express 1907	7.45, 8.45, 12.30 Uhr
Siem Reap (Nacht)	6	10 US$	Gold VIP, Virak Buntham	18, 20, 23, 0.30 Uhr
Sihanoukville	5½	5–6 US$	Capitol Tour, GST, Mekong Express, PP Sorya, Rith Mony, Virak Buntham	häufig
Stung Treng	9	10 US$	PP Sorya, Rith Mony	6.45, 7.30 Uhr

WEITERREISE NACH VIETNAM: VON PHNOM PENH NACH CHAU DOC

Landschaftlich ist der schönste Abschluss einer Kambodscha-Reise eine Fahrt über den Mekong zum etwa 100 km südsüdöstlich von Phnom Penh gelegenen Kaam Samnor, um dort bei Vinh Xuong nach Vietnam einzureisen. Von dort aus geht's dann über einen kleinen Kanal oder über Land zum Tonlé-Bassac-Fluss und weiter nach Chau Doc. Chau Doc bietet über Land und Wasser weitere Verbindungen zu Zielen im Mekong-Delta und anderen Orten in Vietnam. Verschiedene Unternehmen bieten die komplette Reise nach Chau Doc an – entweder mit einem einzigen Boot oder einer Kombi aus Bus und Boot. Je nach Geschwindigkeit und Service sind die Preise unterschiedlich. **Delta Adventure** (Karte S. 52; ☑ 012 733191; www.saigonmekong.info; 19 US$) und Capitol Tour (S. 89) verlassen Phnom Penh um 8 Uhr morgens; die Fahrt dauert sechs bis sieben Stunden und zwischendurch muss man in einen Bus umsteigen. Mit **Hang Chau** (Karte S. 52; ☑ 088 878 7871; 25 US$) geht's um 12 Uhr los und die gesamte Fahrt ist per Boot. Der gehobenere und etwas schnellere **Blue Cruiser** (Karte S. 52; ☑ 023-633 3666; www.bluecruiser. com; 35 US$) fährt um 13.30 Uhr ab. **Victoria Hotels** (Karte S. 52; www.victoriahotels.asia; 95 US$) fährt ebenfalls mehrmals pro Woche von Phnom Penh zum Hotel Victoria Chao Doc. Mit diesen Anbietern dauert die Fahrt einschließlich einer langsamen Grenzkontrolle etwa vier Stunden. Umsteigen muss man nicht. Die Backpacker-Gästehäuser und Tourunternehmer bieten günstigere Bus-Boot-Kombis an. Alle Boote legen in Phnom Penh am **Touristenhafen** (Karte S. 52; 93 Sisowath Quay) ab.

Fast alle Langstreckenbusse halten unterwegs in größeren Städten, z. B. in Kompong Thom auf dem Weg nach Siem Reap, in Pursat auf den Weg nach Battambang oder in Kompong Chang auf dem Weg nach Kratie. Normalerweise müssen auch unterwegs Zugestiegene den vollen Fahrpreis entrichten.

Eine weitere beliebte Busstrecke führt nach Ho-Chi-Minh-Stadt.

Capitol Tour (Karte S. 46; ☑ 023-724104; 14 St 182) Bietet kombinierte Bus- und Bootstouren bis nach Chau Doc. Abfahrt um 8 Uhr, Dauer etwa sechs bis sieben Stunden.

Giant Ibis (Karte S. 52; ☑ 023-999333; www. giantibis.com; 3 St 106; 🐡) Spezialist für „VIP"-Busse und Expresskleinbusse. Der große Bus nach Siem Reap verfügt über viel Beinfreiheit und ein nicht funktionierendes WLAN. Ein Teil des Umsatzes geht an Schutzprogramme für den Riesenibis.

Gold VIP (Karte S. 52; ☑ 070 988888; 3 St 106)

GST (Karte S. 52; ☑ 023-218114; 13 St 142)

Long Phuong (Karte S. 46; ☑ 097 311 0999; 274 Sihanouk Blvd)

Mekong Express (☑ 023-427518; http:// catmekongexpress.com; 2020 NH5) Hat ein Buchungsbüro am Flussufer (Karte S. 52; Sisowath Quay).

Olympic Express (Karte S. 38; ☑ 092 868782; 70 Monireth Blvd)

Orient Express 1907 (Karte S. 52; ☑ 090 896666; 18 St 108)

Phnom Penh Sorya (Karte S. 52; ☑ 023-210 359; Ecke St 217 & St 67, Psar-Thmei-Viertel)

Rith Mony (Karte S. 52; ☑ 017 525388; 24 St 102) Doppeldeckerbusse nach Battambang, Kampot, Krong Koh Kong, Kompong Cham, Kratie, Pailin, Pakse, Poipet, Siem Reap und Sihanoukville.

Sapaco (Karte S. 46; ☑ 023-210300; www. sapacotourist.com; 309 Sihanouk Blvd)

Virak Buntham (Kampuchea Angkor Express; Karte S. 52; ☑ 016 786270; 1 St 106) Spezialist für Nachtbusse nach Siem Reap, Sihanoukville und Koh Kong.

Expressminibusse

Schnelle Minibusse mit 12 bis 14 Sitzplätzen bedienen beliebte Ziele wie Siem Reap und Sihanoukville. Mit diesen kann man die Reisezeit erheblich verkürzen; dafür sind sie meist sehr eng und fahren mit einem Affenzahn (eher nichts für Ängstliche). Einige der großen Busunternehmer betreiben auch Minibusse – der bekannteste darunter ist Mekong Express. Minibusse sollte man möglichst im Voraus buchen.

CTT Net (Karte S. 52; ☑ 023-217217; 223 Sisowath Quay)

Golden Bayon Express (Karte S. 52; ☑ 023-966968; 3 St 126)

Kampot Express (Karte S. 46; ☑ 077 555123; 2 St 215)

Kim Seng Express (Karte S. 46; ☑ 012 786000; 506 Kampuchea Krom Blvd) Nach Sen Monorom in Mondulkiri.

Mey Hong Transport (☑ 023-637 2722) Abholung kann telefonisch arrangiert werden.

Neak Krorhorm (Karte S. 52; ☑ 092 966669; 4 St 108)

EXPRESS-MINIBUSSE AB PHNOM PENH

ZIEL	DAUER (STD.)	PREIS (US$)	UNTERNEHMEN	HÄUFIGKEIT
Battambang	4½	10–12	Golden Bayon, Mekong Express	mehrmals tgl.
Kampot	2	8–9	Giant Ibis, Kampot Express, Olympic Express	3-mal tgl.
Kep	2½	8	Olympic Express	7.15, 13.30 Uhr
Sen Monorom	5½	11	Kim Seng Express	7, 7.30, 11, 13.30 Uhr
Siem Reap	5	10–12	Golden Bayon, Mekong Express, Mey Hong, Neak Krohorm, Olympic Express, Seila Angkor	3- bis 5-mal tgl.
Sihanoukville	4	10–12	CTT Net, Giant Ibis, Golden Bayon, Mekong Express, Mey Hong	2- bis 4-mal tgl.

Seila Angkor (Karte S. 52; ☏ 077 888080; 43 St 154)

Nahverkehr (Sammeltaxi, Minibus & Pick-up)

Von Phnom Penh aus kann man Ziele im ganzen Land mit Gemeinschaftstaxis, Pick-ups und lokalen Minibussen erreichen. Taxis nach Kampot, Kep und Takeo fahren vom **Psar Dang Kor** (Karte S. 38; Mao Tse Toung Blvd) ab, während überfüllte Minibusse und Taxis zu den meisten anderen Orten an der nordwestlichen Ecke des **Psar Thmei** (Karte S. 52) starten. Fahrzeuge zur vietnamesischen Grenze fahren vom **Chbah Ampeau**-Taxistand an der Ostseite der Monivong-Brücke im Süden der Stadt ab. Es kann eine Weile dauern, bis so ein Taxi voll ist (wer erst am Nachmittag kommt, muss manchmal bis zum nächsten Tag warten), oder man zahlt selbst für die frei bleibenden Plätze.

SAMMELTAXIS AB PHNOM PENH

ZIEL	PREIS (US$)	DAUER (STD.)
Battambang	55	4½
Kampot	35	3
Kep	40	3
Koh Kong	65	4½
Kompong Cham	35	2½
Kompong Thom	45	3
Kratie	50	5
Pursat	45	3
Siem Reap	70	5
Sihanoukville	50	4
Takeo	25	2
Vietnamesische Grenze	50	3

Eine Reise in einem der örtlichen Minibusse ist ziemlich anstrengend und nach Möglichkeit sollte man immer einen größeren, klimatisierten Bus oder ein Gemeinschaftstaxi vorziehen. Wer knapp bei Kasse ist, kann mit ihnen aber schon ein paar Dollar sparen.

Zug

Derzeit werden in Kambodscha keine Personenzüge eingesetzt – ein Segen, denn die Züge schaffen nicht mehr als etwa 20 km/h.

Wer dennoch wissen möchte, wo sich der Bahnhof befindet: Er ist in dem prächtigen alten Kolonialbau am westlichen Ende der Streets 106 und 108 untergebracht und drinnen herrscht Chaos. Das Eisenbahnnetz wird derzeit saniert und bereits für den Frachtverkehr genutzt. Wer weiß, vielleicht kann man irgendwann in der Zukunft wieder mit dem Zug fahren …

Schiff

Schnellboote, die den Tonlé Sap hinauf nach Siem Reap und den Mekong herunter nach Chau Doc in Vietnam fahren, legen am **Touristenhafen** (Karte S. 52; 93 Sisowath Quay) am östlichen Ende der Street 104 ab. Die öffentlichen Bootsverbindungen den Mekong hinauf nach Kompong Cham und Kratie wurden schon vor Jahren eingestellt.

Die Schnellboote nach Siem Reap (35 US$, 5–6 Std.) werden nicht mehr so häufig in Anspruch genommen wie früher: Wenn man sich nämlich zwischen einem klimatisierten Bus für ab 6 US$ und einer Art „Viehtransport" auf dem Dach einer Fähre für 35 US$ entscheiden soll, muss wohl niemand lange überlegen! Es gibt definitiv bessere Routen für ein Bootsabenteuer in Kambodscha. Mehrere Unternehmen bedienen die Strecke (Abfahrt tgl. um 7 Uhr). Der erste Abschnitt der Reise lockt mit einer malerischen Kulisse, doch sobald man den gewaltigen Tonlé-Sap-Binnensee erreicht hat, ist von schöner Uferlandschaft und urigen Dörfern weit und breit nichts mehr zu sehen. Verbindungen nach Siem Reap gibt es etwa von August bis Ende März (zu anderen Zeiten ist der Wasserstand zu niedrig).

ℹ Unterwegs vor Ort

Phnom Penh ist eine kleine Stadt, in der man problemlos von A nach B gelangt. Allerdings wird der Verkehr von Jahr zu Jahr chaotischer und zu den Stoßzeiten morgens und abends sind Staus die Regel, insbesondere auf den beiden Nord-Süd-Achsen, dem Monivong und dem Norodom Boulevard.

AUTO & MOTORRAD

Autos können sowohl in Reisebüros als auch in Pensionen und Hotels gemietet werden. Wer im Stadtgebiet bleibt, zahlt mindestens 25 US$ für einen normalen Wagen und mindestens 60 US$ für ein Fahrzeug mit Allradantrieb. Für Ausflüge in die Umgebung muss man jedoch tiefer in die Tasche greifen.

Phnom Penh und die Umgebung mit dem Motorrad zu erkunden, kann eine faszinierende Erfahrung sein, vorausgesetzt man kommt mit den chaotischen Verkehrsbedingungen klar.

In Phnom Penh gibt es zahlreiche Motorradverleiher. Eine Honda mit 100 ccm kostet etwa 4 bis 7 US$ pro Tag, für 250er-Cross-Motorräder muss man mit 12 bis 30 US$ pro Tag rechnen. Kunden müssen den Reisepass als Sicherheit abgeben (Führerschein oder Personalausweis reichen nicht). Und nicht vergessen, meist bekommt man genau das Stahlross, das für den Preis angemessen ist, den man zu zahlen bereit ist.

Ein kambodschanischer Führerschein ist keine schlechte Anschaffung, wenn man vorhat viel zu fahren. Die Motorradverleiher können für etwa 40 US$ einen besorgen. Ansonsten benötigt man einen internationalen Führerschein (bei Kontrollen hilft aber meist auch ein kleines Schmiergeld, wenn man ohne unterwegs ist). Wenn eine Versicherung abgeschlossen werden soll (beim Motorradverleih für rund 22 US$/Monat), ist ein internationaler oder kambodschanischer Führerschein unerlässlich. Nicht vergessen, die Maschine abzuschließen – Diebstahl ist ein ernstzunehmendes Problem.

Harley Tours Cambodia (Karte S. 46; ☎ 012 948529; www.harleycambodia.com) Organisiert Harley-Touren rund um Phnom Penh, z. B. mit Übernachtung in Kompong Cham oder Kep. Die Preise können tageweise gemietet werden, die Preise sind allerdings ähnlich heftig wie für eine Luxuskarosse im Heimatland.

Little Bikes (Karte S. 52; ☎ 017 329338; 97 St 154) Hochwertige Cross-Motorräder ab 18 US$ sowie 125er-Maschinen für 7/30 US$ pro Tag/Woche.

Lucky! Lucky! (Karte S. 46; ☎ 023-212788; 413 Monivong Blvd) Motorräder kosten 4–7 US$/Tag, bei einer längeren Mietdauer weniger. Cross-Maschinen gibt's ab 12 US$.

Two Wheels Only (Karte S. 58; ☎ 012 200513; www.twocambodia.com; 34L St 368) Hat gepflegte Maschinen im Stall (Motorrad/Geländemaschine 25/5 US$ pro Tag).

Vannak Bikes Rental (Karte S. 52; ☎ 012 220 970; 46 St 130) Hochleistungsmaschinen mit bis zu 600 cc für 15–30 US$ pro Tag, kleinere Motorräder für 5–7 US$.

CYCLO

Die Sehenswürdigkeiten im Zentrum lassen sich per *cyclo* (Fahrradriksha) sehr entspannt abklappern; für längere Strecken sind sie jedoch weniger geeignet. Dazu kann man entweder auf eigene Faust suchen oder über das Cyclo Centre (S. 57) eine Riksha buchen. Für einen Tag kostet das etwa 10 US$. Einfache Kurzstreckenfahrten kosten etwa soviel wie mit dem *moto*. Nachts sieht man die *cyclos* eher selten.

FAHRRAD

Ein paar Gästehäuser verleihen Fahrräder für 1 bis 2 US$ pro Tag. Hat man sich einmal mit dem chaotischen Verkehr vertraut gemacht (es herrschen anarchische Verhältnisse!), kann man die Stadt per Drahtesel erkunden. Verschiedene Läden (S. 56) verleihen auch Straßenräder und Mountainbikes.

VOM/ZUM FLUGHAFEN

Der internationale Flughafen (S. 397) liegt 7 km westlich der Stadt und ist über den Russian Boulevard zu erreichen.

Ein offizieller Schalter außerhalb der Ankunftshalle organisiert Taxis ins Zentrum zum Preis von 12 US$; ein *remork* ist zum Festpreis von 9 US$ zu haben. Wer ca. eine Minute die Straße hinunterläuft, kann ein *remork* für 5 US$ und ein *moto* für etwa 3 US$ bekommen. Die Fahrt vom Stadtzentrum zum Flughafen kostet mit dem Taxi/*remork*/*moto* um 10/5/3 US$. Sie dauert je nach Verkehr eine halbe bis ganze Stunde.

MOTO

In touristischen Gegenden sprechen die meisten *moto*-Fahrer Englisch und manchmal auch ein bisschen Französisch. Andernorts kann die Verständigung nahezu unmöglich sein. Kurzstrecken kosten etwa 2000 R. Eine Fahrt von einem Ende der Stadt zum anderen schlägt mit ab 1 US$ zu Buche.

Kambodschaner verhandeln Fahrpreise grundsätzlich nicht, sie zahlen einfach den Preis, den sie für richtig halten. Ausländer sollten den Preis aber immer im Voraus festlegen – vor allem bei *motodups* in Touristengebieten wie dem Flussufer oder vor Luxushotels. Gleiches gilt für Nachtschwärmer, die vor beliebten Bars auf ein *moto* steigen, um nach Hause zu kommen. Andernfalls kann es richtig teuer werden.

In der Nähe beliebter Pensionen und Hotels postieren sich häufig *moto*-Fahrer, die gut Englisch sprechen. Sie bieten sich als Guides an (je nach Route ab 10 US$ pro Tag).

REMORK-MOTO

Die besser als *tuk-tuk* bekannten *remorks* sind nichts anderes als eine Motorradriksscha und für Touristen das Haupttransportmittel innerhalb von Phnom Penh. Im Durchschnitt kosten sie etwa das Doppelte wie ein *moto*: 2 US$ für Kurzstrecken im Zentrum, ab 3 US$ für etwas längere Fahrten. *Remork*-Fahrer versuchen gerne, für zusätzliche Fahrgäste einen Aufschlag zu kassieren. Davon sollte man sich nicht beirren lassen: Gezahlt wird pro Fahrt und nicht pro Person (wobei Gruppen von vier und mehr einen Aufschlag von 1 US$ zahlen sollten).

TAXI

Taxis sind günstig (3000 R pro km), aber man kann sie nicht auf der Straße heranwinken. Wer abgeholt werden möchte, ruft an bei **Global Meter Taxi** (☏ 011 311888), **Choice Taxi** (☏ 023-888023, 010 888010) oder **Taxi Vantha** (☏ 012 855000).

RUND UM PHNOM PENH

In Phnom Penhs Umgebung liegen ein paar Sehenswürdigkeiten, die sich gut im Rahmen eines Tagesausflugs besichtigen lassen. Am einfachsten ist Koh Dach zu erreichen – mit dem Mountainbike, *moto* oder *remork*. Die Fahrt zu den übrigen hier aufgeführten Sehenswürdigkeiten dauert mit dem Auto mindestens eine Stunde, per *moto* und *remork* noch länger.

Das Phnom-Tamao-Tierschutzzentrum, die Phnom-Chisor-Hügelpagode, der Tonlé-Bati-Tempel, und liegen nahe beieinander abseits des NH2. Zwei dieser Ziele lassen sich einfach unter einen Hut bringen, bei dreien kann es schon etwas stressig werden, es sei denn man reist anschließend gleich weiter in südlicher Richtung nach Takeo oder Kep/Kampot.

Udong, die einstige Hauptstadt des Landes, ist ein geeignetes Ziel für einen halbtägigen Ausflug. Sie kann mit einem Besuch in Kompong Chhnang, einem „authentischen" kambodschanischen Örtchen, kombiniert werden. Der Kirirom-Nationalpark liegt noch ein Stück weiter entfernt, etwa auf halbem Weg nach Sihanoukville jenseits des NH4.

Koh Dach ក្រោះដាច់

Wer das „echte" Kambodscha kennenlernen möchte, sollte einen halbtägigen Ausflug zu diesem Inselpaar im Mekong Fluss, etwa 5 km nordöstlich der japanischen Freundschaftsbrücke, unternehmen. Unter Ausländern ist sie auch als „Seideninsel" bekannt. Die Betriebsamkeit und Hektik der Stadt scheinen hier Lichtjahre entfernt.

Für den Beinamen sind die unzähligen Seidenweber verantwortlich, die auf den Inseln leben. Wer mit der Fähre ankommt, wird schnell von lächelnden Frauen in gebrochenem Englisch angesprochen und eingeladen, den Webern bei der Arbeit in ihren Häusern zuzusehen. Bei der Gelegenheit wollen sie natürlich auch gleich ein paar *kramas*, Sarongs oder andere Seidenstücke verkaufen. Wer Seidenarbeiten erwerben möchte, kann ruhig mitgehen und sich alles ansehen. Ansonsten reichen als Antwort ein Lächeln und eine höfliche Ablehnung – Seidenweber sieht man während des Rundgangs auf den Inseln überall.

Zu den weiteren Highlights zählen hier einige bunte moderne Tempel und natürlich das ländliche Ambiente.

ℹ Anreise & Unterwegs vor Ort

Remork-Fahrer bieten halbtägige Touren nach Koh Dach an. Uns wurde berichtet, dass zum Teil bis zu 40 US$ für die Fahrt verlangt werden. Man sollte dafür jedoch nicht mehr als 20 US$ bezahlen (weniger, wenn man nur bis zur Fähre gebracht werden will). Die täglichen **Bootsfahrten** vom Touristenhafen in Phnom Penh (S. 51) sind eine weitere Option (10 US$ pro Pers. ab mind. 4 Pers., Abfahrt um 8.30, 9.30 und 13 Uhr). **Cambocruise** (☏ 092 290077; www.cambocruise.com; ohne/mit Mittagessen 14/22 US$) bietet täglich um 12.30 Uhr einen Ausflug nach Koh Dach mit optionalem Mittagessen plus kostenloser Abholung aus der Stadt.

Mit einem gemieteten Mountainbike oder Motorrad kann man auch auf eigene Faust fahren. Fähren überqueren den Mekong an drei Stellen und kosten 500 R pro Person, dazu kommen 500 R pro Rad. Die südlichste Fähre ist die günstigste, sie fährt zur größeren und näher gelegenen Insel. Zu dieser Fähre gelangt man über die japanische Brücke und auf dem NH6. Nach 4 km unmittelbar vor dem Medical Supply Pharmaceutical Enterprise rechts abbiegen. Kurz darauf folgt eine kleine, unbefestigte Straße, die parallel zum Mekong verläuft. Hier links abbiegen und nach 500 m in nördlicher Richtung erreicht man den Fähranleger.

Nach der Ankunft auf der größeren Insel ist es nur eine kurze Fahrt bis zu einer Brücke, die die beiden Inseln verbindet. Die kleinere Insel (offiziell Koh Okhna Tey oder auch Mekong-Insel) bietet eine bessere Infrastruktur, z. B. eine befestigte Hauptstraße; die größere Insel ist urwüchsiger, besonders im Norden.

Udong ឧដុង្គ

Udong (wörtlich „der Siegreiche") war zwischen 1618 und 1866 Kambodschas Hauptstadt. Angesichts der Tatsache, dass sich das Land zu diesem Zeitpunkt bereits im Niedergang befand, wirkt der Name allerdings übermäßig optimistisch. Eine Reihe von Königen, darunter auch Norodom, wurden hier gekrönt. Als Hauptattraktionen gelten die zwei kleinen Hügel von **Phnom Udong** (ភ្នំឧដុង្គ), auf denen mehrere Stupas thronen. Sie bieten schöne Ausblicke auf die von unzähligen Zuckerpalmen geprägte Landschaft.

Wer vom NH5 kommt, steuert automatisch auf den größeren der beiden Hügel zu. **Phnom Preah Reach Throap** (ភ្នំព្រះរាជទ្រព្យ; der Hügel des Königlichen Reichtums) wurde nach einem Khmer-König aus dem 16. Jh. benannt, der dort während des Kriegs mit den Thai angeblich den Nationalschatz versteckte.

Wer die affengesäumte Haupttreppe vom Parkplatz aus hinaufsteigt, erreicht oben als erstes einen modernen Tempel, der eine Buddha-Reliquie enthält (vermutlich ein Augenbrauenhaar sowie Zahn- und Knochenfragmente), die 2013 einem dreisten Diebstahl zum Opfer fiel, aber inzwischen wiederbeschafft worden ist. Der Weg hinter dem Tempel führt über den Hügel zu drei weiteren großen Stupas. Der erste (nordwestlichste) ist **Damrei Sam Poan**, den König Chey Chetha II. (reg. 1618–26) als Grabstätte für seinen Vorgänger Soriyopor errichten ließ. Der zweite Stupa, **Ang Doung**, verfügt über einige bunte Säulen. Er wurde 1891 von König Norodom erbaut, der hier die Asche seines Vaters, König Ang Duong (reg. 1845–59) beisetzen ließ. Manche Leute behaupten allerdings, dass Ang Duongs Überreste tatsächlich neben der Silberpagode in Phnom Penh begraben liegen. Der letzte Stupa ist **Mak Proum**, die Grabstätte von König Monivong (reg. 1927–41), verziert mit *garudas* (mythische Figuren; halb Mann, halb Vogel), Blumenmustern und Elefanten. Außerdem sind auf dem Dach vier Gesichter zu erkennen.

Wer den Weg beim Mak Proum weitergeht, erreicht ein Steinheiligtum mit Betondach, in dem sich ein sitzender Buddha befindet (als wir dort waren, trug er eine Matrosenmütze, die ihm prächtig stand). Darauf folgen verschiedene Bauten, darunter drei kleinere Heiligtümer. Als erstes erreicht man den *vihara* **Vihear Prak Neak** mit brüchigen Wänden und einem Zinndach. Hier wird ein sitzender Buddha von einer *naga* bewacht (*prak neak* bedeutet „von einer *naga* beschützt"). Im Tempel daneben sitzt ebenfalls ein Buddha und unter dem Betondach des nächsten Baus, des **Vihear Preah Keo**, steht eine Skulptur von Preah Ko, des heiligen Bullen. Die Originalstatue wurde allerdings vor langer Zeit von den Thailändern entwendet. Dahinter bewachen in der Nähe des Stupas rote und schwarze Berglöwen den Eingang zu einem modernen, gemauerten *vihara*.

Richtung Südosten führt ein von Lotusblüten gesäumter Betonweg zum beeindruckendsten Gebäude auf dem Phnom Preah Reach Throap, **Vihear Preah Ath Roes**. Das Tempelheiligtum sowie ein riesiger sitzender Buddha wurden 1911 von König Sisowath gestiftet und 1977 von den Roten Khmer zerstört. Das von acht riesigen Säulen gestützte Gebäude mit hohem Zinndach wurde ebenso wie die 20 m hohe Buddha-Statue wieder aufgebaut.

Am Fuß der (nördlichen) Haupttreppe zum Phnom Preah Reach Throap erinnert in der Nähe der Restaurants eine **Gedenkstätte** an die Opfer von Pol Pot. Es enthält die Knochen von Menschen, die in 100 Massengräbern mit jeweils etwa zwölf Leichnamen verscharrt worden waren. Neben den Gebeinen wurden bei Ausgrabungen 1981 und 1982 auch diverse Folterinstrumente freigelegt. Unmittelbar nördlich des Denkmals steht ein Pavillon, dessen Wände drastische Zeichnungen von den Gräueltaten der Roten Khmer zeigen.

Südöstlich des Phnom Preah Reach Throap liegt der kleinere Hügel, auf dem sich zwei Bauten und mehrere Stupas befinden. Die **Ta-San-Moschee** ist nach Westen in Richtung Mekka ausgerichtet. Jenseits der Ebene südlich der Moschee erhebt sich der **Phnom Vihear Leu**, ein Hügel mit einem Tempelheiligtum (*vihara*) zwischen zwei weißen Pfosten. Rechts davon befindet sich ein Gebäude, das unter Pol Pots Herrschaft als Gefängnis diente. Die Pagode links unterhalb des *vihara* heißt **Arey Ka Sap** (អារីក្បស្ត្រ).

Phnom Udong ist an Wochenenden für Einheimische ein sehr beliebtes Ziel, unter der Woche ist aber eher wenig los. Der Eintritt ist frei – dafür tun die zahllosen Bettler und Verkäufer alles, um an das Geld der Besucher zu kommen.

Schlafen & Essen

Das riesige und nicht minder eindrucksvolle **Cambodia Vipassana Dhura Buddhist Meditation Centre** (Ansprechpartner: Herr Um Sovann 016 883090; www.cambodiavipassana center.com) ist gleich am Fuß der westlichen Treppe zum Phnom Preah Reach Throap. Besucher, die mit erfahrenen Mönchen oder Nonnen einen oder mehrere Tage meditieren möchten, sind immer willkommen. Meditationssitzungen gibt's täglich von 7 bis 9 und 14 bis 17 Uhr. Die Zeit dazwischen kann man sich in der Bibliothek vertreiben, die zahlreiche Bücher über den Buddhismus enthält – von der gewaltigen Sammlung von Lonely-Planet-Raubkopien ganz zu schweigen. Die Gästezimmer mit Bad sind nach Klosterstandard relativ komfortabel, wenn auch ohne Matratzen (Bambusmatten sind hier das Höchste der Gefühle). Gäste bekommen Frühstück und Mittagessen, aber kein Abendessen. Einen festen Preis gibt es für eine meditative Auszeit im Kloster nicht – jeder spendet nach eigenem Vermögen. Etwa 25 US$ liegen wohl im Durchschnitt. Die Meditationssitzungen sind kostenlos.

Dutzende Essensstände umgeben den geschäftigen Parkplatz am Fuß der nördlichen Treppe.

An- & Weiterreise

Udong liegt 37 km von der Hauptstadt entfernt. Der Phnom Penh Sorya Bus aus Phnom Penh nach Kompong Chhnang (10 000 R, 1 Std. bis Udong) macht hier einen Zwischenstopp. Von der Haltestelle an der Zugangsstraße nach Phnom Udong sind es dann noch 3 km (4000 R mit *moto*). Es fahren aber auch noch andere Busunternehmen (S. 88) nach Udong. Für die Rückfahrt nach Phnom Penh muss auf dem NH5 ein Bus herangewunken werden.

Wer selbst fährt, verlässt Phnom Penh in nördlicher Richtung auf dem NH5 und biegt dann an einem auffälligen Torbogen zwischen den Kilometersteinen 36 und 37 links (nach Süden) ab. Einen Taxifahrer für den ganzen Tag anzuheuern, kostet etwa 40 US$, für einen *moto*-Fahrer zahlt man nur 15 US$. Weil die Straße stark befahren und ziemlich staubig ist, ist der Bus definitiv die angenehmere Alternative.

Tonlé Bati   ទន្លេបាទី

Die Bezeichnung **Tonlé Bati** (Eintritt 3 US$) umfasst ein paar alte Tempel aus der Angkor-Zeit. Auf dem Weg nach Phnom Tamao und Phnom Chisor sind sie durchaus einen Umweg wert. Besucher können in einem von zahlreichen Picknick-Restaurants essen und für 2000 R einen Lkw-Reifenschlauch mieten, um damit im See herumzuplanschen. Meiden sollte man Tonlé Bati allerdings an Wochenenden, denn dann wird es von Einheimischen überrannt.

Sehenswertes

Ta Prohm   HINDUTEMPEL

(តាព្រហ្ម) Dieser Laterittempel entstand unter König Jayavarman VII. (reg. 1181–1219). Zuvor befand sich an der Stelle ein Khmer-Schrein aus dem 6. Jh. Das Hauptheiligtum besteht aus fünf Kammern mit jeweils einem modernen Buddha. Die Fassaden der Kammern zeigen aufwendige und gut erhaltene Flachreliefs. In der Hauptkammer steht ein Linga (Phallussymbol), an dem die Zerstörungswut der Roten Khmer nicht spurlos vorübergegangen ist.

Yeay Peau   HINDUTEMPEL

(យាយពៅ) Der Yeay-Peau-Tempel wurde nach König Prohms Mutter benannt und befindet sich 150 m nördlich des Ta Prohm auf dem Gelände einer modernen Pagode. Der Legende zufolge brachte Peau einen Sohn namens Prohm zur Welt. Als dieser erfuhr, dass König Preah Ket Mealea sein Vater war, zog er aus, um am Hof des Herrschers zu leben. Nach ein paar Jahren wollte er zu seiner Mutter zurückkehren, erkannte sie jedoch nicht wieder. Betört von der Schönheit Peaus hielt er um ihre Hand an. Er glaubte ihr nicht, als sie sagte, sie sei seine Mutter. Um seinen Avancen Einhalt zu gebieten und die drohende Heirat abzuwenden, schlug sie einen Wettstreit vor. Was dabei herausgekommen ist, erfährt man auf S. 302.

An- & Weiterreise

Auf dem NH2 ist die Zufahrtsstraße zum Tonlé Bati 33 km südlich des Unabhängigkeitsdenkmals in Phnom Penh ausgeschildert (rechter Hand). Der Eingang zum Gelände liegt 1,8 km abseits der Schnellstraße.

Die meisten Besucher kommen mit einer privaten Transportgelegenheit hierher. Ab Phnom Penh kostet die Hin- & Rückfahrt mit dem *moto/ remork* 10/20 US$. Für weitere 5 US$ kann man noch Phnom Tamao besichtigen; noch etwas mehr und man bekommt Phnom Chisor auch noch dazu.

Man kann auch mit dem Phnom-Penh-Sorya-Bus (4-mal tgl., am besten man 7 oder 10.30 Uhr) nach Takeo fahren und sich an der Zufahrtsstraße absetzen lassen. Die Rückfahrt nach Phnom Penh könnte aber schwierig werden. Am besten ist es, sich im Voraus eine Fahrkarte für den Bus von Takeo nach Phnom Penh zu kaufen. Ansonsten kann man auch ein *moto* mieten.

Tierschutzzentrum Phnom Tamao ក្ងំតាម៉ៅ (សូនសត្វ)

Dieses herrliche **Tierschutzzentrum** (Erw./Kind 5/2 US$; ☉8–17 Uhr) beherbergt Gibbonaffen, Malaienbären, Elefanten, Tiger, Löwen, riesige Pythonschlangen und eine schier endlose Zahl von Vögeln. Sie alle sind aus den Händen von Händlern und brutalen Besitzern befreit worden und erhalten hier Pflege und Schutz. Wenn möglich, werden die Tiere in die freie Wildbahn entlassen, nachdem sie wieder zu Kräften gekommen sind. Das Zentrum engagiert sich außerdem mit eigenen Zuchtprogrammen für die Erhaltung bedrohter Arten.

Das Tierschutzzentrum umfasst ein weitläufiges Gelände südlich der Hauptstadt. Für südostasiatische Verhältnisse werden den Tieren hier hervorragende Bedingungen geboten und in den Gehegen ist reichlich Platz. Dank der Unterstützung internationaler Nichtregierungsorganisationen werden die Haltungsbedingungen ständig verbessert. Das Reservat ist so riesig, dass es eher wie ein Safaripark und ganz und gar nicht wie ein gewöhnlicher Zoo wirkt.

Nirgendwo auf der Welt bekommt man einen größeren Bestand von Kappengibbons und Malaiischen Sonnenbären in Gefangenschaft zu Gesicht. Abgesehen davon bietet das Reservat seltenen Arten wie Siam-Krokodilen und Marabus einen Lebensraum. Besonders beliebt sind auch die riesigen Gehege der Tiger (ihr Bestand hier kann sich sehen lassen) und der Elefanten – manchmal werden Aktivitäten wie Elefantenmalerei angeboten. Darüber hinaus kann man die Vogelvoliere besichtigen und es gibt einen Bereich, in dem sich Makaken und Wild tummeln.

In Kambodscha ist es gar nicht so leicht, wilde Tiere zu beobachten, denn die größeren Arten leben normalerweise in sehr entlegenen Ecken. Auch aus diesem Grund gilt Phnom Tamao als tolles Ausflugsziel. Wer keine Zoos mag, wird von dieser Einrichtung wohl nicht allzu angetan sein, aber man darf nicht vergessen, dass hier einige Tiere einen Zufluchtsort gefunden haben, die andernfalls getötet worden wären. Jeder Besucher trägt also durch das bezahlte Eintrittsgeld aktiv zum Schutz und Überleben der wunderbaren kambodschanischen Fauna bei.

☞ Geführte Touren

Free the Bears   TOUR
(Karte S. 46; www.freethebears.org; 70 US$ pro Pers., ab 5 Pers. 50 US$ pro Pers.) Free the Bears betreibt ein Programm, das Erwachsenen und Studierenden ermöglicht, als „Bärenhüter für einen Tag" Einsichten in das Leben der asiatischen Schwarzbären und Malaiischen Sonnenbären zu erlangen. Teilnehmer kommen zwar nicht in direkten Kontakt mit den Tieren, verbringen aber den Tag hinter den Kulissen des Tierschutzzentrums Phnom Tamao und erfahren alles über die Betreuung der über 130 hier lebenden Bären. Interessierte können auch für ein bis zwölf Wochen als Freiwillige anheuern.

Wildlife Tours   TOUR
(☏ 095 970175; www.wildlifealliance.org; Mindestspende 150 US$) Wildlife Alliance hat eine aufregende Ganztagestour zusammengestellt, um Geld für Phnom Tamao zu sammeln. Spender kommen in engen Kontakt mit zahlreichen der geretteten Tiere, darunter Elefanten, Makaken und Gibbons sowie Tiger, Krokodile und der möglicherweise weltweit einzige gefangene Haarnasenotter. Der gesamte Umsatz kommt der Rettung und Pflege der Tiere in Phnom Tamao zugute.

Zur Tour gehören ein Spaziergang mit Elefanten im Wald sowie eine Fütterung der Jungtiere im „Kindergarten" des Schutzgebiets, der normalerweise nicht für die Öffentlichkeit zugänglich ist.

Betelnut Jeep Tours   TOUR
(Karte S. 52; ☏ 012 619924; www.betelnuttours.com; 40 US$ pro Pers.) Bietet von Dienstag bis Samstag Fahrten nach Phnom Tamao im offenen Jeep an (Abfahrt um 9.45 Uhr am Lazy Gecko Guesthouse in Phnom Penh, S. 61). Im Preis sind Eintritt, Mittagessen und ein *krama* als Schutz gegen die Elemente enthalten.

ⓘ An- & Weiterreise

Auf dem NH2, etwa 6,5 km südlich der Abfahrt Richtung Tonlé Bati, ist die Zufahrtsstraße nach Phnom Tamao deutlich ausgeschildert. Das Tierschutzzentrum liegt 5 km abseits der Schnellstraße an einer unglaublich staubigen Straße, die auch noch von alten Bettlern gesäumt wird. Wer mit dem Bus kommt, muss sich an der Abzweigung absetzen lassen, hier warten immer ein paar *motos*, die Besucher zum Zentrum fahren.

Phnom Chisor ភ្នំជីស័រ

Der **Phnom Chisor** (Eintritt 2 US$), ein Tempel aus der Angkor-Zeit, erhebt sich auf einem Hügel in der Provinz Takeo und gewährt einen herrlichen Blick auf das Umland. Am besten besucht man ihn frühmorgens oder spätnachmittags, weil der Aufstieg zur Mittagszeit schweißtreibend ist.

An der Ostseite des Hügels befindet sich der Haupttempel aus Laterit, Backsteinen und Sandstein-Elementen. Ringsum sind teilweise verfallene Mauern einer 2,5 m breiten Galerie mit Fenstern zu sehen. Die hier entdeckten Inschriften stammen aus dem 11. Jh. Damals war die Stätte unter dem Namen Suryagiri bekannt.

Auf der Ebene westlich des Hügels stößt man auf **Sen Thmol** (unterhalb des Phnom Chisor), **Sen Ravang** und den Teich **Tonlé Om**. Diese heiligen Stätten und der Phnom Chisor bilden eine gerade Linie in Richtung Angkor. Bei rituellen Zeremonien, die hier vor 900 Jahren stattfanden, erklommen der König, seine Brahmanen und das Gefolge insgesamt 400 Stufen, um zum Suryagiri zu gelangen.

Wer sich die Überlandtouren zum Preah Vihear oder Phnom Bayong (bei Takeo) nicht zutraut, sollte stattdessen einen Besuch dieser Anlage in Erwägung ziehen – sie ist sozusagen Kambodschas zweitbeste „Tempelanlage mit Aussicht". Der moderne buddhistische *vihara* in der Nähe des Hauptheiligtums wird übrigens von den hier ansässigen Mönchen genutzt.

ⓘ An- & Weiterreise

Phnom Chisor liegt rund 55 km südlich von Phnom Penh. Die Zufahrtsstraße zum Phnom Chisor führt nach Osten. Auf dem NH2, 12 km südlich der Abfahrt nach Phnom Tamao, ist sie mit einem Schild (auf Khmer) auf der linken Straßenseite ausgeschildert. Von der Schnellstraße bis zum Tempel sind es noch etwa 4,5 km. An der Abfahrt warten auch *motos*. Einfach den Schildern Richtung Tonlé Bati und Phnom Tamao folgen. Es wird etwas teurer, wenn man sich eine private Transportgelegenheit organisiert.

Kirirom-Nationalpark ឧទ្យានជាតិគិរីរម្យ

Von Phnom Penh ist es nur eine zweistündige Fahrt in südwestlicher Richtung bis zu diesem üppig begrünten, etwas erhöht liegenden **Park** (Eintritt 5 US$), der jeden Besucher schnell die Welt vergessen lässt. Verschlungene Wanderwege führen durch Nadelwälder zu sprudelnden Wasserfällen (in der Regenzeit) und zu Klippen mit phantastischen Ausblicken auf das Kardamom-Gebirge. Abenteuerlustige kommen bei ausgedehnten Mountainbike-Fahrten auf ihre Kosten.

Vom NH4 aus führt eine 10 km lange Teerstraße zu einem kleinen Dorf in der Nähe des Parkeingangs. Dort gabelt sich die Straße. Nach links führt eine Straße nach 50 m zum Parkeingang und nach weiteren 17 km recht steiler Teerstraße zum Kirirom Information Centre im Park selbst (ohne Personal). Rechts führt eine unbefestigte Straße 10 km entlang der Parkgrenze zur Gemeinde Chambok, die ein hervorragendes **gemeindebasiertes Ökotourismusprogramm** (CBET, ☏ 012 698529; mlup@online.com.kh; Erw./Kind 3/1 US$) anbietet. Beide Varianten sind sehr unterschiedlich und keinesfalls nahe beieinander; es lohnt sich, jeder einen ganzen Tag zu widmen.

Schutzgebiet

Im Nationalpark selbst gibt es unzählige Wanderwege und unbefestigte Straßen, die in der Regenzeit zu Wasserfällen und Seen sowie zu Wats und verlassenen Gebäuden führen. Ohne Karte oder Guide findet man sie allerdings kaum. Eine tolle Karte der Wege und Straßen wurde von einem Mountainbikefreak in Phnom Penh erstellt – gut, falls man sie irgendwo auftreiben kann.

Mr Mik (☏ 015 810271), Park Ranger und Guide, findet man meist an den Grillhütten nahe dem Hauptparkplatz etwa 500 m nordöstlich des Informationszentrums. Er bietet für 10 US$ eine zweistündige Wanderung zum Phnom Dat Chivit (Dat Chivit heißt „Ende des Lebens") an. Hier gewährt eine steil abfallende Felswand einen herrlichen Blick auf das Elefanten- und das Kardamom-Gebirge im Westen.

Gemeinde Chambok

Die Hauptattraktion des Chambok CBET ist eine 4 km lange Wanderung zu drei Wasserfällen (hier braucht man keinen Guide). Der zweite Wasserfall hat einen Badetümpel, der dritte ist mit 40 m Höhe ein recht imposanter Anblick. Für 1,50 US$ kann man ein Fahrrad mieten, allerdings kommt man damit nicht weit, da der Weg recht schnell zu schlecht wird. Weitere Attraktionen sind eine Fahrt im traditionellen Ochsenkarren, eine Fledermaushöhle und Naturkundewanderungen (ein Guide kostet 15 US$ pro Tag).

🛏 Schlafen & Essen

Homestays in Chambok   HOMESTAYS $
(☏ 012 938920; 3 US$ pro Pers., hausgemachte Mahlzeiten je 3 US$) Im Rahmen des CBET-Programms stehen Gästen diverse Homestays in der Gemeinde Chambok zur Verfügung.

Romantic Waterfall & Cafe   GÄSTEHAUS $
(☏ 012 733694; www.romantic-cafe.org; Zi. 8 US$) Etwa 1 km südlich von Chambok bietet das Romantic ein paar einfache Zimmer sowie ein Khmer-Restaurant. Unbedingt reservieren!

★ vKirirom Pine Resort   RESORT $$
(☏ 078 777384; www.vkirirom.com; Camping 20 US$, Zi. 50–230 US$; ❄@🛜) Das schicke, von Japanern betriebene Resort wartet mit unterschiedlichsten Zimmern auf, u. a. leicht surrealen runden Röhrenzimmern, Khmer-Häuschen aus Rattan und luxuriösen Bungalows mit allem Schnickschnack. Dazu kommt noch ein hübsches offenes Restaurant, die beste Mittagsadresse für Tagesausflügler.

Kirirom Mountain Lodge   GÄSTEHAUS $$
(☏ 092 490216; www.kirirom.asia; Zi. werktags/am Wochenende 40/65 US$; ❄🛜) Das alteingesessene Gästehaus ist von der Hotelkette, die auch das Plantation in Phnom Penh betreibt, grundlegend verjüngt worden. Die Zimmer sind schlicht, aber stilvoll und im guten Restaurant werden französische, marokkanische und asiatische Gerichte serviert. Es gibt nur sechs Zimmer; wer möchte, kann das ganze Haus zwecks Party im Wald für 200 US$ mieten.

Kirirom Hillside Resort   RESORT $$
(☏ 016 303888; www.kiriromresort.com; Zi./Bungalow ab 50/65 US$; ❄🛜🏊) Dieses Resort unterhalb des Parks bietet schöne Bungalows im skandinavischen Stil; sie haben z. T. einen Balkon mit wunderbarem Blick über einen kleinen See. Zur Ausstattung gehören noch ein netter Pool, ein Restaurant mit wechselnder Qualität und sogar ein Park mit Plastikdinosauriern. Achtung: Das Resort wirbt mit Extras wie Reiten, WLAN und Mountainbikeverleih, die aber selten wirklich zur Verfügung stehen.

ⓘ An- & Weiterreise

Der Zugang zum Kirirom-Nationalpark befindet sich in der Ortschaft Treng Trayern, die 87 km von Phnom Penh und 139 km von Sihanoukville zu beiden Seiten des NH4 liegt. Ein Taxi von einem dieser Städte kostet etwa 60 US$. Man kann aber mit dem Bus bis zur Abzweigung in Treng Trayern und mit einem *moto* zum Eingang fahren. Das kostet allerdings saftige 5 US$, noch etwas mehr bis zur Gemeinde Chambok und noch mehr für die Auffahrt in den Park selbst. Es empfiehlt sich daher dringend, mit eigenem Fahrzeug herzukommen.

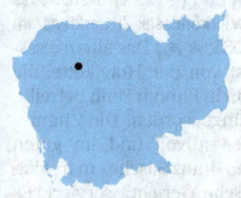

Siem Reap

📍 063 / 175 000 EW. (STADT) / 10 299 KM² (PROVINZ)

Inhalt ➡

Gut essen

➡ Cuisine Wat Damnak
(S. 122)
➡ Flow (S. 121)
➡ Haven (S. 117)
➡ Marum (S. 117)
➡ Mie Cafe (S.121)

Schön übernachten

➡ Ivy Guesthouse 2 (S.110)
➡ La Résidence d'Angkor
(S. 114)
➡ Sala Lodges (S. 115)
➡ Soria Moria Hotel (S. 114)
➡ Viroth's Hotel (S. 114)

Auf nach Siem Reap

Das Tor zu den Tempeln von Angkor, Siem Reap (sie-em rie-ep; សៀមរាប), war von jeher für Größeres bestimmt. In den letzten Jahren hat sich die Stadt neu erfunden und entwickelte sich zum Epizentrum des coolen Kambodschas. Das Angebot ist riesig, von Partyläden für Backpacker bis zu hippen Hotels, erstklassigen Restaurants und luxuriösen Spas.

Das sind natürlich gute Nachrichten für die leidgeprüften Kambodschaner, die von dieser Entwicklung profitieren, doch dafür erscheint die Stadt nun mancherorts etwas zu protzig – wirklich authentisch ist sie nicht. Wer das echte ländliche Kambodscha sucht, findet es gleich nebenan in der Provinz Siem Reap. Hier können Neugierige schwimmende Dörfer und Vogelschutzgebiete besuchen, mit dem Fahrrad durch die Reisfelder touren oder Ponyausflüge unternehmen.

Angkor sollte man mit allen Sinnen genießen und Siem Reap ist die Ausgangsstation für jede Menge Abenteuer. Immer noch der Meinung, drei Tage für die Tempel seien genug? Mit dieser Stadt vor der Haustür ein klarer Fehlschluss!

Reisezeit
Siem Reap

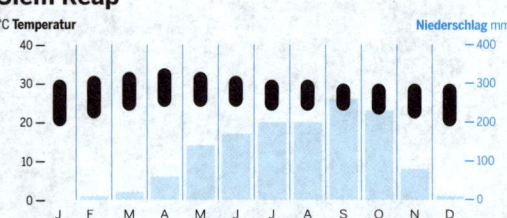

Nov.–März Hauptsaison – wer's ruhiger liebt, meidet diese Zeit. Umzug mit Riesenpuppen im Februar.

April & Mai Große Hitze macht Besichtigungen zur Schwerstarbeit und trocknet die Landschaft aus.

Juni–Okt. Regenzeit. Im Oktober kann das Stadtzentrum mehrere Tage unter Wasser stehen.

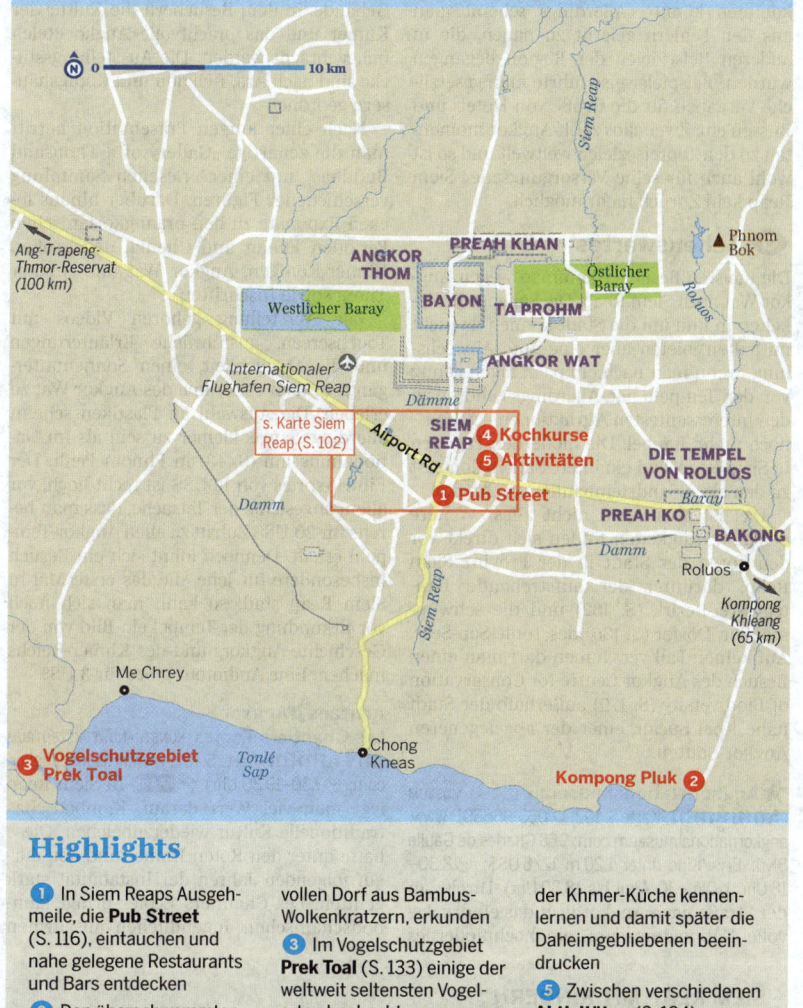

Highlights

1 In Siem Reaps Ausgeh-
meile, die **Pub Street**
(S. 116), eintauchen und
nahe gelegene Restaurants
und Bars entdecken

2 Den überschwemmten
Wald von **Kompong Pluk**
(S. 137), einem eindrucks-

vollen Dorf aus Bambus-
Wolkenkratzern, erkunden

3 Im Vogelschutzgebiet
Prek Toal (S. 133) einige der
weltweit seltensten Vogelarten beobachten

4 Bei einem **Kochkurs**
(S. 107) die Geheimnisse

der Khmer-Küche kennen-
lernen und damit später die
Daheimgebliebenen beein-
drucken

5 Zwischen verschiedenen
Aktivitäten (S. 104) von
Ziplining bis Quadbikefahren
oder Angkor-Minigolf bis zu
richtigem Golf wählen

Geschichte

Als französische Forscher im 19. Jh. Angkor
entdeckten, war Siem Reap nicht mehr als
ein kleines Dorf, doch mit der Rückgabe
Angkors an Kambodscha bzw. die Franzosen
begann es zu wachsen. Die ersten Touristen
kamen und 1929 öffnete das Grand Hotel
d'Angkor seine Tore. Bis Ende der 1960er-
Jahre waren die Tempel von Angkor eine
der Hauptattraktionen Asiens und schil-

lernde Persönlichkeiten wie Charlie Chaplin
und Jackie Kennedy gehörten zu den Besuchern. Mit Ausbruch des Kriegs und der anschließenden Herrschaft der Roten Khmer
verschwand Siem Reap in der Versenkung
und sollte sich erst Mitte der 1990er-Jahre
wieder bemerkbar machen.

Der Tourismus gilt als treibender Motor
der Stadt, die ohne sorgfältige Planung zu
einer überlaufenen Urlaubshochburg ver-

kommen könnte. Allerdings scheint man aus den Fehlern gelernt zu haben, die in anderen Reisezielen der Region begangen wurden: Beispielsweise führte man gesetzliche Vorgaben für die Größe von Hotels und Bussen ein. Zweifellos zählt Angkor momentan zu den Topreisezielen weltweit und so ist wohl auch für seine Versorgungsader Siem Reap kein Zurück mehr möglich.

👁 Sehenswertes

Die meisten Besucher kommen wegen Angkor Wat nach Siem Reap. Die Sehenswürdigkeiten in und um die Stadt können da nicht mithalten, bieten aber eine gute Abwechslung, wenn man nach ein paar Tagen genug von den Tempeln hat. Allerdings gehören zu den interessantesten Attraktionen – genau – noch mehr Tempel. Die modernen Pagoden in Siem Reap sind ein interessanter Kontrast zu den alten Sandsteinbauten von Angkor.

Das ist aber noch nicht alles: Weitere Sehenswürdigkeiten finden sich direkt vor den Toren der Stadt in der Provinz Siem Reap, darunter der aufstrebende Banteay-Srei-Bezirk (S. 132) und die schwimmenden Dörfer (S. 136) des Tonlé-Sap-Sees. Auf keinen Fall versäumen darf man einen Besuch des Angkor Centre for Conservation of Biodiversity (S. 179) außerhalb der Stadt nahe Kbal Spean, einer der abgelegeneren Angkor-Stätten.

⭐ **Angkor-Nationalmuseum**   MUSEUM
(សារមន្ទីរអង្គរ; Karte S. 102; ☎063-966601; www.angkornationalmuseum.com; 968 Charles de Gaulle Blvd; Erw./Kind unter 1,20 m 12/6 US$; ⏱8.30–18 Uhr, 1. Okt.–30. April bis 18.30 Uhr) Direkt an der Straße nach Angkor liegt das eindrucksvolle Nationalmuseum, ein hochmodernes Gebäude, in dem Besuchern die Kultur der Khmer und das prachtvolle Angkor-Reich nahegebracht werden. Die Ausstellungsstücke sind nach Ära, Religion und Königshäusern geordnet.

Nach einer kurzen Präsentation betritt man die zenartige „Gallery of a Thousand Buddhas" mit einer erlesenen Sammlung verschiedener Figuren. Darüber hinaus locken Exponate zu den präangkorianischen Perioden Funan und Chenla, den großen Khmer-Königen, Angkor Wat und Angkor Thom sowie Inschriften.

Zur Ausstellung gehören Videos mit Touchscreen, ausführliche Erläuterungen und die Möglichkeit, einen Sonnenuntergang vor dem Panorama des Angkor Wat zu erleben. Die Auswahl an Plastiken scheint allerdings etwas kleiner zu sein als im Nationalmuseum (S. 43) in Phnom Penh. Der Eintrittspreis von 12 US$ ist recht hoch, vor allem angesichts der Tatsache, dass man bereits für 20 US$ Zutritt zu allen Angkor-Tempeln erhält. Dennoch lohnt sich ein Besuch insbesondere für jene, die das erste Mal in Siem Reap sind; so kann man sich noch vor Erkundung der Tempel ein Bild von der Geschichte Angkors und des Khmer-Reichs machen. Eine Audiotour gibt's für 3 US$.

Artisans d'Angkor – Les Chantiers Écoles KUNSTHANDWERKSZENTRUM (អ ឌី សង់ជាង្ស; Karte S. 102; www.artisansdangkor.com; ⏱7.30–19.30 Uhr) 🎫 GRATIS In Siem Reap legt man viel Wert darauf, Kambodschas traditionelle Kultur wiederzubeleben. Diese hatte unter den Roten Khmer und den darauf folgenden Jahren der Instabilität stark gelitten. Les Chantiers Écoles bringt kambodschanischen Jugendlichen aus armen

---

SIEM REAP MIT KINDERN

In Siem Reap kommen die Kleinen dank verschiedener Aktivitäten, die nichts mit den Tempeln zu tun haben, auf ihre Kosten. Ältere Kinder werden sich auch für die Tempel begeistern können, insbesondere für den Ta Prohm und den Beng Mealea mit ihrer Indiana-Jones-Atmosphäre, den Angkor Wat mit seinen gigantischen Ausmaßen oder den Bayon mit seinen skurrilen Steingesichtern.

Außerdem kann man Bootsausflüge auf dem Tonlé Sap unternehmen und dabei abgeschiedene Dörfer besuchen (S. 136), in einem Hotel- oder Resortpool schwimmen (S. 104), per Ziplining (S. 105) durch den Dschungel düsen, die Umgebung auf dem Pferderücken (S. 105) oder per Quad erkunden (S. 107), durch das Kambodschanische Kulturdorf streifen (S. 104), auf dem Angkor Wat Putt (S. 105) Minigolf spielen, das Banteay Srei Butterfly Centre (S. 133) besuchen oder einfach einen gemütlichen Tag in den Cafés und Restaurants der Stadt verleben. Weitere Abwechslung bieten Eiscafés und Grillrestaurants.

Bevölkerungsschichten Holzschnitz-, Lackkunst- und Steinhauereitechniken sowie traditionelle Seidenmalerei und andere Kunstgewerbefertigkeiten bei.

Zwischen 7.30 und 18.30 Uhr finden kostenlose Führungen statt, die Einblicke in traditionelle Techniken gewähren. Die Schule liegt in einer Nebenstraße und ist ab der Sivatha Street gut ausgeschildert.

Auf dem Schulgelände werden in dem entzückenden schuleigenen Laden Artisans d'Angkor (S. 127) z. B. Stein- und Holzreproduktionen von Statuen aus der Angkor-Zeit sowie Haushaltsgegenstände verkauft. Gegenüber von Angkor Wat findet man im Cafégebäude einen zweiten Laden, außerdem gibt's in den Flughäfen von Phnom Penh und Siem Reap Verkaufsstellen. Der gesamte Verkaufserlös fließt zurück in die Schule und schafft weitere Plätze in dem Ausbildungsprogramm für kambodschanische Jugendliche, das zu 20% den Kunsthandwerkern selbst gehört.

Darüber hinaus betreibt die Einrichtung eine **Seidenfarm** (⊘7.30–17.30 Uhr), deren Erzeugnisse wie Kleidung, Dekorationsgegenstände und Accessoires zu den besten des Landes zählen. Hier lernt man alle Produktionsstufen vom Maulbeerbaumanbau über die Entwicklung der Seidenraupen bis hin zum Weben und Färben der Seide kennen. Es werden täglich kostenlose Führungen angeboten: Ein Gratisshuttle fährt um 9.30 und 13.30 Uhr an der Les Chantiers Écoles in Siem Reap ab. Die Farm liegt etwa 16 km westlich von Siem Reap direkt an der Straße nach Sisophon im Dorf Puok.

Cambolac KUNSTHANDWERKSZENTRUM
(ខេមបូឡាក; Karte S. 134; ☎ 097 843 1790; www.cambolac.com; ⊘Mo–Sa 8–11.30 & 13–17 Uhr) GRATIS Kambodscha besitzt eine lange Tradition in der Produktion wunderbarer Lackwaren, doch während der Bürgerkriegsjahre gerieten einige der Techniken in Vergessenheit. Cambolac ist ein gemeinnütziges Unternehmen mit dem Ziel, beim Wiederaufleben der kambodschanischen Lackkunsttradition zu helfen und einen neuen, zeitgenössischen Markt dafür zu schaffen. Besucher können die Werkstatt besichtigen und Genaueres über die aufwendigen Schritte erfahren, die zur Herstellung der Lackwaren erforderlich sind. Die meisten Guides sind hörbehindert; während der Führung verständigt man sich mit Händen und Füßen und lernt auch einfache Begriffe aus der Gebärdensprache.

Cambolac ist eine unterstützenswerte Initiative, die auch sehr schöne handgemachte Souvenirs verkauft. In der Stadt gibt's mehrere Cambolacläden, geöffnet von 9.30 bis 22.30 Uhr.

Khmer Ceramics Centre KUNSTHANDWERKSZENTRUM
(មជ្ឈមណ្ឌលស្តាតខ្មែរ; Karte S. 102; ☎ 017 843 014; www.khmerceramics.com; Charles de Gaulle Blvd; ⊘8–19.30 Uhr) Im Keramikzentrum, das an der Straße zu den Tempeln zu finden ist, werden alte Töpfertraditionen angewandt, die während der Angkor-Zeit als ausgeklügelte Kunstform galten. Man kann die Einrichtung besuchen und sich an der Töpferscheibe versuchen. Kurse, in denen traditionelle Techniken wie Töpfern und Keramikmalerei gelehrt werden, kosten 20 US$.

Bei kostenlosen Führungen werden typisch angkorianische Techniken vorgestellt und ein neues Brennofenmuseum besucht. In der Alley West befindet sich auch ein Verkaufsgeschäft.

House of Peace Association KUNSTGALERIE
(សមាគមនិដ្ឋៈសន្តិភាព; Karte S. 134; Airport Road; ⊘9–18 Uhr) Die Herstellung von *sbei tuoi* (Schattenspielpuppen) aus Leder ist eine traditionelle Kunst der Khmer und die Figuren sind tolle Souvenirs. Sie stellen u. a. Götter und Dämonen aus dem *Reamker* sowie elegante Elefanten mit kunstvollem Geschirr dar.

Die Puppen werden von Mitarbeitern der House of Peace Association angefertigt und verkauft. Interessierte finden diese Einrichtung am NH6, nach 4 km Richtung Flughafen. Kleine Puppen bekommt man ab 15 US$, größere kosten bis zu 150 US$.

Miniaturmodelle der Angkor-Tempel SKULPTURENGARTEN
(តំរូចម្លងចម្លាក់ប្រាសាទអង្គរវត្ត; Karte S. 102; 16 Slokram District; Eintritt 2 US$; ⊘9–17 Uhr) Zu den skurrileren Orten der Stadt gehört der Garten des einheimischen Bildhauers Dy Proeung, in dem Miniaturnachbauten von Angkor Wat, dem Bayon, dem Banteay Srei sowie anderen Tempeln zu sehen sind. Hier kann man Angkor von oben bewundern, ohne einen Hubschrauber mieten zu müssen, auch wenn sich die Clevereren unter den Daheimgebliebenen eventuell über die riesigen Insekten auf den Fotos wundern werden. Eine Ausstellung mit Tempelmodellen gibt's auch im Tempel Preah Ko.

Siem Reap

N   0 ————————————————— 400 m

s. Karte Nördliches
Siem Reap (S. 110)

👁 3

37

*Angkor-
National-
museum*
1 🏛

NH6

Airport Rd

Charles de Gaulle Blvd

✕ 50

🛏 22

56 ✕

❗ 4

Sivatha St

Taphul St

Touristeninformation
ℹ

*Royal
Gardens*

28   55 ✕

*Königliche
Residenz*

🛏 25

31

Oum Chhay St

St 3

72
19 🛏

NH6

39

61 ✕   59

46

Oum Khun St

82

23   16
      18

27

34

St 14

60

Pokambor Ave

Siem Reap River Rd

St 20

9

33

St 21

89
87
10
64   77
8   90
42 ✕   41
13   88 83
79

*Angkor
Children's
Hospital*

Hup Guan St

Tep Vong St
7   66   78
86
65   44
43
24   57

26

Tep Vong St

75

*Wat Preah
Prohm Roth*

68

St 22
54

St 24   36
        St 23
        38

5

32
74
70

63   St 25
✕ 48   58
40   St 26

St 27
47   69
      15
52   85   St 26   12

21   *Sok San St*
53
ConCERT

84   73
81   *Pokambor Ave*
76
80   67   ❗ 6
Siem Reap

👁 2

Wat Bo Rd

Psar Krohm St

30
20
17

35
29

7 Makara St

Tonlé Sap Rd

51

62 ✕   14

49   45

71

11

s. Karte Psar Chaa (S. 106)

Siem Reap

Kambodschanisches Kulturdorf
KULTURZENTRUM

(ភូមិវប្បធម៌កម្ពុជា; Karte S. 134; ☑ 063-963836; www.cambodianculturalvillage.com; Airport Rd; Erw./Kind unter 1,10 m 9 US$/frei; ⊘ 8–19 Uhr) Auch wenn man hier Kitsch in seiner reinsten Form zu sehen bekommt, tummeln sich in dieser Anlage jede Menge Einheimische. Das Kambodschanische Kulturdorf versucht das ganze Land mittels nachgebauter Häuser und Dörfer darzustellen.

Dazu gehören ein Wachsmuseum, Häuser der Cham, Chinesen, Kreung und Khmer sowie Miniaturmodelle wichtiger Gebäude. Den ganzen Tag über werden Tanzvorführungen und andere Darbietungen gezeigt. Nichtsdestotrotz kann der Komplex ausländische Touristen – jedenfalls diejenigen ohne Kinder – nicht wirklich überzeugen. Er liegt auf halbem Weg zwischen Siem Reap und dem Flughafen.

Kriegsmuseum
MUSEUM

(សារមន្ទីរប្រវត្តិសាស្ត្រសង្គ្រាម; Karte S. 134; ☑ 097 457 8666; www.warmuseumcambodia. com; Kaksekam Village; inkl. Guide 5 US$) Das Erfolgsrezept des Museums besteht darin, dass Besucher dazu ermuntert werden, alte Waffen zu betätigen, vom AK-47 bis zum Raketenwerfer. Ob dies der Gesundheit und Sicherheit zuträglich ist, sei dahingestellt – es macht sich jedenfalls gut als Fotomotiv. Andere Kriegsgeräte nur zum Anschauen gibt es auch, beispielsweise sowjetische Kampfpanzer vom Typ T-54 und MiG-19-Militärflugzeuge.

Wat Bo
BUDDHISTISCHER TEMPEL

(វត្តបូ; Karte S. 102; Tep Vong St; ⊘ 6–18 Uhr) Der Wat Bo gehört zu den ältesten Tempeln der Stadt. Er wartet mit einer Sammlung gut erhaltener Wandmalereien aus dem späten 19. Jh. auf, die Szenen aus dem *Reamker*, der kambodschanischen Version des *Ramayana*, zeigen.

Wat Preah Inkosei
BUDDHISTISCHER TEMPEL

(វត្តព្រះឥន្ទកោសិយ៍; Karte S. 110; ⊘ 6–18 Uhr) Der Wat Preah Inkosei wurde auf dem Areal eines frühen angkorianischen Backsteintempels nördlich der Stadt errichtet. Dieser ist nach wie vor am Rand des Komplexes zu sehen.

Wat Athvea
BUDDHISTISCHER TEMPEL

(វត្តអថ្វា; Karte S. 140; ⊘ 6–18 Uhr) Südlich der Innenstadt, neben einem alten Tempel, erhebt sich der Wat Athvea, eine hübsche Pagode. Er ist sehr gut erhalten und wird nur

von wenigen Touristen angesteuert, was ihn vor allem spätnachmittags zu einem friedlichen Rückzugsort macht.

Wat Thmei
BUDDHISTISCHER TEMPEL

(វត្តថ្មី; Karte S. 134; ⊘ 6–18 Uhr) Zum Wat Thmei gehört ein kleiner Stupa, der als Gedenkstätte dient und in dem Schädel und Knochen von Opfern der Roten Khmer aufbewahrt werden. Hier trifft man außerdem viele junge Mönche, die sich mit Fremden gerne auf Englisch unterhalten, um ihre Sprachkenntnisse zu verbessern.

Wat Dam Nak
BUDDHISTISCHER TEMPEL

(វត្តដំណាក់; Karte S. 102; ⊘ 6–18 Uhr) Während der Herrschaft von König Sisowath diente der Wat Dam Nak als Königsresidenz, deswegen der Name *dam nak* (Palast). Heute befindet sich hier das **Centre for Khmer Studies** (www.khmerstudies.org), eine unabhängige Einrichtung, die sich für ein besseres Verständnis der Khmer-Kultur einsetzt. Zur Anlage gehört eine öffentlich zugängliche Bibliothek.

🏃 Aktivitäten

Siem Reap hat eine phantastische Auswahl an Aktivitäten zu bieten – von den eher üblichen wie Schwimmbädern, Spas und Golfplätzen über die überraschenderen wie Ziplining, Reiten und Quadbikefahren bis hin zu einem Minigolfplatz mit Angkor-Motto.

Bei den ganzen Tempelbesichtigungen kann man ganz schön ins Schwitzen kommen, da sorgt ein Sprung in den Pool für Abkühlung. In vielen Unterkünften können Besucher das Schwimmbecken und/oder das Fitnessstudio gegen eine Tagesgebühr benutzen. Der Obolus reicht von 5 US$ in Mittelklassehotels bis zu 20 US$ in Fünf-Sterne-Häusern. Darüber hinaus legen sich auch immer mehr günstige Hotels und Resorts einen Pool zu und bieten so eine günstige Variante für kleinere Geldbeutel. Einheimische erfrischen sich an den Wochenenden am liebsten im Westlichen Baray.

The Great Escape
ABENTEUERSPIEL

(Karte S. 134; ☑ 063-506 9777; www.greatescape cambodia.com; C-39 Angkor Shopping Arcade, Airport Rd; 18–25 US$ pro Pers.) Innerhalb von 60 Minuten aus dem abgeschlossenen Zimmer entkommen, nur unter Einsatz der eigenen grauen Zellen: Das ist die Herausforderung bei The Great Escape, Siem Reaps Antwort auf das Crystal Maze. Das zu lösende Rätsel im Raum The Warehouse of Jack Travis hat etwas mit Angkor zu tun.

Golf

Angkor Golf Resort   GOLF
(Karte S. 134; ☎063-761139; www.angkor-golf.
com; Greenfee 115 US$) Dieser Weltklasseplatz
wurde von der britischen Golflegende Nick
Faldo entworfen. Wer erst einmal Schläger,
Caddys, Golfwagen und alles andere bezahlt
hat, ist allerdings schon 175 US$ los.

Angkor Wat Putt   MINIGOLF
(☎012 302330; www.angkorwatputt.com; Erw./
Kind 5/4 US$; ⏲7.30–22 Uhr) Ein echt einhei-
mischer Kontrast zu den großen Golfplätzen
außerhalb der Stadt: Die 14 Löcher führen
durch Miniaturtempel und kreative Hindernisse. Wer mit dem ersten Schlag einlocht,
gewinnt ein Freibier.

Phokheetra Country Club   GOLF
(☎063-964600; www.sofitel.com; Greenfee 100 US$)
Hier wird jährlich ein Turnier der Asientour
ausgetragen. Mitten auf der gepflegten Anlage steht eine alte Angkor-Brücke.

Reiten

Happy Ranch   REITEN
(Karte S. 134; ☎012 920002; www.thehappyranch.
com; 1 Std./halber Tag 28/59 US$) Von wegen
Wilder Westen – im Wilden Osten geht auf
dem Pferderücken die Post ab! Mit Happy
Ranch kann man Siem Reap, umliegende
Dörfer und abgeschiedene Stätten auf dem
Pferderücken erkunden – eine entspannte
Art, die Landschaft fernab des Verkehrs und
Trubels zu entdecken.

Viele Ausflüge schließen den Wat Athvea
(S. 104), eine moderne Pagode mit zugehöri-
gem Tempel, und den Wat Chedi, eine Tempelanlage in einer Flussniederung unweit
des Tonlé-Sap-Sees, mit ein. Zum Programm
gehören außerdem Reitstunden für Kinder
und Anfänger. Wer direkt bucht, bekommt
die besten Preise.

Massage & Wellness

Fußmassagen sind in Siem Reap ein echter
Renner, was angesichts der unzähligen Tem-
peltreppen wohl niemanden wundert. In
mehr als einem halben Dutzend Einrichtungen nordwestlich des Psar Chaa kann man
sich für 6–8 US$ kneten lassen. Ihre Qualität
ist unterschiedlich, daher lohnt sich ein kriti-
scher Blick, bevor man sich entscheidet.

Eine Fußbehandlung der anderen Art
wird einem bei Dr. Fish verpasst. In einem
Wasserbassin befreien Putzerlippfische die
Füße von toten Hautschuppen – die einen
finden es himmlisch, Kitzlige eher abschre-
ckend. Das Original befand sich einst auf
dem Angkor-Abendmarkt. Mittlerweile gibt
es überall in der Stadt zahlreiche Nachah-
mer, u. a. etwa ein Dutzend rund um die Pub
Street und den Psar Chaa.

Bodia Spa   SPA
(Karte S. 106; ☎063-761593; www.bodia-spa.
com; Pithnou St; ⏲10–24 Uhr) Schniekes Well-
nesscenter in der Nähe des Psar Chaa, das
zahlreiche Massagen und Behandlungen
mit natürlichen Pflegeprodukten sowie eine
eigene Linie von Kräuterprodukten im Angebot hat.

Bodytune   SPA
(Karte S. 106; ☎063-764141; www.bodytune.co.th;
293 Pokambor Ave; ⏲10–22 Uhr) Der noble Able-

FLIGHT OF THE GIBBON ANGKOR

Angkor ist natürlich eine ultimative Kulisse für Ziplining, obwohl die Tempel von der
Abseilstrecke aus nicht zu sehen sind. Die **Flight of the Gibbon Angkor** (Karte
S. 140; ☎096 999 9101; www.treetopasia.com; nahe Ta-Nei-Tempel, Angkor; 109 US$ pro Pers.;
⏲7–17 Uhr) befindet sich innerhalb des Angkor-Schutzgebiets und umfasst 10 einzelne
Seilrutschen, 21 Baumwipfelplattformen, 4 Brücken und als krönenden Abschluss eine
Abseilstrecke. Auf halbem Weg gibt's eine Verpflegungsstation mit Panoramablick. Zu
den Highlights gehört eine neue Tandemstrecke für Paare.

Sicherheit wird hier großgeschrieben: Alle Gäste sind stets über einen Karabiner mit
dem Seil verbunden und folgen klaren Anweisungen in englischer Sprache. Das Projekt
kümmert sich sogar um Tierschutz – ein Gibbonpärchen wurde bereits im Wald ausgesetzt, weitere sollen folgen. Im Preis sind der Transfer zu einem beliebigen Hotel in Siem
Reap sowie vor oder nach der Tour ein Mittagessen in der Nähe des Sra-Srang-Wasser-
falls enthalten. Die Zipline in der Nähe des Ta-Nei-Tempels ist ein toller Neuzugang unter
den Aktivitäten rund um Siem Reap und Angkor. Ein Lonely Planet YouTube-Video dazu
gibt's unter www.youtube.com/watch?v=UJzEtKoITrg.

SIEM REAP

Psar Chaa

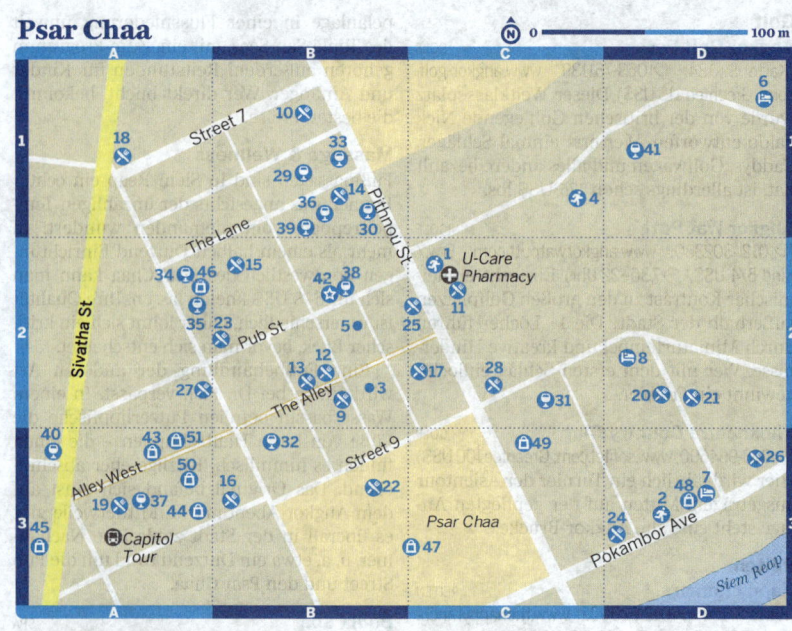

Psar Chaa

ger eines bekannten thailändischen Spas eignet sich mit seiner schönen Aussicht auf den Fluss bestens zum erholsamen Entspannen.

Frangipani Spa SPA
(Karte S. 102; ☎ 063-964391; www.frangipanisiemreap.com; 615 Hup Guan St; ⊙10–22 Uhr) Diese reizende Einrichtung bietet Massagen und Wellnessanwendungen an.

Krousar Thmey MASSAGE
(Karte S. 110; www.krousar-thmey.org; Charles de Gaulle Blvd; Massage 7 US$) ✐ Die Massagen werden von Blinden durchgeführt. Im selben Gebäude befindet sich auch die kostenlose Tonlé-Sap-Ausstellung, darunter die interaktive Abteilung „Seeing in the Dark". Sie bietet die Möglichkeit, sich in Begleitung eines sehbehinderten Studenten ein wenig in die Lage eines blinden Menschen hineinzuversetzen.

Lemongrass Garden Spa SPA
(Karte S. 102; ☎ 012 387385; www.lemongrassgarden.com; 105B Sivatha St; ⊙11–23 Uhr) Schickes, zentral gelegenes Spa mit verschiedenen erschwinglichen Behandlungen.

Seeing Hands Massage 4 MASSAGE
(Karte S. 102; ☎ 012 836487; 324 Sivatha St; Ventilator/Klimaanlage pro Std. 5/7 US$) ✐ Seeing Hands bildet Sehbehinderte als Masseure aus. Vorsicht vor Trittbrettfahrern, die blinde Menschen aus Profitgier ausnutzen!

Quadbiking

Cambodia Quad Bike ABENTEUERTOUR
(Karte S. 134; ☎ 012 893447; www.cambodiaquadbike.com; 1 Std./halber Tag 30/100 US$) Veranstaltet Quadbiketouren durch die Landschaft rings um Siem Reap, darunter auch Touren zum Sonnenauf- oder -untergang.

Quad Adventure Cambodia
(Karte S. 102; ☎ 092-787216; www.quad-adventure-cambodia.com; Sonnenuntergangsfahrt 30 US$, ganzer Tag 170 US$) Das Programm des ältesten Quadbikeanbieters von Siem Reap umfasst u. a. Sonnenuntergangsfahrten durch die Reisfelder der Umgebung, zu schönen Tempeln und über Nebenstraßen durch traditionelle Dörfer.

Siem Reap Quad Bike Adventure ABENTEUERTOUR
(Map p96; ☎ 012 324009; www.srquadbikingadventure.com; 1 Std. 30 US$, mit 1 Kind 40 US$) Der kambodschanische Anbieter hat vollautomatische Quadbikes.

Yoga & Meditation

Peace Cafe Yoga YOGA
(Karte S. 110; ☎ 063-965210; www.peacecafeangkor.org; Siem Reap River Rd; pro Sitzung 6 US$) Das beliebte Gemeindezentrum mit Café bietet täglich um 8.30 und 18.30 Uhr Yoga-Sitzungen, darunter Ashtanga- und Hatha-Yoga.

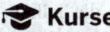 Kurse

Kochkurse erleben in der Stadt einen Boom und so bietet eine ganze Reihe von Restaurants und Hotels teilweise erstklassige Einführungen in die Geheimnisse der kambodschanischen Küche.

Cambodian Cooking Cottage KOCHKURS
(Karte S. 106; ☎ 077 566455; www.restaurant-siemreap.com; Champey Restaurant, The Alley; 25 US$ pro Pers.) Teilnehmer dieses erstklassigen Kochkurses bekommen auch Tipps zum dekorativen Anrichten von Speisen, ein Kochbuch, eine DVD und Gewürze zum Mitnehmen.

Cooks in Tuk Tuks KOCHKURS
(Karte S. 110; ☎ 063-963400; www.therivergarden.info; River Rd West; 25 US$ pro Pers.) Die täglichen professionellen Lehrgänge starten um 10 Uhr mit einem Besuch des Psar-Leu-Marktes. Hinterher wird im River Garden unter fachmännischer Leitung losgebrutzelt.

Le Tigre de Papier KOCHKURS
(Karte S. 106; ☎ 012 265811; www.angkor-cooking-class-cambodia.com; Pub St; 14 US$ pro Pers.) ✐

KUNSTVOLL KÄMPFEN IN SIEM REAP

Wer sich von den Kampfsportszenen auf den Reliefs am Bayon-Tempel angespornt fühlt, einige dieser Moves zu erlernen, kann beim **Angkor Fight Club** (Karte S. 134; ☎ 095 839725; www.angkorfightclub.com; Privat-/Gruppenstunde 15/5 US$) zu sehr fairen Preisen Kurse in Kickboxen oder Mixed Martial Arts bei internationalen Trainern belegen.

Man kann auch Unterricht in Bokator nehmen, einer alten Khmer-Kampfkunst, deren Name übersetzt so viel wie „zuschlagen wie ein Löwe" bedeutet. Gelehrt wird diese Sportart in Großmeister San Kimseans Schule **Bokator Cambodia** (☎ 012 820330; www.bokatorcambodia.com), wo auch Unterkunft für Teilnehmer an Gürtelprüfungskursen angeboten wird.

Die täglich stattfindenden Kurse werden um 10 und 13 Uhr auf Englisch und um 17 Uhr auf Französisch abgehalten. Zu jedem Kurs gehört ein Marktbesuch.

Vegetarian Cooking Class   KOCHKURS

(Karte S. 110; ☑ 092 177127; peacecafeangkor.org; Siem Reap River Rd; 20 US$ pro Pers.) Bei dem vegetarischen Kochkurs lernen die Teilnehmer, wie man Tofu-*amok*, Papayasalat und vegetarische Frühlingsrollen zubereitet.

☞ Geführte Touren

Fast alle Besucher kommen nach Siem Reap, um Angkor Wat zu sehen. Aber nicht alle Veranstalter sind gleichermaßen empfehlenswert, daher sollte man sich vor einer Buchung bei anderen Reisenden nach ihren Erfahrungen erkundigen. Abgesehen von den Tempeltouren sind auch Zweirad-Abenteuer per Fahrrad oder Motorrad sowie Foodie-Touren im Angebot.

Touren nach & in die Umgebung von Angkor

Beyond   TOUR

(www.beyonduniqueescapes.com) ⚐ Umweltbewusster Anbieter von Touren zum Beng Mealea und Kompong Pluk sowie von Radtouren und Kochkursen.

Buffalo Trails   TOUR

(☑ 012 297506; www.buffalotrails-cambodia.com) ⚐ Ökotouren und Lifestyle-Abenteuer in der Umgebung von Siem Reap.

Indochine Exploration   TOUR

(www.indochineex.com) ⚐ Me-Chrey-Kajaktrips und Touren zu abgelegenen Tempeln.

Terre Cambodge   TOUR

(☑ 077 448255; www.terrecambodge.com) Touren zu abgeschiedenen Stätten in der Umgebung von Angkor, Radtouren und Bootsfahrten auf dem Tonlé-Sap-See.

Radtouren

Die wunderschöne Landschaft rings um Siem Reap ist wie geschaffen für Abenteuer auf dem Drahtesel.

Camouflage   FAHRRADTOUR

(Karte S. 106; ☑ 012 884909; www.camouflagecambodia.com; 37 New St A; Touren 25–85 US$) Der Radtourspezialist hat zehn Touren zu Tempeln, abgeschiedenen Stätten und durch die wunderbare Landschaft im Programm. Es ist alles dabei, von gemütlichen Familienausflügen bis zu anstrengenden Phnom-Kulen- und Beng-Mealea-Abenteuertouren.

Grasshopper Adventures   FAHRRADTOUR

(Karte S. 102; ☑ 012 462165; www.grasshopperadventures.com; 586 St 26; pro Pers. ab 39 US$) Touren durch die ländliche Umgebung von Siem Reap sowie eine Tempeltour mit dem Fahrrad und ein langer Ausflug zum Beng Mealea.

KKO (Khmer for Khmer Organisation) Bike Tours   FAHRRADTOUR

(Karte S. 102; ☑ 093 903024; www.kko-cambodia.org; Ecke St 20 & Wat Bo Rd; Touren 35–50 US$) ⚐ Gemeinnützige Radtouren auf den Pfaden von Angkor oder durch die Landschaft jenseits des Westlichen Baray. Die Einnahmen gehen an die Khmer for Khmer Organisation, die sich für Bildung und Berufsausbildung einsetzt.

PURE! Countryside Cycling Tour   FAHRRADTOUR

(http://www.puredreamcentre.nl/en/community/4509-pure-bicycle-tour.html; 25 US$ pro Pers.) ⚐ Lange Halbtagestour durch die ländliche Umgebung von Siem Reap inklusive Mittagessen bei einer Familie. Die Gewinne fließen in die Ausbildungsprojekte von Pure.

Foodie-Touren

Kambodschanische Küche ist neuerdings total angesagt, und verschiedene coole Foodtouren vermitteln einen Einblick in die Gastroszene von Siem Reap. Wer eine Vespa-Fahrt mit einem kulinarischen Erlebnis verbinden möchte, ist bei der After Dark Foodie Tour von Cambodia Vespa Adventures (s. S. 109) genau richtig.

Siem Reap Food Tours   FOODTOUR

(☑ 012 505542; www.siemreapfoodtours.com; 75 US$ pro Pers.) Diese Touren werden von einem erfahrenen schottischen Koch mit einem Renommee für Stand-up-Comedy sowie einem amerikanischen Foodwriter durchgeführt und versprechen aufregende kulinarische Erlebnisse. Zur Auswahl stehen eine Morgentour zu lokalen Märkten und den *naom-banchok*-Nudelständen in Preah Dak sowie eine Abendtour zu Straßenständen und Grillrestaurants.

Motorradtouren

Die meisten Menschen auf dem Land benutzen immer noch das Motorrad als Transportmittel. Eine Motorrad-Abenteuerfahrt ins kambodschanische Hinterland ist daher eine gute Gelegenheit, sich den örtlichen Gepflogenheiten anzupassen. Man kann sich auch bei jedem der englischsprachigen *moto*-Fahrer in Siem Reap eine Tour nach eigenem Gusto zusammenstellen lassen, die erheblich billiger ausfallen wird als die Teilnahme an einem organisierten Ausflug.

Cambodia Vespa Adventures TOUR
(Karte S. 134; ☏ 012 861610; www.cambodiavespa adventures.com; Touren 60–99 US$ pro Pers.) Eine moderne Vespa ist bequemer als ein durchschnittliches *moto* und eignet sich prima, um die Tempelgegend zu erforschen, etwas über das Leben draußen auf dem Land zu erfahren oder nach Einbruch der Dunkelheit das Essen an ein paar Straßenständen zu probieren – alles in Begleitung eines ausgezeichneten, gut informierten lokalen Guides.

Khmer Ways TOUR
(Karte S. 134; ☏ 088 606 3374; www.khmerways. com; Touren 60–95 US$) Khmer Ways macht Träume wahr ... zumindest den, mal eine Honda Dream zu steuern. Auf dem Programm stehen eine Tour aufs Land, eine längere Fahrt zum Beng Mealea und eine Abenteuertour auf den Dschungelstraßen von Phnom Kulen.

KKO Countryside Moto Tour TOUR
(Karte S. 102; ☏ 093 903024; www.kko-cambodia. org; St 20; Spende 30–60 US$) Eine gute Sache unterstützen kann man bei einer Tour durch die Geschichte von Siem Reap, die zu abgeschiedenen Angkor-Tempeln abseits der Touristenpfade und richtig hinaus aufs Land führt. Mit dem Erlös werden Schulen und Berufsausbildungsstätten unterstützt.

🛏 Schlafen

Siem Reap verfügt über die beste Auswahl an Unterkünften in ganz Kambodscha. Für den kleinen Geldbeutel eignet sich eines der vielen familiengeführten Gästehäuser mit Zimmern, die zwischen 5 und 20 US$ kosten, während man im mittleren Preissegment schickere Gästehäuser und kleine Hotels findet, in denen man ab 20 US$ unterkommt.

Vermittler von günstigen Gästehäusern warten am Taxistand, in Phnom Krom und am Flughafen. Auch wer sich noch nicht für eine Unterkunft entschieden hat, sollte nicht überrascht sein, seinen Namen auf einer Gästeliste zu entdecken. Viele der Einrichtungen in Phnom Penh haben entweder Partner vor Ort oder verkaufen die Namen ihrer Besucher an andere Häuser. Dank diesem System wird man zumeist kostenlos in die Stadt chauffiert. Selbstverständlich besteht keine Verpflichtung, in der jeweiligen Unterkunft zu übernachten, wenn sie einem nicht zusagt. In dem Fall kostet die „Gratisfahrt" allerdings oft plötzlich 2 US$ oder mehr.

Die Zahl der Backpackerhostels und sogar Flashpackerunterkünfte ist regelrecht explodiert. Allerdings kostet ein Schlafsaalbett in einigen dieser Häuser genauso viel (oder mehr) wie ein Zimmer in einem von Kambodschanern geführten Gästehaus.

Es gibt zahlreiche gute Mittelklasse-Unterkünfte. Meistens ist der kostenlose Transfer vom Flughafen oder der Bootsanlegestelle inklusive.

Viele Spitzenklasse-Hotels erheben eine allgemeine Steuer von 10 %, eine Besuchersteuer von 2 % und manchmal auch eine Servicegebühr von 10 %, aber immerhin ist das Frühstück inbegriffen. Für einen Besuch zwischen November und März sollte man besser frühzeitig reservieren, besonders in den gerade angesagten Herbergen.

In der Nebensaison (April bis September) gibt es viele Sonderangebote, z. B. drei Nächte zum Preis von zweien oder 30- bis 50-prozentige Rabatte. Luxushotels erheben in der Haupt- und Nebensaison meist unterschiedliche Preise.

Inzwischen gibt es in der Stadt mindestens 600 gute Gästehäuser und Hotels. Provisionsbetrügereien sind häufig, deshalb sollte man immer die Augen aufhalten.

🛏 Rund um den Psar Chaa

Psar Chaa ist der geschäftigste Teil der Stadt: Hier gibt's jede Menge Restaurants, Bars und Geschäfte. Übernachtungsaufenthalte in dieser Gegend können sehr unterhaltsam sein, aber nicht gerade ruhig.

Nördliches Siem Reap

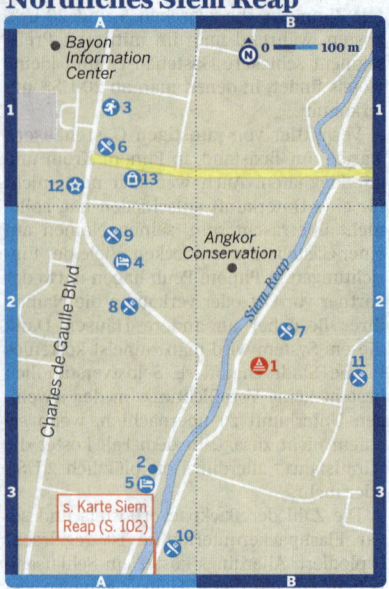

★ **Ivy Guesthouse 2**　　　GÄSTEHAUS **$**
(Karte S. 102; ☎012 800860; www.ivy-guesthouse.com; Psar Kandal St; Zi. 6–15 US$; ✳@🛜) Das einladende, lebhafte Gästehaus verfügt über einen Bereich zum Chillen und eine Bar. Das Restaurant gehört zu den besten Gästehaus-Restaurants der Stadt und wartet mit einem großen Angebot für Vegetarier sowie „Tapas-Freitagen" (zu 1 US$ pro Stück) auf.

Downtown Siem Reap Hostel　　HOSTEL **$**
(Karte S. 102; ☎012 675881; www.downtownsiemreaphostel.com; Wat-Dam-Nak-Viertel; B 6–8 US$, Zi. 12–18 US$; ✳🛜🏊) Wenn man bedenkt, dass im Garten sogar ein kleiner Pool ist, sind die Preise besonders attraktiv. Die teureren Dorms und Zimmer haben Klimaanlage. Wer hier nicht übernachtet, aber für mindestens 6 US$ isst und trinkt, darf den Pool ebenfalls benutzen.

Prohm Roth Guesthouse　　GÄSTEHAUS **$**
(Karte S. 106; ☎012 466495; www.prohmroth-guesthouse.com; nahe Wat Preah Prohm Roth; Zi. 12–33 US$; ✳@🛜) Diese herzliche Unterkunft liegt zentral und dabei doch versteckt in einer Nebenstraße parallel zum Wat Preah Prohm Roth. Sie hat ein breites Zimmerangebot, darunter auch Drei- und Vierbettzimmer. Kostenlose Abholung von Flughafen, Bootsanleger und Busbahnhof.

Shadow of Angkor Guesthouse　GÄSTEHAUS **$$**
(Karte S. 106; ☎063-964774; www.shadowofangkor.com; 353 Pokambor Ave; Zi. 15–25 US$; ✳@🛜) Diese einladende Unterkunft in einem prachtvollen Haus aus der französischen Kolonialzeit mit Ausblick auf den Fluss punktet mit erschwinglichen, klimatisierten Zimmern und hervorragender Location. Dank einer jüngst erfolgten umfangreichen Renovierung ist sie in die untere Mittelpreisklasse aufgestiegen, ebenso wie ihr Nebengebäude auf der anderen Flussseite, das über einen Pool verfügt.

Steung Siem Reap Hotel　　HOTEL **$$**
(Karte S. 106; ☎063-965167; www.steungsiemreaphotel.com; nahe Psar Chaa; Zi. ab 65 US$; ✳@🛜) Fügt sich mit seinen hohen Wänden, Lamellenjalousien und schmiedeeisernen Balkonen perfekt ins koloniale Flair rund um den Psar Chaa ein. Die Dreisternezimmer verfügen über eine Holzeinrichtung, außerdem ist die Lage wirklich schwer zu toppen.

Golden Banana B&B　　GÄSTEHAUS **$$**
(Karte S. 102; ☎063-761259; www.golden-banana.com; Wat-Dam-Nak-Viertel; EZ/DZ mit Frühstück 30/34 US$; ✳@🛜🏊) Dieses B&B, das Original-Golden Banana, besteht aus attraktiven tempelähnlichen Pavillons mit Sino-Khmer-Möblierung. Falls sie ausgebucht sind, gibt's

auch noch Zimmer in weiteren angeschlossenen Gebäuden ganz in der Nähe. Das Frühstück ist jeweils im Preis enthalten.

Rambutan Resort — RESORT $$
(Karte S. 102; 063-766655; http://rambutans.info; Wat-Dam-Nak-Viertel; Zi. 49–89 US$; ❄@🌐🏊) Das Rambutan war lange Zeit Teil des legendären Golden-Banana-B&B-Empires. Doch die (Goldene) Bananenrepublik hat sich aufgespalten, und bei der Trennung ist dieses stimmungsvolle, gayfreundliche Resort herausgekommen. Es besitzt geräumige, stilvolle Zimmer mit Blick auf einen hübschen Patio mit Swimmingpool.

🛏 Rund um die Sivatha St
Das Gebiet westlich der Sivatha Street beherbergt eine gute Auswahl an günstigen Gästehäusern und Mittelklasse-Boutiquehotels.

Mad Monkey — HOSTEL $
(Karte S. 102; www.madmonkeyhostels.com; Sivatha St; B 7–9 US$, Zi. 16–26 US$; ❄@🌐) Dieser Außenposten des wachsenden Monkey-Imperiums ist ein klassisches Backpacker-Hostel mit mehreren Dorms, günstigen Zimmern für alle, die etwas mehr Privatsphäre suchen, und der unvermeidlichen Dachterrassenbar – diese ist allerdings eine Strandbar!

Funky Flashpacker — HOSTEL $
(Karte S. 134; 070 221524; www.funkyflashpacker.com; Funky Lane; B 7 US$, Zi. 16–35 US$; ❄@🌐🏊) In der schicken Backpackerherberge herrscht ein hippes Flair: Den ganzen Innenhof überzieht ein Swimmingpool, in dem regelmäßig Wasserpolo gespielt wird. Das Hostel ist toll, eignet sich aber nicht so gut für Partyholics in der Erholungsphase, denn hier steppt pausenlos der Bär.

Garden Village — GÄSTEHAUS $
(Karte S. 134; 012 217373; www.gardenvillageguesthouse.com; 434 Sok San St; B 4 US$, Zi. 8–25 US$; ❄@🌐) Die traditionelle Backpacker-Unterkunft bietet einige der günstigsten Betten der Stadt und ist bestens geeignet, um andere Traveller kennenzulernen. Unter den 70 Zimmern gibt's u. a. Schlafsäle mit acht Betten zum erschwinglichen Preis von 4 US$ pro Bett. Zum Sonnenuntergang zieht's alle Gäste in die Dachbar.

Golden Temple Villa — HOTEL $$
(Karte S. 102; 012 943459; www.goldentemplevilla.com; Zi. 15–40 US$; ❄@🌐) Das alteingesessene, beliebte Hotel ist kürzlich in eine neue Bleibe umgezogen. Unten ist eine Bar mit Restaurant, außerdem hat die Golden Temple Villa viele kostenlose Angebote, von der einstündigen Massage bis zur Tanzvorführung im Temple Club (S. 124). Auch die dazugehörige Golden Temple Residence ist ganz schön spektakulär und bietet Vier-Sterne-Luxus.

Secrets Pavilion — BOUTIQUEHOTEL $$
(Karte S. 102; www.secretspavilion.com; 120 Angkor Night Market St; 25–75 US$; ❄@🌐🏊) Ein hippes, modernes Hotel mit ausgezeichnetem Preis-Leistungs-Verhältnis. Die Zimmer schmücken eindrucksvolle Angkor-Wat-Motive und luxuriöse Seidenstoffe. Sich selbst bezeichnet die vielversprechende Unterkunft als „urbanes Boutiquehotel".

Memoire d'Angkor Boutique Hotel — BOUTIQUEHOTEL $$
(Karte S. 102; 063-766999; www.memoiredangkor.com; Sivatha St; 65–150 US$; ❄@🌐🏊) In zentraler Lage an der angesagten Sivatha-Street-Meile zollt dieses Hotel mit einer Ausstellung unglaublicher Lackkunstwerke seinem Angkor-Erbe Tribut. Die Zimmer sind geräumig, farbenfroh und modern, und nach dem Besuch der Tempel lädt der Swimmingpool zum Entspannen ein – herrlich!

🛏 Flussufer & Royal Gardens
In dieser schicken Gegend der Stadt befinden sich die Königsresidenz und viele Luxushotels und Boutiqueresorts.

Rosy Guesthouse — GÄSTEHAUS $
(Karte S. 102; 063-965059; www.rosyguesthouse.com; Siem Reap River Rd; Zi. 9–35 US$; ❄🌐) 🍃 Gästehaus unter britischer Leitung mit 13 Zimmern inklusive Fernseher und DVD-Player. Unten ist ein lebhafter Pub mit großartigem Essen. Hier gibt's regelmäßig Events zugunsten sozialer Projekte in der Gemeinde, z. B. einen immer gut besuchten Quizabend.

La Noria Guesthouse — GÄSTEHAUS $$
(Karte S. 102; 063-964242; www.lanoriaangkor.com; Siem Reap River Rd; Zi. 49–69 US$; ❄@🌐🏊) Das altbewährte, einladende La Noria steht mitten in einem tropischen Garten samt tollem Swimmingpool. Die Zimmer haben einen traditionellen Touch und eine Veranda, jedoch weder Fernseher noch Kühlschrank. Das Schwesterhotel Borann ist fast identisch. Die Preise sind saisonabhängig.

Siem Reap

Siem Reap ist als das Tor zu den Tempeln von Angkor bekannt, dabei lohnen auch die Stadt selbst und ihre Umgebung durchaus einen Besuch. Schwimmende Dörfer auf dem nahegelegenen Tonlé Sap, ein hervorragendes Angebot an Restaurants und Bars, erstklassige Einkaufsmöglichkeiten, tolle Kochkurse und eine Menge weiterer Aktivitäten von Vogelbeobachtung bis zu Vespatouren sind im Angebot.

MARDZYNC / GETTY IMAGES ©

PETER STUCKINGS / GETTY IMAGES ©

1. Psar Chaa (S. 126)
Die Obst- und Gemüseabteilung im Alten Markt ist ein stimmungsvoller Ort für einen Besuch.

2. Kompong Pluk (S. 137)
Häuser auf Stelzen bilden das schwimmende Dorf Kompong Pluk.

3. Street Food (S. 116)
Auf dem Psar Chaa bekommt man günstig leckere und sättigende Fried-Noodle-Gerichte.

4. Banteay Srei Butterfly Centre (S. 133)
Das größte geschlossene Schmetterlingszentrum Südostasiens bietet Einheimischen eine Lebensgrundlage.

LEONID SEREBRENNIKOV / ALAMY STOCK PHOTO ©

★ La Résidence d'Angkor — RESORT $$$

(Karte S. 102; ☎ 063-963390; www.residencedang kor.com; Siem Reap River Rd; Zi. ab 220 US$; ❄ @ 🛜 🏊) Die 54 mit viel Holz eingerichteten Zimmer zählen zu den geschmackvollsten und einladendsten der Stadt und verfügen über Veranden und riesige Badewannen. Toll ist auch der wunderschöne Pool. Der neuere Flügel präsentiert sich genauso wie das üppige Kong Kea Spa sehr modern.

Shinta Mani — RESORT $$$

(Karte S. 102; ☎063-761998; www.shintamani. com; Oum Khun St; Zi. 140–305 US$; ❄ @ 🛜 🏊) 🐾 Moderner Schick, entworfen vom renommierten Architekten Bill Bensley, prägt das rund um einen einladenden Pool gelegene Shinta Mani Resort, während das Shinta-Mani Club exklusivere Zimmer bietet. Das Shinta Mani hat bereits internationale Auszeichnungen für verantwortungsvollen Tourismus gewonnen und veranstaltet regelmäßig eine „Well Made in Cambodia"-Kirmes.

Grand Hotel d'Angkor — HOTEL $$$

(Karte S. 102; ☎ 063-963888; www.raffles.com; 1 Charles de Gaulle Blvd; Zi. ab 220 US$; ❄ @ 🛜 🏊) Das Hotel mit Geschichte hat seit 1932 illustre Gäste wie Charlie Chaplin, Charles de Gaulle, Jackie Kennedy und Bill Clinton beherbergt. Bei dieser opulenten Umgebung fällt es leicht, sich vorzustellen, wie sich Touristen zu Kolonialzeiten gefühlt haben. In den Zimmern finden sich klassische Details aus der Kolonialära sowie eine schwindelerregende Auswahl an Pflegeprodukten.

FCC Angkor — BOUTIQUEHOTEL $$$

(Karte S. 102; ☎ 063-760280; www.fcccambodia. com; Pokambor Ave; Zi./Suite ab 95/150 US$; ❄ @ 🛜 🏊) Die schicke Bleibe könnte genauso in einer europäischen Hauptstadt stehen. Alle Zimmer sind mit einem großen Bad, WLAN und kambodschanischen Seidenstoffen ausgestattet. Abgerundet wird das Bild durch einen schwarz gekachelten Swimmingpool und das Visaya Spa. Da viele Leute den Sonnenaufgang in Angkor Wat erleben wollen, gibt es das kostenlose Frühstück schon ab 4.30 Uhr aufs Zimmer.

🛏 Rund um die Wat Bo Road

Diese aufstrebende Gegend wartet mit sozial engagierten Gästehäusern sowie einigen hippen Boutiquehotels auf. In einer Nebenstraße, die parallel zum Nordende der Wat Bo Road verläuft, gibt's eine tolle Backpacker-Enklave, wo man sich ohne Reservierung nach einer Unterkunft umschauen kann.

Babel Guesthouse — GÄSTEHAUS $

(Karte S. 102; ☎ 063-965474; www.babel-siemreap. com; 738 Wat Bo Village; Zi. mit Frühstück 18–33 US$; ❄ @ 🛜) 🐾 Das Gästehaus im entspannenden tropischen Garten bietet besseren Service und mehr Stil als die umliegenden Bleiben dieser Kategorie. Im Preis ist das Frühstück bereits inbegriffen. Die norwegischen Inhaber engagieren sich für verantwortungsbewussten Tourismus.

European Guesthouse — GÄSTEHAUS $

(Karte S. 102; ☎ 012 582237; www.european-guest house.com; 566 Wat Bo Village; B 7 US$, Zi. 22 US$; ❄ @ 🛜 🏊) 🐾 Das freundliche Haus hat hübsche Zimmer und außer einem Garten zum Relaxen jetzt auch noch einen Pool. Das European ist Mitglied der kambodschanischen NGOs Childsafe und ConCERT und unterstützt Projekte wie White Bicycles.

Happy Guesthouse — GÄSTEHAUS $

(Karte S. 102; ☎063-963815; www.happyangkor guesthouse.com; 134 Wat Bo Village; Zi. 7–14 US$; ❄ @ 🛜) Dank der gastfreundlichen Besitzer, die gut Englisch et un peu de français sprechen, können die Gäste hier wirklich happy sein. Die supergünstigen Zimmerpreise beginnen bei einem Betrag, für den man anderswo nur ein Schlafsaalbett bekommt, und der Internetzugang ist kostenlos.

Siem Reap Hostel — HOSTEL $

(Karte S. 102; ☎063-964660; www.thesiemreap hostel.com; 10 Makara St; B 8–10 US$, Zi. mit Frühstück 34–45 US$; ❄ @ 🛜 🏊) Das allererste echte Backpacker-Hostel in Angkor präsentiert sich ziemlich schick. Die Schlafsäle sind gepflegt und die Zimmer echt was für Flashpacker; Frühstück ist inbegriffen. Außerdem gibt's eine muntere Bar mit Restaurant, einen überdachten Pool und einen gut organisierten Reiseinfoschalter.

★ Soria Moria Hotel — BOUTIQUEHOTEL $$

(Karte S. 102; ☎063-964768; www.thesoriamoria. com; Wat Bo Rd; Zi. 39–63 US$; ❄ @ 🛜 🏊) 🐾 Die elegante Bleibe mit Herz engagiert sich für wohltätige Zwecke und beherbergt hübsche Zimmer mit edlen Bädern. Im unten gelegenen Restaurant wird Fusion-Küche serviert, während oben unter freiem Himmel Whirlpools locken. Im Erdgeschoss ist ein neuer Swimmingpool. 2011 ging die Hälfte des Hotels in Mitarbeiterbesitz über, ein zukunftsweisender Schritt.

★ Viroth's Hotel — BOUTIQUEHOTEL $$

(Karte S. 102; ☎ 063-766107; www.viroth-hotel.com; St 24; Zi. ab 86 US$; ❄ @ 🛜 🏊) Im ultrastylischen Retrolook kommt das neue Viroth's daher, die 30 Zimmer klassisch modern. Hinter der imposanten Fassade verbergen sich ein 30-Meter-Swimmingpool, Fitnessstudio und Spa. Das Originalhotel mit seinen sieben Zimmern ist unter dem Namen Viroth's Villa immer noch in Betrieb.

Seven Candles Guesthouse GÄSTEHAUS $$
(Karte S. 102; ☏ 063-963380; www.sevencandles guesthouse.com; 307 Wat Bo Rd; Zi. 20–38 US$; ✳@🛜) 🍴 Die Einnahmen des gemeinnützigen Seven Candles fließen in eine Stiftung, die sich für mehrere Bildungsprojekte in ländlichen Gebieten einsetzt. Alle Zimmer verfügen über Warmwasser, einen Fernseher sowie einen Kühlschrank und ein paar dekorative Elemente.

Petit Villa Boutique BOUTIQUEHOTEL $$
(Karte S. 102; ☏ 063-764234; www.petitvilla.com; Wat-Dam-Nak-Viertel; 40–80 US$; ✳@🛜🏊) Diese bezaubernde kleine Boutiqueunterkunft, versteckt am Rand von Wat Dam Nak gelegen, fühlt sich wie ein Retreat an. Die geräumigen Zimmer haben einen Balkon mit Aussicht auf den zentralen Swimmingpool und Grünflächen. Wer möchte, kann einen Kochkurs belegen, und es gibt auch einen kleinen Wellnessbereich.

Angkor Village BOUTIQUEHOTEL $$$
(Karte S. 102; ☏ 063-963561; www.angkorvillage. com; St 26; 75–350 US$; ✳@🛜🏊) Das Angkor Village, das erste Boutiquehotel von Siem Reap (als die meisten Leute unter „Boutique" noch ein nobles Modegeschäft verstanden), ist nach wie vor eine der stimmungsvollsten Adressen der Tempelstadt. Die Zimmer sind in wunderschönen Holzbungalows untergebracht, die sich um einen idyllischen Teich und ein zentrales Restaurant gruppieren. Das Schwesterhotel Angkor Village Resort kommt sogar noch opulenter daher.

🛏 In der weiteren Umgebung

Weiter außerhalb liegen einige der schönsten Boutiquehotels.

Velkommen Guesthouse GÄSTEHAUS $
(Karte S. 102; ☏ 012 477270; www.velkommen guesthouse.com; abseits vom Charles de Gaulle Blvd; B 5 US$, Zi. ab 22 US$) In einer großen Khmer-Villa ist dieser Siem-Reap-Ableger einer populären Phnom-Penh-Herberge untergebracht. Hier gibt's einen Mix aus günstigen Schlafsaalbetten und gut ausge-

statteten Zimmern, einen Billardtisch und wertvolle Travelinfos.

HanumanAlaya BOUTIQUEHOTEL $$
(Karte S. 110; ☏ 063-760582; www.hanumanalaya. com; 5 Krom 2, Phoum Treang, beim Charles de Gaulle Blvd; Zi. 60–100 US$; ✳@🛜🏊) Das HanumanAlaya mit hübschem Garten und Pool ist die traditionellste kambodschanische Bleibe unter den Boutiquehotels. Sämtliche Zimmer sind mit Antiquitäten und Kunsthandwerk eingerichtet, verfügen jedoch auch über moderne Annehmlichkeiten wie Flachbild-TV, Minibar und Tresor.

Pavillon Indochine BOUTIQUEHOTEL $$
(Karte S. 134; ☏ 012 849681; www.pavillon-indo chine.com; Zi. 55–70 US$, Suite 75–95 US$; ✳@🛜🏊) Charmante Zimmer im Kolonialschick rund um einen kleinen Pool. Zur Einrichtung gehören asiatische Antiquitäten, Moskitonetze sowie ein Safe. Im Preis ist ein *remork*-Fahrer für eine Tempel-Tagestour inbegriffen – kein schlechter Deal.

River Garden BOUTIQUEHOTEL $$
(Karte S. 110; ☏ 063-963400; www.therivergarden. info; Siem Reap River Rd West; Zi. 40–115 US$; ✳@🛜🏊) Das Resort liegt in einem zauberhaften Garten und bietet eine kleine Auswahl an stimmungsvollen Zimmern, einige davon mit großem Balkon. Bekannt für seine Kochkurse „Cooks in *tuk-tuks*" und die Streetfood-Tour.

★ Sala Lodges BOUTIQUEHOTEL $$$
(☏ 063-766699; www.salalodges.com; 498 Salakomroeuk; Zi. 230–510 US$; ✳🛜🏊) Die Lodge mit originellem Konzept bietet elf traditionelle Khmer-Häuser, die nach dem Umbau den Standard eines rustikalen Boutiquehotels erfüllen. Auf den ersten Blick sieht das Resort aus wie ein idyllisches kambodschanisches Dorf; Pool und Restaurant beweisen jedoch schnell, dass dieses Kleinod noch viel mehr bietet.

Navutu Dreams BOUTIQUEHOTEL $$$
(☏ 063-688 0607; www.navutudreams.com; 80–230 US$; ✳🛜🏊) In einem semi-ländlichen Vorort von Siem Reap verteilen sich Villen im Loft-Stil und drei Swimmingpools über das üppige Grün eines Gartens. Kürzlich wurde die Anlage um ein Yoga- und Wellnesscenter bereichert.

Heritage Suites BOUTIQUEHOTEL $$$
(Karte S. 134; ☏ 063-969100; www.relaischateaux. com/heritage; Wat Polanka; Zi. 120–380 US$; ✳@🛜🏊) Die im Kolonialstil gehaltenen

offenen Suiten sind spektakulär und verfügen teils über einen kleinen Garten und freistehende Badewannen. Das angeschlossene The Lantern Restaurant genießt einen sehr guten Ruf, donnerstags abends ist hier außerdem Jazz angesagt.

Essen

Die kulinarische Szene in Siem Reap hat jede Menge zu bieten: Es gibt eine tolle Auswahl an Essensständen, asiatischen Imbissen und Edelrestaurants. Zum Angebot gehören Köstlichkeiten von jedem Kontinent und täglich kommen neue Versuchungen hinzu. So kann man sich von der einfachen Khmer-Küche verwöhnen lassen oder sich vor/nach Ausflügen in die Umgebung mit rustikalen Leckereien oder gehobener Küche stärken. Einige der besten Restaurants (S. 117) spenden auch an Gemeindeprojekte oder bieten eine Berufsausbildung.

Während der Hochsaison sind viele der Topadressen von Touristen bevölkert. Bei der großen Anzahl an Lokalen findet man mit etwas Geduld jedoch immer ein ruhiges Plätzchen. Sehr viele Restaurants arbeiten in Kooperation mit Reisegruppen. Wer Reisegruppen meiden möchte, konzentriert sich auf die Gegend um den Psar Chaa und macht sich dort zu Fuß auf die Suche.

Einige Gästehäuser der unteren Preisklasse haben ebenfalls köstliches Essen im Angebot, darunter meistens lokale und internationale Gerichte. In der eigenen Unterkunft zu speisen ist zwar die einfachste Variante, allerdings lässt man sich dann ein authentisches Stück Siem Reap entgehen. Manche Mittelklasse- und alle Spitzenklassehotels betreiben eigene – teilweise erstklassige – Restaurants. Mehrere Hotels und Gaststätten bieten auch ein Abendessen mit klassischen Tanzdarbietungen an.

Auf der Alley reihen sich empfehlenswerte kambodschanische Restaurants aneinander, viele davon familiengeführt. Oft taucht in ihren Namen das Wort „Khmer" auf, außerdem locken sie mit günstigem Bier und preiswerten Menüs. Am besten sieht man sich ein wenig um und entscheidet sich ganz spontan für einen Laden.

Auf den Märkten bekommt man u. a. Obst und frisches Brot. Speziellere Leckereien wie Käse oder Schokolade werden in den Supermärkten der Stadt verkauft. Meistens ist es günstiger, an einem der Markt- oder Straßenstand zu essen, als selbst zu kochen. Wer jedoch auf längere Touren geht, möchte vielleicht etwas Proviant mitnehmen.

 Pub St & Umgebung

Die Pub Street macht besonders abends nicht den Eindruck, als wären hier entspannte kulinarische Erlebnisse möglich, aber in den Gassen des Viertels verbergen sich einige stimmungsvolle Lokale.

Khmer Kitchen Restaurant
KAMBODSCHANISCH $

(Karte S. 106; www.khmerkitchens.com; The Alley; Hauptgerichte 2–5 US$; 11–22 Uhr) „Can't get no (culinary) satisfaction?" Dann heißt es den Spuren Mick Jaggers folgen und sich in diesem beliebten Restaurant Khmer- oder Thai-Gerichte wie köstliche Currys gönnen.

Red Piano
ASIATISCH, INTERNATIONAL $$

(Karte S. 106; www.redpianocambodia.com; Pub St; Hauptgerichte 3–10 US$;) Von dem riesigen Balkon des restaurierten Prachtbaus aus der Kolonialzeit können Gäste ganz wunderbar das Treiben auf der Straße beobachten. Auf der Speisekarte findet man eine verlässliche Auswahl an asiatischen und internationalen Gerichten, alle zu vernünftigen Preisen. Nachdem sich hier auch Angelina Jolie blicken ließ, wurde ein Cocktail nach ihr benannt.

The Sun
INTERNATIONAL $$

(Karte S. 106; 092 844362; St 11; Hauptgerichte 2,25–12,75 US$; 7–24 Uhr) The Sun ist Café, Bistro und Tapasbar in einem und residiert in einem ansehnlichen Gebäude an der Ecke Pub St. Bei den Tapas gilt *east meets west*, außerdem stehen authentische Pizzas und einige kambodschanische Gerichte auf dem Speisezettel. Sehr zu empfehlen ist der Kaffee – er kommt nämlich aus einer La-Marzocco-Kaffeemaschine. Happy Hour ist von 17.30 bis 18.30 Uhr.

Le Tigre de Papier
INTERNATIONAL $$

(Karte S. 106; www.letigredepapier.com; Pub St; Hauptgerichte 2–9 US$; 24 Std.;) An der Pub Street und der Alley liegt eine der besten Adressen für Freunde kulinarischer Vielfalt. Hier gibt es authentische Khmer-Gerichte, leckere italienische Küche und eine Auswahl an klassischen internationalen Gerichten. In dem Restaurantteil zur Alley hin herrscht normalerweise weniger Betrieb.

Chamkar
VEGETARISCH $$

(Karte S. 106; www.chamkar-vegetarian.com; The Alley; Hauptgerichte 4–8 US$; 11–23 Uhr, So mittags geschl.;) Angesichts der kreativen Speisen muss der Besitzer einen phänomenalen Gemüselieferanten haben. Auf jeden

ESSEN FÜR EINEN GUTEN ZWECK

Im Folgenden listen wir einige gute Restaurants in Siem Reap auf, die sich für wohltätige Zwecke einsetzen oder die Ausbildung zukünftiger Hotelfachkräfte fördern, indem sie ihnen den Einstieg in die Tourismusbranche ermöglichen. Wer in den Ausbildungslokalen speist, gibt den Jugendlichen die Möglichkeit, ihre Fähigkeiten an echten Gästen zu proben.

Marum (Karte S. 102; www.marum-restaurant.org; Wat-Polanka-Viertel; Hauptgerichte 3,25– 6,75 US$; ⊙ Mo–Sa 11–22 Uhr; 🛜) Das Lokal in einem hübschen Holzhaus mit großem Garten, eins der Ausbildungsrestaurants der Tree Alliance Group, bietet diverse vegetarische Speisen, Fischgerichte und leckere Nachspeisen. Zu den Highlights gehören frittierte rote Baumameisen und Fleischbällchen mit Ingwer und Basilikum. Ein absolutes Muss.

Haven (Karte S. 102; 📞 078-342404; www.haven-cambodia.com; Chocolate Rd; Hauptgerichte 3–7 US$; ⊙ Mo–Sa 11.30–14.30 & 17.30–21.30 Uhr; 🛜) Hier treffen Ost und West auf bestmögliche Art zusammen: ein Paradies für den Gaumen! Besonders würzig ist das Fischfilet mit grüner Mango. Die Einnahmen helfen jungen Erwachsenen beim Schritt aus dem Waisenhaus in die Arbeitswelt. Das Lokal ist vor Kurzem ins Wat-Dam-Nak-Viertel umgezogen und befindet sich jetzt gleich neben der Angkor High School.

Blossom Cafe (Karte S. 102; www.blossomcakes.org; St 6; Cupcakes 1,50 US$; ⊙ Mo–Sa 10– 17 Uhr; 🛜) Mit seiner wechselnden Auswahl an 48 wunderschön gestalteten Sorten hat das elegante Café den Cupcake zur Kunstform erhoben. Der Erlös aus den leckeren Teilchen in 48 nach dem Rotationsprinzip angebotenen Variationen sowie aus den kreativen Kaffee-, Tee- und Saftsorten fließt in die Berufsausbildung kambodschanischer Frauen.

Common Grounds (Karte S. 102; 719 St 14; leichte Mahlzeiten 3–5 US$ ⊙ 7–22 Uhr; 🛜) Stilvolles internationales Café im Starbucks-Stil. Hier locken guter Kaffee, hausgemachter Kuchen, leichte Snacks sowie kostenloses WLAN und Gratis-Internetterminals. Darüber hinaus hat das Common Grounds Computer- und Englischkurse für Kambodschaner im Programm und engagiert sich für wohltätige Zwecke.

Joe-to-Go (Karte S. 106; nahe Psar Chaa; Hauptgerichte 2–5 US$; ⊙ 7–21.30 Uhr) Wer vor dem Gang zum Tempel noch schnell eine Koffeindosis braucht, bekommt sie hier. Tolle Kaffeespezialitäten, Shakes und leichte Speisen; und von den Einnahmen werden Straßenkinder unterstützt. Im Obergeschoss ist eine kleine Boutique, die die zugehörige NGO (The Global Child) unterstützt.

New Leaf Book Cafe (Karte S. 106; nahe Psar Chaa; Hauptgerichte 3–6 US$; ⊙ 7–22 Uhr) Das neue Café mit Antiquariat unterstützt mit seinem Gewinn verschiedene NGOs in der Provinz Siem Reap. Auf der Karte stehen Favoriten aus der englischen Küche, ein Hauch Italien und ein paar kambodschanische Spezialitäten.

Peace Cafe (Karte S. 110; www.peacecafeangkor.org; River Rd; Hauptgerichte 2,50–4,50 US$; ⊙ 7–21 Uhr; 🖉) Beliebtes Gartencafé mit leckerer, erschwinglicher vegetarischer Küche. Zu den gesunden Getränken gehören diverse verlockende Gemüsesäfte. Das Lokal fungiert auch als Nachbarschaftszentrum und bietet täglich Yogakurse sowie am Wochenende um 16 Uhr Khmer-Sprachkurse an.

Sister Srey Cafe (Karte S. 106; 200 Pokambor Ave; Hauptgerichte 3–6 US$; ⊙ Di–So 7– 19 Uhr) Freundliches, fröhliches Café am Flussufer in der Nähe des Psar Chaa. Das ambitionierte Frühstücksangebot ist perfekt nach einem Sonnenaufgang in den Tempeln, auf der Mittagskarte steht westliches Essen mit kreativem Kick, wie Burger, Wraps und Salate.

Les Jardins des Delices (Karte S. 134; 📞 063-963673; Paul Dubrule Hotel & Tourism School, NH6; Mittagsmenü 15 US$; ⊙ Mo–Fr 12–14 Uhr) Sofitel-Standard zu erschwinglichen Preisen: Zur Auswahl steht z. B. ein dreigängiges Menü mit asiatischen und westlichen Gerichten, das von Nachwuchsköchen zubereitet wird. Die Betreiber veranstalten auch einen Kochkurs für „Khmer Food Lovers".

Sala Bai Hotel & Restaurant School (Karte S. 102; www.salabai.com; Taphul St; Mittagsmenü 10–12 US$; ⊙ Mo–Fr 7–9 & 12–14 Uhr) In der Hotel- und Restaurantfachschule werden junge Khmer zu Fachkräften ausgebildet, außerdem kommen Gäste in den Genuss von günstigen westlichen und kambodschanischen Gerichten. Zu dem Ausbildungsbetrieb gehört auch eine Unterkunft im Obergeschoss mit vier Gästezimmern.

Fall hat er seinem Laden einen treffenden Namen gegeben, der übersetzt „Farm" bedeutet. In erster Linie werden hier asiatische Spezialitäten serviert, z. B. gefüllter Kürbis oder leckere Gemüsespieße in Schwarzpfeffersauce.

Cambodian BBQ
BARBECUE $$

(Karte S. 106; www.restaurant-siemreap.com/html/cambodianbbq.php; The Alley; Hauptgerichte 5–9 US$; ☺11–23 Uhr; ☎) Eine weitere gute Option entlang der Alley. Hier werden *phnompleung*-Grillgerichte (wörtlich „Feuerhügel") mit Krokodil-, Schlangen-, Straußen- und Känguruflleisch aufgepeppt. In den umliegenden Straßen gibt's inzwischen zahlreiche Nachahmer, von denen viele mit günstigen Angeboten locken.

Amok
KAMBODSCHANISCH $$

(Karte S. 106; www.angkorw.com; The Alley; Hauptgerichte 4–9 US$; ☺10–23 Uhr; ☎) Das Restaurant im Herzen der Alley wurde nach dem kambodschanischen Nationalgericht *amok* (gebackener Fisch) benannt. Tatsächlich ist der im Bananenblatt gebackene Fisch eine gute Wahl, wobei der *amok*-Probierteller mit vier verschiedenen Varianten als noch bessere Wahl gilt.

Il Forno
ITALIENISCH $$

(Karte S. 106; http://ilforno.restaurant; The Lane; Hauptgerichte 5–15 US$; ☺11–23 Uhr; ☎) Freunde der guten italienischen Küche werden es zu schätzen wissen, dass es in dieser gemütlichen kleinen Trattoria – wie der Name schon andeutet – einen echten Steinofen gibt. Auf der Karte stehen frische Antipasti, authentische Pizzen und einige traditionelle italienische Gerichte.

Soup Dragon
ASIATISCH, INTERNATIONAL $$

(Karte S. 106; Pub St; Hauptgerichte 2–10 US$; ☺6–23 Uhr; ☎) Dreistöckiges Lokal mit verschiedenen kulinarischen Stilrichtungen: Im Erdgeschoss gibt es klassisches asiatisches Frühstück zu günstigen Preisen, im Obergeschoss werden verschiedene asiatische und internationale Gerichte serviert, darunter marokkanische und italienische.

Little Italy
ITALIENISCH $$

(Karte S. 106; Alley West; Hauptgerichte 4–12 US$; ☺11–23Uhr) Das elegante italienische Restaurant ist wesentlich günstiger, als man auf den ersten Blick denken würde. Abgesehen von Holzofenpizza bietet die Speisekarte auch noch viele hausgemachte Pastavariationen und aus Italien importiertes Fleisch.

Dakshin's
INDISCH $$

(Karte S. 106; ☎012 808011; The Lane; 2–8 US$; ☺11–23.30 Uhr) Die offene Küche beweist, dass die Betreiber von der Qualität ihrer subkontinentalen Speiseauswahl überzeugt sind. In dem vielleicht besten der zahlreichen indischen Restaurants von Siem Reap wird neben nord- und südindischen Gerichten auch köstliches Butter Chicken serviert.

Belmiro's Pizzas & Subs
INTERNATIONAL $$

(Karte S. 106; ☎095 331875; St 7; Pizza 3–12 US$; ☺12–24 Uhr) Es ist nicht schwer zu erraten, was hier auf den Tisch kommt. Aber der Ladenbetreiber lügt nicht, wenn er verspricht, die größten Pizzas der Stadt zu backen. Sie werden in handlichen Stücken verkauft, falls jemand sich einer ganzen Pizza nicht gewachsen fühlt. Das breite Angebot an Subs reicht vom original French Dip Sandwich bis zu mächtigen Burritos.

✖ Rund um den Psar Chaa

Blue Pumpkin
CAFÉ $

(Karte S. 106; http://tbpumpkin.com; Pithnou St; Hauptgerichte 3–7 US$; ☺6–22 Uhr) Die Treppe hoch geht's zu einer Welt voll weißem Minimalismus mit Betten zum Abhängen und kostenlosem WLAN. Das Lokal ist das erste einer Kette, die immer neue Filialen eröffnet. Das kulinarische Angebot umfasst kleine Snacks, leckere Sandwiches, sättigende Specials, göttliche Shakes und hausgemachte Eiscreme in verschiedenen exotischen Geschmacksrichtungen.

Psar Chaa
KAMBODSCHANISCH $

(Karte S. 106; Hauptgerichte 1,50–4 US$; ☺7–21 Uhr) Günstige Khmer-Snacks bekommt man auf dem Psar Chaa an den vielen Essensständen im Nordwesten des Marktes; alle haben englischsprachige Schilder und Speisekarten. Hier kann man in typischer Atmosphäre lokale Speisen zu lokalen Preisen genießen. Manche Gerichte sind schon fertig, andere werden frisch im Wok zubereitet. Die meisten Gerichte sind bekömmlich und sättigend.

Olive
FRANZÖSISCH $$

(Karte S. 106; ☎063-769899; nahe Angkor Trade Center; 5–15 US$; ☺11–23 Uhr) Klimaanlage und gestärkte weiße Tischdecken locken Gäste in das feine französische Restaurant, das sich in einer Seitengasse nahe Old Market verbirgt. Es hat eine ordentliche Auswahl französischer Klassiker, darunter Lammschlegel und Schweinelende. Unbedingt noch Platz für eine Nachspeise oder Käseplatte lassen.

Viva
MEXIKANISCH **$$**

(Karte S. 106; www.ivivasiemreap.com; Pithnou St; Hauptgerichte 2,50–12,50 US$; ⊙ 7 Uhr–open end) In dem alteingesessenen Lokal in günstiger Lage gegenüber vom Psar Chaa werden mexikanisches Essen und Margaritas serviert. Im Obergeschoss befindet sich ein Gästehaus, das zum Viva gehört.

🍴 Rund um die Sivatha Street

The Little Red Fox Espresso
CAFÉ **$**

(Karte S. 102; www.thelittleredfoxrespresso.com; Hup Guan St; Gerichte 2–8 US$; ⊙ 6.30–18.30 Uhr, Mi geschl.) Dieses coole kleine Café ist ungemein beliebt bei in Siem Reap ansässigen Ausländern, die schwören, dass der hiesige Feel-Good-Kaffee der beste der Stadt ist. Rechnet man dazu noch das Frühstück zum selber Zusammenstellen, die innovativen Säfte und Mittagsmenüs, dann ist klar, dass sich hier wunderbar ein paar schöne Stunden verbringen lassen. Eine Treppe höher ist einer der führenden Friseursalons von Siem Reap angesiedelt.

Curry Walla
INDISCH **$**

(Karte S. 102; Sivatha St; Hauptgerichte 2–5 US$; ⊙ 10.30–23 Uhr) Einer der Favoriten in Sachen günstigen indischen Essens. Die *thalis* (Teller mit verschiedenen kleinen Speisen) sind ein echtes Schnäppchen und der Besitzer Ranjit, der schon lange in Kambodscha lebt, ist ein Experte, wenn es um würzige Spezialitäten aus Indien geht.

The Hive Siem Reap
CAFÉ **$**

(Karte S. 102; Psar Kandal St; Gerichte 2–6 US$; ⊙ 7–18 Uhr) Mit seinen innovativen Kaffeespezialitäten, den Säften im Marmeladenglas und den gesunden Roggenbroten mit Belägen wie Avokadomus oder Räucherlachs hat das Lokal bei den Expats in Siem Reap eingeschlagen wie eine Bombe. Wer ein bisschen Kick im Kaffee mag, bestellt einen Espresso Martini.

Bugs Cafe
INSEKTEN **$**

(Karte S. 102; ☎ 017-764560; www.bugs-cafe.com; Steung Thmei St; Hauptgerichte 2–8 US$; ⊙ 17–24 Uhr; ☎) Lange bevor Wissenschaftler begonnen haben, uns die ernährungstechnischen Vorzüge von Käfern und Co. anzupreisen, hat man in Kambodscha schon Insekten gegessen. Im Bugs gibt's Leckerbissen ohne Ende: Grillen, Wasserwanzen, Seidenraupen, Spinnen ... und Gerichte wie Bienencremesuppe, Samosas mit Feta und Tarantel oder panierte Skorpione – dieses Menü vergisst man bestimmt nicht so schnell.

★ Sugar Palm
KAMBODSCHANISCH **$$**

(Karte S. 102; www.sugarpalmrestaurant.com; Taphul St; Hauptgerichte 5–9 US$; ⊙ Mo–Sa 11.30–15 & 17.30–22 Uhr; ☎) In dem wunderschönen Holzhaus im Westen der Stadt kommen traditionelle Gerichte mit verschiedenen Kräutern und Gewürzen auf den Tisch, darunter leckere *char-kroeng*-Variationen (Zitronengrascurrys). Besitzerin Kethana zeigte einst Starkoch Gordon Ramsay, wie man *amok* zubereitet.

Kuriosity Kafe
INTERNATIONAL **$$**

(Karte S. 102; ☎ 063-963240; Sok San Rd; Hauptgerichte 4–12 US$; ⊙ 10–24 Uhr) Das Lokal erstreckt sich über beachtliche drei Stockwerke und hebt sich mit seinem urigen, kitschigen Look von den anderen Läden in der trendigen Sok San Road ab. Auf der Speisekarte erscheint eine Mischung aus westlichem Comfortfood wie Sandwiches und Wraps und authentischem Khmer-Essen, darunter ein aromatisch gewürztes Hühnchencurry. Die gegrillten Schweinerippchen schmecken einfach göttlich.

Le Malraux
FRANZÖSISCH-ASIATISCH **$$**

(Karte S. 106; www.le-malraux-siem-reap.com; Sivatha St; Hauptgerichte 5–15 US$; ⊙ 7–24 Uhr) Das

---

LUST AUF EIN EIS?

Nach einem heißen Tag in den Tempeln gibt's nichts Besseres als ein erfrischendes Eis und Siem Reap hat diesbezüglich einige tolle Überraschungen:

Blue Pumpkin (S. 118) Hausgemachte Eiscreme in tropischen Geschmacksrichtungen von Ingwer bis Passionsfrucht.

The Glasshouse (Karte S. 102; Park Hyatt, Sivatha St; Eistüte 2 US$; ⊙ 6–22 Uhr) Weiße Schokolade und spritziges Sorbet sind nur zwei der wunderbar cremigen Eissorten, die hier zur Auswahl stehen.

Swenson's Ice Cream (Karte S. 106; 293 Pokambor Ave; Eistüte 1,25 US$; ⊙ 9–21 Uhr) Das Lieblingseis der Amerikaner ist nun auch zu einem Hit in Siem Reap geworden. Im Angkor Trade Centre.

klassische Art-déco-Café und Restaurant ist mit seiner feinen französischen Küche eine gute Adresse für Feinschmecker. Zum Einstieg sollte man sich die Kombi aus Rindfleisch oder Lachs-Tartar und -Carpaccio gönnen. Umwerfend ist die Auswahl an Cognac und Armagnac. Es sind auch asiatische Gerichte zu haben.

Japanese Restaurant Genkiya JAPANISCH $$
(Karte S. 102; ☑ 063-967978; www.genkiya-restaurant.com; Airport Rd; 6 18 US$; ⊙ 11.30–14 & 18–22 Uhr) Heutzutage gibt es eine Menge japanischer Restaurants in Siem Reap, aber seine günstigen Mittagsgerichte (7 US$) machen das Genkiya besonders erwähnenswert. Bei diesen Festmenüs besteht eine ansehnliche Auswahl, z. B. gegrillte Makrele, Sashimi, Garnele und Lachs, gebackenes Hähnchen oder Tempura.

Armand's FRANZÖSISCH $$$
(Karte S. 102; ☑ 092 305401; 586 Tep Vong St; Hauptgerichte 5–25 US$; ⊙ Mo–Sa 17 Uhr–open end) Der erst kürzlich in Siem Reap angesiedelte Außenposten des nobelsten französischen Restaurants von Phnom Penh macht seinem guten Ruf alle Ehre. In dem edlen Laden werden die besten Steaks der Stadt gebrutzelt, nicht zuletzt das Aushängeschild *filet rossini*. Außerdem steht hier die längste Bartheke von Siem Reap, an der süffige Weine pro Glas und erstklassiger Whisky ausgeschenkt werden.

Selbstversorger

Angkor Market SUPERMARKT $
(Karte S. 102; Sivatha St) Insgesamt der beste Supermarkt der Stadt: Hier findet man alle möglichen internationalen Produkte.

Lucky Market SUPERMARKT $
(Karte S. 102; Sivatha St) Das ist Siem Reaps größter Supermarkt, er gehört zu einem Einkaufszentrum auf der Sivatha Street.

✖ Riverfront & Royal Gardens

Chanrey Tree KAMBODSCHANISCH $$
(Karte S. 102; www.chanreytree.com; Pokambor Ave; Hauptgerichte 5–12 US$; ⊙ 11–22 Uhr) Das coole, zeitgenössische Chantrey Tree repräsentiert das neue Gesicht der Khmer-Cuisine: stilvolle Umgebung und kunstvolle Präsentation unter Beibehaltung der Grundzüge traditioneller kambodschanischer Kochkunst. Tipp: Aubergine mit Schweinerippchen oder gefüllter Frosch vom Grill.

FCC Angkor INTERNATIONAL $$
(Karte S. 102; ☑ 063-760280; Pokambor Ave; Hauptgerichte 5–15 US$; ⊙ 7–24 Uhr; ☎) Dank ihrem schimmernden Pool, dem von Fackeln erhellten Essbereich und der Gartenbar ist diese Institution ein echter Besuchermagnet. Auch im Inneren setzt sich das edle Kolonialambiente mit Polstersesseln und einer offenen Küche, in der asiatische und internationale Gerichte zubereitet werden, fort.

Siem Reap Brewpub INTERNATIONAL $$
(Karte S. 102; ☑ 080 888555; www.siemreapbrewpub.asia; St 5; 4–15 US$; ⊙ 11–23 Uhr) *Designer dining meets designer brewing.* Internationale Fusion-Küche in breiter Auswahl von Appetithäppchen und Tapas bis zu Gourmetgerichten, die in einer luftigen Villa aufgetischt werden. Das Speiseangebot kommt in einer kunterbunten Mischung verschiedenster Küchen aus der ganzen Welt daher, von kleinen Häppchen und Tapas bis zu Feinschmeckergerichten. Das Bier ist in vier Geschmacksrichtungen erhältlich: Blonde, Golden, Amber und Dark, und für 3 US$ gibt's eine Probierplatte.

✖ Rund um die Wat Bo Road

Pages Cafe CAFÉ $
(Karte S. 102; ☑ 092 966812; www.pages-siemreap.com; St 24; Gerichte 2–6 US$; ⊙ 6–22 Uhr; ☎) Seitdem gegenüber das neue Viroth's Hotel aufgemacht hat, ist dieses hippe Hideaway kein Geheimtipp mehr. Zwischen unverputzten Ziegeln und Designerdekor lässt es sich hier bei einem ausgezeichneten Frühstück oder Tapashäppchen gut eine Weile aushalten. Samstags wird im Freien gegrillt, bei Wein und Abtauchen im Pool. Es werden auch ein paar Gästezimmer vermietet.

Le Café CAFÉ $
(Karte S. 102; French Cultural Centre; Snacks 2–4 US$; ⊙ 7.30–21 Uhr; ☎) 🍃 Gehört zum Paul Dubrule Hotel & Tourism School und bereichert das Französische Kulturzentrum mit erstklassigen Sandwiches, Salaten sowie Milchshakes.

Banllé Vegetarian Restaurant VEGETARISCH $
(Karte S. 102; ☑ 085 330160; www.banlle-vegetarian.com; St 26; Hauptgerichte 2–4 US$; ⊙ 9–21.30 Uhr, Di geschl.; ☎ ☑) Eine prima Adresse für gesunde Kost ist dieses traditionelle Holzhaus mit eigenem Biogemüsegarten. Auf dem Speiseplan stehen sowohl internationale als auch kambodschanische Gerichte wie Gemüse-*amok*, und zu trinken gibt's schmackhafte Obst- und Gemüseshakes.

Moloppor Cafe JAPANISCH, INTERNATIONAL $
(Karte S. 102; Siem Reap River Rd; Hauptgerichte 1–4 US$; ⊙10–23 Uhr; 🛜) Dieses Lokal gehört zu den günstigsten Optionen von Siem und lockt mit asiatischen (u. a. japanischen) sowie italienischen Gerichten – zu wirklich guten Preisen. Schöne Lage mit Flussblick.

Wat Damnak BBQs GRILL $
(Karte S. 102; Wat Dam Nak St; Hauptgerichte 2–5 US$; ⊙11–23 Uhr) Die einheimischen Grillrestaurants gegenüber vom ehrwürdigen Wat Damnak sind vor allem für ihr Rindfleisch und andere lokale Fleischspezialitäten sowie für Fisch aus dem See beliebt. Sie sind außerdem ein regelrechter Umschlagplatz für Bier und verkaufen z. T. das billigste Fassbier der Stadt.

★**Flow** FUSION $$
(Karte S. 102; ☑012 655285; St 26; Hauptgerichte 5–12 US$; ⊙17–23 Uhr) Unter den Expats erobert sich dieser schicke, zeitgemäße Laden immer mehr Anhänger, die auf seine kreative Cuisine schwören, in der das Beste aus Ost und West sozusagen in einen Topf geworfen wird. Als Vorspeise gibt's beispielsweise Tintenfischcarpaccio, als Hauptgericht butterweiches Rinderbäckchen und als Nachspeise göttlichen Chocolate-Lava-Kuchen. Angesichts der umfangreichen Weinkarte gilt: *Go with the Flow*!

Jungle Burger INTERNATIONAL $$
(Karte S. 102; ☑098 293400; St 26; Hauptgerichte 2,50–10 US$; ⊙11–22 Uhr) Mehr als zehn verschiedene Burger warten auf Abnehmer, darunter der mächtige Burg Kalifa Burger, außerdem Pizzas, ellenlange Sandwiches und hausgemachte Pasteten. Jungle Burger dient gleichzeitig als kleine Sportsbar mit begehrtem Billardtisch.

Temple Coffee & Bakery INTERNATIONAL $$
(Karte S. 102; Siem Reap River Rd; Gerichte 3–12 US$; ⊙7–23 Uhr) Der jüngste „Streich" der Tempel-Gruppe: Das riesengroße Lokal ist eine Mischung aus Bäckerei, Restaurant und Cocktaillounge. Unten gibt's Vintage-Motorräder und verführerische Kuchen, ganz oben eine Rooftopbar mit Pool und Beanbags – ein beliebter Flirttreff junger Kambodschaner.

Tangram Garden INTERNATIONAL $$
(Karte S. 102; www.tangramgarden.com; Hauptgerichte 4,75–9,50 US$; ⊙11–14 & 17–22 Uhr; 🛜 ☑🚸) Das Gartenrestaurant mit Kinderspielplatz in einem ruhigen Vorort beim Wat Dam Nak ist auf Fleischgerichte vom Grill,

kreative vegetarische Kost und Khmer-Klassiker spezialisiert. Besonders stimmungsvoll ist es abends.

Embassy KAMBODSCHANISCH $$$
(Karte S. 102; ☑063-963840; www.restaurant-siemreap.com; King's Rd; Festmenüs ab 27 US$; ⊙11–23 Uhr) Das Embassy ist Teil des „Restaurantdorfs" King's Road und bietet innovative, saisonal wechselnde Küche. Unter der Oberaufsicht der Zwillinge Kimsan, die beim Sternekoch Regis Marcon gelernt haben, wird hier kreativste Khmer-Cuisine gezaubert.

🍴 **In der weiteren Umgebung**

★**Mie Cafe** KAMBODSCHANISCH, INTERNATIONAL $$
(Karte S. 110; ☑069 999096; www.miecafe-siem reap.com; nahe Angkor Conservation; Hauptgerichte 4–8 US$; ⊙11–14 & 17.30–22 Uhr, Di geschl.) Hut ab vor diesem kambodschanischen Esslokal, wo traditionelle Gaumenfreuden gekonnte neue Verbindungen eingehen. In dem Holzhaus unweit der Straße nach Angkor ist ein Gourmet-Festmenü für 24 US$ zu haben. Ansonsten gibt es eine Riesenauswahl von köstlich marinierten Schweinerippchen bis zu Tintenfischravioli in der Tinte.

Mahob KAMBODSCHANISCH $$
(Karte S. 110; ☑063-966986; www.mahobkhmer. com; nahe Angkor Conservation; Hauptgerichte 3,50–15 US$; ⊙11–23 Uhr) *Mahob* bedeutet „Essen" auf Kambodschanisch, und das ist in diesem Restaurant wirklich vom Feinsten. Das Lokal hat ein traditionelles Holzhaus bezogen, mit modernen Einsprengseln untergebracht und lässt bei der Einrichtung genauso viel Geschmack walten wie bei der Zubereitung von Speisen wie karamellisierter Schweinshaxe mit Ingwer und schwarzem Pfeffer oder im Wok gebratenes Rindfleisch aus der Region mit roten Baumameisen. Außerdem gibt's Grillgerichte vom Hotstone.

Touich KAMBODSCHANISCH $$
(Karte S. 110; http://the-touich-restaurant-bar.blog spot.com; Hauptgerichte 2,50–8 US$; ⊙17.30–22.30 Uhr) Etwas versteckt, aber die Suche lohnt sich: Das traditionelle Khmer-Restaurant liegt in einer Nebenstraße in der Umgebung des Wat Preah Inkosei. Serviert werden regionale Spezialitäten und Seafood wie Mekong-Garnelen und Koh-Kong-Red-Snapper. Wer sich nicht verlaufen will, kann sich vorher im Blog den Weg anschauen.

KING'S ROAD

Die **King's Road** (Karte S. 102; ☐ 015 855855; www.kingsroadangkor.com; Achar Sva St; ⊙ 7–24 Uhr) ist eine schicke Essmeile am Ostufer des Siem-Reap-Flusses. In dem Food-Dorf gibt es rund 15 Restaurants, die alle in reizenden traditionellen kambodschanischen Holzgebäuden untergebracht sind. Man bummelt einfach durchs Dorf und entscheidet sich irgendwann für kambodschanisch (Embassy), chinesisch (Emperors of China), italienisch (Terrazza) oder eine andere Landesküche. Es gibt noch Luft nach oben, aber die King's Road hat durchaus das Potenzial, ein Hit zu werden. Ein Hard Rock Cafe mit Livemusik ist jedenfalls schon da.

Por Cuisine KAMBODSCHANISCH $$
(Karte S. 134; ☐ 063-967797; www.porcuisine.com; Hauptgerichte 3,50–18 US$; ⊙ 10.30–22.30 Uhr) In diesem stilvoll-modernen Restaurant stehen jede Menge asiatische und internationaler Gerichte zur Auswahl, einschließlich sämtlicher Spitzenreiter der kambodschanischen Küche. Die abendliche Vorstellung klassischer Tänze zählt zu den gehobeneren im allgemeinen Angebot und stellt eine erschwingliche Möglichkeit dar, in Siem Reap etwas Kultur zu tanken.

L'Oasi Italiana ITALIENISCH $$
(Karte S. 110; www.oasiitaliana.com; Hauptgerichte 5–17 US$, Pizzas 5–9 US$; ⊙ Mo 18–22, Di–So 11–14 & 18–22 Uhr; ☎) L'Oasi Italiana ist tatsächlich sowas wie eine Oase, die sich in einem Wald unweit des Wat Preah Inkosei versteckt. Besonders lecker: Gnocchi und selbst gemachte Pasta, darunter Steinpilz-Ravioli und Holzofenpizzas.

Madame Butterfly ASIATISCH $$
(Karte S. 134; www.madamebutterflyrestaurant.com; Airport Rd; Hauptgerichte 4–10 US$; ⊙ 10–23 Uhr; ☎) Auf der Speisekarte des aufwendig mit Seide und wogenden Gardinen dekorierten traditionellen Holzhauses findet man sowohl Khmer-Spezialitäten als auch Gerichte aus verschiedenen asiatischen Küchen. Nette Atmosphäre, die jedoch manchmal unter den vielen Reisegruppen leidet.

Angkor Palm KAMBODSCHANISCH $$
(Karte S. 110; www.angkorpalm.com; Charles de Gaulle Blvd; Hauptgerichte 3–9 US$; ⊙ 10–22 Uhr)

Das beliebte Angkor Palm ist an die Straße Richtung Angkor zurückgekehrt und kredenzt authentische einheimische Küche. Sogar Khmer zeigen sich vom legendären *amok* begeistert. Es gibt eine tolle Probierplatte, außerdem werden Kochkurse angeboten.

Kanell INTERNATIONAL $$
(Karte S. 102; www.kanellrestaurant.com; 7 Makara St; Hauptgerichte US$4–13 US$; ⊙ 10–22 Uhr; ☎) Das Kanell residiert in einer hübschen Khmer-Villa am Stadtrand und bietet einen großen Garten und einen Pool zum Entspannen (kostenlos ab 5 US$ Verzehr). Auf der Karte stehen französisch angehauchte Gerichte sowie einige kambodschanische Klassiker.

★ **Cuisine Wat Damnak** KAMBODSCHANISCH $$$
(Karte S.102; www.cuisinewatdamnak.com; Wat Dam Nak Village; 5-/6-Gänge-Menü 24/28 US$; ⊙ Di–Sa 6.30–22.30 Uhr, letzte Bestellung um 21.30 Uhr) Das renommierte Restaurant des Starkochs Johannes Rivieres aus Siem Reap ist in einem traditionellen Holzhaus untergebracht. Auf der Karte steht das ultimative moderne Khmer-Erlebnis für den Gaumen. Die Tagesmenüs wechseln wöchentlich und bestehen aus frischen Marktzutaten, vegetarische Alternativen können im Voraus bestellt werden.

Abacus FRANZÖSISCH $$$
(Karte S. 134; www.cafeabacus.com; Hauptgerichte 10–22 US$; ⊙ 11 Uhr–open end; ☎) Dieses Lokal hat die beste französische Küche der Stadt, u. a. Steaks in schwarzer Trüffelsauce, saftiges Lamm und exzellente Fischgerichte wie Thunfisch-*maguro* auf den Tisch. Gespeist wird im Garten oder im kühlen Innenbereich. Darüber hinaus stehen einige schön präsentierte Khmer-Gerichte auf der Karte.

🍷 Ausgehen & Nachtleben

Mittlerweile hat sich die Stadt von einem verschlafenen Örtchen zu einem internationalen Jetset-Treffpunkt gewandelt und ist nun fester Bestandteil des Nachtlebens in Südostasien. Abends wirkt Siem Reap eher wie ein Badeort und nicht wie ein kulturelles Zentrum. Rund um den Psar Chaa finden Partyfans auf jeden Fall gute Läden, eine der Straßen bekam sogar den Spitznamen Pub Street – abends ist sie für den Verkehr gesperrt.

Parallel dazu verläuft im Süden die Alley, die ebenfalls mit zahlreichen Möglichkeiten lockt. Tolle Bars verstecken sich in einigen kleinen Seitenstraßen Richtung Norden und es gibt eine Menge weiterer Optionen in der ganzen Stadt, deshalb sollte man hier mindestens einen großen Ausgehabend einplanen. Spätabends ziehen die Nachschwärmer weiter zur Wat Prohm Roth St, X Bar und schließlich Sok San St, wo es mehrere „Latenight"-Bars gibt, die treffender als „Early morning"-Bars bezeichnet werden sollten, denn sie haben bis Tagesanbruch geöffnet.

Die meisten Kneipen sowie einige der schickeren Unterkünfte bieten Happy Hours an. Da in den Hotelbars auch Nichtgäste Zutritt haben, kann man ganz einfach in die Welt der Schönen und Reichen eintauchen, auch wenn es dort eher steif zugeht.

Einige Restaurants verwandeln sich abends in Bars, darunter das stimmungsvolle Abacus, das klassische FCC Angkor, das beliebte Red Piano und die Dachterrassenbar Soup Dragon, die 7 % ihres Gewinns dem Angkor-Kinderkrankenhaus spendet – wenn man schon der eigenen Gesundheit keinen Gefallen tut, trägt man hier wenigstens zur Genesung anderer bei.

★ **Charlie's**   BAR
(Karte S. 106; www.charliessiemreap.com; 98 Pithnou St; ⏱10–1 Uhr; ☎) Eine rundum im Retro-Americanastil gehaltene Bar mit billigen Getränken und aufgeschlossenem Publikum. Charlie's ist eindeutig das Scharnier zwischen den edleren Bars in den Nebenstraßen und dem Wahnsinn, der jeden Abend in der Pub St tobt. Essen optional, trinken obligatorisch.

Laundry Bar   BAR
(Karte S. 106; St 9; ⏱16 Uhr–open end; ☎) Dank der schummrigen Beleuchtung und der stilvollen Gestaltung ist dies eine der coolsten Bars vor Ort. Geboten wird vor allem Electronica und Ambient. Am Wochenende und

bei Auftritten von Gast-DJs herrscht meist großer Andrang. Die Happy Hour dauert bis 21 Uhr.

Asana   BAR
(Karte S. 106; www.asana-cambodia.com; The Lane; ⏱11 Uhr–open end; ☎) Die Bar residiert in einem traditionell kambodschanischen Landhaus, das sich in die Hintergassen von Siem Reap verirrt hat. Daher ist es auch unter dem Namen *the wooden house* bekannt. In stimmungsvoller Atmosphäre relaxen die Gäste auf Reissäcken mit Kapokfüllung und trinken klassische Cocktails aus aromatisiertem Reiswein. Wer will, kann hier auch für 15 US$ pro Person einen Khmer-Cocktailkurs mit Verwendung von Sombai-Alkoholika besuchen.

Miss Wong   BAR
(Karte S. 106; www.misswong.net; The Lane; ⏱17 Uhr–open end; ☎) Das Miss Wong überzeugt seine Gäste mit Shanghai-Schick der 1920er-Jahre sowie mit leckeren Cocktails und einer neuen Speisekarte, auf der u. a. *dim sum* stehen. Es ist auch in der Schwulenszene und bei den eher gut betuchten Ausländern der Stadt beliebt.

The Yellow Sub   BAR
(Karte S. 106; www.theyellow-sub.com; The Lane; ⏱11–23 Uhr; ☎) Was könnte hier wohl das Motto sein? Lange muss man nicht raten. Allerdings ist das hier schon eine der besten Beatles-Bars überhaupt. Die Wände sind mit Erinnerungsstücken tapeziert, darunter signierte Albumhüllen und Kunstwerke. Das Lokal hat mehrere Stockwerke, auf denen sich z. B. ein Billardtisch und (im 4. Stock) eine Whiskybar finden. Auf der großartigen Speisekarte stehen u. a. Burger mit Beatles-Motto.

SIEM REAP AUSGEHEN & NACHTLEBEN

BIERGÄRTEN AUF KAMBODSCHANISCH

Rund um Siem Reap findet man zahlreiche Biergärten. Sie werden vor allem von jungen Kambodschanern besucht, die in der Tourismusbranche arbeiten. In diesen Lokalen gibt es nicht nur billiges Bier und kambodschanische Snacks, sondern hier besteht auch die Möglichkeit, mit anderen Kambodschanern als dem angeheuerten Fahrer oder Guide in Kontakt zu kommen. Die eisgekühlten Getränke werden teilweise in Drei-Liter-Gefäßen samt Kühlaggregat serviert. Für kambodschanische Standards geht's eher rustikal zu, allein reisende Frauen sollten sich also besser anderen Travellern anschließen.

Die besten Locations findet man ab der ersten Ampel nach der Sivatha Street, vor Ort „Cambodian Pub Street" genannt, nördlich der Airport Road. Zu den besten zählt das **Samut Siem Reap** (Karte S. 134; Cambodian Pub St; ⏱17 Uhr–spät) mit einer riesigen zentralen Bar, regelmäßigen Fußballübertragungen auf Großbildschirmen und gewaltigen Bierkrügen. Man kann aber auch einfach durch die Gegend bummeln und gucken, wo die Einwohner so einkehren.

Picasso BAR
(Karte S. 106; Alley West; ⊙17 Uhr–open end; ☎)
Die winzige Tapasbar in der Alley-West-Gegend ist eine gesellige Adresse für Häppchen von der Theke. Weil's nur rund ein Dutzend Sitzplätze gibt, sollte man sich darauf einstellen, auf die Straße auszuweichen, vor allem sobald die billige Sangria und Hausweine fließen und die günstigen Tiger-Flaschen kreisen.

Angkor What? BAR
(Karte S. 106; Pub St; ⊙17 Uhr–open end; ☎)
Siem Reaps Klassiker zieht angeblich schon seit 1998 allabendlich ein trinkfreudiges Publikum an. Die Happy Hour (bis 21 Uhr) bringt einen in die richtige Stimmung für später, wenn sich der ganze Laden zu Indie-Rhythmen auf – und manchmal auch unter – den Tischen bewegt.

YOLO Bar BAR
(Karte S. 106; Wat Prohm Roth St; ⊙17 Uhr–open end; ☎) Die Spezialität der beliebten Seitenstraßen-Backpackerkneipe sind eimerweise (wortwörtlich) billige Cocktails und DIY-Klänge vom Laptop. Sie ist einen Versuch wert – man lebt schließlich nur einmal.

Barcode BAR
(Karte S. 102; http://barcodesiemreap.com; Wat Prohm Roth St; ⊙17 Uhr–open end; ☎) Eine superstylische, metrosexuellenfreundliche Gaybar. Die hier gemixten Cocktails lohnen einen Abstecher ebenso wie die jeden Tag stattfindende Travestieshow um 21.30 Uhr. Happy Hour ist täglich von 17 bis 19 Uhr.

Mezze Bar BAR
(Karte S. 106; www.mezzesiemreap.com; St 11; ⊙18 Uhr–open end; ☎) Das Mezze befindet sich oberhalb des Hypes rund um die Pub Street und ist eine der angesagtesten Bars in Siem Reap. Eine Treppe führt hoch in die moderne Lounge mit origineller Kunst und regelmäßigen DJ-Abenden.

Malone's BAR
(Karte S. 106; St 11; ⊙8–24 Uhr; ☎) Diese Bar im Obergeschoss muntert mit ihrer Dubliner Gastfreundschaft heimwehkranke Iren auf. Hier gibt's Whiskey, Guinness und hervorragendes Pub-Essen.

Long's Bar BAR
(Karte S. 106; The Lane; ⊙17 Uhr–open end; ☎)
In den Lanes versteckt liegt diese sympathische kleine Kneipe, in der phantasievolle Drinks wie ein Grapefruit-Basilikum-Cocktail oder Mojito mit Ingwer und Zitronengras kreiert werden. Dafür, dass es sich um eine schnieke Bar mit Rauchverbot und sogar Klimaanlage handelt, ist das Bier echt günstig.

Linga Bar COCKTAIL-LOUNGE
(Karte S. 106; The Alley; ⊙16 Uhr–open end; ☎)
Diese superschicke Schwulenbar überzeugt mit ihrer entspannten Atmosphäre, einer großartigen Cocktailkarte sowie mitreißender Musik. In neuen Räumlichkeiten an der Alley untergebracht, aber nach wie vor total angesagt.

Temple Club BAR
(Karte S. 106; Pub St; ⊙10 Uhr–open end; ☎) In diesem Tempel wird den Spirituosen gehuldigt. Dank des angeschlossenen Restaurants startet der Betrieb früh und endet erst spätnachts. Nichts für Leute mit sensiblen Ohren, denn die Musik läuft stets in voller Lautstärke. Die Happy Hour dauert von 10 bis 22 Uhr!

X Bar BAR
(Karte S. 106; Sivatha St; ⊙16 Uhr–Sonnenaufgang; ☎) Eine *der* Ausgehadressen schlechthin. Wenn sonst schon alles geschlossen hat, finden Nachtschwärmer hier immer noch ein Plätzchen. Am frühen Abend gibt's Filme auf dem Großbildschirm, außerdem einen Billardtisch und – wenn die Energie noch reicht (unbedingt vorher den Alkoholspiegel testen!) – sogar eine Halfpipe für Skateboards.

Nest BAR-RESTAURANT
(Karte S. 102; http://nestangkor.com; Sivatha St; ⊙11 Uhr–open end; ☎) Diese Location weiß mit ihren von Segeln überspannten stilvollen Sitzecken im Freien zu beeindrucken und verfügt über eine der kreativsten Cocktailkarten der Stadt. Darüber hinaus stehen hier bequeme Sofabetten bereit. Gäste können ihren Appetit mit guten Fusion- und internationalen Gerichten stillen.

Sombai SCHNAPSBRENNEREI
(Karte S. 134; ☎095 810890; www.sombai.com; Sombai Rd) Ein paar Gläschen trinken oder Shoppen, das ist hier die Frage. Am besten beides, denn die Spirituosen, die in dieser Reisweindestille produziert werden, gibt's in wunderschönen, handbemalten Flaschen zu kaufen. Die Wahl besteht zwischen acht verschiedenen Geschmacksrichtungen, z. B. Ingwer-Chili oder Anis-Kaffee. Wer sich vorher anmeldet, bekommt eine kostenlose Degustation. Die Sombai-Reisweine werden auch in den Bars der Stadt verkauft.

☆ Unterhaltung

Bei mehreren Restaurants und Hotels stehen abends kulturelle Veranstaltungen auf dem Programm, die Besuchern die einmalige Chance bieten, sich klassische kambodschanische Tanzvorführungen anzusehen. Diese Vorführungen richten sich zwar an ein touristisches Publikum und können dem Königlichen Ballett in Phnom Penh keinesfalls das Wasser reichen, doch auf das ungeübte Auge wirken sie trotzdem anmutig und kunstvoll. Im Preis ist meist ein Buffet inbegriffen.

Apsara Theatre   TANZ
(Karte S. 102; ☎063-963561; www.angkorvillage. com/theatre.php; St 26; Eintritt 25 US$) Das Theater liegt in einem eindrucksvollen Holzpavillon, der an einen Wat erinnert. Pro Abend gibt es zwei Vorführungen klassischer kambodschanischer Tänze inklusive Dinner. Reisegruppen füllen das Theater bis auf den letzten Platz.

Plae Pakaa   PERFORMING ARTS
(Karte S. 102; ☎ 099 516580; www.cambodianliving arts.org; Artisans Angkor – Les Chantiers Écoles; Erw./Kind 15/6 US$; ⊙ Mo–Sa 19 Uhr) ⏺ Plae Pakaa bezeichnet eine Reihe traditioneller Tanzdarbietungen, ausgeführt von den talentierten Tänzern des Ensembles Cambodian Living Arts. Die Show stammt ursprünglich aus Phnom Penh, wird jetzt aber während der Hochsaison von November bis Ende März im Artisans Angkor gezeigt. Möglicherweise finden auch außerhalb der Saison Vorstellungen nach einem reduzierten Spielplan statt.

Beatocello   KLASSISCHE MUSIKC
(Karte S. 110; www.beatocello.com; Charles de Gaulle Blvd; ⊙ Do & Sa 19.15 Uhr) ⏺ Beatocello, besser bekannt als Dr. Beat Richner, gibt im Jayavarman-VII.-Kinderkrankenhaus hörenswerte Cello-Vorstellungen. Der Eintritt ist frei, Spenden werden jedoch gerne entgegengenommen, da mit ihnen medizinische Behandlungen finanziert werden.

La Noria Restaurant   DARSTELLENDE KÜNSTE
(Karte S. 102; ☎ 063-964242; Siem Reap River Rd; Aufführung 6 US$, Hauptgerichte 4–8 US$) ⏺ Für abwechslungsreiche Unterhaltung sorgt jeden Mittwoch- und Sonntagabend das La Noria (S. 111) mit einer Schattentheateraufführung samt klassischer Tanzshow. Ein Teil der Einnahmen wird einer Organisation gespendet, die kambodschanische Kinder unterstützt.

Rosana Broadway   CABARET
(Karte S. 134; ☎063-769991; www.rosanabroadway. com; NH6; Vorstellung 25–45 US$; ⊙19.30 Uhr) Diese Show bringt ein bisschen Bangkok-Glamour nach Siem Reap. Gezeigt wird alles Mögliche von traditionellen Tänzen der Region bis zum nicht ganz so traditionellen Travestie-Cabaret. Die Karten sind nicht ganz billig.

NICHT VERSÄUMEN

SO EIN ZIRKUS

Phare the Cambodian Circus (Karte S. 134; ☎ 015 499480; www.pharecambodiancircus. org; am Westende der Sok San Rd; Erw./Kind 18/10 US$, beste Platzkategorie 35/18 US$; ⊙ 20 Uhr) ist das kambodschanische Pendant zum Cirque du Soleil. Es ist mehr als einfach nur ein Zirkus: Die Betonung liegt auf Performance-Kunst, wobei jede Produktion subtil, aber nachdrücklich eine soziale Botschaft übermittelt. Der Phare Ponleu Selpak, Kambodschas bedeutendste Organisation für Zirkus, Theater und darstellende Künste, veranstaltet die allabendliche Zirkusshow seit 2013 und hat damit eine einmalige Form der Unterhaltung geschaffen. Pflichtprogramm für jeden Besucher der Stadt! Mehrere Künstlergenerationen haben bereits die Ausbildung bei Phare in Battambang durchlaufen und treten inzwischen in internationalen Vorführungen auf der ganzen Welt auf. Viele von ihnen haben eine von Missbrauch und Armut geprägte Vergangenheit – umso bewegender, dass sie allein mit ihrem Talent dem Schicksal ein Schnippchen schlagen konnten. Die Gewinne aus diesem inspirierenden Abend für Jung und Alt fließen vollständig in die Aktivitäten des Phare Ponleu Selpak. Tierfreunde aufgepasst: In keiner der Zirkusnummern treten Tiere auf. Wer den Zirkus früher schon einmal besucht hat und wieder eine Vorstellung sehen möchte, sollte beachten, dass Phare the Cambodian Circus inzwischen an den westlichen Stadtrand gezogen ist und nicht mehr hinter dem Angkor-Nationalmuseum steht.

Temple Club
TANZ

(Karte S. 106; Pub St; ☺ab 19.30 Uhr; ☎) Im Temple Club werden ab 19.30 Uhr kostenlose Tanzdarbietungen geboten. Gäste müssen aber von der preisgünstigen Karte Getränke oder Essen bestellen.

🛍 Shoppen

Viele Produkte, die man auf den Märkten von Siem Reap bekommt, werden von Händlern auch rund um die Tempel angeboten. Manchen sind die dauernden Offerten bei ihrer Entdeckungstour schnell lästig, andere üben sich im Feilschen und nutzen die Gelegenheit, mit Einheimischen in Kontakt zu treten. Oft sind die Verkäufer Kinder und manche Touristen meinen, sie sollten lieber eine Schule besuchen. Die meisten tun das nebenbei sogar, zumindest zeitweise: Sie besuchen vor- oder nachmittags den Unterricht und wechseln sich dabei mit ihren Geschwistern ab.

Bei den Tempeln werden u. a. Postkarten, T-Shirts, Flachreliefbilder, skurrile Instrumente, kunstvoll verzierte Messer und Armbrustbolzen angepriesen – bei Letzteren wird es bei der Ausreise aber ziemlich wahrscheinlich Probleme mit dem Zoll geben ... Man sollte auf jeden Fall handeln, denn in der Regel sind die Preise überteuert.

Rund um die Tempel verkaufen Kinder und amputierte Minenopfer, die in Siem Reap einen Neuanfang versuchen, günstige Bücher über Angkor und Kambodscha. Bei vielen Werken handelt es sich um illegale Kopien und die Druckqualität lässt meist zu wünschen übrig.

Das Shinta Mani Resort (S. 114) veranstaltet samstags, sonntags und dienstags von 16 bis 21 Uhr einen bunten Markt namens „Well Made in Cambodia", zu dem sich viele der besten lokalen Kunsthandwerker und Straßenkünstler von Siem Reap einfinden.

Psar Chaa
MARKT

(Alter Markt; Karte S. 106) Einkäufe in der Stadt erledigt man am besten im Psar Chaa, egal, ob nun Silberwaren, Seide, Holzschnitzereien, Buddhas, Gemälde, Banknoten und Münzen, T-Shirts oder Untersetzer auf der Wunschliste stehen. Wer beim Handeln weder die Geduld noch den Humor verliert, kann gute Schnäppchen erzielen. Alte Steinreliefs, die angeblich aus Angkor stammen, sollte man links liegen lassen. Selbst wenn diese tatsächlich echt sind, regt ihr Kauf zu weiteren illegalen Entwendungen an, darüber hinaus werden die Reliefs meist vom Zoll konfisziert.

Angkor Night Market (Nachtmarkt)
MARKT

(Karte S. 102; www.angkornightmarket.com; ☺16–24 Uhr) Der beliebte Abendmarkt in der Nähe der Sivatha Street gilt als wichtiger Bestandteil der hiesigen Shoppingszene. An den Ständen werden Kunsthandwerk, Souvenirs und Seide verkauft, das Ganze bei angenehmen Abendtemperaturen. Entspannung bieten die Island Bar oder eine Massage bei Dr. Fish. Natürlich kann man sich auch einen der informativen 3-D-Filme (3 US$) über die Roten Khmer oder Landminen ansehen. Inzwischen gibt es in der unmittelbaren Umgebung ein halbes Dutzend Nachahmer.

Siem Reap Art Center
MARKT

(Karte S. 102; www.siemreapartcenter.com; am Südufer des Siem-Reap-Flusses; ☺16–23 Uhr) Einer der neueren Nachtmärkte; er hat eine Reihe von Ständen mit Kunstgewerbe und Souvenirs und ist über eine traditionelle Holzbrücke über den Fluss mit dem Psar-Chaa-Viertel verbunden.

Bambou Indochine
BEKLEIDUNG

(Karte S. 106; Alley West; ☺10–22 Uhr) Originelle von indochinesischen Elementen inspirierte Kleider. Die T-Shirts sind ein ganz besonderes Mitbringsel.

Blue Apsara
BÜCHER

(Karte S. 106; St 9; ☺9–21 Uhr) Ältestes Antiquariat der Stadt mit einer guten Auswahl an deutschen, englischen und französischen Werken. Im Psar-Chaa-Viertel.

Diwo Gallery
KUNSTGALERIE

(www.tdiwo.com; Wat-Svay-Viertel; ☺9–18 Uhr) Verkauft künstlerische Angkor-Fotografien des französischen Fotografen und Schriftstellers Thierry Diwo sowie qualitativ hochwertige Nachbildungen von Bronze-, Stein- und Holzskulpturen.

Eric Raisina Workshop
MODE

(Karte S. 134; ☎063-965207; www.ericraisina.com; Wat-Thmei-Viertel; ☺nach Vereinbarung) Die Mode des angesehenen Designers Eric Raisina – geboren in Madagaskar, aufgewachsen in Frankreich, wohnhaft in Kambodscha – zeichnet sich durch eine einzigartige Mischung unterschiedlicher Stilrichtungen aus. Es gibt mehrere Verkaufsstellen in Siem Reap.

SHOPPEN FÜR EINEN GUTEN ZWECK

Einige Geschäfte unterstützen durch ihre Produktion oder ihre Gewinne Menschen mit Behinderungen bzw. benachteiligte Menschen:

AHA Local Handicraft Market (Karte S. 110; 078 341454; www.aha-kh.com; Rd 60, Trang Village) Wer wirklich im Land produzierte Souvenirs (im Gegensatz zu den Sachen auf dem Psar Chaa, die größtenteils Importware sind) kaufen möchte, ist hier richtig. Der Kunsthandwerksmarkt liegt etwas abseits, hat aber mehr als 20 Stände mit einem umfangreichen Sortiment an traditionellen Gegenständen.

Artisans d'Angkor (Karte S. 102; www.artisansdangkor.com; 7.30–18.30 Uhr) Das breite Angebot in diesem Geschäft auf dem Gelände von Les Chantiers Écoles (S. 100) reicht von Stein- und Holzreproduktionen alter Angkor-Statuen bis zu Möbeln. Ein zweiter Laden befindet sich gegenüber von Angkor Wat im Gebäude des Angkor Cafe, außerdem gibt es Filialen an den Flughäfen von Phnom Penh und Siem Reap. Der gesamte Verkaufserlös kommt der Schule zugute und schafft neue Ausbildungsplätze für junge Kambodschaner. Die Institution gehört zu 20 % den Künstlern selbst.

IKTT (Karte S. 102; Tonlé Sap Rd; 9–17 Uhr) Das Institut für traditionelle Khmer-Textilien (Institute for Khmer Traditional Textiles) ist in einem traditionellen Holzhaus untergebracht und verkauft z. B. feine *krama*, Schals sowie Überwürfe.

Mekong Quilts (Karte S. 106; www.mekong-quilts.org; 5 Sivatha St; 8–22 Uhr) Handgemachte Bettdecken, Steppdecken, Wohnaccessoires usw. aus Baumwolle, Leinen und Seide. Unterstützt Frauen aus armen ländlichen Gebieten und hilft ihnen, innerhalb ihrer Gemeinschaft Geld zu verdienen.

Nyemo (Karte S. 102; www.nyemo.com; Angkor Night Market; 16–24 Uhr) Hier werden Seidenprodukte wie Kissen, Tücher und Überwürfe sowie Kinderspielzeug angeboten. Mit den Gewinnen unterstützt man HIV-/Aids-Kranke und hilfsbedürftige Frauen.

Rajana (Karte S. 102; 063-964744; www.rajanacrafts.org; Sivatha St; Mo–Sa 9–21 Uhr) Skurrile Holz- und Metallarbeiten, kunstvoller Silberschmuck und handgefertigte Karten. Rajana engagiert sich für fairen Handel und arbeitssuchende Kambodschaner.

Rehab Craft (Karte S. 106; Pokambar Ave; 8–17.30 Uhr) Kleiner Laden mit traditionellen Schals, Seidenartikeln, Schnitzereien, Gemälden und Postkarten. Die Gewinne unterstützen Kambodschaner mit Behinderung.

Samatoa (Karte S. 102; 063-965310; www.samatoa.com; St 26; 8–23 Uhr) Partykleid gefällig? Dieser Designerladen hat originale Seidenstoffe und näht Maßarbeiten auf Wunsch innerhalb von 48 Stunden. Samatoa funktioniert nach Fairtrade-Prinzipien.

Senteurs d'Angkor (Karte S. 106; 063-964860; Pithnou St; 8.30–21.30 Uhr) Das Geschäft gegenüber dem Psar Chaa bietet eine umfangreiche Auswahl an Seidenprodukten und Schnitzarbeiten sowie traditionellen Schönheitsprodukten und Gewürzen. Es setzt sich für Job- und Ausbildungsmöglichkeiten der verarmten Landbevölkerung sowie sozial benachteiligten Kambodschanern ein, außerdem bezieht es seine Produkte von Bauern aus der Gegend. Zu dem Geschäft gehört ein betörender **botanischer Garten** (Karte S. 134; Airport Rd; 7.30–17.30 Uhr) an der Airport Road, der Kräutertees und Kaffeespezialitäten im Angebot hat.

Smateria (Karte S. 106; www.smateria.com; Alley West; 10–22 Uhr) *Recycling rocks*: Aus Sicherheitsnetzen, Plastiktüten, Motorradsitzbezügen usw. werden hier echt coole Taschen produziert. In dem Fairtrade-Unternehmen arbeiten auch behinderte Kambodschaner.

Jayav Art   KUNSTGALERIE
(Karte S. 134; 89 787345; A25 Charles de Gaulle Blvd; 9–18 Uhr) Eine Nachbildung der wunderschönen Angkor-Skulpturen würde sich sicher zu Hause im Wohnzimmer toll machen – aber wer will schon gern das dafür anfallende Übergepäck zahlen? Jayav Art hat die Lösung: Nachbildungen aus Pappmaschee. Und das auch noch in verschiedenen Größen.

McDermott Gallery
KUNSTGALERIE

(Karte S. 102; www.mcdermottgallery.com; FCC Angkor, Pokambor Ave; ⊙10–22 Uhr) Hier gibt's die berühmten Sepia-Fotos von Angkor, die jeder schon gesehen hat, als Kalender oder Postkarte und als Sepiadruck. Veranstaltet regelmäßige Ausstellungen.

Monument Books
BÜCHER

(Karte S. 102; Pokambor Ave; ⊙9–21 Uhr) Gut sortierte Buchhandlung beim Psar Chaa. Am Flughafen gibt's eine weitere Filiale.

Mooglee
BEKLEIDUNG

(Karte S. 106; www.mooglee.com; The Lane; ⊙10–22 Uhr) Witziger T-Shirt-Laden mit originellen Drucken wie Elefanten in Angkor, Tiger in den Tempeln oder alten Reisepostern von Angkor.

Rogue
MUSIK

(Karte S. 134; Sok San St; ⊙10–22 Uhr) Verkauft iPods, Downloads, Accessoires und T-Shirts.

Spicy Green Mango
MODE

(Karte S. 106; www.spicygreenmango.com; Alley West; ⊙8–22 Uhr) Die kleine Designerboutique mit schräger Spaßmode sowie Accessoires ist in einem alten Haus im Provence-Stil untergebracht.

Theam's House
KUNSTGALERIE

(Karte S. 134; www.theamshouse.com; 25 Veal, Kokchak-Viertel; ⊙8–19 Uhr) Der kambodschanische Künstler und Designer hat jahrelang bei Artisans d'Angkor (S. 100) an der Wiederbelebung des Khmer-Kunsthandwerks mitgearbeitet. Heute hat er sein eigenes Studio für außerordentlich originelle Lack-Kreationen und Kunst. Achtung: Nicht alle Fahrer wissen, wo es ist.

❶ Orientierung

In seinem Herzen bleibt Siem Reap eine Kleinstadt, deshalb fällt die Orientierung nicht schwer. Das Zentrum erstreckt sich rund um den Psar Chaa (Alter Markt), die Unterkünfte verteilen sich über den ganzen Ort. Der National Highway 6 (NH6) verläuft durch den Norden am Psar Leu (Hauptmarkt) im Osten und der Königsresidenz sowie dem Grand Hotel d'Angkor im Zentrum vorbei zum Flughafen und über die thailändische Grenze. Der Siem-Reap-Fluss (Stung Siem Reap) bahnt sich seinen Weg von Norden nach Süden durch die Stadtmitte. Über ihn führen jede Menge Brücken, sodass man ohne Probleme von der einen auf die andere Uferseite gelangt. Die Straßennummerierung ist äußerst willkürlich. Es gestaltet sich also nicht ganz einfach, zu einer bestimmten Adresse zu gelangen.

Angkor Wat und Angkor Thom liegen nur 6 bzw. 8 km nördlich der Stadt.

Fahrer der Busse und Sammeltaxis lassen Reisende normalerweise beim Busbahnhof bzw. Taxistand 3 km östlich der Innenstadt aussteigen. Von dort ist es ein kurzer Trip per *moto* oder *remork-moto (tuk-tuk)* zu den Gästehäusern und Hotels. Schnellboote ab Phnom Penh und Battambang legen in Phnom Krom etwa 11 km südlich der Stadt an. Bei den meisten Unterkünften ist eine kostenlose *moto*- oder Kleinbusfahrt im Preis inbegriffen. Der Internationale Flughafen befindet sich 7 km westlich der Stadt. Hier starten jede Menge Taxis und *motos* ins Zentrum.

❶ Praktische Informationen

GEFAHREN & ÄRGERNISSE

Siem Reap gilt sogar nachts als relativ sichere Stadt. Ist man mit einem geliehenen Fahrrad unterwegs, sollte man seine Tasche dennoch nicht im Korb platzieren, denn so stellt sie eine leichte Beute dar. Außerdem gehen Frauen bei Dunkelheit besser in Begleitung von Mitreisenden nach Hause, insbesondere in schlecht beleuchteten Zonen.

Provisionsbetrügereien sind an der Tagesordnung. Dabei bezahlen bestimmte Gästehäuser und kleinere Hotels Fahrer von *motos* und Taxis dafür, dass sie ihnen Gäste herbeikarren. Aus diesem Grund sollte man seine Buchung online tätigen und sich abholen lassen. Reist man aus Phnom Penh an, können einem die Angestellten im dortigen Gästehaus eine Unterkunft vermitteln. Alternativ sieht man sich vor Ort um und verhandelt in den entsprechenden Hotels.

In der Stadt gibt's zahlreiche Bettler und viele Besucher sind davon schnell genervt. Allerdings darf man nicht vergessen, dass ihr Leben ohne Sozialsystem und staatliche Hilfen ziemlich hart ist. Kinderbettelei sollte nicht unterstützt werden. Wer helfen will, besorgt ihnen besser Nahrungsmittel, da sie das Geld meistens abgeben müssen. Inzwischen ist das Problem nicht mehr so gravierend, da viele ehemalige Bettler nun Bücher oder Postkarten an Touristen verkaufen, anstatt nach Almosen zu fragen.

In Siem Reap grassiert neuerdings auch eine Betrugsmasche mit Babymilchpulver: Touristen werden von einer Mutter mit Baby angesprochen und um Geld für Milchpulver gebeten. Wer einwilligt, wird gebeten, im nahe gelegenen Supermarkt die teuerste Marke zu kaufen. Anschließend trägt die Mutter das Milchpulver allerdings zurück in den Laden und teilt sich den Gewinn mit dem Ladenbesitzer.

In abgelegenen Tempelanlagen muss man sich unbedingt an die ausgeschilderten Wege halten, denn in Orten wie Phnom Kulen und Koh Ker liegen immer noch Landminen herum.

NOTFÄLLE

Touristenpolizei (Karte S. 134; ☏ 012 402424) Anlaufstelle bei größeren Problemen während eines Aufenthaltes in Siem Reap. Die Wache befindet sich am Angkor-Ticket-Kontrollpunkt (Karte S. 134).

INTERNETZUGANG

Internetshops sind im Aussterben begriffen, denn die meisten Restaurants und Bars haben zuverlässiges, kostenfreies WLAN. Aber ein paar gibt es noch; sie verlangen etwa 0,50 US$ pro Stunde und bieten auch billige Telefongespräche per Internet. Bei fast allen Gästehäusern und Hotels gehört außerdem ein kostenloser Internetzugang für Gäste zum Angebot, entweder über einen frei zugänglichen PC oder über WLAN oder beides.

MEDIZINISCHE VERSORGUNG

Inzwischen verfügt Siem Reap über ein Notfallkrankenhaus mit internationalem Standard. Problematische Fälle werden jedoch weiterhin in Bangkok behandelt.

Angkor Hospital for Children (AHC; Karte S. 102; ☏ 063-963409; angkorhospital.org; Ecke Oum Chhay St & Tep Vong St; ⊙ 24 Std.) Eine gute Anlaufstelle. Im Notfall werden auch Erwachsene 24 Stunden versorgt, danach erwarten die Angestellten eine Verlegung in eine andere Einrichtung. Spenden sind willkommen.

Royal Angkor International Hospital (Karte S. 134; ☏ 063-761888; www.royalangkorhospital.com; Airport Rd) Klinik mit internationalem Standard, die zum Bangkok Hospital gehört. Ziemlich teuer, da die Abrechnung der Leistungen normalerweise über Versicherungsgesellschaften erfolgt.

U-Care Pharmacy (Map p100; ☏ 063-965396; Pithnou St; ⊙ 8–22 Uhr) Empfehlenswerte Apotheke mit integriertem Laden im Stil von Boots in Thailand. Das Personal spricht Englisch.

GELD

Auf Märkten – meist bei Schmuckständen oder ausgewiesenen Geldwechselständen – geht der Umtausch schneller und unbürokratischer vonstatten als in Banken.

ABA Bank (Karte S. 102; Tep Vong St) Nur 100 US$ Auszahlung pro Transaktion und jeweils 4 US$ Bearbeitungsgebühr.

ANZ Royal Bank (Karte S. 102; Achar Mean St) Leistet Vorauszahlungen auf Kreditkarten und wechselt Reiseschecks der gängigsten Währungen. In Siem Reap verteilen sich mehrere Filialen und internationale Bankautomaten (5 US$ pro Abhebungsvorgang).

Canadia Bank (Karte S. 102; Sivatha St) Vorauszahlungen auf Kreditkarten (4 US$), außerdem werden hier Reiseschecks der meisten gängigen Währungen gegen eine Kommission von 2 % gewechselt.

POST

Main Post Office (Karte S. 102; Pokambor Ave; ⊙ 7–17.30 Uhr) Mittlerweile ist die Post recht zuverlässig, es schadet allerdings trotzdem nicht, sich zu vergewissern, ob die Briefmarken abgestempelt wurden. Mit Filiale des EMS-Kurierdienstes.

TELEFON & FAX

Inzwischen laufen internationale Gespräche nur noch über Facetime, Skype oder Viber; die entsprechende App lädt man vor der Reise runter. Wer längere Zeit im Land ist und ein Handy ohne SIM-Lock hat, sollte sich eventuell eine lokale SIM-Card zulegen. Oder vielleicht sogar ein kambodschanisches Mobiltelefon samt SIM – das kostet nicht die Welt. Hotels verlangen normalerweise saftige Gebühren, deshalb sollte man sich besser vorher über die genauen Tarife informieren.

TOURISTENINFORMATION

In Siem Reap gibt es eine offizielle Touristeninformation, aber das Büro hat eigentlich nur kostenlose Broschüren zu bieten. Als bessere Informationsquellen erweisen sich oft Gästehäuser und Hotels sowie andere Reisende, die schon ein paar Tage in der Stadt sind.

Im vierteljährlich erscheinenden *Siem Reap Angkor Visitors Guide* (www.canbypublications.com) gibt's jede Menge nützliche Informationen. *Drinking and Dining* hilft bei der Suche nach Bars und Restaurants, *Out and About* nach Geschäften und Dienstleistungen; beide werden von **Cambodia Pocket Guide** (www.cambodiapocketguide.com) verlegt und sind fast überall erhältlich.

Siem Reap Tourism Office (Karte S. 102; ☏ 063-959600; http://siemreaptourism.gov.kh; Royal Gardens) Die Lage in den Royal Gardens ist günstig, das Angebot an Informationen allerdings dürftig.

❶ An- & Weiterreise

BUS

Der Zustand der Straße von Siem Reap nach Phnom Penh verändert sich von Jahr zu Jahr. Derzeit ist der Abschnitt zwischen Phnom Penh und Skuon auf beiden zweispurigen Fahrbahnen tadellos. Auf dem Stück zwischen Skuon und Kompong Thom wird allerdings immer noch gebaut. Richtung Westen nach Sisophon, Thailand und Battambang ist die Straße überwiegend recht gut in Schuss.

Alle Linien starten am **Busbahnhof** bzw. **Taxistand** (Karte S. 134) 3 km östlich der Stadt bzw. fast 1 km südlich den NH6. Tickets bekommt man in Gästehäusern, Hotels, den Büros der Busunternehmen, Reiseagenturen und Kiosken. Manche Anbieter holen ihre Fahrgäste mit dem Minibus in ihrer jeweiligen Unterkunft ab. Verbindungen nach Phnom Penh bestehen den ganzen Tag über, es gibt aber auch einige Nachtbusse. Andere Ziele werden oft schon frühmorgens angesteuert. Nach der Ankunft in Siem Reap sollte man sich auf zahlreiche geschäftstüchtige *moto*-Fahrer einstellen, die einem ihre Dienste anbieten, weshalb man schon vor dem Buchen erst mal nach der genauen Route und dem Zeitplan erkundigen sollte – manchmal ist es sinnvoller, einen Bus nach Phnom Penh zu nehmen und dort umzusteigen.

Nachtbusse sind inzwischen ein beliebtes Transportmittel zwischen Siem Reap und Phnom Penh sowie auf längeren Strecken von der Tempelstadt nach Sihanoukville und noch weiter. Die meisten Nachtbusse fahren über Sihanoukville, was nach Kampot oder Koh Kong einen Umweg bedeutet. Das kann aber gleichzeitig eine angenehmere Ankunftszeit bedeuten – also unbedingt die Fahrpläne checken!

INTERNATIONALE BUSSE NACH BANGKOK

Viele Gästehäuser und Reisebüros verkaufen Tickets für den „internationalen" Bus nach Bangkok (ca. 15 US$) mit Umstieg an der Grenze. Es gibt sogar „Nachtbusse", die allerdings ziemlich sinnlos sind, da der Grenzübergang bei Poipet erst um 7 Uhr öffnet.

Nattakan (Karte S. 102; ☎ 078 795333; Sivatha St) bietet täglich um 8 Uhr einen „Direktbus" nach Bangkok (25 US$) mit Abfahrt am Busbüro in der Sivatha Street und Schnellabfertigung am Grenzübergang. Für die Ausreise aus Kambodscha bietet diese Verbindung kaum Vorteile, für die Einreise schon eher. Das größte Risiko hier besteht in übersteuerten Visa. Eine Möglichkeit, dies zu umgehen, besteht darin, sich schon vor der Reise ein kambodschanisches E-Visum (25 US$) zu besorgen. Der Bus von Bangkok nach Siem Reap fährt um 9 Uhr am Busbahnhof Mo Chit ab; Tickets kosten 750 Baht.

Capitol Tour (Karte S. 106; ☎ 063-963883; www.capitoltourscambodia.com)

Giant Ibis (Karte S. 102; ☎ 023-999333; www.giantibis.com) Der nobelste Anbieter hat eine tägliche Verbindung nach Phnom Penh (15 US$) und kostenloses WLAN an Bord.

GST (Karte S. 102; ☎ 092 905016)

Gold VIP (Karte S. 102; ☎ 063-632 7600) Expressminibusse nach Phnom Penh und Sihanoukville.

Golden Bayon Express (Karte S. 102; ☎ 063-966968; goldenbayonexpress.com)

Hang Tep (Karte S. 102; ☎ 012 645264)

Larryta Express (Karte S. 134; ☎ 066 202020) Schickt tagsüber stündlich gepflegte neue Ford-Transit-Minibusse nach Phnom Penh.

Mekong Express (Karte S. 102; ☎ 063-963662; catmekongexpress.com/) Noblere Busgesellschaft: Stewardessen und Getränke.

Mey Hong (Karte S. 134; ☎ 063-965979) Expressminivans nach Phnom Penh.

Orient Express 1907 (Karte S. 102; ☎ 069 881 907; www.orientexpress1907.com) Eine der schickeren Gesellschaften, die in die Hauptstadt fahren.

Phnom Penh Sorya (Karte S. 134; ☎ 012 235618; www.ppsoryatransport.com)

Sapaco Transport (Karte S. 102; ☎ 063-761434; www.sapacotourist.vn) Busse nach Ho-Chi-Minh-Stadt mit Umsteigen in Phnom Penh.

Virak Buntham (Karte S. 102; ☎ 017 790440) Der Nachtbusspezialist nach Phnom Penh, Sihanoukville und Koh Kong.

FLUGZEUG

Es gibt internationale Direktflüge von Siem Reap nach Bangkok in Thailand, Vientiane, Luang Prabang und Pakse in Laos, Ho-Chi-Minh-Stadt (Saigon), Hanoi und Danang in Vietnam, Kuala Lumpur in Malaysia, Bejing, Guangzhou, Hong Kong, Kunming und Shanghai in China, Busan und Seoul in Südkorea, Singapur, Taipei in Taiwan; Manila auf den Philippinen und Yangon in Myanmar.

Momentan werden nur Inlandsflüge nach Phnom Penh (einfacher Flug ab 40 US$) und neuerdings auch Sihanoukville (einfach ab 50 US$) angeboten. Inlandsfluglinien sind zum Beispiel Bassaka Air, Cambodia Angkor Air und Cambodia Bayon Airlines. In der Hochsaison sind die wenigen Maschinen schnell ausgebucht, man sollte also so früh wie möglich reservieren. Von den ermäßigten Tickets bleibt immer ein kleines Kontingent ausschließlich für kambodschanische Staatsbürger reserviert.

SAMMELTAXI, MINIBUS & PICK-UP

Sammeltaxis und andere Fahrzeuge bedienen einige der wichtigsten Routen. Meistens kommt man mit ihnen etwas schneller voran.

VERKEHRSVERBINDUNGEN AB SIEM REAP

ZIEL	AUTO & MOTORRAD	BUS	SCHIFF	FLUGZEUG
Bangkok, Thailand	8 Std.	15–28 US$, 10 Std., häufig	n. v.	ab 90 US$, 1 Std., 8-mal tgl.
Battambang	3 Std.	5–8 US$, 4 Std., regelmäßig	20 US$, 6–8 Std., 7 Uhr	n. v.
Kompong Thom	2 Std.	5 US$, 3 Std., häufig	n. v.	n. v.
Phnom Penh	6 Std.	6–15 US$, 7 Std., häufig	35 US$, 5 Std., 7 Uhr	ab 40 US$, 30 Min., 9-mal tgl.
Poipet	3 Std.	5–8 US$, 3 Std., regelmäßig	n. v.	n. v.

Zu den Zielen gehören Phnom Penh (10 US$, 5 Std.), Kompong Thom (5 US$, 2 Std.), Sisophon (5 US$, 2 Std.) und Poipet (7 US$, 3 Std.). Wer den Banteay-Chhmar-Tempel besuchen möchte, fährt zunächst nach Sisophon, wo die Weiterreise organisiert werden kann.

SCHIFF

Zwischen Siem Reap und Phnom Penh (35 US$, 5–6 Std.) oder Battambang (20 US$, je nach Saison 4–8 Std. oder mehr) verkehren täglich Schnellboote. Mittlerweile ist der Wasserweg in die Hauptstadt eine ziemliche Abzocke, schließlich kommt man per Land genauso schnell dorthin, zahlt aber weitaus weniger. Die Fahrt nach Battambang bietet malerische Ausblicke, technische Pannen sind allerdings an der Tagesordnung.

Alle Schiffe starten im schwimmenden Dorf Chong Kneas nahe Phnom Krom, etwa 11 km südlich von Siem Reap. Sie liegen je nach Jahreszeit an verschiedenen Stellen vor Anker. Während der Trockenzeit weichen die See und somit auch der Hafen bzw. das Dorf zurück. Eine Straße, die bei jedem Wetter befahrbar ist, erleichtert inzwischen den Zugang rund um den See, die Hauptstraße hinaus zum See wird jedoch bei den alljährlichen Monsunregenfällen regelmäßig überflutet.

In den meisten Gästehäusern der Stadt werden Schiffstickets verkauft. Ersteht man sein Ticket dort, ist meist der Transfer zum Hafen per *moto* oder Minibus im Preis inbegriffen. Andernfalls zahlt man für ein *moto* etwa 3 US$, für ein *remork-moto* etwa 7 US$ und für ein Taxi etwa 15 US$.

❶ Unterwegs vor Ort

Die gängigsten Verkehrsmittel in Siem Reap sind u. a. *motos* (Motorradtaxis) und *remork-motos (tuk tuks)*. Wer gern in die Pedale tritt, kann sich für Tagesfahrten ein Fahrrad leihen; für Fahrten zu entlegeneren Zielen können viele Gästehäuser und Hotels Mietwagen organisieren.

VOM/ZUM FLUGHAFEN

Der Internationale Flughafen liegt 7 km von der Innenstadt entfernt. Bucht man im Voraus, ist bei vielen Hotels und Gästehäusern ein kostenloser Abholservice im Preis inbegriffen. Offizielle Taxis warten neben dem Terminal und verlangen 9 US$. Die Fahrt ins Zentrum kostet per *moto* 3 US$ und mit dem *remork-moto* 7 US$.

AUTO & MOTORRAD

Viele Hotels und Gästehäuser vermitteln Mietwagen für ab 30 US$ pro Tag. In schickeren Unterkünften sollte man mit höheren Preisen rechnen. Ausländer dürfen in bzw. rund um die Stadt keine Motorräder ausleihen. Wer nicht darauf verzichten möchte, muss das Fahrzeug bereits in Phnom Penh mieten.

FAHRRAD

Einige Gästehäuser sowie ein paar Geschäfte rund um den Psar Chaa verleihen Fahrräder. Pro Tag zahlt man meistens 1–2 US$. Das Projekt **White Bicycles** (www.thewhitebicycles.org) vermietet Fahrräder (vermittelt durch mehr als 50 Gästehäuser und Hotels in Siem Reap) und unterstützt mit dem Gewinn örtliche Entwicklungsprojekte in der Gegend um Siem Reap. Importierte Mountainbikes gibt's bei den Fahrradtourenanbietern für etwa 8–10 US$. Eine weitere Option ist **Green e-bikes** (Karte S. 102; ☎ 095 700130; www.greene-bike.com; Central Market; pro 24 Std. 10 US$; ⏰ tgl.7.30–19 Uhr), ein umweltfreundlicher Kompromiss zwischen Fahrrad und Motorrad.

MOTO

Ein *moto* (Motorradtaxi) samt Fahrer kostet ab 10 US$ pro Tag, je nach Ziel. Zu weit abgelegenen Tempeln wird es teurer. Für eine kurze Tour durch die Stadt zahlt man um die 2000 R, für Fahrten nach Angkor oder zum Flughafen rund 1 US$ oder mehr. Man sollte den Preis stets im Voraus verhandeln, da oft zu viel verlangt wird

BUSSE AB SIEM REAP

ZIEL	DAUER (STD.)	PREIS (US$)	UNTERNEHMEN	HÄUFIGKEIT
Anlong Veng	3	5	GST	tgl. 7.15 Uhr
Bangkok, Thailand	10	15–28	Capitol Tour, Hang Tep, Nattakan, Virak Buntham	häufig bis 16 Uhr
Battambang	4	5–8	Capitol Tour, Phnom Penh Sorya	regelmäßig morgens
Ho-Chi-Minh-Stadt, Vietnam	12	22–27	Mekong Express, Sapaco Transport	jeweils tgl. 7.30 Uhr
Kampot	13	13	Virak Buntham	tgl. 19 Uhr
Koh Kong	13–14	17–22	Virak Buntham	tgl. 19, 23 Uhr
Kompong Cham	5–6	5	Capitol Tour, GST	häufig morgens
Kratie	7–8	8–13	GST	tgl. 6, 7.15 Uhr
Phnom Penh	6–7	6–15	Capitol Tour, Giant Ibis, Gold VIP, Golden Bayon Express, GST, Larryta Express, Mekong Express, Mey Hong, Orient Express 1907, Phnom Penh Sorya, Virak Buntham	häufig sowohl tagsüber als auch abends bis 24 Uhr
Poipet	3	5–8	Capitol Tour, Hang Tep	häufig morgens
Preah-Vihear-Stadt	3–4	8–12	AVT, GST	jeweils morgens
Sihanoukville	10–11	13–25	Capitol Tour, Mekong Express, Virak Buntham	3-mal morgens, 5-mal zw. 19 & 24 Uhr
Stung Treng	7	20	AVT	tgl. 8.15 Uhr

REMORK-MOTO

Remork-motos sind niedliche kleine Motorräder mit einer Passagierkabine (vor Ort werden sie meist *tuk-tuks* genannt). Sie eignen sich besonders für Pärchen, allerdings wollen einen viele Fahrer über den Tisch ziehen. Stadtfahrten beginnen bei 2 US$, nachts wird es teurer, vor allem wenn es zu Zielen außerhalb des Stadtzentrums geht. Der Preis steigt mit Anzahl der Passagiere.

RUND UM SIEM REAP

Banteay-Srei-Bezirk ស្រុក បន្ទាយស្រី

Der für seinen kleinen, rosafarbenen Tempel (S. 177) bekannte Banteay Srei hat noch mehr zu bieten als seine weltberühmten Angkor-Stätten, beispielsweise den „Fluss der tausend Lingas" Kbal Spean (S. 179) und den aus dem 12. Jh. stammenden Tempel Banteay Samré (S. 175). Um Besucher zu ermuntern, länger in der Gegend zu bleiben und sich genauer umzusehen, werden derzeit neue Sehenswürdigkeiten erschlossen und zusätzliche Aktivitäten geboten, darunter Homestays, Teilnahme am Dorfleben und Kunstgewerbeworkshops.

◉ Sehenswertes & Aktivitäten

Die Hauptattraktion sind natürlich die hiesigen Tempel (S. 177), aber beim Besuch des „Flusses der tausend Lingas" Kbal Spean darf keinesfalls ein Abstecher ins Angkor Centre for Conservation of Biodiversity (S. 179) versäumt werden. Interessant sind auch Wanderungen im Kbal Teuk Community Forest, der Heimat seltener fleischfressender Kannenpflanzen.

★ Cambodia Landmine Museum
MUSEUM

សារមន្ទីរគ្រាប់មីនកម្ពុជា និងមូលនិធិសង្គ្រោះ; (☎ 012 598951; www.cambodialandminemuseum. org; Spende 3 US$; ⊙ 7.30–17 Uhr) Dieses Museum wurde von dem unabhängigen Minenräumer Aki Ra gegründet und zeigt eindringlich, wie verheerend sich die Landminen auf Kambodscha auswirken. Die Ausstellung umfasst Minen, Granatwerfer, Gewehre und andere Waffen. Museumsbesucher können auf einem künstlich angelegten Minenfeld versuchen, die (entschärften) Tretminen ausfindig zu machen. Die Einkünfte aus dem Museum fließen in Aufklärungskampagnen zur Gefährlichkeit von Minen. Das Museum liegt etwa 25 km von Siem Reap entfernt in der Nähe von Banteay Srei,

Banteay Srei
Butterfly Centre
TIERSCHUTZGEBIET

(សួនមេអំបៅបន្ទាយស្រី; ☎ 097 852 7852; www.angkorbutterfly.com; Erw./Kind 4/2 US$; ⊙9–17 Uhr) 🖉 In dem größten Indoor-Schmetterlingszentrum Südostasiens flattern über 30 kambodschanische Arten umher. Kinder werden jede Menge Spaß haben, schließlich bekommen sie den gesamten Prozess vom Ei über die Raupe und den Kokon bis hin zum fertigen Insekt zu sehen. Die Einrichtung unterstützt Landbewohner aus armen Bevölkerungsschichten und die meisten Schmetterlinge werden rund um Phnom Kulen gezüchtet. Sie liegt 7 km vor dem Tempel Banteay Srei auf der linken Straßenseite.

Keramikmuseum Tani
MUSEUM

(សារមន្ទីរកុលាលភាជន៍ ភូមិតានី; Tani Village; Eintritt 1 US$) Das winzige Museum im Dorf Tani zeigt eine Sammlung angkorianischer Töpferwaren aus der Zeit des Khmer-Reichs. Nur eingeschworene Töpferei-Fans werden sich für die wenigen Ausstellungsstücke erwärmen können, aber wer mit einem guten Guide unterwegs ist, kann sich in der Umgebung ein paar Brennöfen zeigen lassen.

🛏 Schlafen & Essen

Im Banteay-Srei-Bezirk gibt's mehrere Privatunterkünfte von ländlich und rustikal bis boutique-schick.

Bayon Smile Homestay
PRIVATUNTERKUNFT $

(☎ 086 595402; sarouensean@gmail.com; Banteay Srei Village; EZ/DZ 10/15 US$) Herr Sarouen managt sehr engagiert diese sechs geräumigen, attraktiven Dorfhäuser direkt nördlich des Banteay-Srei-Tempels. Es werden zahlreiche Aktivitäten geboten, darunter Holzschnitzen, Dorfbesichtigungen, Radtouren und etwas abenteuerlichere Treks zu abgelegeneren Stätten wie Phnom Cheur und Phnom Hop. Empfehlenswert.

Tbeng Village Homestays
PRIVATUNTERKUNFT $

(☎ 092 966047; Tbeng Village; Haus 15 US$) Tbeng ist ein schmuckes kleines Dorf im Osten von Banteay Srei. Hier hat der Dorfschullehrer Herr Khuon ein Homestayprojekt mit einem runden Dutzend Häusern aufgezogen. Wer die Wahl hat, sollte sich für ein Haus mit Dachziegeln entscheiden, denn

dort ist es kühler als unter einem Wellblechdach. Die Gäste nehmen an Aktivitäten im Dorf teil und lernen Einheimische kennen.

Bong Thom Home Stay
PRIVATUNTERKUNFT $$

(☎ 012 520092; www.thebongthomhomestay.com; Zi. 60–80 US$) Dies ist eine Privatunterkunft der gehobenen Art. Sie besteht aus mehreren wunderschönen, geschmackvoll ausgestalteten und mit Himmelbetten eingerichteten Holzhäusern auf dem Land. Man kann eine Menge unternehmen, beispielsweise einen Kochkurs belegen, Rad fahren, im Ochsenwagen herumkutschieren usw. Das hauseigene Restaurant genießt einen guten Ruf und verköstigt bei vorheriger Buchung auch Nichtgäste.

Naom Banchok Noodle Stalls
NUDELN $

(Preah Dak; Nudeln 4000 R) Das Dorf Preah Dak ist berühmt für seine *naom banchok* (dicke Reisnudeln)-Stände entlang der Hauptstraße zum Banteay Srei. Die hausgemachten Nudeln werden mit einer milden Fischbrühe oder einem milden Curry sowie mehreren Gemüsen und Gewürzen serviert.

❶ An- & Weiterreise

Banteay Srei liegt 32 km nordöstlich von Siem Reap und ist auf guten Straßen zu erreichen. Die Fahrt mit dem Auto dürfte etwa 45 Minuten dauern, per *remork* eine Stunde; der Fahrpreis muss im Voraus ausgehandelt werden.

Vogelschutzgebiet Prek Toal

Prek Toal (ជម្រកសត្វស្លាបទឹកព្រែកទាល់; Eintritt 25–50 US$) Prek Toal ist eine der drei Schutzzonen des Tonlé-Sap-Biosphärenreservats. Das Vogelschutzgebiet ist ein lohnendes Ausflugsziel. Es erfüllt die Träume vieler Ornithologen, denn hier lebt eine beträchtliche Anzahl seltener Arten auf kleinem Raum, darunter der eindrucksvolle Sunda-Marabu, der Milchstorch und der Graupelikan. Auch weniger Kundige werden sich aufgrund ihrer enormen Spannbreite und gigantischen Nester für diese Vögel begeistern.

Während der Trockenzeit (Dez.–April) fühlt man sich angesichts der beeindruckenden Vogelschwärme fast wie im Hitchcock-Klassiker. Besuche lohnen sich zwar schon ab September, jedoch sieht man dann weniger Tiere. Da ansonsten überall die Wasservorräte schwinden, sammeln sich sämtliche Vögel in dieser Gegend. Besucher sollten entweder frühmorgens oder spätnachmit-

Rund um Siem Reap

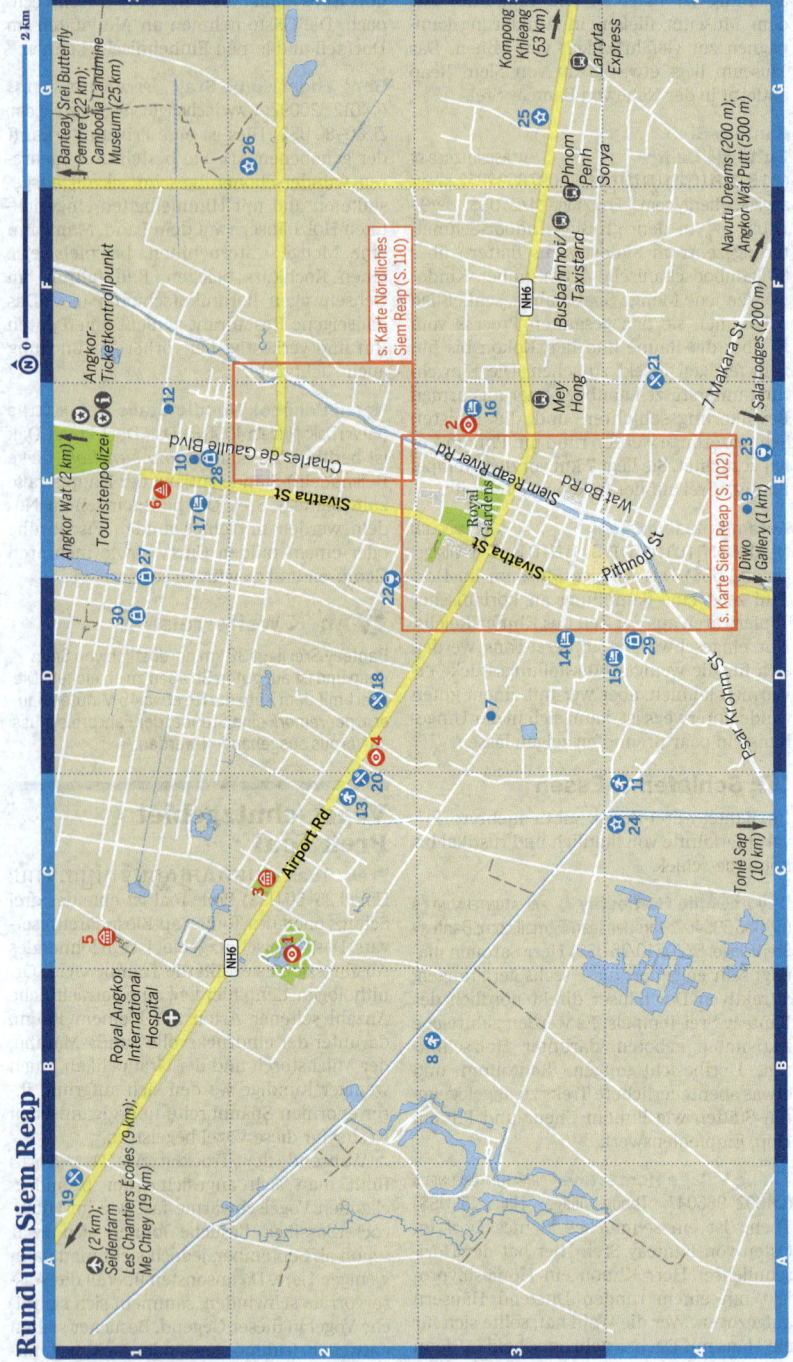

2 km

N 0

Banteay Srei Butterfly Centre (22 km);
Cambodia Landmine Museum (25 km)

26

Angkor-Ticketkontrollpunkt

Kompong Khleang (53 km)

Larryta Express

25

Phnom Penh Sorya

Navutu Dreams (200 m);
Angkor Wat Putt (500 m)

Busbahnhof/Taxistand

NH6

12

2

16

Meÿ Hong

7 Makara St

Sala Lodges (200 m)

Touristenpolizei

Angkor Wat (2 km)

Charles de Gaulle Blvd

10

28

Sivatha St

Siem Reap River Rd

Wat Bo Rd

21

23

Diwo Gallery (1 km)

9

s. Karte Siem Reap (S. 102)

6

17

Royal Gardens

Sivatha St

Pithnou St

27

22

14

15

30

29

Psar Krohm St

18

7

s. Karte Nördliches Siem Reap (S. 110)

13

20

4

11

Airport Rd

24

3

Tonlé Sap (10 km)

5

NH6

Royal Angkor International Hospital

8

19

(2 km):
Seidenfarm
Les Chantiers Écoles (9 km);
Me Chrey (19 km)

Rund um Siem Reap

tags kommen, denn dies sind die besten Zeiten für Beobachtungstouren. Also bricht man entweder in den frühen Morgenstunden auf oder verbringt eine Nacht im Büro der Parkaufsicht, wo einfache Einzelzimmer für 15 US$ (Doppelzimmer 20 US$) zur Verfügung stehen.

Mehrere Ökotourismus-Agenturen bieten Touren nach Prek Toal an: **Sam Veasna Center** (SVC; Karte S. 102; ☎ 063-963710; www.samveasna.org; ab 100 US$ pro Pers.) im Wat-Bo-Viertel in Siem Reap leistet einen Beitrag zum Schutz des Gebiets, denn es unterstützt lokale Gemeinden, die im Gegenzug weder jagen noch Wald roden dürfen. In Gruppen von fünf oder mehr Personen muss man pro Person etwa 100 US$ für einen Ausflug zahlen, bei kleineren Gruppen wird ein Aufpreis erhoben. **Osmose** (☎ 012 832812; www.osmosetonlesap.net; 95 US$ pro Pers.) hat ebenfalls organisierte Tagesexkursionen im Programm; es müssen sich mindestens vier Teilnehmer finden.

Der Transport, Eintrittsgebühren, Tourguides, Frühstück, Mittagessen und Wasser sind inklusive. Auf Nachfrage gibt's Ferngläser, außerdem verfügt das Sam Veasna Center über ein Spektiv. Beide Veranstalter organisieren auch Touren mit Übernachtung. Ein Teil der Einnahmen geht an Bildungsprojekte für Kinder und Dorfbewohner, die über die Bedeutung der Vögel und das einzigartige Naturschutzgebiet aus überschwemmten Wäldern aufgeklärt werden. Bei den Trips ist ein Besuch einer Dorfgemeinschaft inbegriffen. Tagesausflügler werden gegen 6 Uhr vom Hotel abgeholt und bei Einbruch der Dunkelheit wieder zurückgebracht.

Macht man sich auf eigene Faust zum Schutzgebiet auf, geht's zunächst per *moto* (etwa 3 US$) oder Taxi (15 US$) innerhalb von 20 Minuten zum schwimmenden Dorf Chong Kneas – je nach Tageszeit werden am neuen Hafen eventuell zusätzliche Gebühren fällig – und dann mit dem Boot bis zum Parkbüro (Hin- & Rückfahrt 55 US$, jeweils 1 Std.). Von hier aus wird man mit einem weiteren kleinen Boot (30 US$ inklusive Guide; 1 Std.) ins Vogelreservat gebracht.

Sonnencreme und Kopfbedeckung sind ein Muss, gerade in der Trockenzeit kann es sehr heiß werden. Die Guides haben Infobroschüren, in denen alle Vogelnamen auf Englisch aufgeführt sind, allerdings beherrschen sie selbst die Sprache kaum. Man kann aber sowohl beim Sam Veasna Center als auch bei Osmose Fremdenführer mit guten Englischkenntnissen buchen.

Ang-Trapeng-Thmor-Reservat

Dieses **Vogelschutzgebiet** (អាងត្រពាំងថ្ម; Eintritt 10 US$) erstreckt sich etwa 100 km von Siem Reap entfernt nahe der Grenze in der Region Phnom Srok der Provinz Banteay Meanchey. Es ist eines von ganz wenigen Gebieten auf der Welt, in denen der extrem seltene Saruskranich lebt, der auf Flachreliefs in Bayon dargestellt ist. Diese grau gefiederten Vögel haben enorm lange Beine und auffallende rote Köpfe. Das Reservat liegt an einem Stausee, der während des Regimes der Roten Khmer von Zwangsarbeitern angelegt wurde. Die Infrastruktur ist eher primitiv, aber die wunderschöne Landschaft macht das wieder wett. Ferngläser muss man übrigens selbst mitbringen.

Um Ang Trapeng Thmor zu erreichen, folgt man etwa 72 km der Straße nach Sisophon und biegt Richtung Norden nach Prey Mon ab. Auf dem 22 km langen Weg geht's an einigen Dörfern vorbei, die für ihre Seidenwebkunst bekannt sind. Das Sam Veasna Center (s. S. 135) organisiert Vogelbeobachtungstouren hierher (bei einer vierköpfigen Gruppe 100 US$ pro Person) und bietet so eine einfache Möglichkeit, diese Gegend zu erkunden.

Schwimmendes Dorf Chong Kneas

ភូមិអណ្តែតទឹកចុងឃ្នាស

Das berühmte schwimmende Dorf ist ein äußerst beliebtes Ziel für Besucher, die eine Pause von den Tempeltouren einlegen möchten. Man kann den Ausflug auch leicht auf eigene Faust unternehmen. Noch idyllischer geht's in den weiter abseits gelegenen Tonlé-Sap-Dörfern zu. Traveller, die per Boot aus Phnom Penh oder Battambang anreisen, sammeln während der Fahrt bereits erste Eindrücke, schließlich liegt Chong Kneas in der Nähe von Phnom Krom, wo sich die Anlegestelle befindet. Im warmen Licht der morgendlichen oder abendlichen Sonne wirkt die Umgebung besonders malerisch. Den Sonnenuntergang kann man außerdem vom Phnom-Krom-Bergtempel aus genießen. Als kleiner Nachteil gelten allerdings die vielen Touristengruppen, weil man deshalb oft im Konvoi durch die Kanäle gleiten muss. Den Besuchergruppen kann man jedoch aus dem Weg gehen, indem man seinen Bootsführer bittet, einige Seitenkanäle anzusteuern.

Einen Besuch wert ist auch das **Gecko Centre** (www.tsbr-ed.org; ⏲8.30–17.30 Uhr). Dieses Informationszentrum im schwimmenden Dorf erforscht die Geheimnisse des Tonlé-Sap-Sees. Hier ist vieles über die Flora und Fauna sowie die Gemeinden in der Umgebung zu erfahren.

Chong Kneas bewegt sich mit den Jahreszeiten und man benötigt ein Boot, um es ausführlich zu erkunden. Der örtliche Touranbieter Sou Ching bietet die Boote für Individualreisende allerdings nur zum hohen Fixpreis von 15 US$ pro Person an. Im Vergleich zu den Tempeln von Angkor wird für das Geld nicht viel geboten. Wer über einen Reiseveranstalter eine Budgettour buchen kann, kommt insgesamt viel günstiger weg.

Einer der besten Anbieter für einen Besuch von Chong Kneas ist **Tara Boat** (☎092-957765; www.taraboat.com; inkl. Mittagessen/Abendessen 29/36 US$ pro Pers.), da er All-inclusive-Trips samt warmer Mahlzeit auf einem umgebauten Frachtschiff im Programm hat. Transfers, Eintrittsgebühren, Bootsfahrten vor Ort, ein Tourguide und ein zweigängiges Menü sind im Preis enthalten: Eine Tour mit unbegrenzten Getränken kostet einschließlich Mittagessen ab 29 US$ und ab 36 US$ mit Abendbuffet bei Sonnenuntergang.

Die *moto*-Fahrt von Siem Reap nach Chong Kneas kostet 3 US$; soll der Fahrer warten, wird es etwas teurer. Für ein Taxi muss man etwa 15 US$ einplanen. Die Fahrt dauert 20 Minuten. Alternativ leiht man sich ein Fahrrad und radelt hierher: Die 11 km lange Strecke führt durch hübsche Dörfer und Reisfelder und ist leicht zu bewältigen.

SEIDE HILFT HELFEN

Golden Silk (☎012 596811; www.goldensilk.org; Phum Thmey) ist eine aktive Seidenfarm im Bezirk Banteay Srei, etwa 30 km von Siem Reap. Zufällig ist „Golden Silk" auch die Bezeichnung eines besonders feinen Seidenfadens, den nur die gelbe Seidenraupe produziert. Die einst in Kambodscha weitverbreitete Seide wird seit einigen Jahren aufgrund der Anfälligkeit der Seidenraupen und der komplizierten Webverfahren immer seltener. Die Seide selbst wird in einem komplexen Vorgang erzeugt, bei dem 100 kg Seidenkokons und 1500 kg Maulbeerblätter lediglich 10 kg Seide liefern. Besucher können jederzeit die Weberei besuchen und mehr über das Webverfahren lernen. Sie werden dabei um eine Spende von 10 US$ gebeten, um die Arbeit der NGO zu unterstützen, die ehemalige Waisenkinder und benachteiligte Frauen aus der Umgebung beschäftigt.

Kompong Pluk ព្រៃលិចទឹកកំពង់ភ្លុក

Kompong Pluk (20 US$ pro Pers.) ist ein unwirklicher Ort und scheint einem Filmset entsprungen zu sein. Fast alle Häuser des hübschen Dorfs thronen auf etwa 6 bis 7 m hohen Stelzen. In der Nähe liegt ein Wald, der jedes Jahr überschwemmt wird, wenn der Wasserspiegel des Sees durch den Mekong-Zufluss ansteigt. Sinkt er wieder, kommen versteinerte Bäume zum Vorschein. Auf besonders atmosphärische Weise lässt sich das Gebiet per Holzeinbaum in der Regenzeit erkunden.

Besucher, die per Boot kommen, müssen für die Fahrt einen überhöhten Festpreis von 20 US$ pro Person bezahlen. Rechnet man noch alle anderen anfallenden Gebühren dazu, kommt es wahrscheinlich billiger, in Siem Reap eine Budgettour zu buchen.

Nach Kompong Pluk führen zwei Wege. Entweder kommt man von Chong Kneas aus per Boot (1¼ Std.) hierher (Hin- & Rückweg 55 US$) oder entscheidet sich für die Route über den kleinen Ort Roluos, die teilweise über Land (7 US$ mit dem *moto* oder 20 US$ mit dem Taxi) und dann über Wasser führt. Die kombinierte Land-/Wasserwegroute nimmt bis zu zwei Stunden in Anspruch, denn je nach Jahreszeit ist man mal eher auf der Straße, mal überwiegend auf dem Wasser unterwegs. Die neue Straße verkürzt die Anreise während der Trockenzeit auf ungefähr eine Stunde. Tara Boat (s. S. 136) bietet Tagesausflüge für 60 US$ pro Person an.

Kompong Khleang កំពង់ឃ្លាំង

Kompong Khleang ist einer der größten Orte am Tonlé Sap und kann schon fast als Stadt bezeichnet werden. Hier stehen mehrere kunstvoll verzierte Pagoden. Die meisten Häuser wurden auf hohen Stelzen errichtet, um für den stark schwankenden Wasserspiegel gerüstet zu sein. Im Vergleich zu den näher an Siem Reap liegenden schwimmenden Dörfern kommen nur wenige Touristen hierher, was den Ort zu einem noch attraktiveren Ausflugsziel macht. In den Häusern leben zwar nicht viele Menschen, dennoch kann man in der Stelzenstadt tolle ein- bis zweistündige Erkundungstouren unternehmen. Für eine zweistündige Bootsfahrt durch den Ort und hinaus auf den See zahlt man ungefähr 20–30 US$ pro Person. Von Siem Reap aus kommt man dank der bei jedem Wetter befahrbaren Straße über das Dorf Dam Dek problemlos nach Kompong Khleang, allerdings kostet die Fahrt mit dem Taxi hin und zurück rund 40 US$.

Me Chrey មេជ្រៃ

Das schwimmende Dorf **Me Chrey** (Eintritt 1 US$) auf halber Strecke zwischen Siem Reap und Prek Toal wurde erst relativ spät „entdeckt". Es gehört zu den kleineren Orten der Gegend, ist dafür aber auch sehr viel weniger touristisch als das geschäftige Chong Kneas. Me Chrey bewegt sich mit dem Wasserspiegel. Während der Regenzeit ist es hier besonders hübsch, denn dann sammeln sich die Häuser um eine Pagodeninsel. Me Chrey befindet sich 25 km von Siem Reap südlich des Puok-Distrikts. Die Fahrt hierher führt zunächst auf dem Landweg über eine reizvolle unbefestigte Straße durch Reisfelder (ca. 8 US$ für ein *moto* oder 25 US$ für ein Taxi), dann kann man die Gegend per Boot erkunden (für stolze 20 US$ pro Pers.).

Unique Kayak Cambodia (☎ 097 456 2000; http://uniquekayakcambodia.com; halber Tag 70–115 US$, ganzer Tag 100–150 US$) veranstaltet Kajaktrips durch den überschwemmten Wald in der Nähe von Me Chrey und Paddeltouren durchs Dorf. Den meisten Leuten, die nicht gerade Ruderweltmeister sind, reicht eine Halbtagstour aus. Der Unterwasserwald ist wirklich bezaubernd, und man kann dort auch Wasservögel sehen. Im Preis einer Tour sind sämtliche Transfers auf dem Land- und Wasserweg enthalten – für eine Mehrpersonengruppe fallen sie also recht günstig aus. Unterwegs wird ein Halt bei der Artisans Angkor Silk Farm im Bezirk Pouk eingelegt.

Die Tempel von Angkor

Die schönsten Sonnenauf- und -untergänge

➡ Angkor Wat (S. 154)
➡ Phnom Bakheng (S. 167)
➡ Pre Rup (S. 174)
➡ Sra Srang (S. 171)

Tempel für Filmfans

➡ Angkor Wat (S. 154)
➡ Bayon (S. 160)
➡ Beng Mealea (S. 181)
➡ Osttor von Angkor Thom (S. 160)
➡ Ta Prohm (S. 169)

Auf nach Angkor

Willkommen im Himmel auf Erden. Angkor (ប្រាសាទអង្គរ) ist die weltliche Verkörperung des Bergs Meru – hinduistischer Olymp und Wohnsitz der Götter. Die Tempel von Angkor sind die perfekte Verschmelzung von kreativem Ehrgeiz und spiritueller Hingabe. Alle Gottkönige der Khmer haben danach gestrebt, die Monumente ihrer Ahnen in Umfang, Höhe und Symmetrie zu übertreffen. Heraus kam eines der gewaltigsten religiösen Bauwerke der Welt, Angkor Wat.

Die Tempel von Angkor sind Quelle der Inspiration sowie des Nationalstolzes für alle Khmer, die ihr Leben nach Jahren des Terrors mühsam wieder ins Lot bringen. Heute stellen diese heiligen Bauten ein Pilgerziel für alle Kambodschaner dar. Zudem wird sich kein Kambodscha-Traveller ihre außergewöhnliche Schönheit entgehen lassen wollen, denn diese bedeutende antike Stätte verbindet die gewaltige Größe der Chinesischen Mauer und den Detailreichtum bzw. die Komplexität des Taj Mahal mit dem Symbolismus und der Symmetrie der ägyptischen Pyramiden.

Nicht versäumen

➡ Den Sonnenaufgang über dem Angkor Wat (S. 154), dem heiligsten aller Heiligtümer und größten religiösen Bauwerk der Welt, betrachten

➡ Die Abgeklärtheit und Pracht des Bayon (S. 160) bewundern, dessen 216 rätselhafte Gesichter hinaus in den Dschungel schauen

➡ Erleben, wie sich die Natur der mysteriösen Ruinen von Ta Prohm (S. 169), des Tempels aus Tomb Raider, bemächtigt

➡ Ehrfürchtig die kunstvollen Schnitzereien von Banteay Srei (S. 177) bestaunen – es sind die schönsten in ganz Angkor

➡ Tief in den Dschungel nach Kbal Spean (S. 179) wandern und den „Fluss der tausend Lingas" erforschen

➡ Einen Streifzug durch den Beng Mealea (S. 181) mit seinen wild wuchernden Kletterpflanzen, verfallenen Durchgängen und verstreuten Sandsteinblöcken unternehmen

Geschichte

Die Angkor-Ära dauerte von 802 bis 1432 und umfasste damit mehr als 600 Jahre. In diese einzigartige historische Zeit fielen der Bau der Tempel von Angkor und die Konsolidierung des Khmer-Reichs als eine der größten Mächte Südostasiens, Phasen des Niedergangs und des Aufschwungs sowie Kriege mit rivalisierenden Mächten in Vietnam, Thailand und Myanmar.

Die vielen Tempel, die heute noch zu sehen sind, gelten lediglich als heiliges Skelett des riesigen politischen, religiösen und sozialen Zentrums des alten kambodschanischen Khmer-Reichs, einer Metropole, die in ihrer Blütezeit eine Million Einwohner hatte. Zum Vergleich: London war damals ein Städtchen mit gerade mal 50 000 Bewohnern. Das Recht, in Gebäuden aus Stein oder Ziegeln zu wohnen, war Göttern vorbehalten, und so bestanden die Wohnhäuser, öffentlichen Gebäude und Paläste von Angkor aus mittlerweile längst verwittertem Holz.

Die Geburt eines Reiches

Alles begann mit der Herrschaft von Jayavarman II. (reg. 802–850), der als Erster die rivalisierenden kambodschanischen Königreiche vereinte. Sein Hof befand sich an verschiedenen Orten, u.a. in Phnom Kulen, 40 km östlich von Angkor Wat, und in Roluos (damals als Hariharalaya bekannt), 13 km östlich von Siem Reap.

Jayavarman ernannte sich selbst zum *devaraja* (Gottkönig), dem irdischen Vertreter des Hindugottes Shiva, und baute in Phnom Kulen einen „Tempelberg". Dieser repräsentierte Shivas Wohnsitz, den Berg Meru, also die heilige Stätte im Zentrum des Universums. Damit schuf der Herrscher einen Präzedenzfall, der zum beherrschenden Merkmal der Angkor-Periode wurde und zur überwältigenden architektonischen Produktivität der damaligen Khmer führte.

Indravarman I. (reg. 877–889) war vermutlich ein Thronräuber, der den Titel des *devaraja* wahrscheinlich durch Eroberung erwarb. Er baute einen 6,5 km² großen *baray* (Wasserspeicher) und gründete Preah Ko. Der *baray* war die erste Stufe eines Bewässerungssystems, das zu einer „hydraulischen Stadt" führte. Auf diese Weise nutzten die Khmer den Kreislauf der Natur, um ihr Land zu bewässern. Wie so oft bildeten auch hier Form und Funktion eine harmonische Einheit. Der *baray* hatte nämlich auch religiöse Bedeutung, denn er steht symbolisch für die Meere, die den Berg Meru umgeben.

Indravarmans letztes Werk war Bakong, eine Darstellung des Bergs Meru in Form einer Pyramide.

Sein Sohn Jasovarman I. (reg. 889–910) war so weitsichtig, sich einen eigenen Tempelberg zu errichten, wo sein Ruhm gepriesen werden sollte. Zunächst ließ er Lolei auf einer künstlichen Insel in dem *baray* bauen, den sein Vater geschaffen hatte. Erst danach warf er ein Auge auf den Phnom Bakheng, ein beliebter Ort, um den Sonnenuntergang über Angkor Wat zu betrachten. Um diesen Hügel mit dem 16 km südöstlich gelegenen Roluos zu verbinden, wurde eine erhöhte Straße gebaut. Zudem legte man östlich des Phnom Bakheng einen großen *baray* an. Dieser inzwischen völlig versandete Wasserspeicher wird heute Östlicher Baray genannt. Die Tempelberge Phnom Krom und Phnom Bok wurden ebenfalls von Jasovarman I. in Auftrag gegeben.

Nach seinem Tod verlagerte ein anderer Thronräuber, Jayavarman IV. (reg. 924–942), das Machtzentrum vorübergehend von der Angkor-Region ins etwa 80 km nordöstlich gelegene Koh Ker. Unter Rajendravarman II. (reg. 944–968), der den Östlichen Mebon und Pre Rup errichtete, befand es sich dann aber wieder in Angkor. Während der Regie-

DIE TEMPEL VON ANGKOR GESCHICHTE

ℹ TEMPELETIKETTE

Die Strände von Sihanoukville und Thailand sind zwar nicht sehr weit von Angkor entfernt; trotzdem darf man nicht vergessen, dass die Tempel eine heilige Stätte der Khmer sind. Unangemessene Kleidung wird nicht gern gesehen, auch wenn die freundlichen Kambodschaner nichts dazu sagen. Ärmellose Shirts bei Männern und Frauen, bei Frauen dazu Hotpants und kurze Röcke – all das ist absolut tabu. Bei manchen Tempeln ist sogar ausdrücklich eine Kleiderordnung vorgeschrieben: Wer nicht wenigstens die Oberarme bedeckt und Hosen trägt, die bis zum Knie gehen, darf die höchste Ebene von Angkor Wat gar nicht betreten. Die örtlichen Behörden haben vor Kurzem Verhaltensmaßregeln für Besucher sowie ein Video herausgegeben, um sie daran zu erinnern, sich angemessen zu kleiden sowie sich nicht auf die alten Baudenkmäler zu setzen oder sie zu berühren, Absperrungen zu respektieren und Mönchen mit Respekt zu begegnen.

Die Tempel von Angkor

18 ⚠

ANGKOR THOM

Angkor Thom Nordtor

21 ⚠ 29

22 🏛 Angkor Thom Siegestor

8 🔴 28 **BAYON**

Angkor Thom Westtor

Angkor Thom Osttor

♨ 32 Westlicher Baray

Bayon ⚓ 2

23 ◉

15 ◉ Angkor Thom Südtor

PHNOM BAKHENG

12 ♨ 5 🔴

ANGKOR WAT

Internationaler Flughafen Siem Reap ✈

33 ✈ 35

37 ✕ 1 ♨

36 ✕ *Angkor Wat*

NH6

Airport Rd

Dämme

Sivatha St

Charles de Gaulle Blvd

SIEM REAP

Psar Chaa

Makara St

s. Karte Rund um Siem Reap (S. 134)

Damm

Damm

Wat Bo Rd

31 ⚠

14 ♨

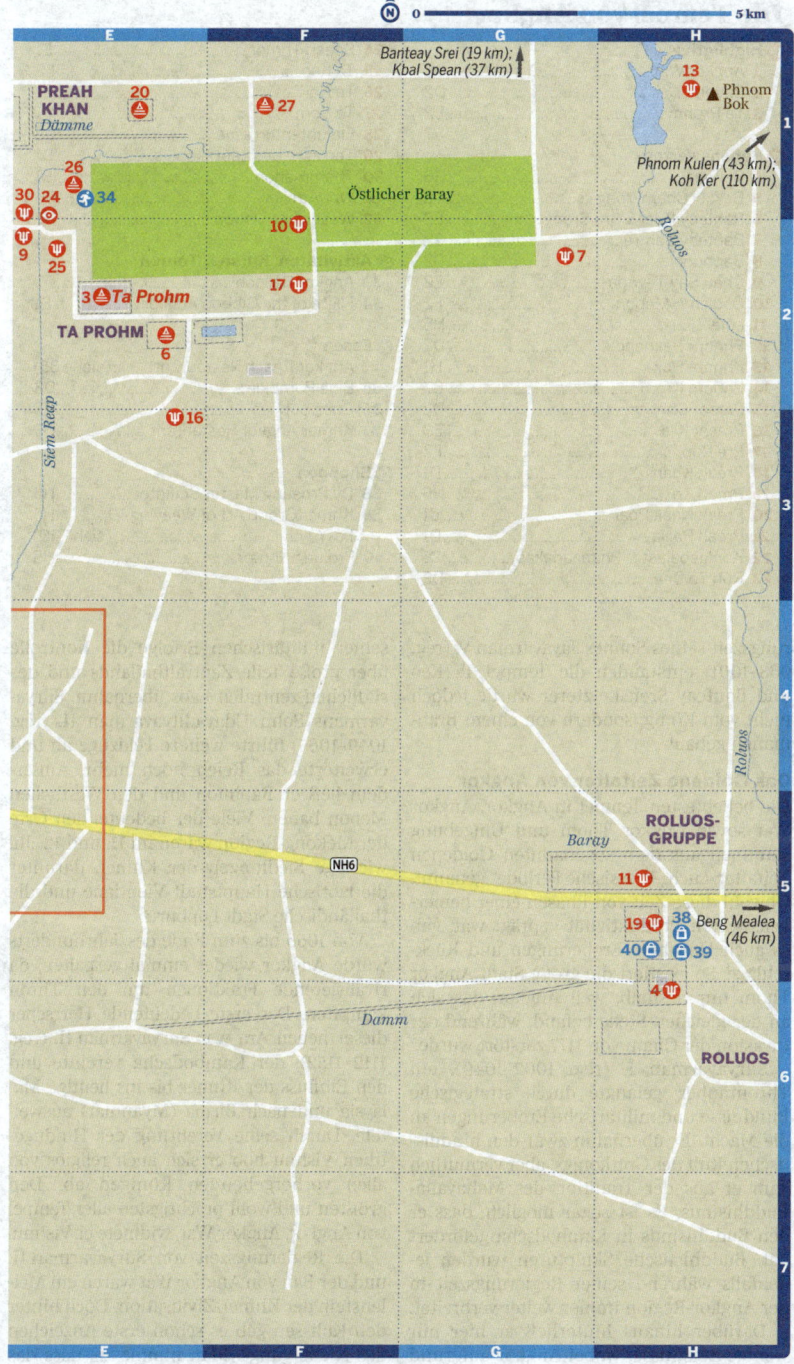

N 0 ————————————— 5 km

Banteay Srei (19 km);
Kbal Spean (37 km)

PREAH KHAN 20
Dämme

27

13 ▲ Phnom Bok

Phnom Kulen (43 km);
Koh Ker (110 km)

26
34
30 24
10
Östlicher Baray
9 25
7
17

3 Ta Prohm

TA PROHM
6

16

Roluos

Roluos

Siem Reap

ROLUOS-GRUPPE
Baray

NH6
11

19 38 Beng Mealea
(46 km)
40 39

Damm

4

ROLUOS

Die Tempel von Angkor

rungszeit seines Sohnes Jayavarman V. (reg. 968–1001) entstanden die Tempel Ta Keo und Banteay Srei. Letzterer wurde jedoch nicht vom König, sondern von einem Brahmanen gebaut.

Das Goldene Zeitalter von Angkor

Die beliebtesten Tempel in Angkor, Angkor Wat sowie Angkor Thom und Umgebung stammen aus dem sogenannten Goldenen Zeitalter, auch „Klassische Periode" genannt. Obwohl diese Zeit von Phasen einer bemerkenswerten Produktivität geprägt war, gab es auch Unruhen, Eroberungen und Rückschläge. So existiert die große Stadt Angkor Thom nur deshalb, weil Angkor, das sich an der gleichen Stelle befand, während der Invasion der Cham von 1177 zerstört wurde.

Suryavarman I. (reg. 1002–1049), ein Thronräuber, gelangte durch strategische Bündnisse und militärische Eroberungen an die Macht. Er übernahm zwar den hinduistischen Kult des Gottkönigs, aber vermutlich kam er aus der Tradition des Mahayana-Buddhismus. Es ist sogar möglich, dass er den Buddhismus in Kambodscha gefördert hat. Buddhistische Skulpturen wurden jedenfalls während seiner Regierungszeit in der Angkor-Region immer weiter verbreitet.

Darüber hinaus hinterließ er hier nur wenige Zeugnisse, wobei Angkor aufgrund seiner militärischen Erfolge die Kontrolle über große Teile Zentralthailands und des südlichen zentralen Laos übernahm. Suryavarmans Sohn Udayadityavarman II. (reg. 1049–1065) führte weitere Feldzüge an und erweiterte das Reich noch mehr. Außerdem ließ er Baphuon und den Westlichen Mebon bauen. Viele der bedeutenden Orte der Mekong-Region waren im 11. und 12. Jh. wichtige Siedlungen der Khmer, darunter die laotische Hauptstadt Vientiane und die thailändische Stadt Lopburi.

Von 1066 bis zum Ende des Jahrhunderts wurde Angkor wieder einmal gespalten, da rivalisierende Fraktionen um den Thron kämpften. Der erste bedeutende Herrscher dieser neuen Ära war Suryavarman II. (reg. 1112–1152), der Kambodscha vereinte und den Einfluss der Khmer bis ins heutige Malaysia und nach Birma (Myanmar) ausweitete. Durch seine Verehrung der Hindugottheit Vishnu hob er sich auch religiös von allen vorhergehenden Königen ab. Den größten und wohl prächtigsten aller Tempel von Angkor, Angkor Wat, widmete er Vishnu.

Die Regierungszeit von Suryavarman II. und der Bau von Angkor Wat waren ein Meilenstein der Khmer-Zivilisation. Doch hinter den Kulissen gab es schon erste Anzeichen des Niedergangs. Man nimmt an, dass das

Bewässerungssystem der Reservoire und Kanäle zu dieser Zeit überlastet wurde und allmählich zu versanden begann, hinzu kamen Überbevölkerung und Abholzung. Auch der Bau von Angkor Wat strapazierte die vorhandenen Ressourcen und darüber hinaus führte Suryavarman II. einen verhängnisvollen Kriegszug gegen Dai Viet (Vietnam), bei dem er selbst ums Leben kam.

Jayavarman VII.

Im Jahr 1177 erhoben sich die Cham des damaligen Königreichs Champa (heute Südvietnam), das lange Zeit vom Khmer-Reich annektiert worden war, und brandschatzten Angkor. Dieser Überfall traf die Khmer völlig unvorbereitet, denn die Gegner griffen über den Wasserweg (Meer, Fluss und See) an und nicht wie bis dahin üblich über den Landweg. Die Cham plünderten die hölzerne Stadt und brannten sie gnadenlos nieder. Jayavarman VII. (reg. 1181–1219) nahm vier Jahre später Rache, indem er die Cham vertrieb und das verlorene Gebiet zurückeroberte.

Die Regierungszeit von Jayavarman VII. gibt der Wissenschaft viele Rätsel auf. Sie stellt eine radikale Abkehr von der Herrschaft seiner Vorgänger dar. Jahrhunderte-lang war der Hindugott Shiva (gelegentlich auch Vishnu) Ursprung der königlichen Gottheit. Jayavarman VII. hingegen nahm den Mahayana-Buddhismus an und wählte Avalokiteshvara, den Bodhisattva des Mitleids, zu seiner Schutzgottheit. Damit könnte er zu einer Religion konvertiert sein, die sich unter seinen Untertanen bereits weiter Verbreitung erfreute. Möglicherweise war aber auch die Zerstörung von Angkor ein derartiger Schlag für die königliche Göttlichkeit, dass eine neue religiöse Grundlage für notwendig erachtet wurde.

Während seiner Regierungszeit nahm Jayavarman VII. ein schwindelerregendes Spektrum von Tempelprojekten in Angriff, in deren Zentrum Baphuon stand, der Bereich der Hauptstadt, der von den Cham zerstört worden war. Die neue Stadt Angkor Thom war von Mauern und einem Wassergraben umgeben, einem weiteren Bestandteil des komplexen Bewässerungssystems. Das Zentrum von Angkor Thom bildete der Bayon, der mit Gesichtern verzierte Tempelberg, heute neben Angkor Wat der berühmteste kambodschanische Tempel. Andere während seiner Herrschaft gebaute sakrale Bauwerke sind u. a. Ta Prohm, Banteay Kdei und Preah

TOP 10: KÖNIGE VON ANGKOR

Eine schier endlose Zahl von Königen regierte das Khmer-Reich vom 9. bis zum 14. Jh. Ihre Namen enthalten stets das Wort „*varman*", das „Rüstung" oder „Beschützer" bedeutet. Die unbedeutenderen können getrost zugunsten der wichtigsten zehn vernachlässigt werden.

Jayavarman I. (reg. 802–850) Gründer des Khmer-Reichs im Jahr 802.

Indravarman I. (reg. 877–889) Erbauer des ersten *baray* (Wasserreservoirs), des Preah Ko und des Bakong.

Jasovarman I. (reg. 889–910) Verlegte die Hauptstadt nach Angkor und erbaute Lolei sowie Phnom Bakheng.

Jayavarman IV. (reg. 924–942) Eroberte den Thron und verlegte die Hauptstadt nach Koh Ker.

Rajendravarman II. (reg. 944–968) Erbauer des Östlichen Mebon, des Pre Rup und des Phimeanakas.

Jayavarman V. (reg. 968–1001) Leitete den Bau des Ta Keo (S. 169) und des Banteay Srei.

Suryavarman I. (reg. 1002–1049) Erweiterte das Reich um große Teile von Laos und Thailand.

Udayadityavarman II. (reg. 1049–1065) Erbauer des Pyramidentempels Baphuon und des Westlichen Mebon.

Suryavarman II. (reg. 1112–1152) Legendärer Bauherr von Angkor Wat (S. 154) und Beng Mealea.

Jayavarman VII. (reg. 1181–1219) Der mächtigste Gottkönig erbaute Angkor Thom, den Preah Khan und den Ta Prohm.

Die Tempel von Angkor

DREI PERFEKTE TAGE

Der Tempelkomplex von Angkor ist gigantisch und sprengt alle Superlative. Hier warten die größten religiösen Gebäude der Welt, unzählige Tempel und eine riesige – versunkene Stadt – wohl die erste Metropole Südostasiens, lange bevor Bangkok und Singapur von sich reden machten.

Ausgangspunkt unserer Besichtigungstour ist die Roluos-Tempelgruppe, eine der frühesten Hauptstädte von Angkor. Danach geht's weiter auf dem großen Rundweg, der den buddhistisch-hinduistischen Tempel **1 Preah Khan** und den reich verzierten Wassertempel **2 Neak Pean** einschließt.

Am Tag zwei steht der kleine Rundweg auf dem Programm. Er beginnt mit einem frühen Besuch in **3 Ta Prohm** und führt weiter zur Tempelpyramide Ta Keo, zum Buddhistenkloster Banteay Kdei und zum königlichen Badeteich **4 Sra Srang**.

Dann führt unsere Route weit hinaus zum Tempel Banteay Srei – die Krönung der angkorianischen Schöpferkunst – und zum abgelegenen Dschungeltempel Beng Mealea. Das Beste sollte man sich für den Schluss aufheben: Der Sonnenaufgang beim **5 Angkor Wat** ist nicht zu übertreffen! Anschließend kann man die Umgebung erkunden und die überwältigende Architektur des Tempels ohne große Besuchermassen erforschen. Nachmittags steht die Erkundung von **6 Angkor Thom** auf dem Programm, des riesigen Komplexes, der den rätselhaften **7 Bayon** birgt.

Drei Tage Angkor? Das reicht gerade mal für einen ersten Eindruck!

TOP-TIPPS

» **Den Besuchermassen entgehen** Sra Srang am frühen Morgen, Angkor Wat direkt nach dem Sonnenaufgang und Banteay Srei zur Mittagszeit.

» **Längere Erkundungen** Dreitagespässe dürfen an drei nicht aufeinanderfolgenden Tagen innerhalb einer Woche genutzt werden. Beim Kauf ausdrücklich danach fragen!

Bayon
Vom surreal anmutenden Regierungstempel des legendären Königs Jayavarman VII. blicken 216 Ehrfurcht gebietende Gesichter auf die Pilger herab.

Terrasse der Leprakönig

Preah Palilay

Phimeanakas-Tempel

Tep Pran

Westtor von Angkor Thom

Baphuon-Tempel

Elefanten terrass

7

Südtor von Angkor Thom

Phnom Bakheng

Baksei Chamrong

5

Angkor Wat
Zuerst den Sonnenaufgang beim heiligsten der Bauten genießen und anschließend die Flachreliefs betrachten – in Stein gemeißelte Zeugnisse religiöser Hingabe.

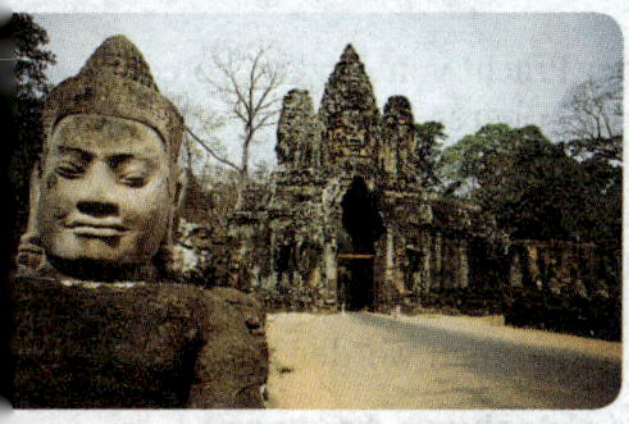

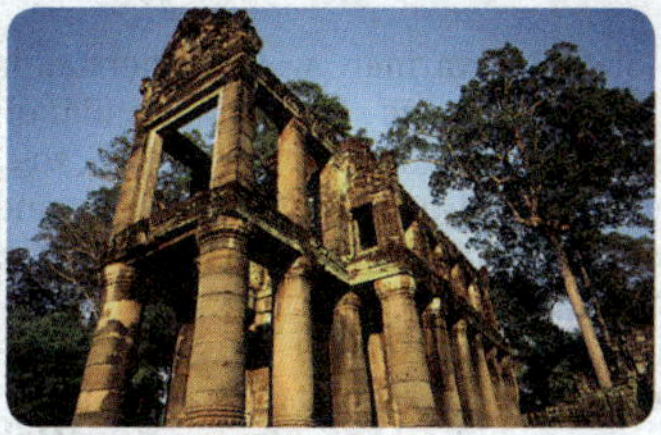

ANDERS BLOMQVIST / GETTY IMAGES ©

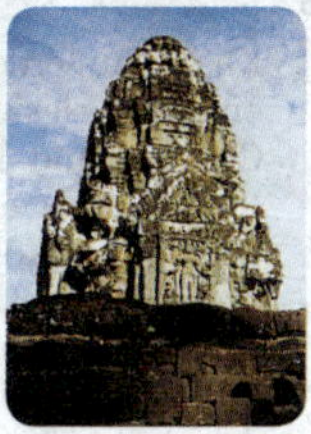

ANDERS BLOMQVIST / GETTY IMAGES ©

Angkor Thom
Die letzte große Hauptstadt des Khmer-Reichs ɪst reich an Tempeln, deren monumentale Proportionen gleichermaßen beeindruckend und Furcht einflößend wirken.

Preah Khan
Dieser Tempel ist gleichzeitig Buddha, Brahma, Shiva und Vishnu geweiht; seine immensen Korridore wirken wie ein endloser Spiegelsaal.

Preah Neak Poan
Würde in Las Vegas jemals ein Mini-Angkor gebaut, wäre dieser Tempel das perfekte Vorbild für den Swimming Pool: ein Türmchen in einem See, umgeben von vier kleineren Wasserbecken.

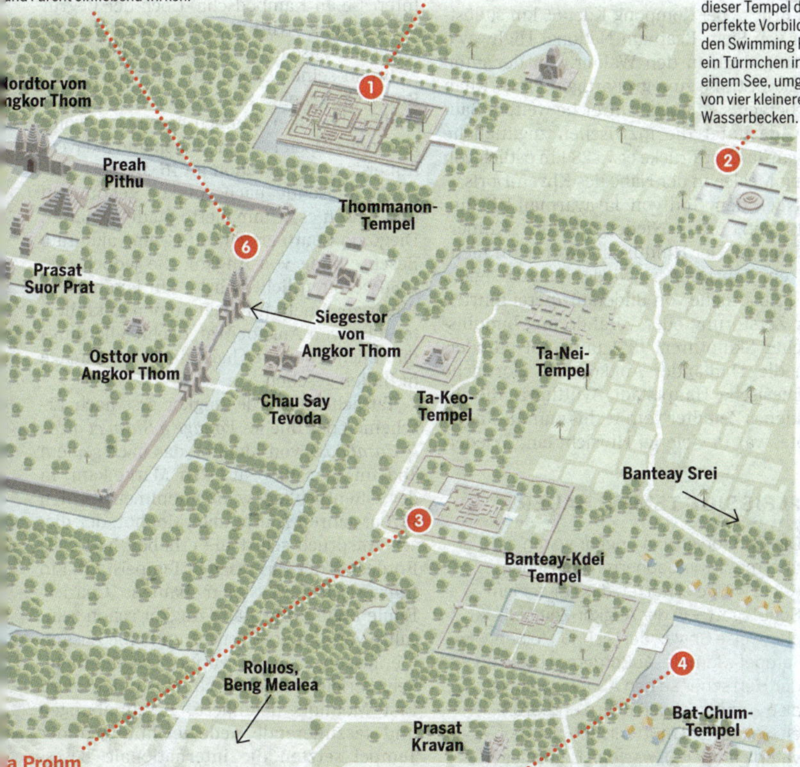
1
2
Nordtor von Angkor Thom
Preah Pithu
Thommanon-Tempel
6
Prasat Suor Prat
Siegestor von Angkor Thom
Osttor von Angkor Thom
Chau Say Tevoda
Ta-Keo-Tempel
Ta-Nei-Tempel
Banteay Srei
3
Banteay-Kdei Tempel
4
Roluos, Beng Mealea
Prasat Kravan
Bat-Chum-Tempel

a Prohm
eim sogenannten Tomb-Raider-Tempel hat die atur ihre Muskeln spielen lassen. Baumwurzeln aben die Steinmonumente fest im Griff.

Sra Srang
Der ehemalige königliche Badeteich ist die Mutter aller rituellen Bäder und eine tolle Anlaufstelle bei Sonnenauf- oder -untergang.

ARIADNE VAN ZANDBERGEN / GETTY IMAGES ©

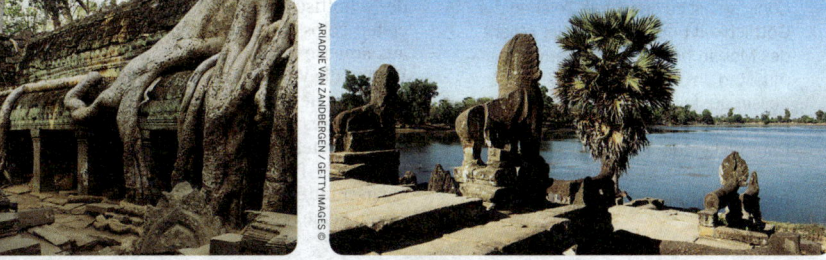

Khan. Außerdem ließ Jayavarman weiter entfernt riesige Komplexe wie Banteay Chhmar und Preah Khan in der Provinz Preah Vihear errichten und war damit von den vielen Königen Angkors der weitaus produktivste Bauherr.

Zudem begann er ein bedeutendes Programm öffentlicher Bauten und so entstanden in seinem gesamten Reich Straßen, Schulen sowie Krankenhäuser. Überall in Kambodscha kann man ihre Überreste sehen. Am berühmtesten ist die Spean-Praptos-Brücke bei Kompong Kdei 65 km südöstlich von Siem Reap am National Highway 6 (NH6), doch in den Wäldern an der alten Angkor-Straße zum großartigen Preah Khan verbergen sich noch zahlreiche weitere Bauten, darunter die inzwischen zugängliche Spean-Ta-Ong-Brücke etwa 28 km östlich von Beng Mealea in der Nähe des Khvau-Dorfs.

Nach dem Tod von Jayavarman VII. um 1219 setzte der Niedergang des Khmer-Reichs ein. Der Hinduismus wurde für mehr als ein Jahrhundert wieder Staatsreligion, und Ausbrüche von Bilderstürmerei führten zur Zerstörung oder Veränderung buddhistischer Skulpturen. 1351 und 1431 plünderten die Thailänder Angkor. Die glorreiche siamesische Hauptstadt Ayutthaya, die ihr goldenes Zeitalter vom 14. bis zum 18. Jh. erlebte, war in vielerlei Hinsicht eine Wiederherstellung der Pracht von Angkor, von dem thailändische Eroberer inspiriert wurden. Nun zog der Hof der Khmer nach Phnom Penh und kehrte im 16. Jh. vorübergehend nach Angkor zurück, das inzwischen verlassen und von Pilgern, Heiligen sowie der Natur in Besitz genommen worden war.

Die Wiederentdeckung Angkors

Die französische „Entdeckung" von Angkor in den 1860er-Jahren sorgte international für Wirbel und weckte im Ausland großes Interesse an Kambodscha. Doch der Begriff „Entdeckung" trifft eigentlich nicht zu. Als der französische Forscher Henri Mouhot während seiner Expedition im Auftrag der Royal Geographic Society auf Angkor Wat stieß, gab es hier nämlich bereits ein wohlhabendes Kloster mit Mönchen und Sklaven. Außerdem waren schon im 16. Jh. portugiesische Reisende nach Angkor gekommen und hatten es „Ummauerte Stadt" genannt. Diego do Couto erstellte 1614 eine akkurate Beschreibung von Angkor, die jedoch erst 1958 veröffentlicht wurde. Ein japanischer Pilger zeichnete im 17. Jh. einen detaillierten Plan von Angkor Wat, dachte allerdings fälschlicherweise, er habe die Tempelanlage in Indien gesehen.

Tatsächlich wurde Angkor erst nach Erscheinen des Buches *Voyage à Siam et dans le Cambodge* von Mouhot, das nach seinem Tod im Jahr 1868 auf den Markt kam, in der Öffentlichkeit wahrgenommen. In den 1870er-Jahren feierte man Mouhot, der diesen Anspruch selbst nie erhoben hatte, als Entdecker der vergessenen Tempelstadt. Ein französischer Missionar namens Charles-Emile Bouillevaux hatte Angkor schon zehn Jahre vor Mouhot besucht und eine Zusammenfassung seiner Funde veröffentlicht. Sein Bericht wurde jedoch schlicht ignoriert. Erst Mouhots detaillierte Beschreibungen und faszinierende Federzeichnungen der Tempel setzten die internationale Besessenheit von den Ruinen in Gang.

Nach Mouhot tauchten bald weitere Abenteurer und Entdecker auf. 1866 schoss der schottische Fotograf John Thomson die ersten Fotos von den Tempeln. Darüber hinaus äußerte er als erster Besucher aus dem Westen die Vermutung, diese Bauwerke seien symbolische Darstellungen des mythologischen Bergs Meru. 1887 reiste der französische Architekt Lucien Fournereau nach Angkor, wo er Pläne anfertigte und akribische Querschnitte erstellte. Bis in die 1960er-Jahre waren keine besseren zu bekommen.

FLEISSIGE TEMPELBAUER

Die Gottkönige von Angkor waren unermüdliche Bauherren. Von jedem König wurde erwartet, dass er seinem Schutzgott – in der Angkor-Zeit üblicherweise Shiva oder Vishnu – einen Tempel widmete. Außerdem musste jeder Herrscher seinen Ahnen gedenken, also zumindest den Eltern und Großeltern (sowohl mütterlicher- als auch väterlicherseits), was den Bau eines halben Dutzends weiterer Tempel bedeutete. Und schließlich war noch das Mausoleum oder der Tempel für den König selbst zu errichten, Zeichen der Göttlichkeit und Ausdruck der Macht des Monarchen. All diese Bauwerke mussten um jeden Preis größer und besser ausfallen als die des Vorgängers. Diese Logik erklärt die unermüdliche Bautätigkeit der Khmer jener Zeit und die beispiellose Entwicklung der Tempelarchitektur.

Von diesem Zeitpunkt an war Angkor das Ziel von Expeditionen, die von Frankreich ausgerüstet wurden. 1901 begann mit der Finanzierung einer Expedition zum Bayon die langjährige Partnerschaft der École Française d'Extrême-Orient (www.efeo.fr) mit der Tempelstadt. 1907 erhielt Kambodscha Angkor zurück, nachdem es mehr als 100 Jahre lang unter thailändischer Kontrolle gestanden hatte. Die EFEO übernahm die Verantwortung für die Freilegung und Restaurierung der gesamten Stätte. Im selben Jahr trafen die ersten Touristen ein – ganze 200 Besucher innerhalb von drei Monaten, das gab es hier noch nie! Angkor war dem Dschungel „entrissen" worden und nahm allmählich seinen gebührenden Platz in der modernen Welt ein.

Archäologie

Mit Ausnahme von Angkor Wat, das im 16. Jh. von den königlichen Khmer restauriert worden war, um als buddhistisches Heiligtum zu dienen, blieben die Tempel viele Jahrhunderte lang dem Dschungel überlassen. Die meisten sind aus Sandstein gebaut, der leicht verwittert, wenn er lange Zeit hoher Feuchtigkeit ausgesetzt ist. Fledermausexkremente forderten ebenso ihren Tribut wie gelegentliche Diebstähle von Skulpturen und Steinen. An manchen Gebäuden wie Ta Prohm hatte der Dschungel enorm zu wuchern begonnen, und die Entfernung der Pflanzen barg ein hohes Risiko für die Bauwerke, weil diese inzwischen vom Wurzelgeflecht gestützt wurden.

Die ersten Versuche unter Federführung der École Française d'Extrême-Orient, Angkor von den Pflanzen zu befreien, waren durch technische Schwierigkeiten und theoretische Diskussionen belastet: Zum einen begann der Dschungel sofort wieder zu wuchern, wo er eben beseitigt worden war, zum anderen stritten Wissenschaftler darüber, in welchem Ausmaß die Tempel restauriert werden sollten und ob spätere Ergänzungen wie Buddha-Bilder aus hinduistischen Tempeln entfernt werden sollten.

Erst in den 1920er-Jahren fand man eine Lösung: die sogenannte Anastilosis. Mit dieser Methode hatten die Holländer bereits Borobudur auf Java restauriert. Vereinfacht gesagt wurden nach dieser Methode Baudenkmäler unter Nutzung der Originalmaterialien bearbeitet, die ursprüngliche Form und Struktur blieb erhalten. Neue Materialien waren nur dann erlaubt, wenn die ur-sprünglichen nicht mehr aufzutreiben waren, und sie sollten möglichst unauffällig verwendet werden. Ein Beispiel dieser Methode ist der Damm, der zum Eingang von Angkor Wat führt: Seine rechte Seite wurde von den Franzosen originalgetreu wiedererrichtet.

Die erste größere Restaurierung fand 1930 am Banteay Srei statt. Sie wurde ein derartiger Erfolg, dass zahlreiche ausgedehnte Projekte an anderen Stellen rund um Angkor in Angriff genommen wurden. Als Höhepunkt wird die Restaurierung von Angkor Wat in den 1960er-Jahren gesehen. Zu diesem Zweck schaffte man große Kräne und Maschinen für den Tiefbau sowie eine umfassende Ausrüstung zur Vermessung heran.

Der Sieg der Roten Khmer und das Abgleiten Kambodschas in einen auswegslos erscheinenden Bürgerkrieg fügten Angkor deutlich weniger Schaden zu, als viele vermuteten, denn Teams der EFEO und des Kulturministeriums hatten vorsichtshalber viele Statuen aus den Tempeln entfernt. Nichtsdestotrotz führte der Aufruhr zu einer langen Unterbrechung der Restaurierungsarbeiten und gab dem Dschungel Gelegenheit, die Monumente wieder zurückzuerobern. Der illegale Handel mit Kunstwerken war ebenfalls eine große Bedrohung. Neuerdings sind die abgelegeneren Stätten Ziele von Plünderern. Seit 1992 gehört Angkor zum Welterbe der Unesco und so halten die nationalen bzw. internationalen Bemühungen an, alle Denkmäler zu bewahren und zu restaurieren. 2003 wurde Angkor schließlich von der Liste der gefährdeten Welterbestätten gestrichen – ein Zeichen wirklichen Fortschritts.

Viele Geheimnisse dieses Gebiets sind noch immer gänzlich unentdeckt, denn bisher haben sich fast alle Arbeiten auf die Restaurierung über der Erde konzentriert – dabei liegt die wahre Geschichte Angkors und seiner Bewohner nicht über sondern unter der Erde. Die Inschriften auf den Tempeln ergeben nämlich nur ein unvollständiges Bild der Götter, denen die Bauwerke geweiht waren, und der Könige, die sie gebaut haben.

Mehr über die Aktivitäten der Unesco in Angkor steht unter http://whc.unesco.org. Auf der Internetseite www.world-heritage-tour.org) lässt sich Angkor auf einer virtuellen 360-Grad-Tour besichtigen. Tolle Fotos der Angkor-Tempel sind auf der japanischen Website www.angkor-ruins.com (mit englischen Übersetzungen) zu sehen.

MOTIVE, SYMBOLE & FIGUREN RUND UM ANGKOR

Die majestätischen Tempel von Angkor sind mit kunstvollen Statuen und in Stein gemeißelten Reliefs geschmückt, die Mythen, Legenden, Symbole und unzählige Figuren darstellen. Zum besseren Verständnis haben wir einige der häufigsten Motive zusammengefasst. Wer mehr darüber wissen will, sollte sich das Buch *Images of the Gods* von Vittorio Reveda besorgen.

Apsaras Himmlische Nymphen oder Göttinnen, auch *devadas* genannt; viele Tempelwände sind mit ihren schönen weiblichen Formen geschmückt.

Asuras Oft erscheinen diese Dämonen in Darstellungen vom „Quirlen des Milchmeers", etwa in Angkor Wat.

Devas Die „guten Götter" im Schöpfungsmythos vom „Quirlen des Milchmeers".

Flamme Dieses Motiv umrahmt Stufen und Torbögen, denn die Flamme soll jeden Pilger beim Betreten des Tempels reinigen.

Garuda Reittier von Vishnu; dieses Wesen, halb Mensch und halb Vogel, ist in einigen Tempeln zu sehen und wurde unter Jayavarman VII. zusammen mit seinen Erzfeindinnen, den *nagas*, dargestellt, um die religiöse Einheit Kambodschas zu fördern.

Kala Von Shiva ernannter Tempelwächter, auch Rehu genannt; er hatte einen solchen Appetit, dass er seinen eigenen Körper verschlang, daher wird er lediglich als gigantischer Kopf über Toröffnungen dargestellt.

Linga Phallussymbol der Fruchtbarkeit; ursprünglich waren *lingas* in den Türmen vieler Hindutempel zu finden.

Lotusblüte Ein Symbol der Reinheit. Die Formen der Türme und der Treppen zu den Eingängen stellen oft Lotusblüten dar, außerdem sind sie häufig in Verzierungen zu sehen.

Makara Riesige Seeschlange mit krokodilartigem Maul; sie erscheint in den Ecken von Giebeln und speit *nagas* oder andere Geschöpfe aus.

Naga Die mehrköpfige Schlange, Halbschwester und Feindin der *garudas*, ist die Hüterin des Wassers und bringt Regen: Damit zeichnet sie sich für das Wohlergehen des Reichs verantwortlich. Sie ist an Dämmen, Torwegen und Dächern zu sehen. Die siebenköpfige *naga*, die viele Tempel ziert, repräsentiert den Regenbogen, der als Brücke zwischen Himmel und Erde dient.

Nandi Stier und Reittier von Shiva; *nandi*-Skulpturen sind in einigen Tempeln zu finden, viele wurden allerdings von Plünderern beschädigt oder gestohlen.

Rishi Weiser oder Asket bei den Hindus, auch *essai*; die bärtigen Gestalten sind oft im Schneidersitz am Fuß von Säulen oder an Seitenwänden dargestellt.

Wein Der Wein ist ein weiteres Symbol der Reinheit und verziert Torbögen sowie Fensterrahmen; er soll dabei helfen, Besucher auf ihrer Reise zu diesem Himmel auf Erden, dem Sitz der Götter, zu reinigen.

Yama Gott des Todes und Herrscher der Unterwelt; er bestimmt, wer in den Himmel und wer in die Hölle kommt.

Yoni Weibliches Fruchtbarkeitssymbol; wird mit *lingas* kombiniert, um Wasser zu gewinnen, das mit der Essenz des Lebens erfüllt ist.

Architektur

Beginnend mit den frühesten Bauwerken in Roluos entwickelte sich die Khmer-Architektur beständig von der Herrschaft eines Königs zur nächsten. Archäologen gliedern die Denkmäler von Angkor daher in neun Perioden, die jeweils nach dem führenden Beispiel des Stils jeder Periode benannt sind.

Die Khmer-Architektur entwickelte sich auf der Grundlage eines zentralen Themas: in diesem Fall des Tempelbergs, der vorzugsweise auf einem richtigen Hügel entstand. Wenn keiner da war, legte man eben einen künstlichen an. Besonders strikt wurde diese Vorschrift bei den am frühesten erbauten Tempeln eingehalten. Im Prinzip wurde der Berg durch einen Turm auf einer gestaffelten Grundlage dargestellt. Ganz oben befand sich das zentrale Heiligtum, gewöhnlich mit einer offenen Tür nach Osten und drei falschen Türen nach Norden, Süden und Westen. Für indische Hindus repräsentiert der Himalaja den Berg Meru, also den Wohnsitz der Götter, während diese Position für die Khmer-Könige der Phnom Kulen einnahm.

Mit der Bakheng-Periode schmückte man dieses Design aus. Die Spitze des Hauptturms wurde mit fünf „Gipfeln" gekrönt – einem in der Mitte und vier in allen Himmelsrichtungen. Selbst Angkor Wat weist diese Form auf, allerdings in einem grandiosen Maßstab. Andere Merkmale, die sich steigender Beliebtheit erfreuten, waren ein Eingangsturm sowie ein Damm, der mit Balustraden aus *nagas* (mythologischen Schlangenwesen) gesäumt war und hinauf zum Tempel führte.

Als die Tempel selbst immer ambitionierter wurden, nahm die Bedeutung des Hauptturms ab, auch wenn er weiterhin im Zentrum des Bauwerks stand. An den Toren und Ecken der Mauern wurden kleinere Türme gebaut, deren Gesamtzahl oft religiöse oder astrologische Bedeutung hatte.

Diese Verfeinerungen und Ergänzungen fanden ihren Höhepunkt schließlich in Angkor Wat, das quasi ein Modell für die Entwicklung der Angkor-Architektur ist. Die Bauform der Bayon-Periode bricht in sakralen Stätten wie Ta Prohm und Preah Khan mit dieser Tradition. Dort scheint die horizontale Anlage der Galerien, Korridore und Höfe den Hauptturm vollständig in den Hintergrund zu drängen.

Weil die Architekten von Angkor es nie schafften, einen vollständigen Bogen zu entwickeln, sind die Korridore und Türöffnungen seltsam eng. Sie schufen lediglich Überwölbungen, indem sie Blöcke versetzt übereinanderlegten, bis diese sich an einem zentralen Punkt trafen. Diese Technik, als Kragbogen bekannt, kann nur sehr kurze Spannweiten überbrücken.

Die meisten größeren Sandsteinblöcke in Angkor haben kleine runde Löcher. Darin steckten ursprünglich Holzstangen, mit denen die Steine während des Baus hochgehoben und an die richtige Stelle transportiert wurden, danach sägte man die Stangen ab.

Reisezeit

Den schweißtreibenden Temperaturen in den Monaten März bis Mai sollte man aus dem Weg gehen. Die beste Reisezeit reicht von November bis Februar und dann herrscht auch Hochsaison in Angkor. Das bedeutet, dass in dieser Periode unglaublich viel los ist: Mehr als zwei Millionen Besucher strömen jedes Jahr zu den Tempelanlagen. Doch auch die Sommermonate Juli und August sind überraschend gut geeignet für eine Reise nach Angkor. Die Landschaft erstrahlt dann in leuchtendem Grün, die Wassergräben sind bis über den Rand gefüllt und Moose und Farne bilden einen leuchtenden Kontrast zum Grau der Sandsteine. Jedes Jahr im Dezember findet der Internationale Halbmarathon von Angkor Wat statt. Wer keine Lust auf Langstreckenlauf hat, kann auch an einem Radrennen teilnehmen.

Reiserouten

In den Anfangstagen des Tourismus gab es zwei Routen für die Reihenfolge der besuchten Tempel: die „kleine Runde" *(petit circuit)* und die „große Runde" *(grand circuit)*. Heute hält sich wohl kaum noch jemand so genau daran, aber damals gehörten sie zum Pflichtprogramm einer Angkor-Reise – und zwar oft auf dem Rücken eines Elefanten.

AM ORIGINALSCHAUPLATZ VON TOMB RAIDER

Mehrere Szenen von *Tomb Raider* mit Angelina Jolie als Lara Croft wurden bei den Tempeln von Angkor gedreht. Die Szenen in Kambodscha beginnen am Phnom Bakheng, wo Lara mit Fernglas nach den mysteriösen Tempeln sucht. Zu diesem Zeitpunkt versuchen die Bösewichter schon, durch das Osttor von Angkor Thom einzubrechen, indem sie eine riesige *apsara* aus Styropor niederreißen. Nachdem Lara wieder bei ihrem spezialgefertigten Landrover angekommen ist, dreht sie ein paar Runden um den Bayon. Kurz darauf findet sie einen Hintereingang in den Ta-Prohm-Tempel. Danach kämpft sie mit einer lebenden Statue, entwischt Daniel Craig (alias 007) durch einen Sprung in den Phnom-Kulen-Wasserfall und kommt bei einem schwimmenden Markt gegenüber von Angkor Wat wieder zum Vorschein. Hier gelangt sie ans Ufer, borgt sich von einem einheimischen Mönch ein Handy und wagt sich danach in die Galerie der Tausend Buddhas, wo sie vom Abt geheilt wird.

Heute entscheiden die meisten Individualreisenden der unteren bis mittleren Preisklasse am liebsten selbst, wie viel Zeit sie sich für die Tempel nehmen und welche Verkehrsmittel (Auto, *remork*, Fahrrad oder Minibus) sie benutzen möchten. Am besten plant man bei Tagesausflügen von Sonnenauf- bis Sonnenuntergang eine ausgedehnte Pause zum Essen mit ein, um der erbarmungslosen Mittagssonne zu entgehen. Man kann die Besichtigung der Tempel allerdings auch gerade auf die Mittagszeit legen, denn dann geht es erheblich ruhiger zu als vor- und nachmittags. Es ist dann aber brütend heiß und das Licht zum Fotografieren nicht besonders günstig.

Die kleine Runde

Die 17 km lange kleine Runde beginnt in Angkor Wat und führt dann Richtung Norden nach Phnom Bakheng, Baksei Chamkrong und Angkor Thom. Unterwegs werden Bayon, Baphuon, der Königspalast, Phimeanakas, Preah Palilay, die Terrassen des Leprakönigs und der Elefanten sowie die Kleangs und Prasat Suor Prat besichtigt. Die Tour verlässt Angkor Thom durch das Siegestor in der östlichen Mauer, um dann den Weg nach Chau Say Tevoda, Thommanon, Spean Thmor und Ta Keo einzuschlagen. Anschließend verläuft die Route nordöstlich der Straße nach Ta Nei, biegt Richtung Süden nach Ta Prohm und dann Richtung Osten nach Banteay Kdei und Sra Srang ab, bevor sie über Prasat Kravan wieder nach Angkor Wat zurückführt.

Die große Runde

Die 26 km lange große Runde ist eigentlich nur eine Verlängerung der kleinen Runde: Sie verlässt die Stadtmauern von Angkor Thom nicht durch das Ost-, sondern durch das Nordtor, um dann den Weg nach Preah

ⓘ ÜBERNACHTEN UM ANGKOR

Die beste Basis für die Erkundung der Tempel von Angkor ist die nahe Stadt Siem Reap: Sie bietet eine unglaubliche Vielfalt an Unterkünften (S. 109), von billigen Hostels bis zu opulenten Hotels. Direkt bei Angkor gibt's keine Übernachtungsmöglichkeiten; im Bezirk Banteay Srei (S. 133) finden Leute, die den kambodschanischen Alltag kennenlernen möchten, einige Privatunterkünfte.

Khan und Preah Neak Poan, Richtung Osten nach Ta Som und dann Richtung Süden über den Östlichen Mebon nach Pre Rup zu nehmen. Von dort verläuft sie Richtung Westen und Südwesten zurück nach Angkor Wat.

Ein Tag

Wer in Angkor nur einen Tag Zeit hat, kommt am besten zum Sonnenaufgang zum Angkor Wat und erkundet danach den gewaltigen Tempel, solange weniger los ist. Bis zum Mittagessen kann man sich dann zwischen den Baumwurzeln von Ta Prohm die Zeit vertreiben. Am Nachmittag sind die Tempel in der befestigten Stadt Angkor Thom an der Reihe, während der Bayon im Licht des Spätnachmittags besonders schön ist.

Zwei Tage

In zwei Tagen hat man genug Zeit, ein paar weitere Besuchermagnete rund um Angkor abzuklappern. Der erste Tag beginnt mit dem hübschen Banteay Srei und seinen phantastischen Schnitzereien. Auf dem Rückweg bietet sich ein Besuch beim Banteay Samré an. Am Nachmittag sind der riesige Preah Khan, der zierliche Preah Neak Poan und die Baumwurzeln von Ta Som an der Reihe, bevor man die Sonne über dem Pre Rup untergehen sieht. Am zweiten Tag sollte man zum Sonnenaufgang im Angkor Wat sein und die nächsten paar Stunden lang die relative Ruhe genießen, um sich danach dem Ta Prohm zu widmen. Der Nachmittag steht dann ganz im Zeichen der Erkundung von Angkor Thom.

Drei bis fünf Tage

In drei bis fünf Tagen lassen sich fast alle wichtigen Sehenswürdigkeiten gut unterbringen. Eine Möglichkeit ist, an ein bis zwei Tagen so viel wie möglich in Angkor abzuklappern und die übrige Zeit andere Stätten wie die Ruluos-Tempelgruppe und Banteay Kdei anzusteuern. Noch besser ist allerdings, sich allmählich bis zu den spektakulärsten Monumenten zu steigern: Wen juckt schließlich noch ein Tempel wie Ta Keo, wenn man am ersten Tag schon Angkor Wat gesehen hat? Oder man beginnt mit Angkors ältesten Tempeln und arbeitet sich in chronologischer Folge bis nach Angkor Thom vor, um die Entwicklung von Khmer-Architektur und -Kunst zu sehen.

Auch ein Spaziergang zwischen natürlicher und von Menschen geschaffener Pracht am Fluss der tausend Lingas in Kbal Spean oder ein Besuch des riesigen, überwucherten Tempels von Ben Mealea lohnt sich sehr.

Beides lässt sich im Rahmen eines langen Tagesausflugs gut mit Banteay Srei kombinieren.

Eine Woche

Wer in der glücklichen Lage ist, sich eine ganze Woche Zeit für Angkor nehmen zu können, wird reich belohnt. Eine Woche lässt nicht nur Zeit für alle Tempel der Umgebung, sondern auch, um dazwischen am Pool, im Spa oder beim Shoppen in und um Siem Reap zu entspannen. Zusätzlich sind etwas entfernter gelegene Stätten wie Koh Ker, Prasat Preah Vihear oder Banteay Chhmar noch eine Option.

☞ Geführte Touren

Wer für diese unglaubliche Stätte nur einen oder zwei Tage Zeit hat, bucht vielleicht lieber vor Ort eine Tour. Von Siem Reap (S. 108) aus lässt sich das gut organisieren: Dort bieten diverse Unternehmen alle möglichen Touren an, von einfachen Tagestrips über Radtouren bis zu Exkursionen zu abgelegeneren Tempelstätten. Die **Khmer Angkor Tour Guides Association** (☏063-964347; www.khmerangkortourguide.com) vertritt einige der besten autorisierten Fremdenführer in Angkor. Englisch- und französischsprachige Guides kosten zwischen 20 und 40 US$ pro Tag. Andere Sprachen (darunter auch Deutsch) kosten mehr, da sie von einer geringeren Anzahl an Fremdenführern angeboten werden.

ℹ Orientierung

Die erste wichtige Stätte nördlich von Siem Reap ist Angkor Wat. Dahinter folgt Angkor Thom. Im Osten und Westen dieser ummauerten Stadt liegen zwei gewaltige ehemalige Wasserspeicher (der östliche ist inzwischen komplett ausgetrocknet), die einst die vielen Einwohner versorgten. Weiter östlich befinden sich u. a. die Tempel Ta Prohm, Banteay Kdei und Pre Rup. Nördlich von Angkor stößt man auf Preah Khan und weit dahinter im Nordosten erheben sich Banteay Srei, Kbal Spean, Phnom Kulen und Beng Mealea. Im Südosten von Siem Reap steht die Tempelgruppe von Roluos aus der Frühzeit von Angkor.

ℹ Praktische Informationen

EINTRITTSPREISE

Für kambodschanische Verhältnisse ist der Eintritt für Angkor relativ teuer – für westliche Verhältnisse man jedoch sehr viel für sein Geld. Besucher können wählen zwischen der Tageskarte (20 US$), der Dreitageskarte (40 US$) oder der Wochenkarte (60 US$). Die Dreitageskarten können im Lauf einer Woche an

TEMPEL: NICHT OHNE EINTRITTSKARTE!

Besucher, die in einem der Haupttempel ohne Eintrittskarte erwischt werden, müssen mit einer saftigen Strafe von 100 US$ rechnen.

drei nicht aufeinanderfolgenden Tagen genutzt werden, während die Wochenkarten einen ganzen Monat gültig sind. Alle Eintrittskarten sind am großen, offiziellen Kiosk an der Straße nach Angkor Wat erhältlich. Der Angkor-Ticket-Kontrollpunkt soll in den nächsten Jahren umziehen. Der neue Kontrollpunkt wird an einer neueren Parallelstraße nach Angkor sein. Da sich alle Besucher für die Eintrittskarte fotografieren lassen müssen, ist teilweise längeres Schlangestehen am Kiosk angesagt.

Wer nach 17 Uhr ankommt, bekommt einen kostenlosen Sonnenuntergang, da die Tickets ab dem darauffolgenden Tag gültig sind. Im Eintritt ist der Zugang zu allen Bauwerken rund um Siem Reap enthalten. Die einzigen Ausnahmen sind der heilige Berg Phnom Kulen (20 US$) sowie die abgelegenen Tempelkomplexe von Beng Mealea (5 US$) und Koh Ker (10 US$).

In den meisten größeren Tempeln werden die Karten inzwischen von uniformierten Wachen kontrolliert – Betrugsmaschen sind dadurch schwieriger geworden. Wer die umliegenden und weiter von Angkor entfernten Dörfer besuchen will, braucht keine Eintrittskarte, muss aber trotzdem am Kontrollpunkt halten und den Wachen erklären, was er vorhat.

KARTEN

In einigen Hotels, Gästehäusern und Restaurants bekommt man kostenlose Karten von Angkor, darunter die *Siem Reap Angkor 3D Map*. Zu den detaillierteren Darstellungen gehört beispielsweise die ausklappbare *Angkor Map* von River Books of Thailand.

NÜTZLICHE WEBSITES

Angkor – Unesco-Welterbestätte (http://whc.unesco.org/en/list/668) Informationen, Bilder und Videos zu den wunderbaren Tempeln.

National Geographic (http://ngm.national geographic.com/2009/07/angkor/angkor-animation) Animierte Illustrationen zum Leben im Khmer-Reich.

Heritage Watch (www.heritagewatchinternational.org) Initiativen für nachhaltigen Tourismus unter Einbindung der örtlichen Bevölkerung.

Lonely Planet (www.lonelyplanet.com/cambodia/temples-of-angkor) Informationen zum Reiseziel, Buchungen und mehr.

ABSEITS DER MASSEN

Angkor ist fest auf den Touristenpfaden verankert und wird von Jahr zu Jahr beliebter – derzeit kommen jedes Jahr etwa 2 Mio. Besucher hierher. Mit etwas Planung lassen sich die Touristenhorden jedoch durchaus umgehen. Allerdings sollte man nicht vergessen, dass die Touristen-Hotspots nicht ohne Grund so beliebt sind; besonders zum Sonnen- auf- oder -untergang sollte man ruhig einmal auch den Massen folgen.

Die meisten sind sich darin einig, dass der nach Westen ausgerichtete Angkor Wat am Spätnachmittag am schönsten ist, Bayon – mit östlicher Ausrichtung – hingegen morgens. Den von Bäumen beschatteten Ta Prohm kann man dafür auch mitten am Tag besuchen. Das stimmt zwar alles, aber in umgekehrter Reihenfolge sehen die Tempel immer noch schön aus – und sind vor allem nicht so voll.

Nur vier Tempel öffnen um 5 Uhr morgens ihre Pforten für den Sonnenaufgang: Ang- kor Wat, Phnom Bakheng, Sra Rang und Pre Rup. Am beliebtesten ist Angkor Wat. Da die meisten Tourgruppen zum Frühstück wieder in die Stadt fahren, lohnt es sich, gerade jetzt hier zu bleiben und den Tempel in der morgendlichen Kühle zwischen 7 und 9 Uhr zu erkunden, solange es ruhig ist. Morgens ist in Bayon viel weniger los als in Angkor Wat. Am Sra Srang geht es meist ziemlich beschaulich zu; wenn sich der Sonnenaufgang in den ausgedehnten Wasserflächen spiegelt, ist es sogar richtig spektakulär. Auch Phnom Bakheng ist eine verlockende Option, denn hier geht die Sonne hinter Angkor Wat auf – und der Massenandrang kommt hier erst zum Sonnenuntergang. Allerdings sind die täglichen Besucherzahlen inzwischen streng begrenzt.

Der Hügeltempel Phnom Bakheng ist absolute der Renner für den Sonnenuntergang. Bis vor Kurzem war das kleine Bauwerk deshalb am Ende des Tages von bis zu 1000 Touristen belagert. Aufgrund einer neuen Beschränkung dürfen sich hier jedoch inzwi- schen zu keinem Zeitpunkt mehr als 300 Besucher aufhalten. Meistens ist es besser, bei Sonnenaufgang oder frühmorgens hinzugehen. Sehr entspannend ist es auch, den Sonnenuntergang in Angkor Wat abzuwarten, da die meisten Touristen gegen 16.30 Uhr Richtung Phnom Bakheng verschwinden. Wer einen richtig ländlichen Sonnenuntergang mag, ist in Pre Rup nicht verkehrt – allerdings hat sich das auch schon ziemlich herum- gesprochen. Schöner ist es am Hügeltempel Phnom Krom, der einen weiten Blick über den Tonlé-Sap-See bietet. Allerdings muss man dafür eine lange Rückfahrt im Dunkeln in Kauf nehmen. Am östlichen Ende des Westlichen Baray spiegelt sich der Sonnenun- tergang in der riesigen Wasserfläche; auch auf der Westlichen Mebon-Insel ist es schön – und an beiden Orten ist wenig Betrieb.

Die beliebtesten Tempel sind in der Regel um die Tagesmitte am ruhigsten, da fast alle großen Tourgruppen zum Mittagessen wieder nach Siem Reap zurückfahren. Leider ist es jetzt auch am heißesten, sodass ungeschützte Tempel wie Banteay Srei und Bayon ziemlich anstrengend werden können. Die schattigeren Bauwerke wie Ta Prohm, Preah Khan und Beng Mealea und auch die Flachreliefs in Angkor Wat sind jedoch kein Pro- blem. In Angkor Wat herrscht der größte Andrang von 6 bis 7 und von 15 bis 17 Uhr, in Bayon von 8 bis 10 Uhr und in Banteay Srei jeweils Mitte des Vor- und Nachmittags. Bei anderen beliebten Tempeln wie Ta Prohm und Preah Khan lässt sich das schlechter vor- hersagen und in den meisten Tempeln im Umland von Angkor ist es reine Glückssache. Daumenregel: Wenn der Parkplatz schon voller Tourbusse steht, sollte man besser in ruhigere Gewässer wechseln. Denn das ist das Wunderbare an Angkor – es gibt immer genug Alternativen.

❶ Anreise & Unterwegs vor Ort

Alle Kambodscha-Reisenden fahren früher oder später nach Angkor und müssen sich überlegen, wie sie am sinnvollsten von einem Tempel zum anderen kommen. Die bekanntesten Tempel befinden sich größtenteils nur wenige Kilometer von der Festungsstadt Angkor Thom entfernt. Diese liegt wiederum nur 8 km von Siem Reap weg. Für den Besuch dieser Tempel taugt jedes Transportmittel vom Wanderstiefel bis zum Auto. Für unabhängige Traveller eröffnet sich eine verwirrende Vielfalt an Alternativen.

Das ultimative Erlebnis hat vor allem, wer die Transportmittel kombiniert, um z. B. einen Tag lang die abgelegeneren Stätten per *moto, remork-*

moto oder Auto anzusteuern, die zentralen Tempel mit dem Fahrrad zu besuchen und die friedliche Atmosphäre der Umgebung zu Fuß zu genießen. Aufgrund der Benzinkosten ist der Transfer zu weiter entfernten Tempeln wie Banteay Srei oder Beng Mealea entsprechend teurer.

AUTO & MOTORRAD
Für den Weg von Tempel zu Tempel sind Autos oft das Transportmittel der Wahl. Der größte Vorteil ist der Schutz vor den Elementen – ganz egal, ob Wolkenbruch oder gleißende Sonne. Wenn man sich ein Auto zu mehreren teilt, ist es durchaus auch günstig. Wer allerdings mit dem Auto fährt, dem entgeht auf dem Weg zwischen den Tempeln das vielfältige Sinneserlebnis. Ein Auto für die Umgebung der Haupttempel kostet am Tag 25 bis 35 US$ und kann über Hotels, Gästehäusern und Reisebüros in Siem Reap organisiert werden.

Motorradverleih ist in Siem Reap verboten, aber manche Besucher bringen sie aus Phnom Penh mit. Wer es tatsächlich mit dem Motorrad bis hierher schafft, sollte es auf einem bewachten Parkplatz oder bei einem Standbesitzer vor einem der Tempel lassen, damit es nicht gestohlen wird.

ELEFANT
In den ersten Tagen des Angkor-Tourismus im frühen 20. Jh. war der Elefant das gängigste Transportmittel für eine Tempelrunde. Zwar sieht man auch heute noch Touristen morgens am Südtor von Angkor Thom oder am Bayon einen Dickhäuter besteigen oder zum Sonnenuntergang auf den Gipfel des Phnom Bakheng reiten, doch mehrere Schutzvereine für Elefanten weisen darauf hin, dass das nicht unbedingt im Interesse dieser majestätischen Kreaturen liegt (S. 304).

FAHRRAD
Fahrräder sind umweltfreundlich und das bevorzugte Transportmittel der Einheimischen. Sie eignen sich bestens, um von Tempel zu Tempel zu kommen. Die Straßen sind gut und haben kaum Steigungen, man muss also wirklich kein Fahrradprofi sein. Bei diesem gemächlichen Tempo sieht man auch tatsächlich viel mehr als durch das Autofenster oder auf einem rasenden *moto*.
White Bicycles (www.thewhitebicycles.org; 2 US$ pro Tag) leitet seine Einnahmen an Hilfsprojekte weiter und wird von manchen Gästehäusern in Siem Reap unterstützt. Bei vielen Gästehäusern und Hotels bekommt man ein Leihrad für 1 bis 2 US$ am Tag.

Manche Verleiher haben bessere Mountainbikes, z. B. von Trek oder Giant, für 7 bis 10 US$ pro Tag. Grasshopper Adventures (S. 108) bietet internationale Mountainbikes und Helme für 8 US$ am Tag an.

LINGAS
Fruchtbarkeitszeichen sind in den Tempeln von Angkor weit verbreitet. Ursprünglich war das *linga*, ein Phallussymbol, in den Türmen der meisten hinduistischen Tempel zu finden. Es sitzt in einer *yoni*, dem weiblichen Fruchtbarkeitssymbol. Kombiniert können *lingas* und *yonis* heiliges Wasser erzeugen, das die sexuelle Energie der Schöpfung enthält. Brahmanen gossen das Wasser über das *linga*, von wo es durch die *yoni* und kunstvoll gearbeitete Rinnen zu den Tempeln floss und von den Pilgern getrunken wurde.

HUBSCHRAUBER & FESSELBALLON
Für Leute, die nicht aufs Geld achten müssen, werden Rundflüge um Angkor Wat (90 US$) und zu den Tempeln außerhalb von Angkor Thom (150 US$) angeboten. Am Flughafen von Siem Reap operieren zwei Anbieter, die jeweils auch Charterflüge zu entfernteren Tempeln wie Prasat Preah Vihear und Preah Khan durchführen: **Helicopters Cambodia** (☏ 012 814500; www.helicopterscambodia.com; 658 Hup Quan St, Siem Reap) und **Helistar** (Karte S. 102; ☏ 063-966072; www.helistarcambodia.com; 24 Sivatha St, Siem Reap).
Angkor Balloon (Karte S. 140; ☏ 012 759698; 15 US$ pro Pers.) zeigt seinen Passagieren Angkor Wat vom Fesselballon aus. Der fest verankerte Ballon steigt bis zu einer Höhe von 200 m auf und bietet Platz für bis zu 30 Personen. Jedoch schwebt er nicht über den Tempeln wie etwa die Ballons über Bagan es tun.

MINIBUS
Verschiedene Hotels und Reisebüros in der Stadt vermieten Minibusse. Ein 12-Sitzer kostet 50 US$ pro Tag, ein 25- oder 30-Sitzer etwa 80 bis 100 US$.

MOTO
Viele Individualreisende besuchen die Tempel per *moto* (Motorradtaxi). Schon bei der Ankunft in Siem Reap wird man von *moto*-Fahrern belagert. Viele kennen sich aber wirklich gut aus und sind für eine Tempeltour eine gute und freundliche Gesellschaft. Kostenpunkt: etwa 10 US$ pro Tag. So kann man sich hinfahren und zu einem vereinbarten Zeitpunkt wieder abholen lassen – sie geben auch gerne während der Fahrt zwischen den Tempeln Hintergrundinfos weiter. Viele der besseren Fahrer bekommen später auch einen Job als offizieller Fremdenführer.

REMORK-MOTO

Ein *remork* oder *tuk-tuk* ist ein Motorrad, das eine niedliche kleine Fahrgastzelle zieht. Sie sind als Transportmittel in Angkor sehr beliebt, da man sich beim Herumfahren (anders als beim *moto*) unterhalten kann. Außerdem bieten sie mehr Schutz bei Regen. Einige *remork*-Fahrer sind sehr gute Begleiter für eine Tempeltour. Je nach Ziel und Zahl der Fahrgäste liegen die Preise zwischen 15 und 25 US$ pro Tag.

WANDERN

Wer es lieber ganz archaisch mag, kann natürlich auch zu Fuß gehen, auch wenn das die Möglichkeiten etwas einschränkt, da manche Tempel einfach zu weit von Siem Reap entfernt sind. Nach Angkor Wat und zu den Tempeln von Angkor Thom zu wandern, ist allerdings kein Problem – und außerdem eine tolle Art, die Bewohner der umliegenden Dörfer kennenzulernen. Die Straßen kann man meiden, indem man die friedlichen Mauern von Angkor Thom entlangläuft. Diese Wanderung ist etwa 13 km lang, führt an mehreren kleinen, abgelegeneren Tempeln vorbei und bietet auch die Möglichkeit, Vögel zu beobachten. Schön ist auch der Weg von Ta Nei durch den Wald nach Ta Keo.

ANGKOR WAT

Der erste Blick auf **Angkor Wat** (អង្គរវត្ត; Karte S. 140; ◷5–17.30 Uhr), den schöpferischen Geniestreich der Khmer, lässt sich nur mit wenigen anderen magischen Orten unseres Planeten vergleichen. Erbaut unter Suryavarman II. (reg. 1112–52) und von einem gewaltigen Wassergraben umgeben, ist Angkor Wat eines der spektakulärsten architektonischen Gebilde, die je von Menschenhand geschaffen wurden. Um den zentralen Tempelkomplex erstreckt sich eine 800 m lange Abfolge von Flachreliefs. 55 m über dem Erdboden erhebt sich der zentrale Turm, der dem gesamten Ensemble seine außergewöhnliche Geschlossenheit verleiht.

Angkor Wat symbolisiert im wahrsten Sinne des Wortes den Himmel auf Erden. Denn Angkor stellt die weltliche Verkörperung des Berges Meru dar – hinduistischer Olymp und Sitz der alten Götter. Angkor Wat, der „Tempel, der eine Stadt ist", ist die perfekte Symbiose von schöpferischem Ehrgeiz und spiritueller Hingabe. Jeder der alten kambodschanischen Gottkönige strebte danach, die Bauten seiner Vorfahren hinsichtlich Größe, Ausdehnung und Symmetrie zu übertreffen. Dieses Streben gipfelte im wahrscheinlich größten religiösen Gebäude der Welt, der Mutter aller Tempel: Angkor Wat.

Der Tempel ist das Herz und die Seele Kambodschas. Es ist das Nationalsymbol, das Herzstück der Khmer-Zivilisation und eine Quelle leidenschaftlichen Nationalstolzes. Der Komplex ragt hoch in den Himmel hinauf und ist von einem Wassergraben umgeben, der europäische Burggräben vor Scham erblassen lässt. Im Gegensatz zu den anderen Monumenten von Angkor wurde er nie dem Wechselspiel der Elemente überlassen. Er war praktisch von Beginn seiner Bauzeit bis heute durchgängig in Benutzung.

Die überwältigende Verschmelzung von Spiritualität und Symmetrie, zeitloses Beispiel für die Verehrung der Götter, gilt als einzigartig. Besucher sollten die erste Begegnung mit dem Tempel auskosten, denn der erregende Moment, wenn man erstmals den inneren Damm betritt, lässt sich später nicht wiederholen. Er ist der am besten erhaltene Tempel in Angkor und wer mehrmals hierherkommt, wird immer wieder neue Details entdecken.

Unter den Tempeln von Angkor hat Angkor Wat so manches Alleinstellungsmerkmal. Am bedeutungsvollsten ist seine Ausrichtung nach Westen, da dies symbolisch der Richtung des Todes entspricht. Aus diesem Grund glaubten früher viele Wissenschaftler an die Nutzung Angkor Wats als Grabstätte. Unterstützt wurde diese These durch die Anlage der großartigen Flachreliefs, die Besucher gegen den Uhrzeigersinn um den Tempel führten – ein Ritual, das es bereits vorher in alten hinduistischen Beerdigungsriten gab. Allerdings wird auch Vishnu häufig dem Westen zugeordnet, deshalb geht man heute davon aus, dass Angkor Wat sowohl als Tempel als auch als Mausoleum für Suryavarman II. diente.

Außerdem ist die Anlage für ihre betörenden *apsaras* (himmlische Nymphen) berühmt. Mehr als 3000 *apsaras* schmücken die Wände von Angkor Wat – und jede ist einzigartig. Angehende Haarkünstler können sich hier von 37 verschiedenen Frisuren inspirieren lassen. Ein Großteil davon ist allerdings im Lauf der Jahrhunderte durch die Exkremente und den Urin von Fledermäusen stark in Mitleidenschaft gezogen worden. Inzwischen werden die Nymphen vom **German Apsara Conservation Project** (GACP; www.gacp-angkor.de) von der Fachhochschule Köln restauriert. Die Mitarbei-

Angkor Wat

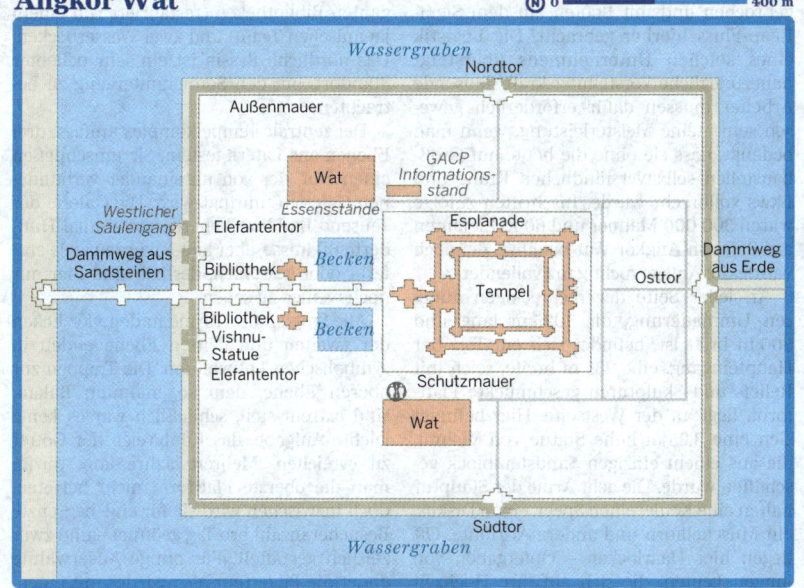

ter betreiben auch einen kleinen Informationsstand in der Nordwestecke von Angkor Wat (ganz in der Nähe des modernen Tempels), an dem man wunderschöne Schwarz-Weiß-Postkarten und Ansichten von Angkor kaufen kann.

Für Angkor Wat sollte man sich mindestens zwei Stunden Zeit nehmen; wer zusammen mit einem Fremdenführer die Flachreliefs entschlüsseln und zum Bakan auf die oberste Ebene hinaufsteigen möchte, die Besuchern mit Zeitfenstertickets zugänglich ist, muss einen halben Tag einplanen.

Symbolik

Besucher von Angkor Wat sind von der Monumentalität, den faszinierenden Verzierungen und den riesigen Flachreliefs überwältigt. Die heiligen Männer der Blütezeit Angkors dürften an seinen vielschichtigen Bedeutungsebenen ebenso viel Freude gehabt haben wie heutige Professoren für moderne Literatur an James Joyce' *Ulysses*.

In ihrem Buch *Angkor Wat: Time, Space and Kingship* erklärt Eleanor Mannikka, dass die räumlichen Dimensionen der Anlage den vier Weltaltern *(yuga)* des klassischen Hindu-Verständnisses entsprechen. Wer den Dammweg zum Haupteingang entlangspaziert und durch die Höfe zum

letzten Hauptturm geht, in dem sich früher eine Statue Vishnus befand, reist bildlich gesprochen zurück zum ersten Weltalter der Erschaffung des Universums.

Genau wie die anderen Tempelberge stellt Angkor Wat das räumliche Universum im Miniaturformat dar. Sein zentraler Turm entspricht dem Berg Meru, und um ihn herum liegen kleinere Gipfel, die abwechselnd von Kontinenten (untere Höfe) und Ozeanen (Wassergraben) umgeben sind. Die siebenköpfige *naga* wird zu einer symbolischen Regenbogenbrücke, die zum Sitz der Götter führt.

Suryavarman II. hatte Angkor Wat vermutlich als Begräbnistempel oder Mausoleum geplant. Er wurde jedoch niemals hier beerdigt, denn während einer gescheiterten Expedition zur Unterwerfung der Dai Viet (Vietnamesen) verlor er sein Leben auf dem Schlachtfeld.

Die Anlage

Angkor Wat ist von einem 190 m breiten Wassergraben umgeben, der ein gigantisches Rechteck mit einer Seitenlänge von 1,5 mal 1,3 km bildet. Von Westen her führt ein Dammweg aus Sandstein über den Wassergraben. Die Sandsteinblöcke, aus denen die Anlage erbaut ist, wurden in über 50 km

Entfernung am heiligen Berg Phnom Kulen gebrochen und mit Booten auf dem Siem-Reap-Fluss hierher gebracht. Die Logistik eines solchen Unternehmens übersteigt nahezu jegliche Vorstellungskraft. Tausende Arbeiter müssen dafür erforderlich gewesen sein – eine Meisterleistung, wenn man bedenkt, dass sie ohne die heute auf Großbaustellen selbstverständlichen Kräne und Lkws vollbracht wurde. Inschriften zufolge waren 300 000 Männer und 6000 Elefanten am Bau von Angkor Wat beteiligt, dennoch wurde die Anlage nicht ganz vollendet.

An jeder Seite der rechteckigen äußeren Ummauerung, die 1025 m lang und 800 m breit ist, befindet sich ein Tor. Der Haupteingang, eine 235 m breite, reich mit Reliefs und Skulpturen geschmückte Plattform, liegt an der Westseite. Hier befindet sich eine 3,25 m hohe Statue von Vishnu, die aus einem einzigen Sandsteinblock geschaffen wurde. Die acht Arme der Skulptur halten eine Keule, einen Speer, einen Diskus, ein Muschelhorn und andere Attribute. Oft liegen hier Haarlocken – Opfergaben von jungen Leuten, die sich auf ihre Hochzeit vorbereiten, und von Pilgern, die für erfahrenes Glück danken wollen.

Ein 475 m langer und 9,5 m breiter Dammweg, gesäumt von prächtigen *naga*-Balustraden, verläuft vom Haupteingang zum zentralen Tempel, vorbei an zwei eleganten Bibliotheken (restauriert von einem japanischen Team) und zwei Wasserbecken. Das nördliche Bassin ist ein sehr beliebter Standort, um den Sonnenuntergang zu betrachten.

Der zentrale Tempelkomplex umfasst drei Ebenen aus Lateritgestein. Sie umschließen einen Hof, der von miteinander verbundenen Galerien umringt wird. Die Galerie der Tausend Buddhas beherbergte einmal Hunderte Bildnisse, aber leider wurden viele entfernt oder gestohlen, deshalb sind hier nur noch wenige zu sehen.

Alle Spitzen der Türme in den vier Ecken der zweiten und dritten Ebene enden in symbolischen Lotusblüten. Die Treppen zur oberen Ebene, dem sogenannten Bakan, sind extrem steil, schließlich war es keine leichte Aufgabe, das Königreich der Götter zu erreichen. Mehrere Jahre lang durfte man die oberste Plattform nicht betreten, doch inzwischen wird sie für eine begrenzte Besucheranzahl pro Tag geöffnet – und zwar zeitlich gestaffelt. Für einige Auserwählte endet die Pilgertour also wieder mit einem Blick vom Gipfel. Oben kann man die kühle Brise und die weite Aussicht genießen, ehe man schließlich in einer ruhigen Ecke über Symmetrie und Symbolik dieses „Everests der Tempel" nachsinnt.

Angkor Wat – zentrale Anlage

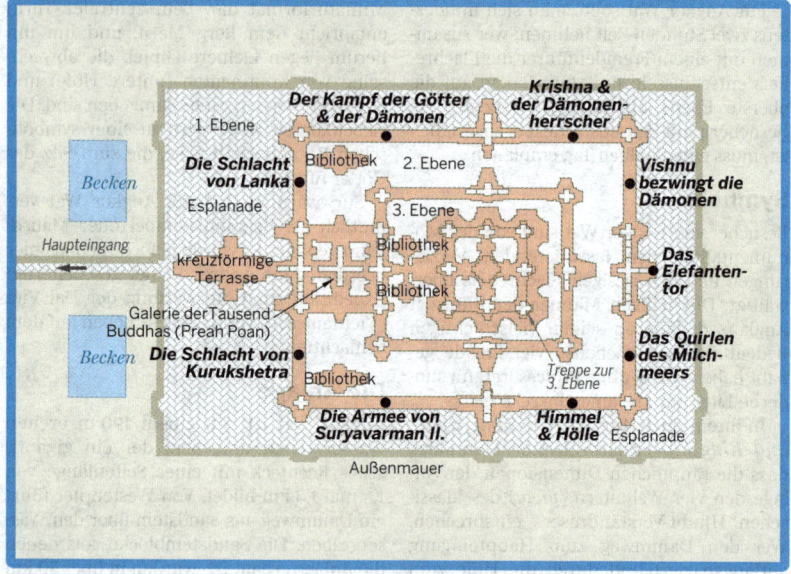

Der Kampf der Götter & der Dämonen

Krishna & der Dämonen-herrscher

1. Ebene

Die Schlacht von Lanka

Bibliothek

2. Ebene

Vishnu bezwingt die Dämonen

Esplanade

3. Ebene

Becken

Haupteingang

kreuzförmige Terrasse

Bibliothek

Das Elefanten-tor

Bibliothek

Galerie der Tausend Buddhas (Preah Poan)

Das Quirlen des Milch-meers

Becken

Die Schlacht von Kurukshetra

Bibliothek

Treppe zur 3. Ebene

Die Armee von Suryavarman II.

Himmel & Hölle

Esplanade

Außenmauer

WANDERUNGEN RUND UM DIE TEMPEL

Die Tempel von Angkor liegen über ein riesiges Gebiet des schwülwarmen tropischen Tieflands Kambodschas verstreut, daher sind sie kein ideales Wandergebiet. Andererseits ist das Gelände mit hohem Wald bedeckt, der jede Menge Schatten spendet – einen besseren Ausweg aus dem Gedränge als die Nebenstraßen zu den Tempeln kann man sich also gar nicht wünschen.

Viele Trekkingfans kommen am liebsten nach Angkor Thom, denn seine Größe ist überschaubar und die vielen Tempel innerhalb seiner Mauern bieten ein lohnendes Ziel. Man beginnt am spektakulären Südtor und bewundert die grandiose Darstellung vom „Quirlen des Milchmeers", ehe man sich von den Menschenmassen und ihren Motorfahrzeugen wieder verabschiedet. Über die Mauer der alten Stadt geht's Richtung Westen, mit guten Aussichten auf den gewaltigen Wassergraben rechter Hand und den dichten Dschungel zur Linken. Dieser Weg ist so ruhig, dass hier oft Waldvögel zu sehen sind. An der Südwestecke angekommen, kann man den Prasat Chrung bewundern, einen von vier identischen Tempeln an den Ecken der Stadt. Wenn man sich nach unten wendet, erblickt man den Zufluss zum Run Ta Dev: Die einst mächtige Stadt war in ihrer Blütezeit nämlich von Kanälen durchzogen.

Dann geht's auf der gigantischen Mauer Richtung Westtor weiter. Unterwegs passiert man linker Hand den riesigen Westlichen Baray. Am Westtor steigt man hinab und begutachtet den kunstvollen Hauptturm. Dann folgt man dem Pfad gen Osten ins Herz von Angkor Thom und lässt sich auch nicht durch die Schönheit des Bayon vom Weg abbringen, da dieser später den krönenden Abschluss bildet.

Richtung Norden lockt nun der Baphuon. Nach dem auch „größtes Puzzle der Welt" genannten Bauwerk geht's vorbei am kleinen Phimeanakas-Tempel und am Gelände des früheren Königspalasts, einem Bereich mit hoch aufragenden Bäumen, verwitterten Mauern und stimmungsvollem Pflanzendickicht zum kleinen, aber schönen Preah Palilay.

Nun mischt man sich erneut unter die Menge, indem man über die Terrasse des Leprakönigs und entlang der königlichen Aussichtsgalerie, der Elefantenterrasse, spaziert. Wer genug Zeit hat, wandert weiter Richtung Osten, um die Laterittürme von Prasat Suor Prat und den stimmungsvollen buddhistischen Tempel Preah Pithu zu besuchen. Ansonsten folgt der Höhepunkt der Wanderung: der merkwürdige und grandiose Bayon, einer der mysteriösesten Tempel Angkors. Insbesondere für die Flachreliefs sollte man sich Zeit nehmen, ehe man schließlich zu den legendären Gesichtern auf die obere Ebene steigt.

Flachreliefs

Um die Außenseite der zentralen Tempelanlage erstreckt sich eine 800 m lange Reihe Flachreliefs, die hier kurz beschrieben werden – und zwar beginnend am westlichen Eingang, sodass sich die Abbildungen immer auf der linken Seite befinden. Fast alle wurden im 12. Jh. fertiggestellt, allerdings hat man einige unvollendete Tafeln im 16. Jh. mit neuen Reliefs ergänzt. Einst wurden die Flachreliefs von Angkor Wat durch das Holzdach des Tempels geschützt. Abgesehen von einem Originalbalken in der Westhälfte der Nordgalerie ist dieses jedoch längst verrottet. Die anderen überdachten Bereiche sind Rekonstruktionen.

Die Schlacht von Kurukshetra FLACHRELIEF
Im südlichen Flügel der Westgalerie ist eine im hinduistischen Heldenepos *Mahabharata* geschilderte Schlachtszene dargestellt.

Die Kaurava (von Norden kommend) und die Pandava (von Süden kommend) marschieren aufeinander zu und treffen in einer furiosen Schlacht aufeinander. Im untersten Fries des Reliefs ist die Infanterie zu sehen, darüber die auf Elefanten reitenden Offiziere und die Anführer. Einige besonders interessante Details (von links nach rechts): Ein toter General liegt von seinen trauernden Eltern und Truppen umringt auf einem Haufen von Pfeilen; ein Krieger auf einem Elefanten legt seine Waffe nieder und gibt sich damit geschlagen; ein tödlich verwundeter Offizier fällt von seinem Wagen in die Arme seiner Soldaten. Im Laufe der Jahrhunderte wurden einige Stellen von den Millionen Händen, die sie berührten, so blank gerieben, dass sie wie schwarzer Marmor aussehen. Die Statuen im Säulengang in der Südwestecke stellen Gestalten aus dem *Ramayana* dar.

DIE TEMPEL VON ANGKOR ANGKOR WAT

PROFESSOR ANG CHOULEAN, ARCHÄOLOGE

Welcher Khmer-Tempel ist der bedeutendste? Angkor Thom ist für Archäologen der faszinierendste und interessanteste, denn es handelte sich um eine bewohnte Stadt, in der die Menschen quasi mit den Göttern zusammenlebten.

Welche Stätte in Kambodscha hat die größte archäologische Bedeutung? Sambor Prei Kuk zählt angesichts seiner ungewöhnlichen Homogenität und seines künstlerischen Ausdrucks zu den wichtigsten.

Wer gilt als der wichtigste König in der Geschichte Kambodschas? Suryavarman I. Er hatte eine echte politische Vision, die auch die Monumente widerspiegeln, die unter seiner Federführung entstanden – z. B. Preah Vihear und Wat Phu.

Welche Position vertreten Sie in der Debatte um das Für und Wider einer Restaurierung in Ta Prohm? Da muss man gut abwägen. Die großen Bäume sind sehr eindrucksvoll, aber unsere Pflicht ist es auch, das Monument zu erhalten.

Welche andere Kultur interessiert Sie besonders? Die japanische, weil sie sich so stark von der Khmer-Kultur unterscheidet – das erlaubt mir, meine eigene besser zu verstehen.

Professor Ang Choulean ist einer der führenden Anthropologie- und Archäologie-Experten Kambodschas und ein renommierter Geschichtswissenschaftler mit Schwerpunkt Kambodscha. 2011 erhielt er für seinen herausragenden Beitrag zur asiatischen Kultur den Grand Fukuoka Asian Culture Prize.

Die Armee von Suryavarman II. FLACHRELIEF

Der bemerkenswerte westliche Abschnitt der Südgalerie zeigt einen Triumphmarsch der Armee von Suryavarman II. In der Südwestecke etwa 2 m über dem Boden ist Suryavarman II. auf einem Elefanten zu erkennen. Er trägt das königliche Diadem und eine Schlachtaxt, außerdem wird er von 15 Schirmen beschattet und zahlreiche Diener fächeln ihm Luft zu. Wer die Darstellungen von Suryavarman II. in der Südgalerie mit denen von Rama in der Nordgalerie vergleicht, stellt eine frappierende Ähnlichkeit fest: Sie trug dazu bei, die Aura des Gottkönigs zu verstärken.

Dahinter folgt eine Prozession gut ausgerüsteter Soldaten und Offiziere zu Pferd, zwischen ihnen reiten die heldenhaften kriegerischen Anführer auf Elefanten. Kurz vor dem Ende dieser Tafel sieht man die eher ungeordnet marschierende siamesische Söldnerarmee mit ihren langen Helmbüschen. Damals kämpften die Männer an der Seite der Khmer gegen die Cham. Erstere tragen viereckige Brustpanzer und sind mit Speeren bewaffnet, während Letztere Röcke anhaben und mit Dreizacken gerüstet sind.

Angeblich sind die rechteckigen Löcher im Relief der Armee von Suryavarman II. entstanden, als Thai-Soldaten einige Teile mit Inschriften entfernten. Auf ihnen sollen sich Hinweise zum Aufenthaltsort der goldenen Schätze von Suryavarman II. befunden haben, die später während der Regierungszeit von Jayavarman VII. vergraben wurden.

Himmel und Hölle FLACHRELIEF

Die östliche Hälfte der Südgalerie präsentiert 37 Himmel und 32 Höllen. Im mittleren und oberen Teil links schreiten schöne Frauen und Männer auf den 18-armigen Yama zu, der auf einem Stier sitzt und über sie urteilt; darunter folgen seine Assistenten Dharma und Sitragupta. Auf den unteren Abbildungen werden die Sünder von Teufeln die Straße zur Hölle entlanggezerrt. Rechts von Yama ist die Tafel durch eine horizontale Linie von *garudas* geteilt: Oben leben die Auserwählten in Villen, umsorgt von Frauen und Dienern; unten leiden die Verdammten schreckliche Qualen. In den 1930er-Jahren restaurierten Franzosen die Decke dieses Bereichs.

Das Quirlen des Milchmeers FLACHRELIEF

Im südlichen Teil der Ostgalerie findet sich das berühmte und hervorragend gearbeitete Flachrelief vom „Quirlen des Milchmeers". Es zeigt 88 *asuras* auf der linken und 92 *devas* mit Kammhelmen auf der rechten Seite; diese rühren das Meer um, weil sie so das Elixier der Unsterblichkeit daraus gewinnen wollen. Die Dämonen halten den Kopf des Schlangenkönigs Vasuki, die Götter seinen Schwanz. Im Zentrum des Bildes windet sich Vasuki um den Berg Mandala, der sich in dem Tauziehen zwischen Dämonen und Göttern dreht und dabei das Wasser aufwühlt. Vishnu in der Inkarnation einer riesigen Schildkröte leiht seinen Panzer als Fuß und Achse des Mandala. Auch Brahma, Shiva, der Affengott Hanuman und Lakshmi, die Göttin des Reichtums und des Wohlstands, sind zu sehen, und über allem singen und tanzen Tausende weiblicher Geister zur Ermutigung. Zum Glück für uns alle konnten sich die Götter durchsetzen, denn die *apsaras* am Himmel waren mehr, als die heißblütigen Dämonen ertragen konnten. Die Restaurierungsarbeiten an diesem erstaunlichen Relief, ein Projekt des World Monuments Fund (WMF; www.wmf.org), wurden 2012 abgeschlossen.

Das Elefantentor FLACHRELIEF

Dieses treppenlose Tor wurde z. B. von Königen genutzt, um direkt von der Galerie aus auf Elefanten zu steigen. Eine Khmer-Inschrift nördlich des Tors berichtet von der Errichtung eines nahe gelegenen Stupas im 18. Jh.

Vishnu bezwingt die Dämonen FLACHRELIEF

Der nördliche Abschnitt der Ostgalerie zeigt das heftige Aufeinanderprallen von Vishnu, der auf einem *garuda* sitzt, und zahlreichen Teufeln. Natürlich vernichtet der Gott alle Angreifer. Die Galerie wurde wahrscheinlich im 16. Jh. fertiggestellt und die jüngeren Reliefs sind von deutlich geringerer Qualität als die Originalarbeiten aus dem 12. Jh.

Krishna und der Dämonenherrscher FLACHRELIEF

Im östlichen Abschnitt der Nordgalerie reitet Krishna als Inkarnation Vishnus auf einem *garuda* in Richtung einer brennenden ummauerten Stadt, den Sitz des Dämonenherrschers Bana. Der *garuda* löscht das Feuer und Bana wird gefangen genommen. In der letzten Szene kniet Krishna vor Shiva nieder und bittet darum, Banas Leben zu schonen.

Der Kampf der Götter und der Dämonen FLACHRELIEF

In der westlichen Hälfte der Nordgalerie ist der Kampf zwischen den 21 Göttern des hinduistischen Himmels und mehreren Dämonen zu sehen. Die Götter sind mit ihren traditionellen Attributen und Reittieren dargestellt. Vishnu hat vier Arme und sitzt auf einem *garuda*, während Shiva auf einer heiligen Gans reitet.

Die Schlacht um Lanka FLACHRELIEF

Der nördliche Teil der Westgalerie zeigt Szenen aus dem *Ramayana*. In der Schlacht um Lanka kämpft Rama, der auf den Schultern von Hanuman steht, zusammen mit seiner Affenarmee gegen den 10-köpfigen und 20-armigen Ravana, um seine schöne Frau Sita aus dessen Gefangenschaft zu befreien. Ravana befindet sich in einem von Monstern gezogenen Streitwagen und führt eine Armee von Giganten an.

ANGKOR THOM

Ein größeres oder schöneres Bauwerk als Angkor Wat ist kaum vorstellbar, aber in Angkor Thom setzen sich die einzelnen Elemente zu einem noch überwältigenderen Ganzen zusammen. Angkor Thom (អង្គរធំ) ist, wie der Name schon sagt, eine „große Stadt" mit gewaltigen Ausmaßen. Die letzte mächtige Hauptstadt des Khmer-Reichs erstreckt sich über mehr als 10 km².

Ihre Existenz verdankt sie nicht zuletzt der überraschenden Plünderung Angkors durch die Cham. Denn danach schwor sich Jayavarman VII. (reg. 1181–1219), dass das Innere seines Reiches nie wieder durch einen Angriff gefährdet werden sollte. In der Blütezeit der Stadt lebten hier und in der Umgebung schätzungsweise eine Million Menschen. Das Zentrum bildet Jayavarmans VII. surrealer Staatstempel Bayon. Eine gewaltige *jayagiri* (quadratische Mauer) von 12 km Länge und 8 m Höhe umschließt die Metropole. An ihrer Außenseite verläuft ein 100 m breiter *jayasindhu* (Wassergraben), der selbst die hartnäckigsten Eindringlinge aufgehalten hätte. Auch diese architektonische Anlage ist eine Darstellung des von Ozeanen umgebenen Bergs Meru.

Besucher ziehen zuerst die Tore in den Bann. Sie werden von einer monumentalen Darstellung vom „Quirlen des Milchmeers" flankiert, bei der sich 54 Dämonen und 54 Götter ein gewaltiges Tauziehen auf dem Dammweg liefern. Jedes Tor überragt den Besucher um ein Vielfaches, und die edelmütigen Gesichter des Bodhisattva Avalokiteshvara blicken weit ins Königreich hinaus. Man stelle sich einen Bauern im 13. Jh. vor, der sich der hoheitsvollen Hauptstadt zum ersten Mal nähert. Es muss eine Ehrfurcht gebietende, aber auch verstörende Erfahrung gewesen sein, durch ein solches Tor zu treten und die Macht der Gottkönige so unmittelbar zu spüren.

Angkor Thom – zentraler Bereich

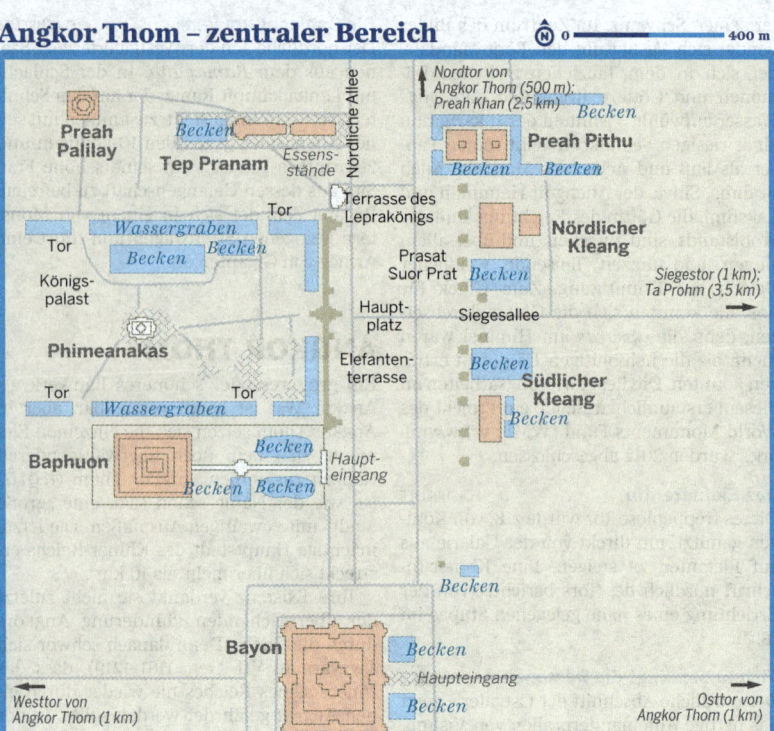

N̂ 0 ━━━━━ 400 m

Preah Palilay

Becken

Tep Pranam

Essens-stände

Nördliche Allee

Nordtor von Angkor Thom (500 m); Preah Khan (2,5 km)

Becken

Preah Pithu

Becken   Becken

Terrasse des Leprakönigs

Tor

Nördlicher Kleang

Wassergraben

Tor   Becken

Königs-palast

Prasat Suor Prat

Becken

Siegestor (1 km); Ta Prohm (3,5 km)

Haupt-platz

Siegesallee

Phimeanakas

Elefanten-terrasse

Becken

Südlicher Kleang

Tor   Wassergraben   Tor

Becken

Baphuon

Becken

Haupt-eingang

Becken   Becken

Becken

Bayon

Becken

Haupteingang

Becken

Westtor von Angkor Thom (1 km)

Osttor von Angkor Thom (1 km)

Südtor von Angkor Thom (1,2 km); Angkor Wat (3,3 km)

Das **Südtor** (Karte S. 140) erfreut sich der größten Beliebtheit, denn es wurde vollständig restauriert. Viele der Köpfe befinden sich an ihrem Platz, die meisten als Kopie. Das Tor liegt an der Hauptstraße von Angkor Thom nach Angkor Wat, deshalb ist es an diesem Ort oft sehr voll. Dagegen wirken das Ost- und das Westtor am Ende von unbefestigten Wegen geruhsamer. Übrigens war das **Osttor** (Karte S. 140) einer der Schauplätze des Films *Tomb Raider*; hier brachen die bösen Jungs ein, indem sie eine gewaltige *apsara* (aus Styropor) niederrissen. Der Dammweg am **Westtor** (Karte S. 140) von Angkor Thom ist völlig zusammengebrochen. Jetzt liegen hier nur noch zahlreiche uralte Steine wild durcheinander, die wie die Opfer einer schrecklichen historischen Karambolage wirken.

Im Zentrum des ummauerten Areals stehen die wichtigsten Monumente der Stadt, darunter der Bayon, der Baphuon, der Königspalast, Phimeanakas und die Elefanten-

terrasse. Bei so vielen Tempeln sollte man sich für einen umfassenden Besuch von Angkor Thom einen halben Tag Zeit nehmen.

Bayon   បាយ័ន

Im Herz von Angkor Thom befindet sich der aus dem 12. Jh. stammende **Bayon** (បាយ័ន; Karte S. 140; ⏰ 7.30–17.30 Uhr), der faszinierende Staatstempel Jayavarmans VII. Er spiegelt das kreative Genie und übersteigerte Ego von Kambodschas berühmtestem König wider. Die 54 Türme des Tempels sind mit 216 enormen, kühl lächelnden Gesichtern von Avalokiteshvara geschmückt, deren Antlitze mehr als nur eine flüchtige Ähnlichkeit mit dem des Herrschers selbst aufweisen. Außerdem ist der Bayon mit einer 1,2 km langen Abfolge einzigartiger Flachreliefs verziert, deren mehr als 11 000 Figuren einen Einblick in den Alltag vom Kambodscha des 12. Jhs. gewähren.

Die gewagte Architektur, die selbst im Vergleich zu den berühmten Bauten der Zeit einzigartig war, diente als politisches Statement am Übergang vom Hinduismus zum Mahayana-Buddhismus. Dank seiner berühmten Antlitze ist der Tempel auch als „Gesichtertempel" bekannt: Aus jedem Winkel starren die riesigen Köpfe auf einen herab und strahlen dabei Macht und Herrschaft aus, gepaart mit einem Anflug von Menschlichkeit – genau die erforderliche Mischung, um ein derart großes Reich zu führen und sicherzustellen, dass die ethnisch und kulturell so vielfältige, teils weit entfernt lebende Bevölkerung sich dem Willen des Monarchen beugte. Beim Herumwandern wird man feststellen, dass immer etwa ein Dutzend Köpfe sichtbar sind, entweder von vorne oder im Profil, mal auf Augenhöhe, dann wieder von oben herab.

Inzwischen weiß man sicher, dass Jayavarman VII. den Bayon erbauen ließ, doch jahrelang war über seine Entstehung nichts bekannt. Darüber hinaus brauchten die Forscher eine gewisse Zeit, ehe sie bemerkten, dass sich das von dichtem Dschungel überwucherte Gebäude genau im Zentrum der Stadt Angkor Thom befindet. Noch immer ist es von vielen Rätseln umgeben, z.B. in Bezug auf seine genaue Funktion und die Symbolik. Doch das scheint für ein Bauwerk, dessen Markenzeichen ein rätselhaft lächelndes Gesicht ist, nur angemessen zu sein.

Da der Bayon Richtung Osten liegt, kommen viele Besucher früh am Morgen. Nachmittags sieht der Bayon allerdings genauso eindrucksvoll aus. Ein japanisches Team ist dabei, mehrere äußere Bereiche des Tempels zu restaurieren.

Die Anlage

Von Weitem sieht der Bayon wie ein Schutthaufen aus. Sein Zauber entfaltet sich erst, wenn man das dritte Obergeschoss des Tempels erreicht hat.

Seine einfache Grundstruktur wird von drei Ebenen gebildet, die mehr oder weniger den drei ausgeprägten Bauphasen des Gebäudes entsprechen. Da Jayavarman VII. in fortgeschrittenem Alter mit seiner Errichtung begann, vertraute er nicht darauf, den Tempel vollenden zu können. Aus diesem Grund ließ er immer erst eine Bauphase beenden, ehe mit der nächsten begonnen werden durfte. Die beiden unteren Ebenen sind quadratisch und mit Flachreliefs verziert. Sie führen zur dritten, runden Ebene mit den berühmten Türmen und ihren Gesichtern.

Eventuell war das Khmer-Reich zur Bauzeit des Bayon in 54 Provinzen unterteilt. Über die außerhalb der Hauptstadt gelegenen Gebiete des Reichs wachten die Augen von Avalokiteshvara (oder Jayavarman VII.), denen nichts entging.

Flachreliefs

Die Flachreliefs von Angkor Wat mögen zwar bekannter sein, doch die des Bayon sind sogar noch umfangreicher: Über 1,2 km erstrecken sich die außerordentlich kunstvollen plastische Darstellungen mit mehr als 11 000 Figuren. Die berühmten Reliefs an der Außenmauer der ersten Ebene zeigen ausgesprochen lebendige Alltagsszenen aus dem 12. Jh. Nicht so riesig kommen diejenigen der zweiten Ebene daher, oft sieht man auch nur Fragmente. Hier werden die Abbildungen der ersten Ebene beschrieben. Ausgangspunkt ist das Osttor und die Besichtigung erfolgt im Uhrzeigersinn.

Die Cham auf der Flucht FLACHRELIEF
Gleich südlich des Osttors ist ein Panorama mit drei Friesen zu sehen. Unten marschieren Khmer-Soldaten in den Kampf und neben Elefanten sind auch Ochsenkarren dargestellt, die sich kaum von den heutigen in Kambodscha unterscheiden. Die mittlere Abbildung zeigt, wie Särge vom Schlachtfeld gebracht werden. Im Zentrum des oberen Frieses erkennt man Jayavarman VII. zu Pferd, beschattet von Schirmen und gefolgt von zahllosen Konkubinen (zu seiner Linken).

Verehrung des Linga FLACHRELIEF
Die erste Tafel nördlich der südöstlichen Ecke bildet Hindus ab, die ein *linga* (Phal-

BAYON-INFORMATIONS-ZENTRUM

Das **Bayon Information Center** (Karte S. 110; 092-165083; www.angkor-jsa.org/bic; Eintritt 2 US$; Di, Mi & Fr–So 8–16 Uhr) wartet mit einer tollen Ausstellung zur Geschichte des Khmer-Reichs und zu den Restaurierungsprojekten in bzw. rund um Angkor auf. Es werden auch ein paar kurze Dokumentarfilme gezeigt. Das Zentrum befindet sich am Stadtrand von Siem Reap auf der schönen Anlage des japanischen Regierungsteams zum Erhalt Angkors (JSA) und ist verglichen mit dem Angkor-Nationalmuseum ein wahres Schnäppchen.

lussymbol) anbeten. Ursprünglich war diese Darstellung wahrscheinlich buddhistisch und wurde später von einem Hindu-König noch einmal verändert.

Die Seeschlacht
FLACHRELIEF

Die nächste Wand enthält einige der am schönsten ausgeführten Reliefs. Zu sehen sind eine Seeschlacht zwischen den Khmer und den Cham (erkennbar an den Kopfbedeckungen) und Szenen des täglichen Lebens am Tonlé-Sap-See, wo der Kampf stattfand: Menschen, die sich gegenseitig Läuse aus den Haaren ziehen, Jäger und – in der Nähe des westlichen Rands – eine Frau, die ein Kind zur Welt bringt.

Der Sieg über die Cham
FLACHRELIEF

Der nächste Mauerabschnitt zeigt weitere Bilder aus dem Alltagsleben, während am Ufer des Tonlé-Sap-Sees die Schlacht zwischen den Khmer und den Cham tobt, die gerade eine vernichtende Niederlage erleiden. Zwei Personen spielen Schach, ein Hahnenkampf wird abgehalten und auf dem Markt verkaufen Frauen Fisch. Zur Feier des Siegs der Khmer wird Essen zubereitet und serviert.

Militärparade
FLACHRELIEF

Das westlichste Relief der Südgalerie mit der Abbildung einer militärischen Parade

ist ebenso wie das Relief mit den Elefanten unvollendet. Brahmanen sind auf der Flucht vor Tigern auf Bäume geklettert.

Bürgerkrieg
FLACHRELIEF

Einige Wissenschaftler glauben, dass diese Szenen einen Bürgerkrieg darstellen. Zum Teil bewaffnete Menschengruppen stehen sich gegenüber, dann eskaliert die Gewalt, bis Krieger und Elefanten im Handgemenge auftauchen.

Der allsehende König
FLACHRELIEF

Auch hier wird wie schon im Bürgerkriegsrelief unmittelbar südlich dieses Mauerabschnitts gekämpft, allerdings in kleinerem Maßstab. Ein riesiger Fisch verschlingt eine Antilope. Zwischen den kleineren Fischen findet sich eine Garnele mit einer Inschrift, die besagt, dass der allsehende König diejenigen finden wird, die sich verstecken.

Siegesparade
FLACHRELIEF

Dieser Bereich zeigt eine Parade. An dieser nimmt auch der König teil, der einen Bogen trägt. Wahrscheinlich handelt es sich um eine Siegesfeier.

Der Zirkus kommt in die Stadt
FLACHRELIEF

In der westlichen Ecke der Nordwand wird ein Khmer-Zirkus präsentiert. Ein Kraftmensch hält drei Zwerge, während ein auf

Bayon

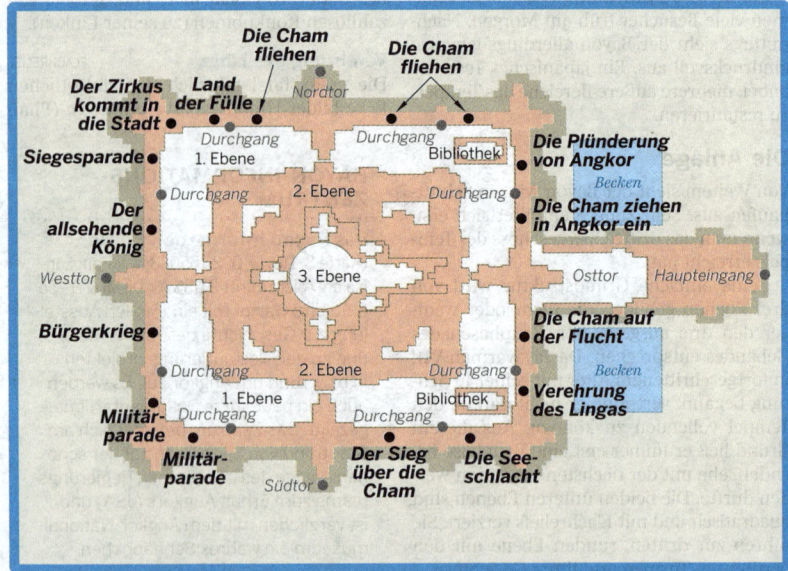

dem Rücken liegender Mann mit seinen Füßen ein Rad dreht. Darüber befindet sich eine Gruppe Seiltänzer. Rechts davon schaut die königliche Hofgesellschaft von einer Terrasse aus zu. Unter ihnen ist eine Tierparade zu sehen. Einige Bereiche dieses Abschnitts sind unvollendet.

Land der Fülle   FLACHRELIEF
In den beiden Flüssen neben dem Torpfosten und einige Meter weiter rechts wimmelt es von Fischen.

Die Cham fliehen   FLACHRELIEF
Im untersten Abschnitt dieses aus drei Friesen bestehenden unvollendeten Reliefs werden die Truppen der Cham geschlagen und aus dem Khmer-Reich vertrieben. Die nächste Wand zeigt den Angriff der Cham. Auf der stark verwitterten Abbildung sieht man sie (linke Seite) bei der Jagd auf die Khmer.

Plünderung von Angkor   FLACHRELIEF
Dieses Relief stellt den Krieg von 1177 dar, als die Cham die Khmer besiegten und Angkor plünderten. Der verwundete Khmer-König wird von einem Elefanten herabgelassen und ein verletzter General auf einer Hängematte getragen, die an einer Stange befestigt ist. Direkt darüber betrinken sich verzweifelte Menschen. Währenddessen verfolgen die Cham (auf der rechten Seite) weiterhin den besiegten Feind.

Die Cham ziehen in Angkor ein   FLACHRELIEF
Hier ist ein weiteres Aufeinandertreffen der Armeen der Khmer und der Cham abgebildet. Rechts kann man inmitten der Cham-Truppen die Fahnenträger ausmachen. In diesem Krieg, der 1181 endete, wurden die Cham letztlich besiegt (wie auf dem ersten Relief der Reihe zu sehen ist).

Baphuon

Manche nennen den Baphuon (Karte S. 140; 7.30–17.30 Uhr) das weltgrößte Puzzlespiel. Vor dem Bürgerkrieg hatten Archäologen den Tempel Stein für Stein abgebaut, doch während der Herrschaft der Roten Khmer wurden deren akribischen Aufzeichnungen zerstört. Und so saßen die Fachleute später mit 300 000 Steinen da, die wieder an ihren alten Platz sollten. Nach Jahren mühevoller Forschungsarbeit ist der Tempel nun teilweise wieder aufgebaut. Auf der Westseite wurde die Stützmauer der zweiten Etage im 16. Jh. als liegender Buddha (s. Kasten) von 60 m Länge gestaltet.

DER RUHENDE BUDDHA DES BAPHUON

An der Westseite des Baphuon stößt man auf die tragende Wand der zweiten Ebene. Sie wurde vermutlich im 15. oder 16. Jh. in einen etwa 60 m langen liegenden Buddha umgearbeitet. Die unvollendete Figur ist schwierig zu erkennen, doch der Kopf befindet sich an der Nordseite der Mauer, und das Tor ist dort, wo die Hüfte sein soll; links davon ragt ein Arm heraus. Die Hände und die gänzlich verschwundenen Füße muss man sich selbst dazudenken. Gläubige Buddhisten nahmen das Projekt vor ca. 500 Jahren in Angriff – ein weiteres Indiz dafür, dass Angkor niemals völlig verlassen war.

Besucher nähern sich dem 43 m hohen Tempel über einen 200 m langen erhöhten Sandsteindamm. Wer unter den erhöhten Dammweg klettert, der zum Baphuon führt, hat einen herrlichen Blick auf die zahlreichen stützenden Säulen.

Zu seiner Blütezeit muss der Baphuon eines der spektakulärsten sakralen Gebäude Angkors gewesen sein. Er liegt 200 m nordwestlich des Bayon und stellt ebenfalls den mythologischen Berg Meru dar. Wahrscheinlich wurde der Bau unter Suryavarman I. begonnen und von Udayadityavarman II. vollendet. Er bildete das Zentrum der alten Hauptstadt, die sich hier vor dem Bau von Angkor Thom befand.

Königspalast & Phimeanakas

Der Phimeanakas (Karte S. 140) erstreckt sich nahe dem Zentrum des ummauerten Gebiets, in dem früher der Königspalast stand. Bis auf zwei Sandsteinbecken unweit der Nordmauer ist von Letzterem nicht mehr viel übrig. Einst nutzte der Herrscher die Bassins für rituelle Waschungen, während hier heute Kinder aus der Umgebung baden. Einige Wissenschaftler nehmen an, dass den Phimeanakas, den „Himmlischen Palast", früher eine goldene Spitze krönte.

Mittlerweile kann man lieber seine frühere Pracht nur noch erahnen, denn der Tempel sieht ziemlich heruntergekommen aus. Auch er ist eine pyramidenförmige Dar-

Die Tempel von Angkor

Kambodscha ist unbestritten das Tempelparadies Asiens, und das nicht nur wegen des allerheiligsten von allen – Angkor Wat. Natürlich ist Angkor unübertroffen, aber um Siem Reap, Epizentrum des Khmer-Reichs, liegen eine Menge weiterer Tempel verstreut, die an die Pracht der Khmer-Zivilisation erinnern.

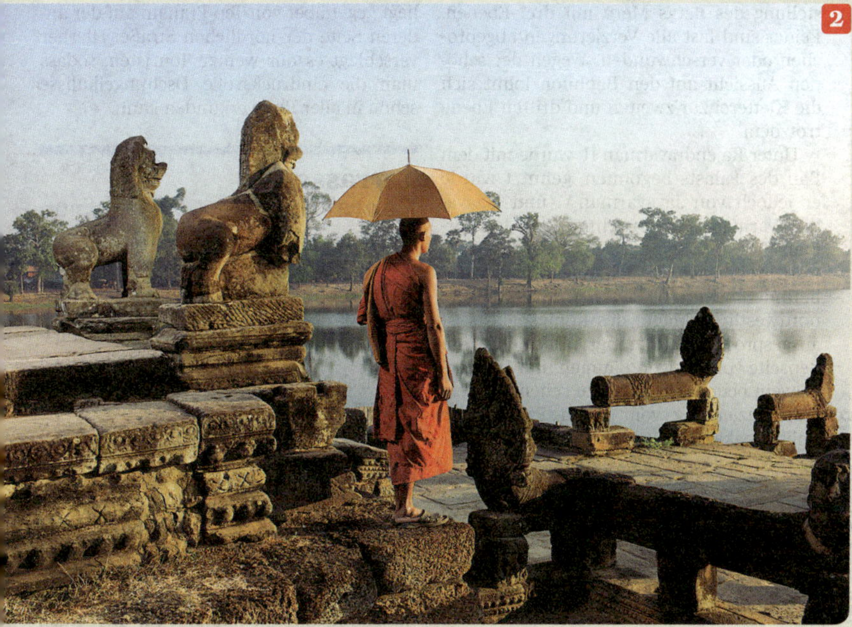

2

3

1. Ta Prohm (S. 169)
Urwaldbäume umklammern die Tempel von Angkors stimmungsvollster Ruine.

2. Sra Srang (S. 171)
Vom Tempel, der einst in diesem friedlichen Becken stand, ist nur noch der steinerne Sockel erhalten.

3. Bayon (S. 160)
Über 210-mal ist das Gesicht des berühmtesten Königs von Kambodscha, Avalokiteshvara, hier eingemeißelt.

4. Banteay Srei (S. 177)
Der Hindutempel, bekannt als die Kunstgalerie von Angkor, prunkt mit wunderbaren Steinmetzarbeiten.

4

stellung des Bergs Meru mit drei Ebenen. Leider sind fast alle Verzierungen abgebrochen oder verschwunden. Wegen der schönen Aussicht auf den Baphuon lohnt sich die Kletterei zur zweiten und dritten Ebene trotzdem.

Unter Rajendravarman II. wurde mit dem Bau des Palasts begonnen, genutzt wurde er jedoch von Jayavarman V. und Udayadityavarman I. Später schmückten Jayavarman VII. und seine Nachfolger das Bauwerk weiter aus. Östlich vom Königspalast befindet sich die Elefantenterrasse. Die nordwestliche Mauer des Königspalasts ist ausgesprochen stimmungsvoll, da ihre Außenseite von riesigen Bäumen und Dschungelwein bedeckt ist – gut zu sehen auf dem Waldspaziergang vom Preah Palilay zum Phimeanakas.

Preah Palilay ព្រះប៉ាលីឡៃ

Der **Preah Palilay** (Karte S. 140; ⊘ 7.30–17.30 Uhr) liegt etwa 200 m nördlich von der Nordmauer des Königspalasts. Er wurde während der Regierungszeit von Jayavarman VII. errichtet und barg ursprünglich einen Buddha, der jedoch schon lange verschwunden ist. Bedauernswerterweise sind die riesigen Bäume, die über dem Tempel aufragten, gefällt worden; damit ist auch die romantische Atmosphäre des Ortes ein wenig verloren gegangen, wenn an den mächtigen Stämmen auch schon wieder Neues nachwächst.

Tep Pranam ទេពប្រណម្យ

150 m östlich vom Preah Palilay erstreckt sich das buddhistische **Tep Pranam** (⊘ 7.30–17.30 Uhr), eine 82 m lange und 34 m breite kreuzförmige Terrasse. Einst diente sie als Plattform einer Pagode. Ganz in der Nähe stößt man auf die Kopie eines 4,50 m hohen Buddhas und nicht weit entfernt lebt eine Gruppe buddhistischer Nonnen in einem aus Holz errichteten Kloster.

Preah Pithu ព្រះពិធូរ

Beim **Preah Pithu** (⊘ 7.30–17.30 Uhr) handelt es sich um eine Gruppe buddhistischer und hinduistischer Tempel aus dem 12. Jh., die von einer Mauer umschlossen sind. Die Bauten beherbergen einige prächtig ausgeschmückte Terrassen und Wächtertiere in Form von Elefanten und Löwen. Preah Pithu

liegt gegenüber von Tep Pranam auf der anderen Seite der nördlichen Straße. Hierher verschlägt es nur wenige Touristen, sodass man die eindrucksvolle Dschungelkulisse schön in aller Ruhe erkunden kann.

Terrasse des Leprakönigs ទីលានព្រះគម្ងង់

Die Terrasse des Leprakönigs (Karte S. 140) liegt gleich nördlich der Elefantenterrasse. Auf der 7 m hohen, Ende des 12. Jhs. errichteten Plattform erhebt sich eine nackte, geschlechtslose Statue. Die vorderen Stützmauern sind mit mindestens fünf Reihen akribisch ausgeführter Steinmetzarbeiten verziert. Auf der Südseite der Terrasse des Leprakönigs hat man Zugang zu einer versteckten Terrasse mit erhaltener Steinmetzkunst.

Die oben genannte Statue ist ein weiteres Rätsel in Angkor. Die Originalfigur befindet sich im Nationalmuseum von Phnom Penh. Einst sollen mindestens zwei der Könige von Angkor an Lepra gelitten haben, deshalb könnte die Skulptur für die beiden Männer stehen. Wahrscheinlich ist aber, dass sie Yama (Gott des Todes) verkörpert und dass die Terrasse das königliche Krematorium beherbergte.

Die Wände sind mit sitzenden *apsaras* verziert, doch man sieht auch Könige mit spitzen Diademen und kurzen, zweischneidigen Schwertern, die von Gefolge und Prinzessinnen begleitet werden.

Auf der Südseite (gegenüber der Elefantenterrasse) gibt's einen Zugang zur Vordermauer einer versteckten Terrasse, die durch den Bau der äußeren Strukturen überdeckt wurde. Dank der jahrhundertelangen Verhüllung sehen die vier Reihen mit *apsaras* und anderen Figuren wie *nagas* so neu aus, als seien sie eben erst aus dem Stein gehauen worden. Einige Figuren blicken sehr furchterregend drein. Wenn man der Innenmauer der Leprakönig-Terrasse folgt, sollte man auf die immer gröberen Meißelspuren achten – ein Zeichen dafür, dass diese Mauer ebenso wie viele andere Tempel in Angkor niemals ganz fertig wurde.

Elefantenterrasse ទីលានដល់ដំរី

Die 350 m lange Elefantenterrasse (Karte S. 140) diente als Tribüne bei öffentlichen Zeremonien sowie als Sockel für die Audienzhalle des Königs. Man versuche, sich den überwältigenden Prunk des Khmer-Reichs während seiner Blütezeit vorzustellen: Infanterie, Kavallerie, Pferdekutschen und natürlich Elefanten marschieren bei Paraden in farbenfrohen Prozessionen umher, Flaggen und Standarten werden gehisst. Über allem thront der Gottkönig im Schatten mehrstöckiger Sonnenschirme und umgeben von Mandarinen und Zofen, die Utensilien aus Gold und Silber tragen.

Fünf Treppen führen zum Hauptplatz, drei in der Mitte und eine an jedem Ende. Der mittlere Bereich der Stützmauer ist mit lebensgroßen *garudas* und Löwen geschmückt, während sich an den Seiten die beiden Teile der berühmten Dickhäuterparade mitsamt ihren Führern befinden.

Kleangs & Prasat Suor Prat

ប្រាសាទឃ្លាំង និងប្រាសាទសូព្រ័ត

Die beiden Gebäudegruppen an der Ostseite des Hauptplatzes nennt man Kleangs. Eventuell wurden der Nördliche (aus der Regierungszeit Jayavarmans V.) und der Südliche Kleang irgendwann einmal als Paläste genutzt. Außerdem stehen hier zwölf Türme aus Laterit, zehn in einer Reihe und zwei weitere im rechten Winkel gegenüber der Siegesallee. Sie sind als Prasat Suor Prat bekannt, was so viel wie „Tempel der Seiltänzer" bedeutet.

Archäologen halten Jayavarman VII. für den Bauherrn. Wahrscheinlich enthielt jeder ursprünglich ein *linga* oder eine Statue. Man geht auch davon aus, dass Artisten zur Unterhaltung des Königs über Seile oder

Seilbrücken balancierten, die zwischen den Türmen befestigt waren – daher der Name der Tempel. Dem chinesischen Abgesandten Chou Ta-Kuan aus dem 13. Jh. zufolge wurde Prasat Suor Prat auch für eine Art öffentliches Gericht genutzt: Während eines Rechtsstreits mussten die beiden Parteien in jeweils einem Turm sitzen, bis eine Seite schließlich erkrankte und sich damit als schuldig erwies.

RUND UM ANGKOR THOM

Baksei Chamkrong បក្សីចាំក្រុង

Der Baksei Chamkrong (Karte S. 140; ⏱ 7.30–17.30 Uhr) liegt südwestlich des Südtors von Angkor Thom. Der kleine, aber wohlproportionierte Tempel ist eines der wenigen Backsteinbauwerke in unmittelbarer Nachbarschaft von Angkor und war früher mit einer Schicht aus Kalkmörtel verputzt. Wie nahezu alle anderen Bauwerke in Angkor weist er mit seiner Öffnung nach Osten. Harshavarman I. stellte im frühen 10. Jh. fünf Statuen in diesem Tempel auf, zwei von Shiva, eine von Vishnu und zwei von Devi.

Phnom Bakheng ភ្នំបាខែង

Als Hauptattraktion des etwa 400 m südlich von Angkor Thom gelegenen Phnom Bakheng (Karte S. 140; ⏱ 5–19 Uhr) gilt der eindrucksvolle Sonnenuntergangsblick über Angkor Wat. Viele Jahre lang war das Ver-

Phnom Bakheng

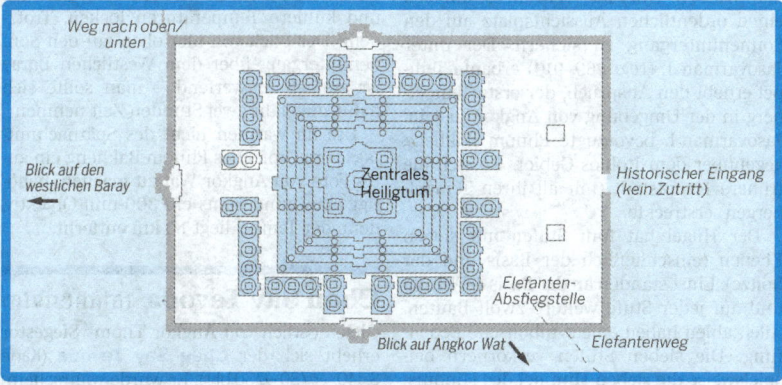

Weg nach oben/unten

Blick auf den westlichen Baray

Zentrales Heiligtum

Historischer Eingang (kein Zutritt)

Elefanten-Abstiegstelle

Blick auf Angkor Wat

Elefantenweg

MITTAGESSEN IN ANGKOR

Viele Touristengruppen fahren zum Mittagessen nach Siem Reap zurück – ein guter Grund, um hierzubleiben und die Stätten ganz in Ruhe zu erkunden. Essen kann man an einem der vielen kambodschanischen Stände in der Nähe fast aller größeren Tempel. Wer mit dem *moto* oder *remork-moto (tuk-tuk)* unterwegs ist, fragt am besten den Fahrer nach einem Tipp (vorausgesetzt, man versteht sich mit ihm), denn er isst wahrscheinlich jeden Tag in Angkor und kennt die besten Orte sowie die Preise.

Gegenüber dem Eingang von Angkor Wat lockt die größte Auswahl an Lokalen, darunter das **Khmer Angkor Restaurant** (Karte S. 140; Hauptgerichte 3–6 US$; 6–18 Uhr) und das **Angkor Reach Restaurant** (Karte S. 140; Hauptgerichte 3–6 US$; 6–18 Uhr). Außerdem gibt es dort eine praktische Zweigstelle des **Blue Pumpkin** (Karte S. 140; Angkor Cafe; Gerichte 2–8 US$; 7–19 Uhr), wo man neben den üblichen göttlichen Fruchtshakes Sandwiches, Salate und Eis bekommt, auch zum Mitnehmen. **Chez Sophea** (Karte S. 140; 012 858003; Mahlzeiten 10–20 US$; 11–22 Uhr) kredenzt Grillfleisch und -fisch, die mit einem knackigen Salat serviert werden, allerdings muss man dafür etwas tiefer in die Tasche greifen.

Nördlich der Terrasse des Leprakönigs von Angkor Thom bieten sich etliche kambodschanische Nudelstände für einen schnellen Snack an. Weitere zentral gelegene Tempel, bei denen man sich stärken kann, sind Ta Prohm, Preah Khan und Ta Keo. Außerdem liegen am Nordufer des Sra Srang ein paar hervorragende Khmer-Restaurants.

Etwas weiter weg in Banteay Srei gibt's mehrere kleine Läden mit kunstvollem Holzschmuck. Gebratener Reis und Nudelsuppe werden weiter nördlich beim Kbal Spean am Fuß des Hügels verkauft. Im ausgezeichneten **Borey Sovann Restaurant** (Mahlzeiten 3–6 US$; 11–18 Uhr) in der Nähe des Eingangs zum Kbal Spean kann man sich vor bzw. nach dem Aufstieg zum „Fluss der tausend Lingas" wunderbar entspannen. In der Nähe des Eingangs zum Beng-Mealea-Tempel stehen ebenfalls einige Imbissbuden (Gerichte 2–4 US$).

Wasser und Softdrinks erhält man überall im Tempelgebiet. Viele Händler warten vor den Bauten auf durstige Kunden. Manchmal kommen sie genau im richtigen Moment auf einen zu, wenn man aber zum 27. Mal in einer Stunde gefragt wird, ist man nahe daran, loszuschreien. Trotzdem sollte man sich beherrschen, sonst erschreckt man nur seine Mitreisenden und verliert gegenüber den Einheimischen das Gesicht.

gnügen etwas anstrengend, da ganze Touristenhorden die Hänge des Hügels hinaufkletterten und um gute Plätze auf dem Gipfel rangelten. Inzwischen werden nur noch 300 Besucher auf einmal zugelassen, sodass man früh (16 Uhr) hier sein muss, um sich einen ordentlichen Aussichtsplatz auf den Sonnenuntergang zu sichern. Der unter Jasovarman I. (reg. 889–910) erbaute Tempel erhebt den Anspruch, der erste Tempelberg in der Umgebung von Angkor zu sein. Jasovarman I. bevorzugte Phnom Bakheng gegenüber dem Roluos-Gebiet, wo sich die frühere Hauptstadt (mit all ihren Tempelbergen) erstreckte.

Der Hügel hat fünf Stufen mit sieben Ebenen (einschließlich der Basis und der Spitze). Einst standen an der Basis 44 Türme und auf jeder Stufe weitere zwölf Bauten. Alle Zahlen haben eine symbolische Bedeutung: Die sieben Stufen verkörpern beispielsweise die sieben Himmel des Hinduismus und die Gesamtzahl der Türme ohne die des Hauptheiligtums betrug 108, eine besonders Glück verheißende Zahl, die auch in Bezug zum Mondkalender steht.

Manch einer kommt lieber frühmorgens, wenn noch nicht so viel Andrang herrscht und kühlere Temperaturen locken. Trotzdem: Der Blick von hier oben auf den Sonnenuntergang über dem Westlichen Baray ist einfach umwerfend – man sollte sich dafür ungefähr zwei Stunden Zeit nehmen.

Um im warmen Licht des Spätnachmittags vom Gipfel des Phnom Bakheng ein gutes Foto von Angkor Wat zu machen, benötigt man mindestens ein 300-mm-Objektiv, denn der Tempel liegt 1,3 km entfernt.

Chau Say Tevoda ចៅសាយទេវតា

Gleich östlich von Angkor Thoms Siegestor erhebt sich der **Chau Say Tevoda** (Karte S. 140; 7.30–17.30 Uhr). Er wurde wahrscheinlich während der Herrschaft von Surya-varman II. im zweiten Viertel des 12. Jhs. gebaut und ist Shiva sowie Vishnu geweiht. Der Chau Say Tevoda wurde von chinesischen Fachleuten restauriert, sodass er sich nun wieder mit seinem Zwillingstempel Thommanon messen kann.

Thommanon ប្រាសាទធម្មនន្ទ

Der **Thommanon** (Karte S. 140; ☉ 7.30–17.30 Uhr) direkt nördlich des Chau Say Tevoda gilt einerseits als einzigartig, gleichzeitig aber auch als Gegenstück zu seinem Nachbartempel, denn beide wurden etwa zur gleichen Zeit entworfen. Er ist ebenfalls Shiva und Vishnu geweiht und weist dank umfangreicher Restaurierungsarbeiten durch die EFEO in den 1960er-Jahren einen guten Zustand auf.

Spean Thmor ស្ពានថ្ម

200 m östlich vom Thommanon erstreckt sich die **Spean Thmor** (Steinbrücke; Karte S. 140), von der noch ein Bogen und mehrere Pfeiler zu sehen sind. Jayavarman VII. hatte zahlreiche Straßen mit riesigen Steinbrücken über Wasserläufe anlegen lassen. Spean Thmor ist als einzige große Brücke in der unmittelbaren Nähe von Angkor erhalten. Sie führt anschaulich vor Augen, wie sich der Wasserstand im Laufe der Jahrhunderte geändert hat, und liefert damit möglicherweise einen weiteren Anhaltspunkt für den Zusammenbruch des ausgedehnten Bewässerungssystems. Gleich nördlich der Brücke befindet sich ein großes Wasserrad.

In anderen Gegenden der Provinz Siem Reap stößt man auf spektakulärere Bauten, z.B. Spean Praptos mit 19 Bögen in Kompong Kdei am NH6 oder die 77 m breite Spean Ta Ong mit einer schönen *naga* 28 km östlich von Beng Mealea im Wald.

Ta Keo តាកែវ

Hätte man ihn vollendet, wäre der monumentale, unverzierte **Ta Keo** (Karte S. 140; ☉ 7.30–17.30 Uhr) zweifellos eines der schönsten Bauwerke vor Ort. Er wurde von Jayavarman V. errichtet, ist Shiva geweiht und war zudem das erste gänzlich aus Sandstein bestehende Monument von Angkor. Die Spitze des zentralen Turms, der von vier niedrigeren Türmen an den Ecken des Plat-

zes umgeben ist, misst fast 50 m. Für viele Tempelberge in Angkor gilt diese Anordnung übrigens als typisch.

Niemand weiß genau, wieso das Gebäude nie fertiggestellt wurde, eine wahrscheinliche Ursache könnte aber der Tod von Jayavarman V. gewesen sein. Vielleicht war es schlichtweg nicht möglich, den Sandstein bildhauerisch zu bearbeiten, sodass hier deshalb keine Verzierungen zu finden sind. Inschriften zufolge wurde der Ta Keo während seines Baus vom Blitz getroffen. Dies könnte als böses Omen verstanden worden sein und seine Fertigstellung verhindert haben. Ein Rundgang um diesen Tempel nimmt etwa 30 Minuten in Anspruch.

Ta Nei តានី

Der 800 m nördlich des Ta Keo gelegene **Ta Nei** (Karte S. 140; ☉ 7.30–17.30 Uhr) wurde von Jayavarman VII. (reg. 1181–1219) gebaut. Ein wenig ähnelt die Atmosphäre hier der von Ta Prohm, wenn auch auf nicht ganz so ausgeprägte Weise: Moose und tentakelartige Wurzeln bedecken teilweise die äußeren Bereiche dieses kleinen Tempels. Dass nicht allzu viele Besucher herkommen, trägt ebenfalls zur besonderen Stimmung bei.

Zum Ta Nei führen ein von den Franzosen gebauter Damm sowie ein kurzer Weg vom Ta Keo durch den Wald: Hier lässt man garantiert die Menschenmassen hinter sich. Einschließlich der Wanderung dorthin nimmt ein Besuch des Ta Nei etwa zwei Stunden in Anspruch. Ganz in der Nähe ist auch die neue Zipline „Flight of the Gibbon Angkor".

Ta Prohm តាព្រហ្ម

Das ultimative Indiana-Jones-Bild: Der **Ta Prohm** (Karte S. 140; ☉ 7.30–17.30 Uhr) liegt in von Sonnenlicht gesprenkeltem Schatten und gigantische Wurzeln umklammern seine bröckelnden Türme und Mauern in einer kraftvollen Umarmung. Die zweifellos stimmungsvollste Ruine Angkors sollte auf der Prioritätenliste jedes Besuchers ganz weit oben stehen. Ihr Reiz liegt darin begründet, dass sie vom Dschungel „verschluckt" wurde und immer noch fast so aussieht wie zu der Zeit, als die ersten Europäer darauf stießen.

Doch tatsächlich wird die Natur auch hier zurückgedrängt. Nur die größten Bäume bleiben unberührt, damit die Anlage gepflegt erscheint und nicht so rau wirkt wie

z. B. Beng Mealea. Dennoch ist ein Besuch von Ta Prohm eine einzigartige Erfahrung. Die altehrwürdige Ruine erlebt einen geradezu poetischen Kreislauf: Erst bezwangen die Menschen die Natur und schufen rasch ein beeindruckendes Werk und nun besiegt wiederum die Natur die Menschen, indem sie langsam deren Bauten zerstört. Wenn Angkor Wat das Genie der alten Khmer bezeugt, so erinnert diese Stätte an die Ehrfurcht gebietende Fruchtbarkeit und Macht des Dschungels.

1186 begann man mit der Errichtung des Bauwerks. Ursprünglich wurde es Rajavihara (Kloster des Königs) genannt, war ein buddhistischer Tempel und der Mutter von Jayavarman VII. geweiht. Es handelt sich um eines der wenigen sakralen Gebäude in und um Angkor, dessen Inschrift etwas über seine Bewohner und die von ihm abhängigen Menschen erzählt. Fast 80 000 Menschen waren nötig, um den Ta Prohm instand zu halten, darunter mehr als 2700 Beamte und 615 Tänzer.

Ta Prohm gilt als Tempel der Türme, umschlossene Höfe und engen Korridore. Viele Durchgänge sind nicht passierbar, denn der Weg ist durch Haufen kunstvoll behauener Steine versperrt, die von Wurzeln längst vermoderter Bäume von ihrem Platz verdrängt wurden. Flachreliefs auf sich wölbenden Mauern werden von Moosen, Flechten und Kletterpflanzen überwuchert und Büsche sprießen aus den Dächern monumentaler Portale. Darüber ragen einige Jahrhunderte alte Bäume hoch. Mit ihren Blättern filtern sie das Sonnenlicht und werfen einen grünen Schatten auf die gesamte Umgebung.

Das berühmteste der vielen Wurzelflechtwerke befindet sich in der östlichsten *gopura* (Eingangspavillon) des zentralen ummauerten Bereiches und trägt den Spitznamen Krokodilbaum. Eine der berühmtesten Stellen von Ta Prohm ist der sogenannte Tomb-Raider-Baum, von dem Lara Croft (alias Angelina Jolie) einen Jasminzweig pflückte, bevor sie hinabstürzte in die … Pinewood Studios.

Früher konnte man auf die beschädigten Galerien klettern, inzwischen wurde dies jedoch verboten, um sowohl den Tempel als auch die Besucher zu schützen. Viele der lose aufliegenden Steine wiegen mindestens eine Tonne und würden ernsthaften Schaden anrichten, wenn sie herunterfielen. Derzeit wird Ta Prohm von einem indischen Archäologenteam zusammen mit kambodschanischen Kollegen stabilisiert und restauriert.

Ta Prohm

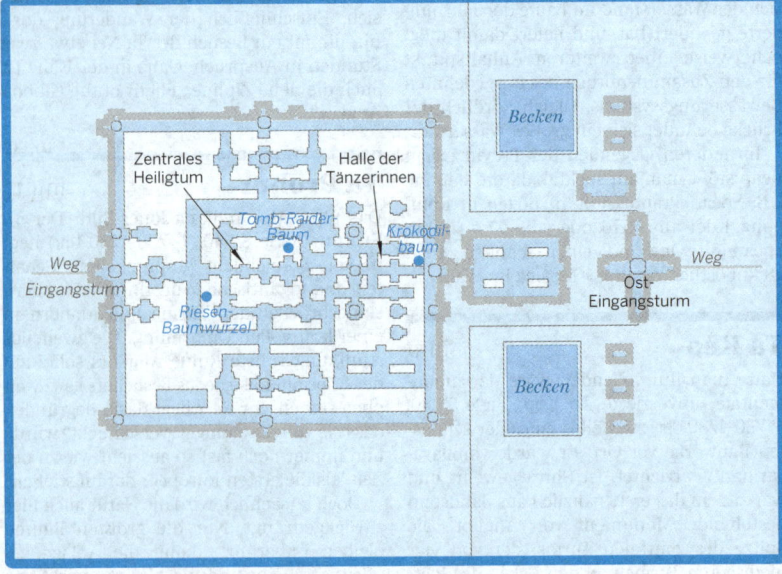

Am eindrucksvollsten ist Ta Prohm früh am Morgen. Man sollte dafür bis zu zwei Stunden einplanen, vor allem wenn man in Ruhe durch die labyrinthartigen Gänge und unverkennbaren Baumwurzeln streifen möchte.

Banteay Kdei & Sra Srang បន្ទាយក្តីនិងស្រះស្រង់

Banteay Kdei (Karte S. 140; ⏲ 7.30–17.30 Uhr), ein massives buddhistisches Kloster aus dem späten 12. Jh., ist von vier konzentrischen Mauern umgeben. Jeder der vier Eingänge ist mit *garudas* geschmückt, die wiederum die vier Gesichter des Avalokiteshvara in die Höhe halten – eines der Lieblingsthemen von Jayavarman VII. Östlich der Klosteranlage befindet sich ein sehr altes Wasserbecken namens Sra Srang. Es misst 800 mal 400 m und war dem König sowie dessen Gefolge vorbehalten.

Die äußere Umrandung von Banteay Kdei misst 500 mal 700 m. Das Innere des zentralen Turms wurde nie vollendet und große Teile des Tempels sind wegen der überhasteten Bauweise verfallen. Hier herrscht viel weniger Andrang als beim nahe gelegenen Ta Prohm, deshalb lohnt sich ein Besuch auf jeden Fall.

Auf der winzigen Insel in der Mitte von Sra Srang stand früher ein hölzerner Tempel, von dem nur noch der steinerne Sockel übrig ist. An diesem schönen Gewässer kann man einen friedlichen Sonnenaufgang erleben.

Für einen Besuch von Banteay Kdei und den Blick auf den nahe gelegenen Sra Srang muss man etwa eine Stunde einplanen.

Prasat Kravan ប្រាសាទក្រវ៉ាន់

Von außen wirkt der **Prasat Kravan** (Karte S. 140; ⏲ 7.30–17.30 Uhr) nicht sehr beeindruckend. Sein verborgener Schatz sind die in die Backsteinwände der Türme gemeißelten Reliefs. 921 wurden diese fünf Türme in einer nach Osten ausgerichteten Nord-Süd-Reihe als hinduistische Heiligtümer errichtet. Ungewöhnlicherweise gab nicht der König den Auftrag für den Tempelbau, was die Abgelegenheit der Stätte erklärt. Sie erhebt sich direkt südlich der Straße von Angkor Wat nach Banteay Kdei.

1968 wurde der Prasat Kravan teilweise restauriert, deshalb erstrahlen die Backsteinreliefs nun wieder in ihrem alten Glanz. Die Darstellungen von Vishnu im größten

DIE DREI SCHRITTE DES VISHNU

Eine der beliebtesten Inkarnationen von Vishnu war der Zwerg Vamana, der die Welt vom bösen Dämonenkönig Bali zurückerobern wollte. Höflich bat Vamana diesen um ein Stück Land zum Meditieren, das nur so groß sein müsse, wie er mit drei Schritten abmessen könne. Als der Dämon zustimmte, verwandelte sich der Zwerg plötzlich in einen mächtigen Riesen, der mit drei enormen Schritten das Universum einnahm. Aus dieser Legende, die im Prasat Kravan dargestellt ist, stammt Vishnus gelegentlicher Beiname *trivikrama* (drei Schritte).

Turm zeigen auf der Rückwand ein Porträt der achtarmigen Gottheit. Auf der linken Wand sieht man, wie Vishnu die drei riesigen Schritte macht, mit denen er die Welt zurückeroberte (S. 171), und auf der rechten Wand ist zu erkennen, wie er auf einem *garuda* reitet. Die Flachreliefs des nördlichsten Turms bilden Vishnus Gefährtin Lakshmi ab.

Preah Khan ព្រះខ័ន្ធ

Der **Preah Khan** (Heiliges Schwert; Karte S. 140; ⏲ 7.30–17.30 Uhr) ist einer der größten Tempelkomplexe von Angkor, ein Gewirr aus gewölbten Korridoren, wunderbaren Bildhauerarbeiten und von Flechten überwuchertem Mauerwerk. Er bildet eine gute Alternative zu Ta Prohm und wird nicht ganz so oft besucht. Wie Ta Prohm ist er eine Ansammlung hoher, geschlossener Räume und enger Korridore, doch im Gegensatz zu diesem befindet sich der Preah Khan dank der anhaltenden Restaurierungsbemühungen des World Monuments Fund (WMF; www. wmf.org) in einem relativ guten Zustand.

Jayavarman VII. errichtete die Stätte, die ihm wahrscheinlich als Residenz diente, während Angkor Thom im Bau war. 1191 wurde das Haupttheiligtum des Tempels fertiggestellt. Eine große Steinstele erzählt viel über die Rolle Preah Khans als Zentrum der Religion und des Lernens. Sie stand ursprünglich innerhalb der ersten östlichen Einfassung, ist aber nun bei Angkor Conservation in Sicherheit. Weil die Anlage 515 Gottheiten geweiht ist, fanden hier im Laufe eines Jahres 18 bedeutende Feste statt. Alleine für

Preah Khan

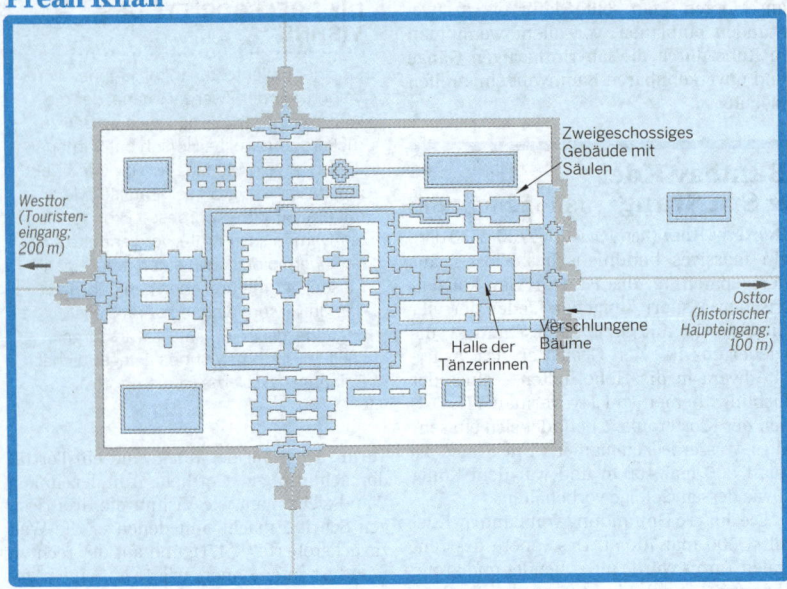

Westtor
(Touristen-
eingang;
200 m)

Zweigeschossiges
Gebäude mit
Säulen

Osttor
(historischer
Haupteingang;
100 m)

Verschlungene
Bäume

Halle der
Tänzerinnen

den Betrieb des sakralen Komplexes wurden Tausende von Personen benötigt.

Preah Khan erstreckt sich über ein gro-ßes Gebiet, doch der eigentliche Tempel liegt innerhalb einer rechteckigen Ummauerung von 700 m Breite und 800 m Länge. Vier Prozessionsgänge führen zu seinen Toren. Genau wie der Zugang zu Angkor Thom werden sie durch eine phantastische Dar-stellung vom „Quirlen des Milchmeers" ein-gerahmt, allerdings sind die meisten Köpfe verschwunden. Vom Hauptheiligtum führen vier lange, gewölbte Galerien in alle vier Himmelsrichtungen. Die meisten inneren Mauern des Preah Khan waren früher mit Stuck bedeckt, der durch Löcher im Stein verankert war. Zahlreiche kunstvolle Reliefs sind erhalten geblieben, darunter Darstel-lungen von *rishis* und *apsaras*.

Der Haupteingang befindet sich im Os-ten, doch fast alle Touristen kommen durch das Westtor in der Nähe der Hauptstraße, gehen den Tempel entlang bis zum Osttor, steuern dann auf das Hauptheiligtum zu und verlassen die Stätte schließlich durch das Nordtor. Bei der Annäherung von Wes-ten sieht man kaum Hinweise auf die Natur, doch an der äußeren Stützmauer des Osttors finden sich zwei Bäume, deren monströse

Wurzeln die Steine umklammern. Einer da-von wächst nach wie vor weiter. Auf dem Tempelgelände steht auch ein merkwürdi-ges zweistöckiges Bauwerk im griechischen Stil, dessen Zweck unbekannt ist. Es sieht aus wie ein Zufluchtsort der alten Athener. Man kann den Tempel übrigens auch von Norden her betreten und im Osten verlas-sen. Aufgrund seiner enormen Größe sollte man sich für diesen Tempel mindestens 90 Minuten Zeit nehmen – besser noch zwei Stunden.

Im Preah-Khan-Tempel gelang eine echte Zusammenführung: Der Osteingang ist mit seinen gleich großen Toren dem Mahayana-Buddhismus gewidmet, während die Pfor-ten der anderen Himmelsrichtungen Shiva, Vishnu und Brahma Tribut zollen und der Reihe nach immer kleiner werden; damit betonen sie das dem Hinduismus innewoh-nende Wesen der Ungleichheit.

Preah Neak Poan   ព្រះនាគព័ន្ធ

Der **Preah Neak Poan** (Tempel der inein-ander verschlungenen Nagas; Karte S. 140; ⊙ 7.30–17.30 Uhr) ist ein kleines, aber per-fektes buddhistisches Bauwerk aus dem 12. Jh. von – wer hätte es gedacht – Jayavarman VII. Er beherbergt ein großes, quadratisches Wasserbecken, das von vier kleineren quadratischen Becken umgeben ist. In der Mitte des Hauptbassins liegt eine kreisförmige, von zwei *nagas* umringte „Insel", deren ineinander verflochtenen Schwänzen der Tempel seinen Namen verdankt.

Wenn Angkor eines Tages in Las Vegas oder Macao als Casino nachgebaut wird, kann man jede Wette eingehen, dass Preah Neak Pean die Vorlage für den Swimmingpool liefern wird. Ursprünglich zierten vier Statuen das Becken rund um die Insel, doch heute ist hier nur noch eine Skulptur zu sehen; sie wurde von französischen Archäologen, die diese Stätte von der Vegetation befreiten, aus Resten rekonstruiert. Die merkwürdige Gestalt hat den Körper eines Pferdes, der auf etlichen menschlichen Beinen ruht. Sie bezieht sich auf eine Legende, der zufolge Avalokiteshvara einst eine Gruppe schiffbrüchiger Anhänger von einer Kannibaleninsel rettete, indem er sie in fliegende Pferde verwandelte. Eine wunderschöne Kopie dieser Statue schmückt den großen Kreisverkehr am internationalen Flughafen von Siem Reap.

Früher sprudelte das Wasser vom Hauptbecken durch vier verzierte Speier, die sich noch heute in den Pavillons an den Achsen des Bassins befinden, in die vier äußeren Bassins: ein Elefantenkopf, ein Pferdekopf, ein Löwenkopf und ein Menschenkopf. Das Becken wurde für rituelle Reinigungshandlungen benutzt.

Einst lag der Preah Neak Pean im Zentrum eines 3 km langen und 900 m breiten *baray* namens Jayatataka, der Preah Khan versorgte. Wegen einer neuen Öffnung in der Deichstraße ist der *baray* nun teilweise wieder mit Wasser gefüllt. Der Zugang zum Wasser ist momentan ausschließlich über einen Holzsteg möglich, sodass der Besuch nur 30 Minuten dauert.

Ta Som តាសោម

Der **Ta Som** (Karte S. 140; ☺ 7.30–17.30 Uhr), ein buddhistischer Tempel aus dem späten 12. Jh., liegt östlich vom Preah Neak Poan und ist ebenfalls von Jayavarman VII. erbaut worden. Der eindrucksvollste Anblick von Ta Som ist der gigantische Baum, der mit seinen Wurzeln die östliche *gopura* komplett umschlungen hält. Er gilt als eines der stimmungsvollsten Fotomotive im Angkor-Gebiet.

Preah Neak Poan

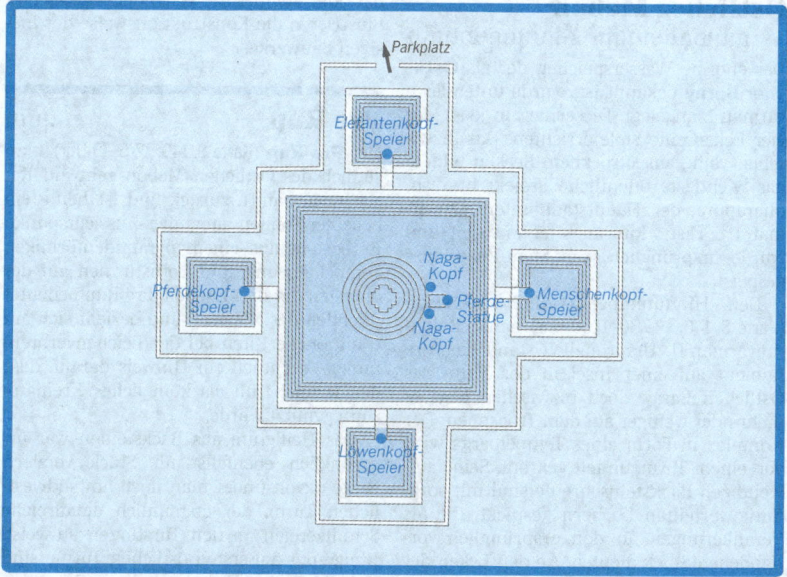

WEGWEISER DURCH DIE ANGKOR-LITERATUR

Im Laufe der Jahre sind zahllose Bücher über Angkor geschrieben worden und stets kommen noch neue hinzu, die seine Wiedergeburt als Kultur-Hot-Spot betonen. Einige der besten haben wir herausgesucht:

A Guide to the Angkor Monuments (Maurice Glaize; auf Englisch) Bis heute der ultimative Führer (von 1944). Kostenloser Download unter www.theangkorguide.com.

A Passage Through Angkor (Mark Standen; auf Englisch) Einer der besten Fotobände zu den Tempeln.

Eine Pilgerfahrt nach Angkor (Pierre Loti) Eins der am schönsten geschriebenen Bücher über Angkor. Es basiert auf einer Angkor-Reise des Autors im Jahr 1910.

Ancient Angkor (Claude Jacques; auf Englisch) Dieser Führer von einem bedeutenden Angkor-Forscher ist sehr gut lesbar, das Fotomaterial stammt von Michael Freeman.

Angkor – Heart of an Asian Empire (Bruno Dagens; auf Englisch) Die reich bebilderte Geschichte der „Entdeckung" Angkors.

Khmer Heritage in the Old Siamese Provinces of Cambodia (Etienne Aymonier; auf Englisch) Aymoniers Reisebericht aus dem Jahr 1901 beschreibt auch viele der wichtigsten Tempel.

The Angkor Guide (Andrew Booth) Hervorragender Führer zu den Tempeln von Angkor mit Beiträgen von renommierten Forschern und schönen Illustrationen. Mit den Erträgen werden Bildungsprojekte in Siem Reap unterstützt (siehe www.angkorguidebook.com).

Sitten in Kambodscha (Chou Ta-Kuan) Der einzige Augenzeugenbericht aus dem Angkor-Reich stammt von einem chinesischen Gesandten, der Ende des 13. Jhs. ein Jahr in der Khmer-Hauptstadt verbrachte.

Östlicher Baray & Östlicher Mebon

បារាយណ៍ខាងកើត និងមេបុណ្យខាងកើត

Der enorme Wasserspeicher, der als **Östlicher Baray** bekannt ist, wurde unter Jasovarman I. angelegt. Dieser ließ in jeder der vier Ecken eine Stele errichten. Das inzwischen völlig ausgetrocknete Becken bildete das wichtigste öffentliche Projekt in Yasodharapura, der Hauptstadt unter Jasovarman I. Es ist 7 km lang, 1,8 km breit und wurde ursprünglich vom Siem-Reap-Fluss gespeist.

Den Hindutempel **Östlicher Mebon** (Karte S. 140; ◷ 7.30–17.30 Uhr) baute Rajendravarman II. Ursprünglich stand das Monument auf einer Insel in der Mitte des Östlichen Baray, doch inzwischen liegt es mehr oder weniger auf dem Trockenen. Der Komplex in Form eines Tempelbergs wird von einem Turmquintett gekrönt. Seine aufwendigen Backsteinschreine sind mit sorgfältig verteilten Löchern gespickt, die als Verankerungen für den ursprünglich vorhandenen Stuck dienten. An den Ecken der Basis wachen perfekt gearbeitete steinerne Elefanten über den Tempel.

Der Östliche Mebon wird von Erdrampen flankiert: Sie geben einen Hinweis darauf, dass der Tempel nie vollendet wurde, und illustrieren die Konstruktionsweise der hiesigen Bauwerke.

Pre Rup

ប្រែរូប

Der **Pre Rup** (Karte S. 140; ◷ 5–19 Uhr) 1 km südlich des Östlichen Mebon geht auf Rajendravarman II. zurück und ist heute ein beliebter Sonnenuntergangs-Aussichtspunkt. Er besteht aus einem pyramidenförmigen Tempelberg mit fünf Lotustürmen auf der obersten der drei Ebenen. Pre Rup bedeutet „Wenden des Körpers" und bezieht sich auf traditionelle Riten bei der Leichenverbrennung – eventuell ein Hinweis darauf, dass der Tempel früh als königliches Krematorium genutzt wurde.

Das Heiligtum aus Backsteinen war ursprünglich ebenfalls mit Stuck verziert; Reste davon findet man noch am südwestlichen Turm, der erstaunlich detailreiche Schnitzereien an den Türstürzen aufweist. Einige der äußersten östlichen Türme sind allerdings dem Einsturz nahe und werden durch hölzerne Gerüste gestützt.

Der Pre Rup gilt als einer der beliebtesten Orte von Angkor, um den Sonnenuntergang zu betrachten; der Blick über die Reisfelder ist tatsächlich wunderschön. Leider stören inzwischen einige hoch aufragende Bäume die Aussicht ganz erheblich. Außerdem herrscht hier meist ein beachtlicher Andrang.

Banteay Samré បន្ទាយសំរ៉ែ

Der **Banteay Samré** (Karte S. 140; ⊘ 7.30–17.30 Uhr) stammt aus derselben Periode wie Angkor Wat und wurde von Suryavarman II. gebaut. Aufgrund umfangreicher Restaurierungsarbeiten befindet er sich in einem relativ guten Zustand, allerdings hat seine isolierte Lage in den vergangenen Jahrzehnten einige Kunsträuber angelockt. Das Gelände besteht aus einem Haupttempel mit vier Flügeln. Davor erstrecken sich eine Halle und ein Innenhof mit zwei Bibliotheken, von denen die südliche noch erstaunlich gut erhalten ist. Das gesamte Ensemble wird von zwei großen konzentrischen Mauern eingefasst, zwischen denen einst ein einzigartiger Wassergraben verlaufen sein muss, der inzwischen aber ausgetrocknet ist.

Der Banteay Samré liegt 400 m östlich vom Östlichen Baray. Der Besuch des Tempels lässt sich gut mit Besichtigungen des Banteay Srei oder Phnom Bok verbinden.

Westlicher Baray & Westlicher Mebon បារាយណ៍ខាងលិច និងមេបុណ្យខាងលិច

Der **Westliche Baray** ist ganze 8 km lang und 2,3 km breit. Er wurde von Hand angelegt, um Wasser für die intensive Landwirtschaft rings um Angkor bereitzustellen. Nur

zur Verdeutlichung: Man hat diese riesigen Speicher nicht im eigentlichen Sinne ausgegraben, sondern am Rand entlang gewaltige Deiche errichtet.

Der Westliche Baray wird von vielen Einheimischen als Schwimmbad genutzt (besonders samstags und sonntags). An seinem westlichen Ende erstreckt sich ein kleiner Strand mit Picknickhütten, außerdem kann man dort Autoschläuche als Schwimmringersatz ausleihen. Im Zentrum des Westlichen Baray stößt man auf die Ruine des **Westlichen Mebon** (Karte S. 140; ⊘ 7.30–17.30 Uhr); in diesem Tempel wurde die riesige Bronzestatue von Vishnu gefunden, die jetzt im Nationalmuseum (S. 43) in Phnom Penh zu sehen ist. Der Westliche Mebon ist per Ruderboot erreichbar.

ROLUOS-GRUPPE

Die Bauwerke von Roluos (រលួស), Hauptstadt Indravarmans I., gehören zu den frühesten dauerhaften Khmer-Tempeln und stehen für den Beginn der klassischen Khmer-Kunst. Zuvor wurden in der Regel nur leichtere (und weniger haltbare) Baumaterialien wie Backsteine verwendet.

Die Stätten liegen etwa 13 km östlich von Siem Reap am NH6, unweit vom heutigen Ort Roluos. Die Besichtigung der Tempel nimmt zwei bis drei Stunden in Anspruch; als Alternative kann man im Rahmen eines Halbtagestrips auch noch das Stelzendorf Kompong Pluk besuchen.

Preah Ko   HINDUTEMPEL
(ព្រះគោ; Karte S. 140; ⊘ 7.30–17.30 Uhr) Der Preah Ko wurde im späten 9. Jh. unter Indravarman I. errichtet und war Shiva geweiht. 880 n. Chr. widmete Indravarman I.

GEMEINNÜTZIGE PROJEKTE RUND UM ROLUOS

In der Umgebung der Roluos-Gruppe haben sich diverse gemeinnützige Projekte angesiedelt. An der Straße zwischen Preah Ko und Bakong liegt die Weberei **Prolung Khmer** (Karte S. 140; www.prolungkhmer.blogspot.com), in der stilvolle Baumwoll-*kramas* (Tücher) produziert werden. Das Ausbildungszentrum ist ein Kooperationsprojekt von Kambodschanern und Japanern. Außerdem befindet sich hier die Keramikwerkstatt **Lo-Yuyu** (Karte S. 140), wo Töpferwaren im traditionellen angkorianischen Stil hergestellt werden.

Gegenüber dem Preah Ko stellt die **Khmer Group Art of Weaving** (Karte S. 140) Seiden- und Baumwollschals auf traditionellen Webstühlen her. Außerdem befindet sich hier **Dy Proeung Master Sculptor** (Karte S. 140; Spenden willkommen), eine Produktionsstätte für maßstabsgetreue Nachbildungen von Preah Ko, Bakong und Lolei sowie Angkor Wat, Preah Vihear und Banteay Srei.

VERSTECKTE SCHÄTZE UND POLITISCHE QUERELEN

Angkor Conservation ist ein Komplex des Kulturministeriums am Ufer des Siem-Reap-Flusses, etwa 400 m östlich vom Hotel Sofitel Phokheetra Royal Angkor. Er bewahrt über 5000 Statuen, *lingas* (Phallussymbole) und beschriftete Stelen: Sie sollen vor Plünderungen geschützt werden, die bereits Hunderte von Stätten in der Umgebung ruiniert haben. Die schönsten Statuen sind sorgfältig nummeriert und katalogisiert im Fundus dieser Institution versteckt. Leider hat man ohne die richtigen Kontakte keine Chance, einen Blick darauf zu werfen. Einige sind inzwischen im Angkor-Nationalmuseum (S. 100) in Siem Reap ausgestellt, doch sie machen nur einen Bruchteil der Sammlung aus.

Auch die kambodschanische Denkmalbehörde **Apsara Authority** (Authority for Protection & Management of Angkor & the Region of Siem Reap; www.autoriteapsara.org) befand sich früher auf dem Gelände von Angkor Conservation, besitzt mittlerweile jedoch ein ansehnliches eigenes Hauptquartier an einer der Hauptzufahrtsstraßen nach Angkor. Diese Organisation ist für die Forschung, den Denkmalschutz und die Erhaltung des kulturellen Erbes rund um Angkor verantwortlich. Darüber hinaus kümmert sie sich um die Stadtplanung in Siem Reap und die touristische Entwicklung in der Region – eine große Aufgabe und gewaltige Herausforderung, zumal jetzt, da die Regierung ein so großes Interesse an ihrer Arbeit zeigt. Angkor ist eine Goldgrube und es wird sich zeigen, ob Apsara in der Lage ist, dem Denkmalschutz weiterhin Priorität vor dem Profit einzuräumen.

die Anlage außerdem seinen göttlichen Vorfahren. Die vorderen Bauten beziehen sich auf männliche Vorfahren oder Götter, die hinteren auf weibliche Ahnen oder Göttinnen. Löwen bewachen die zum Tempel führenden Stufen. Die Türme von Preah Ko („Heiliger Ochse") werden von drei *nandis* (heilige Stiere) bewacht, die so aussehen, als seien ihnen im Laufe der Jahrhunderte bereits ein paar Steaks herausgeschnitten worden. Die sechs nach Osten ausgerichteten Türme sind in zwei Reihen angeordnet und mit Sandstein- sowie Stuckreliefs verziert. Der Hauptturm der vorderen Reihe ist deutlich größer als die anderen Bauten. Hier finden sich einige der besten noch erhaltenen Beispiele für Stuckarbeiten von Angkor. Derzeit führt ein deutsches Team Restaurierungsmaßnahmen durch. An den Torpfosten der Bauwerke sind kunstvolle Inschriften in der altindischen Sprache Sanskrit erhalten.

Bakong
HINDUTEMPEL

(បាគង; Karte S. 140; ⊘ 7.30–17.30 Uhr) Der Bakong ist der größte und interessanteste Tempel der Roluos-Gruppe. Der Shiva geweihte Bakong geht auf Indravarman I. zurück, repräsentiert den Berg Meru und war einst der zentrale Tempel der Stadt. Er ist nach Osten ausgerichtet und besteht aus einer Sandsteinpyramide mit fünf Ebenen auf einer 60 m² großen quadratischen Basis, die von acht Türmen aus Ziegeln und Sand-

stein sowie anderen kleineren Heiligtümern flankiert wird. Einige der unteren Türme sind noch mit dem originalen Stuckverputz bedeckt. Der Komplex wird von drei konzentrischen Mauern und einem Wassergraben umschlossen. In den Ecken der drei untersten Ebenen des Haupttheiligtums befinden sich gut erhaltene steinerne Elefanten und auf der dritten Ebene sieht man insgesamt zwölf Stupas, drei an jeder Seite. Das Heiligtum auf der fünften Ebene des Bakong wurde erst während der Regierungszeit von Suryavarman II. hinzugefügt und ist im Stil des zentralen Turms von Angkor Wat gebaut. Außerdem gibt es hier ein über hundert Jahre altes buddhistisches Kloster, das gerade restauriert worden ist.

Lolei
HINDUTEMPEL

(លលៃ; Karte S. 140; ⊘ 7.30–17.30 Uhr) Die vier Ziegeltürme des Lolei ließ Jasovarman I., Gründer der ersten Stadt Angkors, auf einem Inselchen in einem großen Wasserspeicher errichten – heute liegen sie inmitten von Reisfeldern. Sie sind nahezu identische Kopien der Preah-Ko-Türme, allerdings in viel schlechterer Verfassung. Eine Betrachtung lohnen vor allem die Sandsteinschnitzereien in den Nischen der Tempel und die Sanskrit-Inschriften an den Türpfosten. Einer Inschrift zufolge widmete Jasovarman I. die Türme am 12. Juli 893 seinen Eltern und seinen Großeltern mütterlicherseits.

RUND UM ANGKOR

Phnom Krom ភ្នំក្រោម

Der etwa 12 km südlich von Siem Reap gelegene **Phnom Krom** (Karte S. 140; ☺ 7.30–17.30 Uhr) wurde im 9. oder frühen 10. Jh. unter Jasovarman I. auf einem Berg mit Blick über den Tonlé-Sap-See errichtet. Sein Name bedeutet „Niedrigerer Hügel", was auf seine geografische Lage in Bezug auf die Schwestertempel Phnom Bakheng und Phnom Bok hinweist. Phnom Krom ist nach wie vor einer der ruhigeren Orte der Gegend, um den Sonnenuntergang zu betrachten, außerdem gibt es hier einen aktiven Wat.

Die drei Türme sind Vishnu, Shiva und Brahma (von Norden nach Süden) geweiht und mittlerweile eigentlich nur noch Ruinen. Man benötigt ein Ticket für Angkor, um den Tempel auf dem Gipfel des Phnom Krom zu besuchen. Ohne braucht man gar nicht erst herzukommen, denn die Wärter lassen einen in dem Fall nicht nach oben. Wer per *moto* oder Auto herkommt, sollte seinen Fahrer dazu überreden, einen bis ganz nach oben zu bringen, ansonsten steht ein langer Aufstieg in der sengenden Hitze bevor. Das Ganze lässt sich gut mit einem Besuch des schwimmenden Dorfs Chong Kneas (S. 136) zu einem Halbtagesausflug kombinieren.

Phnom Bok ភ្នំបូក

Der **Phnom Bok** (Karte S. 140; ☺ 7.30–17.30 Uhr) ist der dritte Tempelberg, den Jasovarman I. im späten 9. oder frühen 10. Jh. bauen ließ. Dieser friedliche, aber abgelegene Ort wird nur selten besucht. Das kleine Bauwerk auf dem Gipfel ist in einem annehmbaren Zustand. Was den Besuch von Phnom Bok aber eigentlich lohnenswert macht, ist der Blick von den 212 m hohen Hügel zum Phnom Kulen im Norden und über die Ebene von Angkor im Süden. Am anderen Ende des Bergs sind die Reste eines 5 m hohen *linga* zu sehen, und man geht davon aus, dass es solche Phallussymbole auch auf dem Phnom Bakheng und dem Phnom Krom gegeben hat. Phnom Bok ist rund 25 km von Siem Reap entfernt.

Ein serpentinenreicher Pfad führt in etwa 20 Minuten auf den Phnom Bok. Die Treppe liegt größtenteils in der Sonne, ist aber der schnellere Weg. Dementsprechend sollte man die Mittagshitze meiden und viel Wasser mitnehmen, das man in der Gegend kaufen kann.

Phnom Bok ist von der Straße zum Banteay Srei aus deutlich zu erkennen. Man erreicht den Hügel, indem man der Straße zum Banteay Samré noch weitere 6 km folgt. Wer will, kann auch eine Rundfahrt unternehmen und auf dem Rückweg nach Siem Reap die Tempel von Roluos besuchen. Dazu hält man sich Richtung Süden anstatt nach Westen. Unterwegs locken schöne Aussichten auf die ländliche Umgebung. Weil die An- bzw. Rückfahrt viel Zeit in Anspruch nimmt, sollte man darauf verzichten, sich hier den Sonnenauf- oder -untergang anzusehen.

Chau Srei Vibol ចៅស្រីវិបុល

Der hübsche kleine **Chau Srei Vibol** (☺ 7.30–17.30 Uhr) auf dem Gipfel eines Hügels wurde in der Vergangenheit nur von wenigen Touristen besucht, weil er schwer zu erreichen war. Dank neuer Straßen kommt man nun aber viel schneller hierhin. Das Haupttheiligtum ist nur noch eine Ruine, bildet aber einen schönen Kontrast zum nahe gelegenen modernen Wat.

Wände aus Laterit umgeben den Fuß des Hügels, jede mit einer kleinen Eingangshalle in ziemlich gutem Zustand. Zum Tempel gelangt man über die Nationalstraße von Roluos nach Anlong Veng, die man etwa 8 km nördlich des NH6 oder 5 km südlich des Phnom Bok Richtung Osten verlässt. Auf die Abzweigung weist ein kleines Schild hin, das man leicht übersieht. Doch keine Panik: Die Bewohner dieser Gegend sind freundlich und hilfsbereit, falls man sich verfährt.

Banteay Srei បន្ទាយស្រី

Für viele Besucher ist der **Banteay Srei** (☺ 7.30–17.30 Uhr) die Krönung, denn er besteht aus einem rosa schimmernden Stein und enthält einige der formvollendetsten Steinmetzarbeiten der Welt. Der Tempel, mit dessen Bau 967 begonnen wurde, ist zwar einer der kleinsten, doch was ihm an Größe fehlt, macht er durch Klasse wett. Die „Kunstgalerie von Angkor", ein Shiva geweihter Hindutempel, weist einen hervorragenden Zustand und größtenteils dreidimensionale Steinverzierungen auf. Banteay Srei bedeutet „Zitadelle der Frauen": Der

178

DIE TEMPEL VON ANGKOR BANTEAY SREI

Legende nach soll der Tempel von einer Frau gebaut worden sein, da die kunstvollen Schnitzereien für die Hand eines Mannes viel zu fein seien.

Der Banteay Srei gehört zu den wenigen Angkor-Tempeln, die nicht von einem König in Auftrag gegeben wurden, sondern von einem Brahmanen, möglicherweise dem Lehrer von Jayavarman V. Das quadratische Heiligtum weist im Osten und Westen Eingänge auf, zum östlichen Eingang führt ein Dammweg. Interessant sind vor allem die üppig verzierten Bibliotheken und die drei zentralen Türme, die mit männlichen und weiblichen Gottheiten und wunderschönen filigranen Reliefs verziert wurden.

Zu den berühmten Steinmetzarbeiten des Banteay Srei gehören zarte Frauen in klar erkennbaren traditionellen Röcken mit Lotusblumen in der Hand sowie atemberaubende Darstellungen von Szenen aus dem *Ramayana* an den Ziergiebeln der Bibliotheken. Doch auch sonst ist nahezu jeder Quadratzentimeter der inneren Bauwerke mit kunstvollen Verzierungen bedeckt. Mehrere mythische Hüter wachen über diese perfekte Schöpfung, wobei es sich bei allen Figuren um Kopien handelt: Ihre Originale befinden sich im Depot des Nationalmuseums von Phnom Penh.

Die Restaurierung des Bauwerks in den 1930er-Jahren war die erste wichtige Maßnahme der EFEO, bei der die Anastilosis-

Methode angewandt wurde. Wie heute deutlich zum Ausdruck kommt, hatte das Projekt Erfolg und führte dazu, dass bald darauf größere Projekte wie der Bayon in Angriff genommen wurden. Der Banteay Srei ist auch der erste bedeutende Tempel, der restauriert und hinsichtlich seiner touristischen Infrastruktur komplett erneuert wurde. Dazu gehören ein großer Parkplatz, ein Verkaufsbereich, Besucherinformationen und eine hochmoderne Kunstausstellung zur Geschichte der Stätte und ihrer Erhaltung. Hinter dem Tempel befindet sich außerdem ein kleiner *baray* (Wasserbecken) voller Lotuspflanzen, auf dem man per Boot (7 US$ pro Boot) herumschippern kann.

Bei der Wiederentdeckung des Banteay Srei nahm man zunächst an, der Tempel würde aus dem 13. oder 14. Jh. stammen, da die hervorragenden Steinmetzarbeiten am Ende der Angkor-Periode entstanden sein mussten. Später wurde er aufgrund von neu entdeckten Inschriften auf 967 datiert.

1923 wurde der Franzose André Malraux in Phnom Penh verhaftet, weil er versucht hatte, mehrere Statuen und Teile von Skulpturen aus dem Banteay Srei zu stehlen. Ironie der Geschichte: Unter Charles de Gaulle ernannte man Malraux später zum Kulturminister.

Der Banteay Srei liegt 32 km nordöstlich von Siem Reap bzw. 21 km nordöstlich vom Bayon entfernt. Die Straße ist gut ausgeschildert und durchgängig befestigt – die Fahrt von Siem Reap sollte mit dem Auto etwa 45 Minuten dauern, mit dem *remork-moto* rund eine Stunde. Viele Fahrer von *motos* und *remork-motos* verlangen einen relativ hohen Preis für die weite Strecke, deshalb sollte man sich vorher über den Preis einigen.

Im Bezirk Banteay Srei gibt es einiges zu sehen sowie auch mehrere Privatunterkünfte (S. 133) für den Fall, dass man die Gegend genauer erkunden und hier übernachten möchte. Der Besuch des Tempels lässt sich auch mit einer langen Tagestour nach Kbal Spean zum „Fluss der tausend Lingas" und zum Beng Mealea verbinden. Eine Alternative ist ein Halbtagesausflug, der den Banteay Srei, das Cambodia Landmine Museum und den Banteay Samré umfasst. Die Besichtigung des Banteay-Srei-Tempels nimmt etwa 45 Minuten in Anspruch; wer noch dem Informationszentrum einen Besuch abstatten und sich ein bisschen in der Gegend umschauen möchte, sollte anderthalb Stunden einplanen.

NATÜRLICHE BEDÜRFNISSE

Angkor verfügt über einige der besten öffentlichen Toiletten Asiens. Diese warten mit diversen Annehmlichkeiten wie elektronischen Spülungen auf, die wohl jedes Luxushotel stolz machen würden. Leider verzichten die Wärter oft darauf, die Generatoren anzuschalten, sodass es in den Kabinen ziemlich dunkel ist (zum Glück kann man auch manuell spülen!). In der Nähe fast aller wichtigen Tempel findet man ein solches „stilles Örtchen", und wer seine Eintrittskarte vorzeigt, muss für die Nutzung nichts zahlen. Toiletten befinden sich in der Nähe der meisten größeren Tempel.

Nicht vergessen: In abgelegenen Gegenden sollte man sich niemals weit vom Weg entfernen, denn es ist auf jeden Fall unendlich viel besser, in einer peinlichen Haltung gesehen zu werden, als auf eine Landmine zu treten!

ANGKOR CENTRE FOR CONSERVATION OF BIODIVERSITY

Das praktisch am Anfang des Wanderwegs zum Kbal Spean gelegene **Angkor Centre for Conservation of Biodiversity** (មជ្ឈមណ្ឌលអង្គរសម្រាប់ការអភិរក្សជីវចម្រុះ; ACCB; www.accb-cambodia.org; Spende 3 US$; ⊙ Führungen Mo–Sa 9 & 13 Uhr) engagiert sich für die Rettung, den Schutz und die Wiederansiedlung gefährdeter Tierarten in den kambodschanischen Wäldern. 90-minütige Führungen durch das Zentrum finden täglich um 9 und 13 Uhr statt. Besser ist die Führung um 9 Uhr: Dann werden die Tiere gefüttert und sind nicht so träge wie in der Hitze des Nachmittags. Zu den bedrohten Arten, die hier gegenwärtig untergebracht sind, gehören das Schuppentier, der Kappengibbon, der Silberne Haubenlangur, der Plumploris, die Zibetkatze und die Bengalkatze. Auch mehrere große Wasservögel haben hier eine Zuflucht gefunden, darunter der eindrucksvolle Saruskranich und der extrem selten gewordene Riesenibis, Kambodschas Wappentier – und das einzige bekannte Exemplar, das nicht in freier Wildbahn lebt.

Außerhalb der Kernzeiten sind auch private Führungen möglich. Diese müssen jedoch im Voraus gebucht werden und kosten 25 US$ pro Person (10 US$ pro Pers. für Gruppen ab fünf Pers.). Für das ACCB benötigt man keine Angkor-Eintrittskarte, lediglich für Kbal Spean.

Kbal Spean ក្បាលស្ពាន

Das spektakulär eingeschnittene Flussbett Kbal Spean (⊙ 7.30–17.30 Uhr) tief im Dschungel nordöstlich von Angkor wird oft als „Fluss der tausend Lingas" bezeichnet. Tatsächlich bedeutet Kbal Spean „Brückenkopf" und bezieht sich auf den natürlichen Felsübergang an dieser Stelle. Aus dem Gestein des Flussbetts wurden kunstvolle Phallussymbole herausgemeißelt und der ganze Abschnitt ist mit Skulpturen von Hindugottheiten gespickt. Kbal Spean wurde 1969 „entdeckt", als ein Eremit dem französischen Ethnologen Jean Boulbet die Gegend zeigte.

Zu den steinernen Kunstwerken windet sich ein schöner, 2 km langer Pfad, der an einigen interessanten Felsformationen vorbeiführt. Am besten nimmt man reichlich Wasser mit nach oben, denn hinter dem Parkplatz gibt's hier mehr zu kaufen. Im oberen Teil des Flusses stößt man auf eine beeindruckende Skulptur von Vishnu, danach folgen mehrere Steinreliefs am Brückenkopf. Einige davon wurden in den letzten paar Jahren abgehackt, sind aber inzwischen durch ausgezeichnete Nachbildungen ersetzt worden. Das Gebiet ist jetzt mit Seilen abgesperrt, um die Abbildungen vor weiteren Beschädigungen zu schützen.

Flussabwärts sieht man weitere eindrucksvolle Figuren von Vishnu sowie von Shiva mit seiner Gefährtin Uma. Noch weiter unten stehen Hunderte *lingas* im Flussbett. Oberhalb des Wasserfalls folgen steinerne

Tierbildnisse, etwa von einer Kuh und einem Frosch. Ein Pfad schlängelt sich um die Steine herum zu einer hölzernen Treppe, die zum unteren Ende des Wasserfalls führt. Wer zwischen Januar und Juni kommt, könnte eine kleine Enttäuschung erleben, denn dann gibt es hier sehr wenig Wasser. Am schönsten ist es von Juli bis Dezember. Die Erkundung von Kbal Spean beginnt man am besten mit den ins Felsgestein des Flusses gemeißelten Skulpturen und schließt sie mit dem Wasserfall ab, der Abkühlung verheißt. Einschließlich der Wanderung vom Parkplatz dauert der Besuch etwa zwei Stunden. Wer sich zwischendurch noch unter dem Wasserfall abkühlen oder ein Picknick machen will, sollte eher drei Stunden einplanen. Wenn man das mit einem Ausflug zum Angkor Centre for Conservation of Biodiversity (s. Kasten), dem Tempel von Banteay Srei (S. 177) und dem Cambodia Landmine Museum (S. 132) kombiniert, wird fast ein ganzer Tag daraus.

Kbal Spean liegt 50 km nordöstlich von Siem Reap, vom Banteay Srei sind es nur noch 18 km. Die Straße wurde hervorragend ausgebaut, weil sie Bestandteil der neuen Verbindung Richtung Norden ist, die nach Anlong Veng und zur thailändischen Grenze führt. Aus diesem Grund dauert die Tour von der Stadt auch nur etwa eine Stunde.

Moto-Fahrer verlangen mit Sicherheit einen relativ hohen Preis für die Strecke. Ein Tagesausflug einschließlich eines Besuchs des Banteay Srei sollte etwa 15 US$ kosten. Fahrer von *remork-motos* heben den Betrag zumeist auf rund 25 US$ an. Für eine Fahrt

DIE VERSUNKENE STADT MAHENDRAPRAVARTA

Mit der „Entdeckung" der versunkenen Stadt Mahendrapravarta aus der Angkor-Ära machte Phnom Kulen 2013 Schlagzeilen, als mithilfe von LIDAR-Lasertechnologie unterirdische Strukturen einer umfangreicheren archäologischen Stätte im Dschungel gefunden wurden. Allerdings war das weniger bahnbrechend, als die ersten Berichte vermuten ließen, da Phnom Kulen schon lange als wichtige Fundstätte bekannt war. Ähnlich wie gut zehn Jahren zuvor, als NASA-Satellitensysteme Größe und Umfang des hydraulischen Wassersystems im Großraum Angkor zutage förderten, wurde jetzt mithilfe der LIDAR-Forschung die Ausdehnung der antiken Stadt, einschließlich der Kanäle und *barays*, bestätigt. Dabei wurden unter dem Dschungel durchaus neue Tempel und andere Details entdeckt, die aber aufgrund des schwierigen Geländes und möglicher Landminen nach wie vor unzugänglich sind. 2015 wurde eine weitere LIDAR-Erfassung des gesamten Kulen-Plateaus durchgeführt.

mit dem Auto hierher wird ebenfalls ein Zuschlag erhoben. Der Besuch von Kbal Spean ist in den Tickets für Angkor enthalten. Der letzte Einlass ist um 15.30 Uhr.

Phnom Kulen ភ្នំគូលែន

Die Khmer betrachten den **Phnom Kulen** (Eintritt 20 US$) als heiligsten Berg des Landes. An Wochenenden und Feiertagen ist er deshalb ein beliebter Wallfahrtsort. In der Geschichte spielt er eine wichtige Rolle, denn hier ernannte sich Jayavarman II. selbst zum *deravaja* (Gottkönig) – die Geburtsstunde des Königreichs Kambodscha. Zu den Sehenswürdigkeiten hier zählen ein großer liegender Buddha, Hunderte in das Flussbett hineingearbeitete *lingas*, ein eindrucksvoller Wasserfall und einige einsame Tempel.

1999 ließ ein privater Unternehmer die Straße planieren und verlangt nun von ausländischen Besuchern eine Gebühr von 20 US$, verglichen mit den sonstigen Preisen in Angkor eine heftige Summe. Außer-

dem wird nur ein geringer Anteil dieses Wegezolls in die Erhaltung der Wallfahrtsstätte investiert. Die Strecke führt 20 km durch eine teilweise spektakuläre Dschungellandschaft aufwärts, ehe sie das Plateau erreicht und sich gabelt: Links geht's zum Picknickplatz, zum Wasserfall und zu den Ruinen eines Tempels aus dem 9. Jh., rechts über eine Brücke und vorbei an einigen Skulpturen im Fluss zum liegenden Buddha. Dieser befindet sich im auf dem Gipfel thronenden Tempel Wat Preah Ang Thom; der Buddha wurde in den Sandsteinfels hineingearbeitet, auf dem der Tempel steht. Dies ist für die Khmer das Zentrum ihrer Wallfahrt, darum sollte man unbedingt daran denken, seine Schuhe auszuziehen und den Kopf zu bedecken, ehe man die Stufen zum Heiligtum betritt. Die Aussicht vom 487 m hohen Gipfel über die bewaldete Ebene ist grandios.

Der Wasserfall ist ein malerischer Ort und taucht auch in *Tomb Raider* auf. Sehr viel schöner wäre er allerdings ohne die ganzen Picknickabfälle der Familien, die am Wochenende herkommen. Oben erhebt sich in der Nähe der Kaskade ein vom Dschungel bedeckter Tempel aus dem 9. Jh., Prasat Krau Romeas genannt.

Auf dem Phnom Kulen gibt's noch zahlreiche andere Angkor-Stätten, darunter 20 kleinere Tempel rund um das Plateau. Am bedeutendsten ist der Prasat Rong Chen, die erste Pyramide bzw. der erste Tempelberg im Gebiet von Angkor. Die riesigen steinernen Tierskulpturen oder Hüter des Bergs, bekannt als Sra Damrei, wirken jedoch noch beeindruckender. Leider sind sie schwer zu erreichen, besonders während der Regenzeit. Die wenigen Besucher, die es bis hierher schaffen, werden für ihre Mühen aber mit der lebensgroßen Steinstatue eines Elefanten (4 m lang, 3 m hoch) sowie kleineren Figuren von Löwen, Fröschen und einer Kuh belohnt. Diese stehen an der Südseite des Bergs und der Blick über die unten sich ausbreitende Ebene ist einfach spektakulär. Um nach Sra Damrei zu kommen, muss man vom Wat Preah Ang per *moto* etwa 12 km auf sehr schlechten Strecken zurücklegen. Dann geht's noch 1 km zu Fuß durch den Wald bis zu den Tieren. Man sollte nicht versuchen, den Weg allein zu finden, und darauf gefasst sein, dass der *moto*-Fahrer (nach harten Verhandlungen) etwa 10 US$ für eine halbtägige Erkundung der Gegend

> **VORSICHT LANDMINEN!**
>
> Bei einem Besuch von Kbal Spean oder Phnom Kulen sollte man niemals die Wege verlassen. Es besteht die Gefahr, auf eine Landmine zu treten.

verlangt. Unbedingt genug Wasser mitnehmen! Andere Stätten, die in einen abenteuerlichen Tagesausflug in der Gegend um den Phnom Kulen einbezogen werden könnten, sind die uralten Felsbilder von **Poeng Tbal**, eine stimmungsvolle Stätte mit großen Felsbrocken, und der teils restaurierte Tempel von **Damrei Krap**.

Der Phnom Kulen ist ein riesiges Bergplateau etwa 50 km von Siem Reap bzw. 15 km vom Banteay Srei entfernt. Um über die Mautstraße herzukommen, nimmt man an der gut ausgeschilderten Gabelung vor dem Banteay-Srei-Dorf die rechte Abzweigung und fährt an den Kreuzungen immer geradeaus. Kurz bevor die Strecke auf den Berg hinaufführt, kommt eine Schranke, wo man die 20 US$ bezahlt. Günstigere Tickets für den Phnom Kulen zum Preis von 12 US$ bekommt man im **City Angkor Hotel** (063-760336; www.cityangkorhotel.com; Airport Rd) in Siem Reap. Um Unfälle auf der schmalen Straße zu vermeiden, darf nur vor 11 Uhr hinauf und erst nach 12 Uhr herunter gefahren werden. In der Nähe des Wasserfalls und in dem Dörfchen unweit des Wat Preah Ang Thom gibt's zahlreiche kleine Restaurants und Essensstände.

Moto-Fahrer verlangen wahrscheinlich etwa 20 US$ für die Tour und auch für Mietwagen muss man einen ordentlichen Aufschlag einkalkulieren: Man zahlt mehr als das Doppelte der in Angkor üblichen Preise. Die Anfahrt per *remork-moto* kann man sich gleich aus dem Kopf schlagen, denn der Anstieg ist einfach zu steil. Angesichts der langen Anreise nimmt man sich am besten den ganzen Tag Zeit, um sich umzusehen. Der Besuch lässt sich aber auch gut mit einem Ausflug zum Banteay Srei oder Beng Mealea verbinden.

Beng Mealea ប៊ឹងមាលា

Der 68 km nordöstlich von Siem Reap gelegene **Beng Mealea** (Eintritt 5 US$; 7.30–17.30 Uhr), einer der mysteriösesten Tempel von Angkor, bietet einen spektakulären Anblick, denn hier spielt die Natur verrückt. Er wurde im 12. Jh. von Suryavarman II. nach demselben Grundriss wie Angkor Wat erbaut und bildet die ultimative Indiana-Jones-Kulisse. Ein massiver Wassergraben umschließt die 1200 mal 900 m große Anlage.

Früher hatte der Dschungel den gesamten buddhistischen Tempel im Griff, doch inzwischen ist ein Teil der dichten Vegetation zurückgeschnitten und beseitigt worden. Besucher betreten das Heiligtum von Süden und bahnen sich ihren Weg über Haufen sorgfältig gemeißelter Sandsteinblöcke, durch lange, dunkle Kammern sowie zwischen herabhängenden Weinranken hindurch. Der zentrale Turm ist völlig eingestürzt, doch zwischen den Trümmern und Blättern finden sich einige beeindruckende Bildhauerarbeiten und im nordöstlichen Viertel steht eine gut erhaltene Bibliothek. Dieser Tempel ist ein ganz besonderer Ort und man sollte sich viel Zeit lassen, um ihn gründlich zu erforschen. *Apsara*-Wärter können einem zeigen, wo es erlaubt ist, über die Steine zu klettern und Mauern zu erklimmen. Ursprünglich wurde der große Weg aus Holzplanken für die Dreharbeiten des Films *Zwei Brüder* (2004) des Regisseurs Jean Jacques Annauds gebaut. Der Film mit zwei Tigerjungen in den Hauptrollen spielt in den 1920er-Jahren in Französisch-Indochina. Bei den Aufnahmen wurden 20 Tiger aller Altersklassen eingesetzt, um den Fortgang der Geschichte glaubhaft darzustellen.

Einige Hundert Meter hinter den Restaurants gegenüber dem Tempeleingang liegen ein paar einfache Unterkünfte, die von einheimischen Familien geführt werden, eine Beschilderung gibt's aber nicht. Das beste Restaurant ist **Romduol Angkor II** (Hauptgerichte 5 US$; 7–19 Uhr), das mit dem Romduol Angkor in der Nähe von Sra Srang in Verbindung steht. Es hat herzhaftes kambodschanisches Essen im Angebot und dazu gibt's kalte Getränke.

Ein Besuch von Beng Mealea kostet 5 US$, zusätzlich werden kleinere Beträge für den Transport fällig; man sollte vorher mit dem Fahrer oder Guide klären, wer diese Kosten übernimmt.

Der Tempel liegt ca. 40 km Luftlinie östlich des Bayon und 6,5 km südöstlich vom Phnom Kulen. Auf der Straße sind es von Siem Reap 68 km: Mit dem Auto benötigt man eine

Beng Mealea

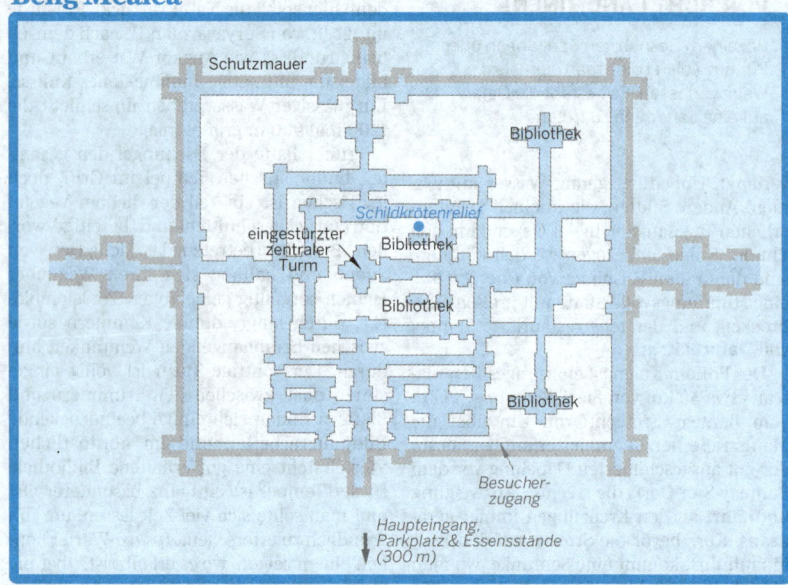

Schutzmauer

Bibliothek

Schildkrötenrelief

eingestürzter zentraler Turm

Bibliothek

Bibliothek

Bibliothek

Besucher- zugang

Haupteingang, Parkplatz & Essensstände (300 m)

Stunde, per *moto* oder *remork-moto* entsprechend länger. Für Individualreisende bietet es sich an, Beng Mealea, Kbal Spean und Banteay Srei in einer langen Tagestour zu kombinieren. Der kürzeste Weg führt über die an einer Kreuzung gelegene Stadt Dam Dek, 37 km von Siem Reap entfernt in Richtung Phnom Penh am NH6. Gleich hinter dem Markt biegt man Richtung Norden ab und folgt dieser Straße 31 km. Der Tempeleingang befindet sich gleich hinter der Abzweigung nach links in Richtung Koh Ker. Für den Besuch sollte man inklusive der Anreise von Siem Reap einen halben Tag einplanen. Wer ein Auto oder Allradfahrzeug hat, kann das aber auch mit einem Besuch im Koh Ker kombinieren.

Einst thronte Beng Mealea an einer alten Angkor-Straße auf halbem Weg zwischen Ankor Thom und Preah Khan in der Preah-Vihear-Provinz. Heute ist das die Straße 66, was bei manchen Reisenden bestimmte Assoziationen wecken dürfte. Von der früheren Verbindung zwischen Beng Mealea und Angkor Thom ist nur noch eine kleine Angkor-Brücke westlich des Tempels Chau Srei Vibol erhalten, zwischen Preah Khan und Beng Mealea verteilen sich im Wald jedoch

mindestens zehn ihrem Schicksal überlassene Brücken. Extremabenteurer können auf diesem Weg zum Preah-Khan-Tempel gelangen, sollten diese Tour aber nicht auf die leichte Schulter nehmen.

ABGELEGENE ANGKORSTÄTTEN

Koh Ker

Koh Ker (Eintritt 10 US$; 7.30–17.30 Uhr), von 928 bis 944 n. Chr. die Hauptstadt des Angkor-Reichs, war jahrhundertelang den Dschungelwäldern des Nordens überlassen, ist heute jedoch im Rahmen eines Tagesausflugs von Siem Reap zu erreichen. Die meisten Besucher beginnen ihre Besichtigung am Prasat Krahom, wo beeindruckende Steinmetzarbeiten Querbalken, Türpfosten und schlanke Fenstersäulen zieren. Das wichtigste Baudenkmal hier ist der Prasat Thom, der an die Architektur der Maya erinnert: eine 55 m breite und 40 m hohe, mit Sandstein verkleidete Pyramide, von deren sieben Stufen sich spektakuläre Ausblicke über den Dschungel eröffnen. Koh Ker liegt 127 km nordöstlich von Siem Reap.

Koh Ker gehörte lange Zeit zu den abgeschiedensten und unzugänglichsten Tempelkomplexen Kambodschas. Doch seit der Eröffnung einer Mautstraße von Dam Dek (via Beng Mealea) ist die Stätte im Rahmen eines Tagesausflugs von Siem Reap erreichbar. Um die 36 km umfassende Stätte mit ihren 42 Ruinen ausgiebig zu erkunden, sollte man mindestens eine Nacht bleiben.

Der **Prasat Krahom** (Rote Tempel), das zweitgrößte Gebäude von Koh Ker, ist nach den roten Ziegeln benannt, aus denen er besteht. Leider sind die geschnitzten Löwen, für die der Tempel einst bekannt war, nicht mehr vorhanden, aber es gibt immer noch viel zu sehen, z.B. steinerne Bogengänge und Emporen. Zwischen Bäumen und überwucherten Teichen verläuft ein von *nagas* flankierter Dammweg mit eine Reihe von Kulträumen, Bibliotheken und Toren. Westlich des Prasat Krahom, am äußersten Ende eines halb verfallenen Säulengangs, sieht man die Reste vom Kopf einer *nandi*-Statue.

Als bedeutendstes Highlight von Koh Ker gilt der **Prasat Thom** (auch bekannt als Prasat Kompeng). Die Treppe zur Spitze ist für eine begrenzte Zahl von Besuchern zugänglich und die Ausblicke von oben sind spektakulär – wenn man schwindelfrei ist. Etwa 40 Inschriften aus der Zeit zwischen 932 und 1010 sind hier gefunden worden.

Südlich davon erstreckt sich ein 1185 mal 548 m großer, als Rahal bekannter *baray*. Er wird vom Sen-Fluss gespeist, der früher diese trockene Region mit Wasser versorgte.

Rund 1 km nordöstlich von Prasat Thom stößt man auf vier weitere Tempel. Hier befinden sich einige der größten Shiva-*lingas* des Landes. Das größte sieht man im **Prasat Thneng**, aber auch der **Prasat Leung** (Prasat Balang) ist gut ausgestattet.

Ein echtes Highlight unter den zahlreichen anderen Tempeln im Umkreis von Koh Ker ist der **Prasat Bram**. Er besteht aus diversen Backsteintürmen, von denen sich einige komplett im Klammergriff unersättlicher Würgefeigen befinden; die sonnenhungrigen, tastenden Luftwurzeln durchschneiden das Mauerwerk, als wäre es butterweich.

Koh Ker ist einer der am wenigsten erforschten Tempelkomplexe der Angkorzeit. Louis Delaporte stattete ihm 1880 während seiner ausführlichen Erforschung der Angkor-Tempel einen Besuch ab. 1921 wurde er vom legendären Henri Parmentier für einen Artikel im *Bulletin de l'École d'Extrême Orient* erfasst, jedoch wurden hier nie irgendwelche Restaurierungsarbeiten unternommen. In den 1950er- und 1960er-Jahren nahmen kambodschanische Teams archäologische Erkundungen vor. Doch während der Zerstörungswut der 1970er-Jahre verschwanden alle Unterlagen, sodass der Tempel bis heute eine Art Rätsel bleibt.

Mehrere der beeindruckendsten Skulpturen im Nationalmuseum (S. 43) in Phnom Penh stammen aus Koh Ker, darunter auch der riesige *garuda,* der die Besucher in der Eingangshalle begrüßt, sowie eine einzigartige geschnitzte Darstellung zweier kämpfender Affenkönige.

🛏 Schlafen & Essen

In der Nähe des Haupttempels Prasat Thom führen die Frauen der hier stationierten Wachleute ein paar kleine, tagsüber geöffnete Speiselokale. Im nahe gelegenen Ort Srayong (10 km) gibt's ebenfalls einige Esslokale.

Mom Morokod Koh Ker Guesthouse
GÄSTEHAUS $

(☑ 011 935114; Zi. ab 10 US$) Das ruhige Gästehaus befindet sich 200 m südlich der Mautstelle von Koh Ker, die wiederum 8 km südlich von Prasat Krahom liegt. Es hat elf saubere, geräumige Zimmer mit schönen, geschnitzten Holztüren und Bädern.

Ponloeu Preah Chan Guesthouse
GÄSTEHAUS $

(☑ 012 489058; Zi. 5 US$) Im Dorf Srayong steht dieses freundliche, familiengeführte Gäste-

---

VORSICHT LANDMINEN!

Während des Kriegs wurden viele Tempel von Koh Ker vermint, aber bis 2008 konnten die meisten Sprengkörper entfernt werden: Bisher hat man in der Region 1382 Minen sowie 1 447 212 Blindgänger und Bomben beseitigt. Reisende sollten grundsätzlich auf Nummer sicher gehen und sich nicht von den ausgetretenen Pfaden entfernen oder in den Wald hineinspazieren. Nur wenige hundert Meter von den Tempeln entfernt könnten Landminen lauern.

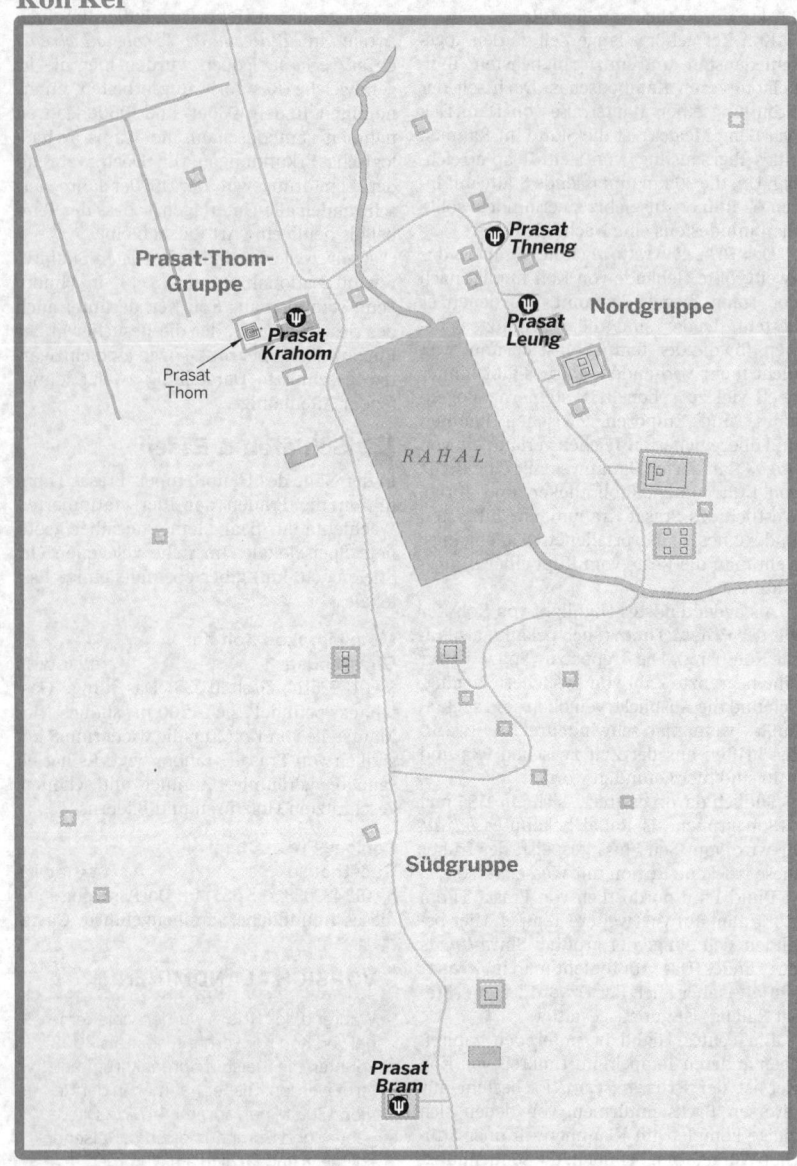

Prasat-Thom-Gruppe

Prasat Krahom

Prasat Thom

Prasat Thneng

Prasat Leung

Nordgruppe

R A H A L

Südgruppe

Prasat Bram

haus. Es besitzt 14 Zimmer mit kahlen Wänden, Moskitonetzen und gerade mal genügend Platz für ein Doppelbett. Die Toiletten und die Dusche befinden sich hinter dem Haus in einem kleinen, überdachten Hof.

❶ An- & Weiterreise

Koh Ker liegt 127 km nordöstlich von Siem Reap (mit dem Auto 2½ Std.) und 72 km westlich von Tbeng Meanchey (1½ Std.). Die Mautstraße von Dam Dek ist nur bis zur Grenze der Provinz

Preah Vihear asphaltiert und führt durch Beng Mealea (S. 181) 61 km südwestlich von Koh Ker; Tagesausflügler, die in Siem Reap starten, besuchen oft beide Tempelkomplexe. An der Mautstelle unweit von Beng Mealea werden Eintrittsgebühren verlangt.

Wer in Siem Reap ein Privatauto für einen Tagesausflug nach Koh Ker mieten will, zahlt etwa 80 US$. Öffentliche Verkehrsmittel nach Koh Ker gibt es schlichtweg nicht, stattdessen verkehren lediglich ein paar Pick-ups zwischen Siem Reap und dem 10 km südlich von Prasat Krahom gelegenen Srayong. Eventuell kann man auch eines der Sammeltaxis Richtung Tbeng Meanchey nehmen und in Srayong aussteigen.

Südküste

2 MIO. EW. / 27 817 KM²

Natur & Abenteuer

➜ CBET-Wanderungen
(S. 198)

➜ Climbodia (S. 230)

➜ Ream-Nationalpark
(S. 217)

➜ Kep-Nationalpark (S. 239)

➜ SUP Asia (S. 230)

Schön übernachten

➜ Rikitikitavi (S. 233)

➜ Rainbow Lodge (S. 194)

➜ Mushroom Point (S. 209)

➜ Green House (S. 234)

➜ Cita Resort (S. 227)

Auf zur Südküste

Kambodschas Südküste (ឆ្នេរខាងត្បូង) bietet das Kontrast-programm zum Tempel-Hopping. Die meisten zieht es an die Strände, aber die Region hat noch viel mehr zu bieten.

Das Potenzial der smaragdgrünen Weiten des Koh Kong Conservation Corridor als Wanderrevier wird gerade erst richtig erschlossen – Tageswanderern wie unerschrockenen Naturfreaks bieten sich jede Menge Abenteuer. Im Süden können sich Besucher an der alten Architektur von Kampot erfreuen, in Kep tellerweise Krebse verschlingen und schließlich das Umland voller Reisfelder und Höhlen erkunden.

Auch Freunde des Strandlebens kommen an der Süd-küste voll auf ihre Kosten. Das aufdringliche Sihanoukville ist sicher nicht jedermanns Sache, doch die Inseln vor der Küste haben jedem etwas zu bieten, egal ob eingefleischten Partylöwen oder Leuten, die die Einsamkeit lieben. Einfach einen Strand aussuchen und sich auf dem Sand oder in einer Hängematte ausstrecken! Es hat seinen Grund, dass viele Gäste nie wieder weg wollen.

Reisezeit
Sihanoukville

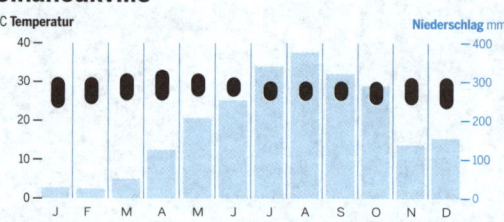

Nov.–Jan. Beste Zeit zum Wandern im Kardamom-Gebirge bei noch angenehmen Temperaturen.

Feb. Auf den Inseln endet die Hauptsaison: weniger Touristen, aber das Wetter bleibt toll.

Juni–Okt. An der Küste fallen die Übernachtungs-preise. Aber: Regenschirm nicht vergessen!

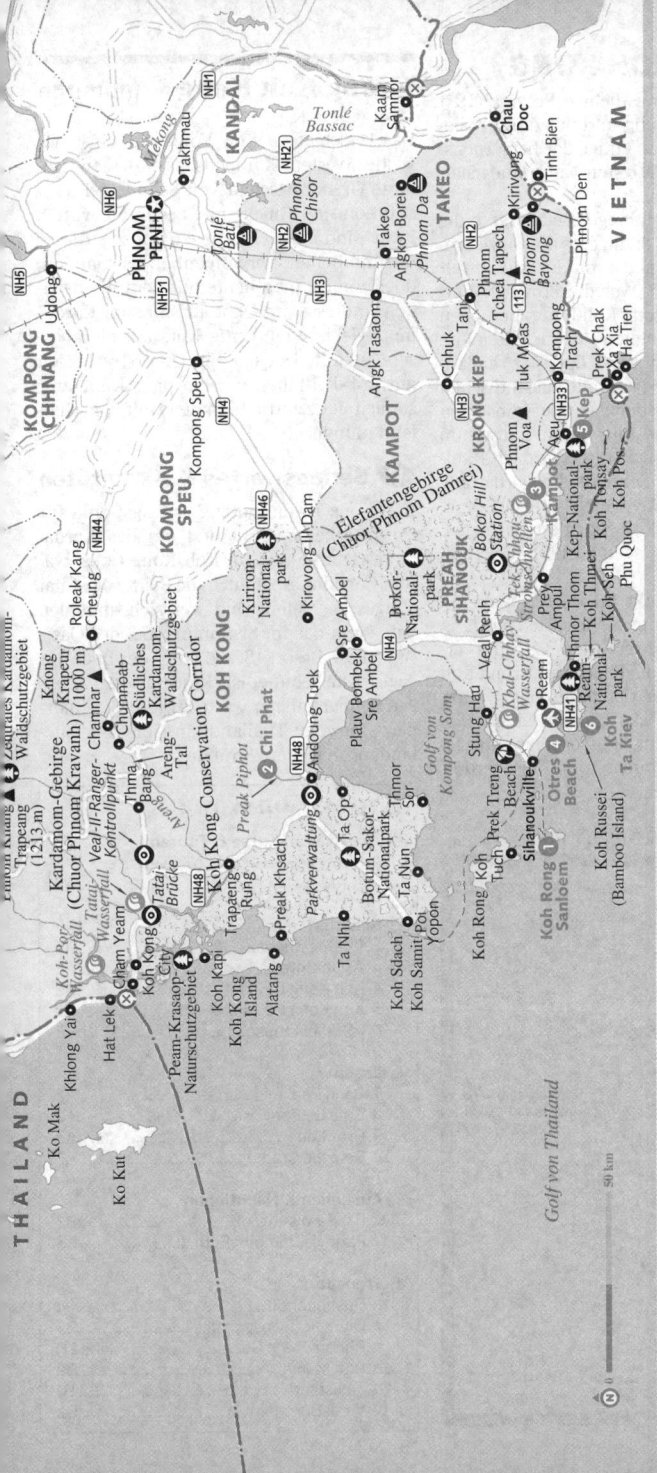

THAILAND

Ko Mak

Ko Kut

Golf von Thailand

Khlong Yai • Hat Lek ⊗ • Cham Yeam Koh-Por-Wasserfall • Koh Kong City Tatai-Brücke Tatai-Wasserfall
Peam-Krasaop-Naturschutzgebiet
Koh Kapi • Koh Kong Island • Alatang
Koh Rong Koh Russei (Bamboo Island)

Koh Sdach • Koh Samit/Poi Yopon
Ta Nhi
Parkverwaltung Botum-Sakor-Nationalpark Ta Nun

Koh Rong Sanloem ❶

Sihanoukville • Tuch Prek Treng • Otres Beach ❹

Phnom Khang ▲ ⚠ Trapeang (1213 m)
Kardamom-Gebirge (Chuor Phnom Kravanh) Chnnaar ▲
Knong Krapeur • Cheung Roleak Kang (NH44)
Veal-II-Ranger-Kontrollpunkt Chumnoab Südliches Kardamom-Waldschutzgebiet
Thma Bang Areng Tal
Preak Piphot

Koh Kong Conservation Corridor
Trapeang Rung • Preak Khsach
Thmor Sor Ta Op
Andoung Tuek ❷ **Chi Phat**
Plauv Bömbek Sre Ambel
Preak Khsach

Stung Hav
Ream Kbal-Chhay-Wasserfall
Ream National-park
Koh Ta Kiev ❻ Koh Seh

Zentrales Kardamom-Waldschutzgebiet

KOH KONG

(NH48)

Golf von Kompong Som

Sre Ambel (NH4) • Veal Renh

PREAH SIHANOUK

Thmor Thom Koh Thmei Koh Tonsay
Phu Quoc

Udong •

KOMPONG CHHNANG

(NH5)
(NH51)

PHNOM PENH ⊗
Takhmau •

KANDAL

Tonlé Bassac

(NH1) Kaam Samnor ⊗

Mekong

(NH6) (NH21)

KOMPONG SPEU
Kompong Speu •
(NH4)

Kiriom-National-park
Kirovong Ill-Dam • Kirovong II-Dam

Elefantengebirge (Chuor Phnom Damrei)
Bokor-National-park *Bokor Hill*
Tek-Chhou-Station

Tonlé Bati • Phnom Chisor ⚠ (NH2)
Angkor Borei • Phnom Da
Takeo •

TAKEO

Angk Tasaom • Phnom Tchéa Tapech
Chhuk • Tuk Meas

Angk Tasom (NH3)

KAMPOT
Tuk Meas Tek-Chhou-Stromschnellen

Kampot ❸ Kompong Trach
Prey Ampul Aeu
Thmor Voa ▲ (NH33)
Kep-National-park Prek Chak
KRONG KEP Kep ❺ Xa Xia ⊗ Ha Tien

Kirivong ⊗ Tinh Bien •
Phnom Bayong ⚠
Phnom Den

Chau Doc ⊗

VIETNAM

(NH2) (113)

⚲ N 0 _____ 50 km

Highlights

❶ Am malerischen weißen Strand der Saracen Bay auf **Koh Rong Sanloem** (S. 225) die Seele baumeln lassen

❷ Im erfolgreichsten Ökotourismusprojekt Kambodschas in

Chi Phat (S. 197) mit einheimischen Guides den Wald erkunden und in einer freundlichen Privatunterkunft nächtigen

❸ In **Kampot** (S. 229) durch Kambodschas besterhaltene

Altstadt bummeln und danach im Umland Fluss und Höhlen erkunden

❹ Am relaxten **Otres Beach** (S. 202) in Sihanoukville tagsüber an seiner Bräune

arbeiten und abends Cocktails schlürfen

❺ Sich in **Kep** (S. 239) am berühmten Pfeffer-Krebs laben und anschließend die Kalorien

im Kep-Nationalpark wieder loswerden

❻ Der Welt auf **Koh Ta Kiev** (S. 219) in einer Hängematte den Rücken kehren

PROVINZ KOH KONG

Kambodschas südwestlichste Provinz (ខេត្ត កោះកុង) ist weitläufig und nur dünn besiedelt. Hier findet man einige der bemerkenswertesten und wichtigsten Naturlandschaften Kambodschas.

Bis vor nicht allzu langer Zeit sorgten die miserablen Straßen dafür, dass die ganze Provinz mehr oder weniger von der Außenwelt abgeschnitten blieb. Wer die Provinzhauptstadt Koh Kong (Krong Koh Kong) besuchen wollte, kam von Thailand aus leichter hin. Entsprechend hoch stand dort der thailändische Baht im Kurs. Fast alle ausländischen Besucher waren von der eher unerwünschten Sorte Touristen, die mit einem Kurzvisum von Pattaya aus einen Abstecher nach Kambodscha machten. Seitdem die Fernstraße 48 (National Highway 48; NH48) geteert ist, hat sich das verändert. Nun bestehen regelmäßige Busverbindungen nach Phnom Penh und Sihanoukville.

Als Ausgangspunkt für die Erforschung des wilden Dschungels, der sich entlang des Koh Kong Conservation Corridor erstreckt, eignet sich die Flussstadt Krong Koh Kong, 8 km von der thailändischen Grenze entfernt. Von hier aus bringen einen Motorboote zu tosenden Wasserfällen, abgelegenen Inseln, Sandbuchten und Fischerdörfern auf Pfahlbauten.

Krong Koh Kong   ក្រុងកោះកុង

☑ 035 / 36 053 EW.

Das verschlafene Koh Kong war einst der Wilde Westen Kambodschas, dessen isolierte Grenzwirtschaft von Schmuggel, Prostitution und Glücksspiel bestimmt wurde. Zwar sind noch vereinzelt Spuren dieser unrühmlichen Vergangenheit vorhanden, doch nimmt man heute mit dem wachsenden Interesse am Ökotourismus im Kardamom-Gebirge eindeutig Kurs auf eine bessere Zukunft. Der staubige Ort erstreckt sich am Koh-Poi-Fluss, der ein paar Kilometer südlich des Zentrums in den Golf von Thailand mündet.

◉ Sehenswertes & Aktivitäten

Koh Kong ist ein guter Ausgangspunkt für Outdoorabenteuer in und um das Kardamom-Gebirge und im Koh Kong Conservation Corridor. Aber auch die Stadt selbst hat einiges zu bieten. Und wer sich abkühlen will, kann das im Swimmingpool des Oasis Bungalow Resort (S. 190) tun, der auch für Tagesgäste geöffnet ist (Kind/Erw. 2/4 US$). Auf Sonnenanbeter warten im Norden, nahe der Grenze zu Thailand am Golf von Thailand, noch weitere Strände.

Krong Koh Kong

Krong Koh Kong ⊛ 0 ———— 200 m

Wat Neang Kok (2,5 km);
Thmorda Garden Resort (3 km);
Koh Yor Beach (7,5 km);
Jungle Cross (8 km);
Grenze zu Thailand (8 km)

Oasis Bungalow Resort (1 km)

Sen Sok Clinic
Acleda Bank

Koh Poi
Canadia Bank
Bootsanleger

Abzweig zum Tatai-Wasserfall (15 km);
Tatai-Brücke (18 km)

Koh Yor Beach STRAND

(ផ្លូវកោះយ៉ នៅបាក់ខ្លង) Der lange, windpeitschte Strand liegt am äußersten (westlichen) Ende der Halbinsel am Westufer des Koh Poi, gegenüber von Koh Kong. Er ist nicht der allerschönste Strand, aber Muschelsammler werden ihre Freude haben und außerdem meist vollkommen allein sein. Wer dort hingelangen will, überquert die Mautbrücke über den Fluss nördlich des Stadtzentrums und sucht etwa 1,5 km nach der Mautstation nach einer Straße, die nach links abzweigt. Nach 6 km erreicht man den Strand.

Wat Neang Kok BUDDHISTISCHER TEMPEL

(វត្តនាងកុក) Auf einer felsigen Landzunge am Westufer des Koh Poi River thronen rechter Hand diverse lebensgroße Statuen. Sie stehen für die Strafen, die Sünder in der buddhistischen Hölle erwarten, und gehören zum Wat Neang Kok, einem buddhistischen Tempel. Besucher müssen über die Brücke fahren und 600 m nach der Mautstation (*moto* 1400 R) rechts abbiegen. 150 m hinter dem Tempel stehen die Statuen.

👉 Geführte Touren

Die zahlreichen Attraktionen an Koh Kongs Küste lassen sich ganz wunderbar auf einer Bootstour abklappern. Der englischsprachige **Teur** (☏ 016 278668) ist immer irgendwo am **Bootshafen** (Ecke St 1 & St 9) und hilft gern beim Mieten eines Schnellboots mit Außenbordmotor für sechs (40 PS) oder drei Passagiere (15 PS). Ausflugsziele sind u. a. die Weststrände von Koh Kong Island (großes/kleines Boot 80/50 US$), Koh Kong Island (großes/kleines Boot 120/90 US$) und das Peam Krasaop Wildlife Sanctuary (großes/kleines Boot 40/30 US$).

Die beliebteste Tour geht zur **Insel Koh Kong** (ganzer Tag inkl. Mittagessen & Schnorchelausrüstung 25 US$ pro Pers., mit Übernachtung 55 US$). Unterwegs kommt man an den Mangroven des **Tierschutzgebiets Peam Krasaop** vorbei; zudem bestehen am frühen Morgen gute Chancen, Irawadi-Delfine zu sichten. Bei Übernachtungen wird entweder am Strand gecampt oder in einer Privatunterkunft übernachtet. Achtung: Wegen der starken Seewinde aus Südwest finden während der Regenzeit (Juli bis Oktober) keine Touren statt. Private Bootsfahrten nach Peam Krasaop sind jedoch ganzjährig möglich.

Mit zunehmender Beliebtheit der Touren häuft sich leider auch an einigen der Strände im Westen der Müll, der hauptsächlich auf das Konto verantwortungsloser Bootsführer und Tourveranstalter geht. Am besten wählt man also einen vertrauenswürdigen Anbieter. Die meisten bieten neben Bootstouren auch Landausflüge in das Kardamom-Gebirge an.

Ritthy's Koh Kong Eco Adventure Tours ABENTEUERTOUR

(☏ 012 707719; www.kohkongecoadventure.com; St 1; ⏱ 8–21 Uhr) Der älteste Anbieter von Ökotouren in Koh Kong wartet mit einem breit gefächerten Angebot auf, darunter ausgezeichnete Bootstouren nach Koh Kong sowie Vogelbeobachtungs- und Dschungelwanderungen im Koh Kong Conservation Corridor. Die Dschungelwanderungen und Campingexkursionen (1 Nacht/2 Nächte 35/70 US$ pro Pers.) kommen bei Reisenden sehr gut an.

Neptune Adventure ÖKOTOUR

(☏ 088 777 0576; neptuneadventure-cambodia.com; Tatai-Fluss) 🏴 Der altbewährte Ökotourismusveranstalter hat sein Büro bei den Neptune River Bungalows (S. 194) am Tatai River und bietet sehr empfehlenswerte Dschungeltreks sowie Multiaktivitäten-Abenteuerausflüge inklusive Trekking, Kajak- und Bootfahren. Die Tagesausflüge kosten 10 bis 25 US$ pro Person.

Jungle Cross ABENTEUERTOUR

(☏ 015 601633; www.junglecross.com; Motocrossrad-Verleih 25 US$ pro Tag; ⏱ 9–18 Uhr) Spezialist für Motocross- und Jeepsafaris ins tiefste Kardamom-Gebirge, mit Übernachtung in der Hängematte am Flussufer. Organisiert auch Trekkingtouren in abgelegenere Teile der Kardamom-Berge mit Jeeptransfer zum Ausgangspunkt. Das Büro befindet sich außerhalb der Koh Kong Safari World nahe der thailändischen Grenze.

🛌 Schlafen

Da Koh Kong ein beliebtes Urlaubsziel für Khmer-Familien ist, sind die Hotels während der kambodschanischen Ferienzeiten voll und auch teurer. Wer lieber nicht in der Stadt nächtigen möchte: 18 km östlich befinden sich am Tatai-Fluss ein paar tolle Ökounterkünfte.

⭐ Koh Kong City Hotel HOTEL $

(☏ 035-936777; http://kkcthotel.netkhmer.com; St 1; Zi. 15–20 US$; ❄@🛜) Unfassbar gutes Preis-Leistungs-Verhältnis! Im Preis für die blitzsauberen Zimmer sind inbegriffen: ein riesiges Badezimmer, zwei Doppelbetten, 50 TV-Sender, die ganze Palette Toilettenartikel, kostenloses Wasser und – in den Zimmern für 20 US$ – ein wunderbarer Ausblick auf den Fluss. Das freundliche Personal setzt dem Ganzen die Krone auf.

Asian Hotel
HOTEL $

(📞 035-936667; www.asiankohkong.com; St 1; Zi. 15–20 US$; ❄ @) Zwar kann es nicht wie die Konkurrenz auf der anderen Straßenseite mit Flussblicken aufwarten, doch das macht das Asian mit seinen geräumigen, sauberen und gemütlichen Zimmern mit einem Touch altmodischer Klasse wett. Die Zimmer nach vorn (zur Straße) raus haben einen Balkon.

99 Guesthouse
HOTEL $

(📞 035-936799; 99guesthouse@gmail.com; St 6; EZ/DZ mit Ventilator 8/10 US$, mit Klimaanlage 13/15 US$; ❄ 📶) Das vom freundlichen Piseth geführte 99 ist eine solide Budgetbleibe mit verschiedenen hellen und sauberen Zimmern annehmbarer Größe in zentraler, aber dennoch ruhiger Lage.

PS Guesthouse
GÄSTEHAUS $

(📞 097 729 1600; St 1; Zi. mit Ventilator/Klimaanlage 7/12 US$; ❄ 📶) Die sehr einfachen Zimmer dieses Gästehauses am Fluss sind wie aus dem Ei gepellt und sehr farbenfroh gestaltet.

★ Oasis Bungalow Resort
BUNGALOW $$

(📞 092 228342; http://oasisresort.netkhmer.com; DZ/3BZ 30/35 US$; ❄ 📶 🏊) Das von üppigem Wald umhüllte Oasis 2 km nördlich des Zentrums von Koh Kong macht seinem Namen alle Ehre. Fünf große, um einen herrlichen Infinity Pool mit Blick aufs Kardamom-Gebirge gruppierte luftige Bungalows bilden eine Ruheoase, in der man sich entspannen und von den Reisestrapazen erholen kann. Von der Acleda Bank einfach den blauen Schildern folgen. In der Hochsaison im Dezember und Januar kosten die Bungalows 5 US$ extra. Sextouristen sind ausdrücklich unerwünscht – eine erfreuliche Neuheit für Koh Kong.

Koh Kong Bay Hotel
BOUTIQUEHOTEL $$

(📞 035-936367; www.kohkongbay.com; St 1; Zi. Frühstück 32–45 US$, Suite ab 60 US$; ❄ 📶 🏊) Hier versucht sich Koh Kong erstmalig an einem Boutiquehotel: Die im minimalistischen europäischen Stil eingerichteten Zimmer haben Holzfußböden und Regenduschen – doch zu diesem Preis würde man

erwarten, dass auch jemand die Flure saubermacht. Mit ein bisschen mehr Auge fürs Detail könnte dieses Hotel ein echter Hit sein.

Thmorda Garden Riverside Resort
RESORT $$

(📞 035-690 0324; www.thmordagarden.com; Neang Kok; Standard-/Deluxe-Zi. 35/60 US$; ❄ 📶) Die Standardzimmer sind zwar nur cin wenig größer als eine Briefmarke, dafür ist die Lage aber unschlagbar. Das kleine Resort auf der Halbinsel am Koh Poi River (gleich auf der anderen Seite der Mautbrücke) ist eine tolle Wahl für Reisende, die sich mal richtig entspannen möchten. Die Nutzung der Kajaks ist gratis und es können auch Fahrräder ausgeliehen werden.

🍴 Essen & Ausgehen

Die besten günstigen Essensbuden findet man im südöstlichen Eck des **Psar Leu** (Markt; St 3; ⏰ 8–23 Uhr). Obststände sind eher um das Südwesteck verteilt. Die Imbisswagen am Fluss verkaufen Nudeln und Dosenbier für ein paar tausend Riel und dienen am Ende des Tages als Biertrinkertreff.

Baan Peakmai
ASIATISCH $

(St 1; Hauptgerichte 7000–15 000 R; ⏰ 11–14 u. 17–22 Uhr; 🅿) Sicher, eine Plastiktüte hat mehr Flair, aber vom ultraschlichten Ambiente sollte man sich nicht abschrecken lassen. Das Baan Peakmai bietet gute panasiatische Gerichte in großen Portionen und kompetentes Personal. Auf der Karte stehen thailändische, chinesische und Khmer-Klassiker, darunter zahlreiche vegetarische Gerichte.

Crab Shack
FISCH & MEERESFRÜCHTE $

(Koh Yor Beach; Hauptgerichte 4–8 US$; ⏰ 11–21 Uhr) Der familiengeführte Laden jenseits der Brücke auf Koh Yor ist bekannt für riesige Portionen gebratenem Taschenkrebs (auf Anfrage mit Pfeffer) bei perfektem Sonnenuntergang.

★ Café Laurent
INTERNATIONAL $$

(St 1; Hauptgerichte 4–15 US$; ⏰ Mi–Mo 10.30–23 Uhr; 📶) In dem schicken Café und Restaurant am Wasser kann stimmungsvoll in Pavillons über dem Wasser gespeist werden. Während man also ganz relaxt der Sonne beim Untergehen zuschaut, genießt man gehobene westliche und Khmer-Cuisine. Zu den französisch beeinflussten Steaks und der guten Auswahl an Nudelgerichten kommt ein breites Angebot an frischen Meeresfrüchten und Klassikern aus Asien, alles serviert mit extravaganter Finesse.

Thmorda Crab House
FISCH & MEERESFRÜCHTE **$$**

(☎ 035-690 1252; Neang Kok; Hauptgerichte 4–20 US$; ⊗ 7–22 Uhr) Wer gern mal in einer etwas ungewöhnlicheren Location schmausen möchte, begibt sich über die Brücke zu diesem attraktiven Pfahlbauten-Restaurant im Fluss. Es gehört zum Thmorda Garden Riverside Resort und hat auch ein paar Pavillons für Gäste, die mehr unter sich sein möchten. Spezialität des Hauses sind Krebse, daneben besteht auch eine ansehnliche Auswahl an Thai-Gerichten.

Seta Ice Cream
INTERNATIONAL **$$**

(St 1; Hauptgerichte 4–10 US$; ⊗ 7–22 Uhr) Hier wird kulinarisch ziemlich viel abgedeckt – von Pizza über Currys und Baguettes bis zu Nudeln gibt's alles Mögliche, nicht zu vergessen das Frühstück (1,50–4,50 US$). Auf der Terrasse an der Straße trifft man sich abends zudem gern auf das eine oder andere Bier.

Fat Sam's
BAR

(abseits St 3; ⊗ Mo–Sa 9–22, So 16–22 Uhr; 🛜) Ein ungezwungenes Bar-Restaurant unter walisischer Federführung mit einem ordentlichen Bier-, Spirituosen- und Weinangebot. Auf der imponierenden Speisekarte stehen z. B. Fish 'n' Chips, Pasta, Chili con Carne sowie authentische Khmer- und Thai-Lieblingsspeisen. Dazu werden nützliche Reisetipps aufgetischt, außerdem gibt's einen Motorradverleih.

Paddy's Bamboo Pub
BAR

(St 7; Hauptgerichte 2–4 US$) Mit Bier für 1 US$, einem Billardtisch und erschwinglichem Khmer-Essen sowie einigen Gerichten zur Befriedigung des Heimwehs richtet sich Paddy's eindeutig an den Backpacker-Markt. Wer ziemlich abgebrannt ist, findet hier im kleinsten Bereich auch äußerst einfache Zimmer (EZ/DZ 4,50/5,50 US$). Paddy hat außerdem gute Reiseinfos und kann Boots- und sonstige Ausflüge organisieren.

❶ Praktische Informationen

GELD
Der thailändische Baht ist so weit verbreitet, dass er nicht unbedingt in Dollar oder Riel umtauscht werden muss. Wer es doch tun will, geht am besten in einen der vielen Mobilfunkläden am Psar Leu.

Acleda Bank (St 3; ⊗ Mo–Fr 8–15.30, Sa bis 11.30 Uhr, Geldautomat 24 Std.)

Canadia Bank (St 1; ⊗ Mo–Fr 8–15.30, Sa bis 11.30 Uhr, Geldautomat 24 Std.)

MEDIZINISCHE VERSORGUNG
Medizinische Notfälle können rund um die Uhr über den Grenzübergang Cham Yeam–Hat Lek nach Thailand gebracht werden. 92 km entfernt gibt's in Trat ein Krankenhaus.

WEITERREISE NACH THAILAND: VON KOH KONG CITY NACH TRAT

Bis zur Grenze Der Grenzübergang (⊗ 8–22 Uhr) Cham Yeam–Hat Lek zwischen Koh Kong in Kambodscha und Trat in Thailand verbindet die Strände von Kambodscha und Thailand. Zur Ausreise aus Kambodscha nimmt man ein Taxi (10 US$ plus Maut), remork (8 US$) oder moto (3 US$) von Koh Kong über die Mautbrücke zur Grenze. In Thailand angekommen geht es per Minibus nach Trat, wo regelmäßige Busverbindungen nach Bangkok bestehen.

An der Grenze Die Ausreise aus Kambodscha über den Grenzübergang Hat Lek gestaltet sich recht zügig. Bei der Reise in entgegengesetzter Richtung mit Ankunft in Kambodscha muss man jedoch wissen, dass der Grenzübergang Cham Yeam dafür berüchtigt ist, dass die Beamten zu hohe Visagebühren kassieren. Man zahlt derzeit gewöhnlich 1300 B, was aber mehr oder weniger dem Preis eines E-Visums entspricht.

Weiterreise Von der Grenze Hat Lek nimmt man einen durchgehenden Minibus bis nach Trat (120 B). Von dort fahren regelmäßig Busse nach Bangkok (254 B, 5–6 Std.), die in der thailändischen Hauptstadt am Ost- oder Nord- und Nordost-Busbahnhof ankommen. Die Busse fahren stündlich zwischen 6 und 23.30 Uhr ab. Reisende, die zur nahe gelegenen Insel Koh Chang möchten, können den Weitertransport in Trat organisieren.

Wer nach Kambodscha einreist: Die Fahrt von der Grenze nach Koh Kong ist bei allen Transportmitteln günstiger, wenn man in Dollar statt in Baht bezahlt.

Sen Sok Clinic (☎ 012 555060; kkpao@camintel.com; St 3; ⏰ 24 Std.) Die Ärzte sprechen teilweise Englisch und Französisch.

TOURISTENINFORMATION

Infos über den Ort bekommt man am besten bei Ritthy's Koh Kong Eco Adventure Tours (S. 189) sowie in Gästehäusern, Hotels und Pubs. Wer mag, kann sich auch den kostenlosen *Koh Kong Visitors Guide* (www.koh-kong.com) besorgen, der allerdings hauptsächlich Werbung enthält.

ℹ An- & Weiterreise

Koh Kong liegt am NH48, 220 km nordwestlich von Sihanoukville und 290 km westlich von Phnom Penh. Die Verbindung zur thailändischen Grenze ist eine asphaltierte Mautstraße, die jenseits der 1,9 km langen Brücke über den Koh-Poi-Fluss beginnt.

BUS

Die meisten Busse halten am ungeteerten **Busbahnhof** (St 12) am nordöstlichen Stadtrand von Koh Kong. Hier warten bereits *motos* und *remork-motos* sehnsüchtig auf ahnungslose Touristen, die sich ausnehmen lassen. Für die dreiminütige *moto-/remork*-Fahrt ins Zentrum auf keinen Fall mehr als 1/2 US$ zahlen. An den Stadtbüros der Transportunternehmer sind die Abholstellen. Busunternehmen bieten in der Regel einen kostenlosen *remork*-Transfer vom Gästehaus zu ihrem Büro an.

→ Nach Phnom Penh (7 US$, 6 Std.) fahren sowohl **Virak Buntham** (☎ 089 998760; St 3) als auch **Phnom Penh Sorya** (☎ 077 563447; St 3) jeweils um 7.45 Uhr; die Busse von **Olympic Transport** (☎ 011 363678; St 3) fahren um 7.45 und 11.45 Uhr, die von **Rith Mony** (☎ 012 640344; St 3) um 7.30 und 11.30 Uhr ab.

→ Nach Sihanoukville (5 Std.) bieten Virak Buntham (8 US$, 8 Uhr), Olympic Transport (10 US$, 11.45 Uhr) und Rith Mony (8 US$, 14 Uhr) jeweils einen Bus pro Tag.

→ Achtung: Virak Buntham und Rith Mony behaupten, Nachtbusse von Siem Reap nach Koh Kong im Einsatz zu haben. In Wirklichkeit erreichen diese ihre Endhaltestelle aber früh-morgens in Sihanoukville und die Passagiere müssen in einen anderen Bus umsteigen, der erst fünf Stunden später Koh Kong erreicht – zum (gerechtfertigten) Ärger zahlreicher Backpacker, die der Falschinfo aufgesessen sind.

→ Die gleichen Unternehmen bieten auch mittags eine Fahrt nach Bangkok an, mit Umstieg an der Grenze (20 US$, 8 Std.). Es werden auch Trips nach Koh Chang in Thailand angeboten (14 US$ inkl. Fähre), die einen Buswechsel an der Grenze und anschließend die Überfahrt zur Insel mit einer Fähre einschließen.

TAXI

Vom **Taxistand** (St 12) neben dem Busbahnhof fahren Sammeltaxis nach Phnom Penh (11 US$, 5 Std.), manchmal auch nach Sihanoukville (10 US$, 4 Std.) und Andoung Tuek (5 US$, 2 Std.). Wie überall stehen auch hier morgens die Chancen am besten, eine Fahrt zu erwischen. In den Gästehäusern kann man auch problemlos ein Taxi nach Phnom Penh (55 US$) oder Sihanoukville (50 US$) buchen.

Wer selbst zu (der von) der Grenze nach Thailand ein Taxi anheuert, zahlt dafür etwa 10 US$ (plus 6000 R Maut), per *moto/remork* kostet es ungefähr 3/8 US$.

ℹ Unterwegs vor Ort

AUTO, MOTO & MOTORRAD

Kurze *moto*-Fahrten innerhalb des Zentrums kosten 2000 R, *remorks* das Doppelte. Üblicherweise wird aber mehr verlangt.

Motorräder verleihen die meisten Gästehäuser sowie Ritthy's Koh Kong Eco Adventure Tours (S. 189) und Jungle Cross (S. 189).

FAHRRAD

Ritthy's Koh Kong Eco Adventure Tours (S. 189) vermietet Fahrräder für halbe (1 US$) und ganze Tage (2 US$).

Rund um Krong Koh Kong

Insel Koh Kong   កោះកុង

Das Wasser um Kambodschas größte Insel ist so klar, dass man unter Umständen sogar die einzelnen Sandkörner am Boden erkennen kann. Die Insel hat sieben Strände, die alle an der Westküste liegen. Leider sind sie zunehmend verschmutzt, da es viele unverantwortliche Ausflugsanbieter gibt, die nicht auf die korrekte Müllentsorgung achten. Hoffentlich lässt sich der Trend umkehren, denn um dieses Juwel wäre es wirklich schade.

Mehrere dieser Strände erstrecken sich entlang der Mündung kleiner Wasserläufe und warten mit Kokospalmen sowie üppiger grüner Vegetation auf, ganz so, wie man es in einem echten tropischen Paradies erwartet. Am sechsten Strand (vom Norden aus betrachtet) führt dann auch tatsächlich ein schmaler Kanal zu einer versteckten Lagune.

An der Ostseite von Koh Kong ragt ein halbes Dutzend bewaldeter Hügel empor, die steil zur von Mangroven gesäumten Küste hin abfallen. Der höchste dieser Hügel liegt 407 m über dem Meeresspiegel. Das

Fischerdörfchen Alatang liegt an der Südost-küste gegenüber dem nordwestlichen Zipfel des Botum-Sakor-Nationalparks und erinnert mit seinen Pfahlbauten und farbenfrohen Fischerbooten irgendwie ein bisschen an Venedig.

Den dichten Dschungel im Hinterland zu betreten, ist verboten. Inzwischen gibt es aber zwei Bungalowresorts auf der Insel und in Begleitung eines Guides sind Übernachtungen im Zelt möglich.

🛏 Schlafen

Koh Kong Island Resort   RESORT **$$**
(☎ 035-936371; www.kohkongisland.net; Koh Kong Island; Bungalows DZ 25–50 US$, FZ 70 US$) Diese Hotelanlage ist die erste, die auf Koh Kong Island eröffnet wurde. Die rustikalen Holzbungalows beziehen ihren Strom aus Sonnenenergie und verfügen über Ventilatoren und niedliche Veranden – perfekt zum Faulenzen. Da die Standard-Bungalows recht klein ausfallen, lohnt es sich, etwas tiefer in die Tasche zu greifen und einen Luxus-Bungalow (50 US$) zu nehmen.

ℹ An- & Weiterreise

Koh Kong Island liegt rund 25 km südlich von Koh Kong City. Am einfachsten lässt sich die Insel im Rahmen einer Bootstour von Koh Kong City aus erreichen.

Das Koh Kong Island Resort bietet täglich Bootstransfers für 15 US$ pro Person an: Abfahrt in Koh Kong um 8.30 Uhr, Rückfahrt um 15 Uhr. Muss vorausgebucht werden.

Peam Krasaop Mangrove Sanctuary
ជម្រកសត្វព្រៃបឹងក្រយ៉ាក នៅពាមក្រសោប

Auf kleinen, durch Ablagerungen entstandenen Inseln – manche davon nicht größer als ein Haus – schützen die großartigen Mangroven des 260 km² großen Peam Krasaop Mangrove Sanctuary (Eintritt 5000 R; ⊗ 6.30-18 Uhr) die Küste vor Erosion, dienen als lebenswichtige Brutstätte und Futterstelle für Fische, Garnelen und Meerestiere und sind Lebensraum unzähliger Vögel.

Um ein Gespür für das empfindliche Ökosystem zu bekommen, sollte man den 600 m langen asphaltierten Mangroven-Lehrpfad entlanggehen, der oberhalb des salzigen Wassers zu einem 15 m hohen Aussichtsturm führt. Der Lehrpfad beginnt am Eingang des Naturschutzgebiets, etwa 5,5 km südöstlich von Koh Kong. Ein *moto/remork* kostet 5/10 US$ hin und zurück.

Zwar besteht der Hauptweg aus Betonblöcken, doch von ihm zweigen verschiedene Holzplankenwege ab. Wer mit kleinen Kindern unterwegs ist, sollte sie gut im Auge behalten, da die Wege z. T. nicht besonders gut in Schuss sind. Mit etwas Glück begegnet einem sogar ein paar der quirligen Affen, die eine ausgeprägte Vorliebe für Limo haben.

Leider hat ein neues Resort zwischen den Mangroven gleich beim Eingang zum Schutzgebiet 30 Pfahlbau-Bungalows errichten lassen. Die schlechte Holzimitation aus Beton fügt sich nicht gerade harmonisch in die Schönheit der Umgebung ein.

Mit einem gemieteten Motorboots lässt sich der Schandfleck jedoch glücklicherweise umschiffen. Holzboote gibt es am Anleger beim Eingang zum Schutzgebiet (kurze/lange Touren 5/10 US$). Besser beraten ist aber, wer sich in Koh Kong einem organisierten Bootsausflug in den Park anschließt.

Auf einer solchen Bootsfahrt kann man ein paar **Fischerdörfer** besuchen, deren Einwohner mithilfe von dünnen Reusen auf Beutefang gehen. Teilweise werden die gefangenen Fische bis zur Marktzeit in den Unterwassernetzen am Leben erhalten. Weiter draußen auf abgelegeneren Mangroveninseln erstrecken sich einsame kleine Strände; dort kann man sich zusammen mit furchtlosen Einsiedlerkrebsen in der Sonne aalen.

Große Teile des Peam Krasaop Mangrove Sanctuary stehen auf der Ramsar-Liste für Feuchtgebiete von internationaler Bedeutung (www.ramsar.org). Aus ökologischer Sicht ist das Gebiet im Koh Kong Conservation Corridor besonders wertvoll, da vergleichbare Wälder in Thailand durch kurzsichtige Baumaßnahmen zerstört wurden. Die Lebensräume und Fischereigebiete des Peam Krasaop sind heute dadurch gefährdet, dass hier riesige Mengen Sand für Singapur ausgebaggert werden.

Koh Kong Conservation Corridor របៀងអភិរក្សខេត្តកោះកុង

An beiden Seiten des NH48 von Krong Koh Kong zum Golf von Kompong Som (der Bucht nordwestlich von Sihanoukville) erstreckt sich der Koh Kong Conservation Corridor. Er umfasst viele der herausragendsten natürlichen Stätten Kambodschas, darunter die südlichen Ausläufer des legendären Kardamom-Gebirges, einer Gegend von atemberaubender Schönheit und einmaliger Artenvielfalt.

Diese Berge nehmen eine Fläche von 20 000 km² im Südwesten ein. Ihre abgelegenen Gipfel mit einer Höhe von bis zu 1800 m sowie 18 große Flüsse beherbergen mindestens 59 weltweit gefährdete Tierarten, darunter Tiger, asiatische Elefanten, Bären, Siam-Krokodile, Riesenschuppentiere und acht verschiedene Land- bzw. Wasserschildkrötenarten.

Darüber hinaus wächst hier der zweitgrößte unberührte Regenwald auf südostasiatischem Festland. Das macht das Kardamom-Gebirge zu einer der zwei Gegenden in der Region, wo lückenlose Wälder noch immer von Berggipfeln bis zum Meer reichen (die andere Region liegt in Myanmar). In manchen Hochlandgebieten fällt bis zu 5 m Regen pro Jahr. Umweltschützer hoffen, dass die Berge zum Unesco-Weltnaturerbe erklärt werden.

Während Wälder und Küsten in anderen Teilen Südostasiens von Städteplanern und Holzeinschlagfirmen mit guten Beziehungen zerstört wurden, blieben das Kardamom-Gebirge und die angrenzenden Mangrovenwälder wegen ihrer Abgelegenheit und – zumindest zu Teilen – auch wegen des Bürgerkriegs von den schlimmsten ökologischen Schandtaten verschont. Aus diesen Gründen sind große Teile des Gebiets noch immer in einem erfreulich guten Zustand und bergen somit hervorragende Möglichkeiten für den Ökotourismus. Manche vergleichen diese Gegend mit Kenias Wildreservaten oder den Nationalparks in Costa Rica.

Die nächsten Jahre werden eine entscheidende Rolle für die Entwicklung der Berge spielen. NGOs wie Conservation International (www.conservation.org), Fauna & Flora International (www.fauna-flora.org) und Wildlife Alliance (www.wildlifealliance.org) sowie Teams bewaffneter Parkaufseher sind Tag und Nacht im Einsatz, um die 16 verschiedenen Ökosysteme der Gegend vor Holzfällern und Wilderern zu schützen. Zusätzlich kann auch der Ökotourismus eine Rolle spielen, wenn es darum geht, der hiesigen Bevölkerung nachhaltige Alternativen zur Abholzung und Wilderei zu bieten.

Tatai-Fluss & Wasserfall ស្ទឹងតាតៃ និងទឹកធ្លាក់តាតៃ

Die Phun-Daung-Brücke über den Tatai etwa 18 km östlich von Koh Kong am NH48 ist das Tor zum Dschungel. Die wichtigste Sehenswürdigkeit hier ist der **Tatai-Wasserfall**, der über einen 4 m hohen Felsen ins

Tal donnert. Zumindest während der Regenzeit; in der Trockenzeit fällt der Wasserpegel. Aber da ganze Jahr über kann man sich wunderbar in den Tümpeln rund um den Wasserfall erfrischen.

Die eigentliche Attraktion ist jedoch die einsame Lage des Tatai inmitten dichten Waldes, der sich zum Flussufer hinunter ergießt. Hier ein paar Tage zu verbringen und entweder die üppige und stille Natur zu erkunden oder in einer Hängematte das Leben am Fluss zu inspirieren ist ein echtes Aussteigererlebnis, das dazu auch noch im Zeichen eines nachhaltigen Tourismus steht.

🛏 Schlafen

Die meisten Unterkünfte verfügen über ein eigenes Restaurant und bieten verschiedene Wander-, Boots- und Kajakabenteuer auf oder am Fluss an.

⭐ **Rainbow Lodge** ÖKOLODGE **$$**
(☏ 012 160 2585; www.rainbowlodgecambodia.com; Tatai-Fluss; EZ/DZ/FZ mit allen Mahlzeiten 75/100/140 US$; ☏) 🌱 Ein echtes Stück Dschungel-Schick: Die Rainbow Lodge beweist, dass Nachhaltigkeit nicht unbedingt bedeutet, auf Annehmlichkeiten zu verzichten. Die Bungalows hier, die mit Sonnenenergie und Biokraftstoff versorgt werden, stehen vom Fluss zurückversetzt und sind über Stege inmitten der Vegetation zu erreichen. In der Mitte gibt's eine offene Lounge mit einer eindrucksvollen Bar. Der Zugang ist per Boot (kostenlose Transfers von/zur Tatai-Brücke).

Zu den angebotenen Aktivitäten zählen Kajaktouren, Tageswanderungen, Flussfahrten, Besuche in Dörfern und Campingtrips. In einem Pavillon am Fluss werden Massagen verabreicht.

Neptune River Bungalows ÖKOLODGE **$$**
(☏ 088 777 0576; http://neptuneadventure-cambodia.com; Tatai-Fluss; Bungalow mit Frühstück 35–50 US$) 🌱 Mal Robinson Crusoe spielen? Dafür ist man hier richtig. Thomas, der Ökotour-Anbieter des alteingesessenen Unternehmens Neptune Adventure (S. 189), hat ein Dschungelrefugium mit jeder Menge rustikalem Charme geschaffen. Die vier ganz aus natürlichen Materialien erbauten Stelzenbungalows stehen inmitten von Obstbäumen. Die Mahlzeiten (3–7 US$) mit Zutaten aus dem eigenen Garten werden gewöhnlich gemeinsam eingenommen, was die heimelige Atmosphäre noch verstärkt. Ausgezeichnete Dschungeltreks und Boots-

touren lassen sich leicht arrangieren und es können gratis Kajaks benutzt werden. Inklusive Transfers von/zur Tatai-Brücke.

Four Rivers Floating Lodge   RESORT **$$$**
(☎ 097 758 9676; www.ecolodges.asia; Tatai-Fluss; DZ mit Frühstück 259 US$; ☎) Die zwölf Leinwand-Zeltvillen schwimmen auf Pontons auf einem Seitenarm des Tatai-Flussdeltas 6 km flussabwärts der Tatai-Brücke. Drinnen sorgen Weidenmöbel und dunkle Hölzer für ein cooles Kolonialambiente und gekrönt wird das Ganze durch die opulentesten Bäder, die man je unter Leinwand gesehen hat. Inklusive Bootstransfers von/zur Tatai-Brücke.

ⓘ An- & Weiterreise

Zum Tatai-Wasserfall gelangt man mit dem Auto oder Motorrad. Die gut ausgeschilderte Abzweigung vom NH48 liegt etwa 15 km südöstlich von Koh Kong (d. h. 2,8 km nordwestlich der Tatai-Brücke). Von der Schnellstraße aus erreicht man den Wasserfall nach 2 km über eine holprige Zufahrtsstraße. Etwa auf halbem Weg quert die Straße einen Bach. In der Regenzeit muss man ihn unter Umständen zu Fuß durchwaten und den letzten Kilometer laufen.

Ein Halbtagesausflug zum Tatai-Wasserfall kostet mit einem *moto* von Koh Kong aus hin und zurück 10 US$ (*remork-moto* 15 US$), die einfache Fahrt zur Brücke weniger. Wer mit öffentlichen Verkehrsmitteln zwischen Phnom Penh und einem der Küstenorte unterwegs ist, kann sich vom Fahrer an der Brücke absetzen lassen.

Central Cardamoms Protected Forest   ឧទ្យានជាតិផ្លូវភ្នំក្រវាញ

Das Waldschutzgebiet Central Cardamoms Protected Forest (CCPF; 4013 km²) umfasst drei der am stärksten gefährdeten Ökosysteme Südostasiens: immergrünen Wald der Niederungen, Auwald und Feuchtgebiete.

Parkaufseher und Militärpolizei schützen die Region mithilfe von Conservation International vor illegaler Wilderei und Abholzung. Sie haben ihre Basis in sechs strategisch günstig platzierten Stationen, darunter eine in **Thma Bang** mit zwei schlichten **Gästehäusern** (5 US$ pro Pers.), eins geführt von der Parkaufsehern, das andere von der örtlichen Gemeinde, beide mit zwei Zimmern, einem Schlafsaal und Elektrizität zwischen 18 und 21 Uhr. Mahlzeiten können für 2 US$ zubereitet werden. Man sollte warme Kleidung mitbringen, da die Temperatur bis auf 10 °C fallen kann.

Ein Großteil des Thma-Bang-Gebiets ist mit dichtem Regenwald bewachsen und eignet sich deshalb hervorragend zur Vogelbeobachtung und für eine Wanderung zu einem Wasserfall in Begleitung eines lokalen Guides – Parkaufseher fragen, denn die wissen, wo sich Wasserfälle befinden. Hier soll außerdem ein neues **gemeindebasiertes Ökotourismusprojekt (CBET)** (☎ 097 752 9960; ccheb@conservation.org) ins Leben gerufen werden. Im nahe gelegenen **Areng-Tal**, wo einige Menschen der Khmer-Minderheit Daeum wohnen, stößt man auf asiatische Elefanten und Gabelbarte, die in der freien Natur praktisch ausgestorben sind. Hier lebt auch die weltweit zweitgrößte Population der stark gefährdeten Siam-Krokodile mit vielen Zähnen und einer Länge von bis zu 3,5 m; keine Sorge: Sie sehen Menschen normalerweise nicht als Futter an, sondern bevorzugen Fische, Frösche und kleine Säugetiere.

Leider werden das Tal und seine Fauna durch den von chinesischen Bauherren geplanten Staumauerbau eines Wasserkraftwerks bedroht. Wird er gebaut, werden 1500 Menschen aus ihrem Lebensraum vertrieben und 90 bis 120 km² Land überflutet, durch die u. a. eine wichtige Elefantenroute führt. Befürworter des Staudammprojekts in der Regierung entgegnen, dass dieses und mehrere andere mit chinesischen Finanzmitteln gebaute Kraftwerk dem unterversorgten Kambodscha dringend benötigte Stromquellen erschließen werden.

Von Dezember bis Mai können sich besonders Hartgesottene auf die achttägige Wanderung von Thma Bang Richtung Norden nach Kravanh oder eine fünf- bis sechstägige von Chamnar (durch eine Straße mit Thma Bang verbunden) über die Berge nach Kravanh machen.

Eine leichtere, das ganze Jahr über mögliche drei- bis viertägige Trekkingtour beginnt in Chumnoab östlich von Thma Bang und führt Richtung Osten nach Roleak Kang Cheung, wo eine Straße nach Kompong Speu verläuft. Dazwischen liegt Knong Krapeur (1000 m) inmitten von hoch gelegenem Weideland und Kiefern. Vor 500 Jahren war diese Gegend bewohnt und berühmt für ihre großen irdenen Urnen, die noch immer mit menschlichen Knochen gefüllt sind.

In Thma Bang gibt es kein Reservierungssystem: Besucher können einfach herkommen und Trekkingtouren wie Unterkünfte buchen.

SÜDKÜSTE KOH KONG CONSERVATION CORRIDOR

ⓘ An- & Weiterreise

Von Süden her sind die südlichen Ausläufer des Waldschutzgebiets am leichtesten zu erreichen. Die Straße vom NH48 nach Thma Bang ist verbreitert worden, sodass die Fahrt von Koh Kong nur noch eine Stunde dauert. 10 km östlich der Tatai-Brücke, am Parkaufseherkontrollpunkt Veal II (Veal Pii), liegt die Abzweigung vom NH48.

Die einzige Verbindung zwischen Thma Bang und Chi Phat ist eine schlechte Straße, die gerade so mit einem Motorrad zu bewältigen ist – und auch nur in der Trockenzeit. Wir raten von dieser Straße dringend ab. Wer sich trotzdem nicht abschrecken lässt, sollte die Fahrt nur in einer großen Gruppe erfahrener Biker unternehmen. Dann kann man sich gegenseitig helfen, die Fahrzeuge über die schwieriger zu bewältigenden Flussübergänge und ausgetrockneten Wasserläufe zu manövrieren.

Eine bessere Straße (die in der Trockenzeit erheblich einfacher zu befahren ist) führt von Koh Kong nach Norden durch das Kardamom-Gebirge nach Pursat, Pailin und Battambang, vorbei an abgelegenen Bergdörfern wie Veal Veng, Ou Som (hier befindet sich ein Ökotourismusprojekt in den Anfängen) und Promouy, der wichtigsten Stadt im Naturschutzgebiet Phnom Samkos. Die Abzweigung liegt nahe Koh Kong an der alten Straße nach Phnom Penh hinter dem Flughafen ein paar hundert Meter hinter dem Armeestützpunkt.

Taxis verkehren in der Trockenzeit von Pursat Richtung Süden nach Promouy, Ou Som und Koh Kong. In der Regenzeit lässt sich mit etwas Glück vielleicht ein *moto* für die lange Fahrt von Promouy nach Krong Koh Kong mieten. Das hängt ganz vom aktuellen Straßenzustand und den Regenfällen ab. Von Koh Kong Richtung Norden sind auf dieser Strecke Sammeltaxis eine Seltenheit. Die nördlichen Abschnitte des Waldschutzgebiets sind von Pursat (S. 255) aus zugänglich.

Botum-Sakor-Nationalpark
មណ្ឌលយដ្ឋានឧទ្យានជាតិបុទុមសាគរ

Der 1834 km² große Nationalpark bedeckt fast die gesamte 35 km breite Halbinsel gegenüber von Sihanoukville auf der anderen (nordwestlichen) Seite des Golfs von Kompong Som. Er ist von Mangroven und Stränden umgeben und beherbergt eine Vielzahl von Wildtieren, darunter Elefanten, Hirsche, Leoparden und Malaienbären.

Botum Sakor scheint leider nur dem Namen nach ein Nationalpark zu sein. Ein 3,5 Mrd. US$ teures Tourismusprojekt unter chinesischer Leitung verwandelt das westliche Drittel des Parks in sieben Resortstädte. Baubeginn der Mammutanlage, die in 25

Jahren fertiggestellt sein soll, war 2010. Inzwischen sind Hunderte von Familien aus dem Gebiet vertrieben worden, eine vierspurige Schnellstraße führt mitten durch den Park und auch ein Golfplatz ist schon in Betrieb. Die neue Schnellstraße, die 6 km westlich von Andoung Tuek beginnt, bietet außerdem Zugang zum Archipel Koh Sdach (S. 228). Außerdem erhielt der kambodschanische Unternehmer Ly Yong Phat die Erlaubnis, einen großen Teil des zentralen Parks zu bebauen.

Bleibt also nur das östliche Drittel der Halbinsel als Ziel für einen Besuch. In Andoung Tuek kann man ein Boot mieten, um die folgenden vier von Mangroven gesäumten Flüsse hinaufzufahren, wo man auf viele Wildtiere wie den Langschwanzmakak, den Kappengibbon, und den Schwarzschenkligen Kleideraffen stößt. Es handelt sich um folgende Flüsse: Ta Op, den längsten Strom an der Ostküste, Ta Nun in der Mitte der Südküste sowie Ta Nhi und Preak Khsach an der Ostküste.

Die **Parkverwaltung** (☏099 374797, 081 414988; NH48) liegt 3,5 km westlich von Andoung Tuek. Dort können Wanderungen mit Parkaufseher (5 US$ pro Tag) oder Bootsausflüge von Andoung Tuek gebucht werden.

Trail-Biker und furchtlose *moto*-Fahrer können die neue Straße umfahren und die holprige Strecke um die Ostküste des Parks nehmen. Diese führt auch über das malerische Fischerdorf Thmor Sor, das größtenteils aus Pfahlbauten besteht. Die Siedlung in dieser Schwemmlandbucht erstreckt sich fast einen Kilometer weit ins Meer hinaus.

Chi Phat សហគមន៍ទេសចរណ៍ជីផាត

Um die südliche Gegend des Kardamom-Gebirges vor den Bedrohungen Abholzung, Wilderei und Landgewinnung zu schützen, will die Wildlife Alliance (www.wildlifealliance.org) den **Southern Cardamoms Protected Forest** (1443 km²), dessen südliche Grenze der NH48 zwischen Koh Kong und Andoung Tuek bildet, in ein erstklassiges Reiseziel für Ökotouristen verwandeln.

Einst war Chi Phat – in dem Ort am Fluss leben 630 Familien – vor allem für seine Holzfäller und Wilderer bekannt, doch inzwischen ist hier das zukunftsweisende gemeindebasierte Ökotourismusprojekt (Community-Based Ecotourism Project; CBET) der Wildlife Alliance zu Hause. Es bietet Besuchern die seltene Gelegenheit, in einer ländlichen Gemeinde zu nächtigen, in der

der Tourismus durch die Dorfbewohner selbst gesteuert wird, und das Ökosystem des Kardamom-Gebirges zu erforschen und dabei zu seinem Schutz beizutragen. Gleichzeitig wird den ehemaligen Wilderern, die jetzt als Schützer der Natur und als Guides fungieren, ein neuer Lebensunterhalt ermöglicht.

🏃 Aktivitäten & Geführte Touren

Alle Aktivitäten in Chi Phat werden überwacht vom außergewöhnlich gut organisierten **CBET Community Visitor Centre** (✉ 092 720925, 035-675 6444; www.chi-phat. org; Chi Phat; ⊙ 7–19 Uhr; ☎), das zwei Fußminuten vom Flusssteg entfernt liegt. Das Besucherzentrum verfügt über kostenloses WLAN, Solarstrom und ein gutes Restaurant, das sowohl Fleisch als auch vegetarische Khmer-Gerichte auf der Speisekarte stehen hat.

Die Preise für alle Touren sind äußerst fair – von 15 bis 25 US$ pro Person. Mittag-essen, Transfer und Ausrüstung sind im Preis enthalten. All-inclusive-Mehrtagestrips kosten pro Tag etwas mehr. Die Teilnahmegebühr beinhaltet eine Spende, die in den Naturschutzfonds der Gemeinde fließt. Die Ausflüge sind nur mit Guide möglich. Die meisten von ihnen haben früher gewildert oder illegal gerodet.

Nach der Ankunft in Chi Phat begeben sich die Besucher ins Visitor Centre, um Aktivitäten zu organisieren, die bis 17 Uhr am Vortag gebucht werden müssen. Im Zentrum lernt man die Guides und andere Teilnehmer kennen, die gerade von dem Ausflug zurückgekehrt sind. Bei dieser Gelegenheit erhält man Informationen über Aktivitäten, den Zustand der Trails und darüber, wie die hiesige Gemeinde jetzt den Wald hegt und pflegt, den sie früher ausbeutete.

Neben verschiedenen Wander-, Boots- und Mountainbike-Aktivitäten ist auch ein Besuch der Millionen Setzlinge umfassenden Baumschule der Wildlife Alliance möglich, wo Nachwuchs für das eindrucksvolle Wieder-

CHI PHAT: EINE FALLSTUDIE ZUM ÖKOTOURISMUS

Die Gemeinde Chi Phat hat ihr mageres Einkommen aus der Landwirtschaft lange durch Produkte aus dem nahe gelegenen Wald aufgebessert. Kleine Mengen zu sammeln kann ökologisch verträglich sein, doch die umfassende Zerstörung des Waldes während der „Abholzungsphase" in den 1990er-Jahren hat das gesamte Ökosystem sowie die Lebensgrundlage der Dorfbewohner stark aus dem Gleichgewicht gebracht. Viele Einheimische verdienten sich ihren Lebensunterhalt mit der Jagd von gefährdeten Tieren.

Als 2002 als letzter Rettungsversuch für das südliche Kardamom-Gebirge die Wildlife Alliance (www.wildlifealliance.org) gegründet wurde, beanspruchten Einheimische und Außenstehende geschütztes Land, zerstörten den Wald durch illegale Rodung und fingen bedrohte Arten zum Verzehr und Verkauf auf dem Schwarzmarkt. Der einzige Weg, einer ökologischen Katastrophe zuvorzukommen – und um z. B. Makaken davor zu retten, gefangen, für 60 US$ verkauft und zum Verzehr nach Vietnam verschifft zu werden – lag darin, Parkwächterteams hierherzuschicken, die hart durchgriffen.

Doch die Durchsetzung der neuen Bestimmungen bedeutete für die Bevölkerung weniger Verdienstmöglichkeiten und stieß deshalb auf Ablehnung. Die Wildlife Alliance erkannte, dass sie für die Rettung der Wälder auf die Mithilfe der Bevölkerung angewiesen war und dass eine Kooperation nur möglich sein würde, wenn man den Einwohnern einkommensfördernde Alternativen zum Wildern und Roden bieten würde.

Aus diesem Grund rief die Wildlife Alliance ein gemeindebasiertes Ökotourismusprojekt (CBET) ins Leben. Zunächst versah man die Gemeinde mit Befugnissen. Darüber hinaus wurde ein Komitee aus 14 gewählten Abgeordneten eingerichtet, das sowohl positive als auch negative Auswirkungen bewerten, Ziele setzen und das Projekt leiten sollte. Viele der „Interessenvertreter" waren ehemalige Holzfäller und Wildtierhändler.

Heute floriert das CBET-Projekt in Chi Phat. Anfänglich skeptische Einheimische haben sich mit der Idee angefreundet und die Einnahmen aus dem Ökotourismus – die in die Taschen der Bewohner und in den Entwicklungsfonds der Gemeinde fließen – bewegen langsam etwas. Inzwischen gilt Chi Phat als Vorbild für andere gemeinschaftsbasierte Projekte dieser Art, deshalb reisen regelmäßig Abordnungen aus ganz Kambodscha an, um sich direkt vor Ort darüber zu informieren.

aufforstungsprogramm hochgepäppelt wird. Das ist eine interessante Erfahrung und bietet zugleich die Chance, als Baumpate einen angehenden Waldriesen zu pflanzen und somit etwas Nachhaltiges zu hinterlassen. Für Erkundungen des Flusses können auch Kajaks gemietet werden. Zuletzt wurden hier auch Khmer-Kochkurse eingerichtet.

Treks

Die CBET-Treks (15–25 US$ pro Pers. und Tag) dauern einen bis sieben Tage. Die kürzeren Touren führen zu Fledermaushöhlen, Wasserfällen, Bergdörfern und geheimnisvollen Stätten mit Begräbnisurnen. Abenteuerlustige haben die Möglichkeit, sich zusammen mit den hiesigen Forstschützern auf einen drei- bis fünftägigen Streifzug durchs Gelände zu begeben und dabei zu erfahren, wie man hier den Wald vor illegaler Rodung und Wilderei zu schützen versucht.

Bei den mehrtägigen Wanderungen können die Teilnehmer auf Wunsch in Hängematten schlafen oder auf einem von fünf Campingplätzen der Wildlife Alliance, die mit Ökotoiletten, Feldküche und bequemen Hängematten unter Moskitonetzen ausgestattet sind. Dass man Tiere zu Gesicht bekommt, ist nicht garantiert, doch in der Regel bieten sich immer genügend Gelegenheiten, um Affen und Nashornvögel zu schießen (mit der Kamera natürlich!). Und obwohl die Guides in Flipflops unterwegs sind, sollte man selbst Wanderschuhe tragen.

Bootstouren

Auf den Vogelbeobachtungs-Bootstouren zum Sonnenaufgang und den Sternenbeobachtungstouren zum Sonnenuntergang (12–35 US$ pro Pers.) kann man wunderbar die lässige Schönheit des Preak Piphot River erleben. Erstere Tour beginnt mit einer 1½-stündigen Fahrt in einem Langheckboot. Danach steigen die Teilnehmer um in traditionelle Stechruderkähne (mit Fährmann) und staken fast geräuschlos den Stung Proat entlang, einen nicht verzeichneten Nebenfluss des Preak Piphot.

Silberne Haubenlanguren, Langschwanzmakaken, Doppelhornvögel und andere Regenwaldbewohner zeigen sich häufig an den Ufern des Stung Proat. Gibbons sieht man selten, aber dafür hört man, wie sie einander durch das Blätterdach etwas zurufen.

Mountainbiketouren

Die ein- bis zweitägigen CBET-Mountainbiketouren (20–25 US$ pro Pers. und Tag) führen zu Wasserlöchern, Graburnenstätten, Wasserfällen und ländlichen Gemeinden im umliegenden Wald. Bei Touren mit Übernachtung schlafen die Teilnehmer in Hängematten mit Moskitonetzen. Wer die Gegend um das Dorf Chi Phat auf eigene Faust erkunden möchte, kann beim CBET-Besucherzentrum ein Mountainbike ausleihen.

Touren zur Auswilderungsstation

Release Station Tours der Wildlife Alliance TOUR
(📞010 690864; www.wildlifealliance.org/page/view/507/wildlife-release-station-tours; Erw./Kind 1 Nacht 120/50 US$, 2 Nächte 200/75 US$) Die Wildlife Alliance bietet Touren zu ihrer Auswilderungsstation *(release station)* an (ca. 30 Min. von Chi Phat), wo Tiere wie Sonnen- und Marderbären wieder ausgewildert werden, nachdem sie aus dem illegalen Handel gerettet wurden. Unterkunft, Verpflegung und Aktivitäten – Dschungelwanderungen, Tierbeobachtungen und Mitarbeit beim Aufbau von Kamerafallen – sind inklusive. Der Transport per Motorrad wird entweder ab Andoung Tuek oder Chi Phat bereitgestellt. Vorausbuchung erforderlich.

🛏 Schlafen

Das CBET-Projekt in Chi Phat wartet mit einer Reihe von Unterkünften auf. Manche liegen in der Stadt, andere auf dem Land inmitten von Obstgärten. Hinsichtlich der Unterbringungsstandards gibt's keine großen Unterschiede, besonders zwischen Gästehäusern und Privatzimmern. Sämtliche Zimmer – die einmal pro Monat vom Komitee des CBET unter die Lupe genommen werden – sind sauber und bequem und verfügen über Ventilator, Mückennetze, Baumwolllaken und Schaumstoffmatratzen, kostenloses Wasser aus der Flasche, Handtücher und ein laminiertes Blatt mit einer Erläuterung der lokalen Gebräuche. Strom gibt es im Dorf nur morgens von 5 bis 9 Uhr und abends von 18 bis 21 Uhr (Taschenlampe mitbringen!).

Buchen kann man seine Unterkunft im Voraus oder man begibt sich bei der Ankunft einfach ins Besucherzentrum und sucht sich eine Unterkunft aus. Der Besitzer des entsprechenden Gästehauses holt einen dann ab.

CBET-Homestays PRIVATUNTERKUNFT $
(www.chi-phat.org; Zi. 4 US$) 📶 Viele der 13 Privatunterkünfte in Chi Phat befinden sich in Khmer-Stelzenhäusern, die einen Einblick in den Alltag auf dem Land erlauben. Die

Zimmer sind gemütlich und einfach und das Bad teilt man sich mit der Familie. Einige der sogenannten Homestays haben Hockklosetts und traditionelle Duschen (eine Regenwasserzisterne mit einem Plastikeimer). Abendessen (2,50 US$) ist auf Wunsch erhältlich.

Wer ein Bad im westlichen Stil bevorzugt, kann das CBET-Personal bei der Buchung darüber informieren. Einige Privatunterkünfte verfügen über einen 12-Volt-Ventilator, der nachts von einer wiederaufladbaren Autobatterie betrieben wird.

CBET-Gästehäuser
GÄSTEHAUS $
(www.chi-phat.org; Zi. 5 US$, mit Bad 6 US$) Zum CBET-Projekt von Chi Phat gehören 18 von Familien betriebene Gästehäuser mit kleinen, sauberen Zimmern. Einige haben nur Gemeinschaftsbäder, andere Zimmer mit eigenem Bad. Bei der Buchung im Besucherzentrum sollte die Präferenz angegeben werden. Alle Gästehäuser sind an das Dorfstromnetz angeschlossen, das nur morgens und abends in Betrieb ist.

CBET-Bungalows
BUNGALOW $
(www.chi-phat.org; Bungalow 10–15 US$) In Chi Phat gibt's zwei Bungalow-Unterkünfte, die mehr Privatsphäre bieten als die Gästehäuser und Privatunterkünfte des Dorfs. Die Bungalows sind jeweils aus natürlichen Materialien erbaut und haben Zimmer mit Bad und niedlichem Balkon. Strom gibt's morgens und abends.

Butterfly Island
BUNGALOW $$
(www.chi-phat.org; Bungalow 30–35 US$) Chi Phats gehobenste und friedvollste Unterkunft ist Butterfly Island mit einfachen, aber robusten Bungalows inmitten von üppigem Wald auf einer kleinen Insel in einem Fluss, die man über eine Hängebrücke erreicht. Zuletzt war die Unterkunft geschlossen, sollte aber wiedereröffnet werden – über den aktuellen Stand informiert die CBET-Website.

Essen & Ausgehen

Auf der „Hauptgeschäftsstraße" zwischen Flusspier und Besucherzentrum befinden sich mehrere Essensstände. Sie haben einfache Kost für rund 2 US$ pro Portion. Softdrinks und Bier sind in den Dorfläden erhältlich. Die einzige echte Kneipe befindet sich im Besucherzentrum. Sie hat – wenn sie geöffnet ist – so ziemlich die besten Cocktails diesseits von Phnom Penh.

Visitor Centre Restaurant
RESTAURANT $
(Frühstück 2,50 US$, Mittag- & Abendessen 3,50 US$;) Das einzige Restaurant am Ort ist im Besucherzentrum untergebracht. Mittags und abends besteht die Auswahl jeweils aus drei Gerichten; die Speisekarte ändert sich täglich. Vegetarier kommen auch auf ihre Kosten, außerdem sind Lunchpakete zum Mitnehmen erhältlich. Das Essen stammt ausnahmslos aus der Region, vieles wird auch vor Ort angebaut bzw. gezüchtet.

Praktische Informationen

In Chi Phat gibt's weder Bank noch Geldautomaten, also genügend Bargeld mitbringen. Informationen zu allen Aktivitäten, Touren, Unterkünften und zur Anfahrt siehe www.chi-phat.org.

Gelegentlich gehen am Bootsanleger in Andoung Tuek und in nahe gelegenen Cafés Betrüger um, die Reisende ansprechen und falsche Informationen geben oder erfundene Touristendienstleistungen anbieten – alles gegen Bezahlung, versteht sich.

An- & Weiterreise

Chi Phat liegt am wunderschönen Preak-Piphot-Fluss, 21 km flussaufwärts von Andoung Tuek. Andoung Tuek befindet sich am NH48, 98 km von Koh Kong entfernt. Alle zwischen Koh Kong und Phnom Penh oder Sihanoukville verkehrenden Busse kommen hier durch.

Bei der Ankunft in Andoung Tuek halten die Busse gewöhnlich vor dem Kim Chhoun Guesthouse (dem Restaurant mit den blauen Pfeilern). Das Gästehaus kooperiert mit dem CBET, um die Weiterfahrt nach Chi Phat zu organisieren. Wer noch nichts über die CBET-Website (www.chi-phat.org) gebucht hat, kann hier ein *moto* organisieren oder sich nach dem CBET-Boot erkundigen.

Das Langheckboot (10 US$) von CBET legt die zweistündige Fahrt von Andoung Tuek täglich zurück und bietet die stimmungsvollste Art, nach Chi Phat zu gelangen. Am besten bucht man die Fahrt mindestens 48 Stunden im Voraus über die CBET-Website, um sich einen Platz zu sichern. Abfahrt in Andoung Tuek um 12 Uhr (oder irgendwann danach, falls der Virak-Buntham-Bus aus Phnom Penh Verspätung hat). Das CBET-Büro arbeitet ausschließlich mit einheimischen Bootsführern, die eine Sicherheitsausbildung erhalten haben und deren Boote den Komfortbedürfnissen westlicher Touristen angepasst sind. Alle von CBET abgesegneten Boote sind mit Schwimmwesten und einem Ersatzmotor ausgerüstet.

Außerdem kann man ein *moto* (7 US$, 45 Min.) für die 17 km lange Straße nach Chi Phat vorausbuchen, doch auch dies lässt sich bei der Ankunft in Andoung Tuek leicht organisieren. *Moto*-Fahrer setzen ihre Fahrgäste auf der Chi Phat gegenüber liegenden Flussseite ab; den Transport zum Dorf besorgt dann eine kleine Floßfähre (1000 R).

Für die Abreise von Chi Phat können Boote und *motos* am Abend vor der Rückfahrt nach Andoung Tuek am nächsten Morgen gebucht werden – mit Anschluss an die Busse zur Weiterreise. Im CBET-Büro werden auch Busfahrkarten verkauft.

Wer mit einem eigenen Transportmittel unterwegs ist: Die Straße nach Chi Phat ist unbefestigt, aber in recht gutem Zustand. Man fährt immer den Telegrafenleitungen nach und überquert den Fluss mit der Autofähre. Motorradfahrer können bei Bedarf die kleinere Floßfähre nehmen, die 100 m links von der Hauptfähre ablegt.

PROVINZ PREAH SIHANOUK

Zwischen Kampot und Koh Kong erstreckt sich die winzige Provinz Preah Sihanouk (ខេត្តព្រះសីហនុ; auch bekannt als Provinz Kompong Som), die in erster Linie von der lebendigen Hafenstadt Sihanoukville beherrscht wird. Zu den landschaftlichen Höhepunkten gehören die Inseln der Umgebung sowie der Ream-Nationalpark 18 km östlich von Sihanoukville sowie der Kbal-Chhay-Wasserfall.

Sihanoukville ក្រុងព្រះសីហនុ

♩ 034 / 91 000 EW.

Sicher würde Sihanoukville bei einem Schönheitswettbewerb keinen Preis gewinnen, doch dank der umliegenden weißen Strände ist dies das angesagteste Ziel Kambodschas für Sonnenanbeter. Sihanoukville (Kong Preah Sihanouk; auch bekannt als Kompong Som) wurde Ende der 1950er-Jahre in den Dschungel geschlagen und nach dem damaligen Staatsoberhaupt benannt. Es verfügt über Kambodschas ersten und einzigen Tiefwasserhafen in einer wichtigen strategischen Lage: Dank ihm musste der internationale Handel des Landes nämlich nicht mehr über das vietnamesische Mekong-Delta abgewickelt werden.

Heute ist Sihanoukville eine quirlige und immer weiter wachsende Stadt. Die Strände liegen jedoch etwas abseits vom Trubel. Das Gebiet um den Serendipity Beach ist

eine Art Dekompressionskammer für Backpacker: Sie kommen hierher, um sich von der Mühsal des Reisens zu erholen und die Nächte durchzufeiern.

Noch weiter entfernt vom Trubel liegt weit im Süden der Stadt der relaxte Otres Beach. Hier haben sich zu den billigen Bungalow-Bleiben und szenigen Gästehäusern inzwischen recht schicke Boutiqueresorts gesellt. Wem der Sinn nach faulen Tagen in der Sonne steht und nicht unbedingt nach abendlichen Kneipentouren, ist hier genau richtig.

Zwar zählt keiner der Strände von Sihanoukville zu den schönsten Südostasiens, doch verströmen die von Kasuarinen und Kokospalmen gesäumten Sandstreifen jede Menge tropischen Charme und es ist kein Problem, ein Plätzchen ganz für sich allein zu finden, besonders außerhalb des Zentrums. Wem die Strände nicht postkartenidyllisch genug sind: Sihanoukville ist außerdem der Ausgangspunkt für Touren zu den Südlichen Inseln Kambodschas mit ihrem Robinson-Crusoe-Flair.

◉ Sehenswertes

Fast jeden Tag versammeln sich drei Gruppen zahmer Affen an der 2 Thnou Street hinter bzw. auf dem Maschendrahtzaun um das Gelände des Independence Hotel (S. 208). Sie hoffen auf ein paar Erdnüsse oder Bananen von Passanten. Auch Einheimische kommen gern mit ihren Kindern her, um sich das lustige Treiben anzuschauen (und mitzumachen).

Wat Leu

<small>BUDDHISTISCHER TEMPEL</small>

(វត្តលើ, Wat Chhnothean; Karte S. 201; Wat Leu Rd) Ein spektakulärer Blick auf die Stadt und ein einmaliges Panorama bei Sonnenuntergang ziehen Besucher zum Wat Leu auf einem friedlichen, bewaldeten Hügel 1,5 km nordwestlich des Zentrums. Von der Stadtmitte zahlt man für eine *moto*-Fahrt dorthin 6000 R, doch die Fahrer wollen höchstwahrscheinlich 2 US$ haben. *Remorks* müssen den langen Weg um den Hügel herum nehmen und verlangen daher 5 US.

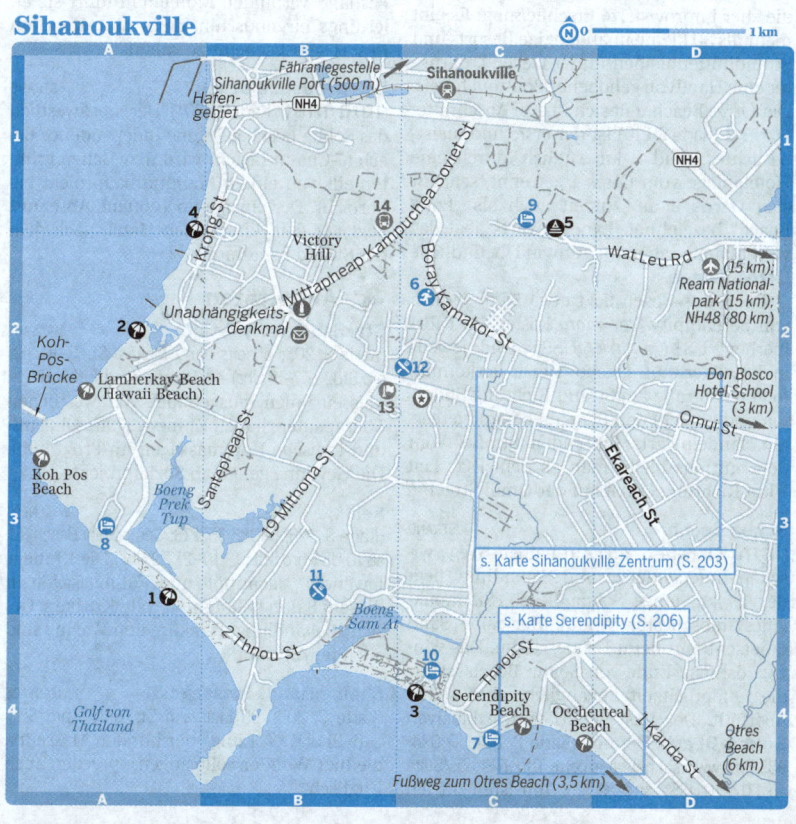 Strände

Jeder der Strände in Sihanoukville hat einen eigenen Charakter und so ist für fast jeden etwas dabei. Die einsamsten befinden sich im nahegelegenen Ream-Nationalpark (S. 217).

Occheuteal Beach

<small>STRAND</small>

(ឆ្នេរអូរឈើទាល; Karte S. 206) Dieser 4 km lange Strand ist bei Weitem der beliebteste in Sihanoukville. Der felsige Abschnitt am nordwestlichen Ende des Occheuteal Beach ist als **Serendipity Beach** (Karte S. 206) bekannt. Hier gibt's ein paar Bar-Restaurants, wo man nur wenige Meter von der Brandung entfernt sitzt – sehr romantisch. Links vom Pier säumt eine Reihe lässiger Strandbars den weißen Sand. Tagsüber tummeln sich hier Verkäufer, Bettler und andere nervige Zeitgenossen (z. B. Jetskifahrer). Das südliche Ende des Strands bietet eine Ausweichmöglichkeit von dem ganzen Tohuwabohu.

Am Occheuteal Beach kann es sehr voll werden, besonders am Wochenende, wenn die ortsansässigen Familien zum Strand strömen. Außerdem ist er nicht gerade sauber, besonders im Bereich der Strandbars: Man beachte nur die Abwasserrinnsale, die von den Hütten zum Meer sickern. Am süd-

<small>**SÜDKÜSTE** SIHANOUKVILLE</small>

Sihanoukville

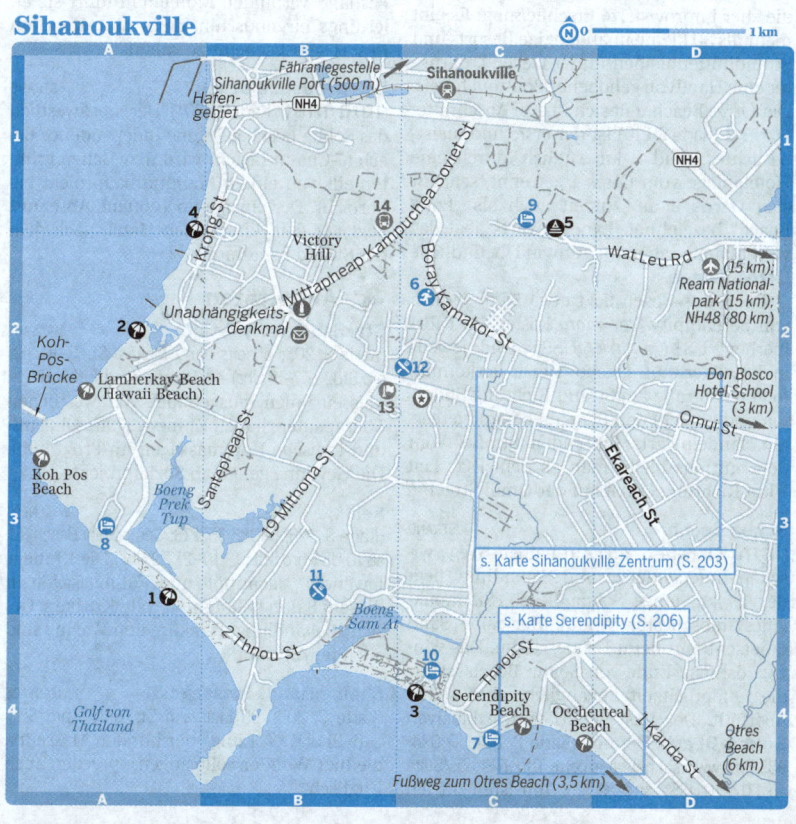

lichen Ende des Strands soll irgendwann ein weiteres exklusives Sokha-Resort entstehen, aber bisher ist es noch ziemlich leer.

★ Otres Beach
STRAND

(ឆ្នេរអូរត្រេះ; Karte S. 210) Jenseits des südlichen Endes des Occheuteal Beach, hinter der Landzunge namens **Phnom Som Nak Sdach** („Hügel des Königspalasts"), liegt der bezaubernde Otres Beach, ein scheinbar endloser, einsamer Strandabschnitt voller Kasuarinen, der problemlos mit den Stränden Südthailands konkurrieren kann.

Zwar ist Otres längst nicht mehr der leere Strand von anno dazumal. Trotzdem ist hier das Wasser sauberer und die Atmosphäre chilliger als in Sihanoukville selbst. Außerdem ist er lang genug, dass jeder leicht ein eigenes Fleckchen Sand findet – einfach Richtung Süden gehen.

Schon seit langem haben Investoren ein Auge auf Otres geworfen, doch bisher ist der Strand von größeren Baumaßnahmen verschont geblieben und stattdessen gedeiht die eher improvisierte Erschließung: Es gibt mehr als 30 kleine unabhängige Resorts und Strandhüttenbleiben in der Gegend, darunter eine Handvoll gehobener Boutiquehotels. Der Otres Beach teilt sich in drei Abschnitte: **Otres 1** (Karte S. 210) ist der erste und meistbesuchte. Rund 2 km südlich, durch eine Hotelanlage vom Otres 1 getrennt, schließt sich **Otres 2** an, zurzeit auch als „Long Beach" bezeichnet. Landeinwärts liegt das verschlafene, aber im Aufwind befindliche **Otres Village**.

Der Otres Beach liegt etwa 5 km südlich von Serendipity. Per *moto* kostet die Fahrt hierher 2 US$ (*remork* 5 US$; abends jeweils mehr). Wer auf eigene Faust herkommt, folgt der Straße am Strand Richtung Südosten und umgeht den Berg auf der gut geteerten, landeinwärts führenden Straße. Vom Zentrum aus bleibt man ab dem Psar Leu 5 km Richtung Osten auf der Omui Street.

Sokha Beach
STRAND

(ឆ្នេរសុខា; Karte S. 201) Auf halbem Weg zwischen Independence und Serendipity liegt der 1,5 km lange Sokha Beach, Sihanoukvilles hübschester Strand. Der feine Sand quietscht laut beim Drüberlaufen. Das winzige östliche Ende von Sokha Beach ist für die Öffentlichkeit zugänglich, aber selten überfüllt. Der Rest gehört zum exklusiven **Sokha Beach Resort** (Karte S. 201; 034-935999; www.sokhahotels.com; Thnou St; Zi./Suite ab 171/210 US$; ✱@🅟🛜) Touristen dürfen

dort zwar den Sand genießen, dafür wird erwartet, dass sie etwas zum Essen oder Trinken kaufen. Wer will, kann auch ins Resort huschen und eine Runde im Swimmingpool schwimmen (5 US$).

Victory Beach
STRAND

(ឆ្នេរជ័យជំនះ; Karte S. 201) Dieser Strand vor der Kulisse des Sihanoukville Port kann sich nicht gerade rühmen, der allerbeste der Stadt zu sein. Aber immerhin ist er sauber, stressfrei, familienfreundlich und von zahlreichen Strandlokalen der mittleren Preisklasse gesäumt.

Lamherkay Beach
STRAND

(ឆ្នេរលម្ហែកាយ; Karte S. 201) Etwa 1,5 km südwestlich des Victory Beach erstreckt sich der Lamherkay Beach, auch bekannt als Hawaii Seaview Beach. **Koh Pos** (Schlangeninsel), das Eiland 800 m vor der Küste, wurde von russischen Geschäftsleuten mit Resortplänen gekauft. Das erklärt auch die protzige neue Brücke, die sie mit dem Festland verbindet. Momentan führt sie allerdings nirgends hin, denn die Arbeit am Resort selbst scheint zu ruhen.

Independence Beach
STRAND

(ឆ្នេរឯករាជ្យ; Karte S. 201) Der nordwestlich des Sokha Beach gelegene Independence Beach (7-Chann Beach) wird inzwischen größtenteils von einem Mammutbauprojekt beherrscht. Der einzige noch offene Abschnitt liegt vor dem klassischen Hotel, nach dem der Strand benannt ist.

🏃 Aktivitäten

Starfish Bakery & Café
MASSAGE

(Karte S. 203; abseits der 7 Makara St; 6–10 US$ pro Std.; ⏰7–18 Uhr) 🅿 Blinde und behinderte Masseurinnen, ausgebildet von westlichen Therapeuten, haben Khmer-, Thai-, Öl-, Fuß- und indische Kopfmassagen im Programm. Die Gewinne gehen an Sozialprojekte.

Relax
WELLNESS

(Karte S. 206; 085 352213; Serendipity Beach Rd; ab 10 US$ pro Std.; ⏰10–21.30 Uhr) Die Khmer-, Lavendel-, Jasminöl- und Fußmassagen in diesem Salon bekommen tolle Kritiken. Gesichtsbehandlung, Pediküre und Waxing sind auch im Angebot.

Seeing Hands Massage 3
MASSAGE

(Karte S. 203; 95 Ekareach St; 6 US$ pro Std.; ⏰8–21 Uhr) 🅿 Einige der blinden Masseure, die hier Wunder vollbringen, sprechen auch Englisch.

Sihanoukville Zentrum

Sihanoukville Zentrum

⊕ Aktivitäten, Kurse & Touren
1 Seeing Hands Massage 3 .... C3
Starfish Bakery & Café...............(siehe 9)

⊗ Schlafen
2 Small Hotel C2

⊗ Essen
3 Cabbage Farm Restaurant B3
4 Espresso Kampuchea B1
5 Gelato Italiano B1
6 Holy Cow C3
7 Psar Leu D2
8 Samudera Supermarket C2
9 Starfish Bakery & Café......................... C2

🛍 Shoppen
10 Mr Heinz B1
Starfish .... (siehe 9)

ⓘ Praktisches
11 ANZ Royal Bank...................................... B1
12 Canadia Bank C2

ⓘ Transport
13 Capitol Tour C2
14 GST...C3
15 Phnom Penh Sorya B1
16 Rith Mony C2
17 Virak Buntham...B1

Fitness Resort   FITNESSSTUDIO
(Karte S. 201; ☎015 620534; www.fitness-sihanouk
ville.com; Boray Kamakor St; Tageskarte/Unterricht
5/6 US$; ⊙Mo–Sa 6–20, So bis 12 Uhr) Ein
Komplex unter französischer Leitung mit
riesigem Freiluftstudio, kostenlosen Han-
teln, Aerobicstunden sowie Unterricht im
Khmer- und Thai-Kickboxen.

Tauchen & Wassersport

Scuba Nation   TAUCHEN
(Karte S. 206; ☎012 604680; www.divecambodia.
com; Serendipity Beach Rd; 2 Tauchgänge 85 US$,
PADI Open Water 445 US$; ⊙8–18.30 Uhr) Der
älteste Tauchanbieter in Sihanoukville ist
ein 5-Sterne-Tauchzentrum mit geräumigem
Boot für Tages- und Mehrtagestrips.

Dive Shop   TAUCHEN
(Karte S. 206; ☎034-933664; www.diveshopcam
bodia.com; Serendipity Beach Rd; PADI Discover
Scuba 95 US$, 1/2 Tauchgänge 65/80 US$; ⊙9–
19 Uhr) Das 5-Sterne-Tauchzentrum bietet
die gesamte Palette von PADI-Kursen sowie
Spaßtauchen und Tauchkreuzfahrten. Mit
Tauchladen auf Koh Rong Sanloem.

EcoSea Dive
TAUCHEN

(Karte S. 206; ☎ 034-934631; www.ecoseadive. com; Serendipity Beach Rd; 3 Tauchgänge 90 US$; ⏱9–19 Uhr) Bietet PADI- und SSI-Kurse sowie günstige Tauchgänge.

Hurricane Windsurfing
WASSERSPORT

(Karte S. 210; ☎ 017 471604; sydney.victor@yahoo. fr; Queenco Palm Beach Resort, Otres 1; ⏱9–18.30 Uhr) Verleiht Paddleboards (8 US$ pro Std.), Brett und Segel zum Windsurfen (einfache Ausrüstung 10 US$ pro Std., Hochleistungsausrüstung 20 US$), Seekajaks (Einer 4 US$ pro Std., Zweier 6 US$) und Skimboards. Von Mai bis Oktober sind am Otres Beach die Wellen auch teilweise höher – man kann Surf- und Bodysurfbretter leihen.

Blue Lagoon Kitesurf Centre
WASSERSPORT

(Karte S. 210; ☎ 085 511145; Papa Pippo, Otres 1; 1-std. Unterricht mit Ausrüstung 50 US$; ⏱9–19 Uhr) Das Kitesurfing-Zentrum beim Restaurant Papa Pippo am Otres Beach verleiht Ausrüstung und bietet Unterricht, darunter auch mehrtägige Kurse. Außerdem sind Bootstouren zu vier Inseln im Programm (15 US$ pro Pers. mit Frühstück, Mittagessen und Schnorcheln).

 Kurse

Don Bosco Hotel
Khmer Cooking Course
KOCHKURS

(☎ 034-934478; www.donboscohotelschool.com/ cooking; Don Bosco Hotel School, Ou Phram St; 30 US$ pro Pers.) 🌿 Diese Kochkurse bieten eine tolle Gelegenheit, die einem guten Zweck dienende Don-Bosco-Hotelschule zu unterstützen und gleichzeitig ein paar Künste der Khmer-Küche zu lernen. Die Kurse umfassen einen Marktbesuch und ein 3-Gänge-Mittagessen, bei dessen Zubereitung man geholfen hat, außerdem eine Führung durch die Hotelschule. Die Kurse finden gewöhnlich dienstags, donnerstags und samstags von 10 bis 12.30 Uhr statt.

👉 Geführte Touren

Es werden beliebte Tagestouren (20 US$ pro Pers.) zu einigen der nähergelegenen Inseln und zum Ream-Nationalpark angeboten. Abenteuerlustige haben die Möglichkeit, sich selbst ein Boot zu mieten und die Inseln anzusteuern. Die meisten Reisebüros und Gästehäuser können das in die Wege leiten. Ein Boot von Occheuteal nach Koh Ta Kiev kostet um die 50 US$, nach Koh Russei etwas weniger. Am Otres Beach sind die Boote günstiger.

Feuchtfröhliche Bootstouren bieten Rucksackreisenden die Möglichkeit, sich an Bord eines Boots in der Sonne vollaufen zu lassen. Aber Vorsicht: Es hat schon Unfälle gegeben – u. a. ist ein Boot infolge von Überladung gesunken – und es gibt selten genügend Schwimmwesten an Bord. Vor einer Tour sollte man sich den Veranstalter genau ansehen – Ertrinken wäre doch eher ein blödes Ende für einen spaßigen Tag.

Eco-Trek Tours
ABENTEUERTOUR

(Karte S. 206; ☎ 012 987073; www.ecotourscambodia.com; ⏱8–22 Uhr) Dieser Veranstalter bietet sehr empfehlenswerte Bootstouren und Wanderausflüge in den Ream-Nationalpark sowie Bootsfahrten zu den Inseln.

Suntours
BOOTSTOUR

(☎ 016 396201; www.suntours-cambodia.com; 30 US$ pro Pers.) Suntours hat gehobene Inselrundfahrten im Programm. Die Tagestouren nach Koh Rong Sanloem erhalten begeisterte Kritiken. Sie beinhalten Imbisse, ein Mittagsbuffet, Kaffee und Tee sowie Kajak-, Schnorchel-, und Angelausrüstung.

Liberty Ranch
REITEN

(Karte S. 210; ☎ 016 339774; www.libertyranch-sihanoukville.com; Otres Village; 1/2/3-std. Ausritt 25/45/60 US$; ⏱7–11 & 15–18 Uhr) Auf dem Rücken eines Pferdes lässt sich die stille Landschaft um Sihanoukville wunderbar erkunden. Anfänger können sich auf Wegen am Otres Beach bewegen und die kleinen Dörfer in der Nähe erkunden, erfahrenere Reiter an längeren Touren teilnehmen, die weiter Richtung Berge führen.

Party Boat
BOOTSTOUR

(Karte S. 206; www.thepartyboat.asia; Anleger am Serendipity Beach; 25 US$ pro Pers.) Das Party Boat nimmt täglich Kurs auf Koh Rong Sanloem (9.30–17 Uhr). Im Preis enthalten sind Snacks, Mittagessen, Schnorcheln und ein Getränk. Außerdem schippert das Boot zu den Vollmondpartys auf Koh Rong; Abfahrt um 17 Uhr, Rückfahrt gegen 8 Uhr.

Stray Dogs of Asia
ABENTEUERTOUR

(Karte S. 206; ☎ 017 810125; www.straydogasia. com; Mithona St; Touren 100 US$; ⏱9–18 Uhr) Bietet ganztägige Motocrosstouren an, die einige der natürlichen Sehenswürdigkeiten um Sihanoukville abfahren.

🛏 Schlafen

In Sihanoukville ist alles eine Frage der Lage: Jede Gegend hat einen eigenen Charakter, der auch eine ganz unterschiedliche

Klientel anzieht. Die Preise beziehen sich auf die Hochsaison (November bis März). Von Juni bis Oktober fallen die Preise (vor allem am Serendipity und Otres Beach), schnellen aber in manchen Unterkünften an Khmer-Feiertagen wieder in die Höhe.

Serendipity & Occheuteal

Die wichtigste Backpacker-Meile ist die Serendipity Beach Road, die vom Strand aus den Hügel hinaufführt und am **Golden-Lions-Kreisverkehr** (Karte S. 206; Ekareach St) auf die Ekareach Street trifft. In ihrem gesamten Verlauf wird sie von billige Herbergen und Gästehäusern gesäumt. Recht gute Mittelklassehotels liegen an den Straßen, die in südöstlicher Richtung abgehen.

Die meisten Unterkünfte hier leiden unter dem nächtlichen Lärm, der von den nahen Clubs ausgeht. Weit weniger laut ist es in den Hotels etwas weiter östlich, Leute mit leichtem Schlaf sollten sich jedoch vielleicht woanders eine Bleibe suchen.

★ Chochi Garden — GÄSTEHAUS $
(Karte S. 206; ☎ 070 865640; www.chochigarden.com; Serendipity Beach Rd; Zi. mit Ventilator/Klimaanlage 15/25 US$; ❄ ✳ 🛜) Endlich! Jetzt gibt's am Serendipity die erste Boutique-Backpackerunterkunft. Das italienisch-japanische Paar Francesca und Taka hat mitten im Rummel fast so etwas wie eine Oase der Ruhe geschaffen. Vorne gibt's eine coole Bar mit Restaurant und in einem Garten voller Pflanzen mit gemütlichen Sitzbereichen einfache Zimmer, einige davon mit Palmblattdächern und hübsch bemalten Fenstergittern.

The Gypsies — GÄSTEHAUS $
(Karte S. 206; ☎ 088 788 2100; www.the-gypsies.com; Serendipity Beach Rd; B/Zi. 7/25 US$; ✳ 🛜) Das Gästehaus direkt am Bootsanleger am Serendipity Beach residiert in einem niedlichen gelben Gebäude. Oben befinden sich vier luftige Zimmer mit jeder Menge Bohemeflair; sie teilen sich einen Balkon mit Blick aufs Getümmel. Das Café unten hat recht gutes Essen. Außerdem gibt's einen beengten Schlafsaal.

One Stop Hostel — HOSTEL $
(Karte S. 206; ☎ 096 339 0005; onestophostelshv@gmail.com; Golden-Lions-Kreisverkehr; B 7 US$; ✳ 🛜) Die 8-Betten-Dorm-Unterkünfte vom One Stop wurden gerade verjüngt. Sie sind in Weiß gehalten, an den Betten gibt's Leselampen und Gepäckschließfächer. Die Zim-

mer gruppieren sich um einen verglasten Innenhof mit kleinem Pool – hier zeigt sich, dass Stil nicht teuer sein muss.

Monkey Republic — HOSTEL $
(Karte S. 206; ☎ 012 490290; http://monkeyrepublic.info; Serendipity Beach Rd; B 6 US$, Zi. mit Ventilator 15–22 US$, Zi. mit Klimaanlage 18–30 US$; ✳ @ 🛜) Diese selbst ernannte „Backpacker-Zentrale" erstand 2013 nach einem verheerenden Brand (Menschen kamen nicht zu Schaden) wieder aus der Asche. Sie bietet in einem Gebäude mit einer gelben Fassade im französischen Kolonialstil annehmbare Schlafsaalbetten und schlichte, erschwingliche Zimmer. Im hauseigenen Bar-Restaurant tummeln sich immer jede Menge junge Backpacker.

Big Easy — HOSTEL $
(Karte S. 206; ☎ 081 943930; Serendipity Beach Rd; B 3 US$, Zi. 6–10 US$; 🛜) Die klassische Backpacker-Herberge versammelt Unterkunft, Essen wie bei Muttern und eine gutbesuchte Bar unter einem Dach. Die Zimmer sind einfach, jedoch verbringen die Gäste wahrscheinlich die meiste Zeit in der Bar: Die hat eine tolle Atmosphäre und manchmal gibt's Livemusik und Liveübertragungen von Spielen der englischen Premier League.

★ Ropanha Boutique Hotel — BOUTIQUEHOTEL $$
(Karte S. 206; ☎ 012 556654; www.ropanha-boutiquehotel.com; 23 Tola St; Zi. mit Frühstück 45–55 US$; ✳ 🛜 🏊) Das Hotel steht derzeit ganz oben auf der Hitliste, wenn es um erschwinglichen Charme im Bereich des Serendipity Beach geht. Die Zimmer rings um einen grünen Patio mit Swimmingpool sind mit Flachbildfernseher, DVD-Player und Bad mit Regendusche ausgestattet. Die außergewöhnlich gut gepflegten Luxuszimmer warten mit Poolblick und viel Weiß auf.

OC Hotel — HOTEL $$
(Karte S. 206; ☎ 034-933658; www.ochotel.asia; 23 Tola St; Zi. mit Frühstück 49–86 US$; ✳ 🛜 🏊) Hier handelt es sich quasi um zwei OC-Hotels an einer Stelle: Man hat die Wahl aus schicken Luxuszimmern mit einem Höchstmaß an zeitgenössischem Stil und Poolblick im neuen Nebengebäude und den billigeren Zimmern im alten Gebäude mit allen Annehmlichkeiten, aber weniger Schick. Kostenlose Transfers zum Otres Beach.

Coolabah Resort — HOTEL $$
(Karte S. 206; ☎ 017 678218; www.coolabah-hotel.com; 14 Mithona St; Zi. 42–65 US$; ✳ @ 🛜 🏊)

Serendipity

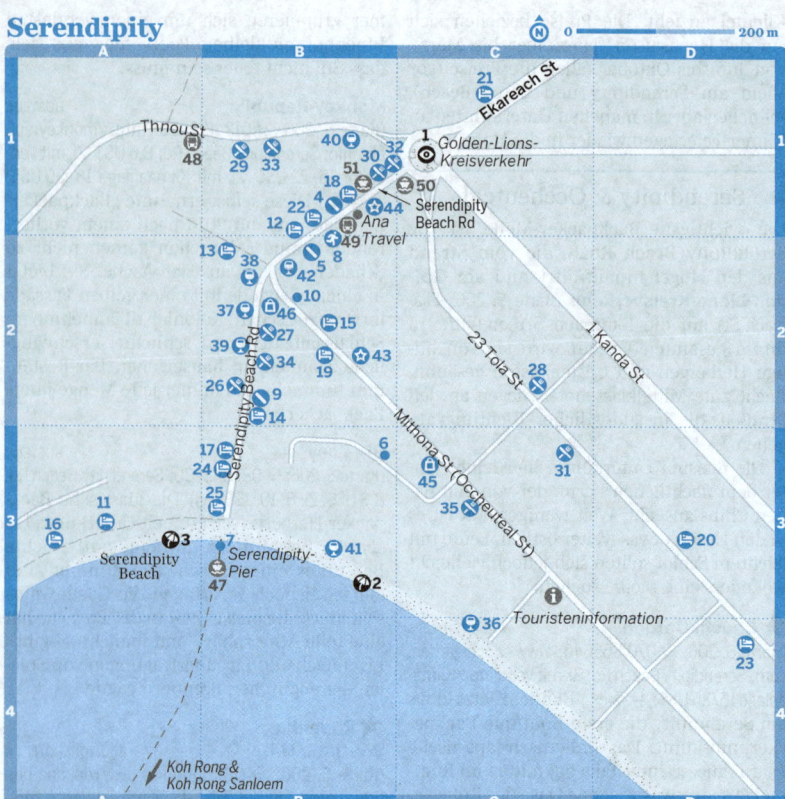

Das beliebte, von Australiern geführte Hotel zeichnet sich durch die kompetentesten Mitarbeiter in der Serendipity-Gegend aus. Die Zimmer sind klassisch mit neutralen Farben, schicker Kunst und modernen Bädern gestylt und unterschiedlich groß – es gibt auch Familienzimmer. Die angeschlossene Bar zählt zu den relaxteren Läden am Serendipity.

Reef Resort
HOTEL $$

(Karte S. 206; ☎ 034-934281; www.reefresort.com. kh; Serendipity Beach Rd; mit Frühstück DZ 30– 40 US$, FZ 55–60 US$; ✻ 🛜 🐊) Die engagierten neuen Betreiber haben das Resort zuletzt im modernen mediterranen Stil aufgefrischt. Dies war die erste Unterkunft der gehobenen Klasse, die in der Serendipity-Gegend ihre Pforten öffnete. Und dank den geräumigen Zimmern, den gut ausgestatteten Familiensuiten und dem 12,5-m-Pool ist es nach wie vor empfehlenswert.

Cloud 9
BUNGALOW $$

(Karte S. 201; ☎ 098 215166; www.cloud9bunga lows.com; Serendipity Beach; Bungalow 40– 100 US$; 🛜) Das letzte Resort am Serendipity Beach ist eine sehr gute Wahl – und nicht nur weil es am weitesten vom Lärm der Clubs weg ist. Es hat eine gemütliche tropische Bar und mehrere rustikale Holzbungalows im Khmer-Stil, mit Ventilator und Balkon zum Meer.

Cove
BUNGALOW $$

(Karte S. 206; ☎ 034-638 0296; www.thecovebeach. com; Serendipity Beach; Zi. mit Klimaanlage ab 29 US$, Bungalow ab 40 US$; ✻ 🛜) Die meisten der sich an einen Hang schmiegenden Bungalows haben einen direkten Blick aufs Meer und verfügen über Balkone und Hängematten. Jedoch stehen sie alle recht dicht zusammen – viel Privatsphäre bleibt also nicht. In einem Betongebäude weiter den Berg hinauf stehen auch Zimmer zur Verfügung.

Serendipity

SÜDKÜSTE SIHANOUKVILLE

Blue Sea Boutique Hotel HOTEL $$
(Karte S. 206; 034-933999; www.bluesea-bou
tique.com; Serendipity Beach Rd; Zi. mit Frühstück
60–80 US$; ❀🏠❄) Die Bungalows hier ste-
hen in einem üppigen Garten mit Pool. Die
asiatisch angehauchten Zimmer sind toll
ausgestattet (z. B. mit Wasserkochern und
guten Hygieneartikeln) und die größeren
eignen sich bestens für Familien.

Nice Beach Hotel HOTEL $$
(Karte S. 206; 034-659 4999; www.nicebeach-
hotel.com; 14 Mithona St; Zi. mit Frühstück 25–
35 US$; ❀🏠) Dieses im Stil einer kambod-
schanischen Villa erbaute Hotel bietet erstklassigen Gegenwert fürs Geld. Alle Zimmer
verfügen über kräftige Klimaanlagen, Kühlschrank und Kabelfernsehen, das auch wirklich funktioniert. Die Zimmer nach vorn
raus haben überdies noch schicke Bäder
und Balkone.

Diamond Ocean Resort HOTEL $$
(Karte S. 206; 034-683 3999; www.diamondocean
resort.com; Serendipity Beach Rd; Zi. mit Frühstück

55–75 US$; ⊝❀🏠❄) Die Fassade ist zwar
sehr schlicht, doch das neue Hotel hat alle
modernen Annehmlichkeiten, ohne die man-
che Reisende nicht leben können. Die gro-
ßen Zimmer weisen subtile Akzente mit
Khmer-Kunst auf und bieten moderne Bade-
zimmer.

Serendipity Beach Resort HOTEL $$
(Karte S. 206; 034-938888; www.serendipity
beachresort.com; Serendipity Beach Rd; Zi. 45–
75 US$; ❀@🏠❄) Von außen ein hässliches
Entlein, von innen ein Schwan. Trotz der beachtlichen Ausmaße und Eleganz der Zimmer sind die Preise unbeirrt niedrig geblieben. Es gibt einen großen Swimmingpool,
der zum Teil vom Schatten des Gebäudes
profitiert.

Above Us Only Sky BUNGALOW $$$
(Karte S. 206; 089 822318; www.aboveusonly
sky.net; Serendipity Beach; Bungalow 80–100 US$;
❀🏠) Die Innenausstattung der Bungalows
mit gefliesten Böden und Glastüren, durch
die man ein Meerespanorama genießt, ist

angenehm minimalistisch. Die Gäste werden aber wahrscheinlich eher auf dem lauschigen Balkon sitzen, wo die gemütlichen Korbsessel dazu einladen, sich in den Ausblick zu versenken. Das Bar-Restaurant oberhalb der Felsen am Meer ist ebenfalls ein richtiges Juwel.

🛏 Stadtzentrum & Umgebung

Das schäbige Stadtzentrum liegt an der Ekareach Street und zieht sich weiter Richtung Norden. Wer einen längeren Aufenthalt plant, steigt gerne hier ab. Erstens wegen der günstigen Preise, zweitens, weil es weitab von der Traveller-Szene liegt. Die meisten Banken und Geschäfte befinden sich hier, ebenso wie Sihanoukvilles größter Markt.

Das einstige Backpacker-Paradies Victory Hill (Weather Station Hill oder auch einfach: „The Hill") auf dem Hügel oberhalb des Victory Beach ist heute heruntergekommen und weit entfernt von der ehemaligen Hippie-Flippie-Atmosphäre. Das Haus, eines der altbewährtesten Gästehäuser der Gegend mit einheimischen Besitzern, stellt jedoch immer noch eine gute Option dar. Sowohl am Independence Beach als auch am Sokha Beach haben sich teure Resorts die Grundstücke in bester Strandlage gesichert.

Small Hotel   HOTEL $
(Karte S. 203; ☏ 034-630 6161; www.thesmallhotel.info; EZ/DZ 17/25 US$; ☻☀@🛜) Ein gut informiertes kambodschanisch-schwedisches Pärchen betreibt dieses wunderbare Gästehaus, in dem es so heimelig ist wie an einem verschneiten Abend in Skandinavien vor dem Kamin. Die elf Zimmer sind nicht so überwältigend wie die Lobby, aber tadellos sauber und mit heißem Wasser, Kühlschrank und TV ausgestattet.

Don Bosco Hotel School   HOTEL $$
(☏034-934478; www.donboscohotelschool.com; Ou Phram St; EZ 35 US$, DZ 40–65 US$; ☻☀🛜☲) 🏊 In diesem hervorragenden Ausbildungshotel erlernen benachteiligte junge Menschen das Hotelgewerbe. Die durchweg drei Sterne verdienenden Zimmer sind supergünstig. Zum Haus gehören ein Swimmingpool, ein Fitnesscenter und ein italienisches Restaurant. Die Lage ist nicht so toll, aber das Erlebnis an sich entschädigt dafür reichlich. Das Hotel ist an der Omui Street auf der Straße zwischen Stadtzentrum und Otres Beach deutlich ausgeschildert.

Pagoda Rocks   BOUTIQUEHOTEL $$
(Karte S. 201; ☏ 077 524275; www.pagodarocks.com; Wat Leu Area; DZ/FZ 65/105 US$; ☀🛜☲) Wenn schon eine Unterkunft mit größerer Entfernung zum Strand, dann aber bitte eine ganz besondere! Das Pagoda Rocks hat ein nobles Restaurant, ein himmlisches Infinity-Becken mit erstklassigem Blick auf den Hafen sowie schicke Ferienhäuschen. Ohne eigenes Auto herzukommen, ist allerdings etwas umständlich – *remork*-Fahrer verlangen für die einfache Fahrt 5 US$. Dem Fahrer als Ziel „Wat Leu" angeben.

Independence Hotel   HOTEL $$$
(Karte S. 201; ☏ 034-934300; www.independencehotel.net; 2 Thnou St; DZ/Suite ab 130/155 US$; ☀@🛜☲) Noch immer versprüht das auffällige, 1963 eröffnete siebenstöckige Hotel die Jetset-Atmosphäre aus der Zeit, als Sihanoukville noch eine wichtige Rolle im Filmgeschäft spielte. Lange vernachlässigt, wurde es 2007 wiedereröffnet und überzeugt nun mit frischen modernen Zimmern samt Meerblick und Aussicht auf den Landschaftsgarten. Auch von den Bungalows blickt man aufs Meer. Per Aufzug geht's zum Privatstrand.

🛏 Otres Beach

Den schönen kleinen Otres Beach säumen Bungalows, Gästehäuser und stilvolle Boutiqueresorts. Der Strand wird durch einen 2,5 km langen leeren Strandabschnitt zweigeteilt. Die meisten Unterkünfte liegen am Otres 1, während sich am ruhigeren Otres 2 weiter südlich Boutiqueresorts niedergelassen haben. Landeinwärts befindet sich das Dorf Otres (Otres Village) mit ein paar entspannten Unterkünften an einer Flussmündung.

★ Wish You Were Here   HOSTEL $
(Karte S. 210; ☏ 097 241 5884; http://wishotres.com; Otres 1; B 6 US$, Zi. 14–16 US$, Bungalows 18 US$; ☻🛜) Der wackelige Holzbau ist einer der angesagten Läden in Otres. Die Zimmer sind einfach, aber auf dem Balkon oben lässt es sich wunderbar faulenzen. Im Bar-Restaurant unten herrscht dank chilligen Tunes und freundlichem Personal eine tolle Atmosphäre.

Wer nicht hier übernachtet, kann trotzdem auf einen Drink oder eine australische Fleischpastete (4,50–7 US$) bzw. Quesadilla (3–4,50 US$) vorbeischauen.

Otres Orchid
BUNGALOW **$**

(Karte S. 210; ☎ 034-633 8484; www.otresorchid.
com; Otres 1; Bungalow mit Ventilator/Klimaanlage
20/35 US$; ❋ ☎) Das Orchid ist ein echtes
Schnäppchen: Es bietet einfache, in einem
Garten gelegene Bungalows zu vernünftigen
Preisen, und das nur einen Katzensprung
vom Strand entfernt. Die Bungalows mit
Ventilator haben mehr Flair als diejenigen
mit Klimaanlage und verfügen über Balkone
mit Hängematten.

SeaGarden
BUNGALOW **$**

(Karte S. 210; ☎ 096 253 8131; www.seagardenot
res.com; Otres 1; B 5 US$, Zi. 15–20 US$; ☎) Auf
der Suche nach einem Bungalow direkt am
Strand? Das SeaGarden hat einfache Strandhütten sowie Zimmer in einem ebenfalls
am Strand gelegenen Stelzenhaus. Der neue
Betreiber hält die ganze Anlage supersauber
und errichtete bei unserem letzten Besuch
gerade einen geräumigen Dorm.

Castaways
BUNGALOW **$**

(Karte S. 210; ☎ 012 998492; Otres 2; Bungalow
15–25 US$) Das Castaways besteht nur aus
fünf Bungalows mit Holzböden und bunten
Wandbildern am Strand auf. Die teureren
haben ein eigenes Bad. Dank ruhiger Lage
eine ideale Option für Leute, die mal komplett abschalten möchten.

Hacienda
HOSTEL **$**

(Karte S. 210; ☎ 070 814643; Otres Village; B 4 US$,
Zi. 8–15 US$; ☎) Eine lockere Backpacker-
Bleibe an der Flussmündung, mit billigen
Dorm-Betten und einfachen Hütten. Im be-
liebten Bar-Restaurant finden oft Spontan-
partys statt.

★ Mushroom Point
BUNGALOW **$$**

(Karte S. 210; ☎ 078 509079; www.mushroom
point.com; Otres 1; B 8 US$, Bungalow 25–30 US$;
☎) Das offene Mehrbettzimmer im Pilzlook
gewinnt den Preis für den am kreativsten
gestalteten Dorm in ganz Kambodscha. Auch
wer normalerweise nicht auf Gruppenschlaf-
zimmer steht, wird auf seiner Matratze
mit Moskitonetz glücklich (groß genug für
zwei). Auch die schrägen Hütten zeugen von
Kreativität und bieten außerdem draußen

DIE LETZTE SCHLACHT DES VIETNAMKRIEGS

Die letzte blutige Auseinandersetzung des Vietnam- oder Indochinakriegs fand vor Siha-
noukvilles Küste statt.

Am 12. Mai 1975, zwei Wochen nach dem Fall Saigons, griffen die Roten Khmer mit ge-
kaperten US-Patrouillenbooten die SS *Mayagüez* an, ein amerikanisches Handelsschiff
(benannt nach einer Stadt in Puerto Rico), das auf seiner regulären Fahrt von Hongkong
nach Thailand unterwegs war. Sie verankerten den Frachter etwa 50 km südwestlich von
Sihanoukville vor Koh Tang – heute ein sehr beliebtes Ziel für Sporttaucher – und brach-
ten die 39 Besatzungsmitglieder nach Sihanoukville.

Präsident Gerald Ford wollte angesichts dieses „Akts der Piraterie" Entschlossenheit
demonstrieren und befahl, das Schiff bzw. die Besatzung zu befreien. Marineflieger des
US-Luftwaffen-Flugzeugträgers *Coral Sea* bombardierten die Ölraffinerie in Sihanouk-
ville sowie die Luftwaffenbasis Ream und Marinesoldaten bereiteten sich auf ihr erstes
feindliches Entern eines Schiffs auf See seit 1826 vor.

Am 15. Mai stürmten sie die *Mayagüez*, fanden diese aber verlassen vor. Parallel dazu
landeten mehrere Fallschirmeinheiten auf Koh Tang. Man ging fest davon aus, dass auf
der Insel nur geringe Verteidigungsmaßnahmen getroffen wurden. Doch dann stellte
sich heraus, dass sie in Erwartung eines Angriffs der Vietnamesen befestigt worden
war. Im Laufe des Kampfes wurden über 15 US-Helikopter zerstört oder beschädigt und
15 US-Soldaten getötet.

Bereits am Morgen hatten die Roten Khmer die gesamte Besatzung der *Mayagüez*
unbemerkt an Bord eines thailändischen Fischerboots verfrachtet und es losgemacht –
die Männer wurden aber erst von amerikanischen Schiffen entdeckt, nachdem der An-
griff auf Koh Tang bereits begonnen hatte. Beim darauffolgenden chaotischen Rückzug
vergaß man drei Marinesoldaten, die wahrscheinlich von den Roten Khmer entdeckt und
hingerichtet wurden.

Am Vietnamkriegsdenkmal in Washington DC sind die amerikanischen Kriegstoten
chronologisch aufgeführt. Aus diesem Grund stehen die Namen der Soldaten, die beim
„*Mayagüez*-Vorfall" ihr Leben verloren, am Ende der letzten Tafel.

Otres Beach

Serendipity Beach Rd (6 km)

Otres Beach

zukünftiges Baugelände

Hängematten zum Faulenzen. Das Nebengelände am Strand wartet mit weiteren Hütten und einer Bar auf.

Elephant Garden RESORT $$
(Karte S. 210; ☎034-659 0222; www.elephant-garden.com; Otres 2; Bungalow 35–50 US$, FZ 60 US$; ❄☎) Das kleine Resort liegt an einem ruhigen Strandabschnitt und erfreut mit schattigen Terrassen voller Kissen. Die Gäste haben die Wahl zwischen Khmer-Häusern auf Stelzen und sauberen Bungalows mit Palmblattdächern. Ideal für Reisende mit kleinen Kindern ist die auf zwei Ebenen angeordnete Familiensuite.

Otres Lodge BUNGALOW $$
(Karte S. 210; ☎070 857391; www.otreslodge.com; Otres 1; Bungalow mit Ventilator/Klimaanlage 45/55 US$; ❄☎⊠) Die Otres Lodge bietet in einem Garten voller Blumen geräumige reetgedeckte Holzbungalows. Vorne gibt's einen kleinen Pool für diejenigen, die es nicht über die Straße zum Strand schaffen. Das Restaurant ist bekannt für seine Burger.

Papa Pippo BUNGALOW $$
(Karte S. 210; ☎010 359725; www.papapippo.com; Otres 1; Bungalow 30–35 US$) Sandwonnen ermöglichen diese gemütlichen und ziemlich edlen Strandbungalows. Durch die Glastü-

ren eröffnet sich ein schönes Seepanorama und drinnen erzeugen bemalte Holzwände und gefliese Böden einen Hauch von individuellem Stil.

Mama Clare's BUNGALOW $$
(Karte S. 210; ☎097 690 2914; www.mamaclares.com; Otres Village; Bungalow 30–35 US$; ☎) Die heimelige Bleibe am Flussufer in Otres ermöglicht echte Entspannung. Die Stelzenbungalows aus Holz und Reet bilden ein rustikales Refugium. Das vegetarische Abendessen (4–5 US$) wird hier gemeinsam eingenommen.

Ren RESORT $$$
(Karte S. 210; ☎078 539999; www.ren-resort.com; Otres 2; Zi. mit Frühstück 95–107 US$; ⊜❄☎⊠) Das Ren hat für seine stylischen 24 Zimmer supereleganten Minimalismus mit einem Hauch Moderne der Mitte des 20. Jhs. gewählt. Inmitten üppiger Vegetation lockt

dazu noch ein Pool. Drei Zimmer verfügen über ziemlich opulente Außenbäder, andere über Terrassen direkt am Pool – toll für Leute, die sofort nach dem Aufwachen eine Runde planschen wollen.

Secret Garden
RESORT $$$

(Karte S. 210; ☎ 097 649 5131; www.secretgarden otres.com; Otres 2; Bungalow mit Frühstück ab 119 US$; ✳️📶♨️) Das erste gehobene Boutique-resort am Otres Beach gehört immer noch zu den besten. Die in einem gepflegten Garten mit Pool gelegenen hübschen Bungalows sind hell und luftig eingerichtet. Das Bar-Restaurant am Strand auf der anderen Straßenseite lädt zum Relaxen in der Sonne ein.

Tamu
BOUTIQUEHOTEL $$$

(Karte S. 210; ☎ 088 901 7451; www.tamucambo dia.com; Otres 2; Zi. mit Frühstück 110–170 US$; ✳️📶♨️) Das ultramoderne Boutiquehotel bietet um einen Pool herum verschiedene schlichte, aber stylische Zimmer. Die Zimmer direkt am Pool verfügen über ein Außenbad im balinesischen Stil. Abgerundet wird das Ganze durch ein hippes Strandrestaurant, das aller Welt offen steht.

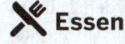 Essen

Wer für eine Zeitlang genug Nudeln gegessen hat, dem wird das Mischmasch-Angebot in Sihanoukville mit Quesadillas, Burgern, Kebabs und Pizza und Pasta ohne Ende sicher zusagen. Das größte Angebot hat die Gegend um den Serendipity Beach, doch auch das öde Stadtzentrum hält einige Überraschungen bereit. Für eine stimmungsvolle Mahlzeit am Strand ist der Otres Beach die beste Adresse.

Serendipity & Occheuteal

Wenn's stimmungsvoll sein soll, geht nichts über ein Dinner in einem der Resort-Restaurants über dem Wasser am Serendipity Beach. Zwei Häuserblocks Richtung Inland hat sich die Tola Street zu einer Restaurantzone mit zahlreichen abends geöffneten Grilllokalen entwickelt.

★Nyam
KAMBODSCHANISCH $

(Karte S. 206; www.nyamsihanoukville.com; 23 Tola St; Hauptgerichte 2–4,25 US$; ⏱17–22 Uhr; 📶) Übersetzt bedeutet der Khmer-Name „Essen", und das Lokal ist tatsächlich eine ausgezeichnete Adresse für zeitgenössische kambodschanische Küche. Sämtliche Favoriten sind hier vertreten, beispielsweise *amok*

(gebackenes Fischcurry), aber auch reichlich anderweitige Gerichte mit Meeresfrüchten (schließlich ist man hier an der Küste).

Cafe Mango
ITALIENISCH $

(Karte S. 206; Serendipity St; Hauptgerichte 3–6 US$; ⏱7–22 Uhr; 📶) In dem großartigen kleinen italienischen Café werden Holzofenpizza, selbst gemachte Pasta und köstliche Gnocchi serviert. Wer zum Mittagessen oder vor 18.30 Uhr herkommt und eine Hauptspeise bestellt, bekommt dazu Knoblauchbrot oder Bruschetta plus ein Getränk für schlappe 5 US$.

Leisure Cafe
CAFÉ $

(Karte S. 206; 23 Tola St; Hauptgerichte 1,50–3,50 US$; ⏱7–21 Uhr; 📶) Dieses moderne Café befindet sich auf dem Gelände des Golden Sands Hotel. Dank starker Klimaanlage kann man hier der Hitze entfliehen und eine der Kaffeespezialitäten oder die New-Zealand-Natural-Eiscreme probieren.

★Sandan
KAMBODSCHANISCH $$

(Karte S. 206; 2 Thnou St; Hauptgerichte 4–10 US$; ⏱Mo–Sa 7–21 Uhr; 📶♿) 🍃 Dieses erstklassige Restaurant orientiert sich mehr oder weniger am allseits heiß geliebten Romdeng in Phnom Penh (S. 66). Es ist eine Erweiterung der Azubiprogramme für gefährdete Kambodschaner unter der Leitung der örtlichen NGO M'lop Tapang. Serviert werden hier kreativ zubereitete kambodschanische Gerichte für die etwas gehobenere Klientel. Es gibt eine Spielecke für Kinder und hin und wieder werden eine Kulturvorführungen gezeigt.

Invito
ASIATISCH $$

(Karte S. 206; Serendipity Beach Rd; Hauptgerichte 4,50–10,50 US$; ⏱10–22 Uhr; 📶) Die Thai- und Khmer-Gerichte, die hier aus der Küche kommen, gehören zu den besten an der Serendipity Beach Road. Einen etwas tieferen Griff in die Tasche lohnt der *nium-tre*-Lachs (Lachs an Mangosauce), man kann sich aber auch ein Panang-Curry oder ein Fisch-*amok* gönnen. Wer's lieber nicht asiatisch mag, kann auf Pasta- und Fleischgerichte ausweichen.

So
INTERNATIONAL $$

(Karte S. 206; Serendipity Beach Rd; Hauptgerichte 4–10 US$; ⏱8–22 Uhr; 📶) Das So ist dafür bekannt, mit das beste Essen in der Serendipity-Gegend zu servieren. Aber am schönsten ist es abends bei Kerzenlicht, wenn es außerdem eine andere Speisekarte gibt und der beste Koch des Hauses den Löffel schwingt. Zu den hauseigenen Spezialitäten gehören Garnelen in Wasabi und gebackene Jakobsmuscheln in Weinsauce. Wer in der Zeit zwischen 17 und 18.30 Uhr kommt, wird mit einem 2-Gänge-Dinner für 5 US$ belohnt.

Marco Polo
ITALIENISCH $$

(Karte S. 206; Thnou St; Hauptgerichte 3–8 US$; ☺11–22 Uhr; ☎) Mit das beste italienische Essen weit und breit stammt aus der Küche des italienischen Inhabers, der hier selbst am Herd steht. Die Pasta ist perfekt *al dente* und die hauchdünne Pizza aus dem Holzofen ist einfach nur himmlisch.

Taj Mahal
INDISCH $$

(Karte S. 206; 23 Mithana St; Currys 3–10 US$; ☺7–21 Uhr; ☎) Currysüchtige Briten reißt das Taj zu Begeisterungsstürmen hin. Eine Kombination verschiedener Gerichte kann am Ende auf der Rechnung ein hübsches Sümmchen ergeben. Daher sind die *thalis* (Mahlzeit aus verschiedenen kleinen Speisen; 4–7 US$) eine besonders günstige Wahl.

Olive & Olive
MEDITERRAN $$

(Karte S. 206; ☎086 283151; Serendipity Beach Rd; Hauptgerichte 7–13 US$; ☺7–22 Uhr) Auf der Karte stehen ein paar griechische und türkische sowie zahlreiche italienische Klassiker. Neben Nudeln und Meeresfrüchten gibt's auch Steaks, doch die meisten Gäste bestellen die wahnsinnig große Holzofenpizza.

Mick & Craig's
INTERNATIONAL $$

(Karte S. 206; www.mickandcraigs.com; Serendipity Beach Rd; Hauptgerichte 4–7 US$; ☺7–22 Uhr; ☎) In dem altbewährten Gästehaus und Restaurant erwarten die Gäste kulinarische Klassiker aus aller Welt. Indische Mahlzeiten kosten nur 6 US$. Als Specials gibt's am Donnerstag und Freitag beim Grillabend Rippchen.

✖ Stadtzentrum & Umgebung

Das günstigste Essen in Sihanoukville ist an den Essensbuden in und um den **Psar Leu** (Karte S. 203; 7 Makara St; ☺7–21 Uhr) zu haben. Die Stände auf der anderen Straßenseite (neben den Taxis nach Kampot) haben rund um die Uhr geöffnet.

Dao of Life
VEGAN $

(Karte S. 201; Ekareach St; Hauptgerichte 3,50–6 US$; ☺Di–So 12–21 Uhr; ☎🖉) Dieses Dachcafé voller Hängematten und recycelter Möbel serviert kreative und köstliche vegane

Mahlzeiten. Besonders gut ist der Gemüseburger mit Süßkartoffeln und schwarzen Bohnen. Zu den anderen gesunden Gerichten zählen etwa die Linguine mit Zucchini. Jeden Mittwoch ist Filmabend und regelmäßig sind hier soziale Projekte zu Gast, die mit der Bevölkerung vor Ort arbeiten.

Starfish Bakery & Café
CAFÉ $

(Karte S. 203; www.starfishcambodia.org; abseits der 7 Makara St; Sandwiches 2,50–4,50 US$; ☺7–18 Uhr; ☎🖉) 🖉 Spezialität dieses entspannenden NGO-geführten Gartencafés sät tigendes westliches Frühstück, Kuchen und Torten sowie gesunde, originelle Sandwiches mit mexikanischer oder arabischer Geschmacksnote. Sich hier auf der schattigen Terrasse einen Kaffee zu genehmigen bietet Gelegenheit zu einer Auszeit vom Trubel der Stadt. Die Einnahmen gehen an nachhaltige Erschließungsprojekte.

Espresso Kampuchea
CAFÉ $

(Karte S. 203; Boray Kamakor St; Hauptgerichte 2–4 US$; ☺8–17 Uhr) Espresso Kampuchea versteckt sich an einer gesichtslosen Seitenstraße im Zentrum der Stadt, doch echte Kaffeefreaks sollten sich auf jeden Fall auf die Suche machen. Die Betreiberin Sophal bezieht ihren Kaffee persönlich aus Laos und serviert ausgezeichnete Cappuccini und Espressi.

Cabbage Farm Restaurant
KAMBODSCHANISCH $

(Karte S. 203; kleine/große Hauptgerichte 8000 R/15 000 R; ☺11–22 Uhr) Das unter Einheimischen als Chom Ka Spey bekannte Lokal bekommt nur Bestnoten für seine Meeresfrüchte und scharfe Würze. Das ist richtig authentisches Khmer-Essen. Ein englischsprachiges Schild an der Sereypheap Street zeigt, wo's langgeht.

Gelato Italiano
EISCREME $

(Karte S. 203; St 108; Eiscreme 1 US$ pro Kugel; ☺8–21 Uhr; ☎) Das Café wird von Auszubildenden der Don Bosco Hotel School (S. 208) geführt. Die Spezialitäten des hellen, luftigen Lokals sind italienisches Eis in unglaublich vielen Geschmacksrichtungen, Kaffee in verschiedenen Variationen und leichte Gerichte.

Samudera Supermarket
SUPERMARKT $

(Karte S. 203; 64 7 Makara St; ☺6–22 Uhr) Gute Auswahl an Obst, Gemüse und importierten Lebensmitteln, u. a. europäischem Käse und Wein.

★**Chez Claude** FRANZÖSISCH **$$**
(Karte S. 201; www.claudecambodge.com; über 2 Thnou St; Hauptgerichte 5–15 US$; ⊙7–23 Uhr; 🛜) Doudou und Claude sind die Gastgeber im Chez Claude, das hoch über der Sokha Beach thront und eine phantastische Aussicht bietet. Es besteht ganz aus Holz und wartet mit hervorragenden französischen, vietnamesischen und kambodschanischen Gerichten auf, darunter exzellent zubereitete Meeresfrüchte. Wer zum Sonnenuntergang hier ist, kann erleben, wie die Lichter der Stadt zu funkeln beginnen. Gäste können sich über eine innovative, von einem Traktor betriebene Seilbahn nach oben befördern lassen.

Holy Cow INTERNATIONAL **$$**
(Karte S. 203; 83 Ekareach St; Hauptgerichte 2,50–7 US$; ⊙8.30–23 Uhr; 🛜🍽) Neben solidem Trostessen wie Nudeln, Burgern und Hackfleisch-Kartoffel-Pastete serviert dieses funkige Café-Restaurant Bagels mit *cream cheese,* Sandwiches mit hausgemachtem Brot und eine gute Auswahl an vegetarischen Gerichten. Auf der Karte stehen auch zwei vegane Desserts mit Schokolade.

✕ Otres Beach

Mom's Kitchen KAMBODSCHANISCH **$**
(Karte S. 210; Otres 1; Hauptgerichte 1,50–2,50 US$; ⊙8–19 Uhr) An einem der Tische an der Straße kann man sich hier billige Reis- und Nudelgerichte einverleiben, die von den Damen im kleinen Laden zubereitet werden. Nichts Ausgefallenes – einfach nur frische und köstliche Khmer-Hausmannskost.

★**Chez Paou** INTERNATIONAL **$$**
(Karte S. 210; Otres 1; Hauptgerichte 5–8 US$, Khmer-Specials 15–22 US$; ⊙7–22 Uhr; 🛜) Fine Dining à la Otres, direkt am Strand. Die Karte punktet mit einem guten Angebot an Steaks, Pasta und Burgern, doch erst durch die Khmer-Spezialitäten (vorbestellen!) wie in heißer Asche gekochtem Stechrochen mit frischem Kampot-Pfeffer, in Pastis flambierten Garnelen und Krebsen in zwei verschiedenen Zubereitungsarten hebt sich das Restaurant von allen anderen ab.

Mushroom Point INTERNATIONAL **$$**
(Karte S. 210; Otres 1; Hauptgerichte 3,50–12 US$; ⊙8–22 Uhr) Das Frühstück im Mushroom Point bestehend aus selbstgebackenem Baguette mit Mangomarmelade und hausgemachtem Müsli ist ein echter Hit. Später am Tag gibt's Pizza mit originellen Belägen und Meeresfrüchte vom Grill – beides scheint die Reisenden sehr zu erfreuen. Dazu kommt noch eine hervorragende Weinkarte.

Papa Pippo ITALIENISCH **$$**
(Karte S. 210; www.papapippo.com; Otres 1; Hauptgerichte 5–7 US$; ⊙9–21.30 Uhr; 🛜) Das Strandrestaurant Papa Pippo bringt italienisches Flair nach Otres. Die hausgemachte Pasta zählt zur besten an der Küste. Ansonsten stehen auf der Karte zahlreiche Spezialitäten aus der Emilia-Romagna, denn da kommen die Betreiber her.

Shin JAPANISCH **$$**
(Karte S. 210; Otres 1; Hauptgerichte 6–9 US$; ⊙9–4 Uhr) Im am Strand gelegenen Shin kann man mit den Zehen im Sand wühlen, während man einen Cocktail schlürft oder sich an frisch zubereitetem Sushi gütlich tut. Später am Abend mutiert das Ganze zur Bar, perfekt für einen Drink zu vorgerückter Stunde.

🍷 **Ausgehen & Nachtleben**

Es mangelt nicht an Örtlichkeiten, in denen man das lokal gebraute Angkor Beer probieren kann. Ein Glas vom Fass kostet nur 0,50 US$. Viele der Hotels an der Serendipity Beach Road beherbergen eine muntere Bar, z. B. die Monkey Republic (S. 205; Happy Hour 18–21 Uhr), das Big Easy (S. 205; Sport und Livemusik) und das **Utopia** (Karte S. 206; Ecke Serendipity Beach Rd & Mithona St; ⊙24 Std.), wo regelmäßig Bier zum Sonderpreis von 0,25 US$ angeboten wird. Richtig: das macht 20 Biere für 5 US$.

Der Occheuteal Beach ist voller Strandschuppenkneipen, doch scheinen hier recht viele Sextouristen unterwegs zu sein, sodass sich weibliche Reisende vielleicht nicht wohl fühlen. Entspannter geht's im Bar-Restaurant des Above Us Only Sky (S. 207) und den anderen Resorts am Serendipity Beach zu. Abseits des Strands verströmen die Bars im Coolabah Resort (S. 205) und Chochi Garden (S. 205) eine freundliche Atmosphäre.

Die Freiluftbars des Golden Lions Plaza am oberen Ende der Serendipity Beach Road zeichnen sich zumeist mehr durch Animiermädchen als durch Ambiente aus. Zwischen den Animierbars in Victory Hill haben sich noch ein paar ganz normale Kneipen gehalten, aber die vorherrschende Atmosphäre ist die eines „Sinville" – im Unterschied zur Strandatmosphäre am Serendipity. Für relaxte Sonnenuntergangsdrinks mit den Füßen im Sand ist der Otres Beach top.

La Rhumerie
BAR

(Karte S. 206; Serendipity Beach Rd; ☻18–2 Uhr) Auf einem Barhocker in der Rhumerie können Gäste Salsaklängen lauschen und leckeren Rum mit Aromen wie Kampot-Pfeffer und Ingwer genießen. Die merkwürdige blaue Hintergrundbeleuchtung ist nicht jedermanns Sache, aber köstlich ist auf jeden Fall der Rum mit Kaffee-Aroma. Wer keinen Rum mag: Hier werden auch tolle Cocktails gemixt.

Maybe Later
BAR

(Karte S. 206; Serendipity Beach Rd; ☻17–2 Uhr) Die beliebte kleine mexikanische Taqueria dient zu fortgeschrittener Stunde auch als Bar. Es gibt vorzügliche Margaritas und ein paar „verfeinerte" Tequilas für Gäste, die lieber nippen als kippen. Eine zahmere Alternative zur Strandpartyszene.

Led Zephyr
BAR

(Karte S. 206; Serendipity Beach Rd; ☻7–24 Uhr) In der wichtigsten Livemusik-Location von Sihanoukville rockt die Hausband (hin und wieder auch befreundete Musiker) fast jeden Abend. Auf die Ohren gibt's viele der großen Hits aus den Sechzigern bis Achtzigern und zur Abwechslung auch mal ein bisschen was von den Chili Peppers.

Sessions
BAR

(Karte S. 206; Occheuteal Beach; ☻17–1 Uhr) Die Musikauswahl macht das Sessions zur besten Bar für den Sonnenuntergangsdrink am Occheuteal Beach. Die versammelten Auswanderer und Backpacker bleiben meist bis weit in den Abend hinein, bevor die Hardcore-Partygänger schließlich ins Nachtleben weiterziehen.

JJ's Playground
BAR

(Karte S. 206; Occheuteal Beach; ☻18–6 Uhr) Schon seit längerem ist JJ's der angesagte Ort für Nachteulen. Hier scheint sich die Szene unter dem Motto „saufen bis zum Umfallen" zu versammeln. Geboten werden Schnäpse, lauter Techno, die eine oder andere Feuershow und viel Chaos. Und soll keiner sagen, wir hätten nicht vor den Klos gewarnt!

Reggae Bar
BAR

(Karte S. 206; Thnou St; ☻17–1 Uhr) So viel Marley wie hier an den Wänden findet man inzwischen eher selten. Der Inhaber ist ein glühender Fan und Sammler – und seine Klientel weiß das zu schätzen.

☆ Unterhaltung

Otres Market
LIVEMUSIK

(Karte S. 210; www.otresmarket.com; Otres Village; ☻Nov.–April Sa 12–21 Uhr) Dieser Holzschuppen an der Flussmündung im Dorf Otres ist als *the barn* (die Scheune) bekannt und dient in der Hauptsaison jeden Samstag als Konzertbühne. An Ständen werden Essen und Kunsthandwerk verkauft, während DJs und Bands ab etwa 16 Uhr ihr Bestes geben. Interessant sind auch die Sonderveranstaltungen – so haben hier schon kambodschanische Top-Bands wie das Cambodian Space Project gespielt.

Top Cat Cinema
KINO

(Karte S. 206; ☎012 790630; Serendipity Beach Rd; Tickets 3,50 US$; ☻11–3 Uhr) Zeigt Filme auf einem 8 m großen, hochauflösenden Bildschirm (für mindestens 6 Pers.) oder großen Flachbildfernsehern (für kleinere Gruppen). Zuschauer sitzen auf gemütlichen Satellitensesseln, eine leistungsfähige Klimaanlage sorgt für Kühle.

Galaxy Cinema
KINO

(Karte S. 206; ☎017 721677; Mithona St; Tickets 3 US$; ☻9–23 Uhr) Das Kino hat regelmäßige Vorführungen um 19 Uhr, kann aber auch für Privatvorführungen gemietet werden.

🔒 Shoppen

Das schicke Restaurant Holy Cow (S. 213) verkauft im Obergeschoss auch modische Klamotten.

Tapang
KUNSTHANDWERK

(Karte S. 206; www.mloptapang.org; Serendipity Beach Rd; ☻10–20 Uhr) 🌿 Dieser Laden wird von einer lokal ansässigen NGO betrieben. Hier gibt's qualitativ gute Taschen, Schals und T-Shirts, die von Straßenkindern (und ihren Familien) hergestellt wurden. Durch diesen Job können die Kleinen in die Schule gehen, anstatt am Strand Waren verkaufen zu müssen.

Starfish
KUNSTHANDWERK

(Karte S. 203; www.starfishcambodia.org; abseits der 7 Makara St; ☻7–18 Uhr) 🌿 Auf dem Firmengelände der gleichnamigen Bäckerei werden hier Seide und andere Geschenke als nachhaltige Existenzgrundlage für arme Familien der Umgebung verkauft.

Q&A
BÜCHER

(Karte S. 206; Mithona St; ☻7.30–19.30 Uhr) Zu dem einladenden Secondhandgeschäft mit über 8000 Büchern in mehr als 20 verschiedenen Sprachen gehört auch noch ein kleines Café.

Mr Heinz BÜCHER
(Karte S. 203; 219 Ekareach St; ☉9–18 Uhr) Bietet Tausende Schmöker in 57 Sprachen … na ja, vielleicht nicht ganz, aber mindestens 10.

❶ Praktische Informationen

In fast allen Gästehäusern und Hotels gibt es kostenloses WLAN, ebenso in den meisten Cafés, Restaurants und Bars. Einige Geschäfte an der Serendipity Beach Road und an der Ekareach Street haben öffentliche Internetterminals.

Die Banken der Stadt, allesamt mit Geldautomaten, befinden sich im Stadtzentrum an der Ekareach Street. Zahlreiche Geldautomaten gibt's außerdem an der Serendipity Beach Road sowie noch ein paar am Strand Otres 1.

Ana Travel (Karte S. 206; ☎ 034-933929; Serendipity Beach Rd; ☉ 8–22 Uhr) Organisiert Visaverlängerungen für Kambodscha und kann auch Visa für Vietnam vermitteln.

ANZ Royal Bank (Karte S. 203; 215 Ekareach St; ☉ Mo–Fr 8–15.30 Uhr, Sa bis 11.30 Uhr, Geldautomat 24 Std.)

Canadia Bank (Karte S. 203; 197 Ekareach St; ☉ Mo–Fr 8–15.30 Uhr, Sa bis 11.30 Uhr, Geldautomat 24 Std.)

CT Clinic (Karte S. 203; ☎ 081 886666, 034-936666; 47 Boray Kamakor St; ☉ Notfälle 24 Std.) Die beste Klinik der Stadt. Hat Tollwutspritzen und Schlangenserum.

Post (Karte S. 203; 19 7 Makara St; ☉7–17 Uhr)

Touristeninformation (Karte S. 206; 14 Mithona St; ☉ Mo–Sa 9–11.30 & 14–17 Uhr) Von den Touristeninformationszentren in Sihanoukville sollte keiner zu viel erwarten. Die Touristeninformation am Occheuteal Beach ist dabei noch die beste. Sie hält Broschüren bereit und hilft bei der Hotelreservierung.

GEFAHREN & ÄRGERNISSE

An den Stränden ist Diebstahl ein Thema, besonders am Occheuteal Beach. Deshalb: Wertsachen immer im Zimmer einschließen! Oft sind Kinder die Übeltäter, manchmal mit Unterstützung von Erwachsenen. Sie arbeiten als Team – einer sorgt für ein Ablenkungsmanöver, während der andere die Wertsachen vom Strandhandtuch stibitzt. Oder sie schlagen zu, während man beim Schwimmen ist.

Wahrscheinlich findet man irgendwann die allgegenwärtigen Bettler (viele davon Kinder oder Amputierte) lästig. Die NGO M'lop Tapang, die sich einer Verbesserung der Lebensumstände für Straßenkinder verschrieben hat, rät dringend davon ab, den bettelnden Kindern Geld oder Essen zu geben.

Wie auch in Phnom Penh kann einem die Tasche weggerissen werden, was sehr gefährlich ist, wenn man gerade auf einem *moto/remork* sitzt. Schultertaschen sollte man vor dem Körper tragen und gut festhalten – insbesondere nachts. Die Straße zwischen Otres und Sihanoukville gilt nach Einbruch der Dunkelheit als besonders riskant. Wer in dieser Gegend übernachtet, sollte sich deshalb vom Gästehaus ein *remork* oder *moto* vermitteln lassen und nicht einfach in der Stadt irgendeinen wildfremden Fahrer anhalten.

Bei Dunkelheit sollte keiner – vor allem Frauen nicht – alleine an einsamen Stränden und Straßen spazieren gehen.

Die Strömung vor Occheuteal ist vor allem in der Regenzeit oftmals unerwartet stark.

❶ An- & Weiterreise

Der National Highway 4 (NH4) verbindet Sihanoukville mit Phnom Penh (230 km) und befindet sich in einem hervorragenden Zustand, gehört aber wegen des Schwerlastverkehrs und Überholmanövern an nicht einsehbaren Stellen zu Kambodschas gefährlichsten Schnellstraßen, vor allem gegen Sonnenaufgang und nachts.

Der NH3 nach Kampot (105 km) sowie der NH48 nach Koh Kong (220 km) und zur thailändischen Grenze (230 km) sind ebenfalls tipptopp in Schuss.

BUS

Alle größeren Busanbieter unterhalten eine regelmäßige Verbindung mit Phnom Penh, vom frühen Morgen bis mindestens 14 Uhr. Am billigsten sind Capital Tour und Rith Mony. Giant Ibis hat um 7.30, 9.30 und 13.30 Uhr einen „Luxus"-Bus mit Begleitpersonal und WLAN.

Buchungen können gegen eine Gebühr über Hotels und Reisebüros durchgeführt werden. Die meisten Reisebüros arbeiten nur mit zwei oder drei Busunternehmen zusammen; gibt das Angebot also nicht die gewünschte Abfahrtszeit her, muss man sich weiter erkundigen.

Minibusse nach Kampot und Kep können bei Ana Travel (S. 215) gebucht werden.

Die meisten Busse fahren am Busdepot des jeweiligen Anbieters an der Ekareach Street an und halten auf dem Weg aus der Stadt am **Busbahnhof** (Karte S. 201; Mittapheap Kampuchea Soviet St). Die meisten Unternehmen bieten eine kostenlose Abholung aus der Serendipity-Gegend und dem Stadtzentrum an.

Capitol Tour (Karte S. 203; ☎ 034-934042; 169 Ekareach St)

Giant Ibis (Karte S. 206; ☎ 089 999818; www.giantibis.com; Thnou St)

GST (Karte S. 203; ☎015 995950; Ekareach St)

Phnom Penh Sorya (Karte S. 203; ☎ 034-933888; 236 Ekareach St)

BUSSE AB SIHANOUKVILLE

ZIEL	DAUER (STD.)	PREIS (US$)	UNTERNEHMEN	HÄUFIGKEIT
Bangkok	14	28	Rith Mony, Virak Buntham (Nacht)	8.15, 9.15, 19 Uhr
Battambang	12	17	Capitol Tour, Rith Mony, Virak Buntham (Nacht)	7-mal 7–14.15, 19 Uhr
Kampot (Minibus)	2	5–6	Champa Mekong Travel (über Ana Travel buchen), Kampot Tours & Travel	7.30, 11.30, 13.30, 15.30 Uhr
Kep (Minibus)	2¼	7–8	Champa Mekong Travel (über Ana Travel buchen), Kampot Tours & Travel	7.30, 11.30, 13.30, 15.30 Uhr
Koh Kong	4½	8	Rith Mony, Virak Buntham	6-mal 7.45–14.45 Uhr
Phnom Penh	4½	5–11	Capitol Tour, Giant Ibis, GST, Phnom Penh Sorya, Rith Mony	regelmäßig 7–14.30 Uhr
Phnom Penh (Minibus)	4	10	Virak Buntham	6-mal 7.45–14.45 Uhr
Siem Reap	12	13–17	GST, Rith Mony, Virak Buntham (Nacht)	6-mal 7–12.30, 20 Uhr

Rith Mony (Karte S. 203; ☎ 093 465858; Ekareach St)
Virak Buntham (Karte S. 203; ☎ 016 754358; Ekareach St)

FLUGZEUG
Vom Sihanoukville International Airport geht täglich ein Direktflug nach Phnom Penh sowie ein weiterer nach Siem Reap (ab 115 US$ einfach). Beide Strecken bedienen die **Cambodia Angkor Airlines** (☎ 023 6660330; www.cambodiaangkorair.com).

Der Flughafen liegt 15 km östlich der Stadt, unweit des NH4. Ein Taxi vom/zum Flughafen kostet etwa 20 US$, ein *moto* pro Strecke ca. 5 US$, ein *remork* 10 US$.

SAMMELTAXI
Die engen Sammeltaxis (6 US$ pro Pers., 45 US$ pro Auto) und Minibusse (15 000 R) nach Phnom Penh fahren bis etwa 20 Uhr am Busbahnhof ab. Alle, denen etwas Komfort – und vor allem ihr Leben – lieb ist, sollten die Minibusse meiden. Für 50–60 US$ können die Hotels ein Taxi nach Phnom Penh organisieren (etwa 4 Std.). Sammeltaxis nach Kampot (5 US$, 1½ Std.) fahren ausschließlich morgens am **Taxistand** (Karte S. 203; 7 Makara St) gegenüber dem Psar Leu ab. Wer eine Fahrt mit dem Sammeltaxi nach Koh Kong oder an die thailändische Grenze plant, der sollte sich hier oder am Busbahnhof umschauen. Wenn keiner mit einsteigt, kostet die Fahrt zur Grenze zwischen 45 und 60 US$.

SCHIFF
Sihanoukville ist das Tor zu Kambodschas Südlichen Inseln. Nur nach Koh Rong und Koh Rong Sanloem gibt es nach Fahrplan verkehrende öffentliche Fähren. Zu den anderen Inseln gelangt man auf Tagesausflugsbooten oder auf den Privatbooten der Resorts.

Fährgesellschaften kommen und gehen. Die beiden wichtigsten Unternehmen mit Verbindungen nach Koh Rong und Koh Rong Sanloem sind zurzeit **Speed Ferry Cambodia** (Karte S. 206; www.speedferrycambodia.com; Koh Rong Dive Centre, Serendipity Beach Rd; hin & zurück 26 US$) und **TBC Speed Boat** (Karte S. 206; ☎ 088 781 1711; www.tbckohrongspeedboat.com; Serendipity Beach Rd; hin & zurück 20 US$).

Speed Ferry Cambodia schippert um 8 und 15 Uhr nach Koh Rong Sanloem und Koh Rong, ein weiteres Boot nur nach Koh Rong fährt um 11 Uhr. TBC Speed Boat fährt um 10, 13 und 15.30 Uhr nach Koh Rong Sanloem und Koh Rong.

Von den beiden Reedereien scheint Speed Ferry Cambodia zuverlässiger zu sein, doch ändern sich bei beiden regelmäßig die Fahrpläne. Von Juni bis Oktober sinken die Preise erheblich.

Die Boote beider Unternehmen fahren am Anleger am Serendipity Beach ab, bei schlechtem Wetter jedoch am Fähranleger im Hafen von Sihanoukville, 7 km nördlich vom Serendipity Beach.

Eine billigere Alternative ist die langsamere Frachtfähre, die gewöhnlich zweimal täglich vom Fähranleger im Hafen nach Koh Rong Sanloem

ⓘ WENN ZWEI DAS GLEICHE TUN, IST ES NOCH LANGE NICHT DASSELBE

An Sihanoukvilles Hauptbusbahnhof dürfen nur Mitglieder des offiziellen „*motodup*-Verbands" (sprich: des Kartells) ankommende Gäste in Empfang nehmen. Unabhängige Fahrer, die geschickt werden, um jemanden abzuholen, müssen den Namen ihres Auftraggebers nennen. Infolgedessen werden oftmals überhöhte Preise für den Nahverkehr angegeben. Handeln ist meistens vergeblich – wer den Fixpreis nicht akzeptiert (für eine Fahrt zu den Stränden zahlt man in der Regel 8000 R), wird nicht mitgenommen. Natürlich kann man auf die Straße gehen und auf eigene Faust nach Verkehrsmitteln Ausschau halten, aber viel Verkehr gibt es in diesem Stadtteil nicht gerade. Und vorher muss man unter Umständen erst den beharrlichen Fahrer loswerden, den einem das Kartell über das Rotationsprinzip zugewiesen hat. Manchmal kommt es zu Auseinandersetzungen zwischen unabhängigen Fahrern und Kartellfahrern. Ähnlich ist die Situation bei *remorks*, die sich wunderbar eignen, wenn man ein großes Gepäckstück dabeihat. Der Fixpreis für ein *remork* nach Serendipity und Umgebung beträgt 6 US\$.

Viele Gästehausbetreiber bezahlen *moto*-Fahrern 2 US\$, wenn sie ihnen Kunden bringen. Andere Unterkünfte bieten höhere Summen von 4 oder sogar 5 US\$, sodass es nach der Ankunft manchmal gar nicht so einfach ist, den Fahrer zu überzeugen, einen dahin zu bringen, wo man tatsächlich hin möchte. Zahlt ihm die selbst ausgewählte Bleibe nämlich keine Provision, will der Fahrer einem oftmals weismachen, das besagte Quartier habe aus irgendeinem Grund geschlossen oder sei „voller Prostituierter".

---

und Koh Rong fährt (8 und 14 Uhr, hin & zurück 10 US\$, 3 Std.). Allerdings genießt auf diesem Boot Sicherheit keine oberste Priorität – um es vorsichtig auszudrücken. Die Fahrkarten für diese Schiffe gibt's bei den meisten Reisebüros an der Serendipity Beach Road.

ⓘ Unterwegs vor Ort

VOM/ZUM BUSBAHNHOF

Busse halten in Sihanoukville am Busbahnhof. Einige fahren anschließend weiter zum Depot ihres eigenen Busunternehmens im Zentrum. Für die Fahrt vom Busbahnhof zur Gegend um den Serendipity Beach gilt der teure Festpreis von 2 US\$ für ein *moto* und 6 US\$ für ein *remork*. Wer kann, sollte also zum Zentrum weiterfahren, denn von hier aus ist ein *remork* günstiger.

FAHRRAD

Viele Gästehäuser vermieten Fahrräder für etwa 2 US\$ am Tag.

MOTO & REMORK

Hiesige *moto*-Fahrer sind bekannt für aggressive Kundenwerbung. Mehr als sonst irgendwo in Kambodscha versuchen sie schamlos, Kasse zu machen. Deshalb sollte man gnadenlos feilschen (immer mit einem Lächeln!), bevor man aufsteigt.

Ein *moto* sollte für die Fahrt zwischen Zentrum und Serendipity, Occheuteal oder Victory Beach bzw. Victory Hill etwa 1 US\$ kosten, ein *remork* etwa 2 US\$. Ein *remork* von Serendipity nach Victory Hill/Beach sollte 3 US\$ kosten, aber die Fahrer verlangen 5 US\$.

Viele Gästehäuser vermieten Motorräder für 5–7 US\$ am Tag. Die Polizei bessert ihre Kasse gerne durch Kontrollen an Ausländern auf. Beliebte Verstöße sind: kein Führerschein, kein Helm, keine Seitenspiegel und – der Klassiker – tagsüber mit Licht fahren. Die Miete für ein *moto* (inklusive Fahrer) wird mit etwa 10 US\$ pro Tag plus Benzin veranschlagt, für ein *remork* mit 20 US\$.

Ream-Nationalpark

Wer dem Massenandrang von Sihanoukville entfliehen will, muss nur 15 km nach Osten fahren. Im **Ream-Nationalpark** (ឧទ្យានជាតិរាម) lassen sich Trekkingtouren und aufregende Bootsfahrten durch die Küstenmangroven unternehmen. Außerdem locken lange, unberührte Strände. Hier im Park leben und brüten auch verschiedene regional wie weltweit gefährdete Raubvogelarten, darunter der Brahminenweih sowie der Graukopf- und der Weißbauchseeadler. Oft sieht man sie über dem **Prek-Toeuk-Sap-Delta** kreisen. Zu den gefährdeten Vögeln, die sich vom Watt ernähren, gehören der Malaien-, der Milch- und der Buntstorch.

Trotz seines Nationalparkstatus gilt vor allem die Küste des Parks durch eine geplante touristische Erschließung als massiv gefährdet. Indem man das Gebiet besucht, zeigt man, dass es in seinem natürlichen Zustand nicht nur unbezahlbar für die Menschen, sondern auch eine wertvolle Einnahmequelle ist. Mitten durch den Park wurden breite Straßenschneisen geschlagen, um Zugang zu den Stränden zu ermöglichen. Irgendwann wird dadurch eine Direktverbindung zwischen der NH4 und dem Otres Beach entstehen.

◉ Sehenswertes & Aktivitäten

Wander- und Bootstouren im Ream-Nationalpark können im Voraus bei einem Veranstalter in Sihanoukville gebucht werden oder auch direkt bei der **Parkverwaltung** (☑ 016 767686, 012 875096; NH4; ⏱ 7–17 Uhr) gegenüber vom Eingang zum Flughafen von Sihanoukville. Wer direkt bei der Parkverwaltung buchen möchte, ruft am besten vorher an, was aber nicht zwingend notwendig ist. Die Einnahmen kommen dem Schutz des Nationalparks zugute.

Ein paar einsame Strände lassen sich für Besucher auch auf eigene Faust mit dem Auto erreichen. Dazu müssen sie von der Hauptverwaltung oder vom Flughafen etwa 9 km Richtung Süden bis zum Ream-Marinestützpunkt auf einer befestigten Straße fahren. Anschließend geht es zu Fuß nach links um den Stützpunkt, wo unbefestigte Straßen zu einer ganzen Reihe langer, weißer Sandstrände führen, die von Kasuarinenbäumen gesäumt sind. Zum Koh Sampoach Beach geht's auf dem Straßenweg, indem man von der Straße Richtung Ream-Nationalpark nach Verlassen des NH4 sofort nach links abbiegt. Wer den Eingang zum Flughafen passiert, ist schon zu weit gefahren. Auf dieser breiteren Straße gelangt man nach rund 12 km zu einem kleinen Strandrestaurant am Koh Sampoach.

Zum Schutzgebiet gehören auch zwei Inseln mit guten Schnorchelmöglichkeiten: Koh Thmei (S. 220) und Koh Seh. Letztere liegt direkt vor der vietnamesischen Insel Phu Quoc und ist am besten über Koh Thmei zu erreichen.

Bootstouren

Die gefragten von Parkaufsehern geführten Bootsfahrten führen durch die Mangrovenkanäle des Prek-Toeuk-Sap-Deltas. Diese beginnen am Aufseherposten Prek Toeuk Sap, der etwa 3 km östlich der Parkverwaltung neben einer großen Brücke am NH4 liegt. Eine Wegbeschreibung gibt's bei den Aufsehern in der Hauptverwaltung, die auch dafür sorgen, dass ein Boot auf die Teilnehmer wartet.

Vom Prek-Toeuk-Sap-Posten aus führt dann eine einstündige Bootsfahrt (1–3 Pers. hin & zurück 35 US$) zum Fischerdorf **Ta Ben**. Beim Ganztagestrip (50 US$ pro Gruppe) fährt das Boot eine weitere Stunde Richtung Osten zur Ortschaft **Andoung Toeuk**. Von dort aus geht's 25 Minuten zu Fuß durch den Dschungel zum **Koh Sampoach Beach**, dem schönsten Strand des Parks. Er wird auch als der chinesische Strand bezeichnet, da chinesische Baufirmen die Konzession für dieses Gebiet erworben haben.

Dschungelwanderungen

Von Parkaufsehern geleitete Dschungelwanderungen lassen sich einfach organisieren – ohne Begleitung sind sie verboten. Eine zweistündige Wanderung durch den Wald hinter der Nationalparksverwaltung kostet pro Person 6 US$, ein vier- bis sechsstündiger Trekkingausflug ins bergige Zentrum des Parks 10 US$.

❶ Anreise & Unterwegs vor Ort

Reisebüros in Sihanoukville bieten für rund 20 US$ Tagesausflüge in den Park an. Im Preis inbegriffen sind eine Bootsfahrt, eine Wanderung durch den Dschungel und das Mittagessen.

Die Anfahrt zum Ream-Nationalpark ist ganz einfach: von Sihanoukville dem NH4 bis zur Abzweigung zum Flughafen folgen, die 15 km nach der Brauerei Cambrew an der Kreuzung des NH4 mit der Wat Leu Road erfolgt. Hier rechts abbiegen. Nach 500 m kommt die Parkhauptverwaltung.

Für die Hin- und Rückfahrt von Sihanoukville per *moto* zahlt man 7 bis 15 US$; mit dem *remork* sind es zwischen 15 und 20 US$; der Preis hängt davon ab, wie gut der Fahrer Englisch spricht und wie lange man bleibt.

Kbal-Chhay-Wasserfall

Seitdem dieser **Wasserfall** in *Pos Keng Kong* (Die Riesenschlange; 2000) zu sehen war, dem erfolgreichsten kambodschanischen Film nach dem Bürgerkrieg, zieht er scharenweise inländische Touristen an (ទឹកធ្លាក់ក្បាលឆាយ; Eintritt 1 US$, Picknickplattformen 5000 R pro Tag).

Vom Parkplatz aus führt eine Mautbrücke (Einheimische 300 R, Touristen 500 R) aus Holzstämmen in winzige Sandbuchten und zu gefährlichen Stromschnellen. Am besten und sichersten kühlen sich Kinder und Erwachsene auf der anderen Seite der Brücke am hinteren Ufer eines kühlen, kristallklaren Nebenarmes des bräunlichen Hauptflusses ab. In der Trockenzeit fließt nur wenig Wasser.

Von Sihanoukville erreicht man den Wasserfall, indem man auf dem NH4 5,5 km Richtung Osten fährt und dann am Schild Richtung Norden auf eine breite Schotterstraße abbiegt, der man weitere 8 km folgt. Per *moto/remork* zahlt man für den Hin- und Rückweg rund 7/15 US$.

DIE SÜDLICHEN INSELN

Für viele Reisende sind die Südlichen Inseln Kambodschas das Paradies, von dem sie geträumt haben – bisher unberührt von den Großresorts, die auf den Inseln Thailands wie Pilze aus dem Boden geschossen sind. Viele der Südlichen Inseln sollen jedoch von ausländischen Investoren mit guten Verbindungen zur kambodschanischen Politik umfassend erschlossen werden. Doch seit dem Einbruch der globalen Konjunktur sind die potenziellen Investoren zurückgeschreckt und haben so den Weg für Leute freigemacht, die auf eigene Faust rustikale, in erster Linie auf Individualreisende abzielende Bungalow-Resorts errichtet haben.

Das bedeutet jedoch nicht, dass jegliche Erschließung im kleinen Rahmen gut ist. Insbesondere Koh Rong hat sich den letzten Jahren vor allem durch unkontrollierte Neubauten in der Umgebung von Koh Tuch dramatisch verändert. Aber zum größten Teil sind die kambodschanischen Inseln immer noch paradiesische Eilande, mit endlosen Stränden aus feinem, weißem Sand, mit Hängematten, die lässig im Wind schaukeln, fotogenen Fischerdörfer mit Pfahlbauten, Sonnenuntergängen in allen Regenbogenfarben und nachts dem beruhigenden Trommeln des Regens auf dem Dach ... Es ist fast zu schön, um lange wahr zu bleiben – also nichts wie hin, bevor es verschwindet!

❶ An- & Weiterreise

Der naheliegendste Ausgangspunkt für die wichtigsten bewohnten Inseln zwischen dem Koh Kong Conservation Corridor und dem Ream-Nationalpark ist Sihanoukville.

Regelmäßige Fähren verbinden Sihanoukville mit Koh Rong und Koh Rong Sanloem. Andere Inseln wie Koh Ta Kiev werden von Privatbooten angefahren. In der Regel gehören diese zu dem Resort, das man gebucht hat.

❶ PRAKTISCHE INSELKUNDE

➡ Auf keiner der Inseln gibt es eine Bank – also genug Bargeld mitnehmen.

➡ Insektenschutzmittel nicht vergessen – die Sandfliegen können extrem nervig sein.

➡ Auch ein gutes Desinfektionsmittel ist keine schlechte Idee. Insektenstiche können sich, wenn man sie aufkratzt, schnell in Tropengeschwüre verwandeln.

➡ Wer für die Weiterreise schon Anschlussverbindungen ab Sihanoukville gebucht hat, sollte für die Überfahrt nicht das letzte Boot nehmen. Je nach Wetterbedingungen können sich nämlich Abfahrtszeiten verschieben oder Fährverbindungen ganz gestrichen werden.

Das Koh-Sdach-Archipel ist am einfachsten auf der vierspurigen Autobahn durch den Botum-Sakor-Nationalpark zu erreichen.

Koh Kong Island, die größte Insel Kambodschas, lässt sich am besten von Koh Kong aus besuchen.

Koh Ta Kiev កោះតាកៀវ

Wer der Welt den Rücken kehren und sich im Faulenzen ergehen möchte, ist auf dieser kleinen Insel vor dem Ream-Nationalpark genau richtig. Zwar ist die Insel an französische und chinesische Unternehmen verpachtet und eine richtige Straße durch den Dschungel im Inselinneren gebaut worden – was andeutet, dass eine weitreichende Erschließung wohl nicht lange auf sich warten lassen wird –, doch derzeit gibt's auf Koh Ta Kiev lediglich ein paar billige, einfache Übernachtungsmöglichkeiten, wo man perfekt abhängen kann.

Die meisten Unterkünfte mit Strandhütten säumen den weißen **Long Beach** an der Westseite der Insel. Von hier führen verschiedene Wege zu Erkundungen durch den Wald; einer führt zu einem noch weiter abgelegenen Strand an der Südküste. Leider wird regelmäßig Müll an die Insel gespült, sodass man keine jungfräulichen Strände erwarten darf.

Koh Ta Kiev liegt zusammen mit Koh Russei und einigen kleineren, unbewohnten Inseln der Umgebung auf den meisten Inselhopping-Routen mit Abfahrt in Sihanoukville. Ein Tagesausflug kostet 12 bis 15 US$, je nachdem, ob es am Otres oder Serendipity Beach losgeht.

🛏 Schlafen

Keine der Unterkünfte auf Koh Ta Kiev hat WLAN, die Stromversorgung ist begrenzt (Taschenlampe mitnehmen!) und die meisten Bleiben verfügen nur über rudimentäre Bäder mit Hockklos und Duschen, bei denen man das Wasser aus Eimern schöpft.

Ten103 Treehouse Bay   BUNGALOW $
(☑ 097 943 7587; www.ten103cambodia.com; Koh Ta Kiev; Hängematte/B 5/7 US$, Hütte ohne Bad 20–25 US$) Sich zurücklehnen und die Seele baumeln lassen – das Ten103 ist eine Backpacker-Herberge, die einfachstes Strandleben bietet. Die offenen „Baumhäuser" auf Stelzen warten mit Meerblick auf, während der offene Dorm und die mit Palmblättern überdachten Hängematten-Schutzhütten sogar noch naturwüchsigere Schlafgelegenheiten darstellen. Den Transfer mit dem Boot der Unterkunft (13 US$ hin & zurück) ab Otres einen Tag im Voraus buchen!

The Last Point   BUNGALOW $
(☑ 088 502 6930; www.lastpointisland.com; Koh Ta Kiev; B/Zelt 4/6 US$, Bungalows 15–20 US$) The Last Point befindet sich in wundervoller Abgeschiedenheit an einem sandigen Abschnitt der Südküste von Koh Ta Kiev, 40 Fußminuten entfernt von den anderen Unterkünften der Insel. In den verschiedenen kleinen, reizenden Palmblatthütten können die Gäste toll Robinson Crusoe spielen. Dazu kommt noch ein luftiger offener Dorm der nur einen Katzensprung vom Strand entfernt ist.

Koh Russei   កោះបូស្សី

Koh Russei (Bambusinsel) liegt weniger als eine Stunde Bootsfahrt von Sihanoukville entfernt. Im Vorfeld eines Luxustourismusprojekts wurden die meisten Resorts abgerissen, um Platz für eine noch in der Bauphase befindliche Fünfsterneanlage zu schaffen, ein Resort der Alila Hotels (www.alilahotels.com).

Die meisten Ausflugsboote ab Sihanoukville legen auf ihrer Tour auch einen Halt auf Koh Russei ein.

Koh Thmei   កោះថ្មី

Die große Insel Koh Thmei liegt innerhalb der Grenzen des Ream-Nationalparks. Die einzige Anlage auf der Insel ist das **Koh Thmei Resort** (☑ 097 737 0400; www.koh-thmei-resort.com; Bungalows 35 US$, FZ 60 US$). Dieses Juwel steht unter deutscher Leitung und wartet mit sehr einfachen Hütten auf, die sich prächtig in die Umgebung einpassen und mit Sonnenenergie und Biokraftstoff versorgt werden. Das Resort liegt an einem tollen Strand, weitere Strände liegen in fußläufiger Nähe. Außerdem kann man wunderbare Touren mit dem Seekajak unternehmen und schnorcheln (wobei die Sicht nicht immer gleich gut ist). Leckere Khmer-Gerichte sind schon ab 6 US$ zu haben.

Die Anreise erfordert ein privates Transportmittel für die Fahrt zum Festland-Fischerdorf Koh Kchhang. Zuerst muss man in der Stadt Bat Kokir, rund 12 km östlich vom Flughafen Sihanoukville, die Abfahrt von der NH4 nehmen. Von Koh Kchhang zum Resort geht es per Boot (1¼ Std.; Boot mit Platz für sechs Passagiere 15 US$). Das Koh Thmei Resort kann die Abholung von Sihanoukville wie auch die Bootsfahrt organisieren.

Koh Rong

Koh Rong កោះរ៉ុង

Partylöwen sind hier an der richtigen Adresse. Noch vor ein paar Jahren war Koh Rong kaum mehr als eine von zuckerweißem Sand gesäumte Dschungelwildnis mit ein paar Strandhüttenanlagen an der Küste um das winzige Dorf Koh Tuch herum. Heute drängeln sich an der vom Bootsanleger wegführenden Hauptstraße des Dorfs Backpacker-Herbergen, Restaurants und klitzekleine Bars, aus denen Musik dröhnt. Entweder man mag's oder man hasst es, doch für viele junge Reisende, die hier scharenweise von der Fähre stolpern, sind Koh Rong und insbesondere der Strand von Koh Tuch ein fester Bestandteil der Südostasien-Partyroute.

Doch noch immer ist es möglich, dem Rummel zu entfliehen. Je weiter man sich vom Dorf entfernt, desto ruhiger wird es.

Dann übertönt das abendliche Froschkonzert die von den spätabendlichen Raves herüberwehenden Bässe, auf dem Meer glimmert das Meeresleuchten und die reizvollen Seiten der Insel – die umwerfenden Strände vor der Kulisse üppiger Waldvegetation – sind nicht zu übersehen.

Koh Rongs kopfloser Sturz ins Abenteuer Tourismus ist jedoch nicht ohne Probleme, und diese bedrohen die ursprüngliche Natur, wegen der die Reisenden eigentlich herkommen. Viele hastig zusammengeschusterte Hostels und Kneipen haben keine richtigen Abwassersysteme, sodass die Abwässer direkt ins Meer laufen, und auf dem Sand beim Dorf kann sich jede Menge Müll ansammeln. Außerdem droht der Insel eine noch umfassendere Erschließung: Eine Ringstraße schneidet sich durch die Insel und es gibt Pläne, an den schönen Long Beach ein großes Resort zu klotzen.

Koh Rong

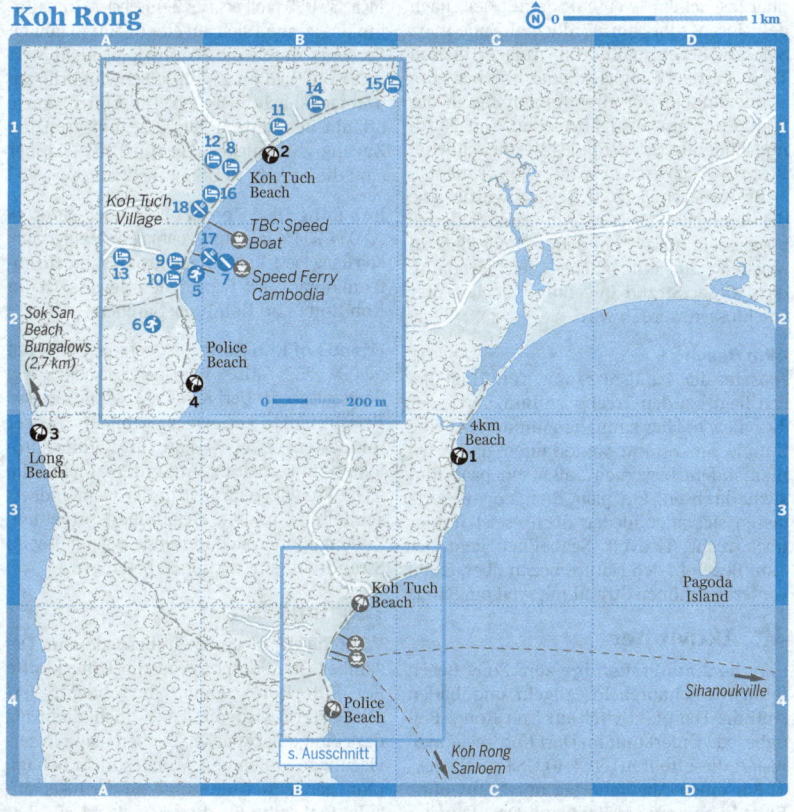

Wer gerne andere Reisende treffen, an nächtlichen Raves teilnehmen und tagsüber am Strand abhängen will, für den ist Koh Rong genau richtig. Wer es lieber etwas ruhiger mag, sollte sich ein Resort weit ab vom Dorf Koh Tuch suchen oder ganz nach Koh Rong Sanloem ausweichen.

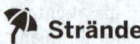 Strände

Koh Tuch Beach   STRAND
Der weite Koh Tuch Beach dehnt sich vom Picr im Dorf Koh Tuch etwa 1 km Richtung Nordosten aus und wird dabei mit jedem Schritt schöner. Wer weiter Richtung Landspitze (in der Nähe der Treehouse Bungalows) läuft, trifft auf weißen Sand und eine ruhigere Szenerie.

Long Beach   STRAND
Auf der Rückseite der Insel (d. h. an der Westküste) liegt der schönste Strand von Koh Rong, der 7 km lange Long Beach mit phantastischem weißem Sand, der nach dem Fischerdorf am nördlichen Ende auch Sok San Beach heißt. Vom Anleger in Koh Tuch fahren Langheckboote hierher, um Sonnenanbeter für einen faulen Tag in der Sonne und im Meer abzuladen. Am Nord- und Südende des Strandes liegen schlichte Resorts – dazwischen so gut wie gar nichts.

Bei unserem letzten Besuch wurde eine der einfachen Unterkünfte am Südende abgerissen, um für ein neues Hotel Platz zu machen. Ein untrügliches Zeichen dafür, dass dieser Strand in Zukunft noch weiter erschlossen werden wird.

4km Beach   STRAND
Jenseits der Landspitze am Koh Tuch Beach liegt bei den Treehouse Bungalows der 4km Beach: Hier kann man mindestens eine Stunde am Strand weiterlaufen und wird niemandem begegnen außer ein paar Einsiedlerkrebsen. Ein paar Bungalow-Resorts lassen sich hier nieder, doch es ist immer noch recht friedvoll. Schließlich geht der 4km Beach in den Nature Beach über, einen weiteren schönen Strand mit weißem Sand.

Aktivitäten

Langheckbootsausflüge zum Long Beach
inklusive Schnorcheln, Angeln und Baden sind die Hauptaktivität auf Koh Rong. Beinahe jede Unterkunft im Dorf Koh Tuch organisiert diese Touren (etwa 10 US$ pro Pers.).

Für einen Abenteuertag mit Natur ohne Ende kann man ein Boot zum Dorf Sangker an der Ostküste der Insel organisieren und sich dann dort ein *moto* für eine Inseltour nehmen. Das Vagabonds hilft Interessierten dabei, den Ausflug zu organisieren (ca. 25 US$ pro Pers.).

Über einen anstrengenden Dschungelpfad kann man außerdem in anderthalb Stunden vom Hauptstrand zum Long Beach wandern. Dabei muss man allerdings ein bisschen herumkraxeln – das ist auf jeden Fall nicht mit Flipflops zu bewältigen.

Im Umkreis der Insel befinden sich gute Schnorchelreviere; die Resorts vermieten die Ausrüstung für etwa 5 US$ pro Tag. Außerdem werden verschiedentlich Seekajaks verliehen (Einerkajak ca. 5 US$ pro Std., Zweierkajak 8 US$). Vom Koh Tuch Beach paddelt man eine halbe Stunde zur Pagoda Island, einem Inselchen vor der Küste mit einem Wat.

High Point Rope Adventure   ABENTEUERSPORT
(☏ 016 839993; www.high-point.asia; im Dorf Koh Tuch; 35 US$ pro Pers.; ⏱ 9–18 Uhr) Adrenalinjunkies können sich auf einem 400 m langen Parcours durch die Baumwipfel nicht weit von Koh Tuch an Ziplines, Schwingbrücken und Gehkabeln erfreuen. Die Eintrittskarte erlaubt den ganzen Tag lang unbegrenzten Zugang zur Anlage. Von April bis Oktober sind die Tickets 10 US$ günstiger.

Koh Rong Dive Center   TAUCHEN
(☏034-934744; http://kohrong-divecenter.com; Koh Rong Pier) Koh Rongs größtes Tauchzentrum organisiert Trips in den Gewässern um Koh Rong und Koh Rong Sanloem.

Friends of Koh Rong   FREIWILLIGENARBEIT
(☏096 552 0416; www.friendsofkohrong.org; Bootsanleger, im Dorf Koh Tuch) ✏ Bei dieser Basisinitiative können ausgebildete Lehrer mindestens zwei Monate in Bildungsprojekten mitarbeiten. Außerdem bietet die NGO Freiwilligenarbeit in der Gemeindeerschließung und in Gesundheitsprojekten. Zudem können sich Reisende regelmäßig an Strandreinigungsaktionen beteiligen.

Schlafen

Während der Hochsaison (besonders im Dezember und Januar) sind die Unterkünfte auf Koh Rong schnell ausgebucht. Verschlechtert wird die Lage noch dadurch, dass einige Backpacker-Bleiben keine Reservierungen annehmen. Wem es nicht behagt, ohne gebuchte Unterkunft auf der Insel aufzulaufen, sollte für die erste Nacht ein Bett reservieren und dann vor Ort die restliche

Hostelszene in Augenschein nehmen. Reisende ohne Bett für die erste Nacht landen in Zeiten, in denen viel los ist, gewöhnlich in einer Hängematte. Fast alle Unterkünfte verfügen rund um die Uhr über Strom, außerdem über WLAN, Moskitonetze und Ventilatoren. Klimaanlagen sind eine Seltenheit.

Natural Lounge GÄSTEHAUS $

(☎ 069 541177; hengseksa@gmail.com; Koh Tuch; B 8 US$, Zi. mit/ohne Bad ab 30/20 US$; ☎) Die familienbetriebene Stilleoase inmitten des Trubels von Koh Tuch hat kleine, makellos saubere Zimmer mit Holzboden um einen schattigen Innenhof herum. Unten gibt es zwei schöne Zimmer mit Bad und zwei Doppelbetten – genügend Platz für vier Personen, auch wenn's dann ein bisschen eng wird.

Bong's HOSTEL $

(☎ 093 924856; www.bongsguesthouse.com; Koh Tuch; Zi. 20 US$; ☎) Die gepflegten Holzzimmer des Bong's (über der gleichnamigen Bar) sind für Leute, die mitten im Getümmel übernachten möchten, ein echtes Schnäppchen. Alle Zimmer besitzen winzige, aber ausreichende Bäder. Für die Gäste gibt es kostenloses Trinkwasser sowie Tee und Kaffee.

Green Ocean Guesthouse HOSTEL $

(☎ 096 916 9267; mengly007@gmail.com; Koh Tuch; B 8–10 US$, DZ 25 US$; ☎) Die kürzlich aufgehübschten Zimmer mit gefliesten Böden gehören zu den schönsten und geräumigsten im Dorf Koh Tuch. Die Vorderfront ziert ein toller Gemeinschaftsbalkon. Vom 12-Betten-Dorm geht der Blick aufs Meer hinaus.

Vagabonds HOSTEL $

(www.vagabondskohrong.com; Koh Tuch; B 5 US$, Zi. mit Gemeinschaftsbad 10 US$) Hierher kommt man nicht der Ausstattung wegen. Die nur mit dem Nötigsten eingerichteten Zimmer und die 4-Bett-Dorms (mit Schließfächern) werden durch bunte Wandbilder verschönert. Seine Beliebtheit verdankt das Vagabonds seinem freundlichen Personal und dem geselligen Ambiente des Cafés unten. Hier wird Trostessen (3–5 US$) in riesigen Portionen serviert. Keine Reservierung möglich.

Dreamcatch Inn GÄSTEHAUS $

(kohrongdreamcatch@gmail.com; Koh Tuch; Zi. mit Gemeinschaftsbad 15 US$; ☎) Eine mildere Alternative zu den meisten der anderen Bleiben im Dorf Koh Tuch mit superschlichten Zimmern und einer bunten Terrasse voller Hängematten und Schaukelstühle. Gemeinschaftsbäder mit Hockklos. Keine Reservierung möglich.

Nam Nam GÄSTEHAUS $

(Koh Tuch; Zi. 25 US$; ☎) Die drei Zimmer mit Gemeinschaftsterrasse dieses von Khmer geführten Hauses zählen zu den geräumigsten des Orts und verfügen über recht gute Bäder. Das Gästehaus liegt in einer Seitengasse der Strandstraße, den Manager findet man jedoch im Restaurant neben Bong's Bar. Keine Reservierung möglich.

★Treehouse Bungalows BUNGALOWS $$

(☎034-934744; www.treehouse-bungalows.com; Koh Tuch Beach; Bungalows 45–55 US$, Baumhäuser 45–60 US$; ☎) Das Treehouse in einer abgeschiedenen Bucht etwa 15 Minuten vom Pier von Koh Tuch präsentiert sich ziemlich märchenhaft. Die Balkone der Bungalows sind mit Muscheln geschmückt (B3 hat einen tollen Meerblick), von den Baumhäusern bieten sich tolle Panoramen und das neben einem natürlichen Wasserspeicher gelegene Restaurant verfügt über einen Biogarten hinterm Haus. Auch Nichtgäste zieht es wegen der köstlichen Holzofenpizza und den Meeresfrüchten nach Art der Khmer hierher.

Paradise Bungalows BUNGALOWS $$

(☎092 548883; www.paradise-bungalows.com; Koh Tuch Beach; Bungalows 35–100 US$; ☎) Die reizend rustikalen Bungalows – in allen möglichen Formen und Größen – erstrecken sich inmitten üppiger Dschungelvegetation den Hügel hinauf. Die Zimmer für 35 US$ liegen recht weit oben, die teureren sind bei Flut praktisch von Wellen umspült. Ein echtes Highlight ist das loungeartige Restaurant mit hohem Palmblattdach und Küstenpanorama.

Monkey Island BUNGALOW $$

(☎081 830992; www.monkeyisland-kohrong.com; Koh Tuch Beach; Bungalows mit Bad 35–40 US$, ohne Bad 30 US$; ☎) Im Mittelpunkt der Action steht im mit der beliebten Monkey Republic in Sihanoukville verbandelten Monkey Island seine Bar aus Bambus und Reet, in der sich immer jede Menge Gäste drängeln. In einigen der einfachen Bungalows haben (etwas beengt) bis zu fünf Personen Platz; auf den Veranden laden jeweils Hängematten zum Faulenzen ein.

Sok San Beach Bungalows BUNGALOW $$

(☑ 034-5000127; im Dorf Soksan, Long Beach; Bungalows 20–25 US$) Hier zahlt man für die Lage am Long Beach. Die Bungalows sind wirklich wackelig, Strom gibt's nur begrenzt und auch Einrichtungen sind nicht überbordend viele vorhanden. Aber man ist weit entfernt vom Trubel von Koh Tuch und wer sich nach einem Stück altmodischem Koh-Tuch-Strandleben sehnt, wird sich an der spartanischen Abgeschiedenheit erfreuen.

✖ Essen & Ausgehen

Sowohl im Bong's als auch im Vagabonds kann man prima bei einem Bier relaxen und es versammelt sich hier oft ein munteres Völkchen. Abends gibt's im Bong's regelmäßig Livemusik.

In der Hauptsaison finden am **Police Beach** unmittelbar südlich vom Dorf Koh Tuch häufig die ganze Nacht lang Partys statt. Infos findet man auf Handzetteln im Dorf. Der Police Beach ist auch die wichtigste Location für Vollmondpartys.

Loops Bar INTERNATIONAL $

(Koh Tuch; Hauptgerichte 2,50–5,50 US$; ⊘ 8–23 Uhr; ☎) Die Café-Bar unter dem Dreamcatch Inn ist mit recycelten Wasserflaschen dekoriert, die mit Topfpflanzen gefüllt von der Decke hängen. Zum erstklassigen Frühstücksangebot zählen *French toast* mit tropischem Einschlag und ein Kokos-Müsli. Mittags und abends wird neben recht guten Khmer-Gerichten auch Vertrautes wie Würstchen mit Kartoffelbrei aufgetischt. Jeden Samstagabend veranstaltet Manager Te eine Feuershow.

Koh Lanta INTERNATIONAL $

(Koh Tuch; 3–6 US$; ⊘ 7–22 Uhr) Das Lokal ist nach der berühmten französischen Version der Realityshow *Survivor* benannt, die auf Koh Rong gedreht wird. Hier gibt's die beste Holzofenpizza auf der Insel.

Buffalo INTERNATIONAL $$

(Anleger von Speed Ferry Cambodia, Koh Tuch; Hauptgerichte 7–10 US$; ⊘ 8 Uhr–open end; ☎) Das schön luftig am Pier gelegene Buffalo will es jedem recht machen: Auf der Karte steht alles von Fajitas über Pizza bis *gözleme* (türkische Pfannkuchen). Zur Happy Hour (15–17 Uhr) gibt's Bier vom Fass für 0,75 US$.

ℹ Praktische Informationen

Das benötigte Bargeld muss man mitbringen. Wem das Geld ausgeht: Das Vagabonds bietet einen praktischen Kreditservice (Gebühr 10 %).

GEFAHREN & ÄRGERNISSE

Diebstahl entwickelt sich zu einem Problem auf Koh Rong. Wenn in Dorms Schließfächer vorhanden sind, sollten diese genutzt werden. Oder man lässt seine Wertsachen im Safe der Unterkunft.

2013 wurde eine Amerikanerin auf dem Dschungelpfad zum Long Beach ermordet und 2015 gab es einen versuchten Überfall auf einen Japaner. Bei Spaziergängen in weiter abgelegenen Teilen der Insel und spätabends am Strand sollte man nicht allein unterwegs sein, egal ob Mann oder Frau.

ℹ An- & Weiterreise

Von Koh Tuch fährt **Speed Ferry Cambodia** (www.speedferrycambodia.com; einfach/hin & zurück 13/26 US$) um 10, 12 und 16 Uhr täglich nach Sihanoukville, **TBC Speed Boat** (☑ 088 7811711; www.tbckohrongspeedboat.com; einfach/hin & zurück 12,50/20 US$) um 10.30, 13.30 und 16 Uhr. Die Fahrt dauert jeweils eine Dreiviertel- bis volle Stunde. Wer kein Rückfahrticket hat, kann bei den Fährbüros an den Anlegern in Koh Tuch Tickets für eine einfache Fahrt bekommen. Mit Rückfahrticket geht man einen Tag vor der geplanten Rückfahrt zum jeweiligen Fährbüro, um sich einen Platz zu sichern. Von Juni bis Oktober sinken die Ticketpreise.

In der Hochsaison werden gewöhnlich weitere Überfahrten angeboten. Bei schlechten Wetterbedingungen (besonders von Juni bis Oktober) können Fähren kurzfristig ausfallen.

Koh Rong Sanloem

Wer zu einem Resort unterwegs ist, das nicht auf der Ostseite der Insel liegt, sollte seine Transfers direkt beim Resort buchen.

Koh Rong Sanloem កោះរ៉ុងសន្លឹម

Die hufeisenförmige, 10 km lange Insel stellt für viele Leute die ideale Inselidylle dar. Das beliebteste Ziel auf Koh Rong Sanloem ist die Saracen Bay – ein mondsichelförmiger weißer Strand an der Ostküste der Insel mit kleinen Strandbungalow-Resorts vor üppiger Dschungelkulisse. Falls das nicht abgeschieden genug ist: An der Südwestseite der Insel, zu erreichen über einen Pfad oder per Privatboot, findet man nur zwei einsame Resorts. Hier scheinen die Probleme der Welt meilenweit entfernt zu sein.

Wem der Sinn nach einem alternativen Inselerlebnis steht, sollte sich ins Dorf M'Pai Bay an der Nordspitze der Insel auf-

machen. Hier lockt kein romantischer und fotogener weißer Strand – der Strand ist eher körnig-gelblich –, doch ein paar billige Gästehäuser bieten echte Entspannung, vermischt mit einem authentischen Flair, das den Abenteuerlustigeren sicher zupass kommt.

👁 Sehenswertes & Aktivitäten

Von der Saracen Bay sind es einfache 25 Minuten zu Fuß zum Lazy Beach (Nichtgäste müssen im Resort-Restaurant ein Getränk oder eine Mahlzeit verzehren, um hier verweilen und den Strand bewundern zu können) sowie 45 Minuten (mit geschlossenen Schuhen!) zum Sunset Beach. Ein anspruchsvollerer Weg führt in 1½ Stunden zum Leuchtturm, der am äußersten Südzipfel der Insel auf einem Hügel über dem Meer steht. Hier ist auch ein bevorzugter Nistplatz für Seeadler. Am Leuchtturm sind Soldaten stationiert, die vielleicht um ein Trinkgeld bitten (1 US$ ist gewöhnlich okay).

Koh Rong Sanloem

TAUCHEN IN KAMBODSCHA

Zwar ist Kambodscha bei Tauchern nicht so berühmt wie das benachbarte Thailand, doch bieten sich auch hier einige echte Unterwasserhighlights. Tatsächlich sind die Fischbestände hier niedriger als an anderen Tauchdestinationen Asiens – eine Folge unkontrollierter Fischerei, die jetzt durch Meeresschutzorganisationen bekämpft wird –, aber die Gewässer um die Südlichen Inseln vor Sihanoukville sind berühmt für ihre sehr vielfältigen Korallen und ihre einzigartige Kleinstfauna mit z. B. Seepferdchen und Nacktschnecken.

Die besten Tauchreviere Kambodschas befinden sich an den Saumriffen um die Inseln **Koh Rong Sanloem** und **Koh Koun** mit einer umwerfenden Sammlung von skurrilen Nacktschnecken, Seesternen und Seepferdchen. An Fischen sind gewöhnlich Engel-, Mönchs- und Skorpionfische zu sehen. Weiter draußen warten die Inseln **Koh Tang** und **Koh Prins** mit einer vielfältigen Meeresfauna auf, vom Bambushai und Blaupunkt-rochen bis zu Lipp- und Fledermausfischen. Auch Walhaie sind hier von Tauchern schon gesichtet worden.

Zwei der erfahrensten Tauchanbieter der Gegend, die die besten Tauchspots für Klein-fauna kennen, sind die Cambodian Diving Group (S. 226) und das Coral Garden Dive Resort (S. 226).

Wer das Inselinnere näher erkunden möchte, kann sich an **Gil** (☑ 088 379 6528) wenden, der von November bis März gewöhnlich in den Paradise Villas an der Saracen Bay zu finden ist. Er leitet Wanderungen für 12 bis 15 US$ pro Person.

Das *activity centre* des Beach Resort (S. 227) verleiht Kajaks (10 US$) und organisiert geführte Kajaktouren und Schnorchel-exkursionen. Der beste Ansprechpartner für Angeltrips (30 US$) ist Tom im Coral Garden Dive Resort.

Cambodian Diving Group   TAUCHEN

(☑ 088 685 6986; www.cambodiandiving.com; M'Pai Bay; 2 Tauchgänge 65 US$, PADI Discover Scuba 75 US$, PADI Open Water, 3 Tage, 345 US$) ⌀ Die Leute von der Cambodian Diving Group in M'Pai Bay kennen sich in der umliegenden Unterwasserwelt bestens aus, gegründet auf jahrelanger Tauchererfahrung vor Ort. Neben ausgezeichneten Tagespaketen und verschiedenen PADI-Kursen werden auch dreitägige Tauchexkursionen für erfahrene Taucher angeboten. Außerdem ist das Unternehmen in Meeresschutzprojekten engagiert.

Coral Garden Dive Resort   TAUCHEN

(☑ 088 611 5770; www.coraldivers.org; Saracen Bay; 2 Tauchgänge 80 US$, 2 Tauchgänge Discover Scuba 95 US$, PADI Open Water, 3 Tage 385 US$) ⌀ Meister-Gerätetaucher Tom Mellon kennt die Tauchspots um Koh Rong Sanloem und Koh Rong wie nur wenige andere und leitet sehr empfehlenswerte professionelle Tauch-exkursionen auf einem 12-m-Katamaran sowohl für absolute Anfänger als auch erfahre-

nere Taucher. Die Ausflüge mit zwei Tauch-gängen umfassen ein Mittagessen in M'Pai Bay. Auch für Schnorchler (25 US$ für zwei Spots) ist gesorgt.

Save Cambodian Marine Life   FREIWILLIGENARBEIT

(☑ 096 807 3236; www.savecambodianmarinelife.com; M'Pai Bay; einwöchiges Freiwilligenpaket 250 US$) ⌀ Diese NGO engagiert sich mit verschiedenen Projekten für den Schutz der Riffe um Koh Rong Sanloem. So gibt's z. B. eine Korallenzucht und Riff-Säuberungsaktionen. Die Freiwilligenpakete beinhalten Tauchgänge, Gemeinschaftsunterkünfte und alle Mahlzeiten.

🛏 Schlafen

Der am meisten erschlossene Strand ist Saracen Bay mit über einem Dutzend kleiner Unterkünfte. Fast alle Resorts auf Koh Rong Sanloem haben rund um die Uhr Strom. WLAN ist immer noch eine Seltenheit und falls vorhanden nur sporadisch nutzbar. Von Juni bis Oktober bieten die meisten Beherbergungen ihre Bungalows zu stark reduzierten Preisen an.

Easy Tiger   GÄSTEHAUS $

(☑ 096 915 3370; www.easytigerbungalows.com; M'Pai Bay; B/Zi./Bungalow 7,50/15/30 US$) Das freundliche Gästehaus im Dorf M'Pai wartet dank der hilfsbereiten Betreiber mit jeder Menge heimeligem Flair auf. Im Haupthaus gibt's einfache Dorms und kleine Privatzimmer. Hinterm Haus befinden sich für Gäste, die mehr Privatsphäre wünschen, stabile einfache Bungalows mit großen Veranden. Zum Hit wird diese Unterkunft aber erst durch ihr Restaurant und das hier herrschende Gemeinschaftsgefühl.

Chill Inn GÄSTEHAUS $
(☎ 016 824211; www.chillinncambodia.com; M'Pai Bay; B 7,50 US$) Die mit Hängematten versehene Bar vorne ist *der* relaxte Abendtreff von M'Pai Bay. Der supereinfache Dorm deckt die grundlegenden Schlafbedürfnisse ab. Toll für alle, denen ein chilliges Ambiente wichtiger ist als die Ausstattung.

The Drift GÄSTEHAUS $
(☎ 015 865388; www.facebook.com/thedriftsam loem; M'Pai Bay; B/Zi. 8/15 US$) The Drift, ein Neuling in M'Pai Bay, wartet mit blitzsauberen Dorms und ein paar Privatzimmern in einem hübschen Holzhaus am Strand auf. Die Atmosphäre ist gesellig und die hausgemachten Mahlzeiten (3 US$) werden oft gemeinsam eingenommen.

Lazy Beach RESORT $$
(☎ 017 456536; www.lazybeachcambodia.com; Bungalows 60 US$) Die 16 Bungalows in dieser idyllischen Anlage sind die einzigen an der Südwestküste von Koh Rong Sanloem mit Zugang zu einem der phantastischsten Strände überhaupt. Außen findet man Balkone und Hängematten vor, innen schnittige Bäder mit Steinböden und französische Betten, die so groß sind, dass sie sich gegenseitig den Platz streitig machen. Angesichts der zahlreichen Bücher und Brettspiele im Restaurant-Gemeinschaftsbereich ist es eine prima Adresse für Familien.

The Beach Resort RESORT $$
(☎ 034-666 6106; www.thebeachresort.asia; Saracen Bay; B 7,50 US$, Bungalow mit/ohne Bad 35/25 US$, Deluxe 50–85 US$; ☎) Dieses muntere Resort wendet sich mit seinem offenen Dorm, seinen kleinen schicken Bungalows am Meer und seinen Luxusunterkünften mit Steinwänden an Gäste mit unterschiedlich gut gefüllter Reisekasse. Hier hält auch das Party Boat aus Sihanoukville: Die Teilnehmer der Bootstour belagern an den meisten Nachmittagen die Bar, was je nach Perspektive ein großes Plus oder ein großes Minus ist.

Green Blue Resort RESORT $$
(☎ 096 725 0054; www.greenblueresort.com; Saracen Bay; B 10 US$, Bungalow 65–80 US$) Das Green Blue verströmt mit seinen Bungalows

voller Topfpflanzen und Ranken ein reizend heimeliges Flair. Einige der Bungalows liegen nicht weit vom Wasser in einem gepflegten Garten. Für Sparfüchse gibt's im hinteren Bereich einen kleinen einfachen Dorm. Strom fließt bloß abends.

★Cita Resort RESORT $$$
(☎ 096 261 2418; www.citaresort.com; Saracen Bay; Bungalow 85–90 US$) Das kleine Resort am Südende der Saracen Bay hat nur fünf schöne erhöhte Bungalows, deren Schlafzimmer über Balkone mit Meerblick verfügen. Dazu kommen offene Bäder und unten ein schattiger Bereich zum Entspannen mit Hängematten. Das phantastische Restaurant serviert frische Pasta und andere italienische Spezialitäten.

Secret Paradise RESORT $$$
(www.secretparadiseresort.asia; Saracen Bay; Bungalow 100 US$) Echt stilvolles Strandleben – das Secret Paradise zieren Bungalows mit großen Glastüren, Rohrmöbeln und schicken Bädern, allesamt mit Veranda zum Meer hin. Der Service ist makellos und das Restaurant erfreut mit köstlicher Khmer-Küche.

✗ Essen & Ausgehen

An der Saracen Bay gibt's keine separaten Restaurants, jedoch verfügen alle Resorts über eins, sodass das Angebot insgesamt recht gut ist. Koh Rong Sanloem steht eher im Zeichen der Entspannung als des Feierns – nach Einbruch der Dunkelheit ist also nicht viel los. Ein paar Leute versammeln sich abends gewöhnlich im Beach Resort.

Fishing Hook INTERNATIONAL $
(M'Pai Bay; Hauptgerichte 2,50–5,50 US$; ⏱18–22.30 Uhr) Eines der besten Esslokale von Koh Rong Sanloem ist dieses Restaurant auf dem Pier von M'Pai Bay. Das Angebot umfasst sowohl Fisch und Meeresfrüchte mit Khmer-Touch (z. B. Grillfisch in Tamarindensauce) als auch Speisen aus aller Welt. Die mit Kissen übersäte Speiseterrasse über dem Wasser ist der Inbegriff lockeren Strandlebens.

Good Vibz BAR
(www.good-vibz-camp.com; ⏱ca. Dez.–April) Abgehend von dem Fußweg zwischen Saracen Bay und Sunset Beach führen 436 Stufen den Berg hinauf zu dieser einsamen Dschungelbar. Hier finden jede Woche ein Rave und täglich Veranstaltungen wie Kinonächte statt, bei denen auf einer großen

Leinwand inmitten der Dschungelkulisse Filme gezeigt werden. Wer nicht wieder weg will: Man kann in Hängematten (1 US$) und Zelten (ab 3 US$) nächtigen.

❶ An- & Weiterreise

Sowohl **Speed Ferry Cambodia** (www.speed ferrycambodia.com; einfach/hin & zurück 13/26 US$) als auch **TBC Speed Boat** (☎ 088 781 1711; www.tbckohrongspeedboat.com; einfach/hin & zurück 12,50/20 US$) verbinden die Saracen Bay mit Sihanoukville. Speed Ferry Cambodia hält auch in M'Pai Bay.

Speed Ferry Cambodia fährt um 9.30 und 15.30 Uhr von der Saracen Bay Pier ab, danach geht's weiter nach M'Pai Bay (ca. 15 Min. später) und zur Insel Koh Rong (5 US$) sowie schließlich nach Sihanoukville.

Speed Ferry Cambodia hat sein Büro im Orchid Resort nahe dem Anleger an der Saracen Bay. Einen Tag vor der Abfahrt sollte man hier sein Rückfahrticket bestätigen lassen, um sich einen Platz auf dem Boot zu sichern.

TBC Speed Boat fährt um 10.30, 13.30 und 16 Uhr von der Saracen Bay Pier nach Sihanoukville.

Die Fahrpläne ändern sich je nach Jahreszeit – beim Fahrkartenkauf also genau auf die Zeiten achten!

Koh-Sdach-Archipel ប្រជុំកោះស្ដេច

Unmittelbar vor dem südwestlichsten Zipfel des Botum-Sakor-Nationalparks (S. 196) liegt dieser bescheidene Archipel mit zwölf Inselchen, die größtenteils unbewohnt sind. Wer seine Zelte auf einer der beiden Inseln mit Unterkünften aufschlägt – **Koh Sdach** (Königsinsel) und **Koh Totang** – kann ein paar Tage lang die übrigen Inseln auskundschaften, die teilweise mit komplett menschenleeren Stränden und guten Schnorchelgründen aufwarten. Ziel der meisten Inselhopping-Touren ist **Koh Ampil**, wo sich drei winzige Eilande um eine Sandbank gruppieren, sowie die langen, weißen Sandstrände an der Küste von **Koh Smach**.

Das einzige halbwegs große Dorf des gesamten Archipels befindet sich auf Koh Sdach. Es liegt weit abseits der Touristenpfade und lebt fast ausschließlich von der Fischerei. Der Bootsanleger des Dorfs ist vom Ende der neuen vierspurigen Schnellstraße, die durch den Botum-Sakor-Nationalpark führt, per Schnellboot in nur zehn Minuten erreichbar. Dank der Schnellstraße ist der Archipel zwar wesentlich leichter zugänglich, doch wird sie als Teil eines riesigen

touristischen Bauprojekts die Südwestküste von Botum Sakor, die einst für unberührte Strände und unberührten Urwald bekannt war, nachhaltig verändern. Mittlerweile ist an der Festlandsküste bereits ein 18-Loch-Golfplatz eröffnet worden.

Glücklicherweise sind die Inseln bei den Bauvorhaben scheinbar größtenteils außen vor geblieben. Die jetzigen Resort-Anlagen liegen immerhin so weit vom Festland entfernt, dass sie vom Baulärm verschont bleiben – wenn auch nicht vom Anblick der Baustellen. Koh Sdach hat Tag und Nacht Strom.

🛏 Schlafen & Essen

Mean Chey Guesthouse　　　GÄSTEHAUS **$**
(☎ 011 983806; Koh Sdach; Zi. 7,50 US$) Reisenden mit knappem Budget bleibt nur dieses einfache Gästehaus mit 15 taubenblauen Betonhäuschen nahe dem größten Fischerdorf an der Nordwestküste von Koh Sdach. Das Restaurant Yvonne auf dem Gelände bietet einen schönen Ausblick auf die Nachbarinseln und französische wie Khmer-Küche.

Nomads Land　　　RESORT **$$$**
(☎ 011 916171; http://nomadslandcambodia.com; Koh Totang; Bungalows EZ/DZ mit Mahlzeiten ab 60/90 US$; ⏲ Nov.–Mai) 🏄 Relaxter als im Nomads geht's eigentlich gar nicht. Besitzer Karim hat sein Resort zum umweltfreundlichsten auf den Inseln gemacht. Die fünf Bungalows haben Solaranlagen auf dem Dach und die Toiletten funktionieren ganz ohne Wasser. Die fünf schicken Bungalows beziehen ihren Strom aus Solarzellen und das Trinkwasser wird aus Regenwasser gewonnen. Die Anlage befindet sich an einem weißen Sandstrand auf Koh Totang, einem Inselchen, das mit dem Boot des Resorts vom Dorf Poi Yopon auf dem Festland in einer Viertelstunde zu erreichen ist.

❶ An- & Weiterreise

Die Anreise zum Koh-Sdach-Archipel kann etwas kompliziert sein. Am einfachsten – und teuersten – ist die Fahrt mit einem eigens angeheuerten Fahrzeug ab Koh Kong (60 US$), Sihanoukville (80 US$) oder Phnom Penh (90 US$) und dann auf der neuen chinesischen Schnellstraße zur Ortschaft Poi Yopon auf dem Festland gegenüber von Koh Sdach.

Erheblich billiger ist es mit einem der öffentlichen Busse, die auf dem NH48 verkehren. An der Abzweigung zur chinesischen Schnellstraße 6 km westlich von Andoung Tuek steigt man dann aus und nimmt einen Minibus (7,50 US$, 2 Std., nur vormittags) oder ein *moto* (je nach Verhandlungsgeschick 15–20 US$) nach Poi Yopon.

Ein Außenborder von Poi Yopon nach Koh Sdach kostet etwa 10 US$. Das Nomads Land (S. 228) hat sein eigenes Boot, mit dem man sich abholen lassen kann, und das Resort kann auch Taxis nach Poi Yopon organisieren.

Eine weit abenteuerlichere (oder, je nach Einstellung, frustrierendere) Möglichkeit ist die Frachtfähre von Sihanoukville zur Insel Koh Sdach. Diese fährt jeden Tag zwischen 12 und 14 Uhr (10 US$, 4½ Std. mit einem oder zwei Stopps unterwegs) vom Royal Pier im Haupthafen von Sihanoukville – oder auch nur jeden zweiten Tag, was von unterschiedlichen Faktoren abhängt. Zurück von Koh Sdach geht es um 20 Uhr.

PROVINZ KAMPOT

Die Provinz Kampot (ខេត្តកំពត) hat sich dank einer unschlagbaren Kombination aus relaxten Städten und üppiger Natur mit zahlreichen Kalksteinhöhlen zu einem der reizvollsten Feriengebiete Kambodschas gemausert.

Aus dieser Gegend stammt der berühmte Kampot-Pfeffer. Wer keine Durian mag, sei gewarnt: Kampot ist auch Kambodschas größter Produzent dieser mächtig stinkenden Frucht.

Kampot កំពត

📞 033 / 39 500 EW.

Es ist gut zu verstehen, warum sich Reisende in Kampot verlieben. Die Stadt am Fluss verströmt mit ihrer reizvoll gealterten Architektur ein verträumtes Flair – als ob jemand den Weiterschlafen-Knopf gedrückt hätte und die ganze Stadt vergessen hätte aufzuwachen.

Als Sihanoukville 1959 gegründet wurde, verlor Kampot seine Bedeutung als Handelshafen, eignet sich aber immer noch als hervorragender Ausgangspunkt für Ausflüge in den Bokor-Nationalpark, nach Kep und zu den großartigen Höhlentempeln im üppig grünen Umland.

⊙ Sehenswertes

Kampot nimmt Besucher eher mit seinem Gesamtambiente als mit einzelnen Sehenswürdigkeiten für sich ein. Am meisten Spaß machen ein Bummel oder eine Radtour durch die Altstadt, deren Sträßchen Ladenhäuser säumen, von denen der Putz bröckelt. Viele wurden um die Mitte des 20. Jhs. von den umtriebigen chinesischen Kaufleuten

der Stadt erbaut. Die schönsten Straßen, von denen in den letzten Jahren einige wunderbar restauriert worden sind, liegen in dem Dreieck zwischen dem Durian-Kreisverkehr, der Post und der alten französischen Brücke.

Kampot Traditional Music School KULTURZENTRUM

(www.kcdi-cambodia.com; St 724; ⊙ Mo–Di 14–17 & Fr 17–19 Uhr) 🎵 GRATIS In dieser traditionellen Musik- und Tanzschule für Waisen und behinderte Kinder können Gäste während der Besuchszeiten Übungsstunden und/oder Vorführungen beiwohnen. Spenden sind hochwillkommen.

Kampot Provincial Museum MUSEUM

(សារមន្ទីរខេត្តកំពត; River Rd; Eintritt 2 US$; ⊙ Di & Do 15–18, Sa & So 8–11 & 15–18 Uhr) Das winzige Museum in der wunderbar erhaltenen Gouverneursvilla der französischen Kolonialzeit widmet sich der Geschichte von Kampot und seiner Umgebung. Dabei wird auf das Fachwissen und die Erfahrung von Jean-Michel Filippi zurückgegriffen – der Kulturanthropologe hat einige Zeit in der Region gelebt.

Das ist zumindest die Theorie, denn bei unserem letzten Besuch in der Stadt haben wir zweimal während der Öffnungszeiten versucht, ins Museum zu gelangen, fanden es aber komplett verrammelt vor. Falls es jedoch gerade geöffnet sein sollte, lohnt sich ein Besuch.

Gefängnis HISTORISCHES GEBÄUDE

(ពន្ធនាគារ ខេត្តកំពត; St 736) Das schöne, aber ziemlich verfallene Gefängnis aus der Franzosenzeit kann man von außerhalb des Gefängnistors in Augenschein nehmen. Die Wächter sind an Touristen gewöhnt; bevor man Fotos macht, sollte man jedoch fragen.

Alte französische Brücke BRÜCKE

Die unter den Roten Khmer zerstörte alte französische Brücke wurde später in einem wahren Stilmischmasch wiederaufgebaut.

Kampot

N 0 — 200 m

FarmLink (500 m); Bungalow
Kampot River (1 km); Naga
House (1 km); Olly's Place (2 km);
Green House (5 km); Arcadia
Backpackers (6 km)

Quad Cambodia Kampot (500 m);
Les Manguiers (2 km);
Villa Vedici (2 km);
SUP Asia (4 km);
Champa Lodge (5 km)

Ekareach St

Canadia
Bank

Altes Kino

6

Alte französische Brücke
(geschlossen)

7 Makara St

38

Sonja Kill Memorial
Hospital (7 km);
Bokor Hill
Station (40 km)

21

St 731

St 729

NH33

12

St 724

St 724

27 31 32 22 36 24

St 724

28

33

Alter Markt

30 10

39

St 726

5

Acleda
Bank

40

35

29

2

23

St 278

18

34

St 701

Kampong Bay

8

7

17

St 730

St 730

13 16

St 730

Climbodia
(2 km);
Kep (24 km);
Khmer Root
Cafe (32 km);
Starling Farm
(39 km)

11 9 25 15

3

St 736

St 701

Lotus-
blumen-
teich

4

St 729

River Rd

14

19

Kampot Car Rental (400 m)

20

SÜDKÜSTE KAMPOT

Aus Sicherheitsgründen ist sie offiziell gesperrt – die Einheimischen klettern jedoch einfach über die Barriere, um die Brücke zu überqueren. Wer es ihnen nachtun möchte, sollte aber sehr gut aufpassen, wo er hintritt.

🏃 Aktivitäten & Kurse

Kampot erschafft sich gerade eine Nische als Basis für Abenteuersport und andere Aktivitäten. Hauptattraktionen sind Klettern und Wassersport auf dem Kampong Bay River.

Climbodia   KLETTERN
(📞 095 581951; www.climbodia.com; Phnom Kbal Romeas, abseits des NH33; halber Tag 35–40 US$;

ganzer Tag 70 US$) Kambodschas erster Outdoor-Kletterveranstalter bietet sehr empfehlenswerte halb- und ganztägige Ausflüge mit Klettern, Abseilen und Höhlenerkundungen inmitten der Kalksteinformationen des Phnom Kbal Romeas, 5 km südlich von Kampot. An einigen Felsen sind Klettersteige angebracht. Das Angebot richtet sich sowohl an absolute Anfänger als auch erfahrenere Kletterer.

SUP Asia   WASSERSPORT
(📞 093 980550; www.supasia.org; Ostufer des Kompong Bay River; 2½-Std.-Tour 25 US$; ⊙ Mitte Okt.–Juli tgl.) Mit diesem Anbieter hat eine neue

Kampot

Möglichkeit, den Fluss zu befahren, in Kampot Einzug gehalten: das Stehpaddeln. Die täglich stattfindenden Touren beginnen jeweils um 8.30 und 15.30 Uhr und führen an den Sehenswürdigkeiten am Ufer vorbei; zu Beginn gibt's eine Einführung ins Stehpaddeln. Auf einem zweitägigen Ausflug (18 km) geht es auf dem Kampong Bay River zum Meer.

Khmer Roots Cafe KOCHKURS
(☑ 088 356 8016; http://khmerrootscafe.com; abseits des NH33; Kochkurs inkl. Transport von/nach Kampot 20 US$; ⊙ 10–16 Uhr) Das Khmer Roots Cafe bietet nicht nur Kochkurse: Betreiber Soklim präsentiert mit seinen Schatten spendenden Bäumen und Biogemüsegärten rund eine Stunde östlich von Kampot zugleich ein Stück kambodschanisches Landleben. Bei den Kursen werden in der Regel zwei Gerichte zubereitet (nachdem die Zutaten besorgt wurden). Danach folgt das Mittagessen und man hat dann noch Zeit, die friedvolle Umgebung zu erkunden.

Seeing Hands Massage 5 MASSAGE
(River Rd; 5 US$ pro Std.; ⊙ 7–23 Uhr) Blinde Masseure und Masseurinnen kneten einen in den siebten Himmel.

◎ Geführte Touren

In Kampot will einem jeder Hinz und Kunz eine Tour verkaufen. Die wichtigsten Tagesausflüge sind Touren zur Bokor Hill Station (12–15 US$) sowie Touren ins Umland, gewöhnlich zur Phnom-Chouk-Höhle, zu den nahen Salzfeldern, einer Pfefferfarm, nach Kep und Koh Tonsay (18–20 US$).

Man kann aber auch ein *remork* mieten und sich einfach seine eigene Exkursion zu den Höhlen, nach Kep und ins Umland zusammenstückeln. Je nach Zielen kostet eine halb-/ganztägige Rundfahrt etwa 15/25 US$.

Beliebt sind auch Sonnenuntergangs-Bootstouren und abendliche Bootsausflüge zu den Glühwürmchen. Allerdings ist auf den Glühwürmchentouren nicht garantiert, dass man auch welche sieht – dazu sind sie zu launisch.

Bart the Boatman BOOTSTOUR
(☑ 092 174280; 2 Pers. 40 US$) Der belgische Expat, der nur Bart the Boatman genannt wird, veranstaltet einzigartige Bootsfahrten durch die kleinen Nebenarme des Kampong Bay River. Reisende sind sehr angetan von dieser Tour.

Captain Chim's
BOOTSTOUR

([phone] 012 321043; Captain Chim's Guesthouse, St 724; Sonnenuntergangstour 5 US$ pro Pers.) Im Preis der Sonnenuntergangs- und Glühwürmchenfahrten auf einem traditionellen Boot ist ein kaltes Bier enthalten – ein echtes Schnäppchen. Im Angebot sind auch Angeltrips für 11 US$ inklusive Mittagessen, außerdem werden Fahrräder verliehen (2 US$ pro Tag).

Kampot Dreamtime Tours
BOOTSTOUR

([phone] 089 908417; www.kampotrivercruises.com; River Rd) Die Flussfahrten bei Sonnenuntergang beginnen um 16 Uhr am Anleger gegenüber vom Rikitikitavi (S. 233). Auf einem Boot, das früher König Norodom Sihanouk gehörte, schippert man bis zur Mündung des Flusses. Wein, Käse sowie Fisch und Meeresfrüchte vom Grill sind im Preis enthalten.

Sok Lim Tours
TOUR

([phone] 012 796919; www.soklimtours.com; St 730; [clock] 8–19 Uhr) Kampots ältester Veranstalter genießt einen guten Ruf und bietet alle üblichen Tages- und Flusstouren. Für individuelle Fahrten ins Umland hat das Unternehmen gute englischsprachige *remork*-Fahrer an der Hand, die sich auch mit dem Verarbeitungsprozess und der Geschichte des Kampot-Pfeffers auskennen. Wenn niemand im Büro ist, findet man die Mitarbeiter im Restaurant Jack's Place nebenan.

Quad Cambodia Kampot
ABENTEUERTOUR

([phone] 088 938 1242; www.quadcambodiakampot.wix.com/quadcambodiakampot; River Rd; 1½-std. Sonnenuntergangstour 1 Pers. 23 US$, 2 Pers. 33 US$) Eine PS-schwangere Möglichkeit, das Umland zu erkunden, bieten die Sonnenuntergangs-Quadtouren um 16.15 Uhr. Es gibt auch längere Touren (ab 36 US$ pro Pers.), die weiter weg führen.

Schlafen

Wenn es um Schlafplätze geht, ist Kampot eine zweigeteilte Stadt. Innerhalb der Stadt finden sich die meisten Unterkünfte in der Altstadt oder deren Nähe, einen Katzensprung von all den Cafés und Restaurants. Außerhalb der Stadt säumt eine Reihe Unterkünfte das Flussufer: Sie bieten je nach Geschmack komplette Entspannung oder die Möglichkeit, wild zu feiern. Wer der Reizen von Kampot erliegt, sollte vielleicht am besten beide Locations testen.

Altstadt

Magic Sponge
GÄSTEHAUS $

([phone] 017 946428; www.magicspongekampot.com; St 730; B 4 US$, Zi. mit Klimaanlage 10–15 US$, ohne Klimaanlage 15–20 US$; [icons]) Die beliebte Unterkunft besitzt einen luftigen Schlafsaal auf dem Dach, in dem jedes Bett mit eigenem Ventilator und Leselampe versehen ist. Die Privatzimmer weisen ein prima Preis-Leistungs-Verhältnis auf und sind außergewöhnlich gut in Schuss und hell. Im Erdgeschoss befinden sich eine Filmlounge und ein gut besuchtes Bar-Restaurant mit Happy Hour von 12–20 Uhr. Im Restaurant gibt's hochgelobtes indisches Essen und im Garten eine Minigolfanlage.

Pepper Guesthouse
GÄSTEHAUS $

([phone] 017 822626; guesthousepepper@yahoo.com; St 730; B 3 US$, Zi. mit Ventilator 10 US$, Bungalow 25 US$; [icons]) Dieses heimelige Gästehaus in einer Villa von der Mitte des 20. Jhs. ist ein echter Hit. Die Zimmer mit Ventilator verströmen mit ihren schönen alten Holzböden jede Menge Charme – am besten ist Zimmer 101. Im vorderen Garten stehen zwei eher gehobene Bungalows mit Regenduschen und geschmackvoller Innenausstattung.

Blue Buddha Hotel
HOTEL $

([phone] 071 637 2924; www.bluebuddhahotel.com; St 730; DZ/3BZ/FZ 22/27/38 US$; [icons]) Das Blue Buddha hat das Niveau der Billigherbergen in Kampot spürbar gehoben: Die hilfsbereiten Betreiber bieten geräumige Zimmer im minimalistischen Stil mit bequemen Betten, Kabel-TV, Minibar und großen modernen Bädern. Die Gäste genießen bei Geschäften in der Stadt eine Reihe von Vergünstigungen und können außerdem kostenlos die Fahrräder benutzen.

Captain Chim's Guesthouse
GÄSTEHAUS $

([phone] 012 321043; www.facebook.com/captain-chims-guest-house; St 724; B 3 US$, Zi. mit/ohne Klimaanlage 13/8 US$; [icons]) Das familiengeführte Gästehaus bietet einfache, makellos saubere Zimmer und einen geräumigen Dorm mit eigenem Balkon. In den Bädern gibt's nur kaltes Wasser. Dafür sind Wäschewaschen und Fahrradnutzung gratis.

The Mad Monkey Hostel
HOSTEL $

([phone] 033-666 8853; www.madmonkeyhostels.com/kampot; River Rd; B 5 US$, DZ mit/ohne Klimaanlage 25/18 US$; [icons]) Diese Filiale der

Hostelkette Mad Monkey lockt mit recht großen Dorms (mit Ventilator) und einer Bar am Pool, in der sich stets eine junge Partyszene tummelt.

Nyny Guesthouse · HOTEL $

(☎077 901460; nynyhotel@yahoo.com; St 730; EZ/DZ 6/8 US$, mit Klimaanlage 13/15 US$; ❄🖥) Das gesichtslos moderne Hotel wartet mit soliden Einrichtungen zu Niedrigstpreisen auf. Die blitzsauberen Zimmer verfügen über Duschen, aus denen verlässlich warmes Wasser strömt.

★ Rikitikitavi · BOUTIQUEHOTEL $$

(☎012 235102; www.rikitikitavi-kampot.com; River Rd; Zi. mit Frühstück 48–53 US$, FZ 58 US$; ♻❄🖥) Das Rikitikitavi ist eines der bestgeführten Boutiquehotels Kambodschas. Die Zimmer verkörpern subtilen Luxus und vermählen eine asiatisch inspirierte Einrichtung mit modernen Annehmlichkeiten. Die Decken zieren wunderschöne Balken, die Wände Palmblattpaneele und schöne Kunst. Und dazu kommen noch schicke moderne Bäder und Gerätschaften wie Flachbild-TV, DVD-Spieler, Kühlschrank und Wasserkocher. Sehr zu empfehlen!

The Columns · BOUTIQUEHOTEL $$

(☎092 128300; www.the-columns.com; St 728; Zi. mit Frühstück 45–59 US$, Suite 75 US$; ❄🖥) Das in einer Mischung aus klassisch und modern eingerichtete Boutiquehotel liegt in einer Reihe liebevoll restaurierter Ladenhäuser am Fluss. Die minimalistischen Zimmer besitzen teils Möbel von der Mitte des 20. Jhs., iPod-Docks, Flachbild-TV und schicke moderne Bäder. Im einladenden Green's, einem Café im Erdgeschoss mit hübschen alten Bodenfliesen, werden gesunde Salate und Shakes serviert.

Two Moons · HOTEL $$

(☎033-932857; www.twomoonshotel.com; River Rd; Zi. 35–50 US$, Suite 70–85 US$, Khmer-Haus-Zi. mit Gemeinschaftsbad 15–20 US$; ♻❄🖥🏊) Im Haupthaus gibt's helle moderne Zimmer mit Gemeinschaftsbalkon, im obersten Stockwerk einige schicke Penthouse-Suiten, die sich perfekt für Familien eignen. Im weitläufigen Garten mit einladendem Poolbereich und gutem Bar-Restaurant steht noch ein traditionelles Khmer-Holzhaus mit zwei preiswerten Zimmern und viel Flair.

Mea Culpa · GÄSTEHAUS $$

(☎012 504769; www.meaculpakampot.com; St 729; Zi. 25–27 US$; ❄🖥) Die moderne Villa hat elf supergemütliche Zimmer. Dank der Lage südlich vom Zentrum ist eine entspannte, friedliche Atmosphäre garantiert. Das hiesige Gartenrestaurant serviert die beste Holzofenpizza der Stadt.

🛏 Am Fluss

Die meisten Unterkünfte, die „außerhalb" liegen, liegen in Wirklichkeit gar nicht *so* weit außerhalb – meist sind es per *remork* nur zehn Minuten bis zum Zentrum. Alle befinden sich am Flussufer, haben einen Pavillon über dem Wasser oder einen Steg, der das Schwimmen erleichtert.

Bungalow Kampot River · BUNGALOW $

(☎033-666 6418; sokvireak25@gmail.com; Tuk Chhou Rd; Bungalow 6–10 US$; 🖥) Diese Familienunterkunft im Besitz einer kambodschanischen Familie ist ideal für Reisende, die das einfache Leben lieben und sich wirklich entspannen möchten. Von der Flussterrasse des Restaurants (Mahlzeiten ab 2 US$) lässt sich schön der Sonnenuntergang bestaunen. Die Unterbringung erfolgt in rustikalen Palmdach-Bungalows mit dicken Matratzen auf dem Fußboden, Moskitonetzen und Ventilator. Die auf Stelzen stehenden Bungalows verfügen über eigene Bäder.

Olly's Place · BUNGALOW $

(☎092 605837; www.ollysplacekampot.com; Tuk Chhou Rd; B 3 US$, Zi. 6–8 US$; 🖥) Dieses friedvolle kleine Refugium wird vom französischsprachigen Belgier Olly geleitet. Die Reetbungalows und einfachen Zimmer bieten angesichts der lockeren Stimmung und der tollen Lage ein lächerlich gutes Preis-Leistungs-Verhältnis. Windsurfausrüstung und Paddleboards dürfen kostenlos genutzt werden.

Naga House · BUNGALOW $

(☎012 289916; www.facebook.com/nagahouse-kampot; Tuk Chhou Rd; Bungalow 7–12 US$; 🖥) Die klassische Backpacker-Herberge bietet inmitten üppiger Vegetation sowohl ebenerdige als auch auf Stelzen erbaute Bungalows mit Strohdach und Gemeinschaftsbad. Im sehr geselligen Bar-Restaurant direkt am Ufer ist dank Livemusik und DJs oft bis spät abends etwas los.

Arcadia Backpackers · HOSTEL $

(☎077 219756; www.arcadiabackpackers.com; Tuk Chhou Rd; B 5–8 US$, Zi. mit Bad 17–20 US$, ohne Bad 10 US$, Bungalow 25 US$; 🖥) In Kampots wichtigstem Backpacker-Partyhostel sonnen sich die Gäste tagsüber auf dem Flussponton und vergnügen sich anschließend bis in die frühen Morgenstunden im Bar-Restaurant. Wer eine Mütze Schlaf braucht, sollte auf keinen Fall im 5-US$-Dorm zu nächtigen versuchen.

★ **Green House** BUNGALOW $$
(☎ 092 791958; www.greenhousekampot.com; Tuk Chhou Rd; Bungalow mit Bad 20–30 US$, ohne Bad 12 US$; ☎) Die wunderschöne Herberge am Fluss steht ganz im Zeichen der Ruhe und bietet sowohl Palmblatt-Bungalows mit Gemeinschaftsbad als auch bunte Holzcottages mit Balkon an. Die besten davon liegen direkt am Flussufer. Keine Kinder unter zwölf Jahren. Im historischen Haupthaus aus Teakholz mit dem Restaurant (7–20.45 Uhr) war einst die legendäre Bar Snowy's (auch bekannt als Maxine's) aus Phnom Penh ansässig, die 2011 vollständig hierher versetzt wurde.

Champa Lodge BUNGALOW $$
(☎ 092 525835; www.champalodge.com; Kompong Kreang; Bungalow 38–60 US$; ☎) Die Champa Lodge an einer Biegung des Flusses inmitten traditioneller kambodschanischer Agrarlandschaft ist ein idyllisches Landrefugium. Die künstlerisch angehauchten Zimmer verteilen sich über traditionelle Khmer-Holzhäuser mit Veranden zum Faulenzen und Genießen der bukolischen Ausblicke. Wer sich davon loszureißen vermag, kann Kajaks und Fahrräder ausleihen. Im Restaurant mit Bar wartet eine gute Auswahl belgischer Biere auf Abnehmer.

Les Manguiers RESORT $$
(☎ 092 330050; www.mangokampot.com; Ostufer des Kompong Bay River; Zi. mit Gemeinschaftsbad 11–24 US$, Bungalow 32–80 US$; ☎☎) Dieser riesige Gartenkomplex verwöhnt seine Gäste mit jeder Menge Extras wie kostenloser Kanu- und Fahrradnutzung, Badminton, Tischtennis und Kinderspielplatz. Aus den vier Pavillons über dem Wasser kann man direkt in den Fluss springen. Die Unterbringung reicht von großen und hellen einfachen Zimmern bis zu Holzbungalows auf Stelzen, allesamt mit Ventilator und kaltem Wasser. Das Essen wird an einer Gemeinschaftstafel serviert.

Villa Vedici RESORT $$
(☎ 089 290714; www.villavedici.com; Ostufer des Kompong Bay River; Zi. 30–45 US$, Bungalows ab 55 US$; ☎☎☎) Die Villa Vedici ist für kleine wie große Kinder der ideale Spielplatz, der für jeden etwas bietet: Kitesurfen, Schnellboot mit Wasserski und Wakeboard sowie eine Playstation am riesigen Flachbild-TV im luftigen Wohnzimmer des Hauptgebäudes. Die Zimmer sind eher funktional denn schnörkelig, doch verbringen die Urlauber hier eh die meiste Zeit damit, am hübschen Pool die Sonne zu genießen.

✗ Essen

Billiges Essen gibt es auf dem quirligen **Nachtmarkt** (NH3; ⊙16–24 Uhr): einfache Nudel- und Reisgerichte, Fleisch vom Grill und Khmer-Desserts wie Klebreis mit Kokossauce.

Viele der Gästehäuser sind einen Essensbesuch wert: Das Mea Culpa hat Holzofenpizza, das Magic Sponge (S. 232) bietet gutes indisches Essen und in den Herbergslokalen außerhalb der Stadt sitzt man beim Essen auf einer Plattform über dem Wasser – besonders gut ist das Green House.

Cafe Espresso CAFÉ $
(St 731; Hauptgerichte 4–6 US$; ⊙Di–Fr 8.30–16, Sa & So 9–16.30 Uhr; ☎☎) Einen Moment nicht aufgepasst – und schon hat man dieses Café verpasst, also Augen auf! Die australischen Besitzer sind echte Foodies und zaubern ein globales Angebot von vegetarischen Quesadillas bis zu brasilianischen Schweinefleisch-Sandwiches; auch die Frühstücksspeisen sind verlockend. Aber vor allem die Koffeinjunkies freuen sich über die Kaffeemischungen aus regionalem Anbau, die täglich vor Ort geröstet werden.

Epic Arts Café CAFÉ $
(www.epicarts.org.uk; St 724; Hauptgerichte 2–4 US$; ⊙7–16 Uhr; ☎) 🖉 Das entspannte Lokal serviert ein super Frühstück, hausgemachten Kuchen, frischen Tee und kleine Gerichte. Das Personal besteht aus jungen Leuten, die taub oder anderweitig gehandicapt sind. Der Erlös geht an Kunst-Workshops für Kambodschaner mit Behinderung. Jeden Freitag um 15 Uhr wird Unterricht in Zeichensprache geboten.

Jack's Place KAMBODSCHANISCH $
(St 730; Hauptgerichte 2,50–6 US$; ⊙7–22 Uhr; ☎☎) Das freundliche und entspannte, familiengeführte offene Restaurant serviert *yao hon* (Khmer-Fondue mit Brühe), *char kroeung* (Pfannengemüse mit Erdnüssen) und zahlreiche weitere kambodschanische Klassiker. Die Suppen sind köstlich und es gibt auch Sandwiches und Burger.

INSIDERWISSEN

PFEFFER AUS KAMPOT

Vor dem Bürgerkrieg in Kambodscha würzte jeder Chefkoch eines Pariser Restaurants, das etwas auf sich hielt, mit Pfeffer aus der Provinz Kampot. Dann allerdings wurden fast sämtliche Plantagen von den Roten Khmer zerstört.

Dank einer Gruppe von Ökounternehmern und Gourmets mit einer Leidenschaft für dieses Gewürz feiern die köstlich-aromatischen, kräftigen Körner aus Kampot aber ein Comeback.

Der Pfeffer wächst auf zahlreichen Familienhöfen in Phnom Voa und den umliegenden Tälern nordwestlich von Kompong Trach. Hier sorgen das einmalige Klima und die arbeitsintensiven Anbauverfahren für eine besonders scharfe Ernte. Kampot-Pfeffer gilt als solche Besonderheit, dass er wie französische Käsesorten als erstes kambodschanisches Produkt eine Herkunftsangabe bekam. Die gestiegenen Verkaufszahlen hat die Situation der anbauenden Familien stark verändert, vor allem für deren Töchter, die nun heiraten dürfen, weil sich ihre Eltern endlich die dafür nötige Aussteuer leisten können.

Pfeffer wird von Februar bis Mai geerntet. Schwarze Körner pflückt man von den Bäumen, sobald sie sich langsam gelb verfärben. Während sie in der Sonne trocknen, werden sie schwarz. Roter Pfeffer wird gepflückt, wenn er richtig reif ist, und milder weißer Pfeffer wird in Wasser getaucht, damit man die Hüllen entfernen kann. Die Erntezeit von grünem Pfeffer ist zwischen September und Februar. Ihn muss man praktisch direkt nach dem Ernten essen. Zu den besten Orten, seine sanfte Frische zu genießen, gehören die Restaurants am Krebsmarkt (S. 244) in Kep. Ein Päckchen Pfeffer ist ein hervorragendes Mitbringsel oder Geschenk: Die Körner gehen nicht kaputt, sind leicht, und halten sich jahrelang, wenn man sie vernünftig (d. h. in *nicht* gemahlenem Zustand) lagert.

FarmLink (☏ 033 690 2354; www.farmlink-cambodia.com; ◷ Mo–Fr 7.30–11.30 & 13.30–16.30 Uhr) In Kampot kann man im Laden von FarmLink, einem der Pioniere der Pfefferherstellung mit Herkunftsangabe, Säckchen mit dem unvergleichlichen Würzmittel kaufen. Außerdem sieht man, wie die Körner getrocknet und sortiert werden. Es liegt unmittelbar jenseits der neuen Brücke: die erste Straße rechts abbiegen, dann kommt FarmLink auf der linken Seite.

Sothy's Pepper Farm (☏ 088 951 3505; www.mykampotpepper.asia; Phnom Vour, Bezirk Kep, abseits des NH33; ◷ 9–17 Uhr) Sothy's ist bei Weitem die freundlichste Pfefferplantage, die Besuchern offen steht. Sie verfügt über einen Laden und bietet kurze Führungen, auf denen die Geschichte und der Verarbeitungsprozess des Kampot-Pfeffers vorgestellt werden. Liegt näher bei Kep als bei Kampot.

Starling Farm (www.starlingfarm.com; Bezirk Kampot, abseits des NH33; ◷ 7–17 Uhr) Mit Laden und Restaurant. Bietet keine Führungen oder Informationen, jedoch kann man auf eigene Faust das nächstgelegene Pfefferfeld begutachten. Ein echtes Highlight ist die Landschaft auf dem Weg hier heraus von Kampot.

Ellie's CAFÉ **$**
(St 726; Hauptgerichte 3–5 US$; ◷ Mi–Mo 8–16 Uhr; 🛜🍽) *Eggs Benedict, French toast,* englische Muffins – Ellie's bietet mit das beste Frühstück am Ort. Auch der Kuchen ist gut und die Sandwiches mit phantasievollen Belägen wie Kürbis, Spinat und Schafskäse bilden ein köstliches Mittagsmahl.

Captain Chim's KAMBODSCHANISCH **$**
(St 724; Hauptgerichte 1–3 US$; ◷ 7–22 Uhr; 🛜) Bietet im unteren Kostenbereich eins der besten Preis-Leistungs-Verhältnisse in Kampot. Der Laden ist zwar vor allem für sein Frühstück bekannt, doch die Khmer-Klas-siker wie *loc lak* (Salat mit mariniertem Rindfleisch aus der Pfanne) schmecken und sättigen zu jeder Tageszeit.

★**Rikitikitavi** INTERNATIONAL **$$**
(www.rikitikitavi-kampot.com; River Rd; Hauptgerichte 5–8 US$; ◷ 7–22 Uhr; 🛜🍽) Das Terrassenrestaurant am Fluss ist nach dem Mungo in Rudyard Kiplings *Dschungelbuch* benannt und zeichnet sich vor allem für sein Ambiente aus. Es ist berühmt für sein Hühnchen mit Kampot-Pfeffer, die Burritos, das langsam gegarte Curry und die Salate. Zur Happy Hour von 17 bis 19 Uhr gibt's für

SÜDKÜSTE KAMPOT

jeden bezahlten Cocktail einen gratis. Dies ist das beste Lokal der Stadt für einen entspannten Sundowner.

Veronica's Kitchen
INTERNATIONAL **$$**

(River Rd; Hauptgerichte 4,75–6 US$; ⏱ 7.30–22 Uhr; 🕿) Das lockere und freundliche Restaurant unter freiem Himmel wird von einer ortsansässigen Familie geführt und bietet ausgewählte Khmer-Klassiker und europäische Gerichte, sodass alle auf ihre Kosten kommen. Ein Top-Lokal am Fluss für ein Bierchen am späten Nachmittag.

Rusty Keyhole
INTERNATIONAL **$$**

(River Rd; Rippchen klein/groß/extragroß 5/7,50/10 US$; ⏱ Nov.–Mai 8–23 Uhr, Juni–Okt. 11–23 Uhr; 🕿) In dem Bar-Restaurant am Fluss erwartet die Gäste eine Auswahl internationaler Wohlfühl- und Khmer-Hausmannskost. Die berühmten Spareribs sollten im Voraus bestellt werden, aber Vorsicht: die extragroße Portion ist gewaltig!

Baraca
TAPAS **$$**

(St 726; Tapas 1,50–3 US$, gemischte Platte für 2 Pers. 10 US$; ⏱ 17–22 Uhr; 🕿 🍴) Das gemütliche, bunte Restaurant mit einem leichten Boheme-Touch serviert kreative Tapas mit vereinzelten Einflüssen aus Asien, vom Mittelmeer und aus dem Nahen Osten – ein Muss für Leute, die gerne (mehrere) kleine Portionen essen. Im **Gästehaus** (📞 011 290434; www.baraca.org; St 726; DZ 12–16 US$, FZ 20 US$; 🕿) hinten gibt's einfache, luftige Zimmer mit hohen Decken und Original-Bodenfliesen.

🍷 Ausgehen & Unterhaltung

KAMA
BAR

(Kampot Arts and Music Association; St 726; ⏱ Mi–So 18–24 Uhr; 🕿) Eigentümer des KAMA ist Julien Poulson, Mitbegründer der bekannten Band Cambodian Space Project. Das KAMA ist zugleich Künstlerkneipe und Ausstellungsraum. Die Musik kommt aus einer vielseitigen Schallplattensammlung, jeden Abend werden Filme gezeigt und es finden Kulturevents statt. Wer auf ein Bier oder das Tagesgericht vorbeischaut, kann gleich checken, was gerade in der Stadt los ist.

Oh Neils
BAR

(River Rd; ⏱ 17 Uhr–open end; 🕿) In der quirligsten der kleinen Bars am Flussufer in Kampot pflastern Rock-'n'-Roll-Andenken die Wände und gespielt werden Klassiker vieler Jahrzehnte.

Ecran
KINO

(St 724; 10 000 R pro Film; ⏱ Mi–Mo 11–21 Uhr) Ecran ist das französische Wort für Bildschirm/Leinwand und dies hier ist ein kleines Kinocafé, in dem auf einer großen Leinwand sowie in einem Privatzimmer Filme gezeigt werden. Kambodschanische Filmklassiker wie *The Killing Fields* stehen täglich auf dem Programm, darüber hinaus Kultklassiker usw. Beim Gucken kann man hausgemachte Nudeln und Klöße (2–2,50 US$) verdrücken, auch kalte Getränke sind erhältlich.

 Shoppen

Tiny Kampot Pillows
KUNSTHANDWERK, BEKLEIDUNG

(www.tinykampotpillows.com; 2000 Roundabout; ⏱ 10–18 Uhr) In dem Textilgeschäft werden zahllose winzige, handgewobene Seidenkissen und viele andere Accessoires von Bekleidung bis zu Taschen verkauft.

Dorsu
BEKLEIDUNG

(www.dorsu.org; St 724; ⏱ 10–17.30 Uhr) Ethnomode aus Kampot: Die tolle Kollektion hochwertiger Bekleidung wird vor Ort von einem kleinen Team entworfen und gefertigt.

Kepler's Kampot Books
BÜCHER

(St 724; ⏱ 8–20 Uhr) Secondhandbücher.

ℹ Praktische Informationen

Der kostenlose und oft zum Schreien komische *Kampot Survival Guide* (www.kampotsurvival guide.com) wirft einen ironischen Blick auf die hiesige Expatszene. Werbung und Infos zu Geschäften in Kampot und Kep sind hingegen im ebenfalls kostenlosen Führer *Coastal* zu finden.

Eine Reihe Copyshops mit Internetzugang sind südwestlich des Durian-Kreisverkehrs an der 7 Makara Street zu finden. In den meisten Gästehäusern, Cafés und Restaurants gibt's kostenloses WLAN.

Acleda Bank (St 724; ⏱ Mo–Fr 8–15.30, Sa bis 11.30 Uhr, Geldautomat 24 Std.)

Canadia Bank (Durian-Kreisverkehr; ⏱ Mo–Fr 8–15.30, Sa bis 11.30 Uhr, Geldautomat 24 Std.)

Sonja Kill Memorial Hospital (📞 Notfälle 078 265782, Ambulanz 077 666752; www.skmh. org; NH3, 7 km westlich von Kampot) Das beste Krankenhaus der Gegend mit modernen medizinischen Einrichtungen und sehr gut ausgebildeten einheimischen und ausländischen Ärzten.

Touristeninformation (📞 033-655 5541; lonelyguide@gmail.com; River Rd; ⏱ 7–19 Uhr) Die vom gut informierten Mr. Pov geleitete Touristeninformation von Kampot verteilt kostenlose Informationen, verkauft Touren und organisiert den Transport zu Attraktionen der Umgebung wie z. B. zu Höhlen und Wasserfällen oder nach Kompong Trach.

ⓘ An- & Weiterreise

Kampot liegt am NH3, 148 km südwestlich von Phnom Penh, 105 km östlich von Sihanoukville und 25 km nordwestlich von Kep.

Capitol Tours (☏ 092 665001; NH33) und **Phnom Penh Sorya** (NH33) verkaufen Fahrkarten in ihren Büros gegenüber der Total-Tankstelle beim Four-Nagas-Kreisverkehr. Sie bieten jeweils um 7 Uhr einen Bus nach Phnom Penh (5–6 US$, 4 Std.), Capitol einen weiteren um 13 Uhr. Der Sorya-Bus fährt über Kep (2 US$, 45 Min.).

Die meisten Reisenden bevorzugen für die Fahrt nach Phnom Penh die schnellen und komfortableren Minibusse. **Giant Ibis** (☏ 095 666809; www.giantibis.com; 7 Makara St) bietet um 8.30 und 14.45 Uhr Minibusse nach Phnom Penh (9 US$, 2½ Std.), **Kampot Express** (☏ 077 555123; www.kampotexpress.com; St 729) um 8, 13 und 16.30 Uhr (8 US$, 2¾ Std.). Nach Sihanoukville sind **Kampot Tours & Travel** (☏ 092 125556; St 710) (5 US$, 8 und 15.30 Uhr, 2 Std.) und **Champa Mekong Travel** (☏ 033-630 0036; St 724; 5 US$; 8, 10.30, 15.30 Uhr; 2 Std.) die beiden wichtigsten Minibusanbieter. Nach Kep (3 US$, 30 Min.) hat Kampot Tours & Travel Verbindungen um 9.30 und 14 Uhr, Champa um 10.30 und 15 Uhr. Die Vormittagsbusse nach Kep fahren jeweils weiter nach Ha Tien in Vietnam (8 US$, 1½ Std.).

Alle Gästehäuser können Fahrkarten und Abholung organisieren.

Ein *moto* nach Kep sollte etwa 6 US$ (*remork* 12 US$) kosten.

ⓘ Unterwegs vor Ort

Eine *moto*-Fahrt in der Stadt kostet etwa 2000 R (*remork* 1 US$). Für die Fahrt zu den am Fluss gelegenen Gästehäusern am Stadtrand muss man je nach Ziel zwischen 2 und 4 US$ berappen.

Viele Gästehäuser der Stadt verleihen Fahrräder (2 US$ pro Tag) und Motorräder (ca. 5 US$ pro Tag).

Kampot Car Rental (☏ 088 5102702; www. facebook.com/kampotcarrental; River Rd; ab 20 US$ pro Tag; ☺7–20 Uhr) Mit einem Mietwagen kann man für wenig Geld nach Lust und Laune herumfahren. Gründlich das Kleingedruckte lesen!

Rund um Kampot

Die Kalksteinhügel im Osten von Kampot Richtung Kep sind durchsetzt mit Höhlen. Der prächtige Phnom Chhnork erhebt sich in einer üppig grünen Landschaft und kann problemlos an einem Nachmittag zusammen mit dem Phnom Sorsia besucht werden.

Phnom Chhnork HÖHLE

(ភ្នំឆ្នក; Eintritt 1 US$; ☺7–18 Uhr) Zum Phnom Chhnork läuft man vom Wat Ang Sdok aus ein kleines Stück durch Reisfelder. Ein Mönch kassiert das Eintrittsgeld und eine Schar freundlicher Kinder aus der Gegend bietet ihre Dienste als Führer an.

Über eine Treppe mit 203 Stufen kommt man den Hang hinauf bzw. hinab in eine Höhle, die so schön ist wie eine gotische Kathedrale. Die Aussicht von oben und der Spaziergang vom bzw. zum Wat sind vor allem am Spätnachmittag zauberhaft.

In der Höhle wird man von einem Stalaktiten-Elefanten begrüßt; einen zweiten Dickhäuter gibt es rechts zu entdecken. Winzige Fledermäuse leben oben in den zwei natürlichen, teilweise von einem grünen Laubdach überwachsenen Kaminen, durch die man in den blauen Himmel blickt.

In der Hauptkammer der Höhle befindet sich ein eindrucksvoller, Shiva geweihter **Backsteintempel** aus dem 7. Jh. (Funan-Zeit), der sich dank seiner schützenden Umgebung eines hervorragenden Zustands erfreut. Besucher können ihre Köpfe hineinstecken und den uralten Stalaktiten bewundern, der als *linga* dient. Eine ziemlich rutschige Passage, die in der Regenzeit überflutet ist, führt durch den Hügel.

Anfahrt nach Phnom Chhnork: etwa 5,5 km östlich von Kampot links vom NH33 abbiegen. Gegenüber einer Cham-Moschee steht dann ein Schild mit der Aufschrift „Phnom Chhngok Resort". Von dieser Abzweigung führen 6 km holprige Straße zur Höhle. Eine *moto*-Fahrt von Kampot und zurück kostet um die 6 US$ (*remork* 10 US$).

Phnom Sorsia HÖHLE

(ភ្នំសសៀ, Phnom Sia; ☺7–18 Uhr) GRATIS Der Phnom Sorsia hat mehrere natürliche Höhlen zu bieten. Vom Parkplatz führt eine Treppe den Hügel hinauf zu einem grellbunten modernen **Tempel**. Links geht's über weitere Stufen zur **Rung Damrey Saa** (Höhle des weißen Elefanten). Eine rutschige, steile Treppe führt hinunter und dann hoch und auf der anderen Seite durch ein Loch wieder heraus. Achtung! Ein falscher Schritt und der Abgrund tut sich auf! Nach der Höhle führt ein Pfad nach rechts zurück zum Tempel.

Rechts vom Tempel weg geht's zur **Fledermaushöhle**. Die Fledermäuse flattern über die Köpfe der Besucher und fliegen durch einen engen Kamin nach draußen in den Dschungel. Einheimische jagen sie mit Bambusstäben und erschlagen sie in der Luft. Der Rundweg endet nahe einem Stupa auf einer Bergkuppe mit eindrucksvollem Ausblick.

Die Abzweigung zum Phnom Sorsia liegt am NH33, 13,5 km südöstlich von Kampot bzw. 1,3 km nordwestlich des White-Horse-Kreisverkehrs bei Kep. Nach dem Schild „Phnom Sorsia Resort" Ausschau halten – von dort führt eine Schotterstraße 1 km Richtung Nordosten durch die Reisfelder.

Tek Chhou Rapids
FLUSS

(ទឹកិលឡ; Eintritt 1 US$) Die bescheidenen Stromschnellen erfreuen sich bei den Einheimischen großer Beliebtheit. Dementsprechend sind sie von Imbissständen und – unabdingbar für einen richtig guten Khmer-Ausflug – Picknickplattformen umgeben. Ein *remork* vom Kampot hierher kostet um die 5 US$.

Dank der Wasserkraftwerke flussaufwärts – sie gehören zu dem 280 Mio. US$ teuren Projekt, in dessen Rahmen kleine Teile des Bokor-Nationalparks geflutet wurden – ist das Wort *rapids* (Stromschnellen) eher verfehlt, es ist dennoch ein nettes Plätzchen zum Entspannen am Fluss und zum Eintauchen in den kambodschanischen Alltag.

Bokor Hill Station
កស្ថានីយភ្នំបូកគោ

Das einst verlassene französische Refugium Bokor Hill Station GRATIS im 1581 km² großen **Bokor-Nationalpark** (ឧទ្យានជាតិបូកគោ, Preah-Monivong-Nationalpark; Eintritt Motorrad/Auto 2000/4000 R) ist berühmt für sein erfrischend kühles Klima und seine verfallenen Gebäude, die ihre beste Zeit in den 1920er- und 1930er-Jahren hatten. An kalten, nebligen Tagen kann das Ganze recht unheimlich wirken. Denn dann ist dank dem Nebel fast nichts mehr zu sehen, während der Wind durch die verlassenen Räume heult. Kein Wunder, dass der düstere Showdown am Ende von Matt Dillons Thriller *City of Ghosts* (2002) hier gedreht wurde.

Leider ist die Bergstation inzwischen berühmt für das hässliche moderne Casino, das den Berggipfel verunziert: das Thansur Bokor Highland Resort. Es gehört zu einem gewaltigen Erschließungsprojekt mit Golf-

platz und zahlreichen Ferienvillen, die zu Höchstpreisen verscherbelt werden. Bedauerlicherweise ist die reizend unheimliche Atmosphäre des ehemaligen Bokor fast unwiederbringlich zerstört worden.

Geschichte

Anfang der 1920er-Jahre errichteten die Franzosen eine Bergstation auf dem Phnom Bokor (1080 m), um der Hitze des Flachlands zu entkommen. Von diesem Ort genießt man einen spektakulären Ausblick auf die Küstenebene.

Die Bergstation wurde zweimal verlassen – das erste Mal, als die Vietnamesen und Khmer Issarak (Freie Khmer) sie Ende der 1940er-Jahre stürmten, während sie für ihre Unabhängigkeit von Frankreich kämpften, und dann noch einmal 1972, als das Regime von Lon Nol sie den Roten Khmer überließ. Wegen ihrer Lage war sie strategisch wichtig für alle Parteien des Bürgerkriegs. Deshalb galt die Bergstation als einer der Orte, um die Vietnam bei seiner Invasion 1979 mit allen Kräften kämpfen musste. Über mehrere Monate harrten die Roten Khmer in der katholischen Kirche aus, während ihre Gegner sie vom 500 m entfernten Bokor Palace unter Beschuss nahmen.

Sehenswertes

Bokor Palace
HISTORISCHES GEBÄUDE

(ជំណាក់បូកគោ) GRATIS Das 1925 eröffnete ehemalige Grandhotel war eine wichtige Spielwiese für die französischen Beamten. Beim Gang durchs Gebäude braucht man schon ein bisschen Phantasie, um sich die opulente Ausstattung des Ballsaals und der Gästezimmer vorzustellen – heute ist das Hotel nur noch eine riesige leere Hülle mit stellenweise noch vorhandenen Original-Bodenfliesen.

Katholische Kirche
KIRCHE

GRATIS Auf dem gedrungenen Glockenturm der katholischen Kirche im romanischen Stil ragt noch immer das Kreuz empor, Teile von Buntglasfenstern zieren die Ecken der Fenster im Hauptraum und in einem Seitenfenster sind die Umrisse eines rostigen Kruzifixes erkennbar. Man kann sich mühelos vorstellen, wie sich eine kleine Gruppe französischer Kolonialisten in Sonntagskleidern zur Messe einfand. Die Trennwände im Gebäudeinneren wurden von den Roten Khmer errichtet. Etwas weiter bergauf gibt ein steiler Abhang den Blick frei auf den Regenwald.

Wat Sampov Pram BUDDHISTISCHER TEMPEL

(វត្តសំពៅព្រាំ) Von der Terrasse des von Flechten überwucherten Wat Sampov Pram (Tempel der fünf Boote) hat man einen umwerfenden Blick auf den Urwald, die Küste und sogar auf die Insel Phu Quoc in Vietnam. Rund um den Tempel versammeln sich gern wilde Affen.

Popokvil-Wasserfall WASSERFALL

(ទឹកធ្លាក់ពពកវិល) Vom Thansur Bokor Highland Resort führt die Straße Richtung Norden zum zweistufigen Popokvil-Wasserfall. Am imposantesten ist er von Juli bis Oktober.

❶ An- & Weiterreise

Zur Hill Station gelangt man mit einer der zahlreichen in Kampot angebotenen Tagestouren oder man leiht sich ein Motorrad und kommt auf eigene Faust hierher. Die Straße hinauf ist nagelneu, erbaut vom Thansur Bokor Highland Resort, und in hervorragendem Zustand.

Kep កែប

♩ 036 / 35 000 EW.

Das 1908 als Küstenrefugium für die französische Elite gegründete Kep war in den 1960er-Jahren ein beliebtes Ziel reicher Kambodschaner. Heute zieht es die Touristen wieder nach Kep (Krong Kep, auch Kaeb geschrieben). Kep hat kein richtiges Zentrum, weswegen es viele Reisende als etwas seelenlos empfinden. Auf andere hingegen übt die verträumte Atmosphäre einen eigenartigen Reiz aus.

Trotz des Mangels an einem Zentrum sowie einem sandigen Uferstreifen sind in Kep mittlerweile zahlreiche Boutiqueresorts entstanden. Die Hotels richten sich direkt an ein kultiviertes Strandvolk, das sich anstatt Partys zu feiern lieber auf eine Wanderung auf den von Schmetterlingen bevölkerten Wegen des Kep-Nationalparks begibt, um danach mit ihrem Glas Wein in der Hängematte zu entspannen.

Im für seine großartigen Sonnenuntergänge sowie die überaus köstlichen Meeresfrüchte berühmten Kep stehen noch die Ruinen einiger Luxusvillen aus der Blütezeit der Stadt vor dem Krieg. Unter den Roten Khmer wurde Kep evakuiert und dann in den 1980er-Jahren systematisch geplündert, sodass diese verfallenen Hüllen modernistischer Häuser, jetzt vom Wald umschlungen, als Relikte einer anderen Zeit dastehen, die ein plötzliches und gewaltsames Ende fand.

◉ Sehenswertes

Über Kep verstreut liegen die vermoderten Überbleibsel ansehnlicher **Villen** von der Mitte des 20. Jhs., die von glücklicheren Zeiten, aber auch von den schrecklichen Jahren der Roten Khmer bzw. des Bürgerkriegs zeugen. Sie weisen einen modernistischen Stil mit klaren Linien, vielen Horizontalen sowie wenigen Verzierungen auf und halten die Erinnerung an die kurze Hochzeit der Stadt wach. Heute sind viele mit Graffiti beschmiert und in ihnen leben Hausbesetzer (und, wie manche behaupten, Geister). Schöne Exemplare findet man am NH33A, vom Northern Roundabout Richtung Norden. Kaufen kann man die Gebäude nicht, da sie Mitte der 1990er-Jahre von Spekulanten mit guten Beziehungen zu einem Spottpreis vom Markt geschnappt wurden.

★ Kep-Nationalpark PARK

(ឧទ្យានជាតិកែប; Eintritt 4000 R) Im Zentrum der Kep-Halbinsel erstreckt sich der Kep-Nationalpark. Hier führt ein 8 km langer Rundweg, der zu Fuß oder per Mountainbike zu bewältigen ist, durch dichten Wald vorbei an Wats und Aussichtspunkten. Urige gelbe Schilder weisen den Weg und zeigen überdies an, wo Pfade ins Innere des Parks abzweigen. Besonders lohnend ist der Weg *Stairway to Heaven*: Er führt den Hügel hinauf zu einer Pagode, einem Frauenkloster und zum Aussichtspunkt Sunset Rock.

Der Hauptzugang zum Park befindet sich hinter dem Veranda Natural Resort.

Stärkung vor oder nach der Wanderung bietet das Led Zep Cafe (S. 244), 300 m vom Haupteingang entfernt am Weg. Der Eigentümer Christian war die treibende Kraft bei der Schaffung, Kartierung und Ausschilderung der Wege und kümmert sich auch weiterhin um die Fauna und Flora des Parks.

Koh Tonsay (Kanincheninsel) INSEL

(កោះទន្សាយ) Wer rustikales Strandläuferleben liebt, dem gefällt sicher der 250 m lange Hauptstrand von Koh Tonsay. Allerdings ist es ratsam, so schnell wie möglich herzukommen, da die Insel erschlossen werden soll. Der Strand zählt zu den schönsten im gesamten Gebiet von Kep, jedoch darf man keinen glitzernd weißen Sand erwarten. Hier schwimmt Treibgut herum und man sieht Hühner und Kühe. Gesäumt wird der Strand von Restaurantschuppen und einfachen Bungalows (ab 7 US$ pro Nacht).

Kep

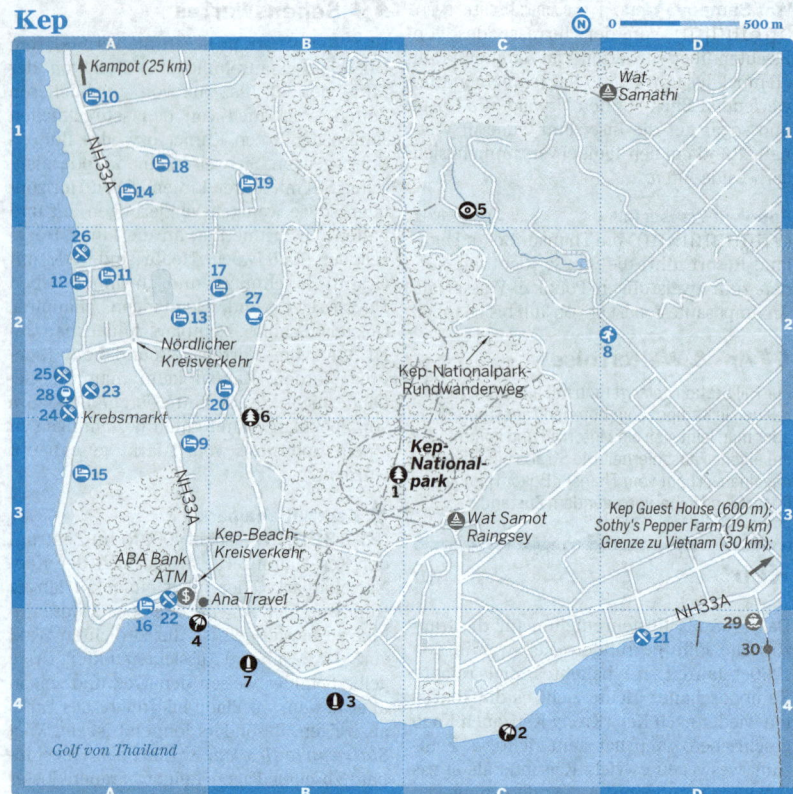

SÜDKÜSTE KEP

Boote nach Koh Tonsay fahren um 9 Uhr vom Rabbit Island Pier ab und um 16 Uhr zurück nach Kep (10 US$ hin & zurück). Die Gästehäuser in Kep können Bootstickets besorgen oder man geht zum Koh Tonsay Boat Ticket Office am Bootsanleger. Auch Privatboote können hier organisiert werden; sie kosten etwa 25 US$ für Hin- und Rückfahrt.

Zu den Inseln um Kep gehört auch **Koh Pos** (Schlangeninsel; etwa 30 Minuten jenseits der Kanincheninsel), vor deren menschenleerem Strand auch ein gutes Schnorchelrevier liegt. Übernachtungsmöglichkeiten gibt es hier allerdings keine, dafür kostet die Fahrt zur Insel im Zehn-Personen-Boot für einen Ganztagestrip ungefähr 50 US$. Außerdem gibt's noch die kleine, strandlose **Koh Svay** (Mangoinsel), die an ihrem höchsten Punkt einen schönen Ausblick bietet.

Koh Tonsay heißt so, weil die Inselform laut den Einheimischen einem Kaninchen ähnelt – ein gutes Beispiel dafür, was das hiesige Gebräu mit der Phantasie anstellt.

Kep Butterfly Farm　　　　　　　FARM
(កសិដ្ឋានមេអំបៅកែប; Jasmine Valley Trail, Kep-Nationalpark; Spenden willkommen; ☺9–18 Uhr) GRATIS In diesem kleinen, schön gepflegten Blumengarten sind unzählige Schmetterlinge zu Hause. Man gelangt mit dem Fahr- oder Motorrad hierher oder zu Fuß vom Hauptweg im Kep-Nationalpark, indem man den mit „Connection Path" beschilderten Abzweig nimmt.

🏊 Strände

Keps Strände sind zum Schwimmen größtenteils zu seicht und steinig. Weiter draußen sind die Verhältnisse zum Schwimmen etwas besser – genau wie am Bootssteg des Sailing Club, wobei das Wasser hier stellenweise besonders seicht ist.

Kep Beach　　　　　　　　　　STRAND
Dieses taschentuchgroße Sandstück ist der einzige echte Strand der Stadt. In Vorkriegszeiten wurde schneeweißer Sand per Last-

Kep

SÜDKÜSTE KEP

wagen von anderen Stränden hergekarrt. 2013 besann man sich erneut dieser Praxis und jetzt präsentiert sich der Strand von einer besseren Seite als seit vielen Jahren. Er ist ziemlich steinig und am Wochenende kann es hier ziemlich voll werden. Am östlichen Ende der schattigen Promenade stößt man auf die **Sela Cham P'dey**, die Statue einer nackten Fischersfrau, die auf die Rückkehr ihres Mannes wartet.

Coconut Beach   STRAND
An diesem „Strand" gibt es Picknickplattformen und Imbissschuppen, jedoch keinen nennenswerten Sand. Er beginnt ein paar hundert Meter südöstlich von Kep Beach, gleich nach der berühmten **Skulptur eines Riesenkrebses**.

🏃 Aktivitäten

Sailing Club   WASSERSPORT
(☎078 333686; www.knaibangchatt.com/the-sailing-club; ⏰8–17 Uhr) Der für die Allgemeinheit offene Segelclub vermietet Seekajaks (5 US$ pro Std.), kleine Katamarane (Hobie Cat; ab 15 US$ pro Std.) und Windsurfbretter (12 US$ pro Std.). Für 10 US$ am Tag gibt's ordentliche Mountainbikes zu mieten.

Magic Tree   BAUMKLETTERN
(☎099 896859; maxdiscoverycambodia.word press.com; 8 US$) Max Discovery Cambodia organisiert in der Umgebung von Kep eine Reihe Baumkletterevents und stellt Teams zusammen; der Magic Tree ist eine Outdoor-aktivität für die ganze Familie. Nach Anleitung und mit Seilen gesichert kann man das Innere eines riesigen alten Banyanbaums im Kep-Nationalpark erkunden.

Ranch de la Plantation   REITEN
(☎097 847 4960; www.kep-plantation.com; 1/2 Std. 20/34 US$; ⏰8–18 Uhr) Wer möchte, kann hoch zu Ross durch die Ausläufer des Kep-Nationalparks und die Landschaft um Kep herum traben. Die Pferde sind allerdings manchmal störrisch und eigentlich nur für erfahrene, erwachsene Reiter geeignet.

Marine Conservation Cambodia   FREIWILLIGENARBEIT
(www.marineconservationcambodia.org; Koh Seh) 🚤 Auf der Insel Koh Seh (18 km von Kep) kämpft Marine Conservation Cambodia für die Erhaltung der Meeresumwelt um Kep und gegen die durch die illegale Fischerei an der Meeresfauna und -flora angerichteten Schäden. Freiwillige können sich an den Patrouillenfahrten zum Aufspüren illegaler Fischerei beteiligen, etwas über den Meeresschutz lernen oder bei Forschungsprojekten mitarbeiten.

👉 Geführte Touren

Kep ist ein guter Ausgangspunkt für einen Besuch auf Sothy's Pepper Farm (S. 235) und die Besichtigung zahlreicher schöner Höhlentempel wie des Wat Kiri Sela (S. 245) bei

Kompong Trach. An der Straße nach Kampot locken außerdem der Phnom Chhnork (S. 237) und der Phnom Sorsia (S. 237). Am besten gelangt man zu den Sehenswürdigkeiten, indem man ein *remork* mit englischsprachigem Fahrer mietet (ca. 20 US$ pro Tag) und sich seine eigene Tour durch die Umgebung zusammenstellt.

🛏 Schlafen

Kep zieht sich auf einer Länge von gut 5 km an der Küste entlang. Resorts und Gästehäuser säumen die gesamte Hauptstraße wie auch die unbefestigten Wege, die in die Berge hinauf zum Kep-Nationalpark führen.

⭐ Botanica Guesthouse   BUNGALOW $
(📞097 899 8614; www.kep-botanica.com; NH33A; Zi. mit Ventilator/Klimaanlage 19/29 US$; ❅🛜🏊) Ein wenig abseits des Trubels (sofern man in Kep von Trubel sprechen darf), bietet das Botanica mit seinen reizenden Bungalows, die moderne Badezimmer besitzen, außergewöhnlich viel fürs Geld. Es gibt einen kleinen Swimmingpool und den Gästen stehen kostenlose Fahrräder zur Verfügung, mit denen sie an den Strand radeln können.

Tree Top Bungalows   BUNGALOW $
(📞012 515191; www.keptreetop.com; Bungalow mit/ohne Bad 25/5 US$, Baumhaus-Bungalow ab 10 US$; @🛜) Die coolen „Baumhäuser" aus Bambus, von denen sich jeweils zwei ein Bad teilen, sind wirklich sehr urig. Unten am Boden gibt's noch solide, geräumige Bungalows mit Bad sowie die billigsten Zimmer von Kep: durch papierdünne Wände getrennte Holzverschläge.

Kimly Lodge   GÄSTEHAUS $
(📞012 721200; www.kimlylodge.com; DZ 25 US$, Bungalow ab 45 US$; ❅🛜🏊) Die schicken, preiswerten Zimmer mit gefliesten Böden, gemütlicher Einrichtung und makellosen Bädern sind ein echtes Schnäppchen. Die großen Bungalows im Cottagestil im hinteren Bereich verfügen über Bäder mit Steinmauern und kleine Veranden.

Kep Guest House   HOSTEL $
(📞097 374 8080; www.kepguesthouse.com; NH33A; B 5–7 US$, Zi. 9–17 US$; ❅🛜) Das bescheidene Hostel ist Keps schönste Backpacker-Bleibe; sie hat helle, luftige und saubere Zimmer und einem Dorm mit Doppelbetten. Vom Dachrestaurant eröffnen sich tolle Meerblicke. Das Zimmer für 17 US$ besitzt eine Klimaanlage.

Bacoma   BUNGALOW $
(📞088 411 2424; bacoma@live.com; NH33A; Zi. 10–36 US$; 🛜) Die billigen und freundlichen Rondavels (runde Reetbauten) im Garten verfügen alle über Moskitonetze und Ventilatoren sowie genügend blitzblanke Gemeinschaftsbäder. Es stehen auch große Bungalows und traditionelle Khmer-Häuser mit Bad zur Verfügung.

Le Coco de Mer   BUNGALOW $
(📞090 880413; www.lecocodemerbungalows.com; Bungalow mit Ventilator/Klimaanlage inkl. Frühstück 25/35 US$; ❅🛜) Das Coco de Mer liegt in einem friedvollen Garten am Berghang oberhalb der Hauptstraße. Die einfachen, aber netten Holzbungalows mit Ventilator und Hängematten auf den Veranden sind reizend rustikal. Die geräumigen Beton-Cottages verfügen über Klimaanlagen.

⭐ Saravoan Hotel   BOUTIQUEHOTEL
(📞036-639 3909; www.saravoanhotel-kep.com; DZ/2BZ/FZ 45/50/55 US$; ♿❅🛜🏊) Dieser Neuling hat zeitgenössisches minimalistisches Design nach Kep gebracht. Die großzügig geschnittenen Zimmer haben polierte Betonböden, Feldsteinwände und bis zur Decke reichende Glastüren, die sich auf Balkone mit dem besten Ausblick der Stadt öffnen. Auf der Terrasse des Poolbereichs (ebenfalls mit Meerblick) können die Gäste nach einem Tag im Kep-Nationalpark bestens entspannen.

Tara Lodge   GÄSTEHAUS $$
(📞097 623 6167; www.taralodge-kep.com; DZ mit Frühstück 50–60 US$, FZ 75 US$; ♿❅🛜🏊) Die sehr freundliche Tara Lodge beeindruckt mit komfortablen, großen Zimmern mit allen modernen Annehmlichkeiten, versteckt in einem üppigen Garten mit Palmen und Blumen um einen glitzernden Pool herum. Dies ist ein abgeschiedenes Plätzchen für echte Erholung. Vom Terrassenrestaurant oben bieten sich wundervolle Aussichten.

Le Flamboyant Resort   RESORT $$
(📞017 491010; www.flamboyant-hotel.com; NH33A; DZ mit Frühstück ab 60 US$; ♿❅🛜🏊) Zwar ist es nicht so extravagant, wie der Name andeutet, doch dieses schöne, große Gartenresort hat durchaus etwas von einem Boutiqueresort. Die Bungalows im Cottagestil zieren blaue Farbtupfer, Holzelemente und niedliche Veranden. Dazu kommen zwei Pools, eine kleine Wellnesshütte und ein gutes Restaurant.

Sea View Bungalows RESORT $$
(☏ 097 695 8582; www.seaviewbungalows.com; Bungalows mit Frühstück ab 40 US$; ✻⛱☎) Das familienfreundliche Bungalow-Resort erstreckt sich inmitten eines weitläufigen alten Gartens mit Pool über einen Hang. Es ist weit genug weg, um abgeschieden zu wirken, aber doch so zentral gelegen, dass die Gäste zu Fuß zum Krebsmarkt von Kep gehen können. Sowohl die geräumigen Familiensuiten als auch die Standard-Bungalows sind komfortabel und bestens in Schuss, wenn auch die Einrichtung etwas freudlos wirkt.

Veranda Natural Resort RESORT $$$
(☏ 012 888619; www.veranda-resort.asia; Kep Hillside Rd; Zi. mit Frühstück ab 80 US$; ✻⛱☎) Die Bungalows des Resorts schmiegen sich an den Hang. Sie sind ganz aus Holz, Bambus und Stein gebaut und durch ein Labyrinth von Stegen verbunden. Insgesamt sehr romantisch, wobei die Zimmer in Größe, Form (und Preis) extrem unterschiedlich ausfallen, daher unbedingt mehrere ansehen! Das Essen ist hervorragend, das Sonnenuntergangspanorama vom Restaurantpavillon atemberaubend schön.

Le Ponton Hotel BOUTIQUEHOTEL $$$
(☏ 017 780061; www.lepontonhotel.com; Bungalow mit Frühstück ab 80 US$; ✻✻⛱☎) Dieses Hotel verbreitet mit seinen bunten Loungebereichen und dem sehr schönen Poolbereich relaxtes Strandurlaubsflair. Die Zimmer im Bungalowstil mit kleinen Balkonen sind einfach, aber schick und befinden sich in einem wunderbaren tropischen Garten mit Blumen und Bäumen. In Spaziernähe zum Krebsmarkt und Kep Beach.

WEITERREISE NACH VIETNAM: VON KEP NACH HA TIEN

Bis zur Grenze Der Grenzübergang (⊙ 6–17.30 Uhr) Prek Chak–Xa Xia erfreut sich als Verbindung von Kampot und Kep nach Ha Tien zunehmender Beliebtheit; von dort gelangt man dann zur beliebten vietnamesischen Insel Phu Quoc oder nach Ho-Chi-Minh-Stadt.

Die einfachste Anreise zum Grenzübergang Prek Chak (und weiter nach Ha Tien in Vietnam) ist mit einem Minibus von Phnom Penh (16, US$ 5 Std.), Sihanoukville (16 US$, 4 Std.), Kampot (8 US$, 1½ Std.) oder Kep (5 US$, 1 Std.). Virak Buntham (S. 216) befährt diese Strecke ab Phnom Penh. Ab Kampot und Kep ist Kampot Tours & Travel (S. 245) der zuverlässigste Anbieter.

Auch Reisende mit einem Ticket bis nach Ho-Chi-Minh-Stadt oder Phu Quoc müssen an der Grenze gewöhnlich in einen anderen Bus umsteigen.

Eine flexiblere Alternative von Phnom Penh oder Kampot besteht darin, irgendeinen Bus nach Kompong Trach zu nehmen und von dort die 15 km bis zur Grenze auf einer guten Straße mit einem *moto* (ca. 3 US$) zurückzulegen.

In Kep können Gästehäuser ein direktes *moto* (8 US$, 40 Min.), *remork* (13 US$, 1 Std.) oder Taxi (20 US$, 30 Min.) vermitteln. Von Kampot ist es fast doppelt so teuer und dauert fast doppelt so lang. Privatfahrzeuge nehmen eine neue Straße, die 10 km westlich von Kompong Trach Richtung Süden zur Grenze führt.

An der Grenze Vietnam stellt Deutschen derzeit an der Grenze ein 15-Tages-Visum aus – ob diese Regelung auch weiterhin gilt, siehe www.auswaertiges-amt.de. Reisende aus anderen Ländern sowie diejenigen, die länger als 15 Tage im Land bleiben möchten, müssen sich im Voraus ein Visum besorgen.

Am Prek Chak bieten *moto*-Fahrer für 5 US$ den Transfer zum vietnamesischen Grenzposten, 300 m hinter dem kambodschanischen, und weiter bis Ha Tien (15 Min., 7 km) an. Wer Geld sparen möchte, geht zu Fuß durchs Niemandsland und nimmt auf der anderen Seite ein *moto* für 2–3 US$.

Weiterreise Reisende mit Zielrichtung Phu Quoc sollten vor 12.30 Uhr in Ha Tien aufkreuzen, um noch ein Ticket für die 13-Uhr-Fähre zu bekommen (230 000 Dong oder rund 11 US$, 1½ Std.). Extremfrühaufsteher schaffen es vielleicht sogar so zeitig nach Ha Tien, dass sie noch die Fähre um 8 Uhr erwischen. Die fahrplanmäßigen Busse von Kambodscha nach Ha Tien kommen an, bevor die Fähre um 13 Uhr abfährt.

Knai Bang Chatt
BOUTIQUEHOTEL $$$

(☎078 888556; www.knaibangchatt.com; EZ/DZ mit Frühstück ab 188/319 US$; ⊖✳@🛜≋) Keps erstes Designhotel residiert in einer Ansammlung von am Wasser gelegenen Villen aus den 1960er-Jahren. Die Zimmer könnten den Seiten eines Hochglanzmagazins entstammen. Für diesen Preis hätten wir allerdings erwartet, dass all das schöne Glas auch richtig gesäubert wird, sodass man den Meerblick genießen kann. Das Hotel liegt an einem winzigen Strandfleckchen am Meer.

✕ Essen

Ein paar hölzerne Restaurants am Fischmarkt – spektakulär wirkt der **Crab Market** auf den ersten Blick nicht. Aber keiner sollte Kep wieder verlassen, ohne hier gegessen zu haben. Am besten frisch gegrillten Krebs mit Kampot-Pfeffer. Was nachher auf dem Teller liegt, hat eben noch in einem der Körbe gekrabbelt, die ein paar Meter vor dem steinigen Strand verankert sind. Wer nicht gleich essen will, kann auch einen Krebs kaufen (35 000 R das Kilo) und im Gästehaus zubereiten lassen. Auf dem Krebsmarkt gibt es eine Menge ausgezeichneter Esslokale. Die beste Empfehlung ist, wenn sich die Einheimischen irgendwo drängeln. Wenn es etwas Feineres sein soll: Zu den besten Restaurants zählen der am Wasser gelegene Speisepavillon des Knai Bang Chatt, The Strand, und das Veranda Natural Resort – nicht zuletzt wegen der Aussicht.

★ Kimly
FISCH & MEERESFRÜCHTE $$

(☎036-904077; Crab Market; Hauptgerichte 2,50–8 US$; ⊘10–22 Uhr) Der älteste Speiseschuppen auf dem Crab Market ist derjenige, der von den Einheimischen am wärmsten empfohlen wird. Im Kimly werden die Krebse auf jede nur erdenkliche Weise zubereitet – auf 27 Arten, um genau zu sein –, alle für 6 bis 7 US$ bzw. in supergroßen Portionen für 2 US$ mehr. Einfach himmlisch ist der Kampot-Pfefferkrebs!

La Baraka
INTERNATIONAL $$

(Crab Market; Hauptgerichte 6–10 US$; ⊘11–22 Uhr; 🛜) Die Speisekarte des La Baraka hebt sich von denen der anderen Läden auf dem Crab Market erfrischend ab. Serviert wird eine Mischung aus asiatischen und europäischen Gerichten, darunter jede Menge Fisch- und Meeresfrüchtegerichte wie etwa Schwertfisch-Carpaccio. Fischabstinenzler weichen

auf tolle Pizza und Pasta aus. Die Terrasse über dem Meer ist perfekt für einen Sundowner.

Breezes
TBC-KÜCHE $$

(NH33A; Hauptgerichte 5–10 US$; ⊘12–21.30 Uhr; 🛜) Direkt am Ufer an der Straße Richtung Kanincheninsel-Pier bietet dieses einladende Freiluftrestaurant schicke Möblierung, erstklassiges Essen und eine wunderbare Aussicht auf Rabbit Island. Auf der Karte stehen asiatische (nicht unbedingt Khmer-), westliche und Fusionsgerichte.

Brise de Kep
INTERNATIONAL $$

(☎036-633 6339; Kep Beach; Hauptgerichte 3–9 US$; ⊘7–22 Uhr) In dem Restaurant mit Meerblick gibt's eine Auswahl französischer und asiatischer Gerichte sowie Meeresfrüchtespecials, darunter Thunfisch, Barrakuda und Schalentiere.

★ Sailing Club
FUSION-KÜCHE $$

(Hauptgerichte 7–12,50 US$; ⊘10–22 Uhr; 🛜) Man nehme einen kleinen Strand, eine luftige hölzerne Bar und einen Holzsteg, der ins Meer hinaus ragt. Das Ergebnis ist einer der schönsten Orte in ganz Kambodscha, um den Sonnenuntergang zu genießen. Die asiatische Fusion-Küche schmeckt hervorragend und auch Taschenkrebsjunkies kommen auf ihre Kosten. Der Kep Special Fish an einer Kampot-Pfeffer-Kokos-Sauce ist eine kambodschanische Geschmackssensation.

🍷 Ausgehen & Nachtleben

Toucan
BAR

(Crab Market; ⊘11–24 Uhr; 🛜) Die Terrasse hier ist der beste Ort für einen Drink nach Sonnenuntergang. An der Bar sitzen bis etwa Mitternacht (was für Kep schon sehr spät in der Nacht ist) immer ein paar Feierwillige.

Led Zep Cafe
CAFÉ

(Kep-Nationalpark; ⊘9.30–18 Uhr) Ein hübsches, abgeschiedenes Café am Hauptweg des Kep-Nationalparks. Der gekühlte Limonensaft auf der breiten Terrasse mit umwerfendem Ausblick auf die Küste ist die perfekte Stärkung nach einer Wanderung.

❶ Praktische Informationen

Eine nützliche Informationsquelle ist www.visit kep.com.

In Kep gibt's keine Bank, aber einen Geldautomaten der **ABA Bank** (⊘24 Std.) am Kep Beach.

Fast alle Hotels und viele Restaurants bieten kostenloses WLAN.

❶ Anreise & Unterwegs vor Ort

Kep liegt 25 km von Kampot entfernt und 41 km vom Grenzübergang Prek Chak–Xa Xia nach Vietnam.

Busse halten am Kep Beach vor einer Reihe von Reisebüros, die alle Fahrkarten für Busse und Minibusse verkaufen. **Ana Travel** (☎ 036-652 3999; Kep Beach; ☺ 9–18 Uhr) bietet die besten Informationen über Anschlussbusse. Bustickets gibt's außerdem in den meisten Gästehäusern.

Busse von Phnom Penh Sorya (S. 89) und **Hua Lian** (Karte S. 46; ☎ 223025; Monireth Blvd & Olympic Stadium) fahren um 7.30, 13 und 14.30 Uhr nach Phnom Penh (5 US$, 4 Std.). Ein privates Taxi nach Phnom Penh (2½ Std.) kostet 40 bis 45 US$.

Der Bus von Ha Tien nach Sihanoukville der Gesellschaft Virak Buntham (S. 216) rumpelt um 19.30 Uhr durch Kep (7 US$, 3 Std.). Komfortabler sind jedoch die Minibusse von **Kampot Tours & Travel** (Karte S. 206; ☎ in Kampot 092 125556; Ana Travel, Serendipity Beach Rd) und Champa Mekong Travel (S. 237); sie fahren um 10.30 und 14.30 Uhr über Kampot (3 US$, ½ Std.) nach Sihanoukville (6–7 US$, 2½ Std.).

Ein *remork* nach Kampot kostet etwa 12 US$, ein Taxi 20 US$. *Remorks* warten am Kreisverkehr am Kep Beach. *Motos* gibt's nur wenige in der Stadt.

Ein Leihmotorrad kostet 5–7 US$ pro Tag –Näheres beim Gästehaus und in jedem Reisebüro.

Rund um Kep

Wat Kiri Sela　　　　　BUDDHISTISCHER TEMPEL
(វត្តគិរីសិលា; ☺ 7–18 Uhr) Dieser buddhistische Tempel steht zu Füßen des Phnom Kompong Trach, einer dramatischen Karstfelsformation mit über 100 Höhlen und Gängen. Vom Wat aus führt ein unterirdischer Gang ins Zentrum einer Karstformation. Hier stehen Besucher umgeben von senkrechten Karstwänden mit Kletterpflanzen unter offenem Himmel und fühlen sich ein bisschen wie in einem riesigen Goldfischglas. In diversen stalaktitenbehangenen Höhlen finden sich noch ruhende Buddha-Statuen und Miniaturschreine.

Die nächstgelegene Stadt ist Kompong Trach. Von dort nimmt man die unbefestigte Straße gegenüber der Acleda Bank am NH33 im Stadtzentrum; nach 2 km ist das Ziel erreicht.

Kompong Trach liegt 28 km nordöstlich von Kep am NH33 und lässt sich gut im Rahmen eines Tagesausflugs von Kep oder Kampot besuchen.

Am Wat reißen sich freundliche einheimische Kinder mit Taschenlampen darum, als Fremdenführer zu dienen und ihr Abendschul-Englisch üben zu können. Wer sie in Anspruch nimmt, sollte unbedingt ein Trinkgeld geben!

PROVINZ TAKEO

Die Provinz Takeo (ខេត្តតាកែវ) wird oftmals als „Wiege der kambodschanischen Zivilisation" bezeichnet. Sie war Teil dessen, was die chinesische Geschichtsschreibung als „Wasser-Chenla" bezeichnete. Zweifellos bezieht sich das auf die großflächigen jährlichen Überschwemmungen, die noch immer große Teile der Gegend bedecken. Heute handelt es sich bei der ländlichen Provinz um ein verarmtes, rückständiges Gebiet, das nur von wenigen Touristen besucht wird. Wer sich dennoch hierher verirrt, hat einige von Kambodschas ältesten und faszinierendsten Tempeln ganz für sich alleine.

Die Tempel Tonlé Bati (S. 94) und Phnom Chisor (S. 96) liegen zwar in Takeo, werden aber meist im Rahmen eines Tagesausflugs von Phnom Penh aus besucht.

Takeo　　　　　　　　　　　តាកែវ

☎ 032 / 40 000 EW.
In der ruhigen Provinzhauptstadt am See ist zwar der Hund begraben, dennoch ist die Stadt ein hervorragender Ausgangspunkt für eine Motorbootfahrt zu den präangkorianischen Tempeln in Angkor Borei (S. 247) und Phnom Da (S. 248). Unterwegs kann man das Leben am Fluss betrachten.

Zu den Hauptattraktionen gehört es, am Wasser einen Süßwasserhummer zu essen, den es allerdings nur während der Regenzeit gibt.

❶ Sehenswertes & Aktivitäten

Zwar ist das nichts im Vergleich zu Kampot, aber einige hübsche Ladenhäuser aus französischen Zeiten, die sich langsam dem vornehmen Verfall hingeben, zieren die Straßen um den Psar Nat. Das Gebäude mit dem Psar Nat selbst ist ein Betonmonstrum, das nach der Niederwerfung der Roten Khmer errichtet wurde.

Ta Moks Haus　　　　HISTORISCHES GEBÄUDE
(ផ្ទះតាម៉ុក; ☺ 7–17 Uhr) GRATIS Ein schöner Spaziergang über eine 150 m lange Brücke ohne

Takeo

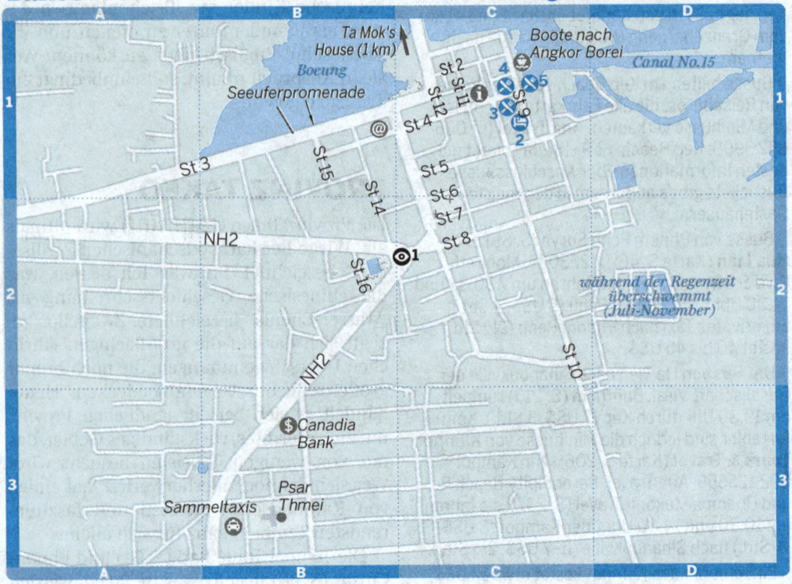

Ta Mok's House (1 km)

Boote nach Angkor Borei

Boeung

Seeuferpromenade

Canal No.15

St 3

St 15

St 14

St 2

St 11

St 12

St 4

St 5

St 6

St 7

St 8

NH2

St 16

@1

NH2

St 10

während der Regenzeit überschwemmt (Juli-November)

$ Canadia Bank

Sammeltaxis

Psar Thmei

Takeo

Geländer führt zum Haus des berüchtigten „Schlächters" Ta Mok, Befehlshaber der Roten Khmer in der südwestlichen Zone, wo unter seinem Kommando entsetzliche Gräueltaten verübt wurden. Ta Mok stammte aus dieser Provinz und sein Haus beherbergt heute eine Polizeischule, das Gelände ist jedoch für die Öffentlichkeit zugänglich. Eine weitere Residenz hatte Ta Mok in der Nähe von Anlong Veng.

🛏 Schlafen

Nur wenige Besucher übernachten tatsächlich in Takeo, denn es liegt nur eine Halbtagesreise von Phnom Penh oder einen kurzen Umweg von der Straße Richtung Süden nach Kep oder Kampot entfernt.

Meas Family Homestay PRIVATUNTERKUNFT $
(☎ 011 925428; http://cambodianhomestay.com; Bezirk Ang Tasaom; Erw./Kind mit allen Mahlzeiten 17/13 US$; @🖥🛜) Die populäre, freundliche Privatunterkunft bei einer Familie umfasst elf Zimmer auf einem großen Gelände in unmittelbarer Nähe der Straße zwischen Angk Tasaom und Takeo. Im Übernachtungspreis inbegriffen ist köstliche, hausgemachte Verpflegung und es wird auch Kochunterricht erteilt. Wer möchte, kann als Freiwilliger an der hiesigen Schule Englisch unterrichten.

Daunkeo Guesthouse GÄSTEHAUS $
(☎ 032-210303; www.daunkeo.com; St 9; EZ/DZ mit Ventilator 6/8 US$, mit Klimaanlage 13/15 US$; ❄🛜) Das Daunkeo ist das hübscheste Gästehaus in Takeo und umfasst drei moderne Villen. Die makellos saubere, fachmännisch gemanagte Unterkunft hat Zimmer mit Klimaanlage, Satellitenfernseher und Warmwasserdusche. Wer sich gern mal wie ein VIP fühlen möchte, nimmt ein Zimmer (eher eine Suite) für schlappe 25 US$.

✕ Essen

Rund um das **Unabhängigkeitsdenkmal** verteilen sich mehrere Essensstände. Abends bekommt man hier leckere kambodschanische Desserts und *tukaloks* (Fruchtshakes).

Stung Takeo
KAMBODSCHANISCH $

(St 9; kleine/große Hauptgerichte 3/5 US$; ⊗7–21 Uhr) Das Lokal über dem saisonalen See ist in Sachen Essen und Atmosphäre das mit Abstand beste Restaurant in Takeo. In den Gerichten, darunter sehr viele Fisch- und Meeresfrüchtegerichte, finden sich viele traditionelle regionale Zutaten wie Tintenfisch und Kampot-Pfeffer. Außerdem ist dies die erste Adresse für den erstaunlich guten (und erschwinglichen) Süßwasserhummer. Die leckeren Biester haben ungefähr von August bis November Saison.

Delikes
INTERNATIONAL $

(St 10; Hauptgerichte 2–5 US$; ⊗6–20 Uhr; 📶) Dieses kleine Lokal serviert ausgezeichnetes asiatisches Frühstück, köstliche frische Frühlingsrollen und Salate sowie verschiedene Pizzas. Der Salat mit grüner Mango und Garnelen ist ein leichtes, aber geschmacksintensives Mittagsmahl.

Psar Nat
MARKT $

(St 10; ⊗6 bis ca. 20 Uhr) Dieser überdachte Markt hat ein Dutzend Buden, die Frühstückssuppen, *num kong* (leckere Khmer-Donuts) und *num kroch* (gebratene Klöße mit Bohnen und Palmzucker) anbieten.

ℹ Praktische Informationen

Canadia Bank (NH2; ⊗Mo–Fr 8–15.30, Sa bis 11.30 Uhr, Geldautomat 24 Std.)
Touristeninformation (📱032-931323; ⊗Mo–Fr 7.30–11 & 14–17, Sa & So 7.30–11 Uhr) Kann u. U. einen englischsprachigen Führer für die Tempel organisieren (15–20 US$).

ℹ Anreise & Unterwegs vor Ort

Takeo liegt am NH2, 77 km südlich von Phnom Penh, 40 km nördlich von Kirivong sowie 48 km nördlich vom Grenzübergang Phnom Den–Tinh Bien nach Vietnam.

Derzeit wird Takeo von keinem Busunternehmen angesteuert. Direkt nach Phnom Penh fahren von einem **Parkplatz** (NH3) vor dem **Psar Thmei** (Zentralmarkt, NH2) Sammeltaxis (5 US$ pro Platz, 25 US$ für das ganze Taxi). Nicht so direkt geht's mit einem neunsitzigen *remork* (2000 R pro Platz) vom Psar Thmei, einem *remork* (4 US$) vom Psar Thmei oder vom Krankenhaus, oder einem *moto* (3 US$) von wo immer man eins sieht nach Angk Tasaom, dem chaotischen Knotenpunkt 13 km westlich von Takeo am NH3. Hier kann man Busse Richtung Norden nach Phnom Penh und Busse Richtung Süden nach Kampot und Kep heranwinken.

Manchmal machen Sammeltaxis (10 000 R) und Minibusse (5000 R) die 45-minütige Fahrt nach Kirivong. Man kann sich auch für 10 US$ ein *moto* mieten. Den Grenzübergang Phnom Den–Tinh Bien nach Vietnam erreicht man am besten, indem man nach Kirivong fährt und dann für die letzten 8 km auf ein *moto* (2 US$) umsteigt. Ein Privattaxi nach Kirivong kostet 20 US$, plus 5 US$ bis zur Grenze.

Angkor Borei & Phnom Da

Angkor Borei war im 8. Jh. die Hauptstadt des „Wasser-Chenla" und als Vyadhapura bekannt. Auch in der frühen Funan-Zeit (1.–6. Jh.) stellte Angkor Borei ein wichtiges Zentrum dar, weil es von Händlern, Künstlern und Priestern aus Indien (der große Seehandelsweg zwischen Indien und China

SÜDKÜSTE ANGKOR BOREI & PHNOM DA

WEITERREISE NACH VIETNAM: VON TAKEO NACH CHAU DOC

Bis zur Grenze Der abgeschiedene und selten benutzte Grenzübergang (⊗7–17 Uhr) Phnom Den–Tinh Bien zwischen Kambodscha und Vietnam liegt rund 60 km südöstlich der Stadt Takeo in Kambodscha und bietet Verkehrsverbindungen nach Chau Doc. Die meisten Reisenden ziehen den Mekong-Übergang bei Kaam Samnor oder den neueren Übergang Prek Chak nahe Ha Tien weiter südlich vor. Von Takeo zur Grenze (48 km) fahren Sammeltaxis (10 000 R), Taxis (25 US$) und *motos* (10 US$).

An der Grenze Vietnam stellt derzeit Deutschen an der Grenze ein 15-Tages-Visum aus (siehe www.auswaertiges-amt.de). Reisende aus anderen Länder sowie diejenigen, die länger als 15 Tage im Land bleiben möchten, müssen sich im Voraus ein Visum besorgen. Bei der Einreise aus Vietnam nach Kambodscha werden hier keine E-Visa akzeptiert.

Weiterreise Für die 30 km lange Fahrt von der Grenze nach Chau Doc sind Reisende der Willkür vietnamesischer *xe-om-* (moto-)Fahrer und Taxis ausgeliefert und sollten sich auf knallhartes Feilschen einstellen. Die Fahrt per Motorrad dürfte zwischen 5 und 10 US$ kosten, per Taxi eher 20 US$.

führte durch das Mekong-Delta) angesteuert wurde, die ihre Religion und Kultur ins Mekong-Delta brachten. Zudem wurde hier die früheste datierbare Khmer-Inschrift (611 v. Chr.) entdeckt. Der Ort ist von einer 5,7 km langen Mauer mit einem Graben umgeben, die von der einstigen Größe des verarmten Flussstädtchens zeugt.

Die 45-minütige Fahrt mit einem offenen Motorboot ab Takeo über den in den 1880er-Jahren angelegten Kanal Nr. 15 bietet eine der besten Gelegenheiten in Kambodscha, das ländliche Leben am Fluss zu erleben. Heute gibt es in Angkor Borei ein kleines archäologisches Museum mit Artefakten aus der Funan- und Chenla-Zeit. In der Regenzeit, wenn das Wasser hoch genug ist, geht die Fahrt noch eine Viertelstunde weiter zum Phnom Da mit einem Tempel, der schöne Flachreliefs aufweist, und mit uralten, per Hand aus dem Fels gehauenen Höhlen. Wenn das Boot nicht bis zum Phnom Da gelangt, kann man in Angkor Borei ein *moto* dorthin nehmen.

◉ Sehenswertes

Archäologisches Museum
Angkor Borei   MUSEUM
(សារមន្ទីរបុរាណវិទ្យាអង្គរបុរី; ☐012 201638; Eintritt 1 US$; ☉8–16.30 Uhr) Das kleine archäologische Museum residiert etwas östlich der Straßenbrücke von Angkor Borei in einem Gebäude im Khmer-Stil. Drinnen werden in der Gegend gefundene Fundstücke aus der Funan- und Chenla-Zeit präsentiert, darunter Menschenknochen, Keramik, Schmuck und Steinreliefs. Bei den dunkelroten Statuen handelt es sich um Kopien bedeutender Werke, die sich jetzt im Nationalmuseum (S. 43) in Phnom Penh oder im Pariser Musée Guimet befinden.

Phnom Da   TEMPEL
(ប្រាសាទភ្នំដា; Eintritt 2 US$) Die Zwillingshügel des Phnom Da werden jedes Jahr bei Überschwemmungen dramatisch abgeschnitten und ähneln dann ein wenig dem Mont-St-Michel. Auf einem der Hügel thront ein Tempel, dessen Fundamente auf das 6. Jh. zurückgehen; der Tempel selbst wurde im 11. Jh. neu aufgebaut. Ungewöhnlicherweise zeigt der Eingang Richtung Norden. Die anderen drei Seiten haben Scheintüren, die mit Flachrelief-*nagas* verziert sind.

Die Zwillingshügel des Phnom Da beherbergen fünf künstliche **Höhlen**, die seit Jahrhunderten als hinduistische und bud-

dhistische Schreine dienen und während des Vietnamkriegs vom Vietcong als Versteck genutzt wurden.

Die schönsten Flachreliefs des Phnom Da sind nicht hier vor Ort zu finden, sondern wurden in die Museen nach Angkor Borei, Phnom Penh und Paris gebracht.

Ganz in der Nähe steht auf einem zweiten Hügelchen der 8 m hohe **Wat Asram Moha Russei**, ein restauriertes Hindu-Heiligtum von etwa 700 n. Chr.

❶ An- & Weiterreise

Ein Boot für vier Personen kostet hin und zurück vom Hafen in Takeo ungefähr 35 US$. Der Kanal nach Angkor Borei zeichnet sich in der Trockenzeit deutlich ab, ist jedoch den Rest des Jahres von überfluteten Reisfeldern umgeben. Während der Regenzeit kann das Wasser nachmittags unruhig werden, sodass man früh aufbrechen sollte.

Angkor Borei ist ganzjährig auch über einen umständlichen Landweg aus Richtung Norden erreichbar.

Wenn das Wasser nicht hoch genug steht, muss die Strecke von Angkor Borei zum Phnom Da per 10-minütiger *moto*-Fahrt (5 US$ hin & zurück) zurückgelegt werden.

Phnom Bayong & Umgebung   ភ្នំបាយ៉ង់កោរ

Vom Gipfel des schroffen Phnom Bayong (313 m) lockt ein atemberaubender Blick auf das flache Mekong-Delta in Vietnam. Ihn ziert ein **Chenla-Tempel** aus dem 7. Jh., der gebaut wurde, um einen Sieg über Funan zu feiern. Das *linga*, das sich eigentlich in der Innenkammer befand, ist heute im Pariser Musée Guimet zu sehen. Man entdeckt jedoch noch immer einige **Flachreliefs** mit Blumen- und Tiermotiven, z. B. an den drei Scheintüren und im Mauerwerk.

Der schweißtreibende Aufstieg zum Tempel dauert etwa 1½ Stunden (viel Wasser mitnehmen!). Wer sich das nicht antun will, kann in Kirivong ein *moto* mieten (10 US$) und ist in weniger als 20 Minuten oben. Der Weg ist gefährlich – daher der Preis.

Der sanfte **Kirivong-Wasserfall** (Chruos-Phaok-Wasserfall) liegt am Ende einer 1,5 km langen Zugangsstraße, die etwa 1 km südlich von Kirivong beginnt. An Marktständen bekommt man die bekanntesten Produkte der Gegend: Topas- und Quarzsteine, die entweder in Form von Edelsteinen oder in

Form winziger geschnitzter Buddhas und *nagas* verkauft werden. Auch unter Einheimischen ist die Gegend sehr beliebt.

ℹ An- & Weiterreise

Der Phnom Bayong erhebt sich 3 km westlich des Nordrands von Kirivong-Stadt. Man erkennt die Abzweigung an einer Platte mit einem aufgemalten Tempel.

Die Stadt Kirivong liegt 40 km südlich von Takeo am NH2 und 8 km nördlich des Grenzübergangs Phnom Den–Tinh Bien. Von Takeo aus kostet ein *moto* nach Kirivong etwa 10 US$ (hin & zurück 15 US$).

Minibusse und Sammeltaxis fahren in unregelmäßigen Abständen vom Ton-Lop-Markt am NH2 im Stadtzentrum über Takeo nach Phnom Penh.

Wer zur vietnamesischen Grenze will, nimmt am besten in Kirivong ein *moto* (2 US$). Reisende, die von Vietnam aus die Grenze überschreiten, müssen eventuell die kambodschanischen Grenzbeamten bitten, ein *moto* oder Taxi zu rufen.

Nordwestkambodscha

4 MIO. EW. / 71 157 KM²

Die schönsten Tempel

→ Prasat Preah Vihear (S. 286)

→ Banteay Chhmar (S. 278)

→ Sambor Prei Kuk (S. 294)

→ Preah Khan (S. 289)

→ Banteay Top (S.279)

Einblick in den Alltag

→ Homestay in Banteay Chhmar (S. 279)

→ Schwimmende Dörfer Phoum Kandal & Chong Kos (S. 251)

→ Soksabike (S. 263)

→ Isanborei (S. 295)

Auf nach Nordwestkambodscha

Auf der Suche nach Tempeln ohne Besuchermassen? Die abgeschiedenen Tempel Nordwestkambodschas sind eine ganz eigene Welt. Die Nummer eins ist der Bergtempel Prasat Preah Vihear, doch auch die anderen Tempelkomplexe, halb verschluckt vom Dschungel, bieten wunderbare Erkundungsabenteuer.

Das Herz der Region bildet der Tonlé Sap. Er ist einer der fischreichsten Seen der Welt und ein Paradies für Vogelfreunde. Auf Bootstouren ab Kompong Chhnang und Krakor (bei Pursat) werden die schwimmenden Dörfer auf dem See erkundet – und man erhält einen Einblick in diese einzigartige Lebensweise.

Nordwestkambodscha hat aber noch ein As im Ärmel: Das relaxte Battambang mit seiner Kolonialarchitektur und einer aufblühenden Kunstszene ist die Hauptstadt des Nordwestens. Und ringsum locken zahlreiche tolle Tagesausflugsziele, sodass man gut einige Zeit in der Stadt verweilen kann.

Reisezeit
Battambang

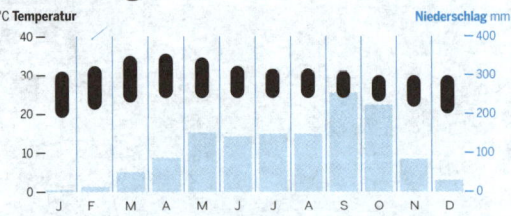

Dez. & Jan. Bei angenehmen Temperaturen kann man wunderbar abgeschiedene Tempel erkunden.

Aug. & Sept. Höhepunkt der Regenzeit: Das Land voller Palmen zeigt sich von seiner üppigsten Seite.

Nov. Die beste Zeit zum Erkunden des Hinterlands: Die Straßen sind weder zu matschig noch zu staubig.

PROVINZ KOMPONG CHHNANG

Die Provinz Kompong Chhnang (ខេត្ត កំពង់ឆ្នាំង) ist eine relativ wohlhabende Provinz. Vor allem hat sie das ihrer Nähe zur Hauptstadt sowie der Fischereiindustrie und Landwirtschaft zu verdanken, die von den ergiebigen Wasserressourcen profitieren.

Kompong Chhnang កំពង់ឆ្នាំង

♪ 026 / 45 000 EW.

Im verschlafenen Zentrum von Kompong Chhnang (Clay Pot Port) ist zwar nicht viel los, doch der quirlige Bootsanleger am Tonlé Sap ist Ausgangspunkt wunderschöner Touren zu zwei schwimmenden Dörfern. In einem winzigen hölzernen Paddelboot durch die Wasserstraßen zu treiben, wenn die Spätnachmittagssonne ein Glitzern auf den Fluss zaubert, ist eine großartige Art, das Ende des Tages einzuläuten.

Außerhalb der Stadt stößt man auf eine üppige Landschaft mit grüngelben Reisfeldern. Hier, wo in winzigen Dörfchen Kühe neben Heuballen dösen, wird unter Stelzenhäusern die einzigartige Keramik der Gegend hergestellt – noch ein Grund herzukommen.

Kompong Chhnang

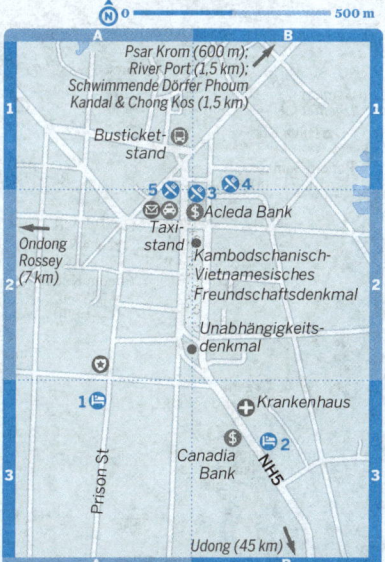

Sehenswertes

Schön ist eine Rundtour per *moto* oder Fahrrad nach Ondong Rossey und zum Phnom Santuk. Straßenschilder sind hier ein Fremdwort, deshalb lässt man sich am besten von einem Einheimischen führen.

★ Schwimmende Dörfer Phoum Kandal & Chong Kos DORF

Die schwimmenden Dörfer Phoum Kandal (ភូមិកណ្ដាល) und Chong Kos (ចុងកោះ) auf dem Tonlé Sap bekommen weit weniger Touristen ab als andere schwimmende Dörfer, doch präsentieren sie sich als buntes Gemälde mit farbenfrohen Häusern mit winzigen Terrassen, über die Hängematten gespannt sind – alles erbaut auf wackeligen Pontons. Um die Wasserdörfer, in denen es auch Läden, Satellitenfernsehen – auf die genialen Strommasten aus Bambus achten! – und mobile Gemüsehändler gibt, angemessen erkunden zu können, mietet man am besten in Kompong Chhnang ein Holzboot samt Kapitän (10 US$ pro Std., bis 3 Pers.).

Auf einer einstündigen Bootstour bekommt man ein Dorf zu sehen, für beide benötigt man 1½ bis zwei Stunden. Flussfahrten an Bord der größeren motorisierten Touristenboote kosten 15 US$ pro Stunde; diese fahren jedoch nur am Rand der Dörfer vorbei. Ein Paddelboot ist die erheblich ruhigere Option, denn so kann man durch das Labyrinth der Wasserwege gleiten und sich anschauen, wie der Alltag in einem Dorf funktioniert, in dem alles schwimmt.

Phoum Kandal unmittelbar südöstlich der Anlegestelle ist ein vietnamesisches Dorf, das nördlich gelegene Chong Kos ein Khmer-Dorf.

Ondong Rossey DORF

(អណ្ដូងប្រុស្សី) 7 km westlich der Stadt werden in dem ruhigen Dörfchen Ondong Rossey die Terrakottawaren hergestellt, für die die Region berühmt ist. Auf dem Weg dorthin fährt man an Reisfeldern und Zuckerpalmen vorbei, an deren Stämmen oft Bambusleitern

Highlights

1 Den kolonialen Charme der von üppiger Landschaft und Bergtempeln umgebenen Stadt **Battambang** (S. 259) genießen

2 Die umwerfenden Ausblicke vom majestätischen Bergtempel **Prasat Preah Vihear** (S. 286) bewundern

3 Per Paddelboot durch die Wasserstraßen der schwimmenden Dörfer Phoum Kandal und Chong Kos bei **Kompong Chhnang** (S. 251) gleiten

4 Die von Lianen umschlungenen präangkorianischen Ruinen von **Sambor Prei Kuk** (S. 294), der ersten Tempelstadt Südostasiens, erkunden

5 Den riesigen Komplex **Banteay Chhmar** (S. 278) aus dem 12. Jh. mit seinen Avalokiteshvara-Gesichtern bestaunen

6 Auf einer einsamen Straße den **Preah Khan** (S. 289) ansteuern, um seine mächtige, vom Dschungel bedrängte *gopura* (Eingangspavillon) zu bewundern

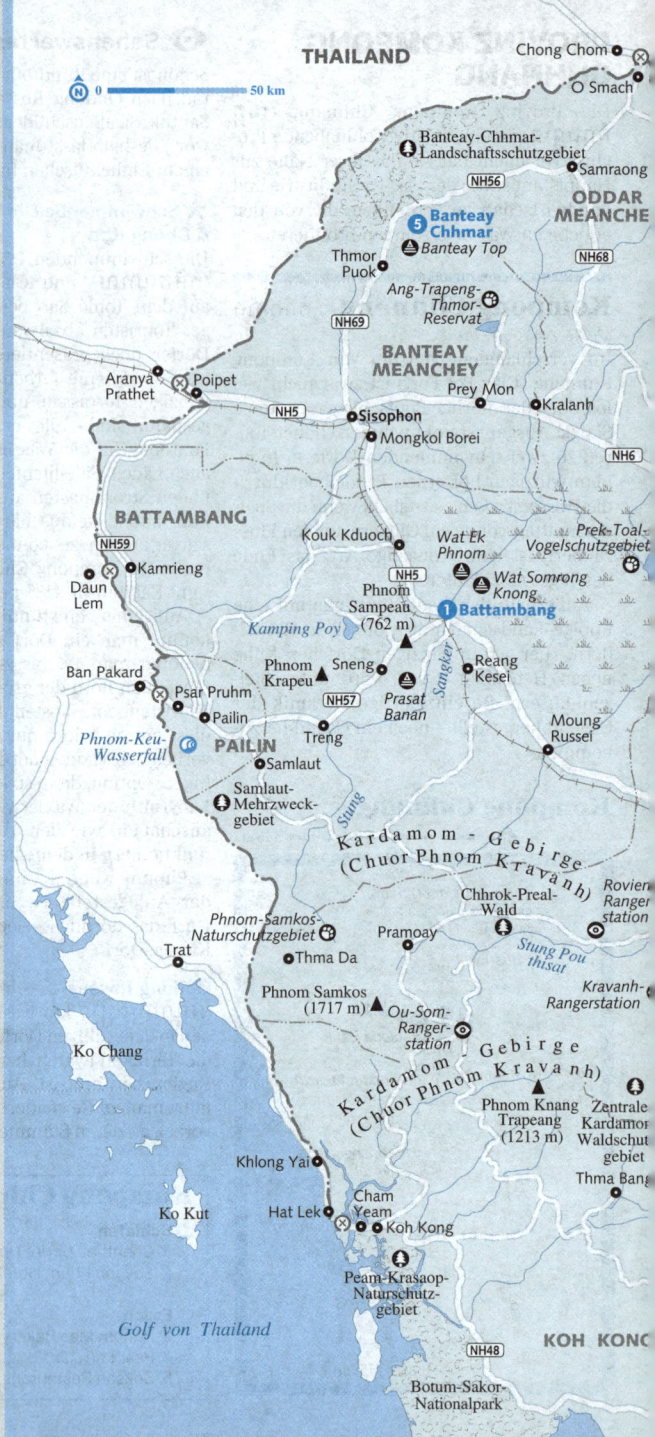

zum Ernten stehen. Die unbemalten Keramiken sind mit geätzten oder applizierten Mustern dekoriert und werden entweder mit einer fußbetriebenen Drehscheibe (kleine Teile) hergestellt oder mit einem schweren Holzspachtel in Form gebracht (große Teile).

Der in den Höfen aufgehäufte goldfarbene Schlamm wird am nahe gelegenen **Phnom Krang Dai Meas** abgebaut, zu feinem Ton zerstoßen und anschließend geformt sowie gebrannt; seine rosa Farbe erhält er erst im letzten Stadium. Die fertigen Stücke werden im **Pottery Development Center** verkauft. Wer sich direkt an die Töpfer wendet, die in ihren Wohnhäusern arbeiten, kommt allerdings günstiger davon.

Phnom Santuk AUSSICHTSPUNKT

(ភ្នំសន្ទុក) Phnom Santuk, ein Hügel hinter dem **Wat Santuk**, liegt wenige Kilometer südwestlich von Kompong Chhnang. Von dem mit Felsbrocken übersäten Berggipfel eröffnet sich ein toller Ausblick auf die Landschaft und den 20 km nördlich gelegenen Tonlé-Sap-See.

🛏 Schlafen & Essen

Auf den beiden Märkten **Psar Leu** (⊙7–18 Uhr) und **Psar Krom** (⊙6–18 Uhr) gibt's jede Menge Essensstände.

Chanthea Borint Hotel GÄSTEHAUS $

(☎026-988622; cbrint@yahoo.com; Prison St; Zi. mit Ventilator/Klimaanlage 8/15 US$; ❈✿🔊) Die Pension in dem schattigen Garten ist die reizendste und freundlichste Unterkunft der Stadt. Ihre 30 Zimmer sind etwas klein, dafür aber sauber und gepflegt. Im Restaurant wird nur Frühstück serviert.

Sovann Phum Hotel HOTEL $

(☎026-989333; sovannphumkpchotel@yahoo.com; NH5; Zi. mit Ventilator/Klimaanlage ab 8/15 US$; ❈@🔊) Um einiges besser als die meisten anderen Unterkünfte in Kompong Chhnang, sowohl was die Sauberkeit als auch die Einrichtung betrifft. Die 30 ausreichend großen Zimmer haben moderne Bäder und sind schön hell. Auch das Restaurant ist in Ordnung. Beliebt bei NGO-Mitarbeitern.

Soksan Restaurant KAMBODSCHANISCH $

(NH5; Hauptgerichte 2–2,50 US$; ⊙6–20 Uhr) Dem Restaurant neben dem Taxistand von Kompong Chhnang fehlt eine englische Beschilderung, dafür gibt es eine englischsprachige Karte. Die Spezialität des Hauses sind Suppen und Frittiertes (egal was). Und wenn es etwas ganz Ausgefallenes sein soll, empfiehlt sich der Igelfisch mit Omelett.

Phnom Mea Bakery BÄCKEREI $

(NH5; Backwaren 2000–5000 R; ⊙7–17 Uhr) Die kleine Bäckerei bietet frisch gebackene Baguettes, Sandwiches, Backwaren und köstliche Pizza. Eine gute Option für ein Mittagessen zum Mitnehmen.

ℹ Praktische Informationen

Die beste Quelle für Infos rund um Kompong Chhnang ist der *remork-moto*-Fahrer **Channy** (☎077 357361; srinchanny@yahoo.com). Wenn er nicht gerade Kundschaft hat, trifft man ihn gewöhnlich am Taxistand an.
Acleda Bank (NH5; ⊙Mo–Fr 8–15.30, Sa bis 11.30 Uhr, Geldautomat 24 Std.)
Canadia Bank (NH5; ⊙Mo–Fr 8–15.30, Sa bis 11.30 Uhr, Geldautomat 24 Std.)

ℹ An- & Weiterreise

Kompong Chhnang liegt 91 km nördlich von Phnom Penh, 93 km südöstlich von Pursat und 198 km südöstlich von Battambang.

BUS

Tickets für Rith Mony und mehrere andere Unternehmen sind an der **Bushaltestelle** (NH5) nördlich des Taxistands erhältlich – und zwar an einem mit dem Logo der Busgesellschaft versehenen Karren. Außerdem kann man Busse am NH5 an der Ecke mit der Acleda Bank anhalten.

Busse Richtung Süden nach Phnom Penh (12 000 R, 2 Std.) und Richtung Norden nach Pursat (12 000 R, 2 Std.) und Battambang (20 000 R, 3½ Std.) kommen den ganzen Tag über jede Stunde durch die Stadt.

TAXI

Am einfachsten und schnellsten erreicht man Phnom Penh per Sammeltaxi (20 000 R, 1½ Std.). Die Fahrzeuge warten am **Taxistand** westlich des Psar Leu. Ziele im Nordwesten (z. B. Battambang) werden normalerweise nicht bedient.

ℹ Unterwegs vor Ort

Eine mehrstündige *remork*-Tour zu den Töpferdörfern und zum Phnom Santuk kostet ca. 8 US$, für ein *moto* zahlt man ca. 5 US$. Eine Fahrt mit dem *moto/remork* bis zum Hafen schlägt mit 1/2 US$ (einfache Strecke) zu Buche.

Im Chanthea Borint Hotel können Fahrräder geliehen werden (2 US$ pro Tag).

PROVINZ PURSAT

Die Provinz Pursat (ខេត្តពោធិ៍សាត់), Kambodschas viertgrößte Provinz, ist für ihre Orangen berühmt und erstreckt sich von den abgelegenen Wäldern rund um den

Pursat

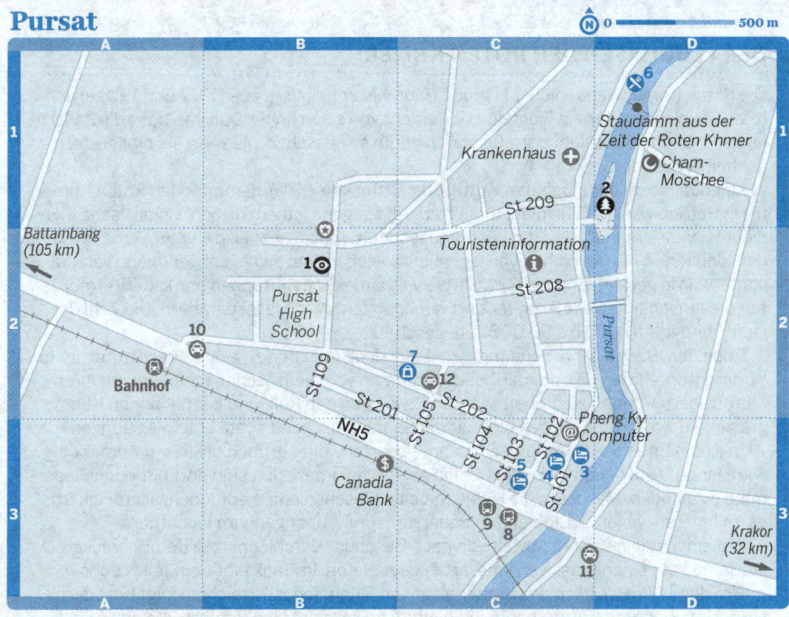

Phnom Samkos an der thailändischen Grenze Richtung Osten bis zu den Fischerdörfern und Sümpfen des Tonlé-Sap-Sees. Die Nordausläufer des Kardamom-Gebirges gehören ebenfalls dazu. Sie sind durch holprige Straßen mit der Stadt Pursat verbunden.

Pursat   ពោធិ៍សាត់

☎ 052 / 38 000 EW.

Dass man Pursat erreicht hat, merkt man an den großen Marmordenkmälern am Straßenrand – wem schon immer der Sinn nach dem lebensgroßen Standbild eines sich aufbäumenden Pferdes stand, ist hier genau richtig! Die für ihre Marmorbildhauer bekannte staubige Provinzmetropole ist zwar keine Schönheit, aber ein guter Ausgangspunkt für einen Tagesausflug in das schwimmende Dorf Kompong Luong oder für eine Expedition ins Zentrale Kardamom-Waldschutzgebiet.

◉ Sehenswertes

Koh Sampovmeas   PARK

(កោះសំពៅមាស, Insel des Goldenen Schiffes) Dieser bizarre Inselpark in der Form eines Schiffs ist bei Sonnenuntergang der richtige Platz zum Sehen und Gesehenwerden. Dann kommen zahlreiche junge Ein-

heimische hierher und treffen sich zum Aerobic (Kurse ab 17 Uhr) oder um eine Runde Badminton zu spielen, während Power-Walker unablässig ihre Runden inmitten der gepflegten Rasenflächen und Khmer-Pavillons drehen.

DER FLUGHAFEN DER ROTEN KHMER

Die Roten Khmer waren nicht als große Baumeister bekannt, aber 1977 und 1978 errichteten Sklavenarbeiter ein Flugfeld aus Zement von solch hoher Qualität, dass die 2440 m lange Piste und die Zufahrtsstraßen noch heute so aussehen, als seien sie erst gestern asphaltiert worden.

Offenbar sollte der Flughafen **Kompong Chhnang** (KZC), der unter den Roten Khmer nie in Betrieb war, als Startplatz für Luftangriffe gegen Vietnam dienen. Chinesische Ingenieure beaufsichtigten die Arbeit Zehntausender Kambodschaner, die unter Verdacht standen, den Roten Khmer nicht loyal gegenüberzustehen. Wer sich nicht genügend verausgabte, wurde getötet. Anfang 1979, als die vietnamesischen Truppen anrückten, ermordeten die Aufseher fast alle Arbeiter und verscharrten sie in Massengräbern. Die Zahl der Opfer wird auf 10 000 bis 50 000 Tote geschätzt.

Ende der 1990er-Jahre scheiterte ein Plan, den Flughafen zu einem Frachtzentrum für Kurierunternehmen umzubauen. Heute kommen vor allem Teenager her, um mit ihren Motorrädern Runden zu drehen, während zwischen den Roll- und Landebahnen Kühe grasen. An wolkenlosen Tagen erzeugt die Sonne täuschend echte Luftspiegelungen.

In eine namenlose Böschung ein paar Kilometer weiter gruben die Roten Khmer eine 3 km lange **Höhle**, wo Waffen aus China gelagert wurden. Nun sind dort nur noch Fledermäuse zu finden. Man kann die Höhle mit einer Taschenlampe erkunden, allerdings ist es im Inneren wegen der fehlenden Sauerstoffzufuhr unangenehm feuchtheiß.

Auf einem kleinen Berg unweit von nach Beschuss durchlöcherten Betonbaracken stößt man auf einen massiven Wassertank aus Beton. Im Tank gibt's ein tolles Echo.

Um den 12 km westlich der Stadt gelegenen Flughafen zu erreichen, folgt man dem NH5 7 km Richtung Battambang und biegt dann links auf eine Betonstraße ab.

Bun Rany Hun Sen Development Centre KUNSTHANDWERK

(St 109; ☉Mo–Fr 7–11 & 14–17, Sa 7–11 Uhr) Hier erlernen junge Leute das Weben von Stoff und Matten, Nähen, Marmorbildhauerei und andere künstlerische Fähigkeiten. Die Ergebnisse, z. B. wunderschöne *kramas* (karierte Tücher) und Körbe, werden in einem großen Laden auf dem Gelände verkauft – und es sind ein paar echte Schnäppchen dabei. Besucher dürfen gern beim Unterricht zuschauen.

🛏 Schlafen & Essen

KM Hotel HOTEL $

(☎052-953168; www.kmhotel.com.kh; St 101; Zi. 20 US$, Deluxe 45 US$; ❄🛜🏊) Dieses 146-Zimmer-Hotel bringt ein ganz neues Komfortniveau in die Hotelszene von Pursat. Dabei bietet es mit seinen riesigen Zimmern mit Flachbild-TV und neuen Betten, die für einen entspannten Schlaf sorgen, ein geradezu lächerlich gutes Preis-Leistungs-Verhältnis. Nicht so toll sind die Bäder mit ihren alten Duschen, doch dafür gibt's draußen nicht nur einen, sondern zwei große Swimmingpools.

Thansour Thmey Hotel HOTEL $

(☎012 962395; thansourthmey@gmail.com; St 102; Zi. mit Ventilator/Klimaanlage 7/15 US$; ❄🛜) Wer mal in einem Bett schlafen will, das im Stil der klassischen Holzschnitzkunst der Khmer reich verziert ist, hat hier die Gelegenheit dazu. Die Zimmer sind sauber und das Restaurant, das Khmer- und chinesische Gerichte (Hauptgerichte 10 000–16 000 R) serviert, ist eins der besten in Pursat.

Phnom Pech Hotel HOTEL $

(☎052-951515; St 101; Zi. mit Ventilator 8 US$, mit Klimaanlage 13–15 US$; ❄🛜) Das alteingesessene Hotel wartet mit sauberen, etwas verwohnten Zimmern auf. Der nette Manager versorgt seine Gäste gern mit Reiseinfos.

Reak Smey Angkor Restaurant KAMBODSCHANISCH $

(St 101; Hauptgerichte 4000–8000 R; ☉7–21 Uhr) Bei Khmer-Reisegruppen ist das familiengeführte Restaurant sehr beliebt. Bietet es doch zahlreiche kambodschanische Klassiker, darunter jede Menge Nudelsuppen und Gerichte mit gebratenem Reis. Dazu kommt noch eine kleine Auswahl an Omeletts und westlichen Frühstücksspeisen.

Magic Fish Restaurant KAMBODSCHANISCH $

(St 101; Hauptgerichte 8000–15 000 R; ☉10–21 Uhr) Am Flussufer nördlich des Staudamms aus der Zeit der Roten Khmer wartet dieses Restaurant mit köstlichen Khmer-Gerichten und einem großartigen Ausblick auf.

Praktische Informationen

Cheata im Phnom Pech Hotel weiß ziemlich gut Bescheid, wie man in der Provinz von A nach B kommt oder zu entlegeneren Gegenden wie dem Zentralen Kardamom-Waldschutzgebiet.

Canadia Bank (NH5; ⏲ Mo–Fr 8–15.30, Sa bis 11.30 Uhr, Geldautomat 24 Std.)

Tourismusbehörde (☎ 012 838854; ⏲ Mo–Fr 7–11 & 14–17 Uhr) Gibt eine Karte von der Provinz, einen Stadtplan und eine Broschüre zu den Sehenswürdigkeiten von Pursat aus.

Anreise & Unterwegs vor Ort

Pursat liegt etwa 105 km südöstlich von Battambang und 185 km nordwestlich von Phnom Penh am NH5.

Den ganzen Tag über fahren stündlich Busse auf dem Weg nach Kompong Chhnang und Phnom Penh (20 000 R, 4 Std.) im Südosten und ab etwa 11 Uhr ebenfalls stündlich nach Battambang (15 000 R, 1½ Std.) im Norden durch den Ort. **Phnom Penh Sorya** (NH5) bietet Direktverbindungen nach Kompong Cham (9 US$, 6 Std., 11.30 Uhr) und Siem Reap (6 US$, 5 Std., 7.30 Uhr) via Battambang.

Am NH5 gleich östlich der Brücke machen sich Sammeltaxis auf den Weg nach Phnom Penh (24 000 R, 3 Std.). Sammeltaxis nach Battambang (16 000 R, 2 Std.) fahren am westlichen Ortsrand ebenfalls am NH5 ab.

Per Pick-up und Sammeltaxi kann man zudem via Kravanh (1 Std.) und Rovieng (2 Std.) in den entlegenen Ort Ou Som (40 000 R, 3¼ Std.) im Kardamom-Gebirge und in die Stadt Pramoay (Veal Veng; 30 000 R, 3 Std.) gelangen. Abfahrt ist neben dem alten Markt Psar Chaa.

Im Phnom Pech Hotel stehen Leihfahrräder (3 US$ pro Tag) und -motorräder (10 US$) zur Verfügung. *Moto/remork*-Fahrer verlangen für die Fahrt nach Kompong Luong und zurück 10/15 US$.

Kompong Luong កំពង់ហ្លួង

10 000 EW.

Dieser auf dem Wasser schwimmende Ort bietet alle Annehmlichkeiten, die man von einem überdimensionierten Fischerdorf erwarten darf. Kompong Luong ist ein vietnamesisch inspiriertes Venedig ohne Festland. Cafés, Geschäfte, Hühnerställe, Fischteiche, eine Eisfabrik, eine Tankstelle und Karaokebars werden durch Bootsrümpfe, Fässer und Bambusbündel vor dem Versinken bewahrt. Gleiches gilt für die vietnamesische Pagode, die blau gedeckte Kirche und die bunten Häuser. In der Trockenzeit, wenn der Wasserpegel sinkt und der Tonlé Sap zusammenschrumpft, wird das gesamte Aquapolis Boot für Boot ein paar Kilometer weiter nach Norden geschleppt.

Die Einwohner dieses ebenso faszinierenden wie malerischen Dorfs stammen teilweise aus Vietnam. Wegen ihrer ambivalenten Stellung in der kambodschanischen Gesellschaft werden Besucher – zumindest von den Erwachsenen – etwas gedämpfter empfangen als in den meisten anderen kambodschanischen Städten. Anfang der 1990er-Jahre ermordeten die Roten Khmer zahlreiche Dorfbewohner, die rund um den Tonlé-Sap-See lebten, und sogar noch 1998 fielen mehr als 20 Vietnamesen einem Pogrom nahe Kompong Chhnang zum Opfer.

Das bevorzugte Transportmittel in Kompong Luong ist natürlich das Boot. Der offizielle Touristenpreis für eine Spritztour in einem 4-Personen-Holzmotorboot (Rettungswesten inkl.) ab dem Bootsanleger von Kompong Luong liegt für ein bis drei Passagiere bei 10 US$ pro Std. (13 US$ für 4 bis 5 Passagiere, 15 US$ für 6 bis 7).

In Kompong Luong gibt's drei **Homestays** (4–6 US$ pro Pers. u. Nacht, ohne Bootsfahrt; 📶) bei einheimischen Familien. Dies erlaubt einen interessanten Einblick ins Alltagsleben auf dem Wasser. Mahlzeiten sind für 2 US$ erhältlich und die Gastfamilien haben auch Boote zur Erkundung des Dorfs. Die Übernachtung in einer solchen Privatunterkunft lässt sich bei der Ankunft am Bootsanleger buchen.

Anreise & Unterwegs vor Ort

Das Tor nach Kompong Luong ist das 32 km östlich von Pursat gelegene Krakor. Die Stadt trennen je nach Jahreszeit 1,5 bis 6 km von der Anlegestelle, an der die Boote losfahren.

Nördliches Kardamom-Gebirge ភ្នំក្រវាញ

Sowohl das Zentrale Kardamom-Waldschutzgebiet (Central Cardamoms Protected Forest, CCPF) als auch die benachbarten Naturschutzreservate öffnen sich langsam für den Ökotourismus. Pursat dient als nördliches Tor zum Kardamom-Gebirge.

An- & Weiterreise

Infolge des neuen Staudamms in Ou Som wurden auch die Straßen und Brücken in der Gegend ausgebaut. Positiver Nebeneffekt: Der Park ist jetzt ganzjährig zugänglich. In und rund um das

Waldschutzgebiet werden immer noch Minen geräumt, deshalb müssen Besucher unbedingt auf den Straßen und Hauptwegen bleiben.

Am Psar Chaa in Pursat machen sich das ganze Jahr über Sammeltaxis und Pick-ups auf den Weg nach Kravanh (1 Std.), Rovieng (2 Std.) und Pramoay (3 Std.). Die Strecke von Pramoay gen Süden nach Ou Som ist in weniger gutem Zustand. *Motos* bewältigen die Route auch in der Regenzeit, Taxis während des Höhepunkts der Regenzeit allerdings nicht. Die Straße von Ou Som ins weiter südlich gelegene Koh Kong ist weit besser in Schuss und kann von Taxis ganzjährig befahren werden. In der Trockenzeit besteht die Möglichkeit, die komplette Strecke von Pursat bis Koh Kong im Sammeltaxi zurückzulegen.

Eine unbefestigte Straße führt von Samlaut in der Provinz Pailin nach Pramoay, dort gibt es aber keinen öffentlichen Nahverkehr.

Das Tierschutzgebiet Phnom Aural ist am einfachsten von Kompong Speu, 45 km westlich von Phnom Penh, aus zu erreichen.

Central Cardamoms Protected Forest (CCPF) ព្រៃអភិរក្សភ្នំក្រវាញ

Die Parkaufseher des Central Cardamoms Protected Forest (CCPF) bekommen technische und finanzielle Unterstützung von Conservation International (www.conservation.org) und betreiben drei Ranger-Stationen im Norden.

Die Ranger-Station Kravanh liegt tief im Dschungel des Kardamom-Gebirges in der Tang-Rang-Region südlich von Pursat. Hier liefern sich Waldaufseher und Militärpolizisten ein endloses Katz-und-Maus-Spiel mit illegalen Holzfällern und Wilderern. Die wertvollste Schmuggelware in der Haupt-Ranger-Station Rovieng ist aber das aromatische, nach Sandelholz duftende *Mreah-prew*-Öl (Sassafras- oder Safroleöl), das aus den Wurzeln des vom Aussterben bedrohten *Cinnamomum-parthenoxylon*-Baums gewonnen wird. Aus 1 t Holz kann man lediglich 30 l erzeugen. Die Einheimischen verwenden es für die Herstellung traditioneller Medizin; was aber in erster Linie zum illegalen Abholzen der Bäume geführt hat, ist die Tatsache, dass Safroleöl auch als Vorläufer bei der Herstellung der Droge MDMA verwendet wird.

Ein paar Kilometer von Rovieng und 53 km südwestlich von Pursat liegen die L'Bak-Kamronh-Stromschnellen, in deren Nähe viele Einheimische Urlaub machen. 25 km westlich von Rovieng, in der Gemeinde Pramoay, kann man in Begleitung eines Führers den uralten Chhrok-Preal-Wald besuchen.

Wer einen Guide, eine Unterkunft bei Einheimischen oder eine Pension in der Nähe der Ranger-Stationen Kravanh oder Rovieng braucht, kann versuchen, **Peau Somanak** (☏017 464663; smpeov@gmail.com) von der Waldaufsicht zu kontaktieren.

Tierschutzgebiet Phnom Samkos ទីជម្រកសត្វព្រៃភ្នំសំកុស

Das Naturschutzgebiet (3338 km²) erstreckt sich zwischen dem CCPF und der thailändischen Grenze am sprichwörtlichen Ende der Welt. Es wird durch illegale Abholzung und Agrarkonzessionen bedroht.

Die größte Stadt des Reservats ist Pramoay (Veal Veng), wo sich auch der mit 1717 m zweithöchste Berg Kambodschas, der Phnom Samkos, erhebt. Pramoay liegt 125 km westlich von Pursat. In dem abgeschiedenen kleinen Außenposten gibt es drei **Gästehäuser** (Zi. 5 US$), *moto*-Fahrer bringen Besucher auf Wunsch zu den Dörfern verschiedener Bevölkerungsgruppen ringsum.

Von Pramoay braucht man rund eine Stunde, um die Strecke nach Ou Som am Atai-Damm zu bewältigen. Dort befindet sich eine Ranger-Station des CCPF.

🏃 Aktivitäten

O'Soam Tourism Centre TOUR
(☏089 899895; www.osoamtour.wordpress.com) Die Bewohner der abgeschiedenen Siedlung Ou Som verdienen sich ihren mageren Lebensunterhalt schon lange durch Wilderei und Waldrodung. Um in der Gegend Einkommensmöglichkeiten zu schaffen, die einen nachhaltigen Umgang mit der Natur zur Grundlage haben, bietet das O'Soam Community Centre eine Reihe von Ökotourismus-Aktivitäten für all diejenigen, die eine kambodschanische Region kennenlernen möchten, die die meisten Reisenden bisher nicht auf dem Schirm hatten.

Es können Wanderungen und Bootstouren in die Umgebung sowie Fahrten zum Phnom Samkos organisiert werden. Die Unterbringung erfolgt in einfachen Gästehäusern und Privatunterkünften (5 US$ pro Pers.).

Tierschutzgebiet Phnom Aural ទីជម្រកសត្វព្រៃភ្នំឱរ៉ាល់

Leider wird dieses Gebiet (2538 km²) östlich des CCPF durch korrupte Landspekulanten und ungebremste illegale Abholzung immer mehr zerstört.

Den Phnom Aural (1813 m), den höchsten Berg Kambodschas, kann man innerhalb eines Tages besteigen, die meisten Wanderer nehmen sich aber zwei oder drei Tage Zeit (inkl. Anfahrt aus und Rückkehr nach Phnom Penh). Das Dorfoberhaupt von Sra Ken am Fuß des Berges stellt den Kontakt zu Guides (25–30 US$ pro Tag) her, die den Weg kennen und wissen, wo man Wasser findet.

Anfahrt: Von Phnom Penh aus reist man nach Kompong Speu (45 km). Dort fahren am frühen Nachmittag Minibusse nach Spean Dach (12 000 R, 2½ Std.), wo man ein *moto* nach Sra Ken nimmt (10 US$, 1 Std.). Nach einer Übernachtung bei einer einheimischen Familie (ca. 4–6 US$) in Sra Ken geht's morgens auf den Gipfel. Die zweite Nacht kann man dann wieder in Sra Ken verbringen – oder aber auf dem Berg.

PROVINZ BATTAMBANG

Laut den Einheimischen gibt es in der Provinz Battambang (ខេត្តបាត់ដំបង; Bat Dambong) den besten Reis, die süßesten Kokosnüsse und die leckersten Orangen (Letzteres sollte man in Pursat nicht erzählen). Die Provinz grenzt an Thailand sowie ein kurzes Stück an den Tonlé Sap.

In den letzten Jahrhunderten wurde Battambang mehrmals zwischen Kambodscha und Thailand hin- und hergereicht. Der Nachbarstaat besaß die Region von 1794 bis 1907 sowie während des Zweiten Weltkriegs bis kurz danach (1941–46), wofür die Thailänder einen entsprechenden Vertrag mit den Japanern und der französischen Vichy-Regierung abschlossen hatten.

Battambang បាត់ដំបង

🎵 053 / 147 000 EW.

Battambang hat etwas an sich, das die Touristen lieben – auch wenn es in der Stadt selbst gar nicht so viel zu tun gibt. Dafür entschädigen die auf vornehme Weise immer weiter verfallende Kolonialarchitektur, die Lage am Fluss und die vielen entspannten Cafés. Battambang bietet die perfekte Mischung aus halbwegs urbanem Fortschritt und kleinstädtischer Liebenswürdigkeit.

Vor den Toren der Stadt locken derweil von der Zeit losgelöste Tempel und bukolische Dörfer. Außerdem ist die Bootsstrecke zwischen Battambang und Siem Reap die malerischste des Landes.

Weiterhin ist hier der bekannteste Zirkus Kambodschas zu finden, der phantastische Phare Ponleu Selpak. Das ist kein Zufall: Traditionell bringt Battambang viele der beliebtesten Sänger, Schauspieler und Künstler des Landes hervor.

INSIDERWISSEN

BATTAMBANGS AUFBLÜHENDE KUNSTSZENE

Vor der Herrschaft der Roten Khmer konnte Battambang auf eine lange Geschichte als wichtigstes Kunst- und Kulturzentrum des Landes zurückblicken. Auf diesem Erbe baut heute eine neue Generation von Künstlern auf, sodass sich die Stadt ihren Ruf als Kulturhauptstadt Kambodschas zurückerobert. Um die Street 2½ herum ist eine Ansammlung von Galerien, Geschäften und funkigen Bars entstanden, eine Art Künstlerviertel im Zentrum der Stadt mit z. B. den folgenden Einrichtungen:

Sammaki Gallery (St 2½; ⏰ Mo–Fr 13–18 Uhr) 🍃 Battambangs erste Galerie für zeitgenössische Kunst widmet sich in erster Linie der Arbeit junger Künstler der Stadt. Sie wird vom Cambodian Children's Trust unterstützt.

Sangker Art Space (St 1½) Die kleine Galerie zeigt regelmäßig Werke von Künstlern aus Battambang.

Lotus Bar & Gallery (S. 268) Die Ausstellungen in der Galerie Lotus, dem Herzstück der städtischen Kunstszene, machen mit der vielfältigen lokalen Künstlergemeinde bekannt. Der Betreiber Darren Swallow half auch bei der Gründung der Sammaki Gallery.

Choco I'art Café (S. 267) Die Cafégalerie gibt oft Ausstellungen und anderen Kulturprojekten Raum.

Make Maek Art Space (66 St 2½) Die von dem renommierten ortsansässigen Maler Mao Soviet betriebene Galerie und Werkstatt zeigt viele seiner Arbeiten. Zuletzt war sie geschlossen, könnte aber inzwischen wieder geöffnet sein.

Battambang

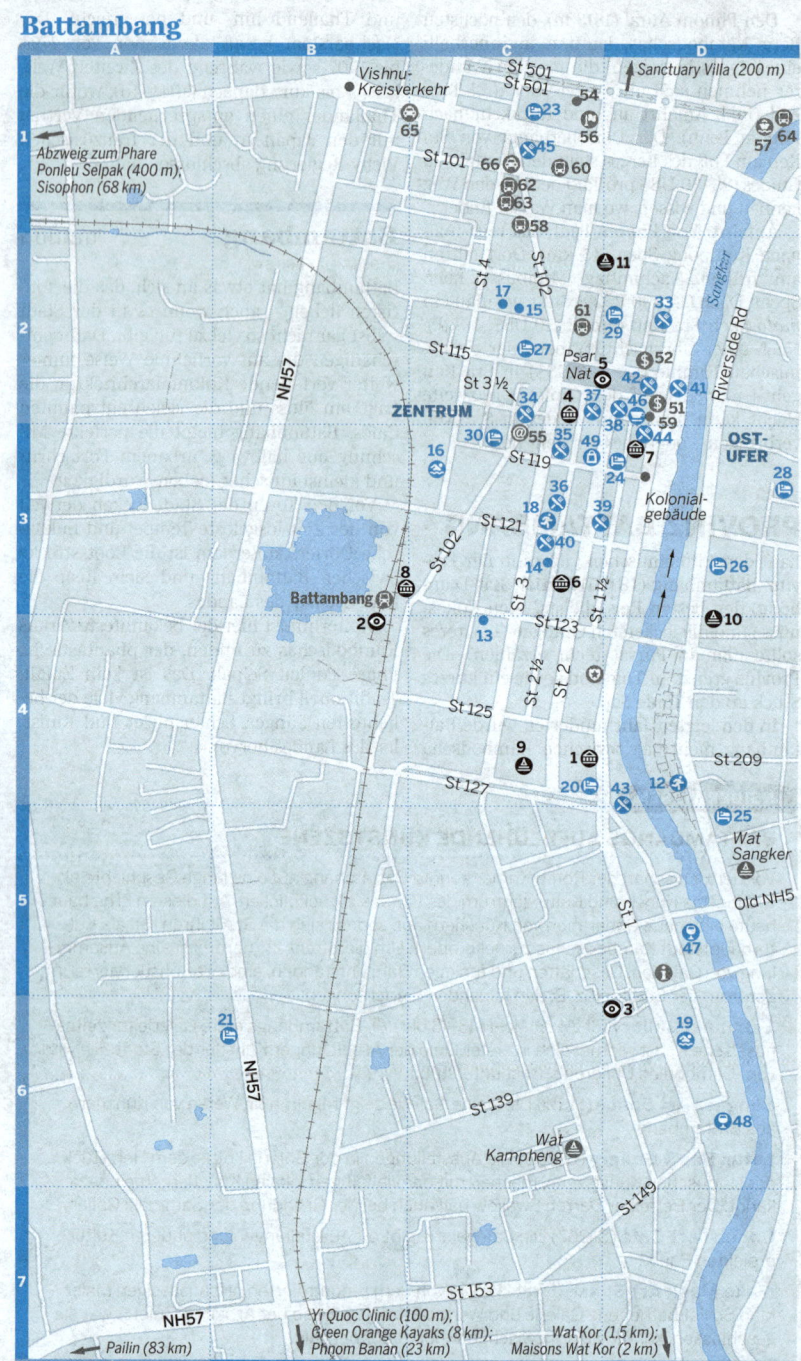

St 501
St 501

Vishnu-
Kreisverkehr

Sanctuary Villa (200 m)

54
23
65
56
57 64

St 101
66
45
60
62
63
58

Abzweig zum Phare
Ponleu Selpak (400 m);
Sisophon (68 km)

St 4
St 102
11

17
15
61
29
33

St 115
27
52
Psar
Nat
5

NH57
St 3½
34
4
37
42
51
41

ZENTRUM
30
55
35
49
38
46
59
44

St 119
16
7
24

OST-
UFER
28

36
18
39
Kolonial-
gebäude

St 121
40

St 102
14
St 3
6
26

8
St 1½
10

Battambang
13
St 123
St 2
St 2½

2

St 125
St 209

9
1
St 209

St 127
20
43
12

25
Wat
Sangker

Old NH5

St 1
47

21
3
19

St 139
48

Wat
Kampheng

St 149

St 153

NH57
Yi Quoc Clinic (100 m);
Green Orange Kayaks (8 km);
Phnom Banan (23 km)

Wat Kor (1.5 km);
Maisons Wat Kor (2 km)

Pailin (83 km)

Sangker
Riverside Rd

NORDWESTKAMBODSCHA BATTAMBANG

⊙ Sehenswertes

Einen Großteil seines Flairs verdankt Battambang der Architektur des frühen 20. Jhs. im historischen Zentrum der Stadt, einer Mischung aus Ladenhäusern im heimischen Stil und französischen Kolonialbauten. Einige der schönsten Kolonialgebäude stehen am Flussufer (Street 1), insbesondere südlich des Psar Nath (Street 1), der selbst auch ein sehenswertes (modernistisches) Bauwerk ist.

KA Architecture Tours (www.ka-tours.org) `GRATIS` mit Sitz in Phnom Penh hat gemeinsam mit der Stadtverwaltung von Battambang zwei Spaziergänge zu den Baudenkmälern in der Altstadt von Battambang entworfen, die auf der Webseite kostenlos heruntergeladen werden können. Damit kann man sich einen halben Tag lang wunderbar beschäftigen. Im Mittelpunkt stehen die Zeit der französischen Kolonialherrschaft und die modernistische Architektur der 60er-Jahre.

Battambang Museum   MUSEUM

(សារមន្ទីរខេត្តបាត់ដំបង; St1; Eintritt 1 US$; ⊙8–11 & 14–17.30 Uhr) In dem kleinen und recht staubigen Museum gibt es kunstvolle angkorianische Türstürze und Statuen aus der gesamten Provinz Battambang, u. a. aus Prasat Banan und Sneng. Alle Exponate sind in Khmer, Englisch und Französisch ausgeschildert.

Zuletzt wurde ein umfassendes Erweiterungs- und Modernisierungsprojekt für das Museum geplant – vielleicht ist ja inzwischen schon etwas in dieser Richtung passiert.

Gouverneurs-
residenz   BEMERKENSWERTES GEBÄUDE

Die zweistöckige Gouverneursresidenz mit ihren Balkonen und Holzfensterläden ist ein schönes Beispiel für die Bauweise des frühen 20. Jhs. Das Gebäude selbst ist nicht zugänglich, aber immerhin der Garten. Das Haus wurde von einem italienischen Architekten für den letzten thailändischen Gouverneur entworfen, der das Land 1907 verließ.

Bahnhof   HISTORISCHES GEBÄUDE

(St 102) Am nicht mehr benutzten Bahnhof von Battambang zeigt die Uhr immer 8.02 Uhr an. Gleich südlich vom Bahnhof lässt sich am Rand der Schienen ein wahrer Schatz an verfallenen Eisenbahnreparaturwerkstätten, Lagerhäusern und alten Schienenfahrzeugen aus der französischen Kolonialzeit erkunden.

Battambang

Wats   BUDDHISTISCHE TEMPEL

Battambangs buddhistische Tempel überlebten die Roten Khmer einigermaßen unbeschadet, denn der örtliche Kommandeur ignorierte sämtliche Befehle, diese Bauten zu zerstören. Besonders schön sind der **Wat Phiphétaram** (St 4), der **Wat Damrey Sar** (វត្តដំរីស, Pagode des weißen Elefanten; St 127) und der **Wat Kandal** (វត្តកណ្ដាល; Riverside Rd).

Wat Kor   DORF

(ភូមិវត្តគរ) Etwa 2 km südlich des Zentrums von Battambang liegt das Dorf Wat Kor, dessen Mittelpunkt der gleichnamige **Tempel** ist. Dies ist ein wunderbarer Ort für einen Spaziergang, vor allem am späten Nachmittag: Dann erstrahlt das gegenüberliegende (östliche) Ufer des Sangker im Licht der untergehenden Sonne in warmen Bernsteintönen. Hübsche Brücken überspannen den Fluss, die Türme des Wat Kor leuchten platinfarben und man kann den Alltag in einem typischen Khmer-Dorf auf sich wirken lassen.

Circa 1,5 km hinter dem Wat Kor befindet sich eine Ansammlung von **historischen Khmer-Häusern**, für die das Dorf bekannt ist. Sie wurden vor etwa einem Jahrhundert aus mittlerweile selten gewordenen Harthölzern erbaut, sind von Obstgärten umgeben und vermitteln mit ihren großen Veranden die Atmosphäre einer anderen Zeit.

Zwei der etwa 20 Gebäude sind öffentlich zugänglich: das **Bun-Roerng-Haus** (empfohlene Spende 1 US$) und das benachbarte **Khor-Sang-Haus** (empfohlene Spende 1 US$). Die Bewohner führen die Besucher kurz herum; sie sprechen Französisch und Englisch. Hundert Jahre lang haben nackte Fußsohlen die Böden „blankpoliert", die Einrichtung besteht aus alten Möbeln und Familienfotos.

Das Bun Roerng House wurde 1920 für einen Rechtsanwalt aus der Stadt erbaut. Bei unserem letzten Besuch wollten der derzeitigen Eigentümer den hinteren Teil des Hauses in Privatunterkünfte verwandeln – das wäre dann eine reizvolle Bleibe für Architektur- und Geschichtsfans. Das Khor-Sang-Haus wurde 1907 vom Großvater des heutigen Besitzers erbaut, der seinerzeit als Sekretär des letzten thailändischen Provinzgouverneurs arbeitete. Der hintere Teil des Hauses stammt von 1890.

🏃 Aktivitäten

Tagesgäste können für 5 US$ den Pool der **Delux Villa** (📞 077 336373; www.deluxvilla.com; St 4; 🛜) benutzen.

Green Orange Kayaks KAJAKFAHREN
(📞 017 736166; www.fedacambodia.org; Ksach Poy; halber Tag 12 US$) 🏖 Green Orange Kayaks gehört zu FEDA, einer kambodschanischen NGO, die im Ksach Poy (8 km südlich von Battambang) ein Gemeindezentrum betreibt, und vermietet Kajaks. Die Halbtagestouren, die man auf eigene Faust unternimmt, starten am Green Orange Cafe in Ksach Poy. Von dort aus geht's dann auf dem Sangker zurück in die Stadt. Die Guides (optional) nehmen 3 US$. Vorausbuchung empfohlen!

FEDA betreibt in Ksach Poy außerdem ein Gästehaus, den **Green Orange Village Bungalow** (📞 012 207957; www.fedacambodia.org; Ksach Poy; 3BZ 5 US$ pro Pers.) 🏖. Der Ansprechpartner heißt Ngarm.

Aerobic-Unterricht GESUNDHEIT & FITNESS
(Riverside Rd; 1000 R pro Pers.) Am Ostufer von Battambang verbrennen die Städter täglich von 6 bis 7 und 17 bis 19 Uhr ihre angefutterten Reiskalorien beim Aerobic. Vermutlich genügen schon fünf Minuten Workout, um ein paar Khmer-Zahlen zu lernen.

Seeing Hands Massage MASSAGE
(📞 078 337499; St 121; 6 US$ pro Std.; 🕐 7–22 Uhr) 🏖 Blinde Fachkräfte bieten wohltuende Massagen an.

Victory Club SCHWIMMEN
(St 1; Poolnutzung 2 US$; 🕐 6–20 Uhr) Mit 25-Meter-Becken.

Khmer New Generation Organization FREIWILLIGENARBEIT
(📞 092 790597; www.kngocambodia.org; im Dorf Bospo) 🏖 Die Khmer New Generation Organization, eine kambodschanische NGO, ist immer auf der Suche nach Freiwilligen, die im Rahmen ihres Angebots Englisch unterrichten, vorzugsweise mindestens einen Monat lang.

Children's Action for Development FREIWILLIGENARBEIT
(📞 092 301697; www.cadcambodia.org) 🏖 Die gemeinnützige Organisation Children's Action for Development in Pheam Ek (13 km von Battambang) organisiert kostenlosen Englischunterricht für die Kinder des Orts und ist immer auf der Suche nach ehrenamtlichen Lehrern.

👉 Geführte Touren

Soksabike RADFAHREN
(📞 012 542019; www. soksabike.com; halber Tag 23–27 US$, ganzer Tag 34–40 US$; 🕐 Abfahrt 7.30 Uhr) 🏖 Soksabike im Café Kinyei (S. 267) ist gemeinnützig und möchte Besuchern die kambodschanische Landschaft und Bevölkerung näherbringen. Die Halbtagestrips sind 25 km lang, die Ganztagestrips 40 km, und unterwegs wird bei Familienhandwerksstätten gehalten, wo z. B. Reispapier oder *prahoc* (fermentierte Fischpaste) hergestellt wird, sowie bei einer Familie. Die Tourpreise hängen von der Gruppengröße ab.

Butterfly Bicycle Tours RADFAHREN
(📞 089 297070; www.butterflytour.asia; St 309; Halbtagstour 15–17 US$; 🕐 Abfahrt 7.30 & 13.30 Uhr) Die von einheimischen Studenten ins Leben gerufenen Radtouren von Butterfly's haben die Landschaft, die Sehenswürdigkeiten oder den Alltag in der Gegend als Schwerpunkt. Teilnehmer schwärmen besonders von der Tour zum Thema traditionelle Lebensweise.

Battambang Bike RADFAHREN
(📞 097 482 4104; www.thebattambangbike.com; St 2½; Touren 18 US$) Hat unterschiedliche Radtouren im Programm, darunter eine halb-

tägige Stadttour und eine halbtägige Tour nach Phnom Sampeau. Außerdem werden samstags kostenlose „Spaßtrips" geboten. Vermietet sowohl Stadträder als auch Mountainbikes (2–5 US$ pro Tag).

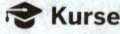 Kurse

Coconut Lyly
KOCHKURS
(☎016 399339; www.coconutlyly.com; St 111; 10 US$ pro Pers.) Die Kochkurse werden vom Koch Lyly geleitet, der sein Handwerk an der Paul Dubrule Cooking School in Siem Reap gelernt hat. Die Halbtageskurse (Beginn 9 und 15.30 Uhr) beinhalten einen Besuch auf dem Psar Nath und es werden vier typische Khmer-Gerichte zubereitet (Rezeptbuch inbegriffen). Am Ende wird das Gekochte verspeist. Das ausgezeichnete Restaurant hier ist von 8 bis 22 Uhr geöffnet.

Nary Kitchen
KOCHKURS
(☎012 763950; www.narykitchen.com; St 111; Halbtagskurs 10 US$) Die beliebten Kochkurse beinhalten einen Einkauf auf dem Stadtmarkt, ein Dreigängemenü und ein Rezeptbuch als Andenken. Der Unterricht beginnt um 9 und 15.30 Uhr und dauert rund drei Stunden. Anschließend bleibt noch genügend Zeit, um die Kreationen zu verzehren. Wer eher am Essen als am Kochen interessiert ist: Das hiesige Restaurant ist von 8 bis 22 Uhr geöffnet.

Australian Centres for Development
SPRACHKURS
(☎053-677 7772; www.acdcambodia.weebly.com; St 123) Der Khmer-Sprachunterricht hier, einzeln oder in Gruppen, genießt einen guten Ruf.

Schlafen

Die meisten Budgetunterkünfte Battambangs tummeln sich nahe dem Psar Nath, die Mittelklasse- und Luxusbleiben liegen meist am Ostufer des Flusses oder etwas außerhalb, eine kurze *remork*- oder *moto* Fahrt vom „Touristengürtel" in der Altstadt entfernt.

Stadtzentrum

★Angkor Comfort Hotel
HOTEL $
(☎077 306410; www.angkorcomforthotel.com; St 1; Zi. mit Klimaanlage 15 US$; ☻❄☎) Die riesigen Zimmer des Angkor sind blitzsauber und warten mit weißer Bettwäsche, Flachbildfernseher, genügend Steckdosen zum Aufladen aller mitgeschleppten Gerätschaften sowie modernen Bädern mit bodengleichen

Duschen auf – Mittelklasse-Annehmlichkeiten die hier zum Budgetpreis geboten werden.

Royal Hotel
HOTEL $
(☎016 912034; www.royalhotelbattambang.com; St 115; Zi. mit Klimaanlage 20–25 US$; ❄@☎) Der Oldtimer im Gastgewerbe von Battambang erfreut sich zu Recht großer Beliebtheit. Einige Zimmer sind vielleicht etwas verblasst, aber sie sind recht groß und verfügen über Kühlschrank und TV. Die Angestellten gehören zu den bestinformierten der Stadt.

Senghout Hotel
HOTEL $
(☎012 530327; www.senghouthotel.com; St 2; Zi. mit Ventilator 10–15 US$, Zi. mit Klimaanlage 15–35 US$; ❄☎⚊) Das Senghout ist dafür bekannt, dass sein Personal auf Zack ist und bei Reisefragen schnell Auskunft geben kann. Das Hotel selbst wartet mit hübsch eingerichteten Zimmern auf. Einige davon sind etwas beengt – am besten schaut man sich ein paar an. Ein Pluspunkt ist der Dachpool.

Ganesha Family Guesthouse
GÄSTEHAUS $
(☎092 135570; www.ganeshaguesthouse.com; St 1½; B 4,50 US$, Zi. 11–14 US$; ☎) Das Ganesha ist die beste unter den Billigherbergen der Stadt. Es verfügt über einen hellen Dorm mit Doppelbetten und kleine Privatzimmer mit Bambusmöbeln und gefliesten Bädern (nur kaltes Wasser). Treppabwärts befindet sich ein gemütliches Café.

Tomato Guesthouse
GÄSTEHAUS $
(☎053-690 7374; www.facebook.com/tomatoguesthouse; St 119; B/DZ 1,50/3 US$; ☎) Im Café unten ist immer etwas los und oben gibt's winzige Zimmer mit Bad. Oder man nächtigt im wahnsinnig billigen Dorm.

Banan Hotel
HOTEL $
(☎053-953242; www.bananhotel.com; NH5; mit Frühstück 20 US$, Deluxe 25–40 US$; ❄@☎⚊) Allgegenwärtige Holzvertäfelung prägt dieses Hotel mit makellosen Zimmern (die teureren mit Balkon) und freundlichem Service. Das Nebengebäude hat einen Dachpool.

Sanctuary Villa
BOUTIQUEHOTEL $$
(☎097 216 7168; Zi. mit Frühstück 60–90 US$; ❄@☎⚊) Das Refugium mit der intimen Atmosphäre hat auf einem dicht bewachsenen Grundstück sieben ansprechenden Bungalows und einen Pool. Die Unterkünfte sind mit traditionellen Holzmöbeln, schönen Seidenstoffen und Läufern ausgestattet. Die Lage ab vom Schuss wird allerdings nicht

SO EIN ZIRKUS!

Battambangs Hauptattraktion ist der international renommierte Zirkus (*cirque nouveau*) **Phare Ponleu Selpak** (ហ្វារេពន្លឺសិល្បៈ; ☏ 053-952424; www.phareps.org; Erw./Stud. 14/7 US$), eine Art Artistenschule für benachteiligte Kinder. Mittlerweile finden auch in Siem Reap Vorführungen statt, aber es lohnt sich, den Besuch in Battambang so zu timen, dass man sich das faszinierende Spektakel dort ansehen kann, wo alles begann. Showtime ist montags, donnerstags und samstags um 19 Uhr (Nov.–Feb. auch freitags). Karten gibt's ab 18 Uhr an der Abendkasse.

Phare (so die geläufige Abkürzung) ist ein Tausendsassa und mehr als nur ein Zirkus. Hier werden Musiker sowie bildende und darstellende Künstler ausgebildet. Viele Künstler, denen man in der Stadt begegnen wird, z. B. Ke vom Choco l'art Café (S. 267), haben im Phare gewohnt und gelernt. Zaungäste sind willkommen: Sie können tagsüber an einer **Führung** (5 US$; ⊙ Mo–Fr 8–11 & 14–17 Uhr) über das Phare-Gelände teilnehmen und sich Zirkusproben und den Tanz-, Musik-, Mal- und Grafik-Unterricht ansehen. Diese fünf Dollar sind definitiv gut angelegt!

Vom Vishnu-Kreisverkehr am NH5 rund 900 m nach Westen fahren und dann rechts (nach Norden) abbiegen; nach weiteren 600 m ist man am Ziel.

jedem zusagen. Vom White-Horse-Kreisverkehr am NH5 geht's 500 m nach Norden und dann nach rechts.

Maisons Wat Kor BOUTIQUEHOTEL $$$
(☏ 098 555377; www.maisonswatkor.com; im Dorf Wat Kor; EZ/DZ ab 81/94 US$; ✳☎♨☀) Die rund 2 km südlich des Zentrums gelegenen Maisons Wat Kor sind ein abgeschiedenes Refugium mit nur acht Zimmern in traditionellen Khmer-Häusern. Die Zimmer sind hell und geräumig und haben moderne Bäder. Am Salzwasserpool inmitten üppiger Vegetation kann man wunderbar relaxen.

Au Cabaret Vert BOUTIQUEHOTEL $$$
(☏ 053-656 2000; www.aucabaretvert.com; NH57; Zi. mit Frühstück 85 US$; ✳☎♨) Moderne trifft Kolonialstil in dieser Hotelanlage am westlichen Stadtrand. Die stilvollen Zimmer sind mit Flachbild-TV und Regendusche ausgestattet. Als Swimmingpool dient ein natürlicher, selbstreinigender Teich.

🛏 Östliches Flussufer

⭐ **Here Be Dragons** HOSTEL $
(☏ 089 264895; www.herebedragonsbattambang. com; Riverside East; B 3 US$; Zi. 8–10 US$; ☎) Eine tolle Bar, ein schattiger Garten vorm Haus zum Relaxen und kostenloses Bier bei der Ankunft machen das Here Be Dragons zu einer Top-Backpackerbleibe. Die 6-Bett-Dorms verfügen über Schließfächer, während die sonnigen Privatzimmer mit farbenfroh bezogenen Betten erfreuen. Die ruhige Lage neben dem Park am Fluss ist ein weiteres Plus.

La Villa BOUTIQUEHOTEL $$
(☏ 053-730151; www.lavilla-battambang.net; Riverside Rd; DZ mit Frühstück ab 70 US$; ✳@☎♨) Diese wunderbare französische Villa, eines der romantischsten Boutiquehotels Kambodschas, wurde im Stil der 1930er-Jahre renoviert. Die Himmelbetten sind von Moskitonetzen umhüllt, auf den Böden liegen noch die Originalfliesen und jede Ecke ist mit Jugendstilelementen geschmückt – ein wunderbares Ambiente.

Sangker Villa Hotel BOUTIQUEHOTEL $$
(☏ 097 764 0017; www.sangkervilla.com; abseits St 203; Zi. mit Frühstück 45–55 US$; ✳☎♨) Die Sangker Villa ist keine Stilikone wie viele der edlen „Poolschönheiten" von Battambang, schlägt sie aber im Preis. Hinterm Haus bietet die Poolbar Gelegenheit zum geruhsamen Entspannen. Die hellen, einfach eingerichteten Zimmer haben moderne Bäder.

⭐ **Bambu Hotel** HOTEL $$$
(☏ 053-953900; www.bambuhotel.com; St 203; Zi. mit Frühstück ab 90 US$; ☁✳@☎♨) Die Einrichtung der geräumigen Zimmer trägt sowohl eine französische als auch eine Khmer-Handschrift. Sie sind bildschön gefliest und mit edelsten Möbeln ausgestattet und besitzen Bäder mit Bruchsteinböden. Das Restaurant für Fusion-Küche ist eins der besten der Stadt und die Poolbar lädt zum Verweilen ein. Doch vor allem hebt sich das Bambu durch sein liebenswürdiges Personal von den anderen Boutiquehotels der Stadt ab. Vorausbuchen – das Hotel ist sehr beliebt.

ALLE MANN IN DIE BAMBUSBAHN

Battambangs **Bambusbahn** (Hin- & Rückfahrt für 2 oder mehr Passagiere 5 US$ pro Pers., für 1 Passagier 10 US$; ⏱7 Uhr bis Sonnenuntergang) ist ein zeitloser Klassiker des internationalen Bahnverkehrs. Sie rumpelt von O Dambong, 3,7 km östlich der alten französischen Brücke (Wat Kor Bridge) in Battambang am Ostufer des Flusses, 7 km Richtung Südosten nach O Sra Lav. Die Reise führt über krumme Schienen und schwindelerregend hohe Brücken, die von den Franzosen errichtet wurden. Die Fahrt dauert pro Richtung 20 Minuten; dazwischen gibt's einen 20-minütigen Halt in O Sra Lav.

Jeder Wagen (auf Khmer als *norry* bzw. *nori* bekannt) besteht aus einem 3 m langen Holzrahmen mit Leisten aus ultraleichtem Bambus und ruht auf zwei hantelartigen Achsen; die hintere ist durch mehrere Keilriemen mit einem 6 PS starken Benzinmotor verbunden. Der Zug wird mit bis zu 15 Personen oder bis zu 3 t Reis beladen und angekurbelt, um dann mit etwa 15 km/h durch die Gegend zu gurken.

Das Geniale an dem System ist, dass es für jedes noch so ausgefallene Problem eine Lösung hat, z. B.: Was tun, wenn zwei in entgegengesetzte Richtung fahrende Waggons auf dieser eingleisigen Strecke aufeinandertreffen? In diesem Fall ist die Antwort ganz einfach: Man baut schnell einen der beiden auseinander und deponiert die Einzelteile neben den Gleisen. Dabei gilt die Regel, dass der Zug mit der geringeren Zahl an Passagieren nachgeben muss.

Als dann das Straßennetz immer weiter ausgebaut wurde, war die Bambusbahn eigentlich überflüssig – doch ihr wurde neues Leben als Touristenattraktion eingehaucht. Zwar ist sie wirklich sehr touristisch – so warten beim Stopp in O Sra Lav einige sehr hartnäckige Kinder, um Armbänder zu verkaufen –, doch eine Fahrt mit ihr ist echt ein großer Spaß.

Es gibt Pläne, das Schienennetz auszubauen und die Bambusbahn hier in naher Zukunft einzustellen, doch soll sie dann an anderer Stelle in der Provinz verkehren.

✖ Essen

Die Restaurants der Kochschulen (S. 264) in der Stadt bieten hervorragende kambodschanische Küche.

Garküchen findet man auf den drei Nachtmärkten. Auf dem ursprünglichen **Nachtmarkt** (Snacks & Hauptgerichte 2000–8000 R; ⏱16–21 Uhr) in der nordöstlichen Ecke des Psar Nath werden gegrilltes Huhn, Fisch und Schweinefleisch angeboten. Der **neue Nachtmarkt** (St 1; Hauptgerichte 4000–8000 R; ⏱18–24 Uhr) liegt auf der anderen Straßenseite am Fluss; hier wird eher im Sitzen gegessen. Gegenüber vom Stadtmuseum gibt es noch einen anderen **Nachtmarkt am Fluss** (St 1; Hauptgerichte 4000–8000 R; ⏱15–24 Uhr).

✖ Stadtzentrum

★ Lonely Tree Cafe   CAFÉ $
(www.thelonelytreecafe.com; St 121; Hauptgerichte 4–5,50 US$; ⏱10–22 Uhr; 🛜) 🍴 Das kuschelige Café über dem gleichnamigen Laden serviert unter einer sehr hohen, mit Bambus verkleideten Decke Gerichte im Stil spanischer Tapas und ein paar Khmer-Speisen. Das „Maskottchen" ist ein Baum an der Straße nach Siem Reap. Mit den Einnahmen werden Menschen mit Behinderung und Projekte zum Erhalt der traditionellen Kultur unterstützt.

Coconut Water   INTERNATIONAL $
(St 119; Hauptgerichte 2–3,50 US$; ⏱8–21 Uhr; 📶) 🍴 Hier können Gäste im gemütlichen Café im ersten Stock oder inmitten von Kissen auf der schattigen Dachterrasse essen. Neben tollen Frühstücksgerichten werden auch ein paar Khmer-Klassiker sowie karamellisiertes Huhn und Tofu-Burger serviert. Die Gewinne fließen in verschiedene gemeinnützige Projekte.

Flavours of India   INDISCH $
(85 St 2½; Hauptgerichte 3,50–5 US$; ⏱9–22.30 Uhr; 🛜📶) Der Battambang-Ableger eines beliebten indischen Restaurants aus Phnom Penh. Die Idee für diesen Laden kam auf, nachdem sich ein paar Expats mit unbezwingbarem Appetit auf Curry aus der 290 km weiter südöstlich gelegenen Hauptstadt Essen hatten liefern lassen. Sehr preisgünstig sind die *thalis* (5–7 US$).

Vegetarian Foods Restaurant   VEGETARISCH $
(St 102; Hauptgerichte 1500–3000 R; ⏱6.30–17 Uhr; 📶) Ein winziges Restaurant, in dem es

aber wohl die so ziemlich leckersten vegetarischen Gerichte von ganz Kambodscha gibt, z.B. Reissuppe und gefüllte Teigtaschen für nur 1000 R. Die Sojamilch ist hausgemacht. Superpreiswert.

Fresh Eats Café INTERNATIONAL $
(www.mpkhomeland.org; St 2½; Hauptgerichte 2,50–4 US$; ⊙ 9–21 Uhr; 🛜) 🍴 Das kleine Café ist eine NGO-Einrichtung: Der Gewinn kommt sozial benachteiligten Jugendlichen zugute. Das Angebot an Khmer-Spezialitäten wird durch Baguettes zum Selbstzusammenstellen, tolle Salate und Pastagerichte ergänzt. Außerdem gibt's hier einen kleinen Kunstgewerbeladen.

Lan Chov Khorko Miteanh NUDELN $
(145 St 2; Hauptgerichte 4000–6000 R; ⊙ 9–21 Uhr) Der Nudelshop ist bei den ansässigen Ausländern besser unter dem Namen „Chinese Noodle" bekannt. Der chinesische Küchenchef bereitet günstige gefüllte Teigtaschen und frische Nudeln in mehr als einem Dutzend Variationen zu, z.B. mit Schweine- oder Entenfleisch.

Choco l'art Café CAFÉ $
(www.chocolartcafe.com; St 117; Frühstück & Hauptgerichte 1,50–6 US$; ⊙ Mi–Mo 9–24 Uhr; 🛜) Der hiesige Künstler Ke und seine französische Freundin Soline betreiben diese nette Mischung aus Café und Galerie mit viel Hingabe. Hier sitzen Touristen und Einheimische zusammen, um etwas zu trinken und Solines köstliches Brot, die süßen Teilchen und (Frühstücks-)Crêpes zu genießen. Hin und wieder treten auch Musiker auf.

⭐ Jaan Bai FUSION-KÜCHE $$
(📞 078 263144; jaanbai@cambodianchildrenstrust. org; Ecke St 1½ & St 2; kleine Teller 3 US$, Hauptgerichte 4–10 US$; ⊙ Di–So 11–22.30 Uhr; 🛜 🍴) Das Jaan Bai (Khmer für „Reisschüssel") ist Battambangs Gourmettempel. Einen Kontrast zur eleganten minimalistischen Einrichtung bilden die wunderschönen französisch-kambodschanischen Kacheln an den Wänden. Auch die Speisekarte ist originell und überzeugt: Um die verschiedenen Aromen optimal zu genießen, bestellt man am besten verschiedene kleine Speisen oder das Probiermenü: sieben Teller plus Wein für 15 US$ pro Person (mind. 2 Pers.).

Und man speist für einen guten Zweck: Hier erhalten Jugendliche aus benachteiligten Familien in Zusammenarbeit mit dem Cambodia Children's Trust (www.cambodian childrenstrust.org) eine Ausbildung bzw. einen Arbeitsplatz.

Cafe Eden CAFÉ $$
(www.cafeedencambodia.com; St 1; Hauptgerichte 4–7 US$; ⊙ Mi–Mo 7.30–21 Uhr; 🛜) 🍴 Das von Amerikanern geführte gemeinnützige Café bietet einen entspannten Rahmen für ein herzhaftes Frühstück oder einen Nachmittagskaffee. Die kleine Mittags- und Abendkarte wartet mit asiatischer Fusion-Küche auf, dazu gibt's noch einige Burger. Und: Hier bekommt man die besten Pommes der Stadt. Im Laden hinterm Café werden Kleidung und Kunsthandwerk verkauft.

The Kitchen INTERNATIONAL $$
(St 1; Hauptgerichte 5–7 US$; ⊙ 10–22 Uhr; 🛜) Im The Kitchen mit seiner bunten Kunst an den Wänden und den Küchengerätschaften, die als Deko dienen, herrscht eine lockere Stimmung. Die Karte bietet ein bisschen von allem, von mexikanischen Burritos und Tacos bis zu panasiatischer Küche.

🍴 Östliches Flussufer

Am östlichen Ufer entsteht derzeit eine quirlige Restaurantszene, vor allem entlang des alten NH5.

Bamboo Train Cafe INTERNATIONAL $
(Alter NH5; Hauptgerichte 8000–16 000 R; ⊙ 7–22 Uhr) Dem sympathischen Eigentümer ist es zu verdanken, dass dieses Lokal immer gut besucht ist. Auf der vielseitigen Speisekarte findet man Pizzas, Pasta, Currys und leckeres Tofu-*amok*.

Battambang BBQ & Buffet GRILLRESTAURANT $
(Alter NH5; Hauptgerichte 10000–16000 R; ⊙ 16–22 Uhr) Das Lokal mit All-inclusive-Barbecue und Selbstbedienungs-Buffet ist der absolute Renner sowohl bei den Stadtbewohnern als auch bei Touristen. Ungewöhnlich preiswert.

⭐ La Villa INTERNATIONAL $$
(📞 053-730151; Riverside Rd; Hauptgerichte 5–15 US$; ⊙ 11–15 & 18–21 Uhr; 🛜) Im stimmungsvollsten Restaurant von Battambang werden die Gäste mit köstlichen Khmer-, vietnamesischen, französischen und italienischen Gerichten sowie Weinen aus aller Welt verwöhnt. Eine Spezialität des Hauses ist z.B. saftiges Fischfilet in Zitronensauce. Man kann drinnen im Glasatrium sitzen oder den Kolonialstilcharme des Hofs genießen.

🍷 Ausgehen & Nachtleben

⭐ Kinyei CAFÉ
(www.kinyei.org; 1 St 1½; Kaffee 1,25–2,50 US$, Snacks 1–2,50 US$; ⊙ 7–19 Uhr; 🛜) 🍴 Die Top-Adresse in Battambang für den morgendli-

chen Kaffee – hier ist schon der eine oder andere nationale Barista-Champion gekürt worden. Es gibt die übliche Palette an Espressos und Cappuccinos, dazu noch eine kleine Auswahl an Frühstückssachen und kleinen Speisen.

Lotus Bar & Gallery   CAFÉ

(St 2½; ⏱ 11 Uhr–open end; 📶) Im Erdgeschoss eines wunderschön renovierten Warenhauses lädt eine nette Bar dazu ein, sich unters bunt durcheinandergewürfelte Volk zu mischen. Oben ist eine Galerie untergebracht, unten wird abends alles Mögliche von Film- und Musikvorführungen bis hin zu Mottopartys geboten. Die Karte (Hauptgerichte 4–8 US$) mäandert über nahöstlichen Vorspeisenplatten über Pizza zu einigen Khmer-Spezialitäten.

Here Be Dragons   BAR

(Riverside Rd; ⏱ 11 Uhr–open end; 📶) Noch bevor es das beliebte Dragons-Hostel gab, gab es bereits die beliebte Dragons-Bar – und dieser Ursprung ist bis heute spürbar. Oft brummt der Laden bis in die frühen Morgenstunden; dafür sorgt eine Mischung aus Backpackern und Expats. Mittwochs ist Quiz-Abend.

Riverside Balcony Bar   BAR

(Ecke St 1 & St 149; ⏱ Di–So 16–23 Uhr; 📶) Willkommen in Battambangs ältester Bar. Das Lokal in australischem Besitz ist in einem wunderschönen Holzhaus hoch über dem Fluss untergebracht – ein entspannter Platz für einen Drink bei Sonnenuntergang. Auf der kleinen Karte stehen Kneipengerichte und Khmer-Klassiker (Hauptgerichte 3,50–7,50 US$).

River   BAR

(St 1; ⏱ 6–23 Uhr) Abends zieht es die Einheimischen wegen der Brise vom Fluss und zum Fußball- und Filmeschauen hierher; die Filme werden unter freiem Himmel gezeigt.

🛍 Shoppen

Lonely Tree Shop   TEXTILIEN

(St 121; ⏱ 10–22 Uhr) 🖉 Edle Seidentaschen, auffälliger Schmuck, coole T-Shirts und Röcke. Definitiv nicht der typische gemeinnützige Souvenir-Einheitsbrei.

Jewel in the Lotus   VINTAGE

(St 2½; ⏱ 11–22 Uhr) Ein wunderbarer kleiner Laden, vollgestopft mit Antiquitäten, Krimskrams und Kitsch sowie alten Fotos und Drucken hiesiger Künstler. Ein Besuch lohnt sich, auch wenn man nichts kaufen will.

Bric-a-Brac   HAUSHALTSWAREN

(📞 077 531562; www.bric-a-brac.asia; 112 St 2; ⏱ 11–20 Uhr) Das schicke Geschäft verkauft handgemachte Posamenterie-Artikel, Stoffe, Antiquitäten und Accessoires. Oben befindet sich ein Hoteljuwel mit nur drei kunstvoll designten Zimmern.

Rachana Handicrafts   TEXTILIEN

(⏱ 7.30–17.30 Uhr) 🖉 Das von einer NGO geführte winzige Lädchen am Stadtrand stellt Ausbildungsplätze für benachteiligte Frauen bereit und hat Taschen, Kuscheltiere, *kramas* sowie Accessoires aus Baumwolle und Seide im Sortiment.

ℹ Praktische Informationen

Was gerade in der Stadt los ist, erfährt man in der kostenlosen Zeitschrift *Battambang Buzz*, die in Restaurants, Kneipen und Hotels ausliegt.

Auf dem Stadtplan, den es in der Touristeninformation gibt, sind Routen zum Bambuszug und anderen Attraktionen vor den Toren der Stadt eingezeichnet.

Fast alle Hotels und die meisten Cafés und Restaurants bieten kostenloses WLAN.

ANZ Royal Bank (St 1; ⏱ Mo–Fr 8.30–16 Uhr, Geldautomat 24 Std.)

Canadia Bank (Psar Thom; ⏱ Mo–Fr 7.30–15.30, Sa bis 11.30 Uhr, Geldautomat 24 Std.)

Handa Medical Centre (📞 095 520654; NH5; ⏱ Klinik 9–15.30 Uhr, Notfälle 24 Std.) Hat zwei Ambulanzen und gewöhnlich sind ein oder zwei europäische Ärzte vor Ort.

Institut Français (www.institutfrancais-cambodge.com; St 501; ⏱ Mo–Fr 8–12 & 14–18 Uhr) Das Französische Kulturzentrum versucht im Zeitalter der Anglophonie tapfer, die französische Kultur zu pflegen. Im Obergeschoss befindet sich eine *médiathèque* mit Büchern und DVDs.

Touristeninformation (📞 012 534177; www.battambang-town.gov.kh; St 1; ⏱ Mo–Fr 8–11 & 14–17 Uhr) Durchschnittliche Touristeninformation, aber der Stadtplan ist klasse.

Yi Quoc Clinic (📞 053-953163, 012 530171; abseits des NH57; ⏱ 24 Std.) Das beste Krankenhaus der Stadt.

ℹ An- & Weiterreise

Battambang liegt 290 km nordwestlich von Phnom Penh am NH5 und 80 km nordöstlich von Pailin am NH57 (früher NH10).

BUS

Ähnlich wie Phnom Penh hat auch Battambang keinen zentralen Busbahnhof, die meisten Busunternehmen haben sich aber im Zentrum gleich südlich der Kreuzung zwischen dem NH5 und der St 4 angesiedelt.

Nach Phnom Penh bieten Capitol Tour und Phnom Penh Sorya tagsüber die meisten Busse. Schneller geht's mit den teureren Expressminibussen von Golden Bayon Express (10 US$, 4½ Std., 7 und 8.30 Uhr) und Mekong Express (12 US$, 4½ Std., 7.30, 8.45, 9.30, 13, 14.30 und 17 Uhr). Nur wem es nichts ausmacht, zu nachtschlafender Stunde in Phnom Penh einzutrudeln, kann auch einen der von verschiedenen Unternehmen angebotenen Nachtbusse nehmen.

Mekong Express und Golden Bayan betreiben außerdem Expressminibusse nach Siem Reap.

Alle Busreisenden nach Bangkok müssen an der Grenze umsteigen – üblicherweise in einen Minibus auf der thailändischen Seite.

Die günstigsten Preise hat gewöhnlich Capitol Tour, gefolgt von Phnom Penh Sorya.

Capitol Tour (053-953040; St 102)
Golden Bayon Express (070 968966; St 101)
Mekong Express (088 576 7668; St 3)
Phnom Penh Sorya (053-953904; St 4)
Ponleu Angkor Khmer (053-952366; St 4)
Rith Mony (011 575572; St 1)

SCHIFF

Das Flussboot nach Siem Reap (20 US$, Abfahrt tgl. 7 Uhr) quetscht sich durch schmale Fahrrinnen und passiert geschützte Feuchtgebiete. Die Reise dauert in der Regenzeit etwa 5 Std. und mindestens 9 Std. auf dem Höhepunkt der Trockenzeit. Dies ist die bemerkenswerteste Schiffstour, die man in Kambodscha unternehmen kann. Sie wird täglich abwechselnd von **Angkor Express** (012 601287) und **Chann Na** (012 354344) durchgeführt.

In der Trockenzeit werden die Passagiere auf dem Landweg bis zu einem schiffbaren Abschnitt des Flusses gebracht. Die besten Plätze auf dem Dampfer befinden sich weit weg vom lauten Motor. Manchmal besteht auch die Möglichkeit, sich für zusätzliche 5 US$ am Prek-Toal-Vogelschutzgebiet absetzen und

am nächsten Tag wieder abholen zu lassen. Die Fahrt ist schön, aber Reisende sollten wissen, dass die Boote nicht bei allen Bewohnern der Siedlungen entlang der Strecke gern gesehen sind. Ihre Bugwellen haben bereits kleine Boote zum Kentern gebracht und immer wieder werden Fischernetze mitgerissen. Viele Reisende beklagen auch, dass die Schiffe oft überfüllt und Rettungswesten Mangelware sind.

TAXI

An der Südostecke des **Taxistand** (NH5) fahren Sammeltaxis nach Phnom Penh (40 000 R, 4½ Std.) und Pursat (16 000 R, 2 Std.) ab, Taxis nach Poipet (20 000 R, 1¾ Std.), Sisophon (20 000 R, 1¼ Std.) und Siem Reap (26 000 R, 3 Std.) stehen nördlich des Markts am NH5.

Sammeltaxis nach Pailin (20 000 R, 1¼ Std.) und zum Grenzübergang Psar Pruhm–Ban Pakard fahren an der Ecke von Street 101 und Street 4 ab. Wer ein Privattaxi für 35 bis 40 US$ nimmt, kann unterwegs in Phnom Sampeau und Sneng Halt machen.

Unterwegs vor Ort

Remork-Fahrer, die Englisch und Französisch sprechen, gibt es in Battambang zuhauf. Sie sind gern bereit, Touristen einen halben oder ganzen Tag lang durch die Gegend zu kutschieren. Ein halber Tag zu einer einzelnen Attraktion vor den Toren der Stadt, zum Phnom Sampeau z. B., kostet um die 12 US$, ein ganzer Tag mit drei Sehenswürdigkeiten (z. B. zum Phnom Sampeau, Phnom Banan und zum Bambuszug) kostet, je nach Verhandlungsgeschick, 16 bis 20 US$. Die *moto*-Fahrer nehmen etwa die Hälfte.

Eine *moto*-Fahrt in der Stadt liegt bei etwa 2000 R, eine *remork*-Fahrt kostet ab 1 US$ aufwärts.

Bei **Gecko Moto** (089 924260; St 3; 8–19 Uhr) und im Royal Hotel kann man Motorräder für 7 bis 8 US$ pro Tag ausleihen. Fahrräder werden im Royal Hotel, bei Soksabike, Battambang Bike und in Gästehäusern für 2 US$ pro Tag vermietet.

BUSSE AB BATTAMBANG

ZIEL	DAUER (STD.)	PREIS (US$)	UNTERNEHMEN	HÄUFIGKEIT
Bangkok	9	15–16	Mekong Express, PP Sorya	10.30, 11.30, 12 Uhr
Kompong Cham	7½	7,50–10	PP Sorya, Rith Mony	9.30 Uhr
Pailin	1½	3–4	Ponleu Angkor, Rith Mony	13, 15 Uhr
Phnom Penh	5–6	5–12	alle Unternehmen	regelmäßig bis 14.30 Uhr
Poipet	2¼	4–4,50	Capitol, PP Sorya, Rith Mony	7.45, 13 Uhr
Siem Reap	3–4	4,50–5	Capitol, Golden Bayon Express, Mekong Express, PP Sorya	7.45, 8, 9.45, 13, 14 Uhr

Rund um Battambang

In der Gegend um Battambang locken zahlreiche alte Tempel und andere interessante
Sehenswürdigkeiten. Die Besichtigung der
Klosteranlagen Phnom Sampeau, Phnom
Banan und Ek Phnom schlägt mit 3 US$ für
ein Kombiticket zu Buche. Wenn man eine
Eintrittskarte für eines der Klöster kauft,
gilt sie am gleichen Tag auch für den Besuch
der zwei anderen. Informationen über weitere, im Folgenden nicht aufgeführte Stätten
findet man im Reiseführer *Around Battambang* (10 US$) von Ray Zepp. Das Buch
enthält detaillierte Auskünfte über Tempel,
Wats und Exkursionen in den Regionen
Battambang sowie Pailin. Sämtliche Erlöse
gehen an Mönche und Nonnen, die sich für
die Aufklärung über HIV/Aids einsetzen und
Kindern helfen, die ihre Eltern durch AIDS
verloren haben.

Phnom Sampeau ភ្នំសំពៅ

Auf dem Gipfel dieses sagenumwobenen
Kalksteinfelsens 12 km südwestlich von Battambang am NH57 (Richtung Pailin) thronen mehrere **Tempel** (Kombiticket 3 US$) mit
einem großartigen Ausblick auf die Umgebung.

Nachdem man den goldenen Stupa von
1964 besichtigt hat, biegt man unter dem
Tor mit einem Flachrelief von Eiy Sei (einem
bejahrten Buddha) links ab und kommt so
zu einem tiefen Canyon mit grün bewachsenen Felswänden. 144 Stufen führen in ein
natürliches Gewölbe mit einer unwirklichen
Welt voller Stalaktiten, verschlungenen Wein-
reben und Fledermäusen; zwei angkorianische Krieger bewachen den Ort.

Neben der westlichen der beiden Anten-
nen auf dem Gipfel sieht man zwei Kano-
nen, eine davon russisch, die andere deutsch
beschriftet. Nahe der Basis der westlichen
befindet sich ein Aussichtspavillon. Im Westen erkennt man den **Phnom Krapeu** (Kro-
kodilberg), ein früheres Bollwerk der Roten
Khmer.

Etwa auf halbem Weg zum Felsgipfel verläuft eine Straße durch ein Tor sowie 250 m
hinauf zu den **Killing Caves von Phnom
Sampeau**, die heute als Wallfahrtsort dienen: Eine von Pflanzen bewachsene Treppe
führt in eine Höhle, wo ein goldener Buddha
friedlich neben einem gläsernen Mahnmal
liegt; dieses enthält Knochen und Schädel
einiger Menschen, die von Kadern der Ro-

ten Khmer zu Tode geprügelt und anschließend durch das Oberlicht geworfen wurden.
Neben der ersten Treppenstufe befindet sich
das alte Mahnmal, ein teils mit menschlichen Knochen gefüllter rostiger Käfig aus
Maschendraht.

Unten am Fuß des Hügels versammeln
sich jeden Abend Menschen, um einem Naturschauspiel beizuwohnen. In der Abenddämmerung (gegen 17.30 Uhr) flattert ein
riesiger Schwarm Fledermäuse aus einer
großen Höhle hoch oben an der Nordseite
des Felsens. Millionen von Tieren bewegen
sich in einer geschwungenen Linie zu ihren
Futterplätzen beim Tonlé Sap. Das faszinierende Schauspiel dauert etwa 30 Minuten.

Zum Phnom Sampeau gelangt man über
eine Betonstraße oder – falls einem der Sinn
nach körperlicher Ertüchtigung steht – über
eine steile Treppe. Für *remorks* ist die Straße
zu steil. Englisch sprechende *moto*-Fahrer
warten am Fuß des Berges an einer Reihe
von Restaurants beim Ticketbüro und bringen Besucher für 4 US$ auf den Berg und
wieder zurück.

Phnom Banan ប្រាសាទភ្នំបាណន់

Eine Besichtigung des Tempels Prasat Banan lässt sich leicht mit einem Besuch am
Phnom Sampeau zu einer ausgedehnten
Halbtagestour per *moto* oder *remork* kombinieren.

◉ Sehenswertes

Prasat Banan   TEMPEL
(Kombiticket 3 US$) Beachtliche 358 Stufen
führen den Phnom Banan hinauf zum Prasat Banan, doch die unglaublichen Ausblicke
von oben über die umliegende Landschaft
entschädigen allemal für die Mühsal des
Aufstiegs. Udayadityavarman II., der Sohn
von Suryavarman I., ließ die Tempelanlage
im 11. Jh. errichten. Einige Einheimische
behaupten, dass die fünftürmige Anlage als
Vorlage für Angkor Wat diente, aber diese
Annahme gehört wahrscheinlich ins Reich
der Legenden. Über den Türen jedes Turms
befinden sich beeindruckende, mit Steinmetzarbeiten verzierte Querbalken, außerdem ist der obere Teil des zentralen Turmes
mit Flachreliefs geschmückt.

Über eine schmale Steintreppe in Rich-
tung Süden gelangt man den Hügel hinab
zu drei Höhlen, die mit einem örtlichen
Fremdenführer besichtigt werden können.
Der Prasat Banan liegt 23 km südlich von
Battambang.

Weingut Prasat Phnom Banon   WEINGUT

(កន្លែងផលិតស្រាទំពាំងបាយជូរ ភ្នំបាណន់;
im Dorf Bot Sala; Weinprobe 2 US$; ⏱ 6–18 Uhr)
Auf halber Strecke zwischen Battambang
und Phnom Banan erstreckt sich eine Region, die für die Produktion roter Chilischo-
ten bekannt ist (Erntezeit: Okt.–Jan.). Hier
baut man auf dem einzigen Weingut Kambodschas Shiraz- und Cabernet-Sauvignon-
Reben an, um daraus Rotwein zu keltern.
Außerdem gibt's hier die tropenresistenten
Black-Queen- und Black-Opal-Trauben für
Rosé. Diese Weine schmecken anders als alles andere, was Otto Normalverbraucher je
aus einer Weinflasche konsumiert hat.

Das Banon-Weingut, offiziell anerkannt
vom kambodschanischen Ministerium für
Industrie, Bergwerke und Energie, gehört zu
jenem exklusiven Klub von Kellereien, deren
Jahrgänge mit ein paar Eiswürfeln genossen
noch viel besser schmecken. Hier wird auch
der himmlische Banon-Brandy erzeugt. In
einem schönen Gartenpavillon finden Wein-
proben statt.

Das Unternehmen befindet sich 10 km
südlich von Battambang und 8 km nördlich
von Phnom Banan.

Kamping Poy   កំពីងពួយ

Beim Kamping Poy (auch als „Todesdamm"
bekannt) handelt es sich um einen der vielen hochtrabenden Pläne der Roten Khmer:
Diese wollten das raffinierte Bewässerungs-
netz wiederherstellen, das einst den Königen von Angkor zu ihrer Macht verhalf.
Mindestens 10 000 Kambodschaner sollen
während der harten Bauarbeiten infolge
von Unterernährung und Krankheiten umgekommen sein.

Viel zu sehen gibt's hier nicht, aber Besucher kommen hierher, um zu picknicken
oder ein Ruderboot (10 000 R für 2 Std.) zu
mieten. Durch den Damm gehört die Gegend heute zu den wenigen Regionen Kambodschas, in der zwei Reisernten pro Jahr
eingebracht werden.

Kamping Poy ist 27 km westlich von Battambang (wenn man dem NH5 und dann

NORDWESTKAMBODSCHA RUND UM BATTAMBANG

ABSTECHER

TEMPEL & DORFALLTAG AN DER STRASSE ZUM WAT EK PHNOM

An den Landsträßchen in der Umgebung von Battambang bieten sich schöne Reisfeldpanoramen und in winzigen Dörfern werden auf traditionelle Weise Kunstgewerbe- und
Lebensmittel produziert. Für eine halbtägige Erkundungstour bieten sich ganz besonders die Straßen zum Wat Ek Phnom mit ihren historischen Stätten und Dörfern an.
Einige Highlights:

Dorf Pheam Ek Rund 5 km nördlich von Battambang liegt das Dorf Pheam Ek mit zahlreichen Familienwerkstätten, in denen Reispapier für Frühlingsrollen hergestellt wird.
Hier sieht man, wie die Bewohner die Reispaste dämpfen und dann auf einem Bambus-
rahmen zum Trocknen in der Sonne auslegen. Bis zum Wat Ek Phnom sind es von Pheam
Ek noch 5,5 km.

Wat Ek Phnom (វត្ដឯកភ្នំ; Kombiticket 3 US$) Hinter einer bunten modernen Pagode
und einer riesigen Buddhastatue versteckt sich ein stimmungsvoller, teils verfallener
Tempel aus dem 11. Jh., umgeben von den Überresten einer Mauer aus Laterit und ei-
nem uralten *baray* (Wasserspeicher). Der Querbalken über dem Ostportal des zentralen
Tempels, an dessen oberen Flanken einige schöne Flachreliefs zu finden sind, stellt das
Quirlen des Milchmeers dar.

Prahoc-Fabrik Hinter dem Wat Ek Phnom geht's Richtung Südwesten nach Battambang. Kurz vor der Brücke über den Fluss Sangker produziert eine Fabrik kambodschanische *prahoc* (fermentierte Fischpaste). Sehr malerisch sind die auf Bambustabletts in
der Sonne trocknenden Fische am Straßenrand.

Wat Somrong Knong Auf der anderen Seite der Brücke liegt am Ostufer des Sangker
der Wat Somrong Knong. Die wunderschöne Pagode aus dem 18. Jh. diente in der Zeit
der Roten Khmer als Gefängnis. Das Gebiet rund um den Wat war ein Killing Field: Dort
sollen schätzungsweise 10 000 Menschen hingerichtet worden sein. Jetzt steht an dieser Stelle ein Denkmal. Von hier führt die Straße 6 km Richtung Südwesten zurück nach
Battambang.

dem Bewässerungskanal folgt). Man kann den Besuch auch problemlos mit einem Zwischenstopp in Phnom Sampeau kombinieren.

Sneng ស្នឹង

Diese Stadt liegt 20 km südwestlich von Battambang in Richtung Pailin am NH57 und beherbergt zwei kleine, aber interessante Tempel. Der **Prasat Yeay Ten** (ប្រាសាទយាយតែន; NH57) ist Shiva geweiht und wurde Ende des 10. Jhs. erbaut. Heute sieht man nur noch seine Überreste, darunter drei wundervolle, mit Steinmetzarbeiten versehene Querbalken über den Türen, die sämtliche Verwüstungen der Zeit und des Kriegs irgendwie überstanden haben. Auf dem östlichen Balken wird das „Quirlen des Milchmeers" dargestellt. Die Ruine befindet sich östlich der Autobahn so nahe an der Straße, dass sie den Eindruck einer angkorianischen Mautstelle erweckt.

Dahinter erhebt sich ein moderner Wat mit drei **Altarräumen** (abseits des NH57) aus Ziegeln, die ebenfalls sehr gut erhaltene Steinmetzarbeiten an ihren Eingangstüren aufweisen.

PROVINZ PAILIN

Die Provinz Pailin (ខេត្តប៉ៃលិន) ist vor allem für ihre mittlerweile fast erschöpften Edelsteinbergwerke sowie für unzählige Landminen bekannt. Darüber hinaus dient sie als Zufluchtsort für ehemalige Rote Khmer.

> ### 🛈 VORSICHT LANDMINEN!
>
> Pailin und nahe gelegene Landstriche der Provinz Battambang (besonders die Bezirke Samlot und Rotanak Mondol) gehören zu den am stärksten verminten Regionen der Welt. Überall sind Minenräumtrupps am Werk, manchmal ganz nah an der Fernstraße. Die vielen Menschen mit amputierten Gliedmaßen zeugen von der verheerenden Wirkung dieser Waffen. Deshalb sind die wunderschönen Wälder von Pailin *nicht* der richtige Ort für Spaziergänge auf eigene Faust. Die großen, öffentlichen Straßen sind sicher, aber Nebenstraßen für den landwirtschaftlichen Verkehr sind weiterhin riskant.

Während des Bürgerkriegs waren die Juwelen- und Holzressourcen dieser Region – sie wurden mithilfe thailändischer Generäle auf den internationalen Märkten verkauft – die ökonomische Basis der Roten Khmer. Bis Mitte der 1990er-Jahre nutzten diese Krong Pailin als Schauplatz für ihre Offensiven. Während der Trockenzeit griffen sie nämlich regelmäßig Regierungsposten an.

1996 lief jedoch ihr Führer Ieng Sary („Bruder Nummer Drei" während der demokratischen Kampuchea-Regierung) mit 3000 schwer bewaffneten Kämpfern zur Regierungsseite über. Als Gegenleistung wurden ihm Amnestie und die Herrschaft über Krong Pailin gewährt, einer Miniprovinz, die aus der Provinz Battambang herausgeschnitten und den Roten Khmer als Lehen zur Verfügung gestellt wurde. Erst Ende 2007 verhaftete man Ieng und seine Frau für ihre Kriegs- und Menschheitsverbrechen, doch er verstarb im März 2013, lange vor Abschluss des Prozesses. Sein Sohn, Ieng Vuth, amtiert derweil als stellvertretender Gouverneur von Pailin.

Pailin ប៉ៃលិន

📞 055 / 35 000 EW.

Die abgeschiedene Stadt Pailin mitten im wilden Westen hat neben einem farbenprächtigen Bergtempel nur wenig zu bieten. Die Ausläufer der bewaldeten Kardamom-Berge ringsum sind zwar bildschön, aber für Spaziergänge zu gefährlich: Das Gelände ist nach wie vor vermint.

👁 Sehenswertes & Aktivitäten

Wat Phnom Yat   BUDDHISTISCHER TEMPEL
(វត្តភ្នំយ៉ាត; abseits des NH57) Vom NH57 führt eine Treppe durch ein prächtiges Tor bis zum Wat Phnom Yat hinauf, einem psychedelisch anmutenden Tempel, der um einen uralten *po*-Baum (Bodhibaum) herum erbaut wurde. Ein 27 m großer Buddha thront über der Treppe; ein Pfad führt zu dem bunten Tempel und den großen goldenen Stupas oben auf dem Berg.

Auf einem lebensgroßen Betongemälde an dem Pfad sind splitternackte Sünder und deren Strafen zu sehen. Einige werden in einen Waschkessel geworfen (die Gottlosen), anderen wird die Zunge abgeschnitten (den Lügnern) und wieder andere werden dazu gezwungen, auf einen dornigen Baum zu klettern (die Ehebrecher). Kein mittelalterliches europäisches Triptychon stellt die Hölle so Furcht einflößend dar – was durchaus passend ist, wenn man bedenkt, was für Leute in der Region leben. Wem die Höllendarstellungen zu grausam sind, der kann sich stattdessen auf den schönen Sonnenauf- bzw. -untergang konzentrieren.

Wat Khaong Kang   BUDDHISTISCHER TEMPEL

(វត្តខោងកាង) Am Fuß des Hügels Phnom Yat geht's durch ein beeindruckendes Tor aus dem Jahr 1968 zum Wat Khaong Kang. Die Anlage war vor der Herrschaft der Roten Khmer ein bedeutendes buddhistisches Bildungszentrum. Ihre Außenmauer ist mit einem langen Flachrelief geschmückt, auf dem das „Quirlen des Milchmeers" dargestellt wird. Zuletzt war der Tempel zwecks dringend notwendiger Restaurierung geschlossen, er könnte aber inzwischen wieder geöffnet sein.

Wasserfall Phnom Keu   WASSERFALL

(ទឹកធ្លាក់ភ្នំកួយ, Wasserfall Blauer Berg; Motorrad/Auto 3000/10000 R) Im Kardamom-Gebirge stürzt man südlich von Pailin eine ganze Reihe von Wasserfällen in die Tiefe. Der zugänglichste von denen, die das ganze Jahr über Wasser führen, ist der Phnom Keu. Anfahrt: 1,5 km östlich des Wat Phnom Yat biegt man rechts vom NH57 ab, dann geht es 5 km auf einer schlecht befestigten Straße weiter, die in der Regenzeit ihre Tücken hat. Jenseits des Eingangs führt die unbefestigte Straße über einen kleinen Fluss, danach sind es noch ca. 3 km bis zum Wasserfall.

Die anderen Wasserfälle der Gegend sind schlechter zu erreichen: Am eindrucksvollsten sind sie während der Regenzeit und dann sind die Straßen oft unpassierbar. Außerdem ist die Anfahrt zu den entlegeneren Wasserfällen aufgrund der vielen noch nicht geräumten Landminen ziemlich riskant.

🛏 Schlafen & Essen

Bamboo Guesthouse   GÄSTEHAUS $

(☎012 405818; Zi. 15–35 US$; ❄🛜) Das Bamboo ist eine wahre Oase der Ruhe am nordwestlichen Stadtrand. Es besteht aus 27 komfortablen Bungalows. Im hauseigenen Restaurant werden sehr gute Khmer- und Thai-Gerichte in Gartenpavillons serviert (Hauptgerichte 4–8 US$). Vom Markt aus geht's 2 km auf dem NH57 nach Westen. Dann biegt man rechts ab und ist nach 800 m am Ziel.

Pailin Ruby Guesthouse   GÄSTEHAUS $

(☎016 477933; NH57; EZ mit Ventilator 6–8 US$, DZ mit Ventilator 8–11 US$, EZ mit Klimaanlage 11 US$, DZ mit Klimaanlage 13–16 US$; ❄🛜) Ein preiswertes, zentral gelegenes Hotel mit 48 sauberen, geräumigen Zimmern. Es lohnt sich, den Aufpreis für die Zimmer mit Klimaanlage zu bezahlen, da diese auch Fenster haben.

Memoria Palace   RESORT $$

(☎015 430014; www.memoriapalace.com; Hütte 45 US$, Bungalow 55–105 US$; ❄🛜⛋) Zu der Hotelanlage 5 km westlich von Pailin gehören ein 20 m langer Pool auf einem Hügel und sehr große Bungalows mit netten Ausstattungsideen und tollen Ausblicken. Außer-

Pailin

NORDWESTKAMBODSCHA PAILIN

WEITERREISE NACH THAILAND: VON PAILIN NACH CHANTHABURI

Bis zur Grenze Der **Grenzübergang** (⊘7–20 Uhr) Psar Pruhm–Ban Pakard befindet sich 102 km südwestlich von Battambang und 18 km nordwestlich von Pailin und ist über gute, asphaltierte Straßen zu erreichen.

Erst fährt man von Battambang nach Pailin. Dort bekommen geduldige Reisende vielleicht einen Platz im Sammeltaxi (6000 R) zur Grenze. Falls nicht, nimmt man ein *moto* (5 US$), privates Taxi (10 US$) oder einen der Busse, die Pailin gegen 13.30 Uhr passieren.

An der Grenze Die Zollbeamten verlangen hier für ein kambodschanisches Touristenvisum gewöhnlich 35 US$. Die Ein- und Ausreiseformalitäten werden auf beiden Seiten zügig abgewickelt. Angebote von Schleppern auf der thailändischen Seite, bei der Beschaffung des Visums zu helfen, sollte man komplett ignorieren.

Weiterreise Wer keine Lust hat, auf der thailändischen Seite zu viel für die Fahrt nach Chanthaburi (150 B mit dem Minibus, 1 Std.) zu zahlen, sollte ein *moto* (50 B) zur *sŏrngtăaou*- (Pick-up-) Haltestelle nehmen. Am Busbahnhof in Chanthaburi bestehen Verbindungen nach Bangkok.

Auf kambodschanischer Seite befindet sich ca. 150 m östlich vom Grenzübergang (nahe dem Eingang zum Victoria Casino) eine Haltestelle für *motos* und Taxis nach Pailin. Um 7.30 Uhr fahren öffentliche Busse von der Grenze via Battambang nach Phnom Penh. Ein privates Taxi von der Grenze nach Battambang kostet 40 US$.

dem stehen drei palmgedeckte Hütten mit Ventilator zur Verfügung. Im Restaurant – dem besten von Pailin – gibt's Fusions-Küche (Hauptgerichte 5–10 US$); Frühstück ist im Preis inbegriffen. Da, wo der Highway scharf rechts abknickt, 500 hinterm Abzweig zum Bamboo Guesthouse, geht man geradeaus.

Leang Sreng Restaurant KAMBODSCHANISCH $ (Mahlzeiten 1–3 US$; ⊘6–23 Uhr) In dem informellen Restaurant wird vietnamesische Rindfleisch-Nudelsuppe im *pho*-Stil serviert. Nach dem Schild mit der lachenden Kuh Ausschau halten!

ⓘ Praktische Informationen

Der Manager des Memoria Palace, Theara, spricht Englisch und ist so etwas wie die Touristeninformation von Pailin. Er stellt Touren zu den Edelsteinminen, zu Farmen und Wasserfällen etc. auf die Beine.

Canadia Bank (NH57; ⊘Mo–Fr 8–15.30, Sa bis 11.30 Uhr, Geldautomat 24 Std.)

ⓘ An- & Weiterreise

Der NH57 (manchmal auch Highway 10 genannt) von Battambang nach Pailin ist mittlerweile in hervorragendem Zustand.

Busse von **Rith Mony** (☎092 290 909) und Punleu Angkor Khmer fahren morgens gegen 7.30 Uhr in Psar Pruhm an der thailändischen Grenze ab, stoppen um etwa 8 Uhr in Pailin und fahren dann über Battambang (15 000 R, 1½ Std.) nach Phnom Penh (38 000 R, 8 Std.).

Sammeltaxis nach Battambang (20 000 R, 1 Std.) fahren vom Taxistand gegenüber dem Psar Pailin am NH57.

Vom 25 km östlich von Pailin gelegenen Treng-Bezirk führt ein holpriger Weg gen Süden durch das Kardamom-Gebirge und via Samlaut und Pramoay nach Koh Kong. Ein asphaltierter Highway, der NH59, beginnt 6 km westlich von Pailin und führt entlang der thailändischen Grenze Richtung Norden nach Poipet.

Samlaut   សំឡូត

Der nördlichste Bereich des Kardamom-Gebirges bietet Elefanten, Gibbonaffen, Schuppentieren, Nashornvögeln sowie vielen anderen vom Aussterben bedrohten Tierarten eine Heimat und nimmt die südliche Hälfte der Provinz Pailin (also fast das gesamte Gebiet südlich des NH57) ein. Diese bewaldete Bergregion ist als **Samlaut-Mehrzweckgebiet** (600 km²) bekannt und grenzt an zwei thailändische Parks (den Nationalpark Namtok Klong Kaew und das Tierschutzgebiet Khlong Kreua Wai), mit denen zusammen es den grenzüberschreitenden **Peace Park** bildet. Zahllose Landminen machen die Region leider zu gefährlich zum Wandern.

Samlaut wird mithilfe der Maddox Jolie-Pitt Foundation (www.mjpasia.org) verwaltet. Sie ist nach dem in Kambodscha geborenen Adoptivsohn ihrer Gründerin und Präsidentin, der amerikanischen Schauspielerin Angelina Jolie, benannt.

PROVINZ BANTEAY MEANCHEY

Die Provinz Banteay Meanchey (ខេត្តបន្ទាយមានជ័យ) erstreckt sich zwischen dem wichtigsten kambodschanischen Grenzübergang nach Thailand, den glorreichen Ruinen von Angkor sowie den Casinos von Poipet und wird daher oft von Travellern übersehen, die meist ohne Zwischenstopp nach Siem Reap oder Battambang weiterreisen. Wer es aber nicht so eilig hat: Die wunderbaren Tempelruinen von Banteay Chhmar lohnen auf jeden Fall einen Abstecher.

Poipet   ប៉ោយប៉ែត

☎ 054 / 89 500 EW.

Poipet (auf Khmer „poi-*peh*" gesprochen) galt aufgrund seiner Armut, der vielen Betrüger und der grassierenden Korruption lange als Kambodschas Armenhaus. Die Stadt hat sich aber eine Generalüberholung gegönnt und sieht nun nicht mehr aus wie der postapokalyptische Ort von einst. Vor allem für die Kundschaft aus Thailand, wo Glücksspiele verboten sind, verwandeln Casinoresorts – mit Namen wie Tropicana und Grand Diamond City – die Stadt langsam in ein kambodschanisches Las Vegas. Außerhalb des Grenzbereichs präsentiert sich der Ort jedoch nach wie vor als chaotische, von Müll übersäte Einkaufsmeile voller zwielichtiger Massagesalons. Hier merkt man wirklich nicht viel vom sanften Gemüt der Khmer. Am besten gewöhnt man sich schnell daran, die Wechselkurse zwischen den hier verwendeten kambodschanischen Riel, US-Dollar und thailändischen Baht auszurechnen. Eine gute Faustregel: 4000 R = 1 US$ = 30 B.

Poipet erstreckt sich von der Grenze (dem verschmutzten Fluss O Chrou) ein paar Kilometer entlang des NH5 nach Südosten. Die Acleda Bank liegt 500 m östlich der Grenze, eine Filiale der Canadia Bank noch mal 500 m dahinter.

🛏 Schlafen & Essen

Die Hotels in der Casino-Zone, in der nur mit Baht gezahlt werden kann, nehmen angemessene 1000 bis 2000 B für ein Zimmer. Günstige Hotels und Pensionen (manche dienen auch als Bordelle) findet man zudem entlang des NH5 und am Busbahnhof. Generell ist es aber nicht ratsam, über Nacht zu bleiben – unverbesserliche Spieler natürlich ausgenommen!

Das günstigste Essen gibt es rund um den Markt und am NH5, nahe der Acleda Bank. Der Nachtmarkt einen Häuserblock nördlich des NH5 wartet mit sauberen, gut beleuchteten Restaurants und Pubs auf. Die meisten Hotels im Casino-Bezirk haben thailändische All-you-can-eat-Buffets für 250 B im Angebot, ein echtes Schnäppchen.

City Poipet Hotel   HOTEL $
(☎ 054-967576; citypoipethotel@gmail.com; DZ mit Ventilator/Klimaanlage ab 8/15 US$; ❄ 🅟) Die mit Abstand netteste Unterkunft von Poipet liegt hinter der Acleda Bank. Sie ist ansatzweise stilvoll und bietet gutes WLAN.

Destiny Cafe   CAFÉ $
(NH5; Gerichte 2–3,50 US$; ⊙ 7–19 Uhr; 🅟) 🍴 Wer ein bisschen Zeit totschlagen muss, ist hier richtig, denn das Khmer- und westliche Essen schmeckt lecker, der Kaffee ist gut und das Personal freundlich. Das Destiny unterstützt eine Reihe von Gemeindeprojekten in der Gegend – man speist also für einen guten Zweck. Das Café liegt fünf Gehminuten hinter der Canadia Bank.

ℹ Praktische Informationen

Bei den Schwarzhändlern sollte man besser kein Geld tauschen, selbst wenn sie noch so offiziell aussehen. Eigentlich besteht gar keine Veranlassung Geld zu wechseln, denn hier werden überall Baht akzeptiert.

ANZ Bank (NH5; ⊙ Mo–Fr 8–15.30, Sa bis 11.30 Uhr, Geldautomat 24 Std.) 1,2 km östlich des Kreisverkehrs an der Grenze.

Canadia Bank (NH5; ⊙ Mo–Fr 8–15.30, Sa bis 11.30 Uhr, Geldautomat 24 Std.) Rund 1 km östlich des Kreisverkehrs an der Grenze.

ℹ An- & Weiterreise

In Poipet sind Neppereien an der Tagesordnung. Hier ein paar Tipps, um die Nerven zu schonen und Geld zu sparen.

ℹ VORSICHT LANDMINEN!

Banteay Meanchey und Oddar Meanchey (S. 280) gehören zu den am stärksten verminten Provinzen Kambodschas. Aus diesem Grund darf man die ausgetretenen Pfade auf keinen Fall verlassen. Wer mit einem eigenen Fahrzeug unterwegs ist, sollte unbedingt nur Straßen oder Wege befahren, die von den Einheimischen regelmäßig benutzt werden.

WEITERREISE NACH THAILAND: VON POIPET NACH ARANYA PRATHET

Bis zur Grenze Der mit Abstand meistgenutzte Grenzübergang (☉7–20 Uhr) zwischen Kambodscha und Thailand (und die wichtigste Touristenroute zwischen Bangkok und Siem Reap) ist Poipet–Aranya Prathet. Er hat allerdings einen schlechten Ruf, denn den Touristen wird auf vielerlei Art das Geld aus der Tasche gezogen – insbesondere denen, die aus Thailand einreisen.

Zahlreiche Busse und Sammeltaxis fahren von Siem Reap und Battambang nach Poipet, aussteigen sollte man aber erst an dem Kreisverkehr neben dem Grenzposten. Vielleicht ist es einfacher, gleich ein Ticket nach Bangkok zu kaufen (an der Grenze muss gewöhnlich der Bus gewechselt werden), dann muss man sich auf der thailändischen Seite nicht selbst um die Weiterfahrt kümmern. Am entspanntesten ist der 8-Uhr-Bus von Nattakan in Siem Reap, der bis zum Busbahnhof Mo Chit in Bangkok durchfährt. Er kostet heftige 28 US$, dafür bleibt man die ganze Zeit in demselben Bus sitzen.

An der Grenze Auf beiden Seiten ist Warten in der Hitze angesagt. Zwei oder drei Stunden sind nicht ungewöhnlich, vor allem in der Hauptsaison. Am besten ist es, schon früh morgens an der Grenze zu sein. Alternativ bezahlt man eine „VIP-Gebühr" in Höhe von 200 B, um an den Schlangen vorbeimarschieren zu können (auf beiden Seiten möglich). In Kambodscha muss keine Ausreisegebühr gezahlt werden, auch wenn die Beamten vielleicht etwas anderes behaupten. In Thailand erhält man ein 15 Tage gültiges Visum (kostenlos).

Wer Thailand verlässt, sei gewarnt vor den „kambodschanischen" Grenzbeamten, die eventuell vor der Grenzüberquerung an einen herantreten – es sind Betrüger, die sich nur als Beamte ausgeben! Ein kambodschanisches Touristenvisum kostet offiziell 30 US$, verlangt werden jedoch meist 35 US$. Wem es nichts ausmacht, ein bisschen zu warten, und wer standhaft bleibt, der bekommt das Visum gewöhnlich zum offiziellen Preis. Sich vor der Abreise ein E-Visum (37 US$) zu besorgen bringt zwar keine Ersparnis, schont aber die Nerven.

Weiterreise Auf thailändischer Seite stehen Minibusse nach Bangkok bereit (300 B, 4 Std., alle 30 Min.). Alternativ fahren *tuk-tuks* (80 B) oder *sŏrngtǎaou* (15 B) nach Aranya Prathet (7 km entfernt), wo sich zwischen 4 und 18 Uhr Busse auf den Weg zum Bahnhof Mo Chit in Bangkok machen (223 B, 5–6 Std.). Achtung: Der *tuk-tuk*-Fahrer soll einen für die 80 B zur „main bus station" von Aranya Prathet bringen, nicht zu dem kleineren Busterminal 1 km von der Grenze entfernt (noch so eine beliebte Touri-Falle). Eine weitere Alternative ist der Zug (Abfahrt nach Bangkok um 13.55 Uhr).

Poipet hat zwei Bushaltestellen: das **Poipet Tourist Passenger International Terminal** 9 km östlich der Stadt – quasi im Nirgendwo – und den **Busbahnhof** am Hauptmarkt, einen Block nördlich der Canadia Bank abseits des NH5. Um das internationale Terminal sollte man einen Bogen machen (es sei denn, es macht einem nichts aus, mehr zu zahlen als nötig). Das ist leichter gesagt als getan, denn nach Verlassen der Grenzkontrolle wird man förmlich zum „kostenlosen" Touristenshuttle gescheucht, das eben dieses Terminal ansteuert. Dort fahren Busse nach Phnom Penh (15 US$, 8 Std., 406 km), Siem Reap (9 US$, 2½ Std., 153 km) und Battambang (10 US$, 2½ Std., 116 km) ab. Sammel-/Privattaxis nach Siem Reap kosten hier völlig überzogene 12/48 US$.

Statt mit den Schleppern mitzugehen, sollte man 1 km auf dem NH5 zu den Büros der Busunternehmen nahe der Canadia Bank laufen bzw.

mit dem *moto* (2000 R) fahren – oder gleich weiter zum Busbahnhof. Dort sind die Preise nur etwa halb so hoch wie am Touristenterminal.

Leider fährt der Großteil der Busse vor 10.30 Uhr. Alternativ nimmt man ein Sammeltaxi – diese fahren auf dem NH5 unweit der Canadia Bank ab – nach Siem Reap (Sitzplatz/ komplettes Taxi 5/35 US$), Battambang (Sitzplatz/komplettes Taxi 4,25/30 US$) oder Phnom Penh (Sitzplatz/komplettes Taxi 8/42 US$). Die Taxis beim Kreisverkehr an der Grenze sind wiederum dafür bekannt, Touristen das Doppelte und mehr abzuknöpfen.

Zu den Busunternehmen gehören z. B. Capitol Tour, Phnom Penh Sorya, Kampuchea Angkor Express und Rith Mony. Einige bieten vor 13 Uhr Fahrten nach Bangkok an (10 US$).

Alle Straßen, die aus Poipet hinausführen, sind gut in Schuss.

ℹ️ Unterwegs vor Ort

Moto-Fahrer tummeln sich an dem großen Kreisverkehr. Eine Kurzstrecke kostet 2000 R.

Sisophon ស៊ីសុផុន

🕿 054 / 61 600 EW.

Sisophon (auch bekannt als Svay, Svay Sisophon, Srei Sophon und Banteay Meanchey) liegt strategisch günstig an der großen Straßenkreuzung im Nordwesten des Landes, wo der NH5 und der NH6 aufeinandertreffen. Der staubige Verkehrsknotenpunkt hat eigentlich kaum etwas zu bieten, doch ist er der nächstgelegene Ausgangspunkt für die Erkundung der angkorianischen Tempel von Banteay Chhmar.

Wer die Tempel lieber von einer Unterkunft auf dem Land aus erkundet, kann sich im Dorf Banteay Chhmar einquartieren, um das dortige Gemeinde-Gastfamilienprojekt zu unterstützen.

◎ Sehenswertes

École d'Art et de Culture Khmers KULTURZENTRUM

(Schule für Kunst & Kultur der Khmer; www.krousar-thmey.org; ⏰ Mo–Fr 7–11 & 14–17, Sa 7–11 Uhr) 🖉 In dieser in einem traditionellen Khmer-Gebäude untergebrachten Schule werden benachteiligte Kinder in traditioneller Musik, *apsara*-Tanz, Malerei, Bildhauerei sowie Schattentheater unterrichtet. Besucher dürfen beim Unterricht zuschauen, müssen aber die ausgehängten Hausregeln beachten (wichtig: Fotografieren verboten!).

🛏️ Schlafen & Essen

Die Street 2 säumen einige Grillfleisch-Imbissstände, an denen man sich billig sattessen kann. Besonders freundlich ist derjenige direkt gegenüber dem Pyramid Hotel.

Nasa Hotel HOTEL $

(🕿 011 777702; NH6; Zi. 15–20 US$; ⊕ ❄️ 🛜) Dieser aprikosenfarbene Betonkasten fällt an der Hauptstraße auf wie ein bunter Hund. Drinnen gibt's gepflegte Zimmer, zwar leider ohne natürliches Licht, dafür aber mit Satellitenfernseher, heißem Wasser und Kühlschrank. Der beste Deal der Stadt.

Pyramid Hotel HOTEL $

(🕿 054-668 8881; www.pyramid-hotel.com; St 2; Zi. mit Klimaanlage ab 15 US$; ❄️ 🛜) Das solide Pyramid Hotel wartet mit 44 kleinen, aber blitzsauberen Zimmern in ruhiger und dennoch zentraler Lage nicht weit von der Fernstraße auf. Angeschlossen ist ein gutes Restaurant.

Mirror Restaurant KAMBODSCHANISCH $

(Hauptgerichte 2–7 US$) Der moderne Diner bietet traditionelles kambodschanisches *phnom pleung* („Feuerberg", Grillgerichte zum Selbstbrutzeln) für 30 000 R sowie Grillhähnchen.

Kim Heng Restaurant ASIATISCH $

(NH6; Hauptgerichte 9000–10 000 R; ⏰ 8–21 Uhr) Nichts Aufsehenerregendes, nur ein kleines Angebot an asiatischen Standardgerichten, darunter gebratenes Sauerkraut und Schweinefleisch süß-sauer, alles begleitet von einem Berg Reis.

Sisophon

◎ **Sehenswertes**
1	École d'Art et de Culture Khmers	B2

🛏️ **Schlafen**
2	Nasa Hotel	B1
3	Pyramid Hotel	B1

🍴 **Essen**
4	Kim Heng Restaurant	B1
5	Mirror Restaurant	B1

ℹ️ **Transport**
6	Busbahnhof	B2
7	Mean Chey Express	B1
8	Mekong Express	B1
9	Taxistand	B2

ℹ️ Praktische Informationen

Canadia Bank (🕐 Mo–Fr 8–15.30, Sa bis 11.30 Uhr, Geldautomat 24 Std.)

Mkotmeas Internet (2000 R pro Std.; 🕐 7–20 Uhr)

ℹ️ An- & Weiterreise

Sisophon liegt 45 km östlich von Poipet, 105 km westlich von Siem Reap und 68 km nordwestlich von Battambang.

Die meisten Langstreckenbusse halten am **Busbahnhof** im Stadtzentrum. Capitol Tour, Rith Mony und Phnom Penh Sorya schicken jeweils vier bis fünf Busse pro Tag nach Battambang (7000 R, 1½ Std.) und Phnom Penh (7 US$, 8 Std.). Capital Tour und Sorya steuern auch Poipet an und morgens kommen ein paar Busse aus Poipet auf dem Weg nach Siem Reap (2 Std.) durch Sisophon.

Mekong Express (NH56) hat eine Niederlassung im Zentrum mit Expressminibus-Verbindungen nach Siem Reap (5 US$, 2 Std.) um 9.45 und 15.45 Uhr sowie vier Minibussen nach Phnom Penh (14 US$, 6 Std.) zwischen 7.30 und 16 Uhr. **Mean Chey Express** (📞 054-665 1999; dara_muong@yahoo.com; NH6) bietet ebenfalls komfortable Minibusse nach Phnom Penh (9 US$, 6½ Std.).

Am **Taxistand** beim Busbahnhof nehmen Sammeltaxis Kurs auf Poipet (15 000 R, 40 Min.), Siem Reap (14 000 R, 2 Std.), Bat-

---

WEITERREISE NACH THAILAND: VON SISOPHON NACH SURIN

Bis zur Grenze Der **Grenzübergang** O Smach–Chong Chom liegt zwischen der kambodschanischen Provinz Oddar Meanchey und der thailändischen Provinz Surin und liegt sehr weit ab vom Schuss. Sammeltaxis bedienen über die NH68 die Strecke von Siem Reap und Sisophon nach Samraong. In Samraong geht es mit einem *moto* (5 US$) oder privatem Taxi (15 US$) nach O Smach (30 Min., 40 km) und zum Casino-Bezirk an der Grenze. Die Einreise nach Thailand ist unkompliziert. Bei der Einreise nach Kambodscha werden an diesem Grenzübergang keine E-Visa akzeptiert.

Weiterreise Auf der thailändischen Seite steigt man an der nahe gelegenen Bushaltestelle in einen der Busse nach Surin (60 B, 1½ Std., 70 km), die tagsüber regelmäßig fahren.

---

tambang (10 000 R, 1¼ Std.) und Phnom Penh (10 US$, 6 Std.); ein privates Taxi nach Siem Reap kostet ca. 30 US$. Sammeltaxis bedienen zudem die Strecke über Kralanh nach Samraong zum Grenzübergang O Smach (25 000 R, 3 Std.).

Sammeltaxis zu anderen Zielen im Norden wie dem Banteay Chhmar (S. 278) fahren vom **Psar Thmei** (St 1).

Banteay Chhmar បន្ទាយឆ្មារ

Der schöne, stille und von wunderbar feinen Flachreliefs gezierte Banteay Chhmar ist einer der spektakulärsten abgeschiedenen Tempelkomplexe im Gebiet jenseits von Angkor. Er wurde vom produktivsten Baumeister Kambodschas, Jayavarman VII. (reg. 1181–1219), an der Stelle eines Tempels aus dem 9. Jh. errichtet. Der Global Heritage Fund (www.globalheritagefund.org) kümmert sich um die Erhaltung der Anlage, die ein vielversprechender Kandidat für den Status als Unesco-Welterbestätte ist.

Das neben den Ruinen gelegene Dorf Banteay Chhmar nimmt an einem Gemeinde-Tourismusprojekt teil, das Gastfamilien, Aktivitäten und geführte Tempeltouren umfasst und dessen Erlös der Gemeinde zugutekommt. Wer den ländlichen Alltag Kambodschas kennenlernen und etwas Zeit in einem Tempelkomplex abseits der Touristenströme verbringen möchte, dem bietet sich hier eine tolle Gelegenheit. In dem Büro der gemeindebasierten Tourismusinitiative (Community-Based Tourism, CBT) können alle Aktivitäten gebucht werden.

◉ Sehenswertes

⭐ **Banteay Chhmar**   BUDDHISTISCHER TEMPEL
(Eintritt 5 US$; 🕐 8–18 Uhr) Der heute stimmungsvoll vom Wald bedrängte Banteay Chhmar beherbergte einst eines der größten und eindrucksvollsten buddhistischen Klöster der Angkor-Zeit. Ursprünglich war der Komplex von einer 9 km langen Mauer umschlossen. Heute handelt es sich um eine der wenigen Stätten, die noch mit den lächelnden viergesichtigen Avalokiteshvaras im Bayon-Stil aufwarten können. Der Komplex ist auch für seine 2000 m² großen, komplizierten Steinmetzarbeiten mit Kriegs- und Alltagsszenen sowie ein spektakuläres Flachrelief mit mehrarmigen Avalokiteshvaras bekannt.

Die Sequenz der acht mehrarmigen Avalokiteshvaras am südlichen Abschnitt der westlichen Tempelmauer macht den Banteay Chhmar einzigartig. Leider stahlen Diebe 1998 große Teile davon und brachten diese nach Thailand. Im Tempel selbst befinden sich heute nur noch zwei – aber dafür wahrhaft spektakuläre – Figuren (eine mit 22, die andere mit 32 Armen). Die Teile der gestohlenen Flachreliefs, die von den Thailändern abgefangen werden konnten, sind heute im Nationalmuseum in Phnom Penh zu bewundern.

An der Ostseite des Tempels befindet sich auf einer teilweise eingestürzten Mauer ein riesiges Flachrelief, das auf sehr dramatische Weise den Seekrieg zwischen den Khmer (links) und den Cham (rechts) wiedergibt; im unteren Bereich sind die Toten dargestellt, die teilweise von Krokodilen verschlungen werden. Weiter südlich (links) sieht man Szenen aus dem Landkrieg mit Infanterie und Elefanten. Die südlichen Außenmauern des Tempels zeigen weitere Kriegsdarstellungen.

Inzwischen ist die einstmals großartige Eingangshalle nur noch eine Ruine. An einigen Stellen haben jedoch ein paar Säulenhallen und versteckte Inschriften aus dem 12. Jh. der Zeit widerstanden. Leider wurden alle *apsaras* (Nymphen) von Plünderern enthauptet.

Banteay Top
BUDDHISTISCHER TEMPEL

(បន្ទាយទ័ព) GRATIS Der Banteay Top (Heeresfestung) ist zwar klein, aber seine imposanten beschädigten Türme sind sehr fotogen. Er wurde zur selben Zeit wie der Banteay Chhmar erbaut. Möglicherweise handelte es sich um einen Tribut an die Armee von Jayavarman VII., die durch ihren Sieg über die Cham die Vorherrschaft der Khmer über die Region sicherte. Um vom Banteay Chhmar hierher zu gelangen, folgt man dem NH56 7 km lang Richtung Sisophon, biegt dann am roten Ziertor links ab und folgt dem Weg 5 km Richtung Osten.

Prasat Ta Prohm
BUDDHISTISCHER TEMPEL

(ប្រាសាទតាព្រហ្ម) GRATIS Der Prasat Ta Prohm ist der am einfachsten zugängliche der neun Satellitentempel des Banteay Chhmar. Die kleine Tempelruine ist mit einem gut erhaltenen Exemplar eines viergesichtigen Avalokiteshvaras im Bayon-Stil gekrönt. Um hierher zu gelangen, verlässt man den Banteay Chhmar durch das Südtor, überquert dann die Hauptstraße (NH56) und nimmt die unbefestigte Straße gleich rechts. Nach 100 m zweigt links ein Pfad ab, der zum Tempel führt.

Banteay-Chhmar-Satellitentempel
BUDDHISTISCHE TEMPEL

GRATIS Unweit des Banteay Chhmar stößt man auf (inklusive Prasat Ta Prohm) neun faszinierende Satellitentempel, allesamt Ruinen. Wer sich durch den Dschungel schlägt, kann folgende Stätten besichtigen: Prasat Samnang Tasok, Prasat Mebon, Prasat Prom Muk Buon, Prasat Yeay Choun, Prasat Pranang Ta Sok und Prasat Chiem Trey. Für die Erkundung dieser wenig besuchten Tempel kann man im CBT-Büro einen Guide anheuern.

🏃 Aktivitäten

Wer ein bisschen Zeit hat, kann gut einen oder zwei Tage in der Gegend verbringen, um sich ein Bild vom Dorfalltag zu machen. Das CBT-Büro vermietet Fahrräder (1,50 US$ pro Tag) und kann Dorftouren arrangieren, außerdem Transport per *kuyon* (Traktor; 10 US$ pro Gruppe) oder *moto* (5 US$) zum Banteay Top.

🛏 Schlafen & Essen

CBT-Gastfamilienprogramm
HOMESTAY $

(☎ 097 516 5533, 012 435660; www.visitbanteay chhmar.org; Zi. 7 US$) 🖉 Dank des Gastfamilienprojekts, das vom CBT-Büro verwaltet wird, kann man in Banteay Chhmar und drei nahe gelegenen Dörfchen übernachten. Die Zimmer befinden sich in Privathäusern und haben Moskitonetze, Ventilatoren, die nur funktionieren, wenn Strom zur Verfügung steht (18–22 Uhr), und Bäder im Erdgeschoss. Ein Teil der Einkünfte geht an den Entwicklungsfond der Gemeinde.

Banteay Chhmar Restaurant
KAMBODSCHANISCH $

(NH56; Hauptgerichte 1,50–4 US$) Unweit vom Osteingang des Tempels befindet sich dieses rustikale Restaurant – der einzige Ort, wo man ohne Vorbestellung zu Abend essen kann. Hier werden ausgesprochen leckere Khmer-Gerichte serviert.

🔒 Shoppen

Soieries du Mékong
KUNSTHANDWERK

(Mekong-Seiden; www.soieriesdumekong.com; NH56; ⊙ Mo–Fr 7.30–12 & 13.30–17 Uhr) In den Soieries du Mékong können Besucher die Seidenweberinnen bei ihrer Arbeit beobachten. Außerdem werden hier hochwertige Stücke verkauft, die für den französischen Markt bestimmt sind. Der Betrieb liegt 150 m südlich der Stelle, wo der NH56 von Sisophon auf den *baray* (das Wasserbecken

um den Tempel herum) trifft. Die Seiden-
werkstatt ist der französischen NGO Enfants
du Mékong (www.enfantsdumekong.com)
angeschlossen.

ⓘ Orientierung

Die Hauptstraße führt südlich des *baray* von
Westen nach Osten und knickt direkt hinter
dem Wasserspeicher im rechten Winkel nach
Norden ab. Markt und Taxistand befinden sich
an dieser Kurve und ein paar hundert Meter
weiter nördlich ist der Haupt- bzw. Osteingang
des Tempels.

ⓘ Praktische Informationen

Community-Based Tourism Office (CBT;
Büro für gemeindebasierten Tourismus;
☎ 097 516 5533, 012 435660; www.visit
banteaychhmar.org; NH56) Die Angestellten arrangieren Übernachtungen bei Einheimischen und Touristenführer. Außerdem
können Aktivitäten organisiert werden, die
Reisenden einen kleinen Einblick ins Dorfleben ermöglichen, z. B. Ochsenkarrenfahr-
ten und Vorführungen traditioneller Musik.
Dazu können Ausflüge zu abgeschiedenen
Tempeln arrangiert werden. Das CBT-Büro
befindet sich etwas südlich des Haupein-
gangs (Osteingangs) zum Tempel auf der
anderen Straßenseite.

ⓘ An- & Weiterreise

Banteay Chhmar liegt 61 km nördlich von
Sisophon und 50 km südwestlich von Samraong am NH56; die letzten zehn Kilometer
wurden bei unseren Recherchen vor Ort gerade ausgebessert. Inzwischen sollte das
größte Chaos beseitigt sein. Es besteht die
Möglichkeit, den Tempelkomplex im Rahmen
eines langen Tagesausflugs von Siem Reap
aus zu besuchen.

Vom Psar Thmei in Sisophon (1 km nördlich
des NH6) starten Sammeltaxis gen Norden.
Sie steuern zumeist nur Thmor Puok an; ein paar
wenige weiter zum Banteay Chhmar (15 000 R,
1 Std.) und nach Samraong weiter. Ein *moto* von
Sisophon nach Banteay Chhmar kostet hin und
zurück 15 bis 20 US$, ein Taxi 50 bis 60 US$.

PROVINZ ODDAR MEANCHEY

Die abgelegene, ausgesprochen arme Provinz Oddar Meanchey (ខេត្តឧត្តរមានជ័យ)
hat abgesehen von Arbeit für Hilfsorganisationen sehr wenig zu bieten. Schauplätze aus
der Rote-Khmer-Zeit bei Anlong Veng ziehen
vereinzelte Besucher an, die sich für die er-
schütternde jüngere Geschichte des Landes
interessieren. Außerdem gibt es noch zwei
selten genutzte internationale Grenzübergänge nach Thailand, Choam–Chong Sa
Ngam und O Smach–Chong Chom, die seit
der Straßenausbesserung etwas mehr Publikumsverkehr verzeichnen.

Anlong Veng   អន្លង់វែង

Anlong Veng war fast ein Jahrzehnt lang die
ultimative Hochburg der Roten Khmer: Hier
lebten einige berühmt-berüchtigte Führer
des Demokratischen Kampuchea, darunter
Pol Pot, Nuon Chea, Khieu Samphan und Ta
Mok. Im April 1998 fiel der Ort an die Regierungstruppen; etwa zur selben Zeit starb in
der Nähe Pol Pot unter mysteriösen Umständen. Kurz darauf ließ Premierminister Hun
Sen den NH67 mit Bulldozern durch den
Dschungel schlagen, um sicherzustellen, dass
die Bevölkerung nicht auf den Gedanken
käme, den Krieg fortzuführen.

Heute ist Anlong Veng eine arme, staubige Stadt mit wenigen Attraktionen. Immerhin befindet sich ganz in der Nähe der
Grenzübergang Choam–Chong Sa Ngam,
von dem aus man in einen ziemlich isolier-
ten Teil von Thailand kommt. Wer sich für
die jüngste kambodschanische Geschichte
interessiert, kann die Schauplätze aus der
Zeit der Roten Khmer besuchen. Die meisten Bewohner dieser Region sowie fast die
gesamte politische Verwaltung und obere
Gesellschaftsschicht sind ehemalige Rote
Khmer oder deren Nachfahren.

Das Zentrum der Stadt bildet der Kreisverkehr „Dove of Peace" (Friedenstaube), an
dem der NH67 und der neue Highway zum
Preah Vihear im Osten aufeinandertreffen.
Das Denkmal war ein Geschenk von Hun
Sen. 600 m nördlich führt der NH67 über
eine Brücke und 16 km weiter zur thailändischen Grenze.

◉ Sehenswertes

Die wichtigsten Sehenswürdigkeiten sind
Orte, die mit Ta Mok (Onkel Mok, alias „Bruder Nummer Fünf") zu tun haben. Für seine
früheren Anhänger, von denen heute noch
viele in Anlong Veng leben, war Ta Mok ein
strenger, aber gerechter und gütiger Mann,
der Waisenhäuser und Schulen errichten
ließ, sowie ein Anführer, der die Ordnung
aufrechterhielt – was in starkem Kontrast zu
der anarchischen Atmosphäre steht, die sich
verbreitete, als die heutige Regierung die

LANDMINEN: KAMBODSCHAS KRIEG IM UNTERGRUND

Kambodscha gehört zu den am schlimmsten von Landminen verseuchten Ländern der Welt: Landesweit lauern immer noch ca. vier bis sechs Millionen. Wenn andere Waffen längst schweigen, sind Minen immer noch aktiv und können jederzeit explodieren. Obwohl er schon seit über einem Jahrzehnt vorüber ist, fordert der kambodschanische Bürgerkrieg auch heute noch viele Opfer: Zivilisten, die auf eine Mine treten oder von Blindgängern verletzt werden, auch „explosive Kriegsrelikte" (*explosive remnants of war*, ERW) genannt.

Erstmals massiv eingesetzt wurden die Sprengkörper Mitte der 1980er-Jahre, als vietnamesische Truppen (mithilfe lokaler Zwangsarbeiter) ein 700 km langes Minenfeld entlang der gesamten kambodschanisch-thailändischen Grenze errichteten. Nach dem Rückzug der Vietnamesen legte die kambodschanische Regierung weitere Ladungen, um die Städte, Dörfer, Militärposten, Brücken, Grenzübergänge und Versorgungsrouten vor Überfällen zu schützen. Auch die Roten Khmer verminten die von ihnen kontrollierten Gebiete zum Schutz vor Angreifern. Und schließlich legte die Regierung Mitte der 1990er-Jahre bei Offensiven gegen die Roten Khmer rund um Anlong Veng und Pailin viele zusätzliche Sprengladungen.

Heute gehört Kambodscha im weltweiten Vergleich zu den Ländern mit den meisten Amputationsopfern, gemessen an der Bevölkrungszahl – über 40 000 Kambodschaner haben bereits ein oder mehrere Gliedmaßen verloren. Trotz aufwendiger Informationskampagnen über das Risiko werden monatlich durchschnittlich 15 Einheimische verletzt oder getötet. Das ist immerhin viel weniger als in den 1990er-Jahren, als es monatlich mehr als 300 Opfer gab. Auch bis 2006 waren die Zahlen noch fast doppelt so hoch wie heute. Doch auch jetzt noch fordert der Krieg, obwohl offiziell Frieden herrscht, viele Todesopfer.

Noch komplizierter wird die Lage dadurch, dass Regionen, die in der Trockenzeit sicher zu sein scheinen, während der Regenzeit gefährlich werden, weil die Erde aufweicht. Viele kambodschanische Bauern besiedeln in der Trockenzeit neues Land, doch ihr Traum von einem neuen Leben scheitert nur wenige Monate später, wenn eines der Familienmitglieder aufgrund einer Landmine ein Bein verliert.

Verschiedene Vereinigungen arbeiten mit Hochdruck daran, die Landminen zu räumen, deshalb ist die Zahl der Minentoten zurückgegangen. Dies liegt auch am verbesserten Straßennetz und am größeren Bewusstsein für die Gefahr, die von den alten Minenfeldern ausgeht. In abgelegenen Gegenden im Nordwesten wird man wahrscheinlich Entminungsgruppen der Cambodian Mine Action Authority (CMAA; www.cmaa.gov.kh), des HALO Trust (www.halotrust.org) und der Mines Advisory Group (MAG; www.maginternational. org) bei der Arbeit sehen.

Ein paar gute Ratschläge, wie man sich schützen kann:

➡ In abgelegenen Regionen sollte man niemals die ausgetretenen Pfade verlassen.

➡ Nichts berühren, das auch nur entfernt an eine Mine oder an Munition erinnert.

➡ Wenn man versehentlich in eine verminte Gegend geraten ist, sollte man nur dann den gleichen Rückweg nehmen, wenn man seine Fußabdrücke deutlich sieht. Wenn nicht, bleibt man stehen und ruft um Hilfe – Beratergruppen bringen es auf den Punkt: „Besser man verbringt einen Tag in einem Minenfeld als ein Leben lang als Minenopfer."

➡ Wenn jemand verletzt wird, darf man keinesfalls auf ihn zugehen, selbst wenn er um Hilfe ruft; stattdessen muss man jemanden holen, der sich mit Minenfeldern auskennt.

➡ In abgelegenen Regionen niemals die Straße verlassen, auch dann nicht, wenn man ein dringendes Bedürfnis zu erledigen hat. Gliedmaßen sind wichtiger als Sittsamkeit.

1997 unterzeichneten mehr als 100 Länder einen Vertrag, der die Herstellung, Lagerung, den Verkauf und den Gebrauch von Landminen unter allen Umständen verbietet. Die größten Minenproduzenten der Welt jedoch verweigerten ihre Unterschrift, darunter China, Russland und die USA. Kambodscha war unter den Unterzeichnerländern, aber die Minenbeseitigung im Land ist tragischerweise ein Prozess, bei dem jeder Schritt tödlich sein kann. Für die meisten Kambodschaner geht der Krieg im Untergrund weiter – ein paar Zentimeter unter der Erde.

Wer mehr über Landminen erfahren möchte, sollte das Cambodian Landmine Museum (S. 132) nahe Siem Reap besuchen.

Macht übernahm. Vielen Kambodschanern war der militärische Arm Pol Pots jedoch als „der Schlächter" bekannt. Er war dafür verantwortlich, dass in den schrecklichen Jahren des Demokratischen Kampuchea und bei den ständigen Säuberungsaktionen Tausende von Menschen umkamen. Ta Mok wurde 1999 festgenommen und starb im Juli 2006 in einem Krankenhaus in Phnom Penh, während er auf die Gerichtsverhandlung wartete, bei der er des Genozids und der Verbrechen gegen die Menschlichkeit angeklagt werden sollte.

Ta Moks Haus
HISTORISCHE STÄTTE

(ផ្ទះតាម៉ុក; empfohlene Spende für den Hausmeister 1 US$) Ta Moks Haus liegt an einem friedlichen Seeufer und ist ein spartanisches Gebäude mit einem Bunker im Keller, fünf naiven Wandgemälden im Erdgeschoss (eins von Angkor Wat, vier von Prasat Preah Vihear) und drei weiteren Bildern im Obergeschoss (darunter eine idyllische Naturszene). So ziemlich das Einzige, was nicht von Plünderern weggeschleppt wurde, sind die Bodenfliesen.

Um zu Ta Moks Haus zu gelangen, geht man von der Brücke auf dem NH67 600 m nach Norden, biegt rechts ab (ausgeschildert) und folgt dem Weg weitere 200 m vorbei an der sogenannten Touristeninformationshütte.

Ta-Mok-See
SEE

(បឹងតាម៉ុក) Der sumpfige Ta-Mok-See wurde auf Befehl von „Bruder Nummer Fünf" geschaffen, allerdings vernichtete das Wasser sämtliche Bäume. Ihre Gerippe gelten als passendes Mahnmal für die Verwüstung, die er und seine Bewegung zurückließen. In der Mitte des Sees, östlich vom Haus, steht ein kleines Ziegelgebäude – ein Plumpsklo, einziges Überbleibsel des Hauses, das Pol Pot in Anlong Veng bewohnte.

Ta Moks Grab
DENKMAL

(ផ្នូរតាម៉ុក; Eintritt 2 US$) Wer von der Abzweigung zum Haus 7 km nach Norden fährt, kommt vom Dorf Tumnup Leu. Dort gibt es an einem Schild rechts ab zu einer Gabelung (200 m), an der man sich links hält. Nach weiteren 200 m erreicht man Ta Moks Mausoleum im Angkor-Stil. Es wurde 2009 von einem reichen Enkel des Khmer-Führers errichtet. Das Betongrab hat keinen Namen und keine Inschriften, aber das macht den Einheimischen nichts aus – sie pilgern her,

um Räucherstäbchen abzubrennen und – gemäß einer bizarren einheimischen Tradition – Onkel Moks Geist darum zu bitten, dass er ihnen eine Zahlenkombination nennt, mit der sie im Lotto gewinnen.

Das Mausoleum befindet sich auf dem Gelände einer schlichten Pagode; hinter dem Eingang scharf rechts (nach Süden) halten.

Schlafen

Bot Uddom Guesthouse
GÄSTEHAUS $

(011 500507; Zi. mit Klimaanlage ab 15 US$;) Das Gästehaus ein paar hundert Meter östlich des Friedenstauben-Kreisverkehrs an der Straße zum Preah Vihear beherbergt geräumige, makellose Zimmer, darunter einige mit massiven Hartholzbetten. Vom Nebengebäude blickt man auf den Ta-Mok-See bzw. -Sumpf.

Monorom Guesthouse
HOTEL $

(065-690 0468; NH67; Zi. mit Ventilator/Klimaanlage 6/15 US$;) Die Zimmer mit Klimaanlage sind gesichtslos, doch das Gästehaus liegt zentral, es ist sauber und alles funktioniert. Die Zimmer mit Ventilator sind etwas düster. Das Monorom liegt 200 m nördlich des Hauptkreisverkehrs. Die Angestellten sprechen kein Englisch.

Essen

Nördlich des Kreisverkehrs haben sich ein paar Restaurants angesiedelt, die den ganzen Tag geöffnet sind. Auf dem quirligen **Nachtmarkt** südlich des Kreisverkehrs werden Hühnchen, Fisch und Eier am Spieß gegrillt.

Monorom Restaurant
KAMBODSCHANISCH $

(NH67; Hauptgerichte 8000–16 000 R; 8–22 Uhr) Das Restaurant des gleichnamigen Hotels serviert eine kleine Auswahl recht köstlicher Pfannengemüse- und Fleischgerichte sowie Nudelsuppen zum Frühstück. Mehr oder weniger das einzige Esslokal mit einer englischen Karte am Ort.

Mab Phkay Pich
KAMBODSCHANISCH, THAILÄNDISCH $

(NH67; Hauptgerichte 16 000–20 000 R; 6–22 Uhr) In dem beliebten Restaurant werden leckere Khmer- und Thai-Gerichte in lauschigen Pavillons serviert. Es befindet sich 500 m nördlich der Stadt (ein paar Gebäude südlich der Abzweigung zu Ta Moks Haus).

ⓘ Praktische Informationen

Acleda Bank (🕐 Mo–Fr 7.30–14, Sa bis 12 Uhr, Geldautomat 24 Std.)

Votha Internet Service (NH67; 3000 R pro Std.; 🕐 7–21 Uhr) Dient gleichzeitig als Busterminal von Rith Mony.

ⓘ Anreise & Unterwegs vor Ort

Anlong Veng liegt 124 km nördlich von Siem Reap an asphaltierten NH67 und etwa 76 km westlich von Sra Em (dort befindet sich die Abzweigung zum Prasat Preah Vihear).

Die Busdepots sind am NH67 nördlich des Kreisverkehrs, Sammeltaxis stehen gleich südwestlich des Kreisverkehrs (ebenfalls am NH67) bereit.

Sammeltaxis nach Siem Reap (20 000 R, 1½ Std.) und Sra Em (20 000 R, 2 Std.) fahren morgens am häufigsten. Ein Einzeltaxi nach Sra Em kostet 30 US$.

Rith Mony (NH67), **Ponleu Angkor Khmer** (NH67) und **Liang US Express** (☎ 092 905026; NH67) schicken früh morgens um 7.30 und 8.30 Uhr Busse über Siem Reap (5 US$, 2 Std.) nach Phnom Penh (10 US$, 7 Std.).

WEITERREISE NACH THAILAND: VON ANLONG VENG NACH PHUSING

Bis zur Grenze Der abgeschiedene Grenzübergang Choam–Chong Sa Ngam verbindet Anlong Veng in der kambodschanischen Provinz Oddar Meanchey mit der thailändischen Provinz Si Saket. Ein *moto* von Anlong Veng bis zum Grenzposten (16 km) kostet 3 oder 4 US$ (in die Gegenrichtung eher 5 US$). Die asphaltierte Straße ist in gutem Zustand. Der Grenzübergang befindet sich gleich neben dem Schmugglermarkt.

An der Grenze Bei der Ein- und Ausreise gibt es keine Überraschungen. Wer aus Thailand kommt: E-Visa werden hier nicht akzeptiert. Vor Ort ausgestellte kambodschanische Visa kosten in der Regel 35 US$.

Weiterreise In Thailand angekommen nimmt man einen *sŏrngtǎaou* (Pick-up) nach Phusing und dann einen Bus nach Khu Khan oder Si Saket. Eine weitere Option sind die Casino-Busse, die stündlich nach/ab Khu Khan (30 Min.) und Phusing fahren.

Eine *moto*-Fahrt zur Grenze und zurück, vorbei an Ta Moks Haus und Grab, kostet ca. 8 US$. Die Erkundung der Sehenswürdigkeiten am Dangrek-Gebirge auf einer drei- bis vierstündigen Rundfahrt kostet etwa 20 US$.

Der ortsansässige *moto*-Fahrer **Vong Bun Lim** (☎ 088 909 1802) kennt die Routen zu den meisten Sehenswürdigkeiten um Anlong Veng und im Dangrek-Gebirge; er spricht annehmbares Englisch.

Dangrek-Gebirge ភ្នំដងរែក

Jahrelang fragte sich die Welt, wo sich Pol Pot und seine Kumpanen versteckt hielten – es war genau hier im dicht bewaldeten Dangrek-Gebirge, nahe genug an der Grenze zu Thailand, um bei Bedarf rechtzeitig fliehen zu können. Nördlich von Anlong Veng liegen verborgen an diesen Berghängen einige wichtige Rote-Khmer-Stätten.

2 km vor der Grenze, wo sich die Straße an einem mannsgroßen Felsen gabelt, sollte man nach einer Gruppe von **Statuen** (NH67) Ausschau halten. Die Roten Khmer haben sie aus dem Felsen gehauen und sie werden heute als Schrein bewahrt. Eine davon stellt eine Frau mit einem Bündel Bambusstöcke auf dem Kopf dar; die beiden anderen Skulpturen zeigen uniformierte Soldaten (den beiden letzteren Figuren haben Regierungssoldaten die Köpfe abgeschlagen).

In dem quirligen Grenzdorf angekommen, weist ein Schild zu **Pol Pots Einäscherungsstätte** (Eintritt 2 US$) an der Ostseite des NH67 (gegenüber und 50 m südlich vom Sangam Casino). Das Wenige, was von Pol Pot übrig ist, wird unter einem verrosteten Wellblechdach aufbewahrt, umgeben von zum Teil vergrabenen Glasflaschen. 1998 wurde der Anführer der Roten Khmer in aller Hast auf einem Haufen aus Müll und alten Reifen verbrannt – manche sagen, dies sei ein angemessenes Ende für einen Diktator, der Millionen Menschen ins Elend stürzte.

So seltsam es auch klingen mag: Manche Kambodschaner erinnern sich mit Wehmut an den Tyrannen und manchmal kommen Leute hierher, um Räucherstäbchen anzuzünden. Nach Aussagen der umliegenden Anwohner haben die Besucher des „Grabes" in der Hoffnung, dies bringe Glück, jedes auch noch so kleine Knochenfragment aus der Asche gezogen – denn Pol Pots Geist soll, ähnlich wie der seines Stellvertreters Ta Mok, Gewinnzahlen fürs Lotto übermitteln.

Einige hundert Meter weiter nördlich liegt neben einem maroden Schmuggler-markt der Grenzübergang Choam–Chong Sa Ngam. Hinter dem Schmugglermarkt führt eine unbefestigte Route mit beeindruckend großen Schlaglöchern parallel zum Dangrek-Steilhang nach Osten. Sie ist nur in Wagen mit Allradantrieb oder mit Motorrädern passierbar – und zum Höhepunkt der Regenzeit überhaupt nicht. Kambodschanische Touristen nehmen diese Straße zur **Peuy Ta Mok** (ເຕີຍຄາม่ຸກ; Ta Moks Klippe), um die spektakulären Ausblicke auf die nördlichen Ebenen des Landes zu genießen.

Circa 4 km Richtung Osten auf der unbefestigten Straße hinter der Peuy Ta Mok (wenn sich die Straße am Wasserliliensee teilt, den linken Weg nehmen) liegt **Pol Pots Haus**. Die ehemalige Zuflucht des Diktators ist von einer Betonziegelmauer umgeben und wurde vollständig ausgeplündert; übrig blieb nur ein niedriges Ziegelgebäude mit einem Hof, unter dem sich ein Untergrundbunker verbirgt. Dieser schmale Teil des Wegs ist nur mit dem Motorrad passierbar. Erheblich umständlicher ist die Anfahrt zu **Khieu Samphans Haus**, denn es befindet sich tief im Dschungel an einem Flussufer, 5 km östlich von Pol Pots Haus.

PROVINZ PREAH VIHEAR

Die große, abgeschiedene und vom Tourismus noch kaum berührte Provinz Preah Vihear (ខេត្តព្រះវិហារ) beherbergt drei der beeindruckendsten angkorianischen Bauwerke des Landes. Der Prasat Preah Vihear thront in phantastischer Lage auf einem Felsvorsprung im Dangrek-Gebirge und ist seit 2008 die zweite Unesco-Welterbestätte Kambodschas. Weiter südlich befinden sich die einsamen, vom Dschungel umschlossenen Tempel von Preah Khan – dank ihrer Abgeschiedenheit versehen mit dem Flair einer geheimen Welt. Leichter zugänglich ist die Hauptstadt Koh Ker (S. 182) aus dem 10. Jh., sie lässt sich über eine ziemlich gute Mautstraße von Siem Reap aus (via Beng Mealea) erreichen.

Die Provinz Preah Vihear, kambodschanisches „Outback" vom Feinsten, ist heute noch extrem arm. Einerseits liegt das an der bis 1998 bestehenden Kontrolle durch die Roten Khmer, andererseits am bis vor Kurzem noch katastrophalen Zustand der Verkehrswege. Die Bedürfnisse der kambod

schanischen Armee infolge der Konfrontation mit Thailand haben jedoch zum lange versprochenen Ausbau der Wege geführt. Das macht das Reisen ein wenig leichter, aber öffentliche Transportmittel sind auf manchen Routen unverändert Mangelware.

Preah Vihear (Stadt)
064 / 25 000 EW.

Preah Vihear, gemeinhin noch immer unter dem alten Namen Tbeng Meanchey (ត្បូងមានជ័យ) bekannt, ist eine verschlafene Provinzhauptstadt, in der die streunenden Hunde mitten auf der Straße herumliegen und nur sehr selten von einem vorbeifahrenden Auto aufgescheucht werden. Für Touristen gibt es nur wenig zu sehen, aber Preah Vihear ist ein guter Ausgangspunkt für Fahrten zum Prasat Preah Vihear sowie nach Preah Khan und Koh Ker. Näher beim Prasat Preah Vihear liegt jedoch Sra Em (27 km südlich vom Tempel).

Mit dem neuen Highway, der 130 km gen Osten nach Thala Boravit führt, und der Brücke über den Mekong nach Stung Treng bilden die Stadt Preah Vihear und die abgeschiedenen Tempel der Provinz einen guten Zwischenstopp für Reisende, die Richtung Osten zwischen Angkor und Stung Treng, Ratanakiri und der Provinz Champasak in Südlaos unterwegs sind.

🛏 Schlafen

Home Vattanak Guesthouse   HOTEL $
(☎064-636 3000; St A14; Zi. ab 15 US$; ❄❈@🛜) Die 27 gepflegten Zimmer dieses blitzsauberen Hotels verfügen über erstklassige Betten, gute Bäder und Luxus wie Flachbildfernseher. Ein weiterer Pluspunkt ist die zentrale, aber ruhige Lage in einer stillen Seitenstraße.

Lyhout Guesthouse   HOTEL $
(☎012 73/116; www.lyhoutguesthouse.blogspot.com; Koh Ker St; Zi. 15–35 US$; ❈🛜) In den schicken Zimmern stehen Holzschreibtische und auf den weißen Tagesdecken liegen hübsche Läufer. Die teureren Zimmer verfügen über Betten mit im Khmer-Stil geschnitzten Kopf- und Fußenden sowie Kühlschrank und Wasserkocher.

Heng Heng Guesthouse   HOTEL $
(☎012 900992; Mlou Prey St; Zi. mit Ventilator/Klimaanlage ab 7/12 US$; ❈🛜) Die Zeit hat in diesem pfirsichfarbenen Betonkasten ihre

Spuren hinterlassen, aber das Heng Heng ist trotzdem eine gute Wahl. Die Zimmer im Obergeschoss haben einen großen öffentlichen Balkon (schade, dass es hier keine Sitzgelegenheiten gibt!).

✗ Essen

An der Koh Ker Street liegen einige kleine Restaurants, die billige Nudelsuppen und andere kambodschanische Standardgerichte anbieten.

Phnom Tbaeng Restaurant
KAMBODSCHANISCH $

(Mlou Prey St; Hauptgerichte 12 000–20 000 R; ⏱5–21 Uhr) Essen unter freiem Himmel. Dies ist eins der wenigen Restaurants in der Stadt mit englischer Speisekarte. Neben z. B. Krabbensuppe, *tom yam,* Nudelsuppen und gedämpftem Fisch werden auch abenteuerlichere Gerichte wie gebratener Aal und Innereien vom Schwein serviert.

Krong Preah Vihear 🧭 0 ▬ 100 m

Psar Kompong Pranak
MARKT $

(Koh Ker St; Hauptgerichte 2000–4000 R) Auf der Nordseite des Psar Kompong Pranak verkaufen Imbissstände Khmer-Baguettes, Grillhühnchen und einfache Reis- und Nudelgerichte.

🔒 Shoppen

Weaves of Cambodia
KUNSTHANDWERK

(☎092 346415; www.weavescambodia.com; ⏱Mo–Fr 7–11 & 13–17, Sa 7–11 Uhr) ✿ Weaves of Cambodia – auf Kambodschanisch Chum Ka Mo – wurde von der Vietnam Veterans of America Foundation gegründet. Es handelt sich um ein Zentrum für Seidenweberei, das Opfern von Landminen, Menschen, die an Polio erkrankt sind, sowie Witwen und Waisen Beschäftigung bzw. Wiedereingliederung ins Berufsleben bietet. Die an Handwebstühlen hergestellten Seidenschals (30–40 US$) und Sarongs (70 US$) kosten hier die Hälfte von dem, was man in Phnom Penh zahlt.

Die Weberei gehört mittlerweile zum Seidengroßbetrieb der in Vientiane ansässigen amerikanischen Textildesignerin Carol Cassidy.

ℹ Praktische Informationen

Canadia Bank (⏱Mo–Fr 8–15.30, Sa bis 11.30 Uhr, Geldautomat 24 Std.)
Touristeninformation (☎097 997 9698, 088 885 9366; Mlou Prey St; ⏱Mo–Fr 7.30–11 & 14–17 Uhr) Hier hat Herr Thin das Sagen. Er spricht Englisch und nimmt Reisende mit seinem Kollegen Heng, einem Tempelexperten, mit zum Preah Khan und ein paar weniger bekannten Tempeln in der Provinz.

❶ Anreise & Unterwegs vor Ort

Preah Vihear City liegt 157 km nördlich von Kompong Thom, 82 km südlich von Sra Em, 72 km östlich von Koh Ker und 185 km nordöstlich von Siem Reap. Diese Straßen sind in einem guten Zustand.

GST Transport (Koh Ker St), **Liang US Express** (Koh Ker St) und **Thong Ly** (St A10) fahren um 7 Uhr nach Phnom Penh (5 US$, 7 Std.). Der Bus von **Phnom Penh Sorya** (📞 092 273713; Koh Ker St) in die Hauptstadt fährt um 7.30 Uhr ab (5 US$). Alle Busse fahren über Kompong Thom (15 000 R, 2 Std.). Zur Weiterreise nach Siem Reap muss man in Kompong Thom umsteigen.

Sammeltaxis stehen an dem **Bus- und Taxistand** (St A10) bereit. Zu den Fahrtzielen gehören Kompong Thom (25 000 R, 1½ Std.), Siem Reap (40 000 R, 3 Std., nur morgens), Sra Em (20 000 R, 1 Std., nur morgens), Stung Treng (24 000 R, 2 Std.) und Choam Ksant (15 000 R, 1 Std.). Sammeltaxis nach Stung Treng nehmen die neue Brücke über den Mekong ab Thala Boravit.

Asia Van Transfer (📞 012 505673, 063-963855; www.asiavantransfer.com) betreibt einen privaten Minibus zwischen Siem Reap und Stung Treng, der auch durch Preah Vihear kommt. Richtung Stung Treng (1¾ Std.) fährt er um 11.15 weiter, nach Siem Reap (2¾ Std.) um 16.15 Uhr.

Am Taxistand kann man ein Privattaxi nach Siem Reap (70 US$), zum Prasat Preah Vihear (einfache Fahrt/hin & zurück 45/70 US$) und nach Preah Khan (60 US$ hin & zurück) auftun.

Prasat Preah Vihear ប្រាសាទព្រះវិហារ

Der 800 m lange Tempel Prasat Preah Vihear ist das angkorianische Baudenkmal mit der beeindruckendsten Lage: Er thront hoch oben auf einem Steilhang im Dangrek-Gebirge (Höhe 625 m) und der Ausblick ist atemberaubend: 550 m tiefer erstrecken sich die Ebenen von Kambodscha, so weit das Auge reicht.

Bereits seit Generationen sorgt der Prasat Preah Vihear (Khao Phra Wiharn auf Thailändisch) für Spannungen zwischen Kambodscha und Thailand. Die Region wurde mehrere Jahrhunderte lang von Thailand regiert, doch während des französischen Protektorats ging der Tempel – wie im Vertrag von 1907 vereinbart – an Kambodscha zurück. 1959 besetzte das thailändische Militär die Stätte. Sihanouk, der damalige Premierminister, brachte den Besitzstreit daraufhin

vor den Internationalen Gerichtshof in Den Haag, der in seinem Urteil 1962 die Hoheitsgewalt Kambodschas über den Tempel anerkannte.

1979 geriet der Prasat Preah Vihear erneut in die internationalen Schlagzeilen, als das thailändische Militär 40 000 kambodschanische Flüchtlinge über die Landesgrenzen abschob. Es war einer der dramatischsten Fälle von erzwungener Rücksiedlung, den die UN jemals zu bewältigen hatte. Die Region war vermint, sodass viele Menschen – wahrscheinlich mehrere Hundert – an Verletzungen, aber auch an Hunger und Krankheiten starben, bevor die vietnamesische Besatzungsarmee eine sichere Passage schaffen und sie auf ihrer langen Wanderung Richtung Süden nach Kompong Thom eskortieren konnte.

Für erneute Aufmerksamkeit sorgte der Prasat Preah Vihear im Mai 1998, als sich die Roten Khmer nach dem Fall von Anlong Veng am Tempel versammelten und letzten Widerstand gegen die Regierung leisteten,

❶ VORSICHT LANDMINEN!

Noch bis 1998 verwendeten die Roten Khmer Landminen, um den Prasat Preah Vihear gegen die Regierungstruppen zu verteidigen. In den darauf folgenden zehn Jahren hatten Minensuchtrupps beachtliche Fortschritte bei der Beseitigung dieser (un)heimlichen Feinde rund um den Tempel gemacht. Doch dann geriet das Areal im Zuge eines neuen Grenzstreits mit Thailand erneut in die Hände des Militärs. Sowohl Kambodscha als auch Thailand bestritten, während des bewaffneten Konflikts von 2008 bis 2011 neue Landminen gelegt zu haben. Doch dies scheint wenig glaubhaft angesichts mehrerer thailändischer und kambodschanischer Soldaten, die in der Umgebung des Tempels bei Minenexplosionen ums Leben gekommen sind. Besucher sollten hier also unter gar keinen Umständen von den markierten Wegen abweichen.

Leider ist auch der Rest der Provinz noch immer ein Minenfeld, insbesondere der Bezirk Choam Ksant. Wer mit einem eigenen Fahrzeug unterwegs ist, sollte unbedingt nur Straßen oder Wege befahren, die von den Einheimischen regelmäßig benutzt werden.

bevor sie kurz darauf kapitulierten. Während dieser letzten Kämpfe wurde das Tempelgelände vermint, und bis zum Ausbruch des erneuten Konflikts mit Thailand war man mit der Minenräumung beschäftigt. Es steht zu befürchten, dass das Gelände anschließend erneut vermint wurde, denn jede Seite beschuldigt die andere, Landminen gelegt zu haben.

Im Juli 2008 wurde der Komplex zur zweiten Unesco-Welterbestätte in Kambodscha erklärt. Die thailändische Regierung, die ein Territorium von 4,6 km² rund um die Anlage beansprucht (einige thailändische Nationalisten beanspruchen sogar den Tempel selbst), unterstützte ursprünglich das Projekt, doch bald wurde der Tempel zu einer Schachfigur in der chaotischen Innenpolitik des Nachbarlands. Nach einer Woche besetzten thailändische Truppen kambodschanisches Territorium und lösten damit eine bewaffnete Konfrontation aus, bei der auf beiden Seiten mehrere Dutzend Soldaten und auch einige Zivilisten umkamen. Der kambodschanische Markt am Fuß der Monumentalen Treppe, wo sich auch einige Gästehäuser befanden, wurde während eines Feuergefechts im April 2009 komplett niedergebrannt. 2011 spitzten sich die Auseinandersetzungen erneut zu und beide Parteien feuerten Langstreckenraketen auf zivile Gebiete der Gegenseite ab.

Im Juli 2011 ordnete der Internationale Gerichtshof den Abzug der Truppen beider Seiten aus dem Gebiet und die Einrichtung einer entmilitarisierten Zone an. Im November 2013 bestätigte der IGH den Beschluss von 1959, demzufolge der Tempel zu Kambodscha gehört, legte aber keine offizielle Grenze fest, sodass bei einigen Ländereien rund um den Tempel nach wie vor unklar ist, zu wessen Staatsgebiet sie gehören. In den letzten Jahren ist der Grenzstreit in den Hintergrund getreten, die Gemüter können sich aber jederzeit wieder erhitzen – insbesondere im Falle eines Regierungswechsels in Bangkok.

Während unserer letzten Recherchen war das Militär nach wie vor auf dem Gelände im und um den Tempel präsent. Was angeblich der Sicherheit dienen soll, könnte den einen oder anderen Besucher verunsichern, und manchmal verlangen die Soldaten auch Geld oder Zigaretten. Wer die lange Überlandreise hierher unternehmen möchte, sollte sich unbedingt vorher in Siem Reap oder Phnom Penh nach der aktuellen Situation erkundigen.

◉ Sehenswertes

★ **Prasat Preah Vihear** BUDDHISTISCHER TEMPEL (Eintritt 10 US$; ⊙7.30–16.30 Uhr) Während der Angkor-Zeit diente der Prasat Preah Vihear als bedeutender Pilgerort. Sieben Khmer-Könige waren am Bau beteiligt: Jasovarman I. (reg. 889–910) begann mit der Errichtung der Anlage und Suryavarman II. (reg. 1112–1152) stellte ihn fertig. Wie andere Tempelberge dieser Zeit sollte er den Berg Meru repräsentieren und war dem Hindugott Shiva geweiht.

Der Tempel ist in einer von Norden nach Süden verlaufenden Prozessionsachse angelegt. An dieser Achse stehen fünf kreuzför-

Prasat Preah Vihear

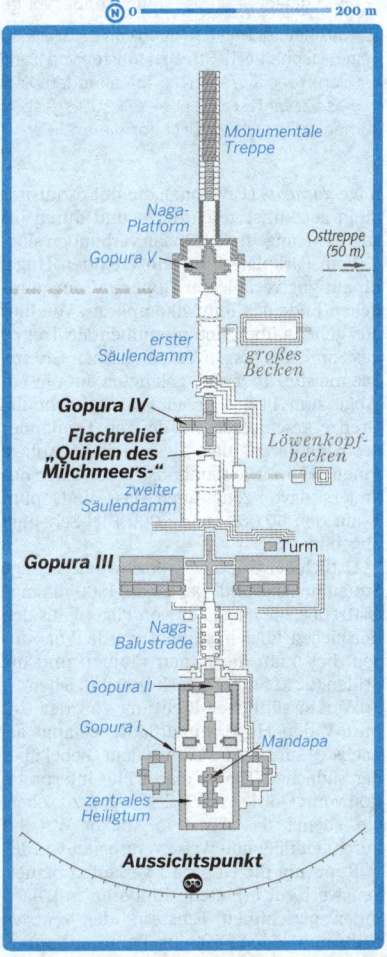

ℹ BESUCH DER TEMPELANLAGE

➜ Als erster Halt auf dem Weg von Sra Em zum Prasat Preah Vihear bietet sich das **Informationszentrum** (Kor Muy; ⏱7–16.30 Uhr) im Dorf Kor Muy (23 km nördlich von Sra Em) an. Hier bezahlt man den Eintritt, kann auf Wunsch einen Guide anheuern (15 US$) und die Fahrt zum Tempel (6,5 km) mit dem *moto* (hin & zurück 5 US$) oder Wagen mit Allradantrieb (hin & zurück 25 US$, max. 6 Passagiere) organisieren.

➜ Für den Besuch des Prasat Preah Vihear muss der Pass mitgebracht weden: Beim Kauf des Tickets wird man nach der Passnummer gefragt.

➜ Die ersten 5 km der Zufahrtsstraße sind eben und entspannt, die letzten 1,5 km geht es aber extrem steil bergauf; ängstliche Reisende laufen vielleicht besser zu Fuß, insbesondere wenn es nass ist. Auch Privatfahrzeuge dürfen diese Straße nutzen, allerdings bewältigen ausschließlich Motorräder und Wagen mit Allradantrieb die abschließende Steigung. Das Parken oben kostet 2000/5000 R für ein Motorrad/Auto.

➜ Wer sich fit fühlt, kann auch die Osttreppe hochlaufen. An der Straße aus Sra Em ist die „Ancient Staircase" (alte Treppe) vor dem Infozentrum in Kor Muy ausgeschildert.

➜ Früher konnte man auch von der thailändischen Seite zum Prasat Preah Vihear gelangen; asphaltierte Straßen führten von Kantharalak fast vollständig bis zu der monumentalen Treppe. Wegen des anhaltenden Disputs zwischen Thailand und Kambodscha ist diese Zufahrtsroute aber seit 2008 gesperrt. Das kann sich natürlich wieder ändern; man sollte sich vor Ort informieren.

mige *gopuras* (Pavillons), die mit exquisiter Steinmetzkunst geschmückt und durch bis zu 275 m lange freie Flächen verbunden sind.

Vom Parkplatz führt ein Weg den Hügel hinauf zur verfallenen Gopura V am nördlichen Ende des Tempelkomplexes. Von hier aus geht es über eine monumentale Treppe aus Sandstein bis zur thailändischen Grenze. Die meisten Touristen gelangten auf diesem Wege zum Prasat Preah Vihear, bevor die Grenze geschlossen wurde. Die Thailänder bestehen darauf, dass dieser Teil der Anlage ihnen gehört. Die Kambodschaner sehen das anders; davon zeugt auch, dass die Gopura V auf den 50 000- und 2000-Riel-Scheinen abgebildet ist.

Östlich der Gopura V verschwinden einige Stufen im Abgrund. Das ist die 1800 m lange Osttreppe, die lange Zeit von Pilgern aus den nördlichen Ebenen genutzt wurde. Vor Kurzem ließ man die Minen räumen und die Stufen (2242 Stück) aus Holz neu machen.

Wer in südlicher Richtung von der Gopura V den Hügel hinaufläuft, gelangt als nächstes zur Gopura IV. Auf dem Giebel über der südlichen Tür ist eine frühe Interpretation vom „Quirlen des Milchmeers" zu sehen, ein Thema, das später in Angkor Wat auf Furcht einflößende Weise verarbeitet wurde. Rund um die Gopura I verlaufen bemerkenswert gut erhaltene Emporen mit nach innen gerichteten Fenstern, der zentrale Kultraum jedoch ist ein Trümmerhaufen. Von der nahe gelegenen Klippe genießt

man einen überwältigenden Ausblick auf Kambodschas nördliche Ebenen und in der Ferne sieht man den heiligen Berg Phnom Kulen (487 m) aufragen. Dies ist ein toller Platz für ein Picknick.

Als bester Reiseführer zur Architektur und Steinmetzkunst des Prasat Preah Vihear gilt *Preah Vihear* (2010) von Vittorio Roveda. Er ist in englischer sowie thailändischer Sprache verfasst, wurde in Thailand publiziert und ist in Kambodscha nur schwer aufzutreiben.

🛏 Schlafen

Sämtliche Übernachtungsmöglichkeiten befinden sich in Sra Em, der quirligen Stadt an der Abzweigung 30 km südlich des Tempels.

Sok San Guesthouse GÄSTEHAUS $
(☎ 097 715 3839; EZ/DZ mit Ventilator 8/10 US$, mit Klimaanlage ab 13/15 US$; ❋🛜) Das Sok San bietet sehr unterschiedliche düstere Zimmer sowie ein Restaurant mit passablem thailändischem und kambodschanischem Essen. Die günstigeren Zimmer sind klein und haben kein Fenster, die Zimmer mit Klimaanlage zieren zusammengewürfeltes Mobiliar und Fenster zum Flur hin. 1 km westlich des Zentrums von Sra Em.

Preah Vihear
Boutique Hotel BOUTIQUEHOTEL $$$
(☎ 088 346 0501; www.preahvihearhotel.com; Oknha Franna St; DZ mit Frühstück 35–90 US$;

) Sra Em ist ein wenig naheliegender Standort für ein edles neues Boutiquehotel wie das PVBH. Es versucht, betuchtere Tempelbesucher, die aus Siem Reap anreisen, davon zu überzeugen, doch eine Nacht hierzubleiben. Die Argumente (schönes Bettzeug und ein funkelnder 20-m-Pool) sind ziemlich schlagkräftig. Rund 1 km außerhalb des Orts an der Straße zum Prasat Preah Vihear.

✗ Essen

Am wichtigsten Kreisverkehr von Sra Em stehen ein paar Grillbuden und einfache Restaurants.

Pkay Broek Restaurant KAMBODSCHANISCH **$** (Hauptgerichte 2,50–6 US$; ⊙6–22 Uhr) Das Pkay Broek liegt 3 km westlich des Zentrums an der Straße nach Anlong Veng. Es ist berühmt für sein *phnom pleung* („Feuerhügel", wird auf der Speisekarte als „koreanisches Feuerrind" übersetzt) zum Selbergrillen.

❶ Praktische Informationen

In Sra Em gibt's weder Banken noch Geldautomaten – also genug Bargeld mitbringen!

❶ An- & Weiterreise

Sra Em ist 80 km von Anlong Veng und 200 km von Siem Reap entfernt. Die Straßen in diesem Teil Kambodschas haben sich in den vergangenen Jahren enorm gemacht.

Mit einem Privatfahrzeug schafft man die Strecke Siem Reap–Prasat Preah Vihear in etwa 2½ Std. Ein organisierter Tagesausflug mit Abstecher nach Koh Ker und/oder Beng Mealea und/oder Banteay Srei kostet 100 bis 150 US$.

Die lange Fahrt durch eine Übernachtung in Sra Em aufzulockern, ist eine gute Idee. Von dort sind es noch 23 km bis Kor Muy (mit dem Informationszentrum) und 30 km bis zum Tempel. Vom zentralen Kreisverkehr in Sra Em geht es mit einem *moto* nach Kor Muy (hin & zurück 10–15 US$; auf dieser Strecke verkehren keine öffentlichen Verkehrsmittel). Die Weiterfahrt in einem anderen *moto* zum Tempel und zurück liegt bei 5 US$.

Am Kreisverkehr machen sich Sammeltaxis auf den Weg nach Siem Reap (10 US$, 2½ Std.), Phnom Penh (15 US$, 8 Std.), Preah-Vihear-Stadt (5 US$, 1 Std.) und Anlong Veng (5 US$, 1 Std.). Sie fahren nur morgens (einzige Ausnahme: Siem Reap).

Liang US Express betreibt einen morgendlichen Bus von Sra Em über Preah-Vihear-Stadt und Kompong Thom nach Phnom Penh (10 US$, 10 Std.). Ebenfalls morgens fährt ein Bus von **Rith Mony** (☑ 097 865 6018) via Siem Reap (20 000 R, 3½ Std.) nach Phnom Penh (10 US$, 10 Std.).

Geier-Fütterungsstation Veal Krous
ស្ថានីយ៍ដាក់ចំណីក្ខាត វាលគ្រុស

Um drei vom Aussterben bedrohte Tierarten zu schützen – den Bengal-, den Schmalschnabel- und den Kahlkopfgeier –, baute die Wildlife Conservation Society (www.wcs.org) ein „Geierrestaurant" in dem Dorf Dongphlet, nordöstlich von Chhep am Rande des Preah-Vihear-Waldschutzgebiets. Die höchst seltenen Tiere machen sich auf einem Feld genüsslich über den Kadaver einer Kuh her und die Besucher können sie dabei von einem Aussichtspunkt aus beobachten.

Das **Sam Veasna Center** (SVC; ☑ 063-963710; www.samveasna.org) in Siem Reap organisiert Ausflüge hierher.

Im Paket enthalten ist eine Übernachtung in einem Waldcamp der WCS. Das Geierrestaurant ist ganzjährig zugänglich, man sollte sich allerdings eine Woche im Voraus beim SVC anmelden.

Preah Khan

In Sachen Verlorene-Welt-Flair ist der **Tempelkomplex Preah Khan** (ប្រាសាទព្រះខាន់; Eintritt 10 000 R) unschlagbar. Der fast 5 km² große Komplex, nicht zu verwechseln mit dem gleichnamigen Tempel in Angkor, ist die größte Anlage, die in der Angkor-Zeit gebaut wurde – angesichts der vielen Stätten eine Meisterleistung!

Die Geschichte des Komplexes hüllt sich in ein geheimnisvolles Dunkel. Immerhin weiß man, dass es sich um eine bedeutende religiöse Stätte gehandelt haben muss und dass einige Gebäude aus dem 9. Jh. stammen. Sowohl Suryavarman II., Erbauer von Angkor Wat, als auch Jayavarman VII. haben hier zeitweise gelebt, demnach diente der Preah Khan im Angkor-Reich als bedeutendes Zentrum. Ursprünglich war die Anlage hinduistischen Gottheiten geweiht, aber Ende des 12. bzw. Anfang des 13. Jhs. wurde sie umfassend in eine Gebetsstätte des Mahayana-Buddhismus umgebaut.

Dank ihrer Lage am sprichwörtlichen Ende der Welt herrscht hier an der von Schlingpflanzen und Bäumen umhüllten Tempelanlage eine friedliche Stille – wahrscheinlich ist man der einzige Besucher. Die Eintrittskarte gilt für sämtliche Tempel der Anlage.

TMATBOEY: LETZTE CHANCE FÜR DEN RIESENIBIS

Die abgelegenen nördlichen Ebenen sind die größte Region mit immergrünen Flügel-
fruchtbäumen, Sümpfen und Weideland in ganz Südostasien und so etwas wie Kambodschas Antwort auf Afrikas Savannen. Sie bedecken den Nordwesten der Provinz Preah
Vihear und gehören zu den letzten Orten auf der Welt, wo man den Nationalvogel des
Landes, den vom Aussterben bedrohten Riesenibis beobachten kann.

Außerdem leben hier viele weitere seltene Arten, darunter der Wollhalsstorch, der
Langschwanzfalke, der grüne Pfau, der große Alexandersittich, der Graukopfseeadler,
ganze 16 Spechtarten sowie Eulen und Raubvögel. Am besten kann man die Tiere in der
Zeit von Januar bis April beobachten.

In einem letzten verzweifelten Versuch, das Überleben des Riesenibis zu sichern, die
einzigen bekannten Brutstätten des Weißschulteribis zu schützen und den Lebensraum
anderer weltweit vom Aussterben bedrohter Tierarten zu bewahren – etwa des Sarus-
kranichs und des Großen Adjutanten – rief die Wildlife Conservation Society (WCS; www.
wcs.org) ein wegweisendes kommunales Ökoprojekt ins Leben.

Es ist im abgelegenen Dorf Tmatboey mitten im **Tierschutzgebiet Kulen Promtep**
(តំបន់អភិរក្សត្តលែនព្រហ្មទេព; www.samveasna.org) angesiedelt und bietet den Dorfbewohnern Bildung, Arbeit und konkrete Anreize, alles Menschenmögliche zu tun, um den
Ibis zu schützen. Jeder Besucher leistet zur Unterstützung des Projekts eine Umwelt-
spende an den Naturschutzfonds des Orts.

Tmatboey ist 5 km vom schicken neuen Highway zwischen Preah-Vihear-Stadt und
Sra Em entfernt. Die Abzweigung liegt 46 km südöstlich von Sra Em und 39 km nord-
westlich von Preah Vihear. Tmatboey ist ganzjährig zugänglich. Wer einen viertägigen
Besuch mit drei Übernachtungen buchen will, kontaktiert das Sam Veasna Center (SVC;
S. 289) in Siem Reap. Man übernachtet in Holzbungalows mit Bädern und Solaranlagen,
die für warmes Wasser sorgen.

Ein Tipp für Vogelfreunde, die sich bis in die entlegensten Ecken Kambodschas vor-
wagen möchten: Im Naturschutzgebiet Kulen Promtep gibt es etwa 60 km Luftlinie von
Tmatboey entfernt, in der abgeschiedenen winzigen Waldsiedlung Prey Veng, eine neue
Vogelbeobachtungsstätte. Ermutigt durch den Erfolg von Tmatboey wollen das WCS und
das SVC auch hier versuchen, Lebensräume zu schützen. In Prey Veng sind schon über
150 Vogelarten beobachtet worden, darunter der Riesenibis, der Große Adjutant und die
Malaienente.

Prey Veng bietet neben der Möglichkeit zur Vogelbeobachtung auch ausgezeichnete
Wandermöglichkeiten durch offenen Trockenwald, u. a. zu einem entlegenen Hügeltempel aus der Angor-Zeit. Einfache Übernachtungsmöglichkeiten bieten die Privatunterkünfte von Prey Veng.

Touren nach Tmatboey und Prey Veng umfassen unterwegs oft Abstecher nach Beng
Mealea und Koh Ker sowie zum Prasat Preah Vihear, außerdem werden sie häufig mit
Besuchen der Geierfütterungsstation Veal Krous kombiniert. Genaueres zum Preis der
Touren beim SVC.

Die Einheimischen behaupten zwar, dass es in der Region rund um Preah Khan keine Landminen gibt; aus Sicherheitsgründen sollte man aber trotzdem immer auf den ausgeschilderten Wegen bleiben.

👁 Sehenswertes

Prasat Damrei BUDDHISTISCHER TEMPEL
(ប្រាសាទ ដំរី; Elefantentempel) Am Ostende des 3 km langen *baray* erhebt sich der Prasat Damrei, der erste Tempel an der Zufahrts-straße nach Preah Khan. Ganz oben auf dem kleinen Pyramidentempel sieht man zwei wunderschön gemeißelte Elefanten; zwei weitere kann man im Nationalmuseum in Phnom Penh (S. 43) und im Pariser Musée Guimet besichtigen.

Prasat Preah Stung BUDDHISTISCHER TEMPEL
(ប្រាសាទ ព្រះ:ស្ទឹង) Am Westende des *ba-ray* von Preah Khan steht der Prasat Preah Stung (auch als Prasat Muk Buon bzw. Tem-pel der Vier Gesichter bekannt). Er ist das vielleicht einprägsamste Gebäude der An-lage, denn seinen durch Bambusgerüste em-

porgehaltenen Hauptturm schmücken vier verheißungsvoll lächelnde Avalokiteshvara-Gesichter im Bayon-Stil.

★ Preah Khan
BUDDHISTISCHER TEMPEL

(ប្រាសាទព្រះខ័ន) 400 m südwestlich von Prasat Preah Stung führt die Preah-Khan-Zufahrtsstraße zur wunderbar erhaltenen östlichen Gopura (Eingangspavillon) des Preah Khan selbst, umgeben von einem heute trockenen Graben, der dem um Angkor Thom ähnelt. Hinter dem stattlichen Torbau windet sich ein Pfad vorbei an einem dharmasala (Rasthaus für Pilger) und durch einen weiteren zerfallenden Pavillon zum zentralen Tempelbezirk mit halb eingestürzten, vom Wald überwucherten prangs (Tempeltürmen) inmitten von Bäumen.

Erst Mitte der 1990er-Jahre brachte man den zentralen Tempelkomplex in einen verhältnismäßig guten Zustand. Kurz danach erschienen Plünderer auf der Suche nach Statuen, die unter den prangs vergraben lagen. Sie waren mit Druckluft-Bohrmaschinen und Baggern ausgerüstet, gegen die der Tempel keine Chance hatte; viele Türme stürzten einfach in sich zusammen und übrig blieb das Chaos, das heute zu sehen ist. Wieder einmal konnte eine Stätte, die so lange überlebt hatte, dem Angriff des 20. Jhs. und seiner Raffgier nicht standhalten.

Unter den Steinmetzarbeiten befand sich auch eine Büste von Jayavarman, die heute im Nationalmuseum (S. 43) in Phnom Penh gezeigt und oft als Touristensouvenir kopiert wird. Der Körper der Statue wurde vor ein paar Jahren von Einheimischen entdeckt. Sie informierten die Behörden und im Jahr 2000 wurde der Kopf wieder mit dem Leib vereint.

Kambodschaner nennen den Tempel zumeist Prasat Bakan, während Gelehrte ihn offiziell als Bakan Svay Rolay bezeichnen, eine Kombination des lokalen Gebäudenamens mit dem des Bezirkes. Von den Einwohnern in Siem Reap wird er oft auch Preah Khan bzw. Kompong Svay genannt.

Prasat Preah Thkol
BUDDHISTISCHER TEMPEL

(ប្រាសាទព្រះថ្កុល) Im Zentrum des baray von Preah Khan thront der Prasat Preah Thkol (bei den Einheimischen als Mebon bekannt), ein Inseltempel, dessen Stil an den Westlichen Mebon in Angkor erinnert.

ⓘ An- & Weiterreise

Unter all den weltvergessenen Tempeln der Provinz Preah Vihear war Preah Khan stets derjenige, der am schwierigsten zu erreichen war. Doch das hat sich mit dem Ausbau der Autobahnen in der Provinz schlagartig geändert. Außerdem gibt es jetzt eine unbefestigte Straße zum Preah Khan, sodass dieser inzwischen ganzjährig zugänglich ist – am einfachsten ist die Anfahrt allerdings unverändert während der Trockenzeit.

Öffentliche Verkehrsmittel fahren nicht zur Tempelanlage, man braucht also einen eigenen Wagen oder muss ein moto bzw. Taxi in Preah-Vihear-Stadt oder Kompong Thom nehmen – oder auch in Siem Reap (Letzteres ist eine ziemlich lange Tagestour).

Zum Preah Khan gelangt man, indem man den NH62 in Svay Pak, 64 km südlich von Preah-Vihear-Stadt und 93 km nördlich von Kompong Thom, verlässt und nach Westen fährt. Die unbefestigte, mit Schlaglöchern übersäte Straße ist ganzjährig passierbar und führt an Sangkom Thmei vorbei nach Ta Seng (56 km vom Highway entfernt). Bis zum Tempel sind es dann nur noch 4 km auf einer gut befahrbaren Straße.

Hartgesottene Motorradfahrer aufgepasst: Wer aus Siem Reap anreist, hat verschiedene Optionen. Die einfachste Route führt auf dem NH6 nach Stoeng und dann weiter nach Norden, eine andere auf dem NH6 bis Kompong Kdei, weiter nach Norden bis Khvau und dann in östlicher Richtung über den anspruchsvollen NH66 (s. u.).

Eine faszinierende Strecke folgt der uralten Angkor-Straße (dem NH66 – Kambodschas Route 66) ab Beng Mealea. Unterwegs überquert man etwa zehn prachtvolle naga-Brücken, darunter auch die außergewöhnliche, 77 m lange Spean-Ta-Ong-Brücke 7 km westlich von Khvau. Mittlerweile ist die Route von Beng Mealea nach Khvau gut zu fahren, dahinter wird ihr Zustand aber schnell schlechter. Die 23 km zwischen Khvau und Ta Seng sind in der Regenzeit unpassierbar.

Die alternativen Routen sind nur etwas für erfahrene Motorradfahrer, denn der Schwierigkeitsgrad liegt in beiden Fahrtrichtungen zwischen schwierig und extrem hart und im schlimmsten Fall könnte man sich mitten im Nirgendwo verirren.

PROVINZ KOMPONG THOM

Für Reisende, die es nicht so eilig haben, von Phnom Penh nach Siem Reap zu kommen, ist die Provinz Kompong Thom (ខេត្តកំពង់ធំ) dank mehrerer interessanter Sehenswürdigkeiten in der Umgebung der gleichnamigen Provinzhauptstadt ein lohnender Zwischenstopp.

Kompong Thom កំពង់ធំ

☎ 062 / 68 000 EW.

Diese freundliche, geschäftige Stadt schmiegt sich an der NH6; durch das Stadtzentrum windet sich der Fluss Sen. An Sehenswürdigkeiten hat die Stadt nicht viel zu bieten, doch ist sie ein guter Ausgangspunkt für Erkundungstouren in die Umgebung. Sowohl die stillen, mit der Vegetation verschlungenen Tempel von Sambor Prei Kuk als auch die bunten Wats von Phnom Santuk stellen hübsche Ziele für einfache Halbtagestouren dar. Dank guter Unterkünfte und Restaurants ist Kompong Thom zudem ein ausgezeichneter Ausgangspunkt für eine lange Tagestour nach Preah Khan.

◉ Sehenswertes & Aktivitäten

Die Stung Sen Street östlich des NH6 ist von zahlreichen pastellfarbenen Holzhäusern gesäumt. Hier kann man am späten Nachmittag gemütlich spazieren gehen.

Kompong Thom

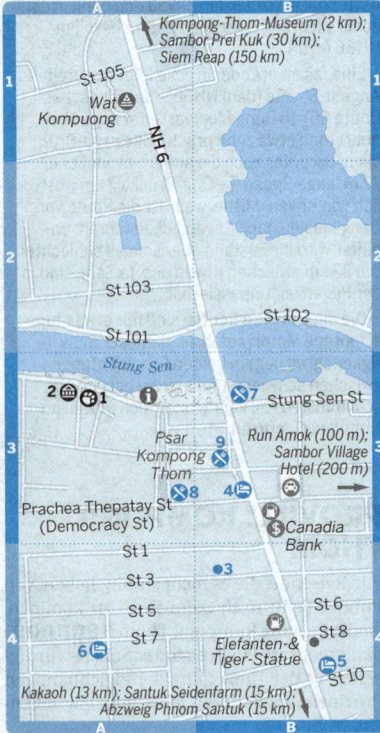

Kompong-Thom-Museum (2 km); Sambor Prei Kuk (30 km); Siem Reap (150 km)

Das Sambor Village Hotel bietet verschiedene **Flussfahrten** an, z. B. bei Sonnenuntergang, aber es gibt auch eine längere Tour zu den Bootpagoden im Dorf Trey Leak.

Kompong-Thom-Museum MUSEUM

(NH6; ⊙ 9–16 Uhr) GRATIS Das klitzekleine Museum – es besteht aus nur einem Raum – wartet mit überraschend vielen Schätzen auf, darunter Statuen und Stelen von Stätten in der Nähe, z. B. schönen Stücken aus Sambor Prei Kuk; es lohnt sich durchaus, nach der Rückkehr von der Stätte selbst hier einen Blick hineinzuwerfen.

Residenz des französischen Gouverneurs HISTORISCHES GEBÄUDE

(Stung Sen St) Am südlichen Flussufer, etwa 500 m westlich der Brücke, steht die verfallene Residenz des französischen Gouverneurs (kein Zutritt), die eigentlich nur deswegen interessant ist, weil sie neben drei alten Mahagonibäumen mit einer außergewöhnlichen Sehenswürdigkeit steht: Hier leben Hunderte großer Fledermäuse (auf Khmer: *chreoun*) mit 40 cm Spannweite. Sie hängen wie geflügelte Früchte an den Zweigen und fächeln sich mit ihren Schwingen kühlende Luft zu. Bei Sonnenuntergang (zwischen 17.30 und 18 Uhr) fliegen sie davon, um Futter zu suchen.

Im Sokhom Travel Agency TOUR

(☎ 012 691527; St 3) Geführte Touren, darunter Radausflüge nach Sambor Prei Kuk. Organisiert zudem *moto*-Fahrten nach Sambor Prei Kuk (10 US$) oder Phnom Santuk mit einem Abstecher zur Santuk-Seidenfarm (8 US$).

Kompong Thom

🛏 Schlafen

Arunras Hotel
HOTEL $

(📞 062-961294; NH6; EZ/DZ mit Ventilator 5/8 US$, DZ mit Klimaanlage 15 US$; ❄🖥) Der Star der Hotelszene von Kompong Thom besitzt 58 preisgünstige Zimmer mit einer Einrichtung im chinesischen Stil und hat kompetente Mitarbeiter. Das Schwesterhotel **Arunras Guesthouse** (📞 012 865935; NH6; EZ/DZ mit Ventilator 6/8 US$, mit Klimaanlage 10/13 US$; ❄🖥) mit 53 Zimmern gleich nebenan ist etwas günstiger. Extrabonus für Reisende: Die Busse, die durch die Stadt kommen, halten mehr oder weniger direkt vor der Tür.

Vimean Sovann Guesthouse
HOTEL $

(📞 078 220333; St 7; EZ/DZ mit Ventilator 6/7 US$, mit Klimaanlage 12/14 US$; ❄🖥) Von außen macht es nicht viel her, aber drinnen verstecken sich die schicksten billigen Zimmer der Stadt, alle frisch gestrichen und mit neuen Badezimmerarmaturen und netter Wandkunst. Die geräumigen Zweibettzimmer verfügen über eigene Balkone.

Ponleu Thmey Guesthouse
HOTEL $

(📞 012 910896; NH6; EZ/DZ mit Ventilator 3/ 6 US$, mit Klimaanlage 13/14 US$; ❄🖥) Das Hotel hat einfache, aber supersaubere Zimmer mit Ventilator für Sparfüchse sowie schicke Zimmer mit Klimaanlage und Flachbildfernseher und ist beliebt bei NGO-Mitarbeitern.

⭐Sambor Village Hotel
BOUTIQUEHOTEL $$

(📞 062-961391; www.samborvillage.asia; Prachea Thepatay St; EZ/DZ 50/55 US$; ❄@🖥🏊) Mit dieser Unterkunft in französischem Besitz hält die Boutiquehotel-Szene in Kompong Thom Einzug. Die Zimmer befinden sich in großzügig geschnittenen Bungalows mit Himmelbetten und auf dem üppig grünen Gelände lädt ein herrlicher Pool im Schatten eines Mangobaumes zum Baden ein. Im Hotelrestaurant im Obergeschoss (der Holzboden ist ein Traum) gibt's internationale Gerichte. Die Nutzung der Mountainbikes ist kostenlos. Das Hotel liegt 700 m östlich des NH6 am Fluss.

🍴 Essen

Prum Bayon Restaurant
KAMBODSCHANISCH $

(Prachea Thepatay St; Hauptgerichte mit Reis 6000–10 000 R; 🕐5–21 Uhr) Ein wahnsinnig beliebtes Restaurant, das die Einheimischen wegen der leckeren Khmer-Küche besuchen. Englische Beschilderung gibt's nicht, aber eine englische Speisekarte.

Psar Kompong Thom
KAMBODSCHANISCH $

(NH6; Hauptgerichte 2000–4000 R; 🕐16–2 Uhr) Die Gäste nehmen auf Plastikstühlen an neonbeleuchteten Tischen vor dem Hauptmarkt von Kompong Thom Platz und speisen Hühnersuppe mit Reis, Nudeln mit Hühnchencurry und Baguettes nach Khmer-Art.

⭐Kompong Thom Restaurant
KAMBODSCHANISCH $$

(NH6; Hauptgerichte 3–8 US$; 🕐6.30–21 Uhr; 🖥) Mit schmucken, Fliege tragenden Kellnern und einer winzigen Terrasse am Fluss ist dieses Restaurant bei Weitem das beste der Stadt. Zu den Khmer-Klassikern, die in üppigen Portionen serviert werden, kommen ausgefallenere Speisen wie Wasserbüffel und Aal aus der Pfanne.

Run Amok
INTERNATIONAL $$

(Prachea Thepatay St; Hauptgerichte 2,50–8,75 US$; 🕐Mo–Sa 15–21 Uhr; 🖥) Wem es nach westlichem Trostessen gelüstet, für den ist dieses Lokal mit Bambuswänden eine echte Offenbarung. Auf der umfangreichen Karte stehen jede Menge Pizzas und Burger, ergänzt durch eine phantastische Auswahl an Eiscreme.

ℹ Praktische Informationen

Canadia Bank (NH6; 🕐Mo–Fr 8–15.30, Sa 8–11.30 Uhr, Geldautomat 24 Std.)

Touristeninformation (Stung Sen St; 🕐Mo–Fr 8–11 & 14–17 Uhr) Broschüren zu Sehenswürdigkeiten in Kompong Thom.

ℹ Anreise & Unterwegs vor Ort

Kompong Thom liegt 65 km nördlich von Phnom Penh, 147 km südöstlich von Siem Reap und 157 km südlich von Preah-Vihear-Stadt.

Hier halten Dutzende Busse, die zwischen Phnom Penh (5 US$, 4 Std.) und Siem Reap (5 US$, 2 Std.) verkehren. Sie halten direkt vor dem Arunras Hotel, wo man sie bei der Abreise aus der Stadt auch problemlos heranwinken kann.

Mit Sammeltaxis gelangt man am schnellsten nach Phnom Penh (5 US$) und Siem Reap (5 US$). Die Sammeltaxis nach Preah-Vihear-Stadt (5 US$) fahren morgens. Abfahrtsort der meisten Taxis ist der **Taxistand** einen Block östlich der **Tela-Tankstelle** am NH6. Die Taxis nach Phnom Penh stehen direkt an der Tela-Tankstelle.

Die **Im Sokhom Travel Agency** (S. 292) verleiht Fahrräder (1 US$ pro Tag) und Motorräder (5 US$ pro Tag).

DIE EISERNEN KUY VON KAMBODSCHA

Die Kuy, eine ethnische Minderheit in Nordkambodscha, Südlaos und Nordostthailand, sind vor allem als Schmelzer und Schmiede bekannt. Wahrscheinlich haben sie bereits zur Angkor-Zeit Eisen für Waffen, Werkzeuge und Bauwerke produziert.

Seit etwa 1950 schmelzen die Angehörigen dieses Volksstammes kein Eisen mehr, doch in einigen Gemeinden werden noch qualitativ hochwertige Schmiedearbeiten ausgeführt. Wenn man auf dem NH62 zwischen Kompong Thom und Preah-Vihear-Stadt unterwegs ist, kann man einen Zwischenstopp in Rumchek 2 km südlich der Eisenminen von Phnom Dek einlegen. Der Kuy-Schmied Ma Thean in Rumcheck fertigt in nur einer Stunde ein traditionelles Buschmesser an. Wer ihn besucht, darf den Blasebalg treten und unterstützt überdies eine aussterbende Kunst.

Rund um Kompong Thom

Sambor Prei Kuk សំបូរព្រៃគុក

Sambor Prei Kuk (www.samborpreikuk.com; Eintritt 3 US$) gilt als Kambodschas beeindruckendste präangkorianische Tempelanlage. Sie umfasst rund 100 Stätten, die im Wald verstreut liegen und hauptsächlich aus Ziegeln bestehen. Einige gehören zu den ältesten Bauwerken des Landes. Ursprünglich wurde der Komplex Isanapura genannt und war unter König Isanavarman im frühen 7. Jh. die Hauptstadt von Chenla; während der Angkor-Zeit diente der Ort als bedeutendes Studienzentrum.

Der Kern der Anlage besteht aus drei Teilen, die jeweils von den Überresten zweier Ringmauern umgeben sind. Vielleicht hat der Grundriss der Anlage – ein zentraler, von Schreinen, Teichen und Torbögen umgebener Turm – fünf Jahrhunderte später sogar die Architekten von Angkor inspiriert. Viele Statuen befinden sich heute im Nationalmuseum (S. 43) in Phnom Penh.

Anfang der 1970er-Jahre wurde Sambor Prei Kuk von US-Fliegern bombardiert, die den zum Scheitern verurteilten Kampf der Regierung Lon Nol gegen die Roten Khmer unterstützten. Einige Krater in beunruhigender Nähe zu den Tempeln sind noch bis heute zu sehen. 2008 wurde die Region vollständig von Minen befreit.

Der schattige und bewaldete Komplex verströmt eine heitere, beruhigende Atmosphäre und auf den Sandwegen kann man wunderbare Spaziergänge unternehmen. Es lohnt sich, einen Einheimischen anzuheuern, der einen herumführt (halber/ganzer Tag 6/10 US$). Die Guides warten am Parkplatz neben dem Haupttruinenkomplex.

Beim Kartenschalter nahe der Brücke, etwa 500 m vom Parkplatz entfernt, erstreckt

sich ein großer Kunsthandwerkermarkt, vollgestopft mit *kramas*, Körben und anderen Waren, die von den Dorfbewohnern hergestellt werden.

◉ Sehenswertes

Prasat Sambor TEMPEL
(ប្រាសាទសំបូរ) Der Haupttempel Prasat Sambor (7. und 10. Jh.) ist Gambhireshvara geweiht, einer der vielen Inkarnationen Shivas (alle anderen Tempelgruppen sind Shiva selbst geweiht). Mehrere seiner Türme sind mit gut erhaltenen Steinmetzarbeiten geschmückt, darunter zahlreiche große *yonis* (weibliche Fruchtbarkeitssymbole) am Haupttturm.

Prasat Yeai Poeun TEMPEL
(ប្រាសាទយាយព័ន្ធ, Prasat Yeay Peau) Mit besonders viel Flair wartet der tief im Wald versteckte Prasat Yeai Poeun auf. Sein Osttor wird von einem uralten Baum zugleich gehalten und aufgespalten, denn die Ziegel sind mit den großflächigen Wurzeln im Laufe der Zeit quasi zusammengewachsen. Das Westtor wird von einem wahrhaft massiven Baum beschattet.

Prasat Tao TEMPEL
(ប្រាសាទតោ, Löwentempel) In dem größten Komplex von Sambor Prei Kuk finden sich zwei außergewöhnliche Beispiele exzellenter Steinmetzarbeiten aus der Chenla-Zeit: zwei große, aufwendig verzierte Steinlöwen. Darüber hinaus beherbergt die Tempelanlage einen schönen, rechteckigen Teich namens Srah Neang Pov.

🛏 Schlafen & Essen

Rund um den neuen Kunsthandwerkermarkt nahe dem Eingang zum Tempel haben sich einige Restaurants (Hauptgerichte 2–4 US$) niedergelassen.

Isanborei PRIVATUNTERKUNFT **$**

(☎ 017 936112; www.samborpreikuk.com; B/DZ 4/
6 US$) 🍴 Diese Organisation legt sich mäch-
tig ins Zeug, damit die Tempelbesucher noch
eine Nacht länger bleiben. Isanborei betreibt ein Gemeindeprojekt mit Unterkünften bei Einheimischen, vermietet Fahrräder
für 2 US$ pro Tag und bietet Kochunterricht
und Fahrten im Ochsenkarren an. Außerdem gehört ein „Stall" *remorks* zur Anlage,
mit denen man sicher nach Kompong Thom
(einfache Fahrt 15 US$) kommt.

❶ An- & Weiterreise

Um von Kompong Thom aus hierher zu gelangen,
folgt man dem NH6 etwa 5 km nach Norden und
wechselt dann auf den NH62 Richtung Preah
Vihear (die Asphaltstraße nach Siem Reap geht
links ab). Nach 11 km biegt man bei einem Schild
aus Laterit rechts ab und fährt 14 km auf einer
brandneuen Straße bis zum Tempeleingang
weiter.
Von Kompong Thom sollte die Hin- und Rückfahrt mit dem *moto* (weniger als 1 Std.) 10 US$
kosten, ein *remork* ca. 13 US$.

Phnom Santuk ភ្នំសន្ទុក

Der **Phnom Santuk** (Eintritt 2 US$) ist der be-
deutendste heilige Berg (207 m) der Region
und ein äußerst beliebter buddhistischer
Wallfahrtsort. Seine bewaldeten Hänge sind
mit Buddha-Figuren und zahlreichen Pagoden geschmückt.

Das außergewöhnliche Ensemble farben-
froher Wats auf dem Phnom Santuk lässt sich
über 809 Treppenstufen erreichen – den oberen Treppenabschnitt bevölkern herumlüm-
melnde Affen. Man kann es sich aber auch
einfach machen und die asphaltierte, 2,5 km
lange Straße nehmen. Die Tempel sind ein
bunter Mischmasch aus alten und neuen
buddhistischen Statuen und Monumenten.

In der Nähe der weißen Hauptpagode
befindet sich der pyramidenförmige Prasat
Tuch mit seiner fein gearbeiteten Sandstein-
inhülle. Unterhalb der Südseite des Gipfels
entdeckt man mehrere liegende Buddhas:
Einige sind erst in jüngster Zeit entstanden
und bestehen aus Beton, andere wurden
vor vielen Jahrhunderten aus dem Stein geschlagen.

Darüber hinaus gibt's auf dem Berg einen
aktiven Wat. Hier leben Mönche, die sich
sehr über den Besuch ausländischer Touristen freuen. Von den Felsen unterhalb des
Gipfels lockt ein beeindruckender Panoramablick Richtung Süden auf den Tonlé Sap.

Wer in Kompong Thom übernachtet, kann
vom Phnom Santuk den wundervollen Sonnenuntergang über den Reisfeldern beobachten; allerdings muss man dann im Dunkeln
hinabsteigen (Taschenlampe mitnehmen).

❶ An- & Weiterreise

Die Abzweigung zum Phnom Santuk befindet
sich ca. 15 km südlich von Kompong Thom. Der
Eingang ist an der Ostseite des NH6 eindeutig
gekennzeichnet (etwa auf Höhe der 149-km-
Markierung). Von der Schnellstraße sind es
noch ca. 2 km bis zu den Tempelstufen. Die Hin-
und Rückfahrt ab Kompong Thom mit dem *moto*
kostet 8 US$, mit dem *remork* etwa 10 US$.

Kakaoh កកោះ

Das Dorf Kakaoh erstreckt sich 13 km südlich von Kompong Thom und 2 km nördlich
vom Eingang zum Phnom Santuk zu beiden
Seiten des NH6. Es ist für seine Steinmetze
berühmt, die mit geübtem Auge handgefertigte Buddha-Statuen, dekorative Löwen
sowie andere traditionelle Khmer-Figuren
herstellen. Es ist faszinierend zuzusehen,
wie aus den Steinbrocken langsam 15 cm bis
5 m hohe Statuen herausgearbeitet werden.
Die Preise schwanken enorm, angefangen
bei kleinen Figürchen für 20 US$ bis zu
3500 US$ (exkl. der Kosten fürs Übergepäck

ABSEITS DER ÜBLICHEN PFADE

AUF DER SUCHE NACH DER BARTTRAPPE

Das Nordostufer des Tonlé Sap bietet
zahlreichen Vögeln einen Lebensraum,
darunter auch der sehr seltenen Barttrappe. Sie erinnert entfernt an einen
Fasan und gehört zu den „big six" –
sechs akut vom Aussterben bedrohten
Vogelarten (neben der Barttrappe zwei
Ibis- und drei Geierarten), die passionierte Vogelliebhaber in Scharen nach
Kambodscha reisen lassen.
Das Naturschutzgebiet **Stung Chik-
reng Bengal Florican Conservation
Area** (BFCA) überspannt die Grenzen
der Provinzen Siem Reap und Kompong
Thom und ist die Topanlaufstelle, wenn
man die Barttrappe („Bengal florican"
auf Engl.) in Aktion erleben will. Das **Sam
Veasna Center** (S. 289) in Siem Reap
stellt Touren ins BFCA ab Siem Reap auf
die Beine.

NORDWESTKAMBODSCHA RUND UM KOMPONG THOM

natürlich!) für einen 2,5 m hohen Buddha aus einem einzigen hochwertigen Steinblock. Häufig stiften wohlhabende Khmer Statuen an Wats.

Seidenfarm Santuk កសិដ្ឋានសូត្រ សន្ទុក

Die **Seidenfarm Santuk** (☏012 906604; www. santuksilks.com; ☉Mo–Fr 7–11 & 13–17, Sa 7–11 Uhr) GRATIS ist einer der wenigen Betriebe in Kambodscha, wo man den gesamten Prozess der Seidenherstellung beobachten kann: Er beginnt mit der sieben Wochen dauernden Verpuppung der Seidenraupe. Die Farm hat 18 Angestellte aus der Gegend, die meisten davon sind Frauen. Man kann den Künstlern montags bis freitags von 7 bis 11 sowie von 13 bis 17 und samstags von 7 bis 11 Uhr dabei zusehen, wie sie Schals (20–45 US$) und andere Produkte anfertigen. Das Gelände liegt 200 m nördlich von Eingang zum Phnom Santuk, auf der gegenüberliegenden (West-)Seite des NH6.

Seidenraupen sind empfindliche Tiere: Sie fressen nur Maulbeerblätter und müssen vor ihren natürlichen Feinden (Geckos, Ameisen und Moskitos) geschützt werden.

Fast die gesamte hier verarbeitete Rohseide stammt aus China und Vietnam. Lokale Raupen produzieren die „goldene Khmer-Seide", die ihren Namen aufgrund ihrer Farbe trägt.

Die Farm wird von Budd Gibbons, einem amerikanischen Vietnamkriegs-Veteranen, der seit 1996 in Kambodscha lebt, und seiner kambodschanischen Ehefrau geführt. Falls möglich sollte man seinen Besuch anmelden. Für Gruppen ab fünf Personen wird nach vorheriger Bestellung ein wunderbares kambodschanisches Essen zubereitet.

Prasat Kuha Nokor ប្រាសាទគុហានគរ

Dieser buddhistische Tempel aus dem 11. Jh. wurde unter Suryavarman I. erbaut. Dank einer umfassenden Restaurierung vor dem Bürgerkrieg ist er außergewöhnlich gut erhalten. Er steht auf dem Gelände eines Wat und kann mit einem eigenen Fahrzeug problemlos erreicht werden. Die Stätte ist am NH6 ausgeschildert und liegt etwa 70 km südöstlich von Kompong Thom, 22 km nördlich von Skuon sowie 2 km von der Hauptstraße. Am NH6 kann man ein *moto* zum Tempel nehmen.

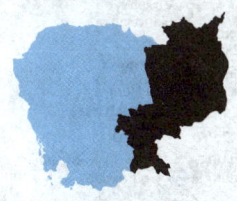

Ostkambodscha

6,25 MIO. EW. / 68 472 KM²

Wildtiere erleben

➡ Gibbons (S. 315)

➡ Kleideraffen (S. 333)

➡ Delfine beobachten um Kratie (S. 307)

➡ Vogelbeobachtung im Seima-Waldschutzgebiet (S. 333)

➡ Elephant Valley Project (S. 329)

Schön übernachten

➡ Tree Top Ecolodge (S. 318)

➡ Terres Rouges Lodge (S. 319)

➡ Koh Trong Community Homestay I (S. 309)

➡ Mayura Hill Hotel & Resort (S. 330)

➡ Nature Lodge (S. 328)

Auf nach Ostkambodscha

Der „Wilde Osten" Kambodschas mit seinen vielfältigen Landschaften und Bewohnern zeigt, dass das Land nicht nur aus Reisfeldern und Zuckerpalmen besteht. Zwar gibt es davon im Tiefland jede Menge, doch im Nordosten machen sie den Bergen der Provinzen Mondulkiri und Ratanakiri Platz. In beiden spielt der Ökotourismus eine wichtige Rolle, um die schwindenden Waldbestände vor der doppelten Bedrohung durch illegalen Baumschlag und Landnutzungsrechte zu schützen.

Im Nordosten trifft man auf Waldelefanten und Affen, in der Nähe von Kratie sind das ganze Jahr über Irawadi-Süßwasserdelfine zu sehen. Donnernde Wasserfälle, Kraterseen und mäandernde Flüsse prägen die Landschaft und Aktivitäten wie Wandern, Mountainbiken, Kajakfahren, Ziplining und Begegnungen mit Elefanten werden immer beliebter. In den Hügeln und Wäldern sind zahlreiche ethnische Gruppen zu Hause, die als Khmer Leu (Hochland-Khmer) oder *chunchiet* (ethnische Minderheiten) bekannt sind.

Reisezeit
Kratie

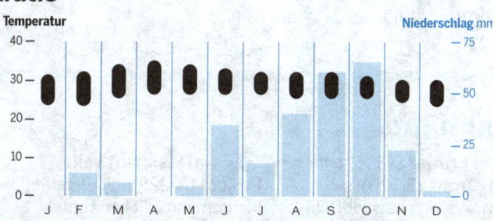

Sept. & Okt. Wildblumen tauchen die Landschaft Mondulkiris in ein schönes buntes Farbenmeer.

März & April Der niedrige Wasserstand ist toll zum Delfinebeobachten und Kajakfahren.

Mai & Juni In den Hochlandprovinzen Ratanakiri und Mondulkiri entkommt man der Hitze des Tieflands.

Highlights

1 Bei **Kratie** (S. 305) oder **Stung Treng** (S. 310) zwischen seltenen Irawadi-Delfinen auf dem Mekong paddeln

2 In Ratanakiri im kristallklaren Wasser des Kratersees **Boeng Yeak Lom** (S. 315) schwimmen

3 Beim **Elephant Valley Project** (S. 329) mit Elefanten in ihrem natürlichen Umfeld spazieren gehen.

4 Die Reize des **Kompong Cham** (S. 299) mit seinen Tempeln, seiner üppig Landschaft und den freundlichen Menschen entdecken

5 Im **Seima-Waldschutz-gebiet** (S. 332) in Mondulkiri Kletteraffen und Gibbons erspähen

PROVINZ KOMPONG CHAM

Die Provinz Kompong Cham (ខេត្តកំពង់ចាម) zieht dank ihrer Rolle als Tor zum Nordosten stetig überschaubare Zahlen von Touristen an. Zu den Attraktionen dieser Gegend zählen einige Tempel aus der Angkor-Periode und früheren Zeiten. Darüber hinaus kann man schöne Rad- und Motorradtouren am Flussufer unternehmen. Die Provinzhauptstadt gilt als ein Stück „echtes Kambodscha", das sich durch malerische Dörfer, hübsche Wats und Fischergemeinden auszeichnet.

Kompong Cham war früher die am dichtesten bevölkerte Region des Landes, wurde aber im Rahmen von Umstrukturierungen inzwischen geteilt. So entstand die neue Provinz Tbong Khmum.

Kompong Cham   កំពង់ចាម

📞 042 / 73 000 EW.

Während der Kolonialzeit war die ruhige Provinzhauptstadt an den Ufern des Mekongs ein bedeutendes Handelszentrum. Das französische Erbe ist deutlich an den vielen klassizistischen Gebäuden zu erkennen.

Früher galt Kompong Cham nach Phnom Penh und Battambang als drittwichtigste Stadt des Landes, mittlerweile haben ihr die schnell wachsenden Touristenorte Siem Reap und Sihanoukville allerdings den Rang abgelaufen. Dennoch ist Kompong Cham als Tor zum Osten des Landes unverändert ein wichtiger Verkehrsknotenpunkt. Spean Kizuna, die mächtige Brücke südlich der Innenstadt, war Kambodschas erste Mekongbrücke.

◉ Sehenswertes & Aktivitäten

Im Raum Kompong Cham leben zahlreiche Cham-Muslime, daher stammt auch der Name der Stadt. Eines ihrer Dörfer befindet sich nördlich des französischen Leuchtturms am Ostufer des Mekongs. Die große Moschee mit der silbernen Kuppel ist vom rechten Ufer problemlos auszumachen. Eine weitere Siedlung liegt südlich der Brücke gleich hinter dem Wat Day Doh, der durchaus einen Abstecher lohnt.

Bei Sonnenuntergang machen zahlreiche Einheimische am Flussufer nahe der Brücke Aerobic. Wer Lust hat, kann sich dazugesellen.

Wat Nokor Bachey   BUDDHISTISCHER TEMPEL
(វត្តនគរបាជ័យ; Eintritt 2 US$) Der Wat Nokor ist eine moderne, ziemlich kitschige

Theravada-Pagode innerhalb der Mauern eines Mahayana-Schreins aus dem 12. Jh. Letzterer besteht aus Sandstein und Laterit. Viele Torbogen des älteren Bauwerks wurden beim Bau der Pagode zu Schreinen umfunktioniert. An Wochentagen halten sich nur wenige Mönche auf dem Gelände auf, sodass man in Ruhe zwischen den zahlreichen Alkoven und versteckten Schreinen umherspazieren kann.

Der Eintrittspreis deckt auch den Besuch des Phnom Pros und des Phnom Srei gleich außerhalb der Stadt ab. Um zur Klosteranlage zu gelangen, fährt man Richtung Phnom Penh und folgt am großen Kreisverkehr 2,5 km westlich der Brücke der linken Weggabelung. Der Tempel liegt an einer reizvollen unbefestigten Straße.

Koh Paen   INSEL
(កោះប៉ែន) Wer eine gemütliche Radtour unternehmen möchte, stattet Koh Paen, einer ländlichen Mekonginsel, einen Besuch ab. Sie ist in der Trockenzeit über eine aufwendig gearbeitete **Bambusbrücke** (Maut 500–1000 R) an den südlichen Ausläufern von Kompong Cham zu erreichen. In der Regenzeit muss man die **Fähre** (mit/ohne Fahrrad 1500/1000 R) nehmen. Schon die Brücke an sich ist sehenswert. Sie wird jedes Jahr neu von Hand gefertigt und aus der Ferne hat es den Anschein, als bestünde sie aus Streichhölzern. Mit ihren Obst- und Gemüsehöfen und traditionellen Holzhäusern bietet die Insel ein echtes Stück Landleben. Während der Trockenzeit ragen rund um das Eiland Sandbänke aus dem Wasser hervor. Fahrräder können in einigen Gästehäusern geliehen werden.

Old French Lighthouse   HISTORISCHES GEBÄUDE
(ប៉មបាក់ង់ចាស់) Gegenüber der Stadt ragt ein alter französischer Leuchtturm am Mekongufer auf. Viele Jahre lang stand er verlassen da, doch inzwischen ist er renoviert. Zu dem Bauwerk gehört eine extrem steile und prekäre Metalltreppe, die eigentlich mehr an eine Reihe von Leitern erinnert – Leute mit Höhenangst sollten sich den Aufstieg nicht antun! Oben angekommen genießt man einen tollen Blick auf den Mekong, besonders bei Sonnenuntergang.

🛏 Schlafen

Die meisten Besucher ziehen es vor, wegen des schönen Ausblicks in einem Hotel am Fluss zu übernachten, man sollte jedoch nicht vergessen, dass es dort schon frühmorgens laut wird – z. B. dank der Schiffs-tröten und dem Ruf des Muezzins von der Cham-Moschee am anderen Ufer.

★ Moon River Guesthouse GÄSTEHAUS $

(☎016 788973; moonrivermekong@gmail.com; Sihanouk St; Zi. mit Ventilator 7–11 US$, mit Klima-anlage 13–19 US$; ❄ 🛜) Das Moon River, eines der neueren Gästehäuser am Fluss, ist ein toller Allrounder mit schicken, geräumigen Zimmern, darunter einige Dreibettzimmer. Unten befindet sich eine beliebte Restau-rant-Bar, in der herzhaftes Frühstück ser-viert wird und abends einiges los ist.

Daly Hotel HOTEL $

(☎042-666 6631; www.dalyhotel.net; DZ/3BZ 18/20 US$, VIP 40 US$; ❄ 🛜) Das schicke Daly ist das beste der zahlreichen im Khmer-Stil gehaltenen Hochhaushotels der Stadt. Die Zimmer sind riesig, hell und mit Flachbild-fernsehern ausgestattet, makellosem Bad und schmucker Bettwäsche versehen.

Mekong Sunrise GÄSTEHAUS $

(☎011 449720; bong_thol@yahoo.com; Sihanouk St; B 3 US$, Zi. mit Ventilator 5–7 US$, mit Klima-anlage 12 US$; ❄ 🛜) Der angesagte Backpa-ckertreff über einem gut besuchten Bar-Restaurant am Fluss bietet geräumige Zim-mer im oberen Stockwerk und Zugang zu einer großen Dachterrasse. Die Einrichtung

ist etwas spartanisch, dafür ist die Über-nachtung recht günstig und es gibt einen Billardtisch.

Monorom 2 VIP Hotel HOTEL $

(☎092 777102; www.monoromviphotel.com; Siha-nouk St; Zi. 15–50 US$; ❄ @ 🛜) Das schickste Hotel der Stadt wartet mit Zimmern mit schweren Holzmöbeln und einladenden Ba-dewannen auf. Zur Ausstattung gehören Bal-kone mit Mekongblick und große Bäder mit Unmengen von Toilettenartikeln. Die billigs-ten Zimmer haben allerdings keine Fenster.

OBT Homestay PRIVATUNTERKUNFT $

(☎017 319194; p_sophal@yahoo.com; Freiwilliger/Tourist, mit 2 Mahlzeiten 5/10 US$) Die Organi-zation for Basic Training beherbergt Ehren-amtliche, die kambodschanischen Kindern Englisch beibringen. Aber auch Traveller, die ein paar Tage unter Einheimischen in ei-nem Khmer-Dorf verbringen möchten, sind willkommen. Auf Wunsch werden Touren per Ochsenwagen, auf dem Pferderücken oder mit dem Boot auf dem Mekong orga-nisiert. Das Homestay befindet sich im Dorf Chiro am Ostufer des Mekongs, rund 5 km nördlich des französischen Leuchtturms.

Mekong Hotel HOTEL $

(☎042-941536; Sihanouk St; Zi. mit Ventilator/Kli-maanlage 8/16 US$, VIP 27 US$; ❄ 🛜) Das alte

Kompong Cham

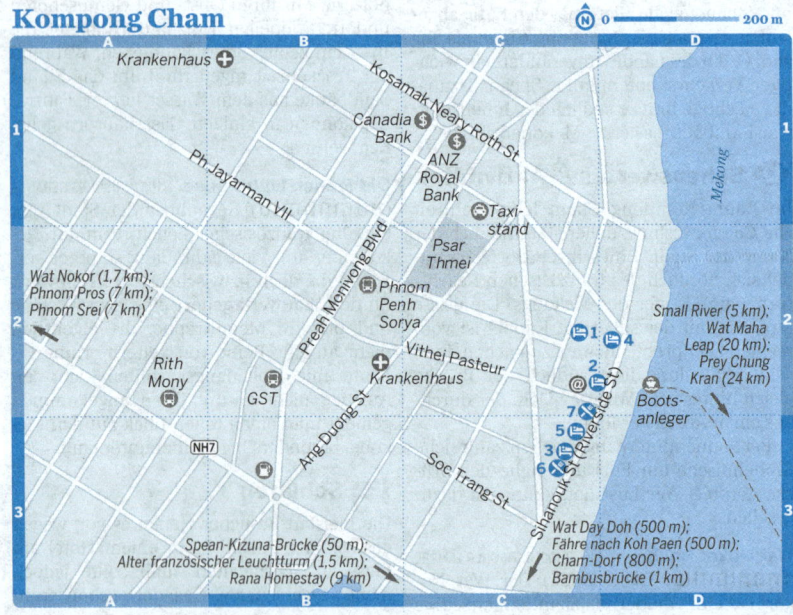

Krankenhaus ✚

Canadia Bank 🛇

ANZ Royal Bank 🛇

Ph Jayarman VII

Kosamak Neary Roth St

Preah Monivong Blvd

Taxi-stand

Psar Thmei

Phnom Penh Sorya

Vithei Pasteur

Wat Nokor (1,7 km); Phnom Pros (7 km); Phnom Srei (7 km)

Rith Mony

GST

Krankenhaus ✚

Ang Duong St

NH7

Soc Trang St

Sihanouk St (Riverside St)

Mekong

Small River (5 km); Wat Maha Leap (20 km); Prey Chung Kran (24 km)

Boots-anleger

Wat Day Doh (500 m); Fähre nach Koh Paen (500 m); Cham-Dorf (800 m); Bambusbrücke (1 km)

Spean-Kizuna-Brücke (50 m); Alter französischer Leuchtturm (1,5 km); Rana Homestay (9 km)

N 0 ⸻ 200 m

KRAMAS – MEHR ALS NUR EIN KLEIDUNGSSTÜCK

Der bunt karierte *krama*, ein Schal aus Baumwolle oder Seide, wird in ländlichen Regionen von fast allen Kambodschanern getragen und ist auch in den Städten ein beliebtes Accessoire. Aus den Provinzen Kompong Cham und Takeo stammen die berühmtesten Seidentücher.

Kramas haben unterschiedliche Funktionen. In erster Linie schützen sie den Träger vor Sonne, Staub und Wind. Deshalb legen sich auch viele Touristen einen der praktischen Schals zu. Manche Einheimische wickeln mit den Stoff wie einen Minisarong um die Hüften, verwenden ihn als Hand- oder dekoratives Halstuch, knoten ihn um die Schultern, um Babys zu tragen, oder nutzen ihn als Bezug auf Stühlen oder Betten. Manchmal werden die Tücher sogar als Abschleppseile eingesetzt oder in marode Motorradreifen gestopft. Dieser Schal ist wirklich ein Alleskönner!

Hotel am Fluss erfreut sich dank unschlagbarer Flusslage und seiner geräumigen, hellen, relativ gut erhaltenen Zimmer immer noch großer Beliebtheit. Die Flure sind so weitläufig, dass man in ihnen ein Frisbeeturnier austragen könnte.

Rana Homestay PRIVATUNTERKUNFT $$
(☏ 012 686240; http://rana-ruralhomestay-cambodia.webs.com; 25 US$ pro Pers.) Das außerhalb von Kompong Cham gelegene Rana Homestay gewährt einen guten Einblick in das Leben auf dem Lande, ganz ohne Stromversorgung. Im Übernachtungspreis sind die Mahlzeiten und Ausflüge in die Umgebung bereits inbegriffen. Mindestaufenthalt zwei Nächte; mindestens zwei Personen und Vorausbuchung erforderlich.

✗ Essen

★**Smile Restaurant** KAMBODSCHANISCH $
(www.bdsa-cambodia.org; Sihanouk St; Hauptgerichte 3–5 US$; ◷ 6.30–21 Uhr; ☎) Bei NGO-Mitarbeitern ist der gemeinnützige, von der Buddhism and Society Development Association betriebene Laden sehr beliebt. Er lockt mit einem umfangreichen Frühstücksangebot und authentischer Khmer-Küche wie

char k'dau (Kurzgebratenes mit Zitronengras, scharfem Basilikum und Erdnüssen) und Calamari mit schwarzem Pfeffer. Auf der Karte stehen auch westliche Gerichte, außerdem werden von Mitgliedern der Organisation BSDA hergestellte *kramas* und Souvenirs verkauft.

Lazy Mekong Daze INTERNATIONAL $
(Sihanouk St; Hauptgerichte 3–5,50 US$; ◷ 7.30 Uhr–open end; ☎) Dieser Laden ist dank seiner angenehmen Atmosphäre, dem Billardtisch und seiner großen Leinwand für Sportübertragungen und Filme einer der abendlichen Treffpunkte der Stadt. Es gibt kambodschanische, thailändische und westliche Gerichte, darunter die beste Holzofenpizza der Stadt, Chili con Carne und köstliche Eiscreme.

Destiny Coffee House CAFÉ $
(12 Vithei Pasteur St; Hauptgerichte 3–5 US$; ◷ Mo–Sa 7–17.30 Uhr; ☎) Dieses stylische Café besitzt bequeme Sofas und zeitgenössisches Ambiente. Auf der internationalen Karte stehen beispielsweise köstlicher Hummus mit Dips, verführerischer hausgemachter Kuchen, Frühstücksburritos, Salate und Wraps.

Mekong Crossing INTERNATIONAL $
(Sihanouk St; Hauptgerichte 2–5 US$; ◷ 6–22 Uhr; ☎) In diesem alteingesessenen, beliebten Laden mit einer tollen Uferlage, das kürzlich schön aufgehübscht wurde, haben Gäste die Wahl zwischen Khmer-Currys und westlicher Küche, z. B. großen Burgern und leckeren Sandwiches. Abends gleichzeitig eine beliebte Bar.

ⓘ Praktische Informationen

ANZ Royal Bank (Preah Monivong Blvd; ◷ Mo–Fr 8.30–16 Uhr, Geldautomat 24 Std.) Auszahlung am Geldautomaten gegen 5 US$ Gebühr.

Canadia Bank (Preah Monivong Blvd; ☺ Mo–Fr 8–15.30, Sa 8–11.30 Uhr, Geldautomat 24 Std.) Mit einigen Bankkarten gebührenfreie Abhebungen an Geldautomaten plus gebührenfreie Barauszahlungen auf Kreditkarten.

Lazy Mekong Daze (S. 301) Hier gibt's eine ordentliche Karte, auf der die wichtigsten Sehenswürdigkeiten in und um Kompong Cham verzeichnet sind.

Mekong Internet (Vithei Pasteur; 1500 R pro Std.; ☺ 6.30–22 Uhr) Eins von mehreren Internetcafés in der Vithei Pasteur Street.

❶ An- & Weiterreise

Phnom Penh liegt 120 km südwestlich. Wer Richtung Norden nach Kratie oder weiter unterwegs ist, sollte besser ein Transportmittel nehmen, das auf der geteerten Straße nach Chhlong verkehrt, anstatt den langen Umweg Richtung Osten nach Snuol auf dem NH7 zu machen.

Phnom Penh Sorya (www.phnompenhsorya.com; Preah Monivong Blvd) ist das zuverlässigste unter den Busunternehmen von Kompong Cham. **GST** (☎ 012 734052; Preah Monivong Blvd) hat Morgenbusse nach Battambang, Kratie und Siem Reap. **Rith Mony** (NH7) steuert Busse nach Ban Lung, Battambang und Siem Reap bei.

Sammeltaxis (15 000 R) und überfüllte Minibusse (10 000 R) fahren vom **Taxistand** beim Neuen Markt (Psar Thmei) nach Phnom Penh. Die Fahrt dauert je nach der Verkehrsaufkommen in der Hauptstadt mindestens zwei Stunden. Morgens steuern Sammeltaxis und Minibusse Kratie (5 US$, 2 Std.) an. Abfahrt, sobald alle Sitzplätze belegt sind, an der **Caltex-Tankstelle** am großen Kreisverkehr. Einige Minibusse fahren morgens auch am Taxihalteplatz ab.

Mittlerweile verkehren auf dem Mekong keine Passagierboote zu anderen Orten mehr.

❶ Unterwegs vor Ort

In Kompong Cham wimmelt es von *moto*- und *remork-moto*- (*tuk-tuk*-)Fahrern, die sehr gut Englisch sprechen und Touristen alle Sehenswürdig-

keiten zeigen können. Wenn man irgendwo am Mekong Platz nimmt, um etwas zu trinken, wird man früher oder später von einem der Fahrer angesprochen werden. **Herr Vannat** (☎ 012 995890; vannat_kompongcham@yahoo.com) ist am längsten dabei und vermietet ein Vehikel mit Allradantrieb (er spricht auch Französisch), doch auch seine Kollegen sind gute Guides. Für ihre Dienste muss man 10 bis 15 US$ pro Tag für ein *moto* und 15 bis 20 US$ für ein *remork* einplanen (etwas mehr, wenn man den Wat Maha Leap besichtigen möchte). Die Hin- und Rückfahrt per *remork* kostet nach Wat Hanchey oder Phnom Pros auf Phnom Srei (verhandelbare) 10 US$.

Die meisten Gästehäuser und Restaurants am Fluss verleihen Motorräder (3–5 US$ pro Tag) und Fahrräder (1 US$ pro Tag), so auch Lazy Mekong Daze (S. 301).

Rund um Kompong Cham

Phnom Pros & Phnom Srei ភ្នំប្រុសភ្នំស្រី

Der „Männerhügel" und der „Frauenhügel" sind Gegenstand unterschiedlicher lokaler Legenden. Eine Version berichtet von einem Jungen, der seine Eltern verlassen muss und später als einflussreicher Mann zurückkehrt. Er verliebt sich in seine eigene Mutter, schenkt ihr jedoch keinen Glauben, als sie ihn erkennt, und hält dennoch um ihre Hand an. Damit diese Verbindung nicht zustande kommt, denkt sich die Mutter einen cleveren Trick aus: Sie ruft zu einem Wettbewerb zwischen Frauen und Männern auf – sollten die Frauen bis Sonnenaufgang den höheren Hügel errichtet haben, würde der Sohn auf ihre Hand verzichten müssen. Die beiden Teams ackern bis tief in die Nacht, da entzünden die Frauen ein großes Feuer, dessen Flammen bis zum Himmel reichen. Die

BUSSE AB KOMPONG CHAM

ZIEL	PREIS	DAUER (STD.)	HÄUFIGKEIT
Ban Lung	32 000 R	7	10 Uhr
Kratie über Chhlong	20 000 R	2	9.30 Uhr
Kratie über Snuol	21 000 R	4	10.30, 14 Uhr
Pakse, Laos	22 US$	12	10 Uhr
Phnom Penh	• 20 000 R	3	stündl. bis 15.45 Uhr
Sen Monorom	28 000 R	5	11.45 Uhr
Siem Reap	24 000 R	5	7.30, 9.30, 12 Uhr
Stung Treng über Chhlong	30 000 R	5	10.30 Uhr

WEITERREISE NACH VIETNAM: VON KOMPONG CHAM NACH TAY NINH

Bis zur Grenze Der Grenzübergang (⊙7–17 Uhr) Trapeang Phlong–Xa Mat erfreut sich zunehmender Beliebtheit bei Reisenden, die zwischen Nordostkambodscha und Ho-Chi-Minh-Stadt unterwegs sind. Von Kompong Cham nimmt man irgendein Verkehrsmittel auf dem NH7 nach Osten Richtung Snuol und steigt in Krek (Kraek) am Kreisverkehr am NH7 aus, 55 km östlich-südöstlich von Kompong Cham. Von dort sind es 13 km nach Süden per *moto* (3 US$) auf dem NH72 bis zum schläfrigen Trapeang Phlong, zu erkennen an einem bunt gestreiften Schlagbaum und ein paar Blechhütten.

An der Grenze Dieser Grenzübergang ist total easy – man muss bloß sein Vietnamvisum vorzeigen.

Weiterreise Auf der vietnamesischen Seite fahren Motorräder und Taxis nach Tay Ninh, 45 km weiter südlich gelegen. Allerdings muss man hier ein bisschen härter verhandeln als in Kambodscha.

Männer glauben, dass der Sonnenaufgang gekommen sei, und legen das Werkzeug nieder. So können die Frauen gewinnen und die Hochzeit wird vereitelt. Die Einheimischen lieben diese Geschichte und fügen beim Erzählen gerne noch die eine oder andere Einzelheit hinzu. Der Eintritt zu den Hügeln kostet 2 US$; mit der Karte hat man auch Zutritt zum Wat Nokor Bachey (S. 299).

Während der Regenzeit lockt der Phnom Srei mit einer schönen Aussicht auf das Umland, außerdem steht hier eine Nandi-Statue (der heilige Bulle, Shivas Reittier). Der Phnom Pros bietet sich für eine Pause an; neugierige Äffchen leisten einem dabei Gesellschaft. Die Fläche zwischen den beiden Hügeln war einst ein sogenanntes Killing Field (unter den Roten Khmer fanden hier Massenmorde statt). Wenn man vom Männerhügel zum Frauenhügel läuft, entdeckt man rechter Hand einen kleinen goldenen Stupa, der zahlreiche Schädel bewahrt.

Die beiden Hügel erheben sich 7 km außerhalb der Stadt an der Straße nach Phnom Penh. Gegenüber dem Eingang zum Phnom Pros liegt das Dorf Cheung Kok. Dort wird ein kambodschanisches Ökotourismusprogramm durchgeführt, das Besuchern einen Einblick in den Alltag auf dem Lande ermöglichen soll. Einheimische zeigen den Gästen, wie man z.B. Reis oder Zuckerpalmensaft erntet. In dem kleinen Laden wird zudem vor Ort hergestelltes Kunsthandwerk verkauft. Das Projekt wurde von der NGO Amica (www.amica-cambodge.org) ins Leben gerufen.

Wat Maha Leap   វត្តមហាលាភ

Der Wat Maha Leap ist eine der wenigen noch erhaltenen Holzpagoden in Kambodscha und mehr als 100 Jahre alt. Die Roten Khmer funktionierten das Gebäude in ein Krankenhaus um, was gewissermaßen seine Rettung war. Zahllose Kambodschaner, die auf den Feldern ringsum Zwangsarbeit leisten mussten, starben hier. 500 von ihnen wurden vor Ort verscharrt, heute findet man aber nur noch einen friedlichen Garten vor.

Die Pagode ist wirklich wunderschön. Ihre breiten schwarzen Säulen bestehen jeweils aus einem kompletten Baumstamm und sind mit Goldmustern versehen. Die Roten Khmer übermalten die Originalverzierungen zwar, doch die Mönche haben die alte Pracht später wieder freigelegt. Leider ist 2012 das Dach eingestürzt; zur Zeit der Recherche wurden immer noch Renovierungsarbeiten durchgeführt.

Am besten reist man per Boot von Kompong Cham zum Wat Maha Leap. Dazu folgt man dem Mekong ein Stück flussabwärts, bevor man auf einen wunderschönen Nebenfluss abbiegt, der als „Kleiner Fluss" bekannt ist. Am Ufer spielen sich Szenen aus dem kambodschanischen Alltag ab. Mit einem 40-PS-Außenborder (hin und zurück 50 US$ inkl. Stopps in ein paar Webdörfern) benötigt man weniger als eine Stunde pro Strecke. Boote mit Außenbordmotor dümpeln oft an der Bootsanlegestelle.

Der Kleine Fluss ist nur von Juli bis Dezember schiffbar. Den Rest des Jahres bleibt einem nur der Landweg – das ist aber auf eigene Faust gar nicht so einfach, wenn man nicht wenigstens ein paar Brocken Khmer spricht. Unterwegs muss man nämlich zigmal abbiegen. Aus diesem Grund sollte man sich für ein *moto* entscheiden (hin und zurück 10 US$, inkl. eines Stopps in Prey Chung Kran; Fahrtzeit: 1 Std. pro Strecke). Auf dem Wasserweg beträgt die Distanz 20 km, auf dem Landweg beträgt sie beinahe das Doppelte.

ELEFANTENRITT – JA ODER NEIN?

Der Legende zufolge kamen beim Bau von Angkor Wat mehr als 1 Mio. Elefanten zum Einsatz. In Wirklichkeit lag die Zahl eher bei 6000, jedoch spielen Elefanten schon seit langem eine wichtige Rolle in der Geschichte Kambodschas. Sie waren quasi die Traktoren und Panzer, mit deren Hilfe die Gottkönige von Angkor ihre Macht über die Region ausüben konnten. Ursprünglich wurden diese Elefanten von den indigenen Gemeinschaften des Königreichs in der Wildnis eingefangen.

Dieser illustren Geschichte wurde durch kriegerische Konflikte ein jähes Ende gesetzt, als domestizierte Elefanten als „legitimes Kriegsziel" galten – entweder wurden sie getötet oder ihre Besitzer flohen in die Nachbarländer. Im heutigen Kambodscha gibt es nur noch sehr wenige Elefanten in Gefangenschaft – bei der letzten Zählung nur 79 – und ihre Zahl nimmt aufgrund von Überarbeitung und Alter weiter ab; die meisten werden in der Tourismusindustrie eingesetzt. Die größte Hoffnung für das Überleben dieser Art in Kambodscha liegt in der gesunden wilden Population mit mehr als 500 Tieren begründet, die in den verbliebenen Wäldern des Landes Schutz finden. In Gefangenschaft werden keine Elefanten mehr gezüchtet.

Die heutige Beziehung zwischen Elefanten und Tourismus ist komplex. Neuerdings sind mehr Elefanten damit beschäftigt, Touristen herumzuschaukeln als Holz oder Reis zu befördern. Ihre Wohlfahrt hängt also von den Einnahmen durch den Tourismus ab. Und einmal eingefangen, können die Elefanten nicht mehr ausgewildert werden. Jedoch sind Elefanten sehr intelligente Tiere und Tierschutzgruppen sind der Überzeugung, dass Elefantenritte der Gesundheit der Tiere schaden. Wer sich dennoch für einen Elefantenritt entscheidet, sollte sich den Elefanten und seine Arbeitsbedingungen genau anschauen:

➨ Sind die Rippen des Elefanten zu sehen? Wenn ja, dann ist dieser Elefant zu dünn und sollte Nahrung erhalten und ausruhen.

➨ Hat der Elefant offene Wunden oder Abszesse? Verletzte Elefanten sollten nicht arbeiten.

➨ Dem Elefanten sollte ein schattiges Plätzchen zum Ausruhen zur Verfügung stehen, mit klarem Wasser und Nahrung.

➨ Die Kette sollte lang genug sein, dass der Elefant ausreichende Bewegungsfreiheit hat – diese braucht er, damit er nicht dort koten muss, wo er frisst.

➨ Der Sitz auf dem Elefanten sollte aus leichtem Bambus (nicht schwerem Holz) bestehen und zwischen Sitz und Haut sollten dicke Polsterschichten sein.

➨ Die Stricke sollten mit einem Plastikschlauch geschützt sein, sonst scheuern sie die Haut auf.

➨ Elefanten sollten nur vier Stunden am Tag arbeiten und nicht mehr als zwei Erwachsene gleichzeitig tragen.

➨ Der Elefantenführer sollte nicht bei jedem Kommando den Elefantenhaken oder die Peitsche benutzen müssen.

Wenn es ein eindeutiges Problem mit dem Elefanten gibt, sollte man sich weigern, auf ihm zu reiten, und seine Bedenken höflich zum Ausdruck bringen.

Wer mehr über diese edlen Dickhäuter erfahren möchte, dem bietet sich in Mondulkiri anstatt eines Ritts die tierfreundliche Möglichkeit zu einem Spaziergang mit Elefanten (S. 329) – dabei erhält man einen tollen Einblick in ihr natürliches Verhalten. Näheres zum Thema Elefant und Tourismus gibt's auf www.earasia.org.

Zusammengestellt mit Unterstützung von Jack Highwood, Gründer des Elephant Valley Project

Prey Chung Kran ព្រៃចុងក្រាន

Kompong Cham ist berühmt für hochwertige Seide. Das winzige Dorf Prey Chung Kran erstreckt sich direkt am Flussufer und in nahezu jedem Gebäude steht ein Web-stuhl. Emsig werkeln die Einheimischen im Schatten ihrer Stelzenhäuser und stellen moderne sowie traditionelle *kramas* her. Besonders interessant ist das Färben; dabei werden nämlich die charakteristischen Karo- und Punktmuster herausgearbeitet.

Prey Chung Kran liegt 4 km vom Wat Maha Leap entfernt. An der Straße zwischen dem Wat und Prey Chung Kran findet man weitere Weberwerkstätten.

Wat Hanchey វត្តភ្នំហាន់ជ័យ

Die Hügelpagode Wat Hanchey war während der Chenla-Periode ein wichtiges religiöses Zentrum und eventuell auch ein bedeutender Verkehrsknotenpunkt für Reisende auf dem Weg zwischen den alten Städten Thala Boravit (bei Stung Treng im Norden) und Angkor Borei (bei Takeo im Süden). Hier oben kann man einen der schönsten Ausblicke auf den Mekong genießen.

Vor der großen modernen Klosteranlage befindet sich ein auffälliges, im 8. Jh. errichtetes Heiligtum aus Ziegelsteinen. Die gut erhaltenen Inschriften am Tor sind auf Sanskrit. Durch ein Loch im Dach fällt Licht ins Innere. Auf dem Gelände können neben Fundamenten weiterer Bauten aus dem 8. Jh. – manche wurden von US-amerikanischen Bomben zerstört – auch einige eigentümliche Obst- und Tierstatuen besichtigt werden.

Mit einem Motorrad geht die Fahrt von Kompong Cham hier heraus flott: rund 30 Minuten. Man kann aber auch einen wunderbaren halben Tag damit verbummeln, durch die pittoresken Dörfer am Fluss zum Tempel hin und wieder zurück zu radeln.

Kautschukplantagen ចំការកៅស៊ូ

Kompong Cham war das Zentrum der kambodschanischen Kautschukindustrie und es gibt nach wie vor zahlreiche Kautschukplantagen in der Provinz. Viele sind mittlerweile wieder in Betrieb und die größten Pflanzungen können auch besichtigt werden. Mit einem Schaber reiben die Arbeiter die Stämme auf, bis der Pflanzensaft hinaustropft; er wird in Kokosnusshälften aufgefangen, die auf dem Boden ausliegen. Auf der Chup-Kautschukplantage 15 km östlich von Kompong Cham kann man die Ernte live miterleben und die **Fabrik** (រោងចក្រ; Eintritt 1 US$) besichtigen, wo der Gummisaft verarbeitet wird.

PROVINZ KRATIE

Durch die schöne Provinz Kratie (ខេត្តក្រចេះ) windet sich der Mekong und liefert die Lebensgrundlage für einen Großteil der Bewohner. Abseits des Flusses erstrecken sich abgeschiedene Landstriche, in denen kaum Ortsfremde auftauchen. Viele Besucher kommen wegen der seltenen Irawadi-Delfine in die Region. Die possierlichen Tiere können 15 km nördlich der hübschen Provinzhauptstadt – eine hervorragende Basis für Ausflüge ins Umland – in Kampi gesichtet werden.

Kratie ក្រចេះ

☎ 072 / 44 000 EW.

Die entzückende, am Fluss gelegene Stadt Kratie (*kra-tscheh* ausgesprochen) erfreut sich einer langen Uferpromenade und umwerfender Sonnenuntergänge über dem Mekong. Kratie ist der beliebteste Ort in Kambodscha zum Beobachten der Irawadi-Delfine (S. 307). Ihre Zahl nimmt zwar immer weiter ab, doch noch tummeln sie sich im Wasser des Mekongs. Zudem erblickt man an fast jeder Ecke Gebäude aus der französischen Kolonialzeit, denn Kratie blieb vom Bombenhagel erspart, der das architektonische Erbe so vieler anderer Städte in Kambodscha zerstört hat.

Als Verkehrsknotenpunkt bietet sich Kratie für einen Zwischenstopp auf der Überlandreise zwischen Phnom Penh und Champasak in Südlaos an.

⊙ Sehenswertes & Aktivitäten

Kraties Hauptattraktion besteht in der Chance, einen Blick auf die seltenen Irawadi-Delfine zu werfen. Wunderbar ist aber auch eine Radtour durchs nahe gelegene Koh Trong (S. 309) oder an Ufern des Mekongs entlang.

Wat Roka Kandal BUDDHISTISCHER TEMPEL (វត្តរោកកណ្ដាល; Eintritt 2000 R) Der wunderschöne kleine Tempel etwa 2 km südlich von Kratie an der Straße nach Chhlong entstand im 19. Jh. und ist damit einer der ältesten Tempel in der Region. Wer das liebevoll restaurierte Innere des Bauwerks sehen möchte, muss vor Ort jemandem ausfindig machen, der den Schlüssel hat. Er darf zwar nicht betreten werden, doch das schattige Gelände in der Nachbarschaft malerischer traditioneller Holzhäuser lohnt unbedingt einen Besuch.

Sorya Kayaking Adventures KAJAKFAHREN (☎ 090 241148; www.soryakayaking.com; Rue Preah Suramarit) Das Unternehmen besitzt eine Flotte von acht Kajaks und veranstaltet Halbtags- und mehrtägige Ausflüge (mit Unterbringung in Privatunterkünften) auf

Kratie

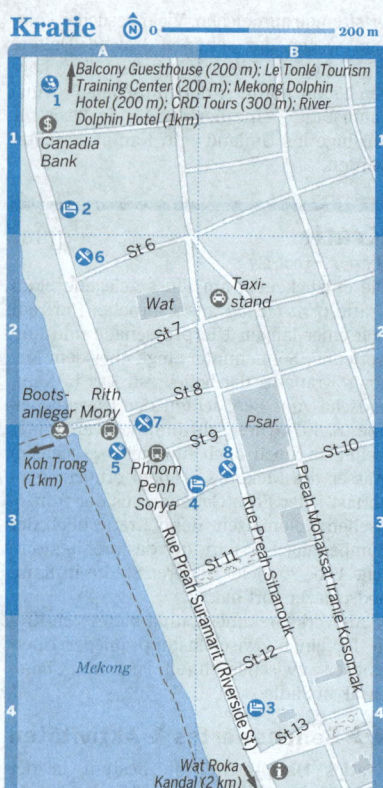

N 0 —————————— 200 m

Balcony Guesthouse (200 m); Le Tonlé Tourism Training Center (200 m); Mekong Dolphin Hotel (200 m); CRD Tours (300 m); River Dolphin Hotel (1km)

Canadia Bank

St 6

Wat

Taxi-stand

St 7

Boots-anleger

Rith Mony

St 8

Koh Trong (1 km)

Psar

St 9

St 10

Phnom Penh Sorya

Preah Mohaksat Iranie Kosomak

Rue Preah Sihanouk

St 11

Rue Preah Suramarit (Riverside St)

St 12

Mekong

St 13

Wat Roka Kandal (2 km)

auf der Mekong-Insel **Koh Pdao**, 20 km nördlich von Kampi. Der Preis liegt bei 38 bis 60 US$ pro Tag, VP und Ausflüge inkl. Auch Touren und Privatunterkünfte in **Koh Preah** (bei Stung Treng) und **Koh Trong** können arrangiert werden. Ein weiteres Angebot sind Mountainbiketouren von Kratie nach Koh Pdao.

Außerdem organisiert CRDT Bootstrips von Stung Treng nach Kratie mit Unterkunft in abgelegenen Flussdörfern am Weg (je nach Teilnehmerzahl 130 bis 300 US$ pro Pers.).

Cambodian Pride Tours　　　　　　TOUR
(☎ 088 836 4758; www.cambodianpridetours.com) Die Touren in der Region werden von dem erfahrenen, in Kratie geborenen Sithy geleitet, der sich mit Leib und Seele der Vermittlung von lebensnahen Reiseerlebnissen verschrieben hat: So kann man z. B. Familienmitglieder von ihm besuchen oder etwas über landwirtschaftliche Anbaumethoden erfahren.

Schlafen

Wer an einem noch unaufgeregteren Ort als Kratie unterkommen möchte, kann auch direkt auf der Insel Koh Trong (S. 309) nächtigen, wo Privatunterkünfte und zwei Mittelklasse-Gästehäuser auf Besucher warten.

Silver Dolphin Guesthouse　　HOSTEL $
(☎ 012 999810; silver.dolphinbooking@yahoo.com; 48 Rue Preah Suramarit; B 4 US$, Zi. 4–14 US$; ❉@☞) Dieses Hostel ist ein echtes Schnäppchen. Der Dorm ist groß, mit hoher Decke, und selbst die billigsten Doppelzimmer haben TV, Bad und ein paar Möbel. Oben gibt's ein beliebtes Bar-Restaurant mit einem Balkon zum Fluss hin. Eigentümer Pech spricht sehr gut Englisch und Französisch.

dem Mekong nördlich von Kratie oder südlich auf dem Te River – eine ausgezeichnete Möglichkeit, nahe an Delfine heranzukommen. Weitere Highlights sind ein Unterwasserwäldchen nördlich von Kampi, schwimmende vietnamesische Dörfer und ein Sunsettrip um Koh Trong herum. Auf dem Gelände gibt es ein kleines Café, außerdem wird gewebtes Kunsthandwerk von gesellschaftlich benachteiligten Witwen verkauft.

Geführte Touren

CRD Tours　　　　　　　　　　TOUR
(☎ 099 834353; www.crdtours.org; St 3; ◷8–12 & 14–17.30 Uhr) ✐ Dieses Unternehmen unter dem Dachverband des Cambodian Rural Development Team konzentriert sich schwerpunktmäßig auf nachhaltige Touren am Mekong Discovery Trail (S. 311). Es vermittelt Privatunterkünfte, ehrenamtliche Tätigkeiten und verschiedene Exkursionen

Le Tonlé Tourism Training Center
GÄSTEHAUS **$**

(☎072-210505; www.letonle.org; St 3; Zi. 10–20 US$; ❄🕭) 🏵 Nach dem Erfolg seines langjährigen Le-Tonlé-Projekts (S. 311) in Stung Treng hat das CRDT ein geringfügig nobleres Haus in Kratie eröffnet. In dem inzwischen erweiterten Hotel gibt's in einem reizenden Holzhaus neun attraktive, rustikale Zimmer und köstliches, von sozial benachteiligten Auszubildenden zubereitetes Essen. Manche Zimmer haben ein eigenes Bad, andere nicht.

U-Hong II Guesthouse
GÄSTEHAUS **$**

(☎085 885168; 119 St 10; Zi. 4–13 US$; ❄@🕭) Das lebhafte kleine Gästehaus (Schuhe aus!) zwischen Markt und Flussufer besitzt acht Zimmer sowie noch elf weitere in einem Gebäude ganz in der Nähe, einige davon mit Klimaanlage. Zum Haus gehört ein munteres Bar-Restaurant mit der umfangreichsten Cocktailkarte der Stadt.

Balcony Guesthouse
GÄSTEHAUS **$**

(☎016 604036; www.balconyguesthouse.net; Rue Preah Suramarit; Zi. 5–20 US$; ❄@🕭) Die alteingesessene Backpacker-Bleibe zog zur Zeit der Recherche gerade am Flussufer Richtung Norden. Sie wird aber höchstwahrscheinlich weiterhin geschmackvolle Zimmer und abends eine beliebte kleine Bar bieten.

Mekong Dolphin Hotel
HOTEL **$$**

(☎072-666 6666; www.mekongdolphinhotel.com; Rue Preah Suramarit; Zi. 20–50 US$; ❄🕭) Das schickste Hotel der Stadt mit Zimmern mit Flussblick für 35 US$ und Suiten für 50 US$ thront majestätisch am Flussufer. Zu den Einrichtungen der Zimmer gehören Tresor und Föhn. Das Hotel verfügt sogar über einen kleinen Fitnessraum und eine Sauna – falls es in Kratie noch nicht heiß genug sein sollte.

River Dophin Hotel
HOTEL **$$**

(☎072-210570; www.riverdolphinhotel.com; Zi. 35–55 US$; ❄@🕭🏊) Das etwas landeinwärts abseits des Trubels am Fluss gestrandete Hotel ist dank Komfort und Service und einem der wenigen Swimmingpools der Stadt dennoch eine zurecht beliebte Wahl. Frühstück kostet 5 US$. Tagesgäste können den Pool für 3 US$ am Tag benutzen.

Le Bungalow
BOUTIQUEHOTEL **$$**

(☎012 660902; www.rajabori-kratie.com; Rue Preah Suramarit; Zi. ohne/mit Bad 31/65 US$; ❄@🕭) Die Unterkunft im Stil einer schicken Privatpension umfasst drei Zimmer in einem traditionellen Holzhaus mit Sino-Khmer-Einrichtung aus der Kolonialzeit. Zwei Zimmer präsentieren sich geräumig mit modernen Bädern, das dritte Zimmer eignet sich eher für Kinder, die mit ihren Eltern unterwegs sind, das Bad ist draußen.

DELFINBEOBACHTUNG RUND UM KRATIE

Irawadi-Delfine (*trey pisaut* auf Khmer) zählen zu den bedrohten Tierarten Asiens. Schwindende Populationen sind in Mekong-Abschnitten Kambodschas und Laos' sowie in Teilen von Bangladesch und Myanmar zu finden. Die dunkelblau bis grau gefärbten Flussdelfine werden bis 2,75 m lang und sind an ihrer wulstigen Stirn und den kleinen Rückenflossen zu erkennen. Sie können sowohl in Süß- als auch Salzwasser leben, halten sich allerdings nur selten im Meer auf.

Vor dem Bürgerkrieg gab es laut den Einheimischen noch ungefähr 1000 Irawadi-Delfine in Kambodscha. Als Pol Pot an die Macht kam, jagte man sie jedoch wegen ihres kostbaren Fetts. Trotz einschneidender Schutzmaßnahmen (für den Mekong-Abschnitt zwischen Kratie und Stung Treng wurde ein fast vollständiges Fisch- und Fahrverbot für kommerzielle Motorboote verhängt) sinkt ihre Zahl immer weiter. Die Prognosen sind besorgniserregend: Experten schätzen, dass den Mekong zwischen Kratie und der laotischen Grenze derzeit weniger als 85 Vertreter dieser Spezies bevölkern.

Wer einen der Delfine sehen möchte, muss sich nach Kampi, 15 km nördlich von Kratie an der Straße nach Sambor, aufmachen. Eine *moto-/remork-*Fahrt kostet ungefähr 7/10 US$ (Hin- & Rückfahrt), je nachdem, wie lange der Fahrer warten muss. Mit Motorbooten werden Besucher auf den Fluss hinausgefahren, um die Säuger aus der Nähe beobachten zu können. Bei ein bis zwei Passagieren muss man mit 9 US$ pro Person rechnen und bei einer Gruppe von drei bis vier Personen zahlt man 7 US$ pro Nase. Am besten hält man den Bootsführer dazu an, den Motor so selten wie möglich anzuschmeißen, sobald man in der Nähe der lärmempfindlichen Tiere ist. Die Delfine können auch unweit der laotischen Grenze in der Provinz Stung Treng (S. 310) gesichtet werden.

🍴 Essen

In Kratie lohnt es sich, Ausschau nach zwei lokaltypischen Spezialitäten zu halten, die am Fluss und anderswo verkauft werden: *krolan* (Klebreis, Bohnen und Kokosmilch, die in einem Bambusrohr gegart werden) und *nehm* (in Bananenblätter gewickelter, scharf gewürzter roher Fisch). Abends verwandelt sich das südliche Ende des *psar* (Markt) in ein Paradies für Liebhaber gegrillter Fleischspieße. Besonders erwähnenswerte Restaurants sind das im Balcony Guesthouse sowie das noblere **Le Bungalow** (Rue Preah Suramarit; Hauptgerichte 4–16 US$).

Red Sun Falling   INTERNATIONAL $
(Rue Preah Suramarit; Hauptgerichte 2–4 US$; ⏱7–21 Uhr; 🐾) Das alteingesessene Red Sun ist eine der beliebtesten Anlaufstellen der Stadt, mit entspannter Café-Atmosphäre, erstklassiger Flusslage, Verkauf von Second-Hand-Büchern und einer guten Auswahl an asiatischen und westlichen Gerichten.

Tokae Restaurant   KAMBODSCHANISCH $
(St 10; Hauptgerichte 2–4 US$; ⏱6–23 Uhr; 🐾) Wer Kambodschas größten *tokae* (Gecko) an der Wand entdeckt hat, hat dieses ausgezeichnete kleine Esslokal gefunden. Auf der Karte steht ein guter Mix aus günstiger kambodschanischer Kost wie Currys und *amok* (ein Gericht mit gebackenem Fisch) sowie gleichermaßen erschwinglichem westlichem Frühstück und Trostessen.

Jasmine Boat Restaurant   INTERNATIONAL $$
(Rue Preah Suramarit; Mahlzeiten 1,50–22 US$; 🐾) Das bootförmige Restaurant in bester Lage am Mekong ist das einzige der Stadt am Fluss. Es wartet mit einer Mischung aus erschwinglichen Khmer-Spezialitäten und teuren internationalen Fleischgerichten auf und eignet sich zu jeder Tageszeit toll für einen Kaffee oder ein Bier.

ℹ️ Praktische Informationen

In jedem der empfohlenen Gästehäuser ist man gut auf die Bedürfnisse von Reisenden eingestellt. Öffentlichen Internetzugang bieten die Gästehäuser U-Hong II und Silver Dolphin.
Canadia Bank (Rue Preah Suramarit; ⏱Mo–Fr 8.30–15.30 Uhr, Geldautomat 24 Std.) Geld abheben am Geldautomaten sowie Geldwechsel.

ℹ️ An- & Weiterreise

Kratie liegt 250 km nordöstlich von Phnom Penh (über Chhlong) und 141 km südlich von Stung Treng.

WEITERREISE NACH VIETNAM: VON KRATIE NACH BINH LONG

Bis zur Grenze Der Grenzübergang (⏱7–17 Uhr) Trapeang Sre–Loc Ninh empfiehlt sich für alle, die von Kratie oder weiter nördlich gelegenen Orten so schnell wie möglich nach Vietnam gelangen wollen. Zuerst geht es von Sen Monorom, Kratie oder Kompong Cham mit dem Bus, Sammeltaxi oder Minibus zum verrufenen Verkehrsknotenpunkt Snuol. In Snuol nimmt man ein *moto* (5 US$) für die 18 km lange Fahrt nach Südosten auf dem gut ausgebauten NH74.

An der Grenze Wie üblich ist für die Einreise nach Vietnam ein zuvor eingeholtes Visum erforderlich und für die Einreise nach Kambodscha ein an der Grenze ausgestelltes, das 20 US$ kostet.

Weiterreise Die am nächsten gelegene Stadt auf vietnamesischer Seite ist das 40 km südlich gelegene Binh Long. Motorräder warten hinter dem Schlagbaum.

Phnom Penh Sorya (📞 081 908005) hat 3-mal tgl. auf der langsamen Strecke (via Snuol) einen Bus nach Phnom Penh (8 US$, 8 Std.) im Einsatz; der Sorya-Bus aus Laos kommt gegen 15.30 Uhr durch und fährt auf der sehr viel kürzeren Chhlong-Route (US$8, 6 Std.) weiter nach Phnom Penh. Wer einen Sorya-Bus nach Siem Reap nimmt, muss in Suong umsteigen.

In die andere Richtung sammelt der Sorya-Bus von Phnom Penh nach Pakse in Laos (16 US$, 8 Std.) via Stung Treng Passagiere in Kratie gegen 11.30 Uhr ein. Sorya hat auch einen 13-Uhr-Bus nach Ban Lung (8 US$, 5 Std.) und einen 15-Uhr-Bus nach Stung Treng (5 US$, 3 Std.).
Rith Mony (📞 012 818737) betreibt einen Bus nach Ban Lung (8 US$, 11.30 Uhr).

Nach Phnom Penh geht es am schnellsten mit einem Express-Van (7 US$, 4 Std., ca. 6 pro Tag), der die Fahrgäste vom Gästehaus abholt und normalerweise auch Transfer nach Sihanoukville anbietet. Es gibt auch einen Express-Van nach Siem Reap (13 US$, 6 Std., 7.30 Uhr). Sammeltaxis (10 US$) nach Phnom Penh fahren zwischen 6 und 8 Uhr ab, manchmal auch noch nach dem Mittagessen.

Nach Sen Monorom nimmt man am **Taxistand** einen Minibus (30 000 R, 4 Std., 2 oder 3 frühmorgendliche Abfahrten) oder fährt nach Snuol und steigt dort um. Minibusse fahren auch nach Ban Lung, die meisten zwischen 11 und 14 Uhr.

ℹ Unterwegs vor Ort

In den meisten Gästehäusern werden Fahrräder (ab 1 US$) und Motorräder (ab 5 US$) vermietet. Für einen englischsprachigen *motodup* muss man je nach Ziel 10 bis 15 US$ am Tag einkalkulieren, für ein *remork* rund 20 bis 25 US$.

Rund um Kratie

Phnom Sombok ភ្នំស្បុកហ៊ានជ័យ

Auf diesem kleinen Hügel an der Straße, die von Kratie nach Kampi führt, befindet sich ein Wat mit einer aktiven Gemeinde. Hier genießt man einen herrlichen Blick auf den Mekong. Ein Besuch der Klosteranlage kann für ein paar Dollar extra gut mit einer Delfintour kombiniert werden.

Sambor សំប្ប័រ

Sambor war zwar der Standort einer blühenden Stadt aus der Zeit des Sambor Prei Kuk und des Chenla-Imperiums, doch heute sieht man nichts mehr davon. Der Ort beherbergt Kambodschas größte Klosteranlage, den **Wat Sorsor Moi Roi** (Tempel der 100 Säulen; eigentlich sind es 108). Sie entstand da, wo sich im 19. Jh. ein Holztempel befunden hatte; ein paar der alten Pfeiler können im hinteren Teil des Geländes besichtigt werden. Für die Bewohner der Provinz ist dies eine eher unbedeutende Pilgerstätte.

Auf dem Tempelgelände befindet sich das **Mekong Turtle Conservation Centre** (☏012 712071; www.mekongturtle.com; Erw./Kind 4/2 US$; ⏲ 8.30–16.30 Uhr). Es wurde von Conservation International (www.conservation.org) eingerichtet und schützt verschiedene Schildkrötenarten, darunter die seltene Cantors Riesenweichschildkröte, die erst 2007 hier in der Gegend am Mekong wiederentdeckt wurde. Sie ist eine der größten Süßwasserschildkröten und kann bis zu 2 m lang werden. Die Jungen werden hier zehn Monate lang aufgezogen, bevor sie in die Wildnis entlassen werden. Innerhalb bestimmter Wochen, gewöhnlich im September und Mai/Juni, können Touristen beim Aussetzen behilflich sein. Die genauen Daten stehen auf der Website.

Um nach Sambor zu gelangen, folgt man der Straße nach Kampi Richtung Norden bis Sandan. Dann biegt man links ab auf eine einigermaßen annehmbare Straße und erreicht nach weiteren 10 km Sambor. Insgesamt sind 35 km zu bewältigen.

KOH TRONG, EINE INSEL IM MEKONG

Direkt vor der Stadt erstreckt sich die Insel Koh Trong (កោះត្រុង), eine gewaltige, 6 km lange Sandbank mitten im Fluss. Wer sich mit dem Boot hierher übersetzen lässt, kommt in den Genuss des ländlichen Insellebens. Zu den Sehenswürdigkeiten auf Koh Trong zählen ein alter Stupa und ein kleines schwimmendes Dorf. Eventuell erspäht man hier auch eine der seltenen Mekong-Schlammschildkröten, die am Westufer leben.

Auf der Insel gibt es zwei Privatunterkünfte. Am besten ist das **Koh Trong Community Homestay I** (Matratze 4 US$ pro Pers., Zi. 8 US$) in einem alten Holzhaus mit zwei ordentlichen Schlafzimmern mit Bädern mit Sitz- statt Hockklos. Die Unterkunft befindet sich etwa 2 km nördlich des Fähranlegers in der Nähe von Rajabori Villas. Anfahrt mit dem Fahrrad, *moto* (1 US$) oder Ochsenwagen. **Rajabori Villas** (☏012 770150; www.rajabori-kratie.com; Zi. mit Frühstück 60–200 US$; ⛱) ist eine schöne Lodge mit Swimmingpool und Bungalows – eine bessere Unterkunft findet sich in der gesamten Region Kratie nicht. Sie liegt an der nördlichen Inselspitze; ein privates Boot von Kratie kostet 4/5 US$ Tag/Nacht. Mehr oder weniger nebenan befindet sich das etwas rustikalere **Arun Mekong** (☏017 663014; www.arunmekong.wordpress.com; Zi. 22–27 US$, Bungalows 33 US$) mit einer ansprechenden Mischung geschmackvoll eingerichteter Zimmer und Bungalows. Strom gibt's hier nur von 18 bis 23 Uhr.

Das kleine **Boot** (mit/ohne Fahrrad 2000/1000 R) zur Insel legt am Hafen von Kratie ab. Auf der Insel werden in der Nähe der Anlegestelle Räder vermietet (1 US$). Man kann sich auch rund um die Insel auf einem *moto* (2,50 US$) kutschieren lassen, das von einem weiblichen *motodup* (Fahrerin) gesteuert wird – eine Seltenheit in Kambodscha.

Chhlong ឆ្លូង

Chhlong ist ein verträumtes Flussstädtchen, 31 km südlich von Kratie. Als sein Highlight gilt die ehemalige Gouverneursresidenz, ein wunderschöner gelb und weiß gestrichener Kolonialbau nahe dem Fluss. Früher diente es als todschickes Boutiquehotel, doch jetzt ist es verrammelt und dem Verfall preisgegeben. Architekturfans interessieren sich vielleicht auch für das Haus der 100 Säulen (erbaut 1884) etwa 500 m nördlich des Le Relais. Dem Besitzer zufolge haben die Roten Khmer viele der Pfeiler entwendet, sodass heute nur noch 56 zu sehen sind. Den Fluss säumen noch ein paar weitere vernachlässigte französische Kolonialgebäude.

Wer mit eigenem Fahrzeug unterwegs ist, könnte einen Zwischenstopp in Chhlong einlegen, extra von Kratie aus dorthin zu fahren lohnt sich aber nicht. Ambitionierte Radler können der alten Uferstraße zwischen Kratie und Chhlong folgen; unterwegs liegen einige traditionelle Cham-Dörfer.

PROVINZ STUNG TRENG

Die Provinz Stung Treng (ខេត្តស្ទឹងត្រែង) bildet eine Art Übergangszone zwischen den beliebten Provinzen Ratanakiri und Kratie. Die neue Fernstraße Richtung Westen nach Preah Vihear (Stadt) umfasst auch eine neue Mekongbrücke in der Stadt Stung Treng. Auf der Fahrt von Champasak in Südlaos nach Siem Reap (einer der absoluten Kultstrecken auf dem südostasiatischen Backpackertrail) spart man sich nun rund vier Stunden Fahrzeit. Für Stung Treng bedeutet dies leider, dass man nun noch schneller an der Stadt vorbeifahren kann.

Die mit zumeist ungenutztem Tourismuspotenzial ausgerüstete Provinz Stung Treng könnte aus dem zunehmenden Reiseaufkommen eine Menge Profit schlagen – wenn die Reisenden denn hier eine Pause einlegen würden. Die Hauptattraktionen befinden sich nahe der Grenze zu Laos. Dort kann man zu Irawadi-Delfinen hinaus paddeln und dann das Kanu auf einem schönen Mekongabschnitt mit überflutetem Wald flussabwärts steuern. Weiter nördlich bieten die donnernden Wasserfälle an der Grenze zu Laos ein überwältigendes Schauspiel – eine Fortsetzung der gewaltigen Khone-Fälle. Und weiter östlich können genügsame Traveller vom weltabgeschiedenen Siem Pang aus in den Virachey-Nationalpark vorstoßen.

Stung Treng ស្ទឹងត្រែង

📞 074 / 35 000 EW.

Stung Treng liegt am Tonlé San nahe von dessen Zusammenfluss mit dem Mekong. Der ruhige Ort hat nicht viel zu bieten, jedoch kommt hier viel Transitverkehr durch: Richtung Norden nach Laos, Richtung Süden nach Kratie, Richtung Osten nach Ratanakiri und Richtung Westen nach Siem Reap. Manche Einheimischen nennen den Tonlé San auch Tonlé Kong, da er 10 km östlich der Stadt mit dem Tonlé Kong (in Laos als der Sekong bekannt) zusammenfließt. Unmittelbar nördlich der Stadt führt eine mächtige Brücke über den San nach Laos.

◉ Sehenswertes & Aktivitäten

Als Tagesausflüge von Stung Treng bieten sich Delfinbeobachtungs- und Kajaktrips in der Nähe der laotischen Grenze an.

Thala Boravit TEMPEL
(ថាឡាបរិវ័ត) Dieser im Zerfall begriffene Tempel steht auf der anderen Seite der

Stung Treng Ⓝ 0 ———— 200 m

Tonlé San

Rany Neh Internet (350 m);
Touristeninformation (2 km);
Tonlé-San-Brücke (2,5 km);
Mekong Blue (3,7 km)

Le Tonlé Tourism Training Centre (500 m)

Xplore-Asia

Psar · Canadia Bank

➕ Krankenhaus

Phnom Penh Sorya

Mekong-Brücke (6 km)

Stung Treng

🛏 Schlafen
1 Golden River Hotel B1
2 Riverside Guesthouse B1

🍴 Essen
3 Dara Canteen B1
4 Ponika's Palace B1

ℹ Praktisches
Riverside Guesthouse .... (siehe 2)

DER MEKONG DISCOVERY TRAIL

Eine lohnende Sache ist es, ein paar Tage für die Erforschung der verschiedenen Radausflüge und Aktivitäten einzuplanen, die der **Mekong Discovery Trail** (www.mekong discoverytrail.com) bereithält. Diese Initiative hat sich zum Ziel gesetzt, Abschnitte des Mekongs in der Umgebung von Stung Treng und Kratie für nachhaltigen Tourismus zu erschließen, dessen Erlös direkt der Bevölkerung zugutekommt. Früher stand es unter Regierungsverwaltung und funktionierte mithilfe ausländischer Entwicklungshilfe. Inzwischen halten private Tourunternehmen das Projekt über Wasser, insbesondere Xplore-Asia (S. 313) in Stung Treng und CRD Tours (S. 306) in Kratie.

Die Initiative verdient unbedingt jegliche Unterstützung, denn sie soll den Fischergemeinden ihr Einkommen sichern, damit sie Irawadi-Delfine und andere seltene Tierarten schützen können, die an diesem Flussabschnitt leben.

Es existiert eine tolle Broschüre mit Streckenbeschreibungen und Karten, auf denen Ausflüge in der Umgebung von Kratie und Stung Treng beschrieben sind, doch ist es schier unmöglich, an ein eigenes Exemplar zu kommen. Am besten fragt man bei einem Reiseveranstalter nach, ob man dessen hauseigenen Broschüre fotokopieren darf. Die Routen lassen sich per Fahrrad oder Motorrad zurücklegen und dauern von einigen Stunden bis zu mehreren Tagen; wer mag, kann in Dorf-Privatquartieren übernachten. Unterwegs geht es oft per Fähre über den Mekong und der Weg führt über mehrere Mekong-Inseln, einschließlich Koh Trong (S. 309).

---

neuen Mekongbrücke am jenseitigen Flussufer. Für den Durchschnittsreisenden lohnt sich ein Besuch kaum, aber absolute Tempelfans werden eventuell das Bedürfnis verspüren, ein Häkchen hinter den Namen Thala Boravit machen zu können. Thala Boravit war während der Chenla-Periode eine bedeutende Handelsstadt an der Wasserstraße zwischen Champasak und dem heiligen Tempel Wat Phu einerseits und den alten Städten Sambor Prei Kuk (Isanapura) und Angkor Borei andererseits. Zeugnisse dieser glorreichen Zeiten sind jedoch kaum noch vorhanden.

Mekong Blue　　　　　　　　　SEIDE
(ម្ដេកុងប្ល៊ូ; ☎ 012 622096; www.mekongblue. com; ⏰ Mo–Sa 7.30–11.30 & 14–17 Uhr) 🛇 Mekong Blue ist ein Seidenweberzentrum am Rande von Stung Treng und gehört zum Stung Treng Women's Development Centre. Hier werden hochwertige Produkte für den Verkauf und Export hergestellt. Besucher erleben die Färber und Weber, die meistens aus verarmten Familien stammen, in Aktion. Das Zentrum befindet sich 4 km östlich der Stadt an der Uferstraße, die unter der Brücke hindurchführt. In dem kleinen Verkaufsraum werden verschiedene Seidenartikel angeboten, außerdem gibt's dort ein Café – allerdings werden hier nur kalte Getränke angeboten; Mahlzeiten müssen vorbestellt werden.

🛏 Schlafen

**Le Tonlé Tourism
Training Centre**　　　　　　GÄSTEHAUS $
(☎ 074-973 638; www.letonle.org; EZ 6–10 US$, DZ 8–12 US$; 🕸) 500 m westlich des Hafens besetzt die kleine Pension ein schattiges Fleckchen am Fluss. Sie dient gleichzeitig als Ausbildungszentrum für sozial benachteiligte Einheimische, die hier alles über die Tourismusbranche lernen. Die vier Zimmer sind einfach, aber geschmackvoll eingerichtet und teilen sich ein makelloses Bad und einen gemütlichen Balkon, für den man sich köstliches Essen vorbestellen kann.

Riverside Guesthouse　　　GÄSTEHAUS $
(☎ 012 257257; kimtysou@gmail.com; Zi. 5–8 US$; ⏏) Das Riverside am Fluss ist schon seit geraumer Zeit ein beliebter Travellertreff. Die Zimmer sind einfach, dafür sind aber auch die Preise niedrig. Gut für Reiseinfos und unten gibt's eine beliebte Kneipe mit Restaurant.

Mekong Bird Lodge　　　　BUNGALOW $
(☎ 012 796699; www.mekongbirdeco-lodge.com; EZ/DZ/3BZ 13/15/18 US$) Diese selbsternannte Ökolodge thront 4 km nördlich der Stadt auf einer beschaulichen Klippe über dem Mekong. Sie verfügt über einen üppigen tropischen Garten und ist extrem rustikal. Die soliden Holzbungalows sind geräumig und haben einen Balkon mit Blick auf den Sonnenuntergang, nur leider fehlt außer Betten

jegliches Mobiliar. Man sollte sich unbedingt ein Moskitonetz geben lassen. Anfahrt: 4 km nördlich der Tonlé-San-Brücke am Schild links abbiegen, dann sind es noch 1,5 km.

Golden River Hotel   HOTEL $$

(☎074-690 0029; www.goldenriverhotel.com; Zi. 15–35 US$; ❂@♠) Das Golden River ist immer noch der beste Allrounder der Stadt, mit 50 gut eingerichteten Zimmern mit Bad (und warmem Wasser), Kühlschrank und Fernseher. Die Zimmer nach vorn raus mit Ausblick kosten ein paar Dollar mehr.

 Essen

An der Flusspromenade westlich der Anlegestelle bringen ein paar Straßenverkäufer bis spätabends kaltes Bier und Nudelsuppe an den Mann.

Ponika's Palace   INTERNATIONAL $

(Hauptgerichte 2–5 US$; ☺6–22 Uhr) Wen es nach westlicher Küche gelüstet, dem sollte dieser Laden genug Auswahl bieten. Auf der Speisekarte stehen Burger, Pizza und englisches Frühstück. Außerdem gibt's indisches Essen und hervorragende Khmer-Currys sowie gegen den Durst kühles Bier. Die leutselige Betreiberin Ponika spricht auch Englisch.

Dara Canteen   INTERNATIONAL $

(Hauptgerichte 2–5 US$; ☺7–21 Uhr) Frankophone Reisende werden sich hier besonders wohl fühlen, denn es erwartet sie neben gesunden Baguettes und preiswertem Filet Mignon (5 US$) auch ein Französisch sprechender Eigentümer.

WEITERREISE NACH LAOS: VON STUNG TRENG NACH DON DET

Bis zur Grenze Der abgelegene Grenzübergang (☺6–18 Uhr) Trapeang Kriel–Nong Nok Khiene, 60 km nördlich von Stung Treng, wird gern von Indochina-Rundreisenden benutzt. Viele Jahre lang gab es hier einen separaten Flussübergang, aber das gehört nun der Vergangenheit an. In Zusammenarbeit mit dem in Pakse ansässigen laotischen Unternehmen Sengchalean betreibt Phnom Penh Sorya Transport Busse, die von Phnom Penh direkt bis zum 2 km außerhalb gelegenen Busbahnhof von Pakse (27 US$, 12–14 Std.) fahren. Dieser Bus verlässt Phnom Penh um 6.45 Uhr und lässt Passagiere bei Anmeldung auch in Kompong Cham (gegen 9.30 Uhr), Kratie (gegen 11.30 Uhr) oder Stung Treng (gegen 15 Uhr) einsteigen. Abfahrt in die andere Richtung in Pakse um 7.30 Uhr. Zudem gibt's die Möglichkeit, von Siem Reap nach Laos zu fahren, allerdings mit Umsteigen in Soung. Die einzige andere Möglichkeit, zur Grenze zu kommen, bieten ein privates Taxi (35–40 US$) oder *moto* (ca. 15 US$) von Stung Treng.

An der Grenze Sowohl das Visum für Laos als auch für Kambodscha ist an der Grenze erhältlich. Bei der Einreise nach Laos werden je nach Nationalität 35 bis 42 US$ für ein Visum fällig, außerdem bei der Ein- sowie Ausreise eine Gebühr in Höhe von 2 US$: je nach Tageszeit als „Feierabendzuschlag" (*overtime fee*) oder „Bearbeitungsgebühr" (*processing fee*) deklariert.

Bei der Einreise nach Kambodscha werden statt der üblichen 20 US$ für ein Visum einfach 25 US$ verlangt. Die restlichen 5 US$ gehen nämlich in die Teekasse (*tea money*) – als Entschädigung dafür, dass der arme Grenzer an einem so gottverlassenen Posten arbeiten muss. Überdies verlangen die Kambodschaner 1 US$ für eine flüchtige medizinische Untersuchung bei der Ankunft im Land; die dafür notwendige Bearbeitungsgebühr schlägt bei Verlassen des Landes mit 2 US$ zu Buche. Wer sich gegen diese Sondergebühren wehrt, kann sie vielleicht umgehen. Allzu lang darf der Protest aber nicht dauern, sonst fährt der Bus ohne den Widerspenstigen ab. Die Busfirmen wollen natürlich auch ein Stück vom Kuchen und bieten für 1 bis 2 US$ extra die Erledigung der Grenzformalitäten bei den Grenzsoldaten an. Wer diese Gebühr umgehen möchte, besteht darauf, seine Papiere selbst zum Abstempeln zu bringen, und geht allein durch die Einreisekontrolle.

Weiterreise Vom Sorya-Bus abgesehen gibt es beiderseits der Grenze praktisch keinen Verkehr. Wer nur bis zur Grenze fährt, muss für ein Taxi/*săhm-lór* Richtung Norden nach Ban Nakasang (Ausgangspunkt für Don Det) mit ungefähr 150 000/50 000 Kip (12/4 US$) rechnen.

ⓘ Praktische Informationen

Canadia Bank (☉Mo–Fr 8.30–15.30 Uhr, Geldautomat 24 Std.) Mit Geldautomat für Abhebungen.

Rany Neh Internet (4000 R pro Std.; ☉7–20 Uhr) Internetzugang.

Riverside Guesthouse (☏012 257257; kim tysou@gmail.com) Arrangiert Transfers von und nach Laos, Siem Reap und so ziemlich jeden anderen Ort. Bietet außerdem Bootsfahrten zur laotischen Grenze – unterwegs stattet man den Flussdelfinen einen Besuch ab (100/120 US$ für 2/4 Pers.). Englischsprachige Guides bieten Motorradtouren durch die gesamte Provinz.

Touristeninformation (☏074-210001; ☉8–11 & 14–17 Uhr) Unpraktisch nahe der neuen Tonlé-San-Brücke gelegen und außerdem nur selten geöffnet.

Xplore-Asia (☏011 433836, 074-973456; www.xplore-cambodia.com) Broschüren, Infos und Tipps sowie maßgeschneiderte ein- bzw. mehrtägige Rad- und Kajaktouren entlang dem Mekong Discovery Trail (S. 311), darunter Kajakfahren zwischen Delfinen. Verleiht Kajaks (10 US$ pro Tag), Motorräder (10 US$) und robuste Trek-Mountainbikes (5 US$).

ⓘ An- & Weiterreise

Der NH7 Richtung Norden zur Grenze nach Laos ist zurzeit in annehmbarer Verfassung. Leider gilt das nicht für die Strecke Richtung Süden nach Kratie.

Express-Minibusse mit Gästehaus-Abholung fahren schon ab 4 Uhr und sind das schnellste Verkehrsmittel nach Phnom Penh (10–13 US$, 8 Std.). Reservierung übers Riverside Guesthouse.

Phnom Penh Sorya (☏092 181805) hat einen 6.30-Uhr-Bus über Kratie (5 US$, 3 Std.) und Kompong Cham (8 US$, 6 Std.) nach Phnom Penh (10 US$, 9 Std.). Der Sorya-Bus von Laos nach Phnom Penh kommt gegen 11.30 Uhr durch Stung Treng. Zusätzlich fahren beim Marktgelände bis gegen 14 Uhr regelmäßig Minibusse nach Kratie ab.

Ein bequemer Touristen-Van fährt nach Ban Lung (6 US$, 2 Std., 8 Uhr), man kann aber auch morgens am Markt einen vollgestopften Minibus nehmen (5 US$, 3 Std.).

Die neue Schnellstraße von Thala Boravit Richtung Westen über Chhep nach Preah Vihear ist in hervorragendem Zustand. **Asia Van Transfer** (☏in Siem Reap 063-963853; www.asiavantransfer.com) bietet täglich um 14 Uhr einen Expressminibus nach Siem Reap (23 US$, 5 Std.), mit einem Stopp in Preah-Vihear-Stadt (12 US$, 3 Std.).

Das Riverside Guesthouse verleiht Motorräder (ab 5 US$), Riverside und Ponika's Place Fahrräder (1–2 US$).

Rund um Stung Treng

Zusätzlich zum Privatunterkünfteprogramm in Preah Rumkel bestehen auch noch andere unterstützenswerte gemeindebasierte Tourismusinitiativen, darunter Privatunterbringung in O'Russey Kandal, 28 km südlich von Stung Treng, und in Koh Preah, 15 km südlich von Stung Treng. Beide Programme bieten eine große Auswahl an Touren und Aktivitäten und vermitteln auch Arbeitsplätze für Ehrenamtliche.

Ansprechpartner für Infos zu O'Russey Kandal ist die NGO **Mlup Baitong** (ម្លប់បៃតង; ☏012 899471; www.mlup-baitong.org) in Stung Treng. Informationen zu Koh Preah gibt's bei CRDT (S. 306) in Kratie. Auch Xplore-Asia (S. 313) hilft Leuten weiter, die sich für Homestays interessieren.

Preah Rumkel ព្រះរំកិល

In diesem kleinen Dorf entwickeln sich dank seiner Lage nahe des Anlong Cheuteal an der laotischen Grenze mit seiner Delfinpopulation kleine Ökotourismuszentren. Hier ist der Mekong besonders urtümlich und wunderschön, denn er führt an zahlreichen Feuchtgebieten und Inseln mit Unmengen von Vogelarten sowie Wasserfällen vorbei. Die Feuchtgebiete wurden wegen ihrer Bedeutung in die Ramsar List of Wetlands of International Importance (www.ramsar.org) aufgenommen.

Das halbe Dutzend Delfine, die sich im Pool Anlong Chuteal (in Laos unter der Bezeichnung Boong Pa Gooang bekannt) tummeln, lässt sich leicht vom Ufer in Preah Rumkel aus beobachten. Dort besteht ein ausgezeichnetes gemeindebasiertes Programm mit **Privatunterkünften** (☏011 899891; mlup@online.com.kh; 3 US$ pro Pers., plus 3 US$ pro Mahlzeit), falls jemand noch einen Tag länger bleiben möchte. Das Beobachten der Delfine kostet 2 US$ pro Person.

Mögliche Exkursionen von Preah Rumkel sind z. B. das Besteigen eines nahe gelegenen Bergs und eine Bootsfahrt/Wanderung zu den tosenden Mekong-Stromschnellen, die aus Laos herunterstürzen. Die Stromschnellen zeigen auf Ehrfurcht gebietende Weise, wie reine, ungezähmte Naturgewalt aussieht, besonders zur Regenzeit.

Um die Gegend zu erforschen und die Delfine bei Anlong Cheuteal zu sehen, mietet man am besten ein Langboot in O'Svay oder Anglong Morakot, näher an der Grenze zu Laos. Die Bootsmiete für die Hin- und

Rückfahrt nach Preah Rumkel und zur Delfinstelle kostet verhandelbare 25 US$. Wenn es noch weiter stromaufwärts zu den Mekongfällen gehen soll, müssen noch einmal 10 US$ draufgelegt werden. Da Anlong Morakot nur 4 km von der Grenze entfernt ist, können aus Laos kommende Reisende in rund 10 Minuten auf einem *moto* (ca. 2 US$) hinkommen. Sie sollten sich aber vorher unbedingt um die Weiterfahrtmöglichkeit nach Stung Treng kümmern – entweder an der Grenze, oder noch früher, indem sie Xplore-Asia (S. 313) oder das Riverside Guesthouse (S. 311) in Stung Treng kontaktieren. Beide Unternehmen sind in der Lage, auch schon im Vorfeld ein *moto* und die Bootsfahrt von der Grenze nach Preah Rumkel zu organisieren. Ein Taxi nach Stung Treng aus dieser Gegend kostet ungefähr 45 US$.

Noch besser ist es, über Xplore-Asia (S. 313) Kajakfahren inmitten der Delfine arrangieren zu lassen und dann stromabwärts nach O'Svay zu paddeln – oder aber durch überflutete Wälder voller Vogelgezwitscher ganz bis nach Stung Treng. Ein Ganztags-Paddeltrip südlich von O'Svay kostet 65 US$ pro Person; für weitere 20 US$ pro Person ist auch die Bootsfahrt flussaufwärts zum Delfinpool und den Mekong-Stromschnellen enthalten.

Siem Pang ស្យេមប៉ាង

☏ 074 / 5000 EW.

Siem Pang ist eine recht wohlhabende Stadt, die sich über 6 km am Tonlé Kong entlangzieht. Hier locken eine gute Dosis Landleben oder eine entspannte Zeit am Fluss in einem entlegenen Außenposten.

Siem Pang fungiert als westliches Tor zum Virachey-Nationalpark (S. 324), der für seine enorme Artenvielfalt berühmt ist. Hier leben Riesen- und Weißschulteribisse. Übers Theany Guesthouse lässt sich (möglichst frühzeitig) die Genehmigung zum Betreten des Parkes arrangieren und ein Guide finden.

BirdLife International (☏ 097 974 5966, in Phnom Penh 023-993631; www.birdlife.org) betreibt ein „Geierrestaurant" (Fütterungsstation) für alle drei der in Kambodscha beheimateten und vom Aussterben bedrohten Geierarten. Während der zweimal monatlich stattfindenden „Fütterung" (der Kadaver eines Büffels oder einer Kuh wird auf einem Feld nahe dem Beobachtungsposten abgelegt) können die drei bedrohten einheimischen Geierarten eventuell aus nächster

Nähe betrachtet werden. Wer 300 US$ übrig hat, erlebt eine ganz persönliche Exklusivfütterung.

Mit einer Fähre (Passagiere 1000 R, Motorräder 2500 R) kommt man ans andere Flussufer, wo der malerische Weg nach Veun Sai (S. 321) in Ratanakiri beginnt. Das **Theany Guesthouse** (☏ 077 257773; Zi. 7,50–10 US$) bietet auf dieser Strecke eine One-way-Option für Leihmotorräder an (70 US$, inkl. Rückführung des Motorrads nach Siem Pang). Außerdem wartet es in einem traditionellen Holzhaus mit schlichten Zimmern auf – die Zimmer oben sind billiger.

Minibusse fahren morgens regelmäßig und nachmittags gelegentlich von Stung Treng nach Siem Pang (5 US$, 2½ Std.). Von Stung Treng kommend, fährt man auf dem NH7 50 km Richtung Norden, biegt dann rechts ab und folgt einer ziemlich unbefestigten Straße (52 km). Von/nach Stung Treng verkehren keine öffentlichen Boote auf dem Tonlé Kong mehr.

PROVINZ RATANAKIRI

Die beliebte Provinz (ខេត្តរតនគិរី) macht sich einen Namen als abwechslungsreiche Region mit einer außergewöhnlich schönen Landschaft und einer bunten Mischung aus ethnischen Minderheiten. Die Jarai, Tompuon, Brau, Kavet und Kreung zählen zu den Khmer Leu (Hochland-Khmer); sie haben jeweils eigene Sprachen, Traditionen und Bräuche. Darüber hinaus leben in der Gegend viele Laoten. In Dörfern wie Veun Sai hört man unterschiedlichste Sprachen.

Wer auf Adrenalinkicks steht, kann in klaren Vulkanseen schwimmen, eine Wasserfalldusche nehmen oder im riesigen Virachey-Nationalpark wandern. Obwohl die Elite aus dem Tiefland diese Region alarmierend schnell für ihre Zwecke ausbeutet, startet die Tourismusbranche hier durch. Ratanakiri hat die Schlüsselrolle im Kampf um Land; die Minoritäten, die Brandrodung betreiben, haben aufgrund des traditionellen Prinzips des Kollektivbesitzes das Nachsehen. Immer mehr Wälder verschwinden, da zahlreiche neue Kautschuk- und Cashewnussplantagen entstehen. Hoffentlich riecht bald jemand den Braten oder vielleicht auch den Kaffee – den gibt's ebenfalls reichlich! –, bevor es zu spät ist.

Ratanakiri heißt so viel wie „Hügel der kostbaren Steine". In manchen Gegenden werden hochwertiges Zirkon und verschie-

DAS ECHTE GIBBON-ERLEBNIS

In der Mekongregion wimmelt es nur so von Tourangeboten, die irgendwas mit „Gibbons" zu tun haben sollen, bei denen es aber überhaupt nicht garantiert ist, dass man auch nur einen einzigen Gibbon zu Gesicht bekommt. Doch hier in Ratanakiri können Gibbons tatsächlich in ihrem natürlichen Lebensraum beobachtet werden.

Die **Veun Sai Gibbon Ecotours** (☏ 097 752 9960; veunsaicbet@gmail.com) sind ein gemeindebasiertes Ökotourismusprojekt (CBET) von Conservation International (CI; www.conservation.org) im Naturschutzgebiet Veun Sai-Siem Pang Conservation Area (VSSPCA), gleich vor den Toren des Virachey-Nationalparks nördlich von Veun Sai. Die Teilnehmer verbringen mindestens eine Nacht im Dschungel in einer Hängematte oder einer dem Projekt angeschlossenen Privatunterkunft und stehen vor Morgendämmerung auf, um Zeit mit halb an Menschen gewöhnten Nördlichen Gelbwangengibbons zu verbringen. Diese Gibbonart wurde erst 2010 entdeckt und die Population in Veun Sai gilt mit ungefähr 500 Gruppen als eine der größten. Ihre im Morgengrauen durch den Dschungel hallenden Jagdrufe und der Anblick ihrer akrobatischen Sprünge durch die Baumwipfel sind unvergesslich. Im Rahmen dieser Touren erlebt man zudem den dichten Dschungel, offene Savannen, Flüsse und Wasserfälle und besucht Kavet- und Lao-Dörfer.

CI hat ein Exklusivabkommen zur Durchführung dieser Ausflüge mit dem Dorf nahe der Gibbon-Stelle geschlossen. Die Saison für Gibbon-Beobachtungen geht vom 1. November bis Mitte Juni – sonst ist es zu nass – und die Teilnehmerzahl ist auf jeweils sechs Personen begrenzt. Die Touren kosten 100 bis 200 US$ pro Person für 2 Tage/1 Nacht, je nach Gruppenstärke und Tourveranstalter. Darin enthalten sind der Eintritt zum VSSPCA, Guides, Übernachtungen in Privatunterkünften und Camps sowie alle Mahlzeiten. Die meisten Reisebüros in Ban Lung vermitteln diese Ausflüge in Zusammenarbeit mit CI. Genaueres dazu erfährt man bei CBET. CBET verwendet die Einnahmen zur Wiederaufforstung abgeholzten Waldes. Die Tourteilnahme ist also eine hervorragende Möglichkeit, etwas zum Tierschutz und zur Entwicklung der indigenen Gemeinschaften beizutragen.

---

dene Halbedelsteine abgebaut. Man sollte jedoch nicht denken, dass man das Geschäft seines Lebens machen wird – Betrügereien sind nämlich an der Tagesordnung.

Leider sind die Straßen in Ratanakiri nicht gerade gut in Schuss: In der Trockenzeit muss man sich auf einen „Kampf" mit rotem Staub gefasst machen, der sich auf Haut und Haaren festsetzt, und während der Regenzeit weicht der rote Boden so stark auf, dass er ein wenig an Karottensuppe erinnert. Als beste Reisezeit gilt der November, wenn die heftigsten Regenfälle vorüber sind, das Land jedoch noch nicht komplett ausgetrocknet ist.

Ban Lung បានលុង

☏ 075 / 40 000 EW.

Ban Lung wird liebevoll *dey krahorm* (rote Erde) genannt und ist ein beliebter Ausgangspunkt für Ausflüge in die Umgebung.

Im Ort herrscht geschäftiges Treiben (Kleinstadtcharme à la Sen Monorom in Mondulkiri? Fehlanzeige!), doch dafür sind Attraktionen wie der Boeng Yeak Lom nur

einen Katzensprung entfernt. Viele Angehörige regionaler Minderheiten strömen aus den Dörfern nach Ban Lung, um auf dem Markt Waren zu kaufen bzw. zu verkaufen.

◉ Sehenswertes & Aktivitäten

Im Stadtzentrum gibt's keine wirklichen Sehenswürdigkeiten. Das Highlight ist der Boeng Yeak Lom. Darüber hinaus kann man mehrtägige Wanderungen rund um Ban Lung unternehmen. Beim Ka-Tieng-Wasserfall werden Elefantenritte angeboten, sind aber aus Fürsorge für das Wohlergehen der Dickhäuter (S. 304) nicht zu empfehlen. Sein Elefantenabenteuer hebt man sich besser für einen Spaziergang mit der Herde (S. 329) in Mondulkiri auf.

Boeng Yeak Lom SEE

(បឹងយក្សឡោម; Eintritt 1 US$) Das Herzstück des Schutzgebietes Yeak Lom bildet ein wunderschöner smaragdblauer Kratersee inmitten einer üppig grünen Dschungellandschaft. Dies ist einer der friedlichsten Orte Kambodschas. Ringsum befinden sich ein paar Holzstege, genau richtig, wenn man

Ban Lung

Veun Sai (38 km);
Ta Veng (57 km)

Boeng
Kansaign

Krankenhaus

Virachey National
Park Eco-Tourism
Information Centre

Kreisverkehr   NH78

Abzweig nach
Boeng Yeak Lom (3 km);
Yaklom Hill Lodge (4 km);
Bokheo (29 km);
O'Yadaw und
Grenze zu Vietnam (70 km)

Neuer (1,5 km);
Abzweige nach Chaa Ong, Ka Tieng
und zu den Kinchaan Wasserfällen (1,7 km);
Abzweig nach Lumphat (10 km);
O Pong Moan (130 km)

Taxi-
stand

Cheng
Heng

Canadia
Bank   Psar

ehemaliger Flughafen

Ban Lung

eine Runde schwimmen gehen möchte. Ein kleines Kultur- und Umweltzentrum zeigt eine kleine Ausstellung mit Infos zu ethnischen Minderheiten in der Provinz und verleiht Rettungswesten für Kids.

Der See soll vor 700 000 Jahren entstanden sein. Manche glauben, dass hier ein Meteor eingeschlagen ist; das würde auch die kreisrunde Form erklären. Die indigene Bevölkerung betrachtet den Yeak Lom schon lange als heilig. In ihren Legenden ist die Rede von geheimnisvollen Kreaturen, die in dem extrem klaren Wasser leben – das sollte aber keinen vom Baden abhalten.

Bis 2021 wird der See vom hiesigen Tompuon-Stamm verwaltet; die eingenommenen Eintrittsgelder werden zur Hebung des Lebensstandards in den nahe gelegenen Dörfern verwendet. Leider versuchen Unternehmer mit Unterstützung einiger Regionalpolitiker seit Langem, diesen 25-jährigen Pachtvertrag aufzulösen und sich das heilige Gebiet um den See unter den Nagel zu reißen. Bleibt nur zu hoffen, dass sie keinen Fuß in die Tür bekommen und Boeng Yeak Lom in seiner ganzen unberührten Schönheit erhalten bleibt – angesichts der kambodschanischen Realität sind die Prognosen allerdings eher düster.

Zum Boeng Yeak Lom geht es vom zentralen Kreisverkehr in Ban Lung 3 km nach Osten Richtung Vietnam, dann biegt man an der unübersehbaren Minoritätenskulptur rechts ab und fährt noch rund 2 km weiter. *Motos* verlangen hin und zurück 4 bis 5 US$ (mehr, falls man sie warten lässt) und *remorks* haben schon bis zu 10 US$ für die Hin- und Rückfahrt berechnet. Zu Fuß braucht man etwa eine Stunde.

Wasserfälle

WASSERFALL

(2000 R pro Wasserfall) Zwischen den ausgedehnten Cashew- und Kautschukplantagen westlich von Ban Lung gibt es drei sehenswerte Wasserfälle: **Chaa Ong**, **Ka Tieng** und **Kinchaan**. Alle lassen sich in 20 Minuten von der Stadt aus per *moto* erreichen. Außerdem sind normalerweise Abstecher zu allen drei im Programm der von den Tourveranstaltern angebotenen Halb- und Ganztagsausflüge enthalten. Die Abfahrt zu allen drei Fällen befindet sich 200 m westlich des neuen Busbahnhofs, gleich hinter einer Lina-Tankstelle. Es gibt zwar einen Wegweiser, aber man sieht ihn kaum.

Der größte und spektakulärste unter den Dreien ist der 25 m hohe Chaa Ong. Er stürzt in eine mit Dschungelvegetation bewachsene Schlucht und man kann hinter die Kaskade klettern oder eine natürliche Dusche nehmen. Von etwa Januar bis Mai trocknet er allerdings aus. Am lustigsten ist ein Besuch des Ka Tieng, denn er ergießt sich über einen Felsensockel – auch hier ist es möglich, hinter den Vorhang aus Wasser zu schlüpfen. Wer Lust auf ein bisschen Tarzan-Theater hat, schnappt sich eine der Lianen auf der anderen Seite; sie sind robust genug, um das Gewicht eines Menschen zu tragen. Der Kinchaan-Wasserfall liegt eindrucksvoll inmitten der Dschungelvegetation und wartet mit einigen Badelöchern auf.

Der Abzweig zum Chaa Ong ist an der rechten (nördlichen) Seite des NH19; bis zum Wasserfall sind es von der Schnellstraße aus 5,5 km auf einer Schotterpiste. Der Abzweig zum Ka Tieng und Kinchaan befindet sich an der linken Seite des NH19; von hier sind es 5,5 km bis zu einer Straßengabelung. Links geht es 200 m bis zum Kinchaan, rechts 2,5 km zum Ka Tieng.

Alle drei Kaskaden lassen sich das ganze Jahr über erreichen. In der Regenzeit ist es aber nicht ratsam, selber mit einem Mietmotorrad hinzufahren, denn die Straßen aus roter Tonerde verwandeln sich bei Nässe in eine Rutschbahn, auf der man sich fast garantiert hinlegt. Sicherer ist die Fahrt mit *motos* (hin und zurück 6 US$ für einen Wasserfall oder 10 US$ für alle drei) und *remorks* (10/20 US$ bei einem/drei Wasserfällen).

🖝 Geführte Touren

Beliebt sind mehrtägige Wanderungen mit Übernachtung in einem Zeltcamp oder in Minderheitendörfern nördlich von Veun Sai oder Ta Veng. Die angebotenen Tagesausflüge bestehen meist aus einer Kombi von Abstechern zu Wasserfällen, Minoritätendörfern, Edelsteinminen und in den Dschungel. Zwei Personen müssen mit 45 bis 50 US$ pro Tag und Person rechnen; in größeren Gruppen wird es billiger.

Alle Wanderungen im Park müssen über das Virachey National Park Eco-Tourism Information Center (S. 320) organisiert werden. Es gibt zwar auch private Anbieter von Mehrtageswanderungen, doch ihre Touren führen nicht auf das eigentliche Parkgelände. Außerhalb der Grenzen sind die Wälder stark ausgedünnt und man muss darauf achten, dass man nicht wieder und wieder – sozusagen an der Nase herum – durch dasselbe kleine Stück Wald geführt wird. Die privaten Veranstalter dürfen zwar nicht in den Park hinein, führen aber interessante Wanderungen zu ethnischen Minderheiten und malerischen Orten in der Provinz durch.

Einige der Unterkünfte am Ort – Backpacker Pad (Backpacker Banlung Tours), Tree Top Ecolodge (Smiling Tours), Terres Rouges (kann auch französischsprachige Guides vermitteln) und Yaklom Hill Lodge – organisieren gute Touren, doch es gibt auch mehrere spezialisierte Tourenanbieter.

Highland Tours

TOUR

(📱 097 658 3841; highland.tour@yahoo.com) Die Eheleute Kimi und Horng haben das Le Tonlé Tourism Training Centre (S. 311) in Stung Treng absolviert, sind ins Hochland gezogen und bieten verschiedene Touren an, darunter wunderbare Tagesausflüge sowie eine mehrtägige Tour vom Dorf I Tub (nordwestlich von Veun Sai) nach Siem Pang mit dem Fahrrad und weiter nach Stung Treng per Boot. Horng ist die einzige Fremdenführerin in ganz Ratanakiri.

VERANTWORTUNGSBEWUSST WANDERN IN RATANAKIRI

Mehrtägige Wanderungen in den Wäldern von Ratanakiri sind inzwischen sehr beliebt. Passionierte Trekkingfans verbringen bis zu acht Tage in den Wäldern des Virachey-Nationalparks, die zu den letzten unberührten Waldgebieten Kambodschas gehören, und schlafen in nachgemachten US-Army-Hängematten.

Wir raten, wo immer möglich, für organisierte Wanderungen und andere Exkursionen in der Umgebung von Ban Lung indigene Guides anzuheuern. Sie sind der lokalen Dialekte mächtig und können die Erlaubnis zur Besichtigung von Friedhöfen einholen, die für Khmer-Guides tabu sind. Leider sind die Englischkenntnisse der indigenen Guides von einigen rühmlichen Ausnahmen (S. 317) abgesehen nur so lala. Wir raten Travellern, die einen Guide mit besseren Englischkenntnissen brauchen, sowohl einen Englisch sprechenden Khmer-Guide als auch einen Minoritäten-Guide zu nehmen, sofern die Reisekasse dies zulässt.

Am Boeng Yeak Lom gibt es einen losen Verband von Tompuon-Guides. Da sie weder Telefon noch E-Mail haben, muss man sie persönlich aufsuchen. Sie veranstalten eine außergewöhnliche Tour zu verschiedenen Tompuon-Dörfern rund um Boeng Yeak Lom. Man kann Webern und Korbflechtern bei der Arbeit zusehen, mehr über animistische Traditionen lernen und eine typische Mahlzeit genießen: in Bambus gedämpfter Fisch mit frischem Gemüse, Reis und Reiswein.

Der einzige private Tourveranstalter, der einen indigenen (Tompuon)-Vollzeitguide beschäftigt, ist die Yaklom Hill Lodge (S. 319), aber man muss ihn ausdrücklich anfordern. Auch im Virachey Nationalpark sind einige indigene Guides angestellt und werden Träger aus Minderheitendörfern engagiert. Und alle in diesem Abschnitt erwähnten Tourveranstalter können auf Anfrage indigene Guides bereitstellen.

Khieng   TOUR
(☏ 097 923 0923; khamphaykhieng@yahoo.com) Brillenträger Khieng ist ein indigener Tompuon-Guide, der einzigartige Trips mit einer oder zwei Übernachtungen durch ein Stück gut erhaltenen Dschungels bei Lumphat durchführt; übernachtet wird in Minderheitendörfern. Da seine Touren billig sind (es scheint ihm ein persönliches Anliegen zu sein, dass die Tampuon-Gemeinden und -Guides finanzielle Unterstützung bekommen), sollte man ihm ein großzügiges Trinkgeld geben. Er besitzt auch eine gute handgezeichnete Karte der Provinz Ratanakiri. Khieng ist oft in der Umgebung des Boeng Yeak Lom anzutreffen.

DutchCo Trekking Cambodia   TOUR
(☏ 097 679 2714; www.trekkingcambodia.com) Einer der erfahrensten Anbieter von Wandertouren in der Provinz, geleitet von einem freundlichen Holländer. Er veranstaltet zahlreiche Touren, darunter vier- bis fünftägige Treks nördlich von Veun Sai durch Kavet-Dörfer und -Wald sowie ein- bis zweitägige Touren in der Umgebung von Kalai (südlich von Veun Sai).

Parrot Tours   TOUR
(☏ 012 764714; www.jungletrek.blogspot.com) Sitha Nan ist ein Nationalpark-Guide und kennt sich bestens in der Gegend aus. Sitha hat verschiedene mehrtägige Ausflüge durch den von Gibbons wimmelnden Wald nördlich von I Tub im Programm.

🛌 Schlafen

Beim Markt gibt es eine Reihe stinknormaler Hochhaushotels, die aber absolut nichts Besonderes sind.

★ Tree Top Ecolodge   BUNGALOWS $
(☏ 012 490333; www.treetop-ecolodge.com; DZ 7 US$, Cottage mit kaltem/warmem Wasser 12/15 US$; ☏) Dies ist eine der besten Unterkünfte im „Wilden Westen" Kambodschas, mit Flair ohne Ende. „Mr T's" Unterkunft besitzt rohgezimmerte Plankenwege, die zu riesigen Bungalows führen, ausgestattet mit Moskitonetzen, Reetdach und einer Veranda mit jeder Menge Hängematten und Blick auf das grüne Tal. Das Restaurant ist ebenso wie die Bungalows aus Hartholz erbaut und schwebt fast über einer üppig bewachsenen Schlucht. Hier gibt jede Menge aktueller Infos, vor allem für die Weiterreise nach Laos.

Banlung Balcony   GÄSTEHAUS $
(☏ 097 809 7036; www.balconyguesthouse.net; Boeng Kansaign; DZ 4–7 US$; @☏) Das Haus bietet eins der besten Preis-Leistungs-Ver-

hältnisse von Ban Lung am unteren Ende der Skala. Die Zimmer sind schlicht, besitzen jedoch hohe Decken und Holzböden. Zum Haus gehört ein riesiger Gemeinschaftsbalkon. In der Restaurant-Bar gibt es ordentliches Essen und einen Snookertisch, der erheblich schwer zu bespielen ist als ein normaler Billardtisch.

Backpacker Pad
HOSTEL $

(☏088 944 1616; banlungbackpackerpad@yahoo.com; B 2 US$; DZ ohne/mit Bad 4/5 US$; ☎) Das beliebte Backpacker Pad ist die billigste Bleibe am Ort, mit kleinen Zimmern und Dorms zu Tiefstpreisen. Der gemütliche Gemeinschaftsbereich vorne ist ein prima Plätzchen, um andere Traveller zu treffen. Eigentümer Sophat ist eine sprudelnde Infoquelle und betreibt ein Touristikunternehmen.

Flashpacker Pad
HOTEL $

(☏093 785259; flashpackerpad@gmail.com; Boeng Kansaign; Zi. mit Ventilator/Klimaanlage ab 7/9 US$; ❄☎) Im vom Backpacker Pad betriebenen Flashpacker verleihen von Indigenen gewebte Stoffe auf weißer Bettwäsche und Flachbildschirme den Zimmern einen Tick Klasse. Am besten sind die Zimmer mit Blick auf den morgens vom Dunst verhüllten See. Außerdem ist die Herberge eine gute Kontaktstelle für Reiseinfos. Tolles Preis-Leistungs-Verhältnis.

Lakeside Chheng Lok Hotel
HOTEL $

(☏012 957422; lakeside.chhenglokhotel@gmail.com; Boeng Kansaign; Zi. mit Ventilator/Klimaanlage ab 5/15 US$; ❄@☎≋) Das ständig im weiteren Ausbau begriffene Lakeside wurde in den letzten Jahren um einen Swimmingpool, einen großen neuen Flügel und ein Schwesterhotel bereichert. Das Angebot ist beachtlich und reicht von großen, aber schlichten Zimmern mit Klimaanlage bis zu spartanischen mit Ventilator.

Thy Ath Lodge
HOTEL $

(☏017 386396; thy.ath.lodge@gmail.com; Boeng Kansaign; Zi. 15–25 US$) Die Lodge am See wird von einer freundlichen Familie geführt, bei der sich die Gäste wie zu Hause fühlen können. Die Zimmer sind groß und luftig. Vor dem Hauptgebäude stehen suitenähnliche Cottages – ein echtes Schnäppchen für 25 US$.

Yaklom Hill Lodge
LODGE $

(☏011 725881; www.yaklom.com; EZ/DZ/3BZ 10/15/20 US$) ◢ Ratanakiris einzige echte Ökolodge, betrieben von Tompuon, liegt mitten im Wald nahe Boeung Yeak Lom, 5 km östlich des zentralen Kreisverkehrs von Ban Lung. Vor allem Naturfreunden wird es hier gefallen. Die rustikalen, stimmungsvollen Holzbungalows stehen in einem schönen Wald 5 km östlich von Ban Lung, offenbaren allerdings die ersten Alterungserscheinungen. Dank einem Generator gibt es von 18 bis 21 Uhr Strom und Warmwasser zum Duschen. Fußpfade führen zum See und noch weiter. In der Nebensaison ist das Frühstück im Preis inbegriffen.

Ratanak Sombath Hotel
HOTEL $$

(☏075-655 5556; ratanaksombathhotel@gmail.com; 15–35 US$; ❄) Eins der neuen Hochhaushotels in der Stadt, mit sehr gutem Preis-Leistungs-Verhältnis und geräumigen Zimmern mit allen Annehmlichkeiten wie Minibar und Schließfach. Dazu kommt noch ein Pool, der am Wochenende die Einheimischen anlockt.

★Terres Rouges Lodge
BOUTIQUEHOTEL $$

(☏075-974051; www.ratanakiri-lodge.com; Boeng Kansaign; EZ/DZ mit Frühstück 46/52 US$, Suite 86–92 US$; ❄@☎≋) Obwohl die Konkurrenz größer wird, ist dies immer noch eine der stimmungsvollsten Unterkünfte im ländlichen Kambodscha. Die mit Ventilator und einer langen Gemeinschaftsveranda ausgestatteten Standardzimmer sind im klassischen Kolonialstil gehalten, eingerichtet mit wunderschönen kambodschanischen Möbeln und dekoriert mit Ethno-Objektes. Die Suiten erweisen sich als geräumige Bungalows im balinesischen Baustil mit offenem Bad; sie stehen in einem bezaubernden Garten.

Wer mit Kindern reist und/oder in Ban Lung eine etwas komfortablere Unterbringung sucht, ist hier bestens aufgehoben.

Ratanak Resort
BOUTIQUEHOTEL $$

(☏092 244114; www.ratanakresort.com; Zi. 39–100 US$; ≋) Das Ratanak ein paar Kilometer außerhalb der Stadt auf einem Landvorsprung beim Yeak-Lom-See ist ein stilvolles Resort ganz aus Holz mit Unterbringung in hochwertigen Bungalows. In den Zimmern warten Himmelbetten mit Vorhang und nützliche Extras für adrette Reisende wie Bademäntel und Haartrockner. Der kleine Infinity Pool steht Nicht-Gästen für 5 US$ offen.

✕ Essen & Ausgehen

Unter allen Gästehäusern hat das Terres Rouge das erlesenste Speisenangebot; ebenfalls einen Besuch wert sind Treetop und

Banlung Balcony. Wer sich zum Essen unter die Einheimischen mischen möchte, sollte sich bei Sonnenuntergang am See einfinden, es sich beim dem Coconut Shake Restaurant auf einer Matte bequem machen und billiges Bier bzw. Snacks an einer der Buden bestellen.

Nachteulen müssen darben. Ansonsten gibt's noch die tolle Bar im Banlung Balcony, die manchmal unter Rucksackreisenden fast zusammenbricht, gleiches gilt fürs Backpacker Pad.

★ Green Carrot · · · · · · · · INTERNATIONAL $

(2–6 US$; ☺7–22 Uhr; ☎) Das tolle winzige Restaurant überrascht mit raffiniertem Essen wie gesunden Salaten, Sandwiches und Wraps sowie einer guten Auswahl an Klassikern der Khmer-Küche. Und es gibt sogar recht gute Burger und einige sehr erschwingliche Pizzas. Von 18 bis 20 Uhr winken bei der Happy Hour zwei Cocktails zum Preis von einem.

Cafe Alee · · · · · · · · · · · · INTERNATIONAL $

(Hauptgerichte 1,50–5,50 US$; ☺7 Uhr–open end; ☎) Das Cafe Alee bietet eine der interessanteren Karten der Stadt, u. a. mit vegetarischen Gerichten, einer herzhaften Lasagne und Khmer-Küche rauf und runter (ohne das Glutamat, das manchmal in kleinen Restaurants zum Einsatz kommt). Dazu kommt ein herzhaftes Wandererfrühstück.

Sal's Restaurant & Bar · · · · INTERNATIONAL $

(Hauptgerichte 1,75–5 US$; ☺17–22 Uhr) Sehr beliebt bei der hiesigen ausländischen Gemeinde. Hier kann man westliche Gerichte wie Burger bestellen, aber auch indische Currys und würzige mexikanische Klassiker verspeisen. Manchmal muss man länger auf sein Essen warten; wer das nicht will, kann vorab telefonisch bestellen.

Taman · · · · · · · · · · · · · KAMBODSCHANISCH $

(Gerichte 6000–12 000 R; ☺6–20 Uhr; ☎) Die Einheimischen ziehen scharenweise in dieses Lokal, um sich mit gesundem kambodschanischem und chinesischem Frühstück zu stärken, darunter Schüsseln voller dampfender Nudelsuppe – die einem garantiert genügend Energie für die nächste Waldwanderung verleiht. Einen Block östlich vom Markt.

Everest · · · · · · · · · · · · · · · · · · INDISCH $

(Hauptgerichte 3–4 US$; ☺7–23 Uhr; ☎) Na gut, auch wenn es nicht die leckerste indische Küche der Welt hat, bietet das Everest mit seiner großen Karte immerhin eine erfreu-liche Abwechslung vom üblichen Ratanakiri-Angebot aus kambodschanischen Gerichten, Burgern und Pasta.

Coconut Shake Restaurant · · · · · · · · · KAMBODSCHANISCH $

(Boeng Kansaign; Hauptgerichte 6000–16 000 R; ☺7–21 Uhr) Die himmlischsten Kokosnuss-shakes im Nordosten kosten in diesem kleinen Lokal am See schlappe 4000 R. Wer Hunger hat, kann gebratene Nudeln und andere Khmer-Gerichte bestellen.

Rith Any Banh Chav · · · · KAMBODSCHANISCH $

(Gerichte 1 US$; ☺14–19 Uhr) Die Eigentümerin hat sich auf *banh chav* spezialisiert – Fleisch, Shrimps, Sprossen, Gemüse und Kräuter in hauchdünnen Pfannkuchen, die in ein Kohlblatt eingerollt und in eine würzige süße Chilisauce gestippt werden.

Pteas Bay Khmer · · · · · · · · INTERNATIONAL $$

(Boeng Kansaign; 4–15 US$) Das Holzrestaurant beeindruckt mit seiner Lage oberhalb vom Ufer des Boeng Kansaign und ist sowohl tagsüber als auch abends eine gute Adresse. Die Karte wartet mit einigen kambodschanischen Klassikern, hausgemachter Pasta und ausgesuchten Fleischgerichten auf.

ⓘ Praktische Informationen

Die nützlichsten Quellen für Informationen über die Stadt und die Umgebung sind die Gästehäuser und die Tourenanbieter.

Canadia Bank (☺Mo–Fr 8.30–15.30 Uhr, Geldautomat 24 Std.) Sämtliche Bankgeschäfte und Geldautomat für Abhebungen.

Srey Mom Internet (4000 R pro Std.; ☺6.30–22 Uhr) Ventilatorgekühlter Internetzugang.

Virachey National Park Eco-Tourism Information Centre (☎075-974013, 097 896 4995; virachey@camintel.com; ☺8–12 & 14–17 Uhr) Organisiert Wanderungen im Virachey-Nationalpark.

ⓘ An- & Weiterreise

Ban Lung liegt 510 km nordöstlich von Phnom Penh und 129 km östlich von O Poang Moan, dem Verkehrsknotenpunkt 19 km südlich von Stung Treng. Der NH19 zwischen Ban Lung und O Pong Moan ist eben, leer und komplett asphaltiert. Trotzdem sollte man früh abreisen, denn nachmittags verlassen nur noch ganz wenige öffentliche Verkehrsmittel Ban Lung.

Der große Busbahnhof befindet sich am Westrand der Stadt, 2,5 km westlich vom großen Kreisverkehr in Ban Lung. Die Gästehäuser und Tourenanbieter können die Abholung in der Stadt organisieren, was erheblich praktischer ist.

WEITERREISE NACH VIETNAM: VON BAN LUNG NACH PLEIKU

Bis zur Grenze Der Grenzübergang (⊘ 7–17 Uhr) O'Yadaw–Le Thanh wurde erst 2008 für Touristen geöffnet und befindet sich 70 km östlich von Ban Lung am gut ausgebauten NH19. Gästehäuser in Ban Lung bieten einen 6.30-Uhr-Minibus nach Pleiku (ab 8 US$, 3 Std.) in Vietnam mit Fahrzeugwechsel an der Grenze. Diese Vans holen ihre Passagiere gegen Aufpreis vom Gästehaus ab – das ist einfacher, als sich auf eigene Faust ein Ticket zu besorgen. Man kann aber auch einen lokalen Minibus von Ban Lungs neuem Busbahnhof nach O'Yadaw nehmen und die restlichen 25 km zur Grenze per *moto* zurücklegen.

An der Grenze Die Formalitäten sind im Handumdrehen erledigt und Warteschlangen nichtexistent. Allerdings muss man – falls eins benötigt wird – ein Visum für Vietnam vorweisen können, da diese nicht an der Grenze ausgestellt werden.

Weiterreise Die Straße auf der vietnamesischen Seite der Grenze ist gut geteert. Dort warten *motos* für den Transport nach Duc Co (20 km), wo Busse (15 000 Dong) nach Pleiku, Quy Nhon und Hoi An abfahren.

Phnom Penh Sorya (☑ 077 880062; www.ppsoryatransport.com), Rith Mony und Thong Ly haben frühmorgendliche Busse über Kratie und Kompong Cham nach Phnom Penh (9–10 US$, 11 Std.), doch diese sind im Vergleich zu den Express-Minibussen langsam. Es werden auch Tickets für Fernbusse nach Siem Reap und Pakse angeboten, aber das ist sehr mühselig: In Kompong Cham bzw. Stung Treng müssen Reisende in einen anderen Bus umsteigen und oft auch noch stundenlang auf den Anschluss warten.

Schnelle Express-Minibusse holen Passagiere beim jeweiligen Gästehaus ab und fahren nach Phnom Penh (15 US$, 8 Std., 6 und 13 Uhr) und Stung Treng (7 US$, 2 Std., gegen 8 Uhr). Diese Busse können in den Gästehäusern organisiert werden. Wer aus Phnom Penh anreist, sollte das Backpacker Pad oder die Tree Top Ecolodge kontaktieren und eine Abholung durch einen Express-Minibus arrangieren lassen.

Außerdem fährt täglich ein Minibus Richtung Süden nach Sen Monorom (8 US$, 2 Std., 8 Uhr) in Mondulkiri. Vom Busbahnhof fahren morgens außerdem mehrere langsame Minibusse nach Phnom Penh (50 000 R, 10 Std.), Stung Treng (20 000 R, 3 Std.) und O'Yadaw (12 000 R, 1½ Std.) und den ganzen Tag über nach Lumphat (10 000 R, 1 Std.) und Kratie (25 000 R, 4 Std.). Von O'Yadaw kann man auch über die Grenze nach Vietnam gelangen.

Pickups zu abgelegeneren Dörfern in Ratanakiri fahren am **Taxiplatz** neben dem Markt ab. Sammeltaxis zu Zielen außerhalb von Ban Lung gibt es so gut wie keine.

Der Flughafen von Ratanakiri ist schon seit einigen Jahren für kommerzielle Flüge geschlossen.

❶ Unterwegs vor Ort

Die meisten Gästehäuser der Stadt vermieten Fahrräder (1–3 US$), Motorräder (5–7 US$), PKW (ab 30 US$) und Geländewagen (ab 50 US$).

Cheng Heng (☑ 088 851 6104; ⊘ 6–20 Uhr) vermietet ein paar 250-ccm-Geländemotorräder (25 US$) sowie zahlreiche, gut in Schuss gehaltene kleinere Motorräder (6–8 US$).

Motodups warten am Markt auf Kundschaft, manche sind gleichzeitig auch Guides. Ein Guide mit Motorrad, der gut Englisch spricht, nimmt für eine Tour durch die Provinz 15 bis 20 US$ pro Tag. Ein *moto* nach Yeak Lom kostet hin und zurück etwa 4–5 US$, nach Veun Sai 15 US$ hin und zurück und zu jedem Wasserfall rund 6 US$ hin und zurück.

Remorks haben nun auch in Ban Lung Einzug gehalten. Es gibt jedoch nur ungefähr eine Handvoll in der Stadt und für kambodschanische Verhältnisse sind sie kostspielig: fast doppelt so teuer wie *motos*.

Rund um Ban Lung

Veun Sai   វើនស៊ៃ

☑ 075 / 3000 EW.

Veun Sai liegt am Ufer des Tonlé San und besteht aus mehreren chinesischen, laotischen sowie *chunchiet*-Dörfern. Ursprünglich war der Ort unter dem Namen Virachey bekannt und erstreckte sich am Norufer des Flusses, mittlerweile befindet sich die Hauptsiedlung aber am Südufer. Aus südlicher Richtung kommend, überquert man den Fluss an Bord der kleinen **Fähre** (500/3000 R ohne/mit Motorrad) und spaziert ein paar Kilometer nach Westen. Auf dem Weg passiert man das

Khmer-Dorf, eine laotische Gemeinde und eine kleine *chunchiet*-Siedlung, bevor man zuletzt ein wohlhabendes chinesisches Dorf mit großen Holzhäusern erreicht; die Bewohner sprechen nach wie vor Chinesisch. Besuchern wird sofort ins Auge fallen, wie sauber und ordentlich dieser Ort verglichen mit den übrigen Gemeinden ist.

Berühmt ist die Region Veun Sai für ihre Tompuon-Friedhöfe, von denen die meisten heutzutage jedoch für Außenstehende geschlossen sind. Das Verbot geht nicht zuletzt darauf zurück, dass Touristen auf Friedhöfen den gebotenen Respekt vermissen ließen.

Bei Redaktionsschluss war der am nächsten bei Veun Sai gelegene, für Besucher geöffnete Friedhof eine Ruhestätte der Kachah-Ethnie in Kaoh Paek, 45 Minuten per Boot flussaufwärts von Veun Sai. Für die Bootsfahrt von Veun Sai ist mit etwa 40 US$ zu rechnen; ungefähr halb so teuer dürfte es von Kachon aus sein, 10 km stromaufwärts

(östlich) von Veun Sai. Die Tourveranstalter in Ban Lung verlangen für den Ausflug hierher 50 US$.

Veun Sai liegt 39 km nordwestlich von Ban Lung; die Straße dorthin ist in passablem Zustand. Mit dem Motorrad oder Wagen gelangt man problemlos dorthin. Englischsprachige *moto*-Guides verlangen etwa 15 US$ für die Hin- und Rückfahrt.

Erfahrene Motorrad- und Mountainbikefahrer könnten der malerischen Route von Veun Sai nach Siem Pang (65 km) in Stung Treng via Itub (ein paar Stunden Fußweg südlich der Gibbonzone) folgen, die am Nordufer beginnt.

Ta Veng តាវែង

Ta Veng ist eigentlich ein unbedeutendes Dorf am südlichen Ufer des Tonlé San, dient jedoch als eines der Tore zum Virachey-Nationalpark und eignet sich als Wanderbasis; private Anbieter organisieren von hier aus

VERHALTENSKODEX IN DEN BERGDÖRFERN

In vielerlei Hinsicht ist der Tourismus ein Segen für die Gemeinden im Hochland. Es gibt aber auch negative Aspekte, z. B. größere Mengen an Müll, Umweltverschmutzung, Beherrschung des Tourismusgeschäfts durch Tiefland-Khmer auf Kosten der Hochland-Minoritäten und die Neigung von Touristen, gegen örtliche Tabus und Sitten zu verstoßen. Eine wirkungsvolle Möglichkeit, negative Folgen zu vermeiden, besteht darin, lokale Guides zu beschäftigen. Dann weiß man nicht nur sicher, wo das Geld landet, sondern hat auch bestimmt ein einmaliges Reiseerlebnis. Die Führer können nämlich einen engeren Kontakt zu den Bewohnern der Hochlanddörfer herstellen, die animistische Traditionen pflegen und Khmer nur als Zweitsprache sprechen. Außerdem kennen sie die Wälder und wissen um Tabus und Traditionen, von denen andere Guides vielleicht noch nie gehört haben – ein unschätzbarer Vorteil.

Hier noch ein paar Tipps für Besucher indigener Gemeinden:

Umgang mit Einheimischen

➡ Höflichkeit und Respekt an den Tag legen, insbesondere im Umgang mit älteren Menschen.

➡ Dezente Kleidung tragen.

➡ Traditionellen Wein nicht ablehnen, das gilt vor allem bei Zeremonien. Abzuwinken käme einer Beleidigung gleich.

➡ Auf Schilder achten, die Ausländern das Betreten eines Orts untersagen, z. B. während einer spirituellen Zeremonie. Ein guter Guide kennt sich mit den Warnhinweisen aus.

➡ Etwas über die Kultur und Sprache der Gemeinden lernen und ein guter Botschafter für die eigene Kultur sein.

Geschenke

➡ Einzelpersonen Geschenke zu machen, sorgt für Neid und weckt Erwartungen. Stattdessen spendet man das Geld besser einer Institution. Das kann beispielsweise eine Schule oder eine medizinischen Einrichtung sein oder man zahlt etwas in einen Gemeindefonds ein.

Wanderungen in der Pufferzone des Parks. Im Bezirk Ta Veng richteten Pol Pot, Ieng Sary und weitere Anführer der Roten Khmer in den 1960er-Jahren das Hauptquartier ihrer Guerilla-Truppen ein. Einheimische haben uns erzählt, dass die entlegene Militärbasis mittlerweile vollständig verschwunden ist und dass es in Ta Veng vor dem Krieg noch Strom gab.

Der Ort liegt 57 km nördlich von Ban Lung und der Weg dorthin führt über eine gewundene Straße durch die Berge, von der man eine wunderschöne Aussicht genießen kann. Unterwegs passiert man ein paar Dörfer ethnischer Minderheiten, die sich gut für ein Päuschen eignen. Ein paar Streckenabschnitte sind sehr steil, was bei heftigem Regen sehr unangenehm ist. Am besten reist man per Motorrad oder chartert einen Wagen. Alternativ mietet man in Ta Veng ein kleines Boot (kürzere Fahrten 15–20 US$, 5-stündiger Ausflug nach Veun Sai 80–90 US$).

Lumkut-See & Bokheo ប៉ឹងលំកុដ និងបរវែរ

Der große Kratersee ist von dichten Wäldern gesäumt, ähnlich wie der bekanntere und leichter zugängliche Boeng Yeak Lom. Um zum See zu gelangen, biegt man rund 33 km östlich von Ban Lung von der Schnellstraße nach O'Yadaw in Richtung Süden ab. Der See liegt 15 km weiter (südlich) am Ende einer Schotterpiste. In der Regenzeit gestaltet sich die Anfahrt schwierig, sodass sich die meisten für den Yeak Lom entscheiden.

Auf dem Weg zum See kann in Bokheo Halt eingelegt werden, dem derzeitigen Hotspot der Edelsteingewinnung, 29 km östlich von Ban Lung. Einheimische heben dort riesige Gruben aus und errichten horizontale Tunnel auf der Suche nach Amethysten und Zirkon. Da ständig neue Minenschächte angelegt und alte aufgegeben werden, fragt man am besten die Einheimischen, wo man fündig wird.

OSTKAMBODSCHA RUND UM BAN LUNG

. . . .

➧ Wer unbedingt einer Einzelperson etwas schenken möchte, sollte ein einfaches Präsent wählen (etwa Kugelschreiber, Bleistifte oder Notizbücher).

➧ Kindern niemals Süßigkeiten oder Geld zustecken.

➧ Keine Kleidungsstücke abgeben – die Gemeinden sind autark.

Shoppen

➧ Höfliches Handeln ist erlaubt. Immer den vereinbarten (fairen) Preis zahlen.

➧ Einen Dorfbewohner niemals fragen, ob man ihm persönliche Gegenstände, Werkzeug, Schmuck oder Kleidung abkaufen kann.

➧ Keine „Dorfschätze" wie Altargegenstände oder Totems kaufen.

Fotografieren

➧ Keine Altäre ablichten.

➧ Nie mit Blitz knipsen.

➧ Nicht fotografieren, ohne vorher um Erlaubnis zu bitten; auch Kinder müssen erst gefragt werden. Manche Bergvölker sind davon überzeugt, dass die Kamera ihren Geist rauben kann.

➧ Wer sich nur 15 Minuten in einer Gemeinde aufhält, sollte nicht erwarten, sofort uneingeschränktes Vertrauen zu genießen. Man muss ein wenig Zeit mit den Bewohnern verbringen, bevor man sie fotografieren darf.

Reisen

➧ In kleinen Gruppen reisen, um keinen allzu großen „Störfaktor" darzustellen.

➧ Am besten verbringt man mehrere Stunden oder sogar einen ganzen Tag in den Dörfern. Wer nicht so viel Zeit investieren kann, sollte ganz von einem Besuch absehen.

FRIEDHOFSETIKETTE

Die *chunchiet* (Minderheitenvölker) von Ratanakiri bestatten ihre Toten im Dschungel und fertigen Bildnisse der Verstorbenen an, die über die Grabstellen wachen sollen. Wenn die lange Trauerzeit abgeschlossen ist, feiern die Dorfbewohner ein großes Fest und fügen den Ruhestätten zwei geschnitzte Abbilder von Elefantenstoßzähnen hinzu. Manche Gräber sind schon sehr alt und wurden vom Dschungel verschlungen. Die neueren Grabstellen wohlhabender Einheimischer bestehen aus Beton und weisen moderne Elemente auf, z. B. Sonnenbrillen oder Handys.

Über die Wälder der Provinz verteilen sich zahlreiche Friedhöfe, die von Touristen meistens nicht besichtigt werden dürten. Friedhöfe sind für die *chunchiet* heilige Stätten. Wer sie besuchen möchte, muss unbedingt die Genehmigung des obersten Dorfbewohners einholen und sollte nach Möglichkeit einen einheimischen Führer engagieren. Falls man Glück hat und die Erlaubnis erhält, darf man nichts anfassen und muss sich respektvoll verhalten; z. B. sollte man immer erst fragen, bevor man ein Foto schießt!

Leider wurde mehrfach berichtet, dass Traveller (englische!) Verbotsschilder einfach ignoriert und die Friedhöfe widerrechtlich betreten haben. Schlimmer noch, skrupellose Kunstsammler und Amateur-Anthropologen aus Europa haben armen Dorfbewohnern alte Schnitzereien abgekauft.

Virachey-Nationalpark

ឧទ្យានជាតិវីរ:ជ័យ

Eine der größten unter Naturschutz stehenden Flächen des Landes ist mit 3325 km² der **Virachey-Nationalpark** (Eintritt 5 US$). Er erstreckt sich im Osten bis zur vietnamesischen und im Norden bis zur laotischen Grenze und nimmt im Westen Teile der Provinz Stung Treng ein. Das Gelände ist noch nicht vollständig erforscht und bietet zahlreichen seltenen Säugetieren einen Lebensraum, darunter Elefanten, Nebelpardern, Tigern und Sonnenbären. Die Wahrscheinlichkeit, dass man einem Vertreter dieser Spezies über den Weg laufen wird, ist jedoch gering. Besucher werden aber vermutlich den einen oder anderen Gibbon *hören* und eventuell Nashornvögel, Ibisse, braune Pfaufasane und andere seltene Vögel sichten. 2003 wurde das Gebiet zum Asean Heritage Park (asiatisches Naturdenkmal) erklärt. Jedoch ist der Nationalpark ernsthaft durch Erschließung und Ausbeutung bedroht und die kambodschanischen Behörden haben abgelegenere Teile des Parks inzwischen schon an vietnamesische Kautschukplantagenbetreiber verpachtet.

Im Virachey wird eines der am besten organisierten Ökotourismusprojekte in ganz Kambodscha durchgeführt. Es soll die ansässigen ethnischen Minderheiten unterstützen. Der Fokus liegt auf Kultur-, Natur- und Abenteuertrekking im kleinen Rahmen. Alle Wanderungen im Park müssen über das Virachey National Park Eco-Tourism Information Center (S. 320) in Ban Lung organisiert werden, darunter zwei- bis achttägige Trekkingtouren unter der Leitung englischsprachiger Parkwächter. Private Veranstalter bieten Touren in die Parkpufferzone an, dürfen aber keine Ausflüge auf dem Parkgelände unternehmen. Trotzdem kann es sinnvoll sein, sich an einen privaten Anbieter zu wenden, damit der im Vorfeld den Kontakt zum Parkbüro herstellt, was nicht immer so einfach ist.

Die beliebteste unter den Wanderungen ist der achttägige Phnom Veal Thom Wilderness Trek (1/2 Teilnehmer 400/350 US$ pro Pers.) mit sieben Übernachtungen. Ausgangspunkt ist Ta Veng, wo in einer Privatunterkunft in einem Brau-Dorf genächtigt wird. Danach geht es tief ins Herzstück der Savanne von Phnom Veal Thom, einem Gebiet mit reicher Tierwelt, darunter Sambarhirsche, Gibbons, Languren, Wildschweine, Bären und Nashornvögel. Der Rückweg verläuft auf einer anderen Strecke, teilweise durch immergrünen Wald. Im Preis enthalten sind der Transfer per *moto* zum Beginn des Wanderwegs, die Eintrittsgebühr in den Park, Verpflegung, Guides, Träger, Hängematten und Bootsfahrt. Je größer die Gruppe, desto billiger wird es. Es werden auch Abstecher in den Park mit nur einer oder zwei Übernachtungen angeboten.

Lumphat

លំផាត់

2000 EW.

Die frühere Provinzhauptstadt Lumphat am Ufer des Tonlé Srepok ist nur noch ein Schatten ihrer selbst, was auf die anhaltenden US-amerikanischen Bombenangriffe in den frühen 1970er-Jahren zurückzuführen ist. Angeblich ist der Tonlé Srepok jener Fluss, der in dem eindringlichen Antikriegsfilm *Apocalypse Now* gezeigt wird: Captain Benjamin Willard (gespielt von Martin Sheen) folgt dem Strom auf der Suche nach dem abtrünnigen Colonel Kurtz (Marlon Brando) nach Kambodscha.

Der beliebte Wasserfall **Bei Srok** (បីស្រុក; Tuk Chrou Brampul; Eintritt 2000 R) etwa 20 km östlich von Lumphat umfasst sieben sanft abfallende Stufen. Er lässt sich auch auf einer Schotterpiste vom Boeng Yeak Lom nach Süden/Südwesten erreichen. Viele Reiseveranstalter in Ban Lung bieten Tagestouren nach Bei Srok an, die den Besuch verlassener Edelsteinminen in der Nähe und Bombenkrater rund um Lumphat beinhalten. In der Regenzeit ist die Anreise schwierig bis unmöglich.

Um von Ban Lung nach Lumphat zu gelangen, muss man der Straße nach Stung Treng 15 km folgen, bevor man nach Süden fährt. Für die 35 km lange Strecke benötigt man etwa 45 Minuten. Fast jeden Tag fahren in Lumphat frühmorgens Pick-ups zum Taxihalteplatz in Ban Lung ab; nachmittags geht's zurück.

PROVINZ MONDULKIRI

Die Provinz Mondulkiri (ខេត្តមណ្ឌលគិរី) und Kambodschas Tiefland trennen Welten. Die Kultur ist anders, ebenso das Klima – eine echte Erleichterung nach der Hitze in den Niederungen. Diese Provinz ist wahrhaftig der „Wilde Osten" des Landes. Hier leben die zähen Bunong mit ihren stolzen Elefanten: Reisende können traditionelle Dörfer besuchen und beim Elephant Valley Project (S. 329) etwas über das Leben der Elefanten in ihrem ursprünglichen Lebensraum lernen.

Die Landschaft ist abwechslungsreich: Kiefernhaine, grasbewachsene Hügel und vom Wind gepeitschte Täler wechseln sich mit jadegrünen Wäldern ab, in denen versteckte Wasserfälle rauschen. Nirgendwo sind mehr wilde Tiere wie Bären, Leoparden und vor allem Elefanten heimisch als in dieser Provinz. Für gewöhnlich wird man aber nur Vögel, Affen und ein paar Wildschweine sichten.

Mondulkiri bedeutet „Treffen der Hügel", angesichts der Szenerie ein absolut passender Name. Die Provinz liegt auf einer durch-schnittlichen Höhe von 800 m, deshalb kann es nachts recht frisch werden. Warme Kleidung mitnehmen!

Es handelt sich um die am dünnsten besiedelte Region des Landes: Auf 1 km^2 kommen gerade mal vier Personen. Fast die Hälfte der Bewohner gehört den Bunong an, andere ethnische Minderheiten stellen nahezu den kompletten Rest der Bevölkerung. Viele Angehörige der ethnischen Minderheiten bestreiten ihren Lebensunterhalt nach wie vor als Jäger.

Umweltschützer haben Großes mit der Gegend vor: Es werden Schutzparks für Wildtiere eingerichtet und man fördert nachhaltigen Tourismus. Die Naturfreunde geraten jedoch immer wieder in Interessenskonflikte mit Spekulanten und Unternehmern, denen es in erster Linie um die natürlichen Ressourcen geht.

Sen Monorom សែនមនោរម្យ

🎵 073 / 10 000 EW.

Die Provinzhauptstadt von Mondulkiri ist eigentlich nicht viel mehr als ein großes Dorf. Ihr Zentrum befindet sich da, wo die legendären Hügel aufeinandertreffen. Weil sich dort zwei Seen erstrecken, spricht der eine oder andere auch schon mal von der „kambodschanischen Schweiz".

Rund um Sen Monorom stößt man auf diverse Gemeinden ethnischer Minderheiten und malerische Wasserfälle – es handelt sich also um den idealen Ort, um ein paar ruhige Tage zu verbringen. Viele Bunong aus den umliegenden Siedlungen kommen nach Sen Monorom, um ihre Waren zu verkaufen. Anhand der Körbe, die sie auf dem Rücken tragen, sind sie leicht von den Einwanderern aus dem Tiefland zu unterscheiden. Die Stadt befindet sich auf über 800 m, und wenn der Wind pfeift, ist es hier eindeutig kälter als in den übrigen Regionen des Landes. Warme Kleidung gehört unbedingt ins Gepäck.

👁 Sehenswertes & Aktivitäten

In Sen Monorom selbst ist nicht viel los, ringsum gibt's jedoch ein paar Sehenswürdigkeiten, die sich im Rahmen einer kurzen Motorradfahrt oder eines langen Fußmarschs von der Stadt aus erreichen lassen. Zu den wichtigsten Aktivitäten zählen ein Besuch im nahen Elephant Valley Project (S. 329) und die neue Mayura-Zipline (S. 331) beim Bou-Sraa-Wasserfall.

GEMEINDEBASIERTER TOURISMUS IN MONDULKIRI

Der WWF (S. 328) hat kürzlich zwei Orte im Naturschutzgebiet Phnom Prich in Mondulkiri bei Projekten unterstützt, die Travellern einen Einblick in den traditionellen Alltag der Bunong ermöglichen sollen. Der eine Ort ist Dei Ey, rund 55 km nördlich von Sen Monorom, der andere ist Sre Y, rund 30 km nordwestlich von Sen Monorom. Genauere Auskünfte zu beiden Projekten erteilt Nimith vom WWF. Ausflüge in die Orte kann man auch im Hefalump Cafe (S. 330) in Sen Monorom buchen.

Im Dorf Dei Ey werden Übernachtungen, traditionelle Verpflegung, kurze Fußmärsche mit Elefanten der Bunong sowie Trekking angeboten. Auch kulturelle Aktivitäten wie Harzsammeln und Imkern stehen auf dem Programm. Die Preise für einen Zweitagesausflug beginnen bei 135 US$ für eine Person und reduzieren sich mit jedem weiteren Teilnehmer beträchtlich. Die Kosten decken Transfers, von Bunong zubereitete Mahlzeiten, Guides sowie die Unterbringung in der Dei Ey Community Lodge ab. Ein ähnliches Programm gibt es in Sre Y, mit Elefanten-Spaziergang und anschließender Wanderung zu einem Wasserfall; die Rückkehr nach Sen Monorom erfolgt per Mountainbike.

Teile der Einnahmen fließen in einen Gemeindefonds, aus dem Verbesserungen der Infrastruktur und Schutzmaßnahmen für den Wald finanziert werden.

Monorom-Wasserfall
WASSERFALL

(ទឹកធ្លាក់មនោរម្យ) `GRATIS` Der 10 m hohe Monorom-Wasserfall ergießt sich in ein gern benutztes Badebecken und bietet einen wunderbaren Anblick – sofern nicht gerade alles von Besuchern wimmelt. Man spaziert vom Westrand des Flugfelds 2,3 km nach Nordwesten, biegt nach links ab und geht noch 1,5 km weiter. Leider befindet sich am Abzweig kein lesbares Schild.

Wat Phnom Doh Kromom
BUDDHISTISCHER TEMPEL

(វត្តភ្នំដោះក្រមុំ) Über der nordöstlichen Ecke der Landebahn erhebt sich der Wat Phnom Doh Kromom; dort hat man bei Sonnenuntergang von einer Holzplattform eine phantastische Aussicht. Wer vom Tempel aus noch 5 km nach Norden wandert, gelangt zum **Samot Cheur** (Ozean aus Bäumen), einer weiteren Aussichtsplattform mit Blick auf smaragdgrün leuchtenden Wald im Osten.

👉 Geführte Touren

Ähnlich wie in Ratanakiri sind mehrtägige Waldwanderungen auch in Mondulkiri ungeheuer beliebt. Am besten engagiert man einen indigenen Fremdenführer, denn er kennt die Wälder wie seine Westentasche und kann den Kontakt zu Einheimischen in den Bunong-Dörfern herstellen.

Das **Mondulkiri Resource and Documentation Centre** (MRDC; ☎ 097 408 7806; www.mondulkiri-centre.org; Hefalump Cafe) über dem Hefalump Cafe bietet Informationen zum Tourenprogramm von **WEHH** (☎097 273 9566; http://bunongtourism.wordpress.com;

ab 55 US$), das einen Einblick in die Bunong-Kultur im Dorf Dak Dam gewährt. Die in Zusammenarbeit mit der NGO Nomad RSI angebotenen Touren stellen den Alltag auf einem Bunong-Bauernhof und das Kunsthandwerk der Bunong vor und umfassen eine Wanderung in einen alten Bunong-Wald. Die Preise beginnen je nach Gruppengröße bei 55 US$ pro Person.

Andere Gästehaus-Touranbieter wie beispielsweise die Nature Lodge und das Green House verpflichten in der Regel Bunong als Träger für längere Wanderungen; diesen Service sollte man jedoch explizit anfordern.

Viele Gästehäuser der Stadt bieten die komplette Bandbreite an Wanderungen und Touren rund um Sen Monorom an. Sie kosten etwa 50 US$ pro Person und Tag. Mahlzeiten, *moto*-Fahrten zu den Ausgangspunkten der Wanderpfade und ein englischsprachiger Guide sind inklusive. Je größer die Gruppe, desto niedriger der Preis pro Person.

Adventure Rider Asia
MOTORRADTOUREN

(☎078 250350; www.adventurerideasia.com; NH76; Touren ab 75 US$ pro Tag) Reini organisiert individuell zugeschnittene, mehrtägige Motorradtouren auf den holprigen Landstraßen von Mondulkiri und weit darüber hinaus. Ein hochwertiges Motorrad sowie Ausrüstung werden gestellt. Außerdem wird Motorradfahrern Unterricht im Motocrossfahren angeboten.

Green House
TOUR

(☎017 905659; www.greenhouse-tour.blogspot. com; NH76) 🖉 Inhaber Sam Nang ist eine prima Informationsquelle für Mondulkiri.

Sen Monorom

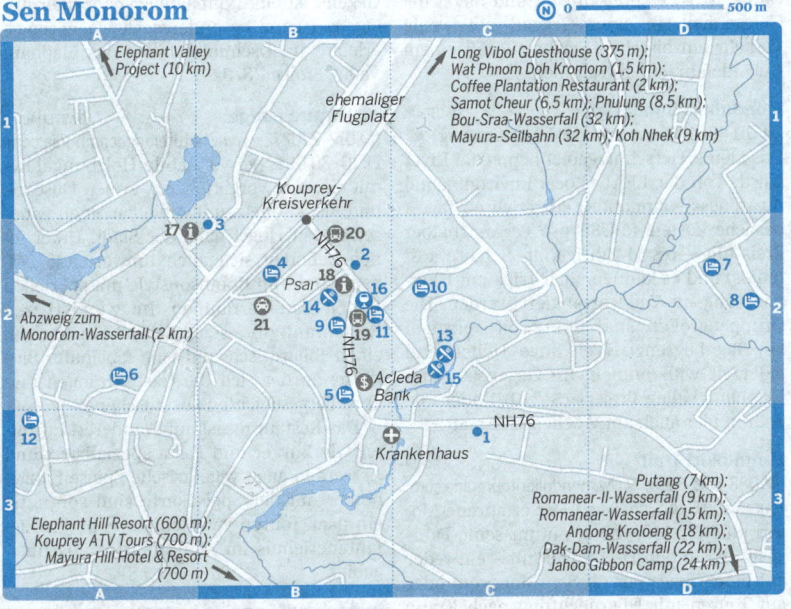

Sen Monorom

Aktivitäten, Kurse & Touren

1	Adventure Rider Asia	C3
2	Green House	B2
	Sam Veasna Center	(siehe 18)
3	WWF	B2

Schlafen

4	Avocado Guesthouse	B2
5	Green House Guesthouse	B2
6	Happy Elephant	A2
7	Indigenous Peoples Lodge	D2
8	Nature Lodge	D2
9	Pech Kiri Motel	B2
10	Phanyro Guesthouse	C2
11	Sovannkiri Guesthouse	B2
12	Tree Lodge	A3

Essen

13	Cafe Phka	C2

	Green House Restaurant & Bar	(siehe 2)
14	Hefalump Cafe	B2
	Khmer Kitchen	(siehe 2)
15	Mondulkiri Pizza	C2

Ausgehen & Nachtleben

16	Chilli on the Rocks	B2

Praktisches

17	Touristeninformation	A2
18	Hefalump Cafe	B2
	Mondulkiri Resource and Documentation Centre	(siehe 18)

Transport

19	Kim Seng Express	B2
20	Phnom Penh Sorya	B2
21	Taxistand	B2
	Virak-Buntham	(siehe 19)

Das Green House betreibt das **Elephant Community Program**, das erschwingliche Begegnungen mit Elefanten für 35 US$ pro Person sowie längere Touren mit Übernachtung anbietet. Außer Wandertouren veranstaltet das Green House auch ganztägige Mountainbiketouren (ab 20 US$). Es können auch Trek- und Giant-Mountainbikes (8 US$ pro Tag) sowie Motorräder (7 US$) gemietet werden.

Kouprey ATV Tours   ABENTEUERTOUR
(☎088 888 8629; Mayura Hill Resort; Touren 29 US$) Das Quadfahren hat die Berge von Mondulkiri erreicht – und es macht echt Spaß! Die vom Mayura Hill Resort organisierte Tour führt zu einigen der wichtigsten Sehenswürdigkeiten von Sen Monorom, u. a. zum Monorom-Wasserfall, Samot Cheur („Ozean aus Bäumen") und dem Aussichtspunkt am Wat Phnom Doh Kromom. Das

Ganze ist recht preisgünstig und bietet die Gelegenheit, in einer Gegend mit wenig Verkehr ein bisschen Erfahrung mit einem Geländefahrzeug zu sammeln.

Mondulkiri Sanctuary ÖKOTOUR

(☎ 011 494449; www.mondulkirisanctuary.org) Das kleine Tierschutzgebiet beim Otai River wurde von der LEAF (Local Environmental Awareness Foundation) eingerichtet. Tagesbesuche kosten 45 US$ pro Person (halber Preis für 8- bis 14-Jährige, bis 8 Jahre kostenlos) und es können auch Trips mit Übernachtung im Wald arrangiert werden. Die Gruppengrößen sind auf zwölf Personen am Tag begrenzt. Freiwillige Helfer sind jederzeit willkommen. Im Gegensatz zum Elephant Valley Project (S. 329) finden die Touren hier auch am Wochenende statt.

Mondulkiri Trail TOUR

(☎ 088 593 5588; www.mondulkiritourguide.com; Touren ab 50 US$ pro Pers.) Der erfahrene Motorradfahrer Monyhong nimmt seine Fahrgäste tief in den Dschungel mit – entweder auf einer Tagestour ab Sen Monorom oder auf Touren mit Übernachtung nach Kratie in Ratanakiri.

Sam Veasna Center TIERBEOBACHTUNGSTOUREN

(☎ 012 520828; www.samveasna.org; Hefalump Cafe, Sen Monorom) Bietet in Zusammenarbeit mit der internationalen NGO Wildlife Conservation Society (WCS; www.wcscambodia.org) Tier- und Vogelbeobachtungstouren im Seima-Waldschutzgebiet westlich der Stadt an. Inzwischen sollte im Hefalump Cafe ein Sam-Veasna-Angestellter zugegen sein, der über die Möglichkeiten zur Primatenaufspürung und Vogelbeobachtung in Seima informiert.

WWF ÖKOTOUR

(☎ 073-690 0096; www.panda.org) Ist an einer Reihe von Ökotourismusinitiativen in Mondulkiri beteiligt und veranstaltet eigene Touren nördlich von Sen Monorom ins Tierschutzgebiet Phnom Prich sowie ins Mondulkiri-Waldschutzgebiet.

🛏 Schlafen

Warmes Wasser ist eine tolle Sache im frostigen Mondulkiri, aber normalerweise muss man dafür extra bezahlen. In Unterkünften ohne diesen Service werden den Gästen normalerweise beheizte Behälter mit heißem Wasser für eine Dusche zur Verfügung gestellt. In dieser Gegend ist eine Klimaanlage eher überflüssig. Ein ganz besonderes Übernachtungserlebnis im Dschungel bietet das Elephant Valley Project (S. 329).

⭐ Nature Lodge GÄSTEHAUS $

(☎ 012 230272; www.naturelodgecambodia.com; Zi. 10–30 US$; ☎) 30 stabile Holzbungalows mit eigenem Vorgärtchen, warmen Duschen und Moskitonetzen überziehen einen windzerzausten Hügel nahe der Stadt. Unter ihnen befinden sich auch umwerfende „Alpenhütten" im Robinsonstyle mit speziellen Betten und Vorräumen. Im wunderbaren Restaurant gibt es gemütliche Sitznischen, einen Billardtisch und eine fabelhafte Bartheke, an der sich die Gäste drängen und Travellergeschichten austauschen.

Das Restaurant ist auf Wandererkraftfutter wie Burger und Pasta spezialisiert und es werden auch vegetarische Speisen angeboten. Auf der Speisekarte sind sorgfältig ein paar Touren verzeichnet, u. a. das Elefantenerlebnis im Mondulkiri-Waldschutzgebiet.

Indigenous Peoples Lodge BUNGALOW $

(☎ 012 317368; indigenouspeopleslodge@gmail.com; Zi. 7–20 US$; @☎) Die von einer Bunong-Familie geführte tolle Lodge bietet unterschiedlichste Unterkünfte in traditionellen Häusern, u. a. in einem Reethaus mit der einen oder anderen Annehmlichkeit. Die billigsten Zimmer verfügen über ein Gemeinschaftsbad, sind aber sehr preisgünstig. Dazu kommen freies Internet und kostenlose Transfers in die Stadt.

Phanyro Guesthouse GÄSTEHAUS $

(☎ 017 770867; Zi. 8–12 US$; ☎) Eine der angesagtesten Anlaufstellen von Leuten, die hier in der Gegend freiwillige Arbeit leisten, und von Mitarbeitern von NGOs. 500 m östlich des Stadtzentrums reihen sich die hübschen Hütten auf einem Grat mit Blick zum Flusstal aneinander. In den Zimmern hat man zwar nichts von der grandiosen Aussicht, dafür sind sie jedoch sehr gepflegt und verfügen über Warmwasser.

Tree Lodge BUNGALOWS $

(☎ 097 723 4177; www.treelodgecambodia.com; Zi. 5–15 US$; ☎) Spartanische A-Frames aus regionalen Materialien überziehen in perfekter Formation einen Hang. Dazu kommen noch ein paar schickere Bungalows. Allgemeiner Treffpunkt ist das Restaurant

SPAZIERGÄNGE MIT ELEFANTEN

Elefanten hautnah erleben – diese Möglichkeit bietet das Elephant Valley Project (EVP; ☑ 099 696041; www.elephantvalleyproject.org; ☻ Mo–Fr). Ziel ist es, *mahouts* (Elefantenführer bzw. -besitzer) dazu zu bewegen, ihre überarbeiteten oder verletzten Tiere in dieses 1600 ha große Schutzgebiet zu bringen. Das Projekt ist sehr beliebt; einen Besuch sollte man also weit im Voraus buchen. Es werden ganz- (85 US$) oder halbtägige (55 US$) Besuche angeboten. Freitags und samstags werden keine Übernachtungsgäste aufgenommen und das Projekt ist samstags und sonntags für Besucher geschlossen.

Der Projektgründer Jack Highwood ist ein Brite mit einem besonderen Faible für die Dickhäuter. Er hat es sich zur Aufgabe gemacht, die Lebensbedingungen der Arbeitselefanten in Mondulkiri zu verbessern – im EVP will man den Elefanten „wieder beibringen, sich wie ein Elefant zu benehmen". Gemäß der Tradition der Bunong muss den Tieren regelmäßig Zeit zum Ausruhen gewährt werden, doch Highwood zufolge ist die Verlockung für die bettelarmen *mahouts* zu groß, mehr Geld zu verdienen, indem sie die Dickhäuter bis zum Umfallen arbeiten lassen. Sie tragen nicht nur Touristen auf ihrem Rücken, sondern schleppen so ziemlich alles, was man sich vorstellen kann, auch illegal geschlagenes Holz. „In Mondulkiri betrachtet man Elefanten als günstige Traktoren", erklärt Highwood.

Die meisten Reiseveranstalter in Mondulkiri betonen, dass bei ihren Touren nur gesunde Elefanten zum Einsatz kommen, die artgerecht gehalten werden. Highwood unterstützt das, betont aber, dass dies eher die Ausnahme als die Regel ist. „Die verbleibenden 48 Elefanten in Mondulkiri stehen unter sehr großem Druck, da es nicht genug von ihnen gibt", bemerkt er. „In der Regel sind sie zu alt zum Arbeiten und werden gezwungen, Dinge zu tun, die wider ihre Natur sind."

Im Elephant Valley Project wird *mahouts*, die ihre Tiere hierher bringen – derzeit sind sechs Dickhäuter hier zu Gast –, ein vernünftiger Lohn gezahlt, wenn sie einwilligen, ihre Tiere hier im Wald „in Rente" zu geben und ausschließlich gemäß Ökotourismusmaßstäben einzusetzen. Sie kümmern sich weiter um die Dickhäuter, arbeiten mit ihnen und füttern sie und sie achten darauf, dass die Elefanten so zufrieden wie nur möglich sind. Die Elefanten können durch die Wälder streifen und selbst nach Futter suchen und sich am Flussufer Schlammschlachten mit ihren Artgenossen liefern.

Ausritte werden nicht angeboten, aber Besucher können mit den Tieren durch die Wälder gehen und sie in ihrem natürlichen Lebensraum aus nächster Nähe beobachten. Dabei lernt man nicht nur einiges über ihr Verhalten, sondern auch über die Bunong-Kultur sowie die Wälder. Weitere Projektpunkte sind der Schutz des Waldes für die wilden Elefanten, Gesundheitsversorgung und andere Hilfen für die Bunong-Kommunen im Einzugsbereich als Ausgleich für die Nutzung ihrer Wälder sowie die tierärztliche Versorgung aller Elefanten in Mondulkiri, nicht nur der Tiere im Tal. Die Wildlife Conservation Society lobt das Elephant Valley Project als hilfreiche Einrichtung beim Schutz der Ostausläufer des Seima-Waldschutzgebiets.

Bei den Besuchsoptionen mit Übernachtung wird in schönen Dschungelbungalows mit Blick übers Tal genächtigt. Ein Zweitagespaket mit Übernachtung im Dorm kostet 125 US$, im privaten Bungalow 145 US$. Außerdem sind längere Aufenthalte möglich: drei Tage im Dorm/Bungalow für 235/265 US$, fünf Tage für 405/455 US$), jeweils mit Vollpension.

Der Zugang zu dem Gelände wird streng kontrolliert, daher nicht einfach unangemeldet aufschlagen (schließlich laufen hier ja Elefanten frei herum). Für den Besuch muss man sich weit im Voraus anmelden, denn das Projekt genießt großen Zulauf. Pro Tag sind maximal 12 Tagesgäste zugelassen.

Wer an einem Wochenende in Mondulkiri ist, kann auch auf ein anderes Elefantenerlebnis ausweichen, z. B. in Putang oder Phulung einen Dorfelefanten besuchen oder den Elefanten bei der Nahrungssuche im Wald zuschauen – das wird vom Green House (S. 330) und seinem Elephant Community Programme angeboten.

OSTKAMBODSCHA SEN MONOROM

mit Hängematten und köstlicher Khmer-Kost. Die junge Familie, die das Ganze managt, ist sehr nett und hilft bei der Tourenplanung.

Happy Elephant
GÄSTEHAUS $

(☎ 097 616 4011; www.mondulkiri-elephant.com; B 2 US$, Zi. 5–8 US$; 📶 🌐) Das französisch-kambodschanische Tandem Vivi und Mot sind die Gastgeber in dieser Backpackerherberge mit soliden Kaltwasser-Bungalows auf einem Hügel hinter dem Bar-Restaurant Phat Gecko. Es werden auch Wanderungen und andere Touren angeboten.

Sovannkiri Guesthouse
HOSTEL $

(☎ 097 474 4528; B 3 US$, Zi. 5–8 US$) Das von einem Paar (halb tasmanisch, halb Khmer) geführte Gästehaus wollte zuletzt umziehen – wird also inzwischen oder demnächst größer und besser sein. Es bietet saubere und erschwingliche Zimmer. In den großen Schlafsaalbetten haben zwei Personen Platz. Das begehrte Hausrestaurant mit angeschlossener Bar produziert tolle westliche Küche und Khmer-Essen von verlässlicher Qualität.

Avocado Guesthouse
GÄSTEHAUS $

(☎ 011 803884; avocado-guest-house@gmail.com; Zi. 10–25 US$; 📶) Die Zimmer des schicken neuen Gästehauses beim Markt gehören für das Geld zu den bestausgestatteten der Stadt. Ohne Klimaanlage – in den kühleren Monaten von November bis Februar sowieso unnötig – sind sie 5 US$ billiger. Unten ist ein kleines Café.

Long Vibol Guesthouse
GÄSTEHAUS $

(☎ 012 589958; www.longvibol.com; Zi. 8–25 US$; 📶) Ein attraktives aus Holz errichtetes Resort inmitten eines grünen Gartens unweit vom Zentrum. Die 20 Zimmer sind ein wenig klein, aber gut ausgestattet. Der legendäre Tourguide Vibol hat sich aus dem Trekkinggeschäft zurückgezogen und ist jetzt Bürgermeister von Sen Monorom. Seine alten Touren werden immer angeboten – mit neuen Guides.

Green House Guesthouse
GÄSTEHAUS $

(Boran Southa Guesthouse; ☎ 017 905 659; Zi. 5–20 US$; 🌐📶) Die mit dem gleichnamigen Tourveranstalter verwandte Unterkunft besitzt eine Vielzahl unterschiedlicher Zimmer, vom Einzelzimmer mit Kaltwasser bis zur Familiensuite mit zwei Schlafzimmern und Klimaanlage. Auch als Boran Southa Guesthouse bekannt.

Pech Kiri Motel
HOTEL $

(☎ 012 932102; pichkiri@gmail.com; Zi. 8–30 US$; 🌐📶) Hier schwingt die quirlige Madame Deu das Zepter. Früher war dies die einzige Unterkunft in der Stadt und das Geschäft läuft unverändert gut. Die billigen Zimmer liegen nahe dem Empfang, die opulenteren neuen im hinteren Bereich.

Elephant Hill Resort
HOTEL $$

(☎ 016 510520; www.elephanthillresort.com; Zi. 60–80 US$) Die Hotelzimmer (oder eher Suiten) befinden sich in geräumigen Villen, jede mit Lounge, Schlafzimmer und *zwei* Bädern. Eine gute Wahl für Familien auf der Suche nach einer komfortablen Mittelklasse-Unterkunft.

★ Mayura Hill Hotel & Resort
HOTEL $$$

(☎ 077 980980; www.mayurahillresort.com; Zi. mit Frühstück 100–125 US$, Suite mit Frühstück 150 US$; 🌐📶🏊) Das Mayura Hill setzt in Sachen Unterkunft neue Maßstäbe in Mondulkiri und ist für Leute, die es sich leisten können, auf jeden Fall eine wunderbare Bleibe. Die 14 Villen sind geschmackvoll mit Holz und Seide eingerichtet und in der Familienvilla gibt es auch ein Herbergsbett für die Kids. Zu den Einrichtungen zählen ein Pool und ein kleiner Fußballplatz! Das Restaurant ist das kultivierteste in der Stadt.

🍴 Essen & Ausgehen

Die meisten Gästehäuser besitzen ein Restaurant. Die besten sind das der Nature Lodge, des Sovannkiri Guesthouse und des Mayura Hill.

Hefalump Cafe
CAFÉ $

(Kuchen 1–3 US$; ⏰ Mo–Fr 7–18, So 9–16 Uhr; 📶) 🌿 Das von einem Zusammenschluss verschiedener NGOs und Naturschutzgruppen der Stadt betriebene Café dient gleichzeitig als Gastgewerbe-Ausbildungsplatz für Bunong. Dank einheimischem Kaffee und Lavazza, verschiedenen Tees und köstlichem hausgemachtem Kuchen ist es wunderbar geeignet zum Planen der nächsten Abenteuer.

Coffee Plantation Resort
KAMBODSCHANISCH $

(www.chormkacafe.com; Hauptgerichte 2,50–7 US$; ⏰ 7–21 Uhr; 📶) Wie der Name vermuten lässt, befindet sich dieses Restaurant auf dem Gelände einer großen Kaffeeplantage und bietet neben dem eigenen Kaffee auch andere tolle kambodschanische Kaffeesorten an. Die *banh chaeuv* (herzhafte Pfannkuchen) sind eine bekömmliche Mahlzeit für nur 2,50 US$; köstlich ist auch das Honig-Grillhähnchen.

Khmer Kitchen
KAMBODSCHANISCH **$**

(Hauptgerichte 2–4 US$; ⊙ 6–22 Uhr; 🅿) In dem unauffälligen Laden am Straßenrand wird mit das leckerste Khmer-Essen im Umkreis zubereitet. Besonders empfehlenswert: *kari saik trey* (Fisch-Kokos-Curry) und auch alle übrigen Currys. Dazu kommen noch ein paar ausländische Gerichte.

Green House Restaurant & Bar
INTERNATIONAL **$**

(Hauptgerichte 1,50–3,50 US$; ⊙ 7–23 Uhr; 🅿) Das beliebte Green House bietet nicht nur Internetzugang und Reiseinfos, sondern auch günstige Khmer- und westliche Gerichte. Abends ist es eine Bar mit billigem Bier und frechen Cocktails, zu denen Reggaebeats laufen.

Cafe Phka
BÄCKEREI

(Gerichte 1,50–5 US$) Dies ist die Quelle des köstlichen Kuchens, der jeden Tag im Hefalump Cafe auftaucht. Tipp: der Möhren- oder der Bananen-Zimt-Kuchen. Oder man gönnt sich zunächst etwas Gesundes wie ein Sandwich oder einen Salat. Mit hübschem Garten an einem Bach.

Mondulkiri Pizza
PIZZA **$**

(☑ 097 522 2219; kleine/große Pizza 5/10 US$; ⊙ 10–22 Uhr) Der große Elektroherd hier spuckt die beste Pizza in den Bergen aus, die auf Bestellung auch ins Haus geliefert wird.

Chilli on the Rocks
BAR

Endlich verfügt das verschlafene Sen Monorom über eine richtige Bar, geführt von einem freundlichen schwedischen Paar. Hier gibt's billiges Bier, starke Cocktails und kleine Speisen aus aller Welt, darunter eine Platte mit köstlichen Tapas als Begleitung zu den Drinks. Wann zugemacht wird, hängt von den Gästen ab.

ℹ Praktische Informationen

In den größeren Gästehäusern der Stadt erhält man meist nützliche Auskünfte.

Acleda Bank (NH76; ⊙ 8.30–15.30 Uhr, Geldautomat 24 Std.) Tauscht die wichtigsten Währungen. Der Geldautomat akzeptiert nur Visa-Karten.

Hefalump Cafe (⊙ Mo–Fr 7–18, So 9–16 Uhr) Das von einer NGO geführte Café ist gleichzeitig eine Anlaufstelle für Bunong und die beste Informationsquelle für nachhaltigen Tourismus in der Provinz Mondulkiri. Es gibt z. B. Infos zum Elephant Valley Project, zum Seima-Waldschutzgebiet und zu verantwortlich geführten Touren zu den Bunong-Siedlungen.

ℹ An- & Weiterreise

Der Abschnitt des NH76 von Sen Monorom nach Snuol und Phnom Penh (370 km) ist bestens in Schuss und durchquert lange Abschnitte geschützten Waldes. Eingefleischte Motocross-Fans bevorzugen eventuell die alte französische Straße (den sogenannten King's Highway), die von Khao Seima nach Osten führt und etwa parallel zum NH76 verläuft. Sie kommt bei Andong Kroloeng raus, etwa 25 km von Sen Monorom.

Phnom Penh Sorya (☑ 097 723 4177; www. ppsoryatransport.com) hat um 7.30 Uhr einen

---

ABSTECHER

DIE MAYURA ZIPLINE BEIM BOU-SRAA-WASSERFALL

Die neue **Mayura Zipline** (☑ 088 888 8629; Bou-Sraa-Wasserfall; 69 US$) sorgt für einen extremen Adrenalinschub – die längste, 300 m lange Seilrutsche führt direkt über den Bou-Sraa-Wasserfall. Der Zipline-Parcours beginnt am jenseitigen Ufer des Flusses. Insgesamt gibt's sechs Seilrutschen sowie eine Hängebrücke. Die ersten vier Rutschen sind als Vorübung für die superschnelle Fahrt über den Wasserfall zu sehen. Der Parcours endet mit einer kurzen Tandem-Rutsche für Paare oder gerade erst gefundene Freunde.

Dieser Parcours ist kürzer und schneller als der Flight of the Gibbon Angkor (S. 105), was sich auch im Preis niederschlägt. Kleinere Gruppen benötigen rund eine Stunde, um den Parcours zu absolvieren. Zwar gibt's hier keine Gibbons, dafür aber einen Blick auf den Bou Sraa aus der Vogelperspektive – und der ist spektakulär. Buchungen können über Gästehäuser und Hotels vorgenommen werden oder man meldet sich einfach im neuen Informationszentrum beim Wasserfall. Manchmal gibt's auch Preisermäßigungen.

Bus nach Phnom Penh (35 000 R, 8 Std.). Die komfortablen Minibusse (11 US$) von Kim Seng Express schaffen die Strecke in fünf Stunden; Abfahrt ist sechsmal am Tag zwischen 7 und 14 Uhr. Virak-Buntham bietet ebenfalls Minibusse nach Phnom Penh (12 US$); Abfahrt ist um 7.15 und 13.30 Uhr.

Die Busse und Minibusse nach Phnom Penh kommen inzwischen nicht mehr durch Kompong Cham, sondern nehmen eine Abkürzung durch die Provinz Prey Veng. Jede Fahrt mit öffentlichen Verkehrsmitteln nach Siem Reap erfordert gewöhnlich Umsteigen in Soung.

Langsame Minibusse bringen Reisende nach Kratie (30 000 R, 4 Std.; Abfahrt am Taxistand). Normalerweise verkehrt mindestens einer am frühen Morgen, gegen 12.30 Uhr starten zwei bis drei weitere Wagen. Wer morgens fahren möchte, sollte den Platz vorab reservieren.

Inzwischen verkehren auch Minibusse auf der neuen Straße nach Ban Lung in Ratanakiri; sie kosten 8 US$ und brauchen etwa zwei Stunden.

Unterwegs vor Ort

Englischsprachige *moto*-Fahrer können für ungefähr 15 bis 20 US$ pro Tag angeheuert werden. Typische Preise für Hin- und Rückfahrten in der Gegend sind: Bou Sraa 12 US$, Dak-Dam-Wasserfall 10 US$, Samot Cheur 5 US$ und Monorom-Wasserfall 3 US$.

In den meisten Gästehäusern bekommt man Motorräder für 6 bis 8 US$; einige vermieten auch Fahrräder für 2 US$. Adventure Rider Asia (S. 326) hat gut gewartete 250-ccm-Enduros (30 US$ pro Tag). Pick-ups und Wagen mit Allradantrieb können tageweise gechartert werden. Während der Trockenzeit zahlt man ungefähr 50 US$ für Ausflüge in die Umgebung von Sen Monorom, in der Regenzeit mehr.

Rund um Sen Monorom

Bou-Sraa-Wasserfall   ទឹកជ្រោះប៊ូស្រា

Der zweistufige **Bou-Sraa-Wasserfall** (Eintritt 5000 R) inmitten des dichten kambodschanischen Dschungels gehört zu den eindrucksvollsten Wasserfällen Kambodschas und ist im ganzen Land bekannt. Seine obere Stufe misst 10 m, seine untere stolze 25 m. Der Wasserfall liegt 33 km bzw. eine Stunde östlich von Sen Monorom an einer fast durchgehend asphaltierten Straße.

Um zum Fuß der unteren Kaskade zu gelangen, muss man die Brücke über den Fluss überqueren und einem Pfad zu einer steilen Treppe folgen, die bis zum Wasserfall führt (15 Gehminuten). Die Imbissstände und Händler, die den Pfad zum unteren Ende des Hauptfalls säumen, sollen in einen eigenen, vom Mayura-Zipline-Team gemanagten Speise- und Marktbereich mit schönen hölzernen Picknickpavillons umziehen, wo es raffiniertere Speisen geben soll als zurzeit.

Weitere Wasserfälle

Es gibt noch mehr beliebte Wasserfälle in der Provinz, darunter der **Romanear-Wasserfall** (ទឹកធ្លាក់រមនា) 18 km südöstlich von Sen Monorom und der **Dak-Dam-Wasserfall** (ទឹកជ្រោះដាក់ដាំ) 25 km südöstlich der Stadt. Beide können kaum ohne Unterstützung eines Einheimischen gefunden werden – am besten sucht man sich einen *moto*-Fahrer oder lokalen Guide. Der Romanear-Wasserfall ist nicht sehr hoch, aber breit, außerdem bietet er ein paar nette Schwimmgelegenheiten. Der Dak Dam erinnert an den Monorom, führt allerdings mehr Wasser. Er liegt einige Kilometer hinter dem Bunong-Dorf Dak Dam; Einheimische können einen dorthin geleiten, sofern man ihnen begreiflich machen kann, was man sucht.

Der zweite Romanear-Wasserfall, originellerweise unter dem Namen **Romanear II** (ទឹកធ្លាក់រមនាទី១) bekannt, befindet sich nahe der Hauptstraße zwischen Sen Monorom und Snuol.

Bunong-Dörfer

Einige Bunong-Dörfer rund um Sen Monorom eignen sich hervorragend als Tagesausflugsziele, manche haben jedoch durch den Einfluss der Touristen ihre authentische Note verloren. Allgemein gilt: Je entlegener das Dorf, desto urtümlicher. Exkursionen zu den Siedlungen können häufig mit Besichtigungen von Wasserfällen und Elefantenritten kombiniert werden. Jedes Gästehaus hat ein „Lieblingsdorf", das Gästen empfohlen wird – so landet das Geld nicht nur bei einer Gemeinde.

Seima-Waldschutzgebiet   តំបន់ការពារព្រៃឈើតែរសីមា

In dem 3000 km² umfassenden Seima-Waldschutzgebiet leben unzählige Säugetiere. Hier streifen abgesehen von einer recht beachtlichen Anzahl Schwarzschenkliger Kleideraffen und Gelbwangen-Schopfgibbons schätzungsweise 150 wilde Elefanten umher, mehr als die Hälfte der Gesamtpopulation in Kambodscha. Auch Bären, unzählige Vögel und sieben verschiedene Raubkatzenspezies sind auf dem Gelände heimisch. Der hiesige Dschungel weist eine üppigere Vegetation als der Trockenwald im Osten Mondulkiris auf und ist in einem relativ guten Zustand.

Die Wildlife Conservation Society (WCS; www.wcscambodia.com) unterstützt die staatliche Forstverwaltung bei der Pflege des Waldes. Verschiedene Ökotourismusaktivitäten sind im Entwicklungsstadium, darunter Kleideraffen- und Gibbonspotting in Andong Kroloeng. Das **Sam Veasna Center** (☑012 520828; www.samveasna.org), Partner der WCS und Experte für Vogelbeobachtung, veranstaltet Birdwatchingtrips in Begleitung eines sachkundigen Guides im Seima, unweit vom Kao Seima, für rund 100 US$ pro Person pro Tag, auf die einmalig 30 US$ Naturschutzgebühr pro Person aufgeschlagen werden. Die meisten Teilnehmer entscheiden sich dafür, in Sen Monorom zu übernachten.

Über die aktuellen Tourangebote im Park informiert das Hefalump Cafe (S. 330) in Sen Monorom.

Die Straße nach Sen Monorom führt durch das Waldschutzgebiet – also nach Affen Ausschau halten!

Koh Nhek កោះញែក

☑ 073 / 6000 EW.

Koh Nek erstreckt sich im äußersten Norden der Provinz an der Überlandroute zwischen Sen Monorom und der Provinz Ratanakiri. Früher war dies der Ort, an dem die Straße von Sen Monorom her endete und der Viehpfad nach Lumphat in Ratanakiri begann. Jetzt ist es ein Versorgungsstopp mit mehreren Gästehäusern und Restaurants an der neuen Fernstraße zwischen Mondulkiri und Ratanakiri.

Die neue Straße erleichtert nicht nur Reisenden den Weg von Mondulkiri nach Ban Lung, sondern spült hoffentlich auch etwas Geld in die Kassen von Koh Nhek. Davon, dass sich die Zeiten ändern, zeugt auch die neue Acleda-Bankfiliale (ohne Geldautomat).

Die beste Unterkunft hier ist das **Phnom Kroal Guesthouse** (☑015 779799; penyon@gmail.com; Bungalows 15 US$) an der Straße Richtung Norden nach Ratanakiri. Die Zim-

AFFEN IN MONDULKIRI

Eine jüngst erfolgte Schätzung der Wildlife Conservation Society ergab im Seima Protected Forest eine ungefähre Population von 20 600 Schwarzschenkligen Kleideraffen und mehr als 1000 Gelbwangen-Schopfgibbons – die weltweit größte Konzentration beider Spezies. Dank eines neuen Projekts im Bunong-Dorf Andong Kraloeng, das vom Sam Veasna Center (SVC) unterstützt wird, bietet das Jahoo Gibbon Camp Wanderungen in die Wildnis an, um diese Primaten zu erspähen. Ziel der Initiative ist es, die Dorfbewohner durch Bereitstellung von genügend Arbeitseinkommen zum Schutz der gefährdeten Primaten und deren Lebensraum zu motivieren.

Bei den Wanderungen geht es kreuz und quer durch immergrünen Mischwald und vorbei an Wasserfällen. Unterwegs bestehen ausgezeichnete Chancen, Kleideraffen und Makaken zu Gesicht zu bekommen sowie die Spuren von scheueren Tieren wie Bären, Gauren (Wildrinder) und Elefanten zu sehen. Dazu kommen noch zahlreiche Vögel wie beispielsweise der spektakuläre Riesennashornvogel. Auf den Pfaden begleiten lizenzierte Führer zusammen mit Bunong-Guides die Besucher.

In den Kosten ist eine Naturschutzgebühr enthalten; damit werden Erschließungsprojekte in den Gemeinden unterstützt. Falls Kleideraffen und/oder Gibbons gesichtet werden, zahlt jeder Besucher sowie auch die SVC eine zusätzliche Gebühr. Dadurch sollen die Dorfbewohner einen direkten Anreiz erhalten, die seltenen Tiere zu schützen. Dies ist ein neues Projekt; die Preise sind abhängig von Transportmittel und Gruppengröße. Ein typischer Preis wäre z. B. etwa 80 US$ pro Person für eine Tagestour oder 150 US$ für eine Wanderung mit Übernachtung im rustikalen Zeltlager Jahoo Gibbon Camp inklusive Guides und Verpflegung.

Informationen gibt's im Sam Veasna Center (S. 333) in Sen Monorom, wo man auch buchen kann. Das Jahoo Gibbon Camp liegt im Waldschutzgebiet in der Nähe der Fernstraße, nur 25 km südwestlich. In der Trockenzeit ist der Zugang recht unproblematisch, in der Regenzeit ein bisschen schwieriger.

MONDULKIRI-WALDSCHUTZGEBIET: AFRIKA IN KAMBODSCHA

Vor dem Bürgerkrieg lebten in den Grasebenen im Norden Mondulkiris Unmengen von Gauren, Banteng-Rindern und wilden Büffeln. Besucher, die hier eine Wildwanderung miterlebten, stellten Vergleiche mit der Serengeti und der jährlichen Gnu-Migration an. Leider wurden ähnlich wie in Uganda und anderen afrikanischen Staaten Tausende dieser Tiere zu Nahrungszwecken getötet. Der WWF (S. 328) hat sich mächtig ins Zeug gelegt, um diese Region wiederzubeleben, und diverse Naturschutzinitiativen im Mondulkiri-Waldschutzgebiet angeregt. Eines der größten Naturschutzgebiete Kambodschas wird von Leoparden, Bären, Languren, Gibbons, Wildrindern und seltenen Vögeln bevölkert (Tiger wurden seit 2007 nicht mehr gesichtet). Bei unserem letzten Besuch sahen wir mehrere Herden von Banteng-Rindern, seltenen Wildkühen.

Auch Ökotourismus ist Teil der Schutzbestrebungen, doch mehrere Vorhaben sind gescheitert, weil das Ganze einfach zu abgelegen ist. Ein weiteres Problem besteht darin, dass viele der hier herumstreifenden Wildkatzen, Bären und anderen exotischen Kreaturen erheblich scheuer und nicht so leicht ausfindig zu machen sind wie die Banteng. Wie es aktuell um die Tourangebote in diese Ecke bestellt ist, erfährt man beim WWF.

mer befinden sich in geräumigen Bungalows mit geschmackvoller Einrichtung und großem Bad – ein echtes Schnäppchen. Eine weitere Option im Zentrum ist das **Sovankiri Guesthouse** (✆099 367000; Zi. 10–13 US$) mit einigen Bungalows im hinteren Bereich.

Das **Ly Sochea Restaurant** (Hauptgerichte 6000–15 000 R) gegenüber der Acleda Bank wartet mit köstlichem Khmer-Essen auf. Es gibt keine Karte: Man wird in die Küche eingeladen und wählt dort unter zahlreichen Zutaten das Passende aus.

Kambodscha verstehen

Kambodscha aktuell

Die Parlamentswahlen von 2013 haben die politische Landschaft dramatisch verändert; die kommenden Jahre versprechen angesichts der Stimmengewinne der Opposition spannend zu werden. Die Wirtschaft wächst weiterhin in rasantem Tempo, allerdings ab einer Art „Stunde Null" vor ein paar Jahrzehnten. Viele Beobachter fragen sich mittlerweile, welchen Preis die Umwelt dafür zahlen muss.

Wichtige Filme

The Killing Fields – Schreiendes Land (1984) Der wichtigste Film über die Zeit der Roten Khmer erzählt die Geschichte des amerikanischen Journalisten Sydney Schanberg und des kambodschanischen Fotografen Dith Pran während und nach dem Krieg.
Apocalypse Now (1979) In Coppolas Meisterwerk spielt Marlon Brando einen US-Colonel, der sich nach Kambodscha absetzt. Martin Sheen als junger Soldat soll ihn zur Raison bringen. Ihre Begegnung mündet in eine eindringliche Kriegsabrechnung.
The Last Reel (2014) Dieser preisgekrönte kambodschanische Film erforscht die Folgen der düsteren Vergangenheit des Landes für die nächste Generation.

Top-Bücher

Hun Sen's Cambodia (Sebastian Strangio) Kompromissloser Einblick ins heutige Kambodscha und die Herrschaft von Premierminister Hun Sen.
Die Kinder der Killing Fields (Erich Follath) Der Asienkenner liefert ein tolles Porträt Kambodschas und schildert seine tragische Geschichte.
Voices from S-21 (David Chandler) Eine Studie über das Verhör- und Folterzentrum der Roten Khmer.
Cambodia's Curse (Joel Brinkley) Brinkleys unverblümte Kritik an der Regierung und den internationalen Geldgebern bekam den Pulitzer-Preis.

Politik

Die Kambodschanische Volkspartei (KPK) dominiert Kambodschas politische Landschaft seit 1979, dem Jahr, in dem sie von den Vietnamesen eingeführt wurde. Partei und Staat sind eng miteinander verflochten und die Führung der KPK plant voraus; davon zeugen dynastische Allianzen zwischen ihren Sprösslingen.

Doch ihr Kontrollsystem wurde bei den letzten Wahlen in seinen Grundfesten erschüttert: Die vereinte Opposition legte deutlich zu. Oppositionsführer Sam Rainsy gründete mit dem Führer der Menschenrechtspartei, Kem Sokha, die Kambodschanische Partei der Nationalen Rettung (CNRP). Den offiziellen Ergebnissen der nationalen Wahlkommission (NEC) zufolge gewann zwar die KPK, den Zählungen der Opposition zufolge hatte die CNRP jedoch knapp die Nase vorn. Aus Protest boykottierte die CNRP die Nationalversammlung und weigerte sich, ihre Plätze einzunehmen.

Nach Monaten voller Demonstrationen und politischem Hickhack beendete die Opposition ihren Boykott. Seitdem haben sich beide Seiten darauf geeinigt, eine „Kultur des Dialogs" zu pflegen. Jedoch gibt es nach wie vor umstrittene Themen wie die Grenzstreitigkeiten mit Vietnam und die Landreform. Beim Thema Landreform unterstützt der ehemalige Kommunist Hun Sen die Elite, während der Ex-Banker Sam Rainsy mit seinem Programm der Umverteilung des Landes auf die Massen setzt. Das ist Kambodscha – ein rätselhaftes Land voller Widersprüche.

Angesichts Chinas Drang ins Südchinesische Meer werden in der Region bedeutende geopolitische Kämpfe ausgefochten. Kambodscha findet sich mitten in einem schwelenden Konflikt zwischen seinen beiden engsten Alliierten wieder, China und Vietnam, und kann es nicht beiden recht machen. Schon jetzt hat es einige seiner Asean-Partner verärgert, da es vor China zu Kreuze zu kriechen scheint. Wie lange noch kann Kambodscha diesen geopolitischen Drahtseilakt vollführen, ohne abzustürzen?

Wirtschaft

Lange Zeit litt die kambodschanische Wirtschaft unter den Jahrzehnte andauernden Konflikten im Land. Doch das einstige ökonomische Kriechtier zwischen den benachbarten Drachen erholt sich allmählich. Die Wirtschaft des Landes wurde liberalisiert und Investoren beeilen sich, die neuen Freiheiten zu nutzen.

Die von der internationalen Wirtschaft lange gemiedene Regierung ist mittlerweile sehr bemüht, von den neuen Möglichkeiten zu profitieren. Vor allem China investiert mehr in Kambodscha als alle anderen Geldgeber zusammen.

Über Jahre machte Entwicklungshilfe einen Großteil des Staatshaushalts aus und Kambodscha ist nach wie vor eins der ärmsten Länder Asiens: Das Einkommen vieler Familien ist noch immer unglaublich niedrig. Der offizielle Mindestlohn liegt bei nur 140 US$ pro Monat. In letzter Zeit wurde regelmäßig für höhere Löhne in der Bekleidungsindustrie demonstriert und gestreikt.

Wirtschaft und Umwelt

Die unberührte Natur Kambodschas ist ein Magnet für viele abenteuerlustige Ökotouristen, doch große Teile davon sind bedroht. Immer mehr uralte Wälder werden abgeholzt, um Platz für Plantagen zu schaffen. Entlang der Flüsse sind gewaltige Wasserkraftwerke geplant und die Südküste ist ins Fadenkreuz der Ölkonzerne geraten. Gegenden wie das Kardamom-Gebirge sind besonders hart umkämpft, und es bleibt abzuwarten, ob Umweltschützer oder die Wirtschaft den Sieg davontragen werden.

In den vergangenen Jahren haben die Chinesen im Kardamom-Gebirge mehrere Wasserkraftwerke gebaut und es liegen noch immer umstrittene Pläne für ein Kraftwerk im abgeschiedenen Areng-Tal auf dem Tisch. In diesem Gebiet mit ursprünglichem Wald und seltene Tiere wie das Siam-Krokodil und der Drachenfisch zu Hause. All diese Projekte sorgen zwar für Wirtschaftswachstum, behindern aber den derzeit aufblühenden Ökotourismus.

Medien

Die regierende KPK kontrolliert die meisten staatlichen Fernseh- und Radiosender und Zeitungen. Demonstrationen der Opposition und regierungskritische Aktivitäten schaffen es nur selten in die Nachrichten. Zum Glück gibt es die sozialen Medien; junge Kambodschaner sind ausgesprochen versiert im Umgang mit Facebook und YouTube. Da die Opposition die Unterstützung von rund der Hälfte der Bevölkerung genießt, könnten einige offizielle Medien ihre Berichterstattung jetzt vielleicht dahingehend verändern, dass sie der Stimmung im Volk gerecht wird.

EINWOHNER:
16 MILLIONEN

LEBENSERWARTUNG:
65 JAHRE

KINDERSTERBLICHKEIT:
45 PRO 1000 GEBURTEN

BIP: **16,71 MILLIARDEN US$ (2014)**

ALPHABETISIERUNGSGRAD (ERW.): **78 %**

Gäbe es nur 100 Kambodschaner, wären …

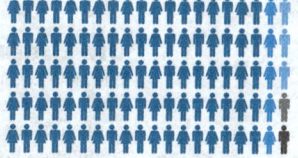

90 Khmer
5 vietnamesischer Abstammung
3 Cham
1 chinesischer Abstammung
1 Angehöriger ethnischer Minderheiten

Herkunft der Besucher (%)

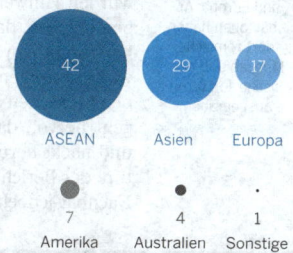

Bevölkerung pro km²

Geschichte

Kambodschas Geschichte lässt sich in wenigen Worten als schöner Schwan beschreiben, der sich in ein hässliches Entlein verwandelte. Die vielversprechenden Anfangsjahre fanden im riesigen Angkor-Reich ihren Höhepunkt, das seine Dominanz in der Region über vier Jahrhunderte hinweg mühelos behaupten konnte. Doch ab dem 13. Jh. begann der schöne Putz zu bröckeln, als aufstrebende Nachbarstaaten in kambodschanisches Gebiet vordrangen. Richtig schlimm wurde es schließlich im 20. Jh., als ein brutaler Bürgerkrieg in der Schreckensherrschaft der Roten Khmer (1975–79) gipfelte, von der sich das Land noch immer nicht völlig erholt hat.

Die Ursprünge der Khmer

Wie viele Legenden ist auch diejenige über die Ursprünge Kambodschas aus historischer Sicht fragwürdig, dennoch sagt sie etwas über die kulturellen Hintergründe der kambodschanischen Gesellschaft aus, insbesondere über die Beziehung zum großen Nachbarstaat Indien. Kambodschas religiöse Traditionen, Königshäuser und Schrift haben ihren Ursprung in Indien und verschmolzen zwischen dem 1. und 5. Jh. n. Chr. zu einer eigenständigen kulturellen Identität.

Über die prähistorische Geschichte des Landes ist wenig bekannt. Große Teile der südöstlichen Gebiete bestanden aus einem weiten seichten Golf, der im Laufe der Jahrhunderte vom Mekong in eine Schlammlandschaft verwandelt wurde. So entstand ein flaches mineralreiches Gebiet, das sich bestens für die Landwirtschaft eignet. Im Nordwesten wurden Hinweise auf Höhlenbewohner gefunden. Untersuchungen haben ergeben, dass in der Region entdeckte Tongefäße etwa 4200 v. Chr. hergestellt wurden. Ausgrabungen von Knochen, die aus dem Jahr 1500 v. Chr. stammen, legen nahe, dass die damaligen Einwohner den modernen Menschen ähnlich sahen. Aus frühen Aufzeichnungen der Chinesen geht hervor, dass die Kambodschaner „hässlich" und „dunkel" waren und nackt herumliefen. Eine gesunde Dosis an Skepsis ist bei der Lektüre der Berichte des imperialistischen Chinas über den „barbarischen" Nachbar jedoch durchaus angebracht.

Oc-Eo, Kambodschas wichtiger Hafen in der Funan-Periode, der heute im vietnamesischen Mekong-Delta liegt, war ein bedeutender Handelsknotenpunkt zwischen Asien und Europa; Archäologen haben dort römische Münzen und persische Tonwaren ausgegraben.

ZEITACHSE

4200 v. Chr.	100 n. Chr.	245
In den Höhlen rund um Laang Spean leben Menschen, die Tonwaren herstellen können. Archäologische Funde weisen darauf hin, dass die Gefäße denen ähneln, die heute noch in Kambodscha genutzt werden.	Mit der Ankunft von Händlern und spirituellen Führern aus Indien halten indische Religion, Sprache und Bildhauerkünste in Kambodscha Einzug.	Der chinesische Herrscher Wei entsendet eine Erkundungstruppe in die Länder der Mekong-Region, die ihm mitteilt, dass es in der Delta-Region ein barbarisches, aber reiches Land namens Funan gibt.

Die frühen kambodschanischen Königreiche

Kambodschanische Machtansprüche kamen und gingen nicht mit Angkor. Bereits vor dem 9. Jh. agierte eine ganze Reihe mächtiger Königreiche in der Region.

Im 1. Jh. n. Chr. begann die Indisierung des Landes. In der Küstenregion, die dem heutigen Südvietnam entspricht, damals aber von den Khmer bewohnt wurde, siedelten sich Händler an. Diese Siedlungen stellten wichtige Anlaufhäfen dar, da sie an der Route vom Golf von Bengalen zu den südlichen Provinzen Chinas lagen. Das größte dieser aufstrebenden Königreiche war bei den Chinesen unter dem Namen Funan bekannt. Wahrscheinlich erstreckte es sich über das Gebiet zwischen dem heutigen Phnom Penh und der archäologischen Stätte Oc-Eo in der südvietnamesischen Provinz Kien Giang. Funan war wohl vergleichbar mit Champasak in Südlaos, dem damaligen Kuruksetra, und anderen weniger bedeutenden Lehnsystemen in der Region.

Der Begriff Funan kommt aus dem Chinesischen und könnte eine Transkription des alten aus dem Khmer stammenden Wortes *bnam* (Berg) sein. Auch wenn man nur sehr wenig über das Reich weiß, wird seine Wichtigkeit als frühes südostasiatisches Machtzentrum hervorgehoben.

Wahrscheinlich bestand Kambodscha zwischen dem 1. und 8. Jh. aus einer Ansammlung kleiner Staaten, von denen jeder über seine eigene Herrscherschicht verfügte. Strategische Hochzeiten zwischen den regierenden Familien sowie Kriege untereinander waren aber üblich. Funan gehörte zweifellos dazu und spielte mit seinem Hafen sicherlich eine entscheidende Rolle in der Verbreitung indischer Kultur im Landesinneren.

Das spärliche Wissen der Historiker über das Reich stammt größtenteils aus chinesischen Quellen. Diese besagen, dass während der Funan-Periode (1. bis 6. Jh. n. Chr.) die hinduistischen Gottheiten Shiva und Vishnu angebetet wurden und man gleichzeitig den Buddhismus

Nicht nur Indien hatte bedeutende kulturelle Einflüsse auf Kambodscha, sondern auch die Insel Java, deren Teile von „Wasser-Chenla" im 8. Jh. kolonisierte.

GESCHICHTE DIE FRÜHEN KAMBODSCHANISCHEN KÖNIGREICHE

Kambodschas turbulente Vergangenheit wird mittels verschiedener Artikel, Erzählungen und Fotos auf der exzellenten Webseite namens *Beauty and Darkness: Cambodia in Modern History* (www.mekong.net/cambodia) vorgestellt.

DIE LEGENDE VON KAUNDINYA & DER NAGA-PRINZESSIN

Der Legende nach wurde der Grundstein Kambodschas durch die Vereinigung einer Prinzessin und eines Fremden gelegt. Bei Letzterem handelte es sich um einen indischen Brahmanen namens Kaundinya, die Prinzessin war die Tochter eines Naga-Königs, der über ein wasserreiches Gebiet herrschte. Eines Tages, als Kaundinya durch die Region segelte, fuhr die Prinzessin in einem Ruderboot hinaus, um ihn zu begrüßen. Kaundinya schoss mit seinem magischen Bogen einen Pfeil auf ihr Boot, woraufhin die verängstigte Frau in eine Heirat einwilligte. Weil ihr Vater eine Mitgift benötigte, trank er die Gewässer seines Landes aus und übergab diese Kaundinya. Das neue Königreich wurde Kambuja genannt.

600	802	889	924
Kambodschas erste Inschriften werden in Stein gemeißelt und stellen so die ersten historischen Aufzeichnungen aus der präangkorianischen Periode dar, die nicht aus China stammen.	Jayavarman II. erklärt während einer Zeremonie auf dem Phnom Kulen die Unabhängigkeit von Java und sich selbst zum *devaraja* (Gottkönig). Damit ist der Grundstein für das Khmer-Reich Angkor gelegt.	Yasovarman I. verlegt die Hauptstadt von Hariharalaya (heute Roluos) 16 km weiter nordwestlich nach Angkor mit den drei Tempelbergen.	König Jayavarman IV. wählt Koh Ker als Hauptstadt, in der er riesige Bauprojekte auf den Weg bringt. 20 Jahre später wird die Hauptstadt wegen Wassermangels wieder nach Angkor verlegt.

praktizierte. Wahrscheinlich diente das *linga* (Phallussymbol) als Zentrum religiöser Rituale und symbolisierte die Macht des Königs; später entwickelte sich hieraus der angkorianische Kult des Gottkönigs. Damals nutzte man einfache Bewässerungssysteme, die Reisanbau ermöglichten, außerdem wurde Handel (z.B. mit Gewürzen und Edelsteinen aus China und Indien) betrieben.

Ab dem 6.Jh. siedelten sich die frühen Einwohner zunehmend entlang der Flüsse Mekong und Tonlé Sap an, wo auch heute noch die meisten Kambodschaner leben. Der Grund dafür ist wohl der bewässerungsintensive Anbau von Reis. Zwischen dem 6. und 8.Jh. gab es in Kambodscha mehrere miteinander konkurrierende Königreiche, die von autokratischen Herrschern regiert wurden. Diese setzten ihren Herrschaftsanspruch durch das aus Indien stammende hierarchische Kastensystem durch.

Häufig wird dieser Zeitraum als Chenla-Periode bezeichnet. Ebenso wie Funan stammt der Begriff aus dem Chinesischen. Nur wenig spricht dafür, dass Chenla ein vereinigtes Königreich war, das über ganz Kambodscha regierte. Tatsächlich unterschieden die Chinesen zwischen „Wasser-Chenla" und „Land-Chenla". Wasser-Chenla schloss das Gebiet rund um Angkor Borei und den Tempelberg Phnom Da in der Nähe der heutigen Provinzhauptstadt Takeo ein, Land-Chenla wiederum den Oberlauf des Mekong-Flusses und das Gebiet östlich des Sees Tonlé Sap rund um Sambor Prei Kuk, einen Ort von großer historischer Bedeutung.

Der Aufstieg des Angkor-Reiches

Allmählich verschmolz Kambodscha zu einer Einheit. Innerhalb kurzer Zeit sollten die zersplitterten Königreiche zu einem bedeutenden asiatischen Reich zusammenwachsen.

Eine beliebte Pilgerstätte heutiger Einwohner ist der heilige Berg Phnom Kulen (S. 180) nordöstlich von Angkor. Dort beschreibt eine Inschrift, wie Jayavarman II. (reg. 802–850) sich 802 zum „alleinherrschenden Monarchen" bzw. *devaraja* (Gottkönig) erklärt. Man vermutet, dass er als junger Mann am Hof des buddhistischen Shailendras in Java lebte und sich von den prächtigen javanischen Tempeln Borobudur und Prambanan in der Nähe des heutigen Yogyakarta inspirieren ließ. Nach seiner Rückkehr in sein Heimatland zettelte er einen Aufstand gegen die Javaner an, die über Kambodschas Süden herrschten. Dann machte sich Jayavarman II. mithilfe von Bündnissen und Eroberungszügen daran, das Gebiet unter seine Kontrolle zu bringen, und wurde so zum ersten Herrscher, der über die Region, die heute Kambodscha darstellt, regierte.

Auf Jayavarman II. folgten noch viele weitere Könige. Sie alle herrschten über das größte Reich, das jemals auf südostasiatischem Festland existierte und das ein beeindruckendes Erbe – Angkor – hinterlassen

Zu den klassischen Werken über Angkor gehört *A Guide to the Angkor Monuments* von Maurice Glaize. Es wurde in den 1940er-Jahren erstmals veröffentlicht und wird heute nicht mehr verlegt, kann jedoch kostenlos unter www.theangkorguide.com heruntergeladen werden.

1002	1066	1112	1152
Suryavarman I. erlangt die Macht und erobert das buddhistische Louvo (das heutige thailändische Lopburi). Nun werden die Handelsbeziehungen mit anderen Ländern intensiviert.	Unruhen erschüttern das Khmer-Reich, rivalisierende Herrscher tragen Machtkämpfe aus.	Suryavarman II. beginnt mit dem Bau von Angkor Wat. Die Mutter aller Tempel ist Vishnu gewidmet und dient als sein Grabmal.	Suryavarman II. wird während eines Feldzugs gegen das vietnamesische Dai Viet getötet. Der Angriff stellt eine Provokation dar und entfacht einen jahrhundertelangen Konflikt zwischen den beiden Ländern.

sollte. Eine Schlüsselrolle in dem kometenhaften Aufstieg Angkors spielten Bewässerungsmethoden und ein ausgefeiltes hydraulisches System. Erste Aufzeichnungen darüber stammen aus der Regierungszeit von Indravarman I. (reg. 877–889). Während seiner Herrschaft wurde das *baray* (Wasserreservoir) von Indratataka errichtet. Darüber hinaus erlebte die angkorianische Kunst damals ihre Blütezeit, beispielsweise wurden Tempel wie der bemerkenswerte Bakong im Roluos-Gebiet erbaut.

Ende des 11. Jhs. verlor Angkor allmählich die Kontrolle über seine Gebiete. Suryavarman I. (reg. 1002–49) nutzte das Machtvakuum und bestieg unrechtmäßig den Thron. Wie Jayavarman II. zwei Jahrhunderte zuvor vereinigte er das Königreich durch Bündnisse und Kriege und erweiterte so das Herrschaftsgebiet. Nach und nach begann sich ein Schema abzuzeichnen, das für die Angkor-Periode symptomatisch werden sollte: Gebietsverlagerungen und Unruhen, auf die Wiedervereinigung und weitere territoriale Erweiterungen unter einem mächtigen König folgten. Architektonisch gesehen waren die Phasen, die auf turbulente Zeiten folgten, die fruchtbarsten. So wollten die amtierenden Landesherren durch die Verwirklichung riesiger Bauprojekte ihre Regierung feiern oder legitimieren.

1066 wurde Angkor wieder von Unruhen heimgesucht und zum Zentrum der Machtkämpfe rivalisierender Herrscher. Erst mit der Thronbesteigung von Suryavarman II. (reg. 1112–52) konnte das Königreich wiedervereint werden. Suryavarman läutete eine neue Phase der Expansion ein, indem er kostspielige Kriege in Vietnam sowie Champa (Zen-

JAYAVARMAN VII.

Jayavarman VII. (reg. 1181–1219), ein Anhänger des Mahayana-Buddhismus, ließ die Stadt Angkor Thom (S. 159) und einige andere monumentale Bauwerke rund um Angkor errichten. Allerdings war er eine Persönlichkeit voller Widersprüche. Die Flachreliefs von Bayon (S. 160) zeigen Jayavarman als Kriegsherrn, der über Schlachten von grausamer Brutalität wacht, während Statuen ihn als nachdenklichen, entrückten König darstellen. Der Bau der Tempel und andere öffentliche Projekte wurden in großer Eile durchgeführt und bedeuteten dadurch viel Leid für die eingesetzten Arbeitskräfte, was wiederum den Niedergang des Reiches beschleunigte. Teilweise wurde Jayavarman von dem Wunsch getrieben, seine Herrschaft zu legitimieren, da es wohl weitere Mitstreiter gab, die direkter mit dem Königshaus verwandt waren. Außerdem verfolgte er das Ziel, eine neue Religion in einer Gesellschaft einzuführen, die hauptsächlich an den Hinduismus glaubte. In vielerlei Hinsicht war er Kambodschas erster fortschrittlicher Herrscher: Er setzte sich für Gleichheit ein, schaffte das Kastensystem ab und brachte Projekte zum Bau von Schulen, Krankenhäusern sowie Straßen auf den Weg.

1177	1181	1219	1253
Auf dem Seeweg über den Tonlé Sap starten die Cham einen Überraschungsangriff auf Angkor, besiegen die mächtigen Khmer und halten die Hauptstadt vier Jahre lang besetzt.	Die Cham werden besiegt. Jayavarman VII., der größte König Angkors und Erbauer von Angkor Thom, besteigt den Thron und macht den Mahayana-Buddhismus zur neuen Staatsreligion.	Jayavarman VII. stirbt mit etwa 90 Jahren, und das Angkor-Reich verfällt wegen des überlasteten Bewässerungssystems, religiöser Konflikte und des Aufstiegs mächtiger Nachbarstaaten allmählich.	Unter Kublai Khan plündern die Mongolen das thailändische Königreich Nanchao in Yunnan; die Thais fliehen Richtung Süden, was zum Konflikt mit dem schwächelnden Khmer-Reich führt.

tralvietnam) führte. In die Geschichtsbücher ging er als König ein, der im Gedenken an die hinduistische Gottheit Vishnu den Bau des beeindruckenden Tempels Angkor Wat veranlasste. Einblicke in diese Epoche geben Flachreliefs mit Szenen der Herrschaft von Suryavarman II. im Südwestgang des Wats.

Suryavarman brachte Champa unter seine Kontrolle und machte es zu einem Vasallenstaat, doch 1177 schlug die Bevölkerung zurück: Mit Schiffen gelangten die Cham über den Mekong bis zum Tonlé-Sap-See, starteten einen Überraschungsangriff und nahmen die Stadt Angkor ein. Dabei wurde König Dharanindravarman II. getötet. Im folgenden Jahr besiegten Khmer-Truppen unter der Führung eines Cousins von Suryavarman II. die Cham in einer weiteren Seeschlacht. Als neuer König wurde 1181 Jayavarman VII. gekrönt (reg. 1181–1219).

Der chinesische Gesandte Chou Ta Kuan lebte 1296 ein Jahr lang in Angkor und seine Beobachtungen wurden unter dem Titel *The Customs of Cambodia* (2000) veröffentlicht – ein faszinierender Einblick in den Alltag in der Blütezeit des Reichs.

Der Niedergang Angkors

Angkor war das Herz eines gewaltigen Imperiums, zu dem weite Teile der Mekong-Region gehörten, doch wie bei allen Großreichen ging auch sein Stern irgendwann unter.

Viele Experten glauben, dass sich der Niedergang bereits zum Zeitpunkt des Baus von Angkor Wat ankündigte, als sich das Reich am Höhepunkt seiner bemerkenswerten Produktivität befand. Eventuell waren die Bewässerungsanlagen überlastet und verschlammten langsam. Grund dafür könnte die massive Abholzung gewesen sein, die in den stark besiedelten Gebieten nördlich und östlich von Angkor durchgeführt worden war. Hinzu kamen lange Dürreperioden im 14. Jh. Diese wurden erst vor Kurzem mittels dendrochronologischer Studien (Bestimmung des Wachstums von Bäumen anhand von Jahresringen) in der Region Angkor belegt.

Gigantische Bauprojekte wie Angkor Wat und Angkor Thom bedeuteten zweifellos eine große Belastung für die Staatskasse, Tausende Sklavenarbeiter und gewöhnliche Bürger, die harte Arbeit und Steuerzahlungen leisten mussten. Nach der Regierungszeit von Jayavarman VII. wurde der Tempelbau eingestellt, weil die vielen staatlichen Projekte den Sandsteinbestand aufgebraucht und die Bevölkerung kraftlos zurückgelassen hatten.

Eine weitere Herausforderung für spätere Herrscher waren religiöse Konflikte und interne Rivalitäten. In den letzten Jahren des Reichs änderte sich die Staatsreligion mehrmals und die Könige verbrachten mehr Zeit mit der Zerstörung heiliger Bilder in den Tempeln ihrer Vorgänger als mit der Errichtung eigener Bauten. Gelegentlich führte dieses Vorgehen sogar zum Ausbruch von Bürgerkriegen.

Angkor verlor allmählich die Kontrolle über seine Randgebiete. Zur gleichen Zeit gewannen die Thai an Einfluss, die von Yunnan in China

1296	1353	1431	1516
Der chinesische Gesandte Chou Ta Kuan lebt ein Jahr lang in Angkor und verfasst das Werk *Sitten in Kambodscha*, die einzigen überlieferten Aufzeichnungen über das Leben in der Khmer-Hauptstadt.	Der laotische Prinz Chao Fa Ngum beendet sein Exil in Angkor. Bei einer vom Schwiegervater finanzierten Mission erobert er die neuen thailändischen Königreiche und ernennt sich zum Anführer von Lan Xang.	Die Thailänder plündern Angkor und bringen viele Angehörige des königlichen Hofes, darunter Adelsleute, Priester, Tänzer und Kunsthandwerker, nach Ayutthaya.	König Ang Chan I. besteigt den Thron, besiegt die Thais in einer Schlacht, der das heutige Siem Reap seinen Namen verdankt, und „entdeckt" auf einer Jagdexpedition die befestigte Stadt Angkor Thom.

aus in den Süden immigriert waren, um Kublai Khan und seinen mongolischen Truppen zu entkommen. Zunächst ließen sie sich in Sukothai, dann in Ayutthaya nieder. Nach und nach gewannen sie an Macht und versuchten wiederholt, Angkor unter ihre Kontrolle zu bringen. 1431 gelang es ihnen schließlich, die Stadt zu plündern und Tausende Intellektuelle, Künstler und Tänzer des königlichen Hofes zu verschleppen. In dieser Phase siedelte die Elite der Khmer zunehmend in die Phnom-Penh-Region über, weil dort Möglichkeiten des Seehandels mit China bestanden und sie Angst vor den kriegslustigen Thai hatten. Über die Jahrhunderte hinweg wurde die Hauptstadt mehrmals verlegt, letztendlich wählte man jedoch das heutige Phnom Penh als Regierungssitz.

Von 1500 bis zur Ankunft der Franzosen 1863 regierten mehrere schwache Könige, die sich von Rivalen bedrängt sahen und deshalb nach Beschützern suchten. Doch natürlich hatte die Hilfe Thailands oder Vietnams ihren Preis. Im 17. Jh. unterstützten die südvietnamesischen Nguyen-Herrscher den kambodschanischen König. Im Gegenzug forderten sie das Recht ein, sich in der Mekong-Delta-Region anzusiedeln. Die Khmer nennen das Gebiet heute noch Kampuchea Krom (Unteres Kambodscha), auch wenn es eigentlich von Vietnamesen bewohnt ist.

Im Westen kontrollierten die Thai ab 1794 die Provinzen Battambang und Siem Reap und hatten großen Einfluss auf Kambodschas königliche Familie. So wurde ein Herrscher mithilfe der thailändischen Armee in Bangkok gekrönt; seinen Thron bestieg er in Udong. Kambodscha überstand das 18. Jh. nur deshalb als einheitlicher Staat, weil die Nachbarmächte mit anderen Dingen beschäftigt waren: Die Thai investierten eine Menge Energie und Zeit in den Kampf gegen die Birmanen, und die Vietnamesen waren durch interne Konflikte ausgelastet. Diese Situation sollte über zwei Jahrhunderte andauern und das geschwächte Kambodscha zwischen seinen zwei mächtigen Nachbarn regelrecht zerreiben.

Die Franzosen in Kambodscha

1863 wurde das Machtspiel zwischen Thailand und Vietnam beendet, als König Norodom I. (reg. 1860–1904) aufgrund der drohenden Gefahr durch die französische Marine einen Vertrag unterzeichnete, in dem das Gebiet zum Protektorat erklärt wurde. Ironischerweise handelte es sich tatsächlich um eine Schutzherrschaft, da Kambodscha Gefahr lief, es Champa gleichzutun und von der Landkarte zu verschwinden. Für Frankreich wurde es eine Art Nebenschauplatz wegen seiner Interessen in Vietnam – die Parallelen zum Vorgehen der USA ein Jahrhundert später sind nicht von der Hand zu weisen. So mischten sich die Franzosen anfangs nur wenig in die inneren Angelegenheiten Kambodschas ein. Ihre Präsenz half Norodom außerdem, seinen Thronanspruch gegen seine aufrührerischen Halbbrüder zu verteidigen.

Um 1600 war die heutige vietnamesische Wirtschaftsmetropole Ho-Chi-Minh-Stadt (Saigon) noch ein kleines kambodschanisches Dorf namens Prey Nokor.

Die Franzosen taten nur wenig für die Förderung von Bildungsmaßnahmen in Kambodscha: Nach 70 Jahren Kolonialherrschaft und am Ende des Zweiten Weltkriegs gab es hier keine einzige Universität und nur eine weiterführende Schule.

1594	1772	1794	1834
Laut Legende fällt Kambodschas Hauptstadt Lovek, als die Siamesen die Bambusbefestigung mit Silbermünzen beschießen. Die Soldaten fällen diese, um an das Silber zu gelangen, und geben die Stadt preis.	Kambodscha ist zwischen den mächtigen Vietnamesen und Siamesen gefangen. Letztere brennen Phnom Penh nieder – ein weiteres Kapitel in der Geschichte der bis heute andauernden Konflikte.	Die westlichen Provinzen Battambang und Siem Reap werden für die nächsten Jahrzehnte von Thailand kontrolliert, das Königshaus steht unter starkem Einfluss des großen Nachbarn.	Während der Herrschaft des Kaisers Minh Mang erobern die Vietnamesen weite Teile Kambodschas und beginnen eine langsame Revolution, um „die Barbaren ihre Sitten zu lehren".

Der Journalist Henry Kamm verbrachte in der 1970er- und 1990er-Jahren mehrere Jahre mit Recherchen über Kambodscha. Sein Buch *Cambodia: Report from a Stricken Land* gibt faszinierende Einblicke in die jüngeren Entwicklungen.

Doch ab den 1870er-Jahren beanspruchte Frankreich mehr Kontrolle. 1884 wurde Norodom dazu gezwungen, einen Vertrag zu unterschreiben, der sein Land praktisch zu einer Kolonie machte und eine zwei Jahre andauernde Rebellion auslöste. Es handelte sich um den einzigen bedeutenden Aufstand in Kambodscha vor dem Zweiten Weltkrieg und er konnte erst beendet werden, nachdem der König dazu überredet worden war, die Rebellen zur Niederlegung der Waffen aufzurufen; im Gegenzug wurde der Status Quo wiederhergestellt.

In den folgenden Jahrzehnten halfen hohe kambodschanische Regierungsbeamte den Franzosen dabei, direkt in die Verwaltung des Staates einzugreifen, weil sie sich von der Kooperation gewisse Vorteile versprachen. Mit französischer Hilfe erstrahlte Norodoms Hof in einem Glanz, den es seit der Blütezeit Angkors nicht mehr gegeben hatte, was die Monarchie symbolisch stärkte. 1907 gelang es Frankreich, Thailand zur Rückgabe der nordwestlichen Provinzen Battambang, Siem Reap und Preah Vihear zu drängen. Im Gegenzug gestand man den Thai laotisches Gebiet zu. Somit befand sich Angkor seit über hundert Jahren zum ersten Mal wieder in kambodschanischer Hand.

Norodoms Nachfolger war Sisowath (reg. 1904–27), auf den wiederum Monivong (reg. 1927–41) folgte. Nach Monivongs Tod setzte Admiral Jean Decoux, der französische Generalgouverneur des von Japan besetzten Indochina, den 19-jährigen Prinz Norodom Sihanouk auf den kambodschanischen Thron. Die französischen Befehlshaber hielten den Teenager für leicht beeinflussbar, was sich jedoch als wirklich grobe Fehleinschätzung erweisen sollte.

Während des Zweiten Weltkriegs hielten japanische Truppen weite Teile Asiens besetzt, darunter auch Kambodscha. In Frankreich kooperierten viele mit der deutschen Besatzungsmacht und die Japaner überließen Vichy-Frankreich, ihrem neuen Alliierten, gerne die Kontrolle über Kambodscha. Dafür wurden Thailand (sozusagen ein Verbündeter Japans) erneut große Teile von den Provinzen Battambang und Siem Reap zugesprochen; erst 1947 sollten diese Gebiete wieder zurückgegeben werden. Die Befreiung von Paris 1944 und die folgende politische Instabilität zwangen Japan Anfang 1945, die direkte Kontrolle über die Region zu übernehmen. Nach dem Zweiten Weltkrieg kehrten die Franzosen zurück und erklärten Kambodscha zu einem autonomen Staat innerhalb der Union Française, tatsächlich hielten sie jedoch weiterhin die Fäden in der Hand. Die Nachkriegsjahre waren von Konflikten zwischen den verschiedenen politischen Lagern geprägt. Für weitere Instabilität sorgte der Indochinakrieg in Vietnam und Laos, der auch Auswirkungen auf Kambodscha hatte. Genau wie 20 Jahre später im Krieg gegen Lon Nol und die USA kämpften die Vietnamesen an der Seite der Khmer Issarak (Freie Khmer) gegen Frankreich.

1863	1884	1907	1941
Frankreich zwingt Norodom I. zur Unterzeichnung eines Protektoratsvertrags. Dadurch wird das Land vor seinem Untergang bewahrt, allerdings beginnt gleichzeitig die 90-jährige französische Herrschaft.	Wegen eines Vertrags, der Frankreich große Macht in Kambodscha einräumt, bricht eine Rebellion aus. Überwachungsboote der französischen Marine auf dem Mekong sichern die Vertragsunterzeichnung.	Frankreich erreicht nach erfolgreichen Verhandlungen, dass die nordwestlichen Provinzen Siem Reap, Battambang und Preah Vihear, die seit 1794 unter thailändischer Kontrolle stehen, zurückgegeben werden.	Der junge Sihanouk besteigt mit nur 19 Jahren den Thron – der Beginn einer unglaublichen politischen Karriere, die rund 70 Jahre umspannen sollte.

Sihanouks Regierungszeit

Die Zeit nach der Unabhängigkeit war von Frieden und Wohlstand geprägt – der Beginn von Kambodschas goldenen Jahren voller Kreativität und Optimismus. Phnom Penh gewann an Größe und Prestige, die Tempel von Angkor avancierten zum Top-Touristenziel Südostasiens und Sihanouk empfing viele einflussreiche Persönlichkeiten aus der ganzen Welt. Doch mit dem Vietnamkrieg, der auch die Nachbarstaaten in Mitleidenschaft ziehen sollte, zogen dunkle Wolken am Horizont auf.

Ende 1952 löste Sihanouk das frisch gebackene Parlament auf, rief das Kriegsrecht aus und begann seinen „königlichen Kreuzzug", eine Art Kampagne, bei der er durch Reisen internationale Unterstützung für den Unabhängigkeitskampf suchte. Am 9. November 1953 wurde Kambodschas Unabhängigkeit erklärt und im Mai 1954 von der Genfer Konferenz anerkannt. Damit endete Frankreichs Herrschaft in Indochina. 1955 trat Sihanouk zurück; statt seiner übernahm sein Vater Norodom Suramrit das Amt. Das Ganze war ein regelrechter Geniestreich, denn nun hatte Sihanouk sowohl königliche Autorität als auch höchste politische Macht: Seine neu gegründete Partei Sangkum Reastr Niyum (Sozialistische Volksgemeinschaft) gewann bei den Wahlen im September 1955 nämlich alle Parlamentssitze. In den nächsten 15 Jahren sollte Sihanouk Kambodschas politische Landschaft dominieren.

Auch wenn er die vietnamesischen Kommunisten fürchtete, betrachtete Sihanouk Südvietnam und Thailand, beide Verbündete der ungeliebten USA, als größte Bedrohung für Kambodschas Sicherheit und Überleben. Um diese Gefahr abzuwenden, erklärte er das Land für neutral und wies weitere US-Hilfen zurück, die das hiesige Militärbudget zuvor kräftig aufgestockt hatten. Darüber hinaus verstaatlichte er viele Wirtschaftszweige, etwa den Reishandel, was viele chinesische Kambodschaner verärgerte. 1965 brach Sihanouk die diplomatischen Beziehungen zu Washington ab, da er einen Komplott der USA gegen sein Land und seine Familie vermutete, und näherte sich Nordvietnam sowie China an. Außerdem durften die Kommunisten in ihrem Kampf gegen Südvietnam und die USA kambodschanisches Gebiet nutzen. Sihanouk bezog also klar Position, eine nicht gerade ungefährliche Strategie in dieser konfliktbeladenen Region.

Dieses Vorgehen sowie seine sozialistische Wirtschaftspolitik schreckten konservative Elemente innerhalb der kambodschanischen Gesellschaft ab, darunter das Militär und urbane Eliten. Zur gleichen Zeit äußerte die politische Linke, von der viele Mitglieder im Ausland studiert hatten, scharfe Kritik an der Innenpolitik der Regierung, die politische Debatten zu unterbinden versuchte. Sihanouks Probleme verschlimmerten sich auch dadurch, dass alle Bevölkerungsschichten von korrupten Regierungsangehörigen, die der königlichen Familie teilweise unan-

Mehr über das unglaubliche Leben des Norodom Sihanouk kann man in der Biographie *Prince of Light, Prince of Darkness* (1994) von Milton Osborne nachlesen.

In den 1960er-Jahren war Kambodscha eine Oase des Friedens, während in den Nachbarländern Vietnam und Laos Kriege wüteten. 1970 wendete sich jedoch das Blatt. Die gesamte Geschichte erzählt *Schattenkrieg: Kissinger, Nixon und die Zerstörung Kambodschas* von William Shawcross (dt. 1982).

1942	1947	1953	1955
Japanische Truppen besetzen Kambodscha. Sie überlassen die Verwaltung Vertretern von Vichy-Frankreich, unterstützen jedoch mit dem Ende des Kriegs Unabhängigkeitsbestrebungen.	Die Provinzen Battambang, Siem Reap und Sisophon, die während der japanischen Besatzung erneut an die Thailänder fielen, werden an Kambodscha zurückgegeben.	Sihanouks königlicher Kreuzzug für die Unabhängigkeit ist erfolgreich: Am 9. November sieht Kambodscha voller Optimismus einer selbstbestimmten Zukunft entgegen.	König Sihanouk dankt ab, um sich der Politik zu widmen. Er gründet die Sangkum-Reastr-Niyum-Partei (Sozialistische Volksgemeinschaft) und gewinnt die Wahlen mühelos.

genehm nahestanden, genug hatten. Auch wenn die meisten Bauern Sihanouk als Quasi-Gott verehrten, brach 1967 in Samlot, Battambang, ein von der ländlichen Bevölkerung gestützter Aufstand aus. Daraufhin erklärte der Regierungschef die Linke zur größten Bedrohung seines Regimes, gab dem Druck von militärischer Seite nach und setzte eine Politik der starken Unterdrückung des linken Flügels um.

SIHANOUK, DER LETZTE GOTTKÖNIG

Norodom Sihanouk war während der turbulenten politischen Zeiten in Kambodscha eine prägende Figur. Der legendäre König mit seinen verschiedenen Facetten und wechselnden politischen Positionen beschäftigte sich als junger Mensch in erster Linie mit amourösen Abenteuern. Später, als die französische Kolonialherrschaft endete, war er Prinz, führte außerdem Kambodscha durch die goldenen Jahre, wurde von den Roten Khmer gefangen genommen und kehrte schließlich als glorreicher König aus dem privilegierten Exil zurück. Die Meinungen über das politische Chamäleon sind gespalten, über eines herrscht allerdings Einigkeit: Sihanouk ist wirklich ein Stehaufmännchen.

Er wurde 1922 geboren und war eigentlich kein Anwärter auf den Thron, da er zum Norodom-Zweig der königlichen Familie gehörte. 1941 wurde er mit nur 19 Jahren und noch nicht vollständig ausgebildet zum König gekrönt. 1955 dankte Sihanouk ab und widmete sich erfolgreich der Politik; seine Partei gewann im selben Jahr alle Sitze im Parlament. Mitte der 1960er-Jahre hatte Sihanouk bereits ein Jahrzehnt die Geschicke des Landes bestimmt.

Damals galt Sihanouk als Erfolgsgarant. Als das Land jedoch in den Vietnamkrieg hineingezogen wurde und Regierungstruppen gegen einen linksgerichteten Aufstand in ländlichen Gebieten kämpfen mussten, wurde das zunehmend ihm angelastet.

Am 18. März 1970 stimmte die Nationalversammlung für Sihanouks Amtsenthebung. Daraufhin ging er nach Peking ins Exil und schloss sich den Kommunisten an. Nach dem Sieg der Roten Khmer am 17. April 1975 kehrte er als Regierungsoberhaupt des neu geschaffenen Demokratischen Kampuchea nach Kambodscha zurück. Nach weniger als einem Jahr gab er sein Amt auf und wurde im königlichen Palast als Gefangener der Roten Khmer gehalten. Dort blieb er bis Anfang 1979, dann floh er nur einen Tag vor der vietnamesischen Invasion erneut nach Peking.

Er wollte immer alles für sein Land sein, internationaler Staatsmann, General, Filmregisseur und Mann des Volkes. Am 24. September 1993, nach 38 Jahren auf der politischen Bühne, nahm er abermals die Rolle des Königs ein. Am 7. Oktober 2004 trat er erneut zurück und sein Sohn Sihamoni bestieg den Thron. Dennoch ist Sihanouk, dem letzten in einer langen Reihe von Gottkönigen Angkors, ein Platz in der Geschichte gewiss.

Norodom Sihanouk starb am 15. Oktober 2012 in Beijing, seine Leiche wurde ein paar Tage später nach Kambodscha ausgeflogen. Über eine Million Kambodschaner säumten die Straßen vom Flughafen bis zum Königspalast und vor dem feierlichen Staatsbegräbnis wurde seine Leiche wurde 100 Tage lang aufgebahrt.

1962	1963	1964	1969
Der Internationale Gerichtshof entscheidet in dem lang andauernden Konflikt über den Bergtempel Preah Vihear im Dangkrek-Gebirge an der thailändischen Grenze zugunsten Kambodschas.	Pol Pot und Ieng Sary fliehen in den Dschungel von Ratanakiri, um einen Guerilla-Krieg gegen Sihanouks Regierung zu beginnen. Vietnamesen unterstützen sie bei der Ausbildung zu Kämpfern.	Nach dem US-finanzierten Putsch gegen den südvietnamesischen Präsidenten Diem bricht Sihanouk die diplomatischen Beziehungen mit den USA ab und verstaatlicht den Reishandel.	US-Präsident Nixon ordnet geheime Bombardierungen Kambodschas an. Erst werden nur Grenzgebiete mit Bombardements überzogen, dann das gesamte Land. Bis 1973 sterben bis zu 250 000 Einwohner.

Bis 1969 spitzte sich der Konflikt zwischen der Armee und der Linken zu, als die Vietnamesen im Landesinneren Kambodschas Zuflucht suchten. Darüber hinaus wurde Sihanouks politische Position zunehmend geschwächt, teilweise aufgrund seiner Leidenschaft für das Filmemachen, was zur Vernachlässigung der nationalen Politik führte. Im März 1970, während Sihanouks Reise nach Frankreich, setzten ihn sein Cousin Prinz Sisowath Sirik Matak und General Lon Nol als Staatsoberhaupt ab, wahrscheinlich mit stillschweigender Zustimmung der USA. Daraufhin ließ sich Sihanouk in Peking nieder, wo er eine Exilregierung errichtete. Unterstützt wurde er von einer indigenen kambodschanischen Revolutionsbewegung, die Sihanouk „Rote Khmer" nannte. Dies sollte ein entscheidender Moment in der Gegenwartsgeschichte des Landes werden, da die Roten Khmer das Bündnis mit Sihanouk dazu nutzten, neue Mitglieder für ihre kleine Gruppierung anzuwerben. Spricht man heute mit ehemaligen Kämpfern, sagen sie, sie wären „in die Berge gegangen", um für den König zu kämpfen; von Mao oder Marxismus hätten sie nichts gewusst.

Ausbruch des Bürgerkriegs

Nun war der Weg für den Ausbruch eines blutigen Bürgerkriegs geebnet und Sihanouk wurde in Abwesenheit zum Tode verurteilt. Diesem unversöhnlichen Zeichen von Seiten der neuen Regierung folgten fünf Jahre kompromisslose Politik. Lon Nol setzte den kommunistischen vietnamesischen Truppen für deren Rückzug ein Ultimatum von einer Woche. Dies kam praktisch einer Kriegserklärung gleich, da kein vietnamesischer Kämpfer auf heimischen Boden zurückkehren wollte, wo bereits die Amerikaner warteten.

Am 30. April 1970 fielen US-Amerikaner und Südvietnamesen in Kambodscha ein. Sie wollten die feindlichen Truppen aufspüren, die kambodschanische Stützpunkte nutzten, um die südvietnamesische Regierung zu stürzen. Als Reaktion auf die Invasion zogen sich die vietnamesischen Kommunisten tiefer in das Landesinnere zurück, was zu einer weiteren Destabilisierung von Lon Nols Regierung führte. Die winzige kambodschanische Armee war chancenlos und nach wenigen Monaten konnten vietnamesische Truppen und ihre Verbündeten, die Roten Khmer, fast das ganze Land einnehmen. Im Juli 1970 besetzten die Vietnamesen schließlich die Tempel von Angkor und machten damit die Demütigung perfekt.

1969 hatten die USA die „Operation Menu" gestartet, ein geheimes Bombenprogramm, das den Beschuss verdächtiger kommunistischer Basislager in Kambodscha vorsah. In den nächsten vier Jahren, bis die Angriffe im August 1973 vom US-Kongress eingestellt wurden, wurden weite Teile der östlichen Gebiete Kambodschas durch B-52-Langstreckenbom-

Während der US-Bombardierungen wurden mehr Sprengsätze auf Kambodscha abgeworfen als im Zweiten Weltkrieg von allen Parteien zusammengenommen.

1970	1971	1973	1975
Sihanouk verbündet sich mit den Roten Khmer, nachdem er von Prinz Sirik Matak und General Lon Nol gestürzt und in Abwesenheit zum Tode verurteilt wurde. Ein fünfjähriger Bürgerkrieg bricht aus.	Lon Nol, Anführer der Khmer-Republik, startet die desaströse Chenla-Offensive gegen vietnamesische Kommunisten und deren Verbündete, die Roten Khmer. Er behauptet sein Amt noch bis 1975.	Sihanouk und Frau Monique gelangen über den Ho-Chi-Minh-Pfad zum heiligen Berg Phnom Kulen in der Nähe von Angkor, um dort Verbündete der Roten Khmer zu besuchen – ein Propagandasieg für Pol Pot.	Die Roten Khmer marschieren am 17. April in Phnom Penh ein und rufen die Stunde Null aus. Sie evakuieren die Hauptstadt und verwandeln die Nation in ein Gefängnis ohne Mauern.

ber der US-Luftwaffe angegriffen. Dabei sollen tausende Zivilisten umgekommen sein, Hunderte wurden zu Flüchtlingen. Zweifellos führte die Kampagne zu einem Mitgliederzulauf bei den Roten Khmer, da zahlreiche Bauern bei den Luftangriffen Familienangehörige verloren. Die letzte und heftigste Bombardierungsphase Anfang 1973 mag den frühzeitigen Fall von Phnom Penh verhindert haben, ihre Grausamkeit radikalisierte jedoch den Kurs vieler Kader der Roten Khmer und trug sicherlich zu der Brutalität bei, die ihre spätere Herrschaft charakterisierte.

Grausame Kämpfe überzogen das Land und stürzten Millionen ins Elend. Viele flohen von ländlichen Gebieten in das relativ sichere Phnom Penh und die Provinzhauptstädte. Zwischen 1970 und 1975 fielen Hunderttausende Menschen den Kämpfen zum Opfer. In diesen Jahren spielten die Roten Khmer mit ihrem Kampf gegen das Lon-Nol-Regime eine immer wichtigere Rolle. Dabei wurden sie von den Vietnamesen unterstützt, was die Machthaber der Roten Khmer allerdings nach 1975 vehement abstritten.

Die Führungsriege der Roten Khmer, darunter Pol Pot und Ieng Sary, beide in Paris ausgebildet, waren in den 1960er-Jahren vor den repressiven Maßnahmen gegen verdächtige Linke von Seiten der Sicherheitstruppen Sihanouks in ländliche Gebiete geflohen. Nun konnten sie ihre Macht in der Bewegung wieder festigen und gingen noch vor der Einnahme Phnom Penhs gegen ihre Gegner vor. Ein Großteil der kambodschanischen in Vietnam ausgebildeten Kommunisten, die sich seit der Genfer Initiative im Jahr 1954 in Hanoi befanden, kehrte 1973 über den Ho-Chi-Minh-Pfad zurück, um ihre Verbündeten bei den Roten Khmer zu unterstützen. Bis 1975 wurden viele von ihnen auf Befehl des antivietnamesischen Pol-Pot-Lagers umgebracht. Auch moderate Sihanouk-Anhänger, die sich den Roten Khmer aus Loyalität zu ihrem entmachteten Anführer und nicht aus ideologischen Gründen angeschlossen hatten, fielen den Säuberungsaktionen zum Opfer – bevor das Regime überhaupt an die Macht kam. Dieses Vorgehen sollte sich in den inneren Säuberungsaktionen und Massenexekutionen, die schließlich das Regime der Roten Khmer zum Fall bringen sollte, wiederholen.

Aufgrund der Habgier und Korruption in den eigenen Reihen sank die Beliebtheit der Lon-Nol-Regierung innerhalb kurzer Zeit rapide. Da die USA den Krieg finanzierten, nutzten Regierung und Militär lukrative Methoden, um sich zu bereichern. So erfanden sie „Phantomsoldaten", deren Verdienste sie selbst einstrichen, oder verkauften Waffen an den Feind. Lon Nol galt als schwacher Regierungschef, der von Aberglauben, Wahrsagern und mystischen Kreuzzügen besessen war. Dieser Eindruck verstärkte sich mit dem Schlaganfall, den er im März 1971 erlitt. In den nächsten vier Jahren schien er den Kontakt zur Realität immer mehr zu verlieren, während sein Bruder Lon Non an Macht gewann.

Der Deich der Witwen: Eine Frau in der Hölle der Roten Khmer sind die packenden Memoiren von Denise Affonço, die aufgrund ihrer Heirat mit einem der intellektuellen Köpfe der Bewegung als eine der wenigen Ausländerinnen die Revolution miterlebte.

1977	1979	1980	1982
In der östlichen Zone führt die Pol-Pot-Fraktion der Roten Khmer blutige Säuberungsaktionen durch. Am Mekong bricht daraufhin ein Bürgerkrieg aus; Vietnam beteiligt sich an den Kämpfen.	Am 7. Januar, nur zwei Wochen nach Beginn der Invasion, befreien vietnamesische Truppen Kambodscha von der Herrschaft der Roten Khmer und installieren in Phnom Penh ein ihnen freundlich gesinntes Regime.	Kambodscha wird von einer furchtbaren Hungersnot heimgesucht, da in den vergangenen Jahren kein Reis angebaut oder geerntet wurde. Weltweit wird zu Hilfsaktionen aufgerufen.	Sihanouk wird dazu gedrängt, sich als Anführer des Demokratischen Kampuchea, einer neuen Militärfront gegen die von Vietnam unterstützte Regierung in Phnom Penh, mit den Roten Khmer zu verbünden.

Trotz intensiver militärischer und wirtschaftlicher Hilfe von Seiten der USA gelang es Lon Nol nicht, die Roten Khmer unter Kontrolle zu bringen. Weite Teile der ländlichen Gebiete fielen an die Rebellen und zahlreiche Provinzhauptstädte waren von Phnom Penh abgeschnitten. Anfang April 1975 floh Lon Nol aus dem Land und überließ Sirik Matak das Amt des Regierungschefs, der sich bis zuletzt weigerte, dieses zu räumen. „Ich kann doch nicht auf so feige Weise gehen … Ich habe nur einen Fehler begangen, euch, den Amerikanern, zu glauben", waren die bitteren Worte, die Sirik Matak dem US-Botschafter John Gunther Dean schrieb. Am 17. April 1975, zwei Wochen vor dem Fall Saigons (heute Ho-Chi-Minh-Stadt), fiel Phnom Penh an die Roten Khmer.

Die Schreckensherrschaft der Roten Khmer

Nach der Eroberung Phnom Penhs nahmen die Roten Khmer eine extrem radikale und brutale Umstrukturierung der Gesellschaft vor, nach der Kambodscha in eine von Bauern regierte landwirtschaftliche Genossenschaft umgewandelt werden sollte. Sie zwangen die gesamte Bevölkerung von Phnom Penh und den Provinzstädten, darunter Kranke, Alte und Schwache, zu Gewaltmärschen aufs Land, wo sie zwölf bis 15 Stunden täglich arbeiten mussten. Ungehorsam hatte die sofortige Exekution zur Folge. Der Beginn der Herrschaft der Roten Khmer wurde zum Jahr Null erklärt. Die Währung wurde abgeschafft, der Postdienst eingestellt, und das Land schottete sich von der Außenwelt ab.

Laut Pol Pot waren die Roten Khmer keine einheitliche Bewegung, stattdessen bestand die Gruppierung für ihn aus verschiedenen Lagern, die gesäubert werden mussten. Dieser Prozess hatte bereits mit den Übergriffen auf in Vietnam ausgebildete Rote Khmer und Sihanouk-Anhänger begonnen. Direkt nach der Machtergreifung richtete sich der Zorn Pol Pots gegen das frühere Regime. Ranghohe Regierungsmitglieder und Militärs, die Lon Nol nahestanden, wurden innerhalb weniger Tage nach der Machtübernahme hingerichtet. Dann konzentrierte man sich auf die äußeren Gebiete, die in geografische Zonen eingeteilt wurden. Die loyalen Truppen der südwestlichen Zone unter der Kontrolle des einbeinigen Generals Ta Mok wurden in die verschiedenen Regionen geschickt, um die Säuberungsaktionen durchzuführen, bei denen Tausende starben.

In der letzten und blutigsten Phase der Säuberungen in der mächtigen und unabhängigen östlichen Zone nahmen die Aktionen geradezu groteske Formen an. Das dortige Lager galt als moderater als die übrigen Truppen und sowohl ideologisch als auch geografisch näher an Vietnam. Zunächst festigten Pol Pots Truppen die Macht im Rest des Landes, bevor sie ab 1977 gegen die Ostfraktion vorgingen. Hunderte Anführer wurden

Lon Nols militärischer Presseattaché Major Am Rong war für seine schillernden, phantasievollen Pressekonferenzen bekannt, in denen er ein rosiges Bild der sich rapide verschlimmernden Situation zeichnete.

1984	1985	1989	1991
Vietnam startet im Westen Kambodschas eine große Offensive. Diese zwingt die Roten Khmer und ihre Verbündeten, sich in Flüchtlingslager und Militärcamps in Thailand zurückzuziehen.	Es kommt zu einem Führungswechsel und Hun Sen, Mitglied der Kambodschanischen Volkspartei, wird kambodschanischer Premierminister – ein Amt, das er auch heute noch innehat.	Als Gorbatschows Perestroika-Politik erste Auswirkungen auf die kommunistischen Verbündeten zeigt, reagiert Vietnam und zieht seine Truppen aus Kambodscha ab.	Der Pariser Vertrag wird unterzeichnet. Alle Parteien, auch die Roten Khmer, verpflichten sich, unter UN-Beobachtung an freien und fairen Wahlen teilzunehmen.

umgebracht, woraufhin eine offene Rebellion ausbrach, die schließlich einen Bürgerkrieg entfachte. Viele Anführer aus der Ostzone flohen nach Vietnam; später sollten sie den Kern der Regierung bilden, die von den Vietnamesen im Januar 1979 eingesetzt wurde. Sie waren wehrlos und galten als nicht vertrauenswürdig und man bezeichnete sie als „kambodschanische Körper mit vietnamesischem Geist" oder „Entenhintern mit Hühnerköpfen". Sie wurden in den Nordwesten deportiert. Ihr Erkennungszeichen waren neue blaue *kramas* (Schals), die sie als östliche Feinde der Revolution auswiesen. Nur die vietnamesische Invasion verhinderte, dass alle umgebracht wurden.

Man weiß immer noch nicht genau, wie viele Kambodschaner während der drei Jahre, acht Monate und 20 Tage dauernden Herrschaft der Roten Khmer getötet wurden. Ausländische Experten sprechen von etwa einer Million, Forscher der Yale University von fast zwei Millionen und Vietnamesen von drei Millionen Toten.

Hunderttausende wurden während der Herrschaft der Roten Khmer hingerichtet und zahlreiche weitere Menschen starben an Hunger und Krankheiten. Es gab nur zweimal am Tag etwas zu essen, und zwar lediglich ein wenig wässrigen Reisbrei, der kaum zur Stärkung für die mühselige Arbeit auf den Feldern taugte. In den Arbeitslagern brachen Krankheiten aus und ganze Familien fielen Malaria oder Ruhr zum Opfer. Für viele bedeutete der Tod eine Erlösung. In manchen Gebieten ging es weniger schlimm als in anderen zu, manche Anführer waren fairer als andere, doch die meisten Kambodschaner mussten unendliches Elend und Leid ertragen.

Man ermordete immer mehr moderate Kräfte und Angkar (die „Organisation") wurde zur einzigen Anlaufstelle. Wer eine andere Meinung hatte, wurde umgebracht. Die Roten Khmer nahmen den Kambodschanern alles, was ihnen lieb war, ihre Familien, ihr Essen, ihre Felder und ihren Glauben. Sogar die Bauern, die ihre Revolution unterstützt hatten, konnten solch einem Wahnsinn nicht länger blind folgen. 1978 stand niemand mehr auf der Seite der Schreckensherrscher, doch keiner hatte die Kraft, etwas gegen sie zu unternehmen – mit Ausnahme der Vietnamesen.

Vietnam greift ein

Die Beziehungen zwischen Kambodscha und Vietnam waren historisch bedingt schon immer spannungsgeladen, da die Vietnamesen langsam, aber stetig Richtung Süden und damit auf kambodschanisches Gebiet vordrangen. Obwohl die beiden kommunistischen Parteien Seite an Seite gekämpft hatten, traten bald alte Spannungen an die Oberfläche.

Zwischen 1976 und 1978 provozierten die Roten Khmer Auseinandersetzungen im vietnamesischen Grenzgebiet und forderten das Me-

1993	1994	1995	1996
Die royalistische Partei Funcinpec unter Vorsitz Prinz Ranariddhs gewinnt die Wahlen, doch die kommunistische KPK erzwingt eine Regierungsbeteiligung, indem sie mit einer Abspaltung des Ostens droht.	Die Roten Khmer starten Aktionen gegen Touristen. Sie entführen und töten Gruppen, die per Taxi oder Zug zur Südküste reisen, und unterstreichen damit den Ruf Kambodschas als gefährliches Land.	Prinz Norodom Sirivudh wird verhaftet und ins Exil geschickt, weil er angeblich ein Attentat auf Premierminister Hun Sen plant: So wird ein weiterer potenzieller Rivale entsorgt.	Der britische Minenräumer Christopher Howes, der für die Mines Advisory Group (MAG) arbeitet, wird zusammen mit seinem Dolmetscher Houn Hourth von den Roten Khmer entführt und später ermordet.

kong-Delta für sich ein. Bei den Angriffen auf vietnamesische Grenzorte kamen Hunderte vietnamesische Zivilisten ums Leben. Am 25. Dezember 1978 initiierte Vietnam eine groß angelegte Invasion und zwei Wochen später wurde Pol Pots Regierung gestürzt. Als sich vietnamesische Panzer Phnom Penh näherten, flohen die Roten Khmer mit so vielen Zivilisten, wie sie zu fassen bekamen, gen Westen und versteckten sich in Dschungelgebieten sowie in den Bergen entlang der thailändischen Grenze. Die Vietnamesen errichteten eine neue Regierung, der ehemalige Anführer der Roten Khmer vorstanden, darunter der aktuelle Premierminister Hun Sen, der 1977 nach Vietnam entkommen war. Anfang 1979 lancierten die Verbündeten der Roten Khmer – chinesische Kommunisten – verschiedene Vergeltungsmaßnahmen entlang der nördlichen Grenze Vietnams, um ihren Gesinnungsgenossen Zeit zu verschaffen. Der Versuch scheiterte und nach 17 Tagen zogen sich die Chinesen zurück. Nun führte Vietnam in Kambodscha Schauprozesse durch, bei denen Pol Pot und Ieng Sary in Abwesenheit wegen Völkermordes zum Tode verurteilt wurden.

Die traumatisierte Bevölkerung machte sich auf die Suche nach überlebenden Familienmitgliedern. Millionen hatten ihr Zuhause verloren und mussten Hunderte Kilometer durch das ganze Land laufen. Die Reisvorräte waren dezimiert und die Ernte war vertrocknet. Weil außerdem kaum neuer Reis angebaut worden war, kam es 1979 und 1980 zu einer Hungersnot.

Als sich die Situation in Kambodscha zuspitzte, erklärte sich Sihanouk 1982 nach Druck von Seiten Chinas dazu bereit, eine politische und militärische Bewegung gegen die Regierung in Phnom Penh anzuführen. Das Widerstandsbündnis unter Sihanouks Führung bestand – zumindest auf dem Papier – aus der Funcinpec (französische Abkürzung für Nationale Einheitsfront für ein Unabhängiges, Neutrales, Friedliches und Kooperatives Kambodscha), der Sihanouk-treue Royalisten angehörten, der Nationalen Befreiungsfront des Khmer-Volkes, einer nicht kommunistischen Gruppierung unter der Führung des ehemaligen Premierministers Son Sann, und den Roten Khmer , die offiziell als Partei des Demokratischen Kampuchea agierten und die stärkste Fraktion des Bündnisses stellten. Ihre Verbrechen ließ man unter den Tisch fallen, um sicherzustellen, dass ein tragfähiger, den Gegebenheiten angepasster Kompromiss zustande kam.

In den 1980er-Jahren blieb das Land größtenteils von der westlichen Welt abgeschottet – humanitäre Hilfsorganisationen ausgenommen. Die Regierungspolitik wurde quasi von den Vietnamesen kontrolliert, dementsprechend war Kambodscha praktisch Teil des Ostblocks. Während dieser Zeit befand sich die Wirtschaft am Boden, weil der Staat ebenso wie Vietnam unter einem von den USA initiierten Embargo litt.

> Während der 1980er-Jahre lebten die meisten Kambodschaner in Phnom Penh – an zweiter Stelle folgte das Flüchtlingslager Khao I Dang an der thailändischen Grenze.

1997	1998	1999	2000
Der zweite Premierminister Hun Sen stürzt den ersten Premierminister Norodom Ranariddh in einem Militärputsch.	Pol Pot stirbt am 15. April 1998, als Anlong Veng von Regierungstruppen eingenommen wird. Manch ein Beobachter fragt sich, ob das wirklich purer Zufall ist.	Nach zweijähriger Verzögerung schließt sich Kambodscha der Asean an und nimmt seinen Platz in der Familie der südostasiatischen Staaten ein, die das Land zurück auf der Weltbühne willkommen heißt.	Die Kambodschanischen Freiheitskämpfer lancieren einen „Angriff" auf Phnom Penh. Sie sind jedoch nur leicht bewaffnet, schlecht ausgebildet und politisch unerfahren.

1984 nahmen die Vietnamesen alle wichtigen Rebellenlager auf kambodschanischem Gebiet ein und zwangen so die Roten Khmer und deren Verbündete, sich nach Thailand zurückzuziehen. Ab diesem Zeitpunkt konzentrierte sich die Strategie der im Untergrund kämpfenden Roten Khmer samt Verbündeten darauf, den Feind zu demoralisieren. Zu den Taktiken gehörten das Bombardieren von unter Regierungskontrolle stehenden Garnisonsstädten, das Verlegen von Tausenden Minen in ländlichen Gebieten, Angriffe auf den Straßengüterverkehr, das Sprengen von Brücken, Entführungen von Dorfältesten und Übergriffe gegen Zivilisten. Außerdem zwangen die Roten Khmer zahlreiche Männer, Frauen und Kinder, die in von ihnen kontrollierten Flüchtlingslagern lebten, Munition und andere Güter über stark verminte Grenzgebiete nach Kambodscha zu bringen.

In ihrem Kampf gegen die Guerilla legten die Vietnamesen wiederum das weltweit längste Minenfeld, bekannt als K-5, das sich vom Golf von Thailand bis zur laotischen Grenze erstreckte. Außerdem wurden Kambodschaner in die Wälder geschickt, um Bäume an abgelegenen Stra-

KATASTROPHENHILFE

Die Hungersnot in Kambodscha entwickelte sich zu einer neuen Front des Kalten Kriegs, schließlich wetteiferten Washington und Moskau um internationalen Einfluss. Als Hunderttausende Kambodschaner nach Thailand flohen, wurde ein massives von der UN finanziertes Programm zur Bekämpfung des Hungers gestartet. Die internationale Gemeinschaft wollte die Hilfsgüter über eine Landbrücke bei Poipet transportieren, doch die neue von Vietnam unterstützte Regierung in Phnom Penh bestand auf der Route durch die Hauptstadt über Kompong Som (Sihanoukville) oder den Mekong. Beide Seiten hatten ihre Gründe: Letztere wollte verhindern, dass die Hilfsgüter in die Hände der Roten Khmer fielen, Erstere wiederum bezweifelte, dass die Regierung über die nötige Infrastruktur zur Verteilung der Hilfe verfügte. Beide Seiten sollten Recht behalten.

Einige Organisationen verteilten die Hilfsgüter über den langsamen Weg durch Phnom Penh, andere errichteten Lager in Thailand, die eine geradezu magnetische Wirkung auf halb Kambodscha hatten, da viele Menschen sich immer noch vor der Rückkehr der Roten Khmer fürchteten oder sich ein neues Leben in Übersee aufbauen wollten. Das thailändische Militär überzeugte die internationale Gemeinschaft davon, die Güter über ihre Kanäle zu transportieren, und nutzte die Situation für den Aufbau der geschwächten Truppen der Roten Khmer als wirksame Widerstandsbewegung gegen die Vietnamesen. Thailand stellte für den Transport internationaler Hilfsgüter durch sein Territorium die Bedingung, dass auch die Truppen der Roten Khmer, die sich an der Grenze niedergelassen hatten, mit Lebensmitteln versorgt wurden. Zusammen mit Waffenlieferungen aus China war diese internationale Hilfsaktion ein entscheidender Faktor für das Wiedererstarken der Roten Khmer und weitere zwei Jahrzehnte andauernde Kämpfe.

2002	2003	2004	2005
In Kambodscha werden die ersten Kommunalwahlen abgehalten. Sie sind ein erster Versuch, das alte kommunistische System abzuschaffen und für demokratische Verhältnisse zu sorgen.	Die KPK gewinnt die Wahlen, doch politische Machtkämpfe verzögern die Regierungsbildung um ein Jahr. Schließlich greift man wieder auf die Koalition mit der Funcinpec zurück.	König Sihanouk dankt überraschend ab, auf ihn folgt sein Sohn Sihamoni. Die Entscheidung ist populär, da Sihamoni ein unbeschriebenes Blatt in der Politik ist.	Kambodscha tritt der WTO bei und öffnet seine Märkte für den freien Handel. Viele Beobachter kritisieren diesen Schritt, weil die Wirtschaftskraft gering ist und der Schutz für heimische Produzenten dahin ist.

ßenabschnitten abzuholzen und somit Angriffe aus dem Hinterhalt zu verhindern. Tausende starben an Krankheiten und Verletzungen infolge von Landminen. Die Roten Khmer waren zwar nicht mehr an der Macht, doch für viele bedeuteten die 1980er-Jahre einen genauso harten Überlebenskampf wie das Jahrzehnt zuvor.

Die UNO tritt auf den Plan

Nachdem Michail Gorbatschow in den Kreml eingezogen war und sich das Ende des Kalten Krieges abzeichnete, blieben viele entfernte Alliierte der ehemaligen Sowjetunion sich selbst überlassen. Auch Vietnam war plötzlich politisch isoliert und wirtschaftlich am Boden. Im September 1989 kündigte das Land den Rückzug aller Truppen aus Kambodscha an. Nach ihrem Abzug startete das Oppositionsbündnis, das weiterhin von den Roten Khmer dominiert wurde, eine Reihe von Angriffen und zwang so die nun verwundbare Regierung an den Verhandlungstisch.

Diplomatische Bemühungen zur Beendigung des Bürgerkriegs trugen im September 1990 erste Früchte und die Regierung in Phnom Penh sowie die drei Fraktionen der Widerstandsbewegung akzeptierten einen Friedensvertrag. Dieser sah die Bildung des Obersten Nationalen Rats (ONR), einem Bündnis aller Fraktionen unter der Präsidentschaft Sihanouks, vor. In der Zwischenzeit sollte die Übergangsverwaltung der Vereinten Nationen in Kambodscha (Untac) zwei Jahre lang die Verwaltung des Landes beaufsichtigen sowie den Weg für freie, gerechte Wahlen ebnen.

Zweifellos konnte die Untac Erfolge vorweisen, doch es wurden auch Fehler gemacht, die Kambodscha in der „demokratischen" Phase teuer zu stehen kommen sollten. Sie brachte viele internationale Menschenrechtsabkommen auf den Weg und öffnete einer beträchtlichen Anzahl von Nichtregierungsorganisationen (NGOs) die Tür. Als wichtigster Erfolg galten jedoch die Wahlen am 25. Mai 1993, bei der eine Beteiligung von 89,6 % verzeichnet wurde. Allerdings war das Ergebnis keineswegs eindeutig. Die Funcinpec unter der Führung von Prinz Norodom Ranariddh erzielte 58 Sitze und die Kambodschanische Volkspartei (Kanakpak Pracheachon Kampuchea; KPK), die für die frühere kommunistische Regierung stand, 51 Sitze. Zwar hatte die KPK die Wahlen verloren, doch da die Parteispitze mit einer Abspaltung der östlichen Provinzen drohte, wurden schließlich zwei Premierminister ernannt, Norodom Ranariddh an erster und Hun Sen an zweiter Stelle.

Noch heute wird die Untac als UN-Erfolgsgeschichte verbucht. Wenn man genauer hinblickt, war der geschaffene Frieden aber schlecht durchdacht und durchgeführt, denn viele der regierenden Mächte wollten ihre eigenen Pläne umsetzen. Ein Großteil der Kambodschaner, die die

Westliche Mächte sorgten dafür, dass die Roten Khmer bis 1991 ihren Sitz in der UN-Generalversammlung in New York behielten, sodass ausgerechnet die für den Genozid verantwortlichen Personen ihre eigenen Opfer auf internationaler Ebene vertraten.

2006	2007	2008	2009
Die politischen Rivalen tragen ihre Konflikte vor Gericht aus. Nach viel juristischem Hin und Her ist Oppositionsführer Sam Rainsy wieder zurück auf der Bühne, Prinz Ranariddh steht im politischen Abseits.	Die royalistische Partei Funcinpec verliert durch Konflikte, Intrigen und Austritte weiter an Boden. Demokraten schließen sich Sam Rainsy an, Loyalisten der neuen Norodom-Ranariddh-Partei, andere der KPK.	Bei den Wahlen kann sich die KPK auf 58 % verbessern, die restlichen Stimmen verteilen sich auf verschiedene Oppositionsparteien.	Genosse Duch (Kaing Guek Eav), Kommandant des berüchtigten Gefängnisses S-21, muss sich für seine Verbrechen aus der Zeit der Roten Khmer vor Gericht verantworten.

1970er-Jahre überlebt hatten, hielt es für unzumutbar, dass die Roten Khmer, die einen Völkermord zu verantworten hatten, an Wahlen teilnehmen durften.

Im Zuge des UN-Abrüstungsprogramms wurden die ländlichen Milizen entwaffnet. Diese hatten eine entscheidende Rolle innerhalb der Verteidigungsnetzwerke, die die Regierung in den Provinzen gegen die Roten Khmer einsetzte, gespielt. Als Konsequenz waren Dorfgemeinschaften Angriffen hilflos ausgesetzt. Die Roten Khmer nutzten die ihnen im Friedensprozess zugestandene Legitimität, um erneut ein Guerilla-Netzwerk aufzubauen. 1994, als sie von der Regierung schließlich verboten wurden, waren sie wohl eine größere Bedrohung für die Stabilität des Landes als jemals sonst in der Zeit nach 1979.

Als Hauptziele der Untac galten die „Schaffung und Bewahrung des Friedens" sowie die „Förderung der nationalen Versöhnung". Zwar führte man freie und faire Wahlen durch, doch diese wurden später durch das Vorgehen kambodschanischer Politiker nichtig gemacht. Während der UN-Phase unternahm man zudem kaum etwas gegen den von der KPK errichteten kommunistischen Staatsapparat, eine gut funktionierende Maschinerie, die bis heute dafür sorgt, dass frühere Kommunisten die Verwaltung, die Justiz, die Armee und die Polizei kontrollieren.

Der steinige Weg zum Frieden

Nach dem Sturz der Regierung von Pol Pot durch die Vietnamesen 1979 zogen sich die Roten Khmer in Dschungelgebiete zurück. 1993 boykottierten die Guerilla-Kämpfer die Wahlen und lehnten Friedensverhandlungen ab. 1994 änderten die Roten Khmer ihre Taktik und richteten ihre Angriffe gegen Touristen. So wurden bei einer Taxifahrt nach Sihanoukville drei Urlauber abgepasst und erschossen. Ein paar Monate später entführten die Rebellen drei Ausländer auf einer Zugfahrt nach Sihanoukville, die beim anschließenden Lösegelddrama zu Tode kamen.

Mitte der 1990er-Jahre änderte die Regierung ihre Strategie. Um den Krieg zu beenden, setzte sie nun auf Zuckerbrot statt auf Peitsche. Der Durchbruch kam 1996, als Ieng Sary, „Bruder Nr. 3" in der Hierarchie der Roten Khmer und Außenminister während Pol Pots Regierung, von diesem der Korruption beschuldigt wurde. Daraufhin desertierten massenhaft Kämpfer und deren Unterstützer in der Pailin-Region, was das Schicksal der verbleibenden Roten Khmer endgültig besiegelte. Pailin, reich an Edelsteinen und Nutzholz, war lange die wirtschaftliche Stütze gewesen, durch die die diese Gruppierung noch am Leben erhalten werden konnte. Das Wegfallen dieser Einkommensquelle und die Tatsache, dass die Regierungstruppen nun ihre Energie für den Kampf gegen einen Feind bündelten, ließen hoffen, dass die Tage des Bürgerkriegs nun gezählt waren.

Um die Verbrechen der Roten Khmer für zukünftige Generationen zu dokumentieren, wurde das kambodschanische Dokumentationszentrum errichtet. Die exzellente Webseite www.dccam.org bietet jede Menge Informationen über die dunkelsten Stunden des Landes.

2009	2010	2011	2012
Das Tribunal zur Aufarbeitung der Verbrechen des Regimes der Roten Khmer beginnt mit den Verfahren gegen Nuon Chea, Khieu Samphan und Ieng Sary.	Feiernde Menschenmassen versuchen am Ende des jährlichen Wasserfestivals am 22. November eine schmale Brücke zu überqueren. 350 Menschen kommen dabei zu Tode.	Der schwelende Grenzkonflikt um den alten Tempel von Preah Vihear gipfelt in Kämpfen zwischen Kambodscha und Thailand. Indonesien, das den Asean-Vorsitz innehat, vermittelt einen Waffenstillstand.	Das Rote-Khmer-Tribunal verurteilt das ehemalige Oberhaupt des Foltergefängnisses S-21, Kaing Guek Eav, in einem Berufsurteil zu lebenslanger Haft.

NOMEN EST OMEN

Kambodschas häufige Umbenennung in den letzten Jahrzehnten gibt zweifellos Anlass zur Verwirrung. Die Einwohner nennen ihr Land Kampuchea. Diese Bezeichnung stammt aus dem 10. Jh. und leitet sich von dem Wort Kambuja ab, was „Nachkommen des Kambu", dem mythologischen Gründer des Landes, bedeutet. Das portugiesische „Camboxa" und das französische „Cambodge", von denen sich das deutsche „Kambodscha" ableitet, sind Adaptionen von „Kambuja".

Die Roten Khmer bestanden darauf, dass im Ausland die Bezeichnung Kampuchea benutzt wurde. Mit der Änderung des offiziellen englischen Namens zurück zu Cambodia (Kambodscha) wollte sich die Regierung in Phnom Penh symbolisch von den bitteren Assoziationen der Bezeichnung Kampuchea distanzieren, das die westliche Welt mit dem grausamen Regime der Roten Khmer in Verbindung brachte.

1997 bekam die Regierungskoalition erste Risse und die junge Demokratie musste sich einer neuen Bewährungsprobe stellen. Allerdings waren es wieder die Roten Khmer, die sämtliche Schlagzeilen beherrschten. Pol Pot ordnete die Hinrichtung von Son Sen, seinem ehemaligen Verteidigungsminister, und vielen seiner Angehörigen an. Dies führte zu einem Putsch innerhalb der Gruppierung. Der einbeinige General und Hardliner Ta Mok übernahm die Macht und stellte Pol Pot vor Gericht. In Phnom Penh ging das Gerücht um, dass Letzterer dorthin gebracht werden würde, um sich der internationalen Gerichtsbarkeit zu stellen, doch dann sollten sich die Ereignisse überschlagen.

Es kam zu einem langwierigen Prozess, während dem sowohl die Funcinpec als auch die KPK versuchten, das Vertrauen der verbliebenen radikalen Roten Khmer im Norden Kambodschas zu gewinnen. Ranariddh konnte fast eine Einigung mit den Guerilla-Kämpfern erzielen und wollte diese vor Kambodschas Beitritt zur Association of Southeast Asian Nations (Asean) unter Dach und Fach bringen, schließlich wäre ein Ende des Bürgerkriegs ein äußerst positives Zeichen gewesen. Er wurde jedoch von dem zweiten Premierminister Hun Sen ausgestochen. Am 5. Juli 1997 kam es auf Phnom Penhs Straßen erneut zu Gefechten, als KPK-treue Truppen und Funcinpec-Anhänger aufeinandertrafen. Die heftigsten Auseinandersetzungen fanden rund um den Flughafen und wichtige Regierungsgebäude statt. Es dauerte nicht lange, dann hatte die KPK Kambodscha erneut unter ihrer Kontrolle. Die von den Kambodschanern beschönigend als „Ereignisse von 1997" bezeichneten Vorkommnisse wurden von einem Großteil der internationalen Gemeinschaft als Putsch verurteilt.

Anfang 1998 kündigte die KPK eine umfassende Offensive gegen ihre Feinde im Norden an. Im April waren die Hochburgen der Roten Khmer, Anlong Veng und Preah Vihear, so gut wie eingenommen. Während der

Einen umfassenden Überblick über die kambodschanische Geschichte von den prähistorischen Anfängen über den Ruhm des Angkor-Reichs bis hin zum heutigen Tag bietet David Chandlers *A History of Cambodia* (1994).

2012	2013	2014	2015
Kambodscha übernimmt den Asean-Vorsitz und ist Gastgeber des APEC-Gipfels. US-Präsident Obama kommt nach Phnom Penh, ohne jedoch Premierminister Hun Sen zu treffen.	Bei Kambodschas fünfter Nachkriegswahl erreicht die vereinte Opposition als Cambodia National Rescue Party (CNRP) 55 Parlamentssitze. Die CNRP beklagt Unregelmäßigkeiten beim Ablauf der Wahl.	Die oppositionelle CNRP nimmt ein Jahr nach der umstrittenen Wahl schließlich ihre Sitze in der Nationalversammlung ein.	Die regierende KPK und die oppositionelle CNRP verständigen sich zur Vermeidung von Spannungen auf eine „Kultur des Dialogs". Die kambodschanisch-vietnamesischen Grenzstreitigkeiten kochen wieder hoch.

schweren Kämpfe konnte sich Pol Pot den Armen der Justiz entziehen, weil er am 15. April in Gefangenschaft seiner früheren Rote-Khmer-Genossen eines natürlichen Todes starb. Auf den Fall von Anlong Veng im April folgte der Fall von Preah Vihear im Mai und die drei überlebenden großen Anführer, Ta Mok, Khieu Samphan sowie Nuon Chea, flohen mit ihren verbliebenen Truppen in den Dschungel nahe der thailändischen Grenze.

1998 bestätigten die Wahlen die KPK in ihrer Rolle als Kambodschas stärkste politische Kraft und am 25. Dezember erhielt Hun Sen das Weihnachtsgeschenk, das er sich gewünscht hatte: Khieu Samphan und Nuon Chea liefen auf die Regierungsseite über. Die internationale Gemeinschaft forderte Kriegsverbrecherprozesse gegen die verbliebene Führungsriege der Roten Khmer und nach langwierigen Verhandlungen einigte man sich schließlich auf die Einrichtung eines Tribunals, vor das überlebende Anführer gestellt werden sollten. Die KPK traute einem von der UN geführten Gericht nicht, weil diese die von den Roten Khmer dominierte Koalition gegen die Regierung in Phnom Penh unterstützt hatten, und wollte ein Mitspracherecht. Die UN wiederum zweifelten daran, dass das Justizsystem den Anforderungen bezüglich Gerechtigkeit und Neutralität eines so großen Prozesses gewachsen sei. Schließlich einigte man sich auf einen Kompromiss, ein gemischtes Gericht bestehend aus drei internationalen und vier kambodschanischen Richtern; einem Urteil mussten jeweils zwei bzw. drei der eingesetzten Personen zustimmen. Weitere Informationen zu Wahlen und jüngsten Entwicklungen in Kambodscha siehe „Kambodscha aktuell", S. 336.

Auf dem Weg zur Demokratie?

2002 fanden in Kambodscha erstmals Kommunalwahlen statt, bei denen Repräsentanten für Dorfgemeinschaften und Kommunen gewählt wurden. Sie stellten einen wichtigen Schritt hin zu einem basisdemokratischen System dar. Obwohl seit 1993 nationale Wahlen abgehalten wurden, hatte die KPK auf lokaler und regionaler Ebene die alleinige politische Macht inne. Nur durch Kommunalwahlen konnte diese Situation geändert werden. Mit den Parlamentswahlen im Juli 2003 verschoben sich die Machtverhältnisse. Die KPK konnte ihre Position festigen, die Sam-Rainsy-Partei wurde zweitstärkste und die Funcinpec drittstärkste Kraft. Dieser Trend setzte sich bei den Wahlen 2008 fort, bei denen die KPK ihre Mehrheit ausbauen konnte. Bei den Wahlen 2013 kehrte sich diese Entwicklung jedoch um, denn die Opposition war im Wahlkampf vereint geblieben. Sam Rainsy war aus dem selbstgewählten Exil zurückgekehrt und unter seiner Führung verpasste die neue Cambodian National Rescue Party nur knapp einen Sieg über die KPK.

Pol Pot & die Gerichts-verfahren gegen die Roten Khmer

Die Herrschaft der Roten Khmer über Kambodscha dauerte drei Jahre, acht Monate und 20 Tage und diese Zeit hat im Gedächtnis des kambodschanischen Volks tiefe Spuren hinterlassen. Am 7. Januar 1979 entmachteten die Vietnamesen die Roten Khmer, aber der Bürgerkrieg in Kambodscha setzte sich weitere zwei Jahrzehnte fort und fand erst 1999 ein Ende. Erst über 20 Jahre nach dem Zusammenbruch der Schreckensherrschaft der Roten Khmer wurde ein Tribunal zur Bestrafung der Schuldigen am Tod von etwa zwei Millionen Kambodschanern ernsthaft in Erwägung gezogen. Diese Verfahren begannen 2006 und dauern bis heute an.

Das Rote-Khmer-Tribunal

Fall 001

Fall 001, das Gerichtsverfahren gegen Kaing Guek Eav, der auch als Genosse Duch bekannt ist, begann 2009. Als Oberhaupt des Gefängnisses S-21 war Duch eine wichtige Schlüsselfigur im verbrecherischen System des Regimes. Er wurde 2010 zu 35 Jahren Haft verurteilt, seine Strafe wurde jedoch angesichts schon verbüßter Haftjahre und seiner Bereitschaft zur Kooperation mit den Untersuchungsbehörden auf 19 Jahre verkürzt. Für viele Kambodschaner war dieses Urteil ein Schlag ins Gesicht, denn Duch hatte die Verantwortung für den Tod von 17 000 Menschen eingestanden – er erhielt also durchschnittlich etwa zehn Stunden Gefängnis pro Opfer. Am 3. Februar 2012 wurde ein Berufungsurteil mit lebenslanger Haft verkündet.

Nähere Informationen über die Ursprünge der Roten Khmer und des Demokratischen Kampuchea bieten die Bücher *How Pol Pot Came to Power* (1985) und *The Pol Pot Regime* (1996) von Ben Kiernan von der Universität Yale.

Fall 002

Die Verhandlungen um Fall 002 begannen im November 2011 und befassen sich mit den Verbrechen der höchstgestellten überlebenden Führer der Zeit des Demokratischen Kampuchea: „Bruder Nummer Zwei" Nuon Chea (84 Jahre alt), „Bruder Nummer Drei" und ehemaliger Außenminister des Demokratischen Kampuchea Ieng Sary (83) und Ex-Staatschefs von Kampuchea Khieu Samphan (79). Wegen des langsamen Voranschreitens des Gerichtsverfahrens und des hohen Alters der Angeklagten könnte sich die Gerechtigkeit jedoch als flüchtig erweisen. Ieng Sary starb am 14. März 2013 und seine Frau und einstige Sozialministerin Kampucheas, Ieng Thirith (78), wurde aufgrund ihrer beginnenden Demenz für verhandlungsunfähig erklärt. Sowohl Nuon Chea als auch Khieu Samphan wurden wegen Verbrechen gegen die Menschlichkeit im August 2014 zu lebenslanger Haft verurteilt, müssen sich derzeit aber auch noch wegen Völkermords verantworten.

Fall 003

Der dritte Prozess gegen den Oberbefehlshaber der Marine des Demokratischen Kampuchea, Meas Muth, und den Oberbefehlshaber der Luftwaffe, Sou Met, birgt viel politischen Sprengstoff und drohte 2011 das gesamte Tribunal aus der Bahn zu werfen. Die Untersuchungen in diesem Fall kamen 2009 unter starkem Druck der kambodschanischen Regierung ins Stocken, die mit Abschluss des Falls 002 das gesamte Verfahren für beendet erklären wollte. Premierminister Hun Sen sprach sich mehrmals öffentlich gegen die Fortführung des Falls 003 aus und der darauf folgende Stillstand in den Untersuchungen wurde von vielen kritisiert, unter anderem von Human Rights Watch. Zahlreiche unabhängige Beobachter forderten die Absetzung von mindestens zwei kambodschanischen Richtern wegen mangelnder politischer Neutralität und der deutsche Richter Siegfried Blunk musste zurücktreten, nachdem ihm vorgeworfen worden war, im Fall 003 keine vollständige Untersuchung durchgeführt zu haben. Es bleibt abzuwarten, wer in diesem Wettstreit die Oberhand behalten wird, aber für viele Beobachter ist die gesamte Glaubwürdigkeit des Tribunals kontinuierlich in Gefahr. Weder Meas Muth noch Sou Met sind bisher verhaftet worden, obwohl ihr Aufenthaltsort bekannt ist.

Kosten

Bisher sind mehr als 200 Mio. US$ ausgegeben worden und immer wieder ist von Korruption und Misswirtschaft auf kambodschanischer Seite die Rede. Manche Kambodschaner sind nach wie vor der Ansicht, dass das Tribunal ein wichtiges politisches Zeichen setzt und die heutigen Führer des Landes an ihre Verantwortung erinnert. Andere glauben, dass das Tribunal eine irrsinnige Geldverschwendung darstellt, angesichts der unstrittigen Beweislage gegen die noch lebenden führenden Anführer der Roten Khmer. Viele sind der Meinung, dass eine Wahrheits- und Versöhnungskommission mehr Antworten auf die Fragen nach den Beweggründen der Roten Khmer geliefert hätte.

Pol Pot & seine Genossen

Pol Pot: Bruder Nummer Eins

Der Name Pol Pot lässt in Kambodscha und in der ganzen Welt die Menschen erschaudern. Sein Name steht stellvertretend für den blutigen Wahnsinn des von ihm von 1975 bis 1979 geführten Regimes. Seine Herrschaft bedeutete für Millionen Kambodschaner Not, Elend und Tod.

Pol Pot wurde 1925 in einem kleinen Dorf bei Kompong Thom als Saloth Sar geboren. Als junger Mann erhielt er ein Stipendium für ein Studium in Paris, wo er mit dem Cercle Marxiste in Kontakt trat und den Kommunismus kennenlernte, den er später zu einer Politik des extremen Maoismus umdeutete.

1963 flohen Saloth Sar und seine Genossen vor Sihanouks repressiver Politik in den Dschungel von Ratanakiri. Von diesem Zeitpunkt an nannte er sich Pol Pot. Nachdem Sihanouk 1970 von Lon Nol gestürzt worden war und ins Exil nach Peking fliehen musste, gingen die Roten Khmer ein Bündnis mit ihm ein. Dadurch wuchs die Unterstützung für ihre Bewegung erheblich und ihre Anführer wurden immer bekannter. Doch Pol Pot agierte weiterhin im Hintergrund und überließ öffentliche Auftritte Khieu Samphan und Ieng Sary.

Als die Roten Khmer am 17. April 1975 in Phnom Penh einmarschierten, machten sich nur die Allerwenigsten ein Bild von der bevorstehenden Hölle. Pol Pot und seine Gefolgschaft gelten heute als Architekten einer der radikalsten und brutalsten Revolutionen der Menschheits-

Das Buch *When Clouds Fell From the Sky* (2015) von Robert Carmichael erzählt, wie ein kambodschanischer Diplomat 1977 bei seiner Rückkehr nach Kambodscha verschwindet und seine Familie 30 Jahre danach Gerechtigkeit einfordert.

1966 reiste Pol Pot auf dem Höhepunkt der chinesischen Kulturrevolution über den Ho-Chi-Minh-Pfad nach Peking. Offenbar war er mehr als angetan von dortigen Geschehnissen, denn die Roten Khmer gingen später bei ihren Anstrengungen zur Auslöschung der Vergangenheit noch weiter als die Roten Garden.

geschichte. Man rief kurzerhand das Jahr Null aus und Kambodscha machte sich auf einen selbstzerstörerischen Weg. Alle Verbindungen zur Vergangenheit des Landes sollten dabei gekappt werden.

Als Gesicht der Revolution trat Pol Pot erst Ende 1976 in Erscheinung, nach der Rückkehr von einer Reise zu seinen Mentoren in Peking. Ausländischen Medien gab er so gut wie keine Interviews, ansonsten war er nur in Propagandafilmen des Staatsfernsehens zu sehen. Seine Ausstrahlung und sein Ruf sorgten jedoch dafür, dass sich ein regelrechter Kult um seine Person entwickelte, der bis zum Ende des Regimes bestand hatte.

In den 1980er-Jahren hielt sich Pol Pot hauptsächlich in Thailand auf, wo er eine Streitmacht aufbaute und erneut zu einer Bedrohung für Kambodscha wurde. Da die internationalen Medien über sein wahres Schicksal spekulierten, erhielt der Mythos um die Person Pol Pot neue Nahrung. Über sein Ableben wurde so oft berichtet, dass viele Kambodschaner die Meldung von seinem tatsächlichen Tod am 15. April 1998 erst glaubten, als seine Leiche im Fernsehen und in den Zeitungen zu sehen war. Doch selbst danach waren viele noch skeptisch und bis heute kursieren zahlreiche Gerüchte über die Todesursache. Offiziell starb Pol Pot an einem Herzinfarkt. Es wurde jedoch keine abschließende Autopsie vorgenommen, bevor sein Körper auf einem Scheiterhaufen aus brennenden Autoreifen verbrannt wurde.

Mehr Informationen über Pol Pot und seine Zeit vermitteln zwei hervorragende Biografien: *Brother Number One* von David Chandler und *Pol Pot: The History of a Nightmare* von Philip Short.

Nuon Chea: Bruder Nummer Zwei

Nuon Chea galt lange Zeit als einer der wichtigsten Ideologen und Architekten der Revolution der Roten Khmer. Er studierte Jura an der Thammasat-Universität in Bangkok und schloss sich dann der Kommunistischen Partei Thailands an. Nach der geheimen Gründung der Kommunistischen Partei von Kampuchea 1960 wurde er ihr stellvertretender Sekretär und blieb als Generalbevollmächtigter für innere Sicherheit während des Regimes die wichtigste Führungsfigur hinter Pol Pot. 2014 wurde er zu lebenslanger Haft verurteilt und sieht sich im Fall 002 des Rote-Khmer-Tribunals zusätzlicher Anklagen wegen Verbrechen gegen die Menschlichkeit gegenüber.

Ieng Sary: Bruder Nummer Drei

Ieng Sary, einer der engsten Vertrauten Pol Pots, floh 1963 in den Dschungel von Ratanakiri, wo er gemeinsam mit Pol Pot und nordvietnamesischen kommunistischen Kämpfern eine umfassende Ausbildung zum Guerillakämpfer absolvierte. Ieng Sary gehörte zu den bekannten Gesichtern der Roten Khmer und war im Demokratischen Kampuchea Außenminister. Bis zu seinem Tod blieb er dabei, an der Planung und Durchführung des Genozids nicht beteiligt gewesen zu sein. Doch er lud ab 1975 zahlreiche Intellektuelle, Diplomaten und Exilanten ein, nach Kambodscha zurückzukehren, von denen die meisten anschließend im Gefängnis S-21 gefoltert und ermordet wurden. Mit seinem Überlaufen auf die Seite der Regierung 1996 trug er zur Auflösung der Roten Khmer als Guerillatruppe bei und wurde für seine früheren Verbrechen amnestiert.

Khieu Samphan: Bruder Nummer Neun

Khieu Samphan studierte Wirtschaftswissenschaften in Paris und einige seiner Theorien zur Autarkie bildeten die Grundlage für die Wirtschaftspolitik der Roten Khmer. In den 1960er-Jahren war er mehrere Jahre in der Sangkum-Regierung unter Sihanouk tätig und erprobte seine ge-

Enemies of the People (2010) erzählt die Geschichte des kambodschanischen Journalisten und Überlebenden des Völkermords Thet Sambath, der das Vertrauen des Bruders Nummer Zwei, Nuon Chea, gewann und ihn zu neuen Aussagen über seine Rolle im Terrorregime bewegen konnte.

In seinem Buch von 2004, *Cambodia's Recent History and the Reasons Behind the Decisions I Made*, versucht Khieu Samphan die Vorwürfe gegen sich zu entkräften.

mäßigteren Theorien in der Praxis. Als man 1967 begann, brutal gegen Linke vorzugehen, floh er in den Dschungel, um sich Pol Pot und Ieng Sary anzuschließen. Im Demokratischen Kampuchea war er von 1976 bis 1979 Staatsoberhaupt. Zusammen mit Nuon Chea wurde er 2014 zu lebenslanger Haft verurteilt und steht im Fall 002 vor zusätzlichen Anklagen wegen Verbrechen gegen die Menschlichkeit.

Die Ära der Roten Khmer ist in Kambodscha ein äußerst sensibles politisches Thema, nicht zuletzt wegen der zahlreichen Verbindungen der derzeitigen Führung des Landes zur kommunistischen Bewegung. Bis 2009 war der Völkermord sogar in den höheren Schulen tabu!

Genosse Duch: Kommandant von S-21

1942 als Kaing Guek Eav in Kompong Thom geboren, arbeitete Duch anfänglich als Lehrer, bevor er sich 1967 den Roten Khmer anschloss. Während des Bürgerkriegs (1970–75) hielt er sich im Kardamom-Gebirge auf und war verantwortlich für die Sicherheit und die politischen Gefängnisse in der Region, in denen er seine Verhörtechniken verfeinerte. Nach der Machtübernahme durch die Roten Khmer stand er dem Gefängnis S-21 vor und war dort verantwortlich für die Verhöre und die Ermordung Tausender Gefangener. Als die vietnamesischen Streitkräfte Phnom Penh einkesselten, floh er aus der Stadt und sein Aufenthaltsort blieb lange unbekannt, bis ihn der britische Fotojournalist Nic Dunlop in der Provinz Battambang entdeckte. Genosse Duch war die erste Führungsfigur der Roten Khmer, die angeklagt (Fall 001) und verurteilt wurde. Er kooperierte zwar während des Prozesses mit den Anklägern, doch Anfang 2012 wurde er zu lebenslanger Haft verurteilt.

Die Zukunft

Es bleibt abzuwarten, ob die Mühlen der Justiz schnell genug mahlen, um ein Urteil über die noch vor Gericht stehenden Führer der Roten Khmer zu sprechen. Dass der Gerechtigkeit im Fall des Genossen Duch (und im Fall der Brüder Nr. Zwei und Neun zumindest teilweise) bereits Genüge getan wurde, hat die Sache zumindest für einige Opfer zu einer Art Abschluss gebracht. Über den aktuellen Stand der Verfahren kann man sich auf der offiziellen Website des Cambodian Tribunal Monitor (www.cambodiatribunal.org) auf dem Laufenden halten.

Kultur

Eine turbulente Geschichte, ein unglaubliches Erbe an Architektur, Bildhauerei und Tanz, eine moderne Kunstszene und ein faszinierendes Mosaik von Menschen und Religionen – all das trägt zum einzigartigen Nationalcharakter Kambodschas bei.

Mentalität

Seit den glorreichen Tagen des Angkor-Reichs war das kambodschanische Volk in historischen Kämpfen oft der Verlierer. Die Geschichte hatte einen großen Einfluss auf die heutigen Ansichten der Bevölkerung. Auf den ersten Blick erscheint Kambodscha wie eine Nation voller strahlender glücklicher Menschen, aber bei näherem Hinsehen offenbart sich ein Land voller Widersprüche. Hell und dunkel, Reich und Arm, Liebe und Hass, Leben und Tod – all das wird auf einer Reise durch das Königreich sichtbar. Am auffälligsten aber ist der Kontrast zwischen den Zeugen der ruhmreichen Vergangenheit und der tragischen Gegenwart.

Der Begriff Angkor ist allgegenwärtig, z. B. auf der Flagge, dem Nationalbier, Zigaretten, den Schildern von Hotels und Pensionen. Er steht als Symbol für nationale Identität und glühenden Stolz – egal, wie schlimm die Lage in jüngerer Zeit auch gewesen sein mag, die Kambodschaner haben Angkor Wat erbaut und eine größere Leistung gibt es ihrer Meinung nach nicht.

Im Kontrast dazu steht der höllische Abgrund, in den die Nation während der Herrschaft der Roten Khmer stürzte. Pol Pot brachte dem Land Tod und Leid.

Die Haltung der Kambodschaner zu ihren Nachbarn in der Region ist komplex. Die Thailänder sind nicht sonderlich beliebt, denn so manch einer glaubt, dass Thailand seine kulturelle Schuld gegenüber Kambodscha nicht anerkennt und auf den weniger wohlhabenden Nachbarstaat herabschaut. Gegenüber Vietnamesen ist die Einstellung ambivalenter: Viele Kambodschaner befürchten eine Kolonialisierung durch die Vietnamesen. Darüber hinaus wird das verlorene Mekong-Delta von vielen immer noch „Kampuchea Krom" („Unteres Kambodscha") genannt. Dennoch zollen die Kambodschaner Vietnam für die „Befreiung" von den Roten Khmer 1979 widerwillig Respekt. Als in den 1980er-Jahren daraus eine Besatzung wurde, verschlechterten sich die Beziehungen zwischen beiden Ländern allerdings erneut.

Lebensart

Für zahlreiche ältere Kambodschaner konzentriert sich das Leben auf die Familie, den Glauben und das Essen – eine Lebensart, die seit Jahrhunderten gleich geblieben ist. Familie bedeutet hier mehr als der engste Kreis, denn sie umfasst auch die weitere Verwandtschaft wie Cousins dritten Grades und entfernte Tanten: Solange man das gleiche Blut teilt, bestehen enge Bande untereinander. Familien halten zusammen, lösen ihre Probleme gemeinsam und hören auf die Älteren. Sie versammeln

Kambodschaner und Laoten sind eng miteinander verbunden, da Fa Ngum, Gründer des ersten laotischen Königreiches Lan Xang (Land der eine Million Elefanten), von seinem Schwiegervater – einem Khmer – unterstützt wurde.

25 der 123 Abgeordneten in der kambodschanischen Nationalversammlung sind weiblich, das ist ein Anteil von 20 %.

BEGRÜSSUNG AUF KAMBODSCHANISCH

Kambodschaner begrüßen sich traditionell mit dem *sompiah*, bei dem man die Hände wie im Gebet zusammenlegt und sich verneigt, ähnlich wie beim *wai* in Thailand. Je höher die Hände gehalten werden und je tiefer die Verbeugung ist, umso mehr Respekt zollt man seinem Gegenüber – das muss man vor allem bei der Begrüßung von Amtspersonen oder älteren Menschen beachten. In letzter Zeit ist diese Sitte teilweise durch den Handschlag ersetzt worden, aber auch wenn Männer dazu tendieren, sich so zu begrüßen, verwenden die Frauen normalerweise beiden Geschlechtern gegenüber die traditionelle Begrüßung. Es ist akzeptabel (bzw. entschuldbar), wenn man als Ausländer zur Begrüßung eines Kambodschaners (egal, ob Mann oder Frau) dessen Hand schüttelt.

Tiefland-Khmer werden ermutigt, in den Nordosten zu ziehen, wo genügend Land verfügbar ist. Hier leben die ethnischen Minderheiten des Landes, die keine Eigentumsrechte und keinen privaten Landbesitz kennen; daher wird ihre Kultur in den kommenden Jahren möglicherweise an den Rand gedrängt.

sich in Zeiten der Not und der Freude, feiern zusammen Feste und Erfolge, betrauern ihre Toten und beweinen Enttäuschungen. Egal, ob ein kambodschanisches Haus groß oder klein ist, es wird immer von einer Menge Menschen bewohnt.

Nach wie vor gelten diese Konstanten für einen Großteil der ländlichen Bevölkerung. Mehrere Generationen leben unter einem Dach, teilen sich das Essen und haben dieselbe Religion. Doch in den dunklen Jahrzehnten der 1970er- und 80er-Jahre durchbrachen Krieg und Ideologie diese Routine. Die Bauern wurden in einen blutigen Bürgerkrieg gestürzt und später in die Sklaverei gezwungen. Die Organisation der Roten Khmer Angkar übernahm im Leben der Menschen die Rolle des Moralapostels und sozialen Führers. Familien wurden zerstört, Kinder wandten sich gegen ihre Eltern, Brüder gegen ihre Schwestern. Das Band des Vertrauens zerriss und wird heute erst langsam wiederhergestellt.

Für die jüngere Generation, die in der nachkommunistischen Zeit in relativer Freiheit aufwuchs, sieht die Sache schon anders aus, wohl auch wegen des ständigen Einflusses von MTV und seichten Seifenopern. Kambodscha durchlebt gerade einen gesellschaftlichen Umbruch wie der Westen in den 1960er-Jahren, da die jüngere Generation einen anderen Lebensstil anstrebt, als der, zu dem ihre Eltern gezwungen waren. Besonders in den Städten führt dies zu heftigen Spannungen. Die rebellischen Teenager lassen sich in puncto Kleidung und Partner nichts vorschreiben und machen die Nacht zum Tage. In jüngster Zeit wirkte sich dieser Generationkonflikt bis in die Politik hinein aus, als die Generation Facebook zum spektakulären Wahlergebnis beitrug, das die Mehrheit der regierenden Kambodschanischen Volkspartei halbierte.

In den nächsten Jahrzehnten kommen große demografische Veränderungen auf Kambodscha zu. Momentan leben nur 20 % der Einwohner in Städten, ein großer Unterschied zu weiter entwickelten Nachbarländern wie Malaysia und Thailand. Auf der Suche nach besseren Perspektiven wandern allerdings zunehmend mehr junge Leute in die Städte ab, was das Gesicht der hiesigen Gesellschaft für immer verändern wird. Trotzdem bleibt sie fürs Erste weitaus traditioneller als die in Thailand und Vietnam – Besucher des Landes sollten dies bei ihrer Reise berücksichtigen.

Multikulturelles

Laut offiziellen Statistiken sind 90 % aller Einwohner Khmer, was das Land zum homogensten Staat in Südostasien macht. Angesichts der starken Zuwanderung von Chinesen und Vietnamesen in den vergangenen hundert Jahren ist der wirkliche Prozentsatz aber wahrscheinlich niedriger. Andere ethnische Minderheiten sind Cham, Laoten und die indigenen Volksgruppen der ländlichen Bergregionen.

Khmer

Die Khmer bewohnen Kambodscha seit Beginn der regionalen schriftlichen Überlieferung (etwa im 2. Jh.), also viele Jahrhunderte, bevor Thailänder und Vietnamesen die Region besiedelten. Im Laufe der Zeit vermischten sie sich mit anderen Volksgruppen, darunter die Javaner und Malaien (8. Jh.), Thailänder (10.–15. Jh.), Vietnamesen (ab dem frühen 17. Jh.) und Chinesen (seit dem 18. Jh.).

Vietnamesen

Die Vietnamesen bilden eine der größten ethnischen Gruppen in Kambodscha, die nicht zu den Khmer zählt. Offiziell leben etwa 100 000 im Land, inoffizielle Beobachter gehen allerdings davon aus, dass die Anzahl tatsächlich zwischen 0,5 und 2 Mio. liegt. Die Einwanderer spielen eine wichtige Rolle in der Fischerei- und Bauindustrie, dennoch besteht zwischen Kambodschanern und Vietnamesen immer noch ein gewisses Misstrauen, selbst gegenüber den Menschen, die bereits seit Generationen in Kambodscha leben.

Chinesen

Nach offiziellen Angaben wohnen in Kambodscha etwa 50 000 Chinesen. De facto sind es in den Städten aber wohl eher 0,5 bis 1 Mio. Viele leben seit vielen Generationen im Land und haben die Kultur, Sprache bzw. Identität der Khmer angenommen. Bis 1975 kontrollierte die chinesische Volksgruppe Kambodschas wirtschaftliches Leben. In den letzten Jahren hat sich China wieder als mächtige Wirtschaftsmacht etabliert, hauptsächlich aufgrund seiner wachsenden Investitionen.

Cham

Die Cham-Muslime (in Kambodscha als „Khmer-Islam" bekannt) machen offiziell rund 200 000 Einwohner aus, inoffizielle Erhebungen setzen die Zahl aber bei 500 000 an. Sie leben in Dörfern am Ufer des Mekong und des Tonlé Sap, meist in den Provinzen Kompong Cham, Kompong Speu und Kompong Chhnang. Zwischen 1975 und 1979 waren sie zum großen Teil grausamen Verfolgungen ausgesetzt. Viele von den Roten Khmer zerstörte Cham-Moscheen sind inzwischen wieder aufgebaut worden.

Bergvölker

Die im Hochland lebenden Khmer Leu (Hochland-Khmer) oder *chunchiet* (ethnische Minderheiten) umfassen rund 100 000 Personen.

In den Provinzen südlich und östlich von Phnom Penh stößt man in den Reisfeldern auf zahlreiche chinesische und vietnamesische Friedhöfe. Die Khmer dagegen begraben ihre Toten nicht, sondern verbrennen sie und bestatten die Asche oft in einem Stupa auf dem Gelände eines Wats.

Von den 25 Provinzen Kambodschas ist Kandal mit mehr als 300 Einwohnern pro km² am dichtesten bevölkert. Am dünnsten besiedelt ist Mondulkiri mit nur vier Menschen pro km².

KULTUR MULTIKULTURELLES

DIE BEVÖLKERUNG KAMBODSCHAS

2008 wurde Kambodschas zweite Nachkriegsvolkszählung durchgeführt. Demzufolge hatte das Land etwa 13,5 Mio. Einwohner. Derzeit wird die Bevölkerungszahl auf runf 16 Mio. geschätzt und mit einer enormen Wachstumsrate von 2 % pro Jahr wird die Zahl 2025 bei 20 Mio. liegen.

Phnom Penh ist mit fast 2 Mio. Bürgern die größte Metropole des Landes. Zu den großen Ballungszentren gehören auch die schnell wachsenden Städte Siem Reap, Sihanoukville, Battambang und Poipet.

Das viel diskutierte Ungleichgewicht zwischen Männern und Frauen, das durch die jahrzehntelangen Konflikte entstand, ist nicht mehr so schwerwiegend wie 1980, aber immer noch beträchtlich: Im Vergleich zu 86,1 Männern 1980 kommen heute etwa 95 Männer auf 100 Frauen. Ein weiteres markantes Ungleichgewicht besteht zwischen den Altersgruppen, denn mehr als 40 % der Bevölkerung sind unter 16 Jahre alt.

DIE KHMER KROM

Diese Volksgruppe lebt in Südvietnam und besteht aus Khmer, die sich durch historische Ereignisse und die vietnamesische Beanspruchung eines einst kambodschanischen Territoriums vom Staat abgespalten haben. Niemand weiß, wie viele Khmer Krom es gibt. Schätzungen variieren von 1 bis 7 Mio.

Die Geschichte der Expansion Vietnams war lange Zeit ein wichtiges Thema in den Lehrbüchern der Khmer. Der kambodschanische König Chey Chetha II. kam den Wünschen seiner vietnamesischen Gattin nach und erlaubte den Vietnamesen 1623 erstmals, in der kambodschanischen Stadt Prey Nokor zu siedeln. Offensichtlich war dies erst der Anfang, denn heute ist Prey Nokor bekannt als Ho-Chi-Minh-Stadt (Saigon).

Seit der Unabhängigkeit betreibt die vietnamesische Regierung eine Politik der Zwangsanpassung, laut der alle Khmer vietnamesische Namen annehmen und in vietnamesischer Sprache lernen müssen. Laut der Khmer Kampuchea Federation (KKF) werden die Khmer Krom bis heute verfolgt, haben keinen Zugang zu ärztlicher Versorgung und sind religiöser Diskriminierung sowie offenem Rassismus ausgesetzt. In den vergangenen Jahren wurden mehrere gewaltlos protestierende Mönche aus ihrem Amt verstoßen. Nach Aussagen von Human Rights Watch unterstützte die kambodschanische Regierung Vietnam sogar dabei, einige Agitatoren abzuschieben.

Viele Khmer Krom sähen Kambodscha gerne als Vermittler in ihrem Streben nach größerer Autonomie und ethnischer Repräsentation in Vietnam. Stattdessen nähert sich die kambodschanische Regierung ihrem mächtigeren Nachbarn vorsichtig an – möglicherweise aufgrund der historischen Bande zwischen den beiden politischen Dynastien.

Wer mehr über die Khmer Krom erfahren will, kann sich beispielsweise die Website www.khmerkrom.org ansehen.

Viele Angehörige dieser Volksgruppen findet man in den nordöstlichen Provinzen Ratanakiri, Mondulkiri, Stung Treng und Kratie. Als größte Gruppe gelten die Tompuon (gebräuchlich sind auch viele andere Schreibweisen) mit fast 20 000 Menschen. Zu den weiteren Stämmen gehören die Bunong, Kreung, Kavet, Brau und Jarai.

Lange Zeit waren Kambodschas Bergvölker von den übrigen Einwohnern des Landes isoliert, deshalb konnte sich kein gegenseitiges Verständnis entwickeln. Sie betreiben Wanderfeldbau und halten sich nur selten für längere Zeit am selben Ort auf. Wenn sie einen Platz für einen neuen Wohnort suchen, muss einer der Dorfältesten mit der Geisterwelt kommunizieren. Nur wenige Minderheiten tragen bunte, traditionelle Trachten wie die Stammesvölker in Thailand, Laos und Vietnam.

Jayavarman VII. war Mahayana-Buddhist. Er setzte seinen Glauben dafür ein, das Schicksal seines Volkes zu verbessern, indem er Krankenhäuser, Universitäten, Straßen und Unterkünfte errichten ließ.

Religion
Buddhismus

Der Buddhismus kam mit dem Hinduismus nach Kambodscha, wurde aber erst ab dem 13. Jh. offizielle Religion. Heute praktizieren viele Kambodschaner den Theravada-Buddhismus. Zwischen 1975 und 1979 ermordeten die Roten Khmer viele buddhistische Mönche und beschädigten oder zerstörten die Wats (über 3000). In den späten 1980er-Jahren wurde der Buddhismus wieder zur Staatsreligion erhoben, sodass heute wieder überall im Land junge Mönche zu sehen sind. Darüber hinaus sammelte man mithilfe von Werbefeldzügen Geld und baute die Tempel wieder auf oder sanierte sie.

Als höchstes Ziel des Theravada-Buddhismus gilt das Nirwana, die „Auslöschung" von Begierde und Leid und letzte Station im Reinkarnationskreislauf. Indem sie Mönche mit Speisen versorgen, Geld an Wats spenden und regelmäßig beten, hoffen Buddhisten, ihr Schicksal zu verbessern und genügend gute Taten zu begehen, um die Zahl ihrer Wiedergeburten zu verringern.

Von jedem männlichen Buddhisten wird erwartet, dass er für eine kurze Zeit seines Lebens als Mönch lebt, am besten nach Abschluss der Schule bis zum Beginn seiner Karriere oder bis zur Heirat. Männer oder Jungen unter zwanzig können als Novizen in den *sangha* (Klosterorden) eintreten. Heute verbringen sie zumeist nur noch 15 Tage als Mönche.

Hinduismus

Der kambodschanische Hinduismus erlebte seine Blütezeit zeitgleich mit dem Buddhismus vom 1. bis zum 14. Jh. In der präangkorianischen Periode verehrte man Harihara (verkörpert Shiva und Vishnu in einer einzigen Gottheit). Während der Angkor-Periode wurde dagegen Shiva als Gottheit von der Königsfamilie favorisiert, im 12. Jh. allerdings von Vishnu verdrängt. Einige Elemente des Hinduismus findet man heute noch in den wichtigsten Zeremonien, die Geburt, Heirat und Tod betreffen.

10 TIPPS, UM DEN RESPEKT DER EINHEIMISCHEN ZU ERLANGEN

Wer sich etwas Zeit nimmt, um die Kultur der Kambodschaner kennenzulernen, vermeidet es, jemanden unabsichtlich zu beleidigen. Außerdem macht man sich bei seinen Gastgebern mit ein paar kulturellen Kenntnissen sehr beliebt. Hier ein paar Tipps:

Dresscode Man sollte die lokalen Regeln respektieren, insbesondere an religiösen Stätten. Oberarme und Oberschenkel müssen bedeckt werden und vor dem Betreten eines Tempels muss man immer die Schuhe ausziehen und seine Kopfbedeckung ablegen. Nacktbaden ist überall unangemessen.

Einen Beitrag leisten Die meisten Tempel leben von Spenden, deshalb sollte man beim Besuch einen kleinen Betrag entrichten. Wenn man das Haus eines Khmer besucht, wird ein kleines Zeichen der Dankbarkeit in Form eines Geschenkes immer gerne gesehen.

Treffen & Begrüßen Man sollte die kambodschanische Art der Begrüßung, *sompiah*, lernen und anwenden, wenn man sich potenziellen neuen Freunden vorstellt. Wer jemanden herbeiwinkt, muss seine Hand immer zum eigenen Körper hin bewegen und die Handfläche nach unten halten. Die Handfläche mit ausgestreckten Fingern nach oben zu halten, kann als anzüglich und sogar beleidigend aufgefasst werden.

Das Berühren von Frauen Mönche sollen keine Frau berühren oder von dieser angefasst werden. Wenn eine Frau einem Ordensbruder etwas geben will, platziert sie den Gegenstand in seiner Reichweite oder auf seinem „Empfangstuch".

Ruhig bleiben Nie die Stimme heben oder aggressiv werden. Das führt zum Gesichtsverlust und zu Verlegenheit bei den Einheimischen, was die Situation nur noch schlimmer macht.

Visitenkarten Der Austausch von Visitenkarten ist ein wichtiger Teil jeder auch noch so kleinen Transaktion und aller Geschäftskontakte. Am besten lässt man vor der Anreise Visitenkarten anfertigen und verteilt diese wie Konfetti. Die Karten werden immer mit beiden Händen überreicht.

Tödliche Essstäbchen Wenn man Essstäbchen senkrecht in eine Reisschale legt, erinnern sie an Räucherstäbchen, die für Tote abgebrannt werden.

Füße Vor dem Betreten eines Hauses sollte man die Schuhe ausziehen. Es gilt als ausgesprochen unhöflich, seine Fußsohlen auf andere Leute zu richten. Niemals mit den Füßen auf etwas Heiliges wie eine Buddha-Figur zeigen.

Hut ab Als Zeichen des Respekts vor Älteren oder angesehenen Menschen wie Mönchen sollte man seine Kopfbedeckung abnehmen und bei einem Gespräch höflich nicken. Einen Erwachsenen niemals am Kopf berühren oder tätscheln.

Zahnstocher Wenn man hartnäckige Essensreste zwischen seinen Zähnen herauspult, sollte man dies mit einer Hand tun und mit der anderen seinen Mund bedecken.

Das berühmte hinduistische *Ramayana*-Epos ist in Kambodscha als *Reamker* bekannt. Reyum Publishing hat ein wunderschön illustriertes Buch veröffentlicht, das die Geschichte erzählt: *The Reamker* (1999)

Animismus

Als sich Hinduismus und Buddhismus langsam im Land ausbreiteten, vermischten sie sich mit dem animistischen Glauben, der schon vor der Indisierung unter den Khmer verbreitet war. Die einheimischen Glaubenssätze verschwanden nicht, sondern wurden in die neuen Religionen integriert, sodass eine einzigartige Mischung entstand. Das Konzept des Neak Ta wurzelt in animistischen Glaubensvorstellungen von einer heiligen Erde und einem heiligen Geist um uns Menschen. Neak Ta kann als Glauben an Mutter Erde angesehen werden, eine Energie, die eine Gemeinschaft mit der Erde und dem Wasser vereint. Sie zeigt sich in vielen Formen von Steinen über Holz bis hin zu Termitenhügeln, also Dingen, die eine Verbindung zwischen den Menschen und der Fruchtbarkeit des Landes symbolisieren. Die manchmal phallische Darstellung von Neak Ta erklärt die Popularität des Hinduismus und die *lingam*-Verehrung.

Islam

Kambodschanische Muslime sind Nachkommen der Cham. Nach dem Untergang ihres Königreiches Champa, das 1471 von den Vietnamesen gestürzt wurde, emigrierten sie aus dem heutigen Zentralvietnam nach Kambodscha. Ebenso wie ihre buddhistischen Nachbarn rufen die Cham-Muslime ihre Gläubigen mit einer Trommel zum Gebet; der ansonsten übliche Gebetsruf durch den Muezzin ist hier weniger verbreitet.

Christentum

Die reinste Form des Animismus wird bei den Khmer Leu praktiziert. Manche sind zum Buddhismus konvertiert, aber die Mehrheit verehrt weiterhin die Geister ihrer Vorväter sowie diejenigen der Erde und des Himmels.

Im Gegensatz zum benachbarten Vietnam konnte sich das Christentum in Kambodscha kaum verbreiten. Vor dem Krieg gab es einige Kirchen im Land, allerdings wurde ein Großteil von den Roten Khmer zerstört, darunter auch die Notre-Dame-Kathedrale in Phnom Penh. Während der 1980er-Jahre erfuhr das Christentum ein Comeback in den Flüchtlingslagern an der thailändischen Grenze, wo mehrere missionarische Wohltätigkeitsorganisationen mit jeder Mahlzeit ihre Religion propagierten. Um zu überleben, wechselten viele Kambodschaner den Glauben, aber nach der Rückkehr aus den Lagern kehrten sie wieder zum Buddhismus zurück und erhielten den Spitznamen „Reis-Christen".

Kunst & Kultur

Der Feldzug der Roten Khmer war ein furchtbarer Schlag für die kambodschanische Kultur. Einige Jahre lang glaubte die Bevölkerung sogar, alles wäre unwiederbringlich verloren, weil die Roten Khmer nicht nur die intellektuelle Elite ermordet, sondern auch kulturelle Artefakte wie Statuen, Musikinstrumente, Bücher und sämtliche anderen Zeugen der Vergangenheit (diese sollte komplett ausgelöscht werden) zerstört hatten. Einzig die Tempel von Angkor wurden als Symbol der Macht und des alten Khmer-Reichs verschont. Trotz dieser Geschehnisse gibt es in Kambodscha zurzeit eine Renaissance der traditionellen Künste. Darüber hinaus besteht ein wachsendes Interesse, mit moderner Kunst zu experimentieren und interkulturelle Strömungen zu integrieren.

Architektur

Über die neue Khmer-Architektur informiert das Buch *Building Cambodia: New Khmer Architecture 1953–1970* von Helen Grant Ross und Darryl Collins.

Die Baukunst der Khmer erreichte ihren Höhepunkt in der Angkor-Zeit (9.–14. Jh.). Einige der schönsten Beispiele aus dieser Epoche sind Angkor Wat und die Grundmauern von Angkor Thom.

Heute werden die meisten ländlichen Häuser auf hohen Holzpfählen errichtet. Sie haben Strohdächer, Wände aus Palmmatten sowie einen Boden aus gewebten Bambusstreifen, der auf Bambusbalken ruht. Der schattige Platz darunter wird als Lagerraum und zum Entspannen am Mittag genutzt. Wohlhabende Familien besitzen Häuser mit Holzwänden und Ziegeldächern, aber der zugrunde liegende Baustil ist derselbe.

Auch die Franzosen hinterließen Bauwerke in Kambodscha, und zwar in Form einiger schöner Villen und Regierungsgebäude im klassizistischen Stil mit Säulen und allem Drum und Dran. Die schönsten Beispiele findet man in Phnom Penh, aber in zahlreichen Provinzhauptstädten stehen ebenfalls noch ein oder zwei Gebäude aus der Kolonialzeit. Zu den am besten erhaltenen Kolonialstädten zählen mit ihren hübschen Reihen von Ladenhäusern und den klassischen Gouverneursresidenzen Battambang und Kampot.

In den 1950er- und 1960er-Jahren, dem sogenannten Goldenen Zeitalter Kambodschas, prägte eine Gruppe junger Khmer-Architekten die Hauptstadt des Landes, indem sie mit dem heute Neue Khmer-Architektur genannten Baustil experimentierte. Der berühmteste Vertreter dieser Bauschule war Vann Molyvann; er entwarf einige wichtige Wahrzeichen der Stadt wie das Olympiastadion, das Chatomuk-Theater und das Unabhängigkeitsdenkmal. Zu dieser Zeit wurde auch der Badeort Kep umgebaut, da es die aufstrebende kambodschanische Mittelschicht an den Strand zog; heute gibt es in der kleinen Stadt ein paar phantastische – wenn auch verfallene – Beispiele der Neuen Khmer-Architektur. Restaurierte Bauten aus dieser Zeit sind z. B. die Boutiquehotels Knai Bang Chatt und Villa Romonea.

Beispiele für die Neue Khmer-Architektur präsentiert die Website von **Khmer Architecture Tours** (www.ka-tours.org); der Veranstalter bietet außerdem Rundgänge in Phnom Penh und Battambang. Für Rundgänge auf eigene Faust kann man sich auf der Website auch Pläne herunterladen.

Bildhauerei

Im Khmer-Reich der Angkor-Zeit entstanden einige der schönsten Bildhauerarbeiten weltweit. Schon in der präangkorianischen Zeit, die Funan und Chenla zugeordnet wird, schufen Kambodschaner meisterhafte, sinnliche Skulpturen. Dabei handelt es sich um mehr als nur eine Kopie der indischen Bildhauerarbeiten, an denen sie sich orientierten. Manche Gelehrte behaupten, dass die kambodschanische Bildhauerei selbst in Indien konkurrenzlos sei.

Die ältesten erhaltenen Skulpturen stammen aus dem 6. Jh. n. Chr. und stellen meist Vishnu mit vier oder acht Armen dar. Ein großer achtarmiger Vishnu aus dieser Periode ist im Nationalmuseum in Phnom Penh zu sehen.

Dort befindet sich auch eine Statue von Harihara aus dem 7. Jh., einer Gottheit, die Aspekte von Vishnu und Shiva in sich vereint, mit seinem Menjoubärtchen und seiner langen, dünnen Nase aber eher wie ein kleiner Ägypter daherkommt – eine Erinnerung daran, dass sich die indische Bildhauerei an den Griechen orientierte, die wiederum von den Pharaonen beeinflusst waren.

Zu den Innovationen der frühen Angkor-Periode gehören freistehende Skulpturen. Sie verzichten auf steinerne Aureolen, die in früheren Werken die zahlreichen Arme der Hindugottheiten stützten. Ihre Gesichter strahlen eine tiefe Ruhe aus, außerdem ist ihr Gesamteindruck weniger bewegt.

Den Banteay-Srei-Stil des späten 10. Jhs. sieht man weithin als einen Höhepunkt in der Entwicklung südostasiatischer Kunst an. Im Nationalmuseum wird eine prachtvolle Skulptur aus dieser Periode aufbewahrt. Die Sandsteinfigur stellt Shiva dar, auf dessen Knien seine Ehefrau Uma steht. Leider kam Umas Kopf in den turbulenten Jahren der kambodschanischen Geschichte abhanden. Zum Teil war der Baphuon-Stil des 11. Jhs. von Skulpturen des Banteay Srei inspiriert. Einige der schönsten bis heute erhaltenen Arbeiten stammen aus dieser Zeit.

Die Kunst der Angkor-Wat-Periode wirkt eher konservativ und unnatürlich; ihr fehlt die Anmut früherer Arbeiten. Der Genius dieser Zeit manifestiert sich deutlicher in der gewaltigen Architektur und den faszinierenden Flachreliefs Angkor Wats.

Das Projekt Friends of Khmer Culture (www.khmerculture.net) widmet sich der Förderung von Kunst und kulturellen Organisationen, Meta House (S. 79), eine Galerie in Phnom Penh, fördert Kunst und Kultur der Khmer.

Selbst die zerstörerischen Roten Khmer ehrten den mächtigen Angkor Wat auf ihrer Flagge. Diese zeigte drei gelbe Türme des Tempels vor einem blutroten Hintergrund.

Ihren letzten Höhepunkt erreichte die angkorianische Bildhauerei in der Bayon-Periode, die vom Ende des 12. Jhs. bis Anfang des 13. Jhs. andauerte. Beim Besuch des Nationalmuseums sollte man nach der prächtigen Statue von Jayavarman VII. suchen, einer Figur, die gleichzeitig große Macht und tiefe Ruhe ausstrahlt.

Als im turbulenten 13. und 14. Jh. die Staatsreligion ständig zwischen Mahayana-Buddhismus und Hinduismus wechselte, wurden von Buddhisten geschaffene Buddha-Bildnisse und Bodhisattvas wieder zerstört, als wieder Hindus an die Macht kamen. Im 15. Jh. ersetzte bunt bemaltes Holz Stein als Material für Buddha-Statuen. Im Nationalmuseum gibt's eine schöne Galerie mit Buddhas aus der Umgebung von Angkor aus der Zeit nach dem 16. Jh.

Momentan entdecken kambodschanische Bildhauer ihre Fähigkeiten wieder neu, denn durch den Tourismus wächst die Nachfrage nach reproduzierten Steinreliefs berühmter Statuen und Büsten aus der Angkor-Zeit

Kino

In den 1960er-Jahren boomte die kambodschanische Filmindustrie. Zwischen 1960 und 1975 wurden mehr als 300 Filme gedreht. Einige davon wurden in den gesamten asiatischen Raum exportiert, darunter zahlreiche Filme des damaligen Staatsoberhaupts Norodom Sihanouk. Mit der Machtübernahme der Roten Khmer verschwand die Filmindustrie jedoch von einem Tag auf den anderen vollständig und erholte sich erst 25 Jahre später von diesem Schlag.

2000 bekam die kambodschanische Filmindustrie neuen Auftrieb, als *Pos Keng Kong* (Die Riesenschlange) in die Kinos kam. Es handelt sich um die Neuverfilmung eines kambodschanischen Klassikers aus den 1960er-Jahren. Der Streifen erzählt die Geschichte eines mächtigen jungen Mädchens, das aus der Beziehung einer Bauersfrau und eines Schlangenkönigs hervorging. Trotz schlechter Spezialeffekte ist es eine interessante Liebesgeschichte, die in der Region zum Kassenschlager wurde.

Der Erfolg von Pos Keng Kong kündigte eine kleine Renaissance der nationalen Filmindustrie an. Heute drehen kambodschanische Regisseure mehrere Streifen im Jahr. Viele neue Werke sind jedoch amateurhafte Horrorfilme von zweifelhaftem künstlerischem Wert.

Rithy Panhs Film *Bophana* von 1996 erzählt die wahre Geschichte von Hout Bophana, einer wunderschönen jungen Frau, und Ly Sitha, einem regionalen Khmer-Führer, die sich ineinander verlieben und für dieses „Verbrechen" hingerichtet werden.

SIHANOUK & DIE WELT DES FILMS

Zwischen 1965 und 1969 war Sihanouk (Kambodschas einstiger König und Staatsführer) Autor, Regisseur und Produzent von neun Spielfilmen, eine Zahl, die wohl jeden durchschnittlichen, arbeitseifrigen Hollywood-Regisseur beschämt. Sihanouk nahm das Filmgeschäft sehr ernst, und so forderte er sowohl seine Familie als auch Staatsbeamte auf, ihren Teil beizutragen: Der Außenminister spielte in Sihanouks erstem Film *Apsara* (*Himmlische Nymphe*; 1965) die männliche, seine Tochter Prinzessin Bopha Devi die weibliche Hauptrolle. Als für denselben Streifen ein militärischer Aufmarsch gedreht werden sollte, musste die Luftwaffe einspringen.

Oft fungierte Sihanouk auch selbst als Hauptdarsteller. Besonders bemerkenswert sind seine Auftritte als Waldgeist und als siegreicher General. Bedenkt man, wie abhängig der König von dieser Traumwelt aus Zelluloid war, verwundert es kaum, dass Kambodscha Cannes mit seinem Internationalen Filmfestival in Phnom Penh herausfordern wollte. Das Festival fand zweimal statt, 1968 und 1969. Beide Male gewann Sihanouk den Hauptpreis. Auch in seinem späteren Leben drehte er mehrere Filme. Während seiner bemerkenswerten Karriere produzierte er insgesamt um die 30 Werke.

Doch zumindest brachte es ein in Übersee lebender kambodschanischer Regisseur in den vergangenen Jahren zu großem Erfolg: *People of the Rice Fields* von Rithy Panh wurde 1995 beim Filmfestival in Cannes für die Goldene Palme nominiert. Das Werk streift die Zeit der Roten Khmer nur flüchtig und konzentriert sich auf das Leben einer Familie, die ein mühsames Leben auf den Reisfeldern führt. Zu Panhs weiteren Filmen zählen *One Night after the War* (1997), die Geschichte eines jungen Khmer-Kickboxers, der sich in Phnom Penh in ein Barmädchen verliebt, und die preisgekrönte S-21: *The Khmer Rouge Killing Machine* (2003), eine eindrucksvolle Dokumentation, in der Überlebende des Tuol-Seng-Gefängnisses an den Ort des Geschehens zurückgebracht werden, um dort erneut ihren Wächtern gegenüberzustehen.

Der erste größere ausländische Spielfilm, der in Kambodscha gedreht wurde, war *Lord Jim* (1964) mit Peter O'Toole.

Als bedeutendstes Werk über Kambodscha gilt *The Killing Fields – Schreiendes Land* (1985). Es erzählt die Story des amerikanischen Journalisten Sydney Schanberg und seines kambodschanischen Assistenten Dith Pran. Die meisten Szenen entstanden in Thailand, denn als der Film 1984 gedreht wurde, war Kambodscha dem Westen noch verschlossen.

In den vergangenen Jahren wurden relativ viele internationale Streifen in Kambodscha gedreht, darunter *Tomb Raider* (2001), *City of Ghosts* (2002) und *Zwei Brüder* (2004), wegen der wunderschönen Hintergrundbilder alle sehr sehenswert. Mit dem australischen Independent-Film *Wish You Were Here*, der 2011 teilweise in Kambodscha gedreht wurde, eröffnete 2012 das Sundance Festival.

Näheres über die kambodschanische Film- und Kinolandschaft erfahren Interessierte in *Kon: The Cinema of Cambodia* (2010), veröffentlicht vom Institut für Medien und Kommunikation der Königlichen Universität von Kambodscha. Interessant ist auch das Cambodia International Film Festival (www.cambodia-iff.com), das jedes Jahr im Dezember in Phnom Penh stattfindet.

Rithy Panhs *Das fehlende Bild* (2013) wurde 2014 als erster kambodschanischer Film für den Oscar für den besten fremdsprachigen Film nominiert.

Musik

Die Flachreliefs einiger Denkmäler in Angkor zeigen Musiker und *apsara*. Diese spielen Instrumente, die heutigen Khmer-Instrumenten ähneln: Demnach hat Kambodscha eine lange, ganz eigene Musiktradition.

Normalerweise wurde Musik als Begleitung bei Ritualen oder Vorführungen gespielt, die religiöse Bedeutung hatten. Es gab sechs Arten kambodschanischer Ensembles, die bei verschiedenen Gelegenheiten zum Einsatz kamen. Als das traditionellste gilt das *arek ka* bei Hochzeiten, u. a. mit einer *tro khmae* (Geige mit drei Saiten), einem *khsae muoy* (Streichinstrument mit einer Saite) und einer *skor areak* (Trommel). *Ahpea pipea* ist eine weitere Art der Hochzeitsmusik: Sie begleitet die Bezeugung der Heirat. *Pin peat* ist die Musik, die man bei Ballett- und Schattentheateraufführungen hören kann.

Unter Pol Pot gingen die meisten Stücke aus der goldenen Ära vor dem Krieg verloren. Die Roten Khmer hatten es vor allem auf Sänger abgesehen und so verschwanden der große Sinn Sisamuth sowie Ros Sereysothea und Pen Ron, die berühmtesten Liederkomponisten und Gesangskünstler des Landes, gleich zu Beginn der Terrorherrschaft.

Nach dem Krieg ließen sich viele Khmer in den USA nieder, wo sich eine lebendige, von der US-amerikanischen Musik beeinflusste Khmer-Popkultur entwickelte. Später wurde sie zurück nach Kambodscha exportiert und erlangte enorme Popularität.

Im Ausland wuchs eine neue Generation von Khmer unter westlichen Einflüssen auf, die ihren eigenen Sound kreierte. Kambodschaner, die nun wieder in ihre Heimat zurückkehren, sind in den USA oder Frankreich mit Rap groß geworden. Viele neue Künstler schaffen den Durchbruch, z. B. die Gruppe KlapYaHandz, die von Sok „Cream" Visal gegründet wurde.

Als eine der größten Legenden der 1970er-Jahre gilt Yos Olarang. Der Jimi Hendrix von Kambodscha ist vor allem für seinen Schreigesang bekannt. Sein berühmtester Song, ein absoluter Klassiker, heißt *Jis Cyclo*.

Auf der Webseite www.tinytoones. org erfährt man mehr über die Hip-Hop-Kooperativen, die Jugendliche zu einem gesünderen Lebensstil ohne Drogen und einem offeneren Umgang mit Aids bewegen wollen. In der Region um Phnom Penh finden regelmäßig Vorführungen statt.

Darüber hinaus weist das Land eine aufblühende Popindustrie auf, deren Stars häufig Open-Air-Konzerte in Phnom Penh geben. Wer will, kann diese Musik jederzeit genießen, indem er in eine der unzähligen Karaoke-Bars geht. Preap Sovath ist sozusagen der kambodschanische Robbie Williams und wer mehr als fünf Minuten durch die hiesigen Fernsehsender zappt, hat eine gute Chance, ihn singen zu sehen. Als beliebteste junge Sängerin gilt Meas Soksophea mit ihrer großartigen Stimme. Doch das Musikbusiness ändert sich ständig und zahlreiche neue Stars warten schon auf ihre Chance.

Dengue Fever, die ultimative Fusion-Band, macht sich derzeit einen Namen über die Grenzen der USA und Kambodschas hinaus und der kambodschanische Sänger Chhom Nimol führt eine Gruppe von fünf amerikanischen Prog-Rockern an, die sich in psychedelischen Klängen versucht. Eine weitere Fusion-Band, die sich einen Namen macht, ist die Cambodian Space Project, die aus Kambodschanern und im Land ansässigen Ausländern besteht. Die Band tritt regelmäßig in Phnom Penh auf. Falls gerade ein Konzert stattfindet: Es lohnt sich!

Etwas, das es nur in Kambodscha gibt, ist *chapaye*, eine Art Blues, der in Begleitung eines zweisaitigen Holzinstrumentes gespielt wird. Vom Klang ähnelt es einer Bassgitarre ohne Verstärker. Leider leben nur noch wenige alte Meister wie Kong Nay (der Ray Charles Kambodschas), aber *chapaye* wird heute noch oft im kambodschanischen Nachtfernsehen gespielt, bevor die Übertragung endet. Kong Nay ist auch im Ausland, so etwa in Australien und den USA, aufgetreten, außerdem zusammen mit Peter Gabriel beim Womad-Festival in Großbritannien.

Weitere Infos über Musik in Kambodscha enthält das Buch *Dontrey: The Music of Cambodia* (2011), herausgegeben vom Institut für Medien und Kommunikation der Königlichen Universität von Kambodscha. Der ausgezeichnete Dokumentarfilm *Don't Think I've Forgotten* beschäftigt sich mit der verlorenen Rock-'n'-Roll-Ära Kambodschas; zu sehen ist der Streifen auf www.dtifcambodia.com.

Tanz

Das königliche Ballett ist mehr als andere traditionelle Kunstformen eine greifbare Verbindung zur Pracht von Angkor. Seine Traditionen reichen weit in die Vergangenheit zurück, als die Kunst der *apsaras* (himmlische Nymphen) für die Gottkönige aufgeführt wurde. König Sihanouk entließ zu Beginn seiner Herrschaftszeit den traditionellen Harem königlicher *apsara*, der zur Krone gehörte.

Unter Pol Pot erging es dieser Kunstform sehr schlecht und nur wenige Tänzer bzw. Lehrer überlebten. 1981 wurde die Universität der Schönen Künste mit einer Handvoll Ausbilder wiedereröffnet.

Amrita Performing Arts (www.amrita performingarts. org) hat bei einer großen Anzahl bahnbrechender Tanz- und Theaterprojekte in Kambodscha mitgewirkt, darunter auch Gemeinschaftsprojekten mit französischen und japanischen Künstlern.

Ein großer Teil des königlichen kambodschanischen Tanzes ähnelt der Tradition in Indien und Thailand (stilisierte Handbewegungen, paillettenbesetzte Lamé-Kostüme und opulente stupaartige Kopfbedeckungen). Die Thailänder übernahmen diese Techniken von den Khmer, nachdem sie Angkor im 15. Jh. geplündert hatten. Zwar war der königliche Tanz traditionell eine Angelegenheit der Frauen (mit Ausnahme der Rolle des Affen), doch heute sind mehr männliche Tänzer beteiligt. Die beliebtesten der auf Khmer als *robam preah reachtrop* bekannten klassischen Tänze sind der Apsara-Tanz und der Wunschtanz.

Ein weiteres populäres Element der Tanzdarbietungen, die in Phnom Penh und Siem Reap regelmäßig für Touristen aufgeführt werden, sind Volkstänze. Diese lehnen sich an das Leben auf dem Land und alte kulturelle Traditionen an. Einer der beliebtesten Volkstänze ist *robam kom arek* mit Bambusstangen und flinken Fußbewegungen. Beliebt sind außerdem Fischer- und Erntetänze mit jeder Menge koketten Interaktionen zwischen den weiblichen und männlichen Tänzern.

SPORT IN KAMBODSCHA

Kambodschas Nationalsport *pradal serey* (Kambodschanisches Kickboxen) gleicht Kickboxen in Thailand, man sollte allerdings nicht den Fehler begehen, es als Thaiboxen zu bezeichnen. Auf CTN und TV5 laufen an den Wochenenden regelmäßig Wettkämpfe und man kann die TV-Arenen besuchen, um sich das Ganze live anzusehen.

Eine weitere nationale Leidenschaft ist Fußball, obwohl das kambodschanische Team selbst nach asiatischen Standards nur als kleiner Fisch gilt. Viele Einwohner verfolgen die Premier League in England mit geradezu religiösem Eifer und wetten regelmäßig auf Spiele.

Darüber hinaus erfreut sich das französische Spiel *pétanque*, eine Variante des Boule, großer Beliebtheit. Das kambodschanische Team hat in regionalen Wettkämpfen schon mehrere Medaillen gewonnen.

Andere berühmte Tänze werden nur zu bestimmten Festen oder zu bestimmten Zeiten im Jahr aufgeführt. Der *trot* ist sehr beliebt beim Khmer-Neujahr: Er soll böse Geister aus den Wohn- und Arbeitsräumen vertreiben. Ein in ein Hirschkostüm gehüllter Tänzer rennt durch das Haus; er wird von einem Jäger gejagt und schließlich getötet.

Beim chinesischen Neujahr (das bei den Vietnamesen in Kambodscha Tet heißt) werden in ganz Phnom Penh und in anderen größeren Städten des Landes raffinierte Löwentänze aufgeführt.

Zu den modernen Tänzen zählt der populäre *rom vong* oder Rundtanz, der wahrscheinlich aus dem benachbarten Laos stammt. Dabei bewegen sich die Tänzer in einem Kreis und machen immer drei Schritte vorwärts und zwei zurück. Immer beliebter werden bei den jungen Leuten in den Städten Hip-Hop und Breakdance, oft zu sehen bei Freiluftveranstaltungen.

Essen & Trinken

Thailand und Vietnam zählen zu den Ländern mit den besten Küchen der Welt. Da überrascht es nicht, dass auch Kambodscha mit besonderen Gerichten aufwartet. Anders als die benachbarten kulinarischen Giganten ist die hiesige Küche international noch wenig bekannt, doch das wird sich sicherlich ändern. Was Angkor für den Tourismus bedeutet, das könnte *amok* (gebackenes Fischgericht mit *kreung*-Paste auf Zitronengrasbasis, Kokosnuss und Chili in einem Bananenblatt) für die Kulinarik werden.

Kambodscha wartet mit zahlreichen Nationalgerichten auf, von denen manche ihren thailändischen und laotischen Pendants ähneln, während andere eher an die chinesische oder die vietnamesische Küche erinnern. Eines aber haben sie alle gemeinsam: eine typisch kambodschanische Note.

Süßwasserfisch ist dank dem Tonlé-Sap-See ein wichtiges Grundnahrungsmittel. Fisch gibt es in zahlreichen Formen und Größen vom riesigen Mekong-Wels bis hin zu winzigen Jungfischen, die sich frittiert prima als Snack zum Bier eignen. Auch die Franzosen hinterließen ihre Spuren: Baguette wurde zum Nationalbrot, außerdem wird zartes Fleisch geschätzt.

Das Land ist ein asiatisches Sammelbecken, denn hier trafen die große indische und die chinesische Zivilisation aufeinander. Diese Tatsache hat sich nicht nur in der Kultur, sondern auch in der Küche niedergeschlagen. Jeder findet hier etwas, das ihn anspricht, ob er nun Frühlingsrollen oder Curry vorzieht. Zu den unterschiedlichen Gerichten werden zahlreiche Dips und Saucen gereicht, sodass eine Geschmacksreise zum asiatischen Festschmaus wird.

Typisches & Spezialitäten

In Kambodscha trifft man auf ungewöhnliche, fremdartige und manchmal sogar anstößige Gerichte. Die eifrig alles verzehrenden Einwohner finden an Insekten, Algen, Innereien oder Fischblasen nichts Ungewöhnliches. Sie verspeisen Entenföten, brühen Gehirn auf, lassen sich zwischendurch ein paar Spinnen schmecken, häuten und grillen lebende Frösche und trinken Kobrawein, um ihre Potenz zu steigern.

Dabei finden die Khmer nichts, was den Körper am Leben erhält, als „seltsam". Für sie ist Essen entweder gesund oder nicht, nahrhaft oder

Kambodschaner essen nicht nur Taranteln aus Skuon, sondern auch Heuschrecken, Käfer, Larven und Ameisen. Wissenschaftler schlugen Insektenfarmen als eine Lösung vor, um der Nahrungsmittelknappheit entgegenzuwirken. Damit könnte das Land einmal die Nase vorn haben.

KOCHKURSE

Wer sich für die kambodschanische Küche begeistert, lernt ein paar Kniffe, wenn er einen Kochkurs besucht. Auf diese Weise kann man seine Urlaubserlebnisse später mit Freunden teilen: Dias reißen nicht jeden vom Hocker, doch zu einem köstlichen Abendessen sagt so gut wie niemand Nein.

Kurse gibt's in Phnom Penh, Siem Reap, Battambang und Sihanoukville, und das Angebot wächst ständig.

nicht, lecker oder nicht. Über mehr machen sie sich schlichtweg keine Gedanken. Und sie probieren alles mindestens einmal aus, sogar einen Burger.

Reis, Fisch & Suppe

Auf Kambodschas grünen Feldern wächst jede Menge Reis und die zahlreichen Flüsse liefern Fisch, der zu *prahoc*, einer fermentierten Fischpaste, verarbeitet wird. Diese beiden Zutaten bilden die Basis der Khmer-Küche. Dazu kommen verschiedene Geschmacksnoten, die für Würze sorgen: geheimnisvolle Wurzeln, herrliche Kräuter und aromatische Knollen. Sie verleihen Salaten, Snacks, Suppen und Eintöpfen ein einzigartiges Aroma und den typisch kambodschanischen Geschmack.

Reis von den üppigen Feldern Kambodschas dient als Hauptzutat: Das Khmer-Wort für „essen" ist *nyam bai*, wörtlich „Reis essen". Den meisten Kambodschanern, vor allem Fahrern, bleibt die Puste weg, wenn ihnen der Reis ausgeht. Dass die gleichen Kohlenhydrate auch in anderen Lebensmitteln enthalten sind, spielt keine Rolle, allein diese sättigenden Körner zählen. In Kambodschas wichtigstem Anbaugebiet, der Provinz Battambang, gedeiht der beste Reis des Landes.

Wer Suppe liebt, sollte die lokale Spezialität *kyteow* probieren, eine energiereiche Variante mit Reis und Nudeln. Die ausgewogene Mahlzeit kostet auf Märkten rund 5000 R, in Restaurants ca. 2 US$. Wer keine Nudeln mag, wählt stattdessen *bobor*, einen landestypischen Reisbrei. Er wird sowohl zum Frühstück als auch zum Mittag- und Abendessen verspeist. Am besten schmeckt er mit frischem Fisch und etwas Ingwer.

Zu einer kambodschanischen Mahlzeit gehört fast immer *samlor*, eine traditionelle Suppe, die zusammen mit den anderen Gängen gereicht wird. Großer Beliebtheit erfreut sich auch *samlor machou bunlay*, eine scharfe saure Fischsuppe mit Ananas und Gewürzen.

In Kambodscha wird vorwiegend Süßwasserfisch aus dem Tonlé-Sap-See oder aus dem Mekong gegessen. Eine Spezialität ist *trey ahng*, gegrillter Fisch (*ahng* heißt „gegrillt" und findet sich im Namen vieler Gerichte wieder). Traditionell isst man Fischstücke in Salat oder Spinatblätter gewickelt und tunkt sie in *teuk trey*. Diese Fischsauce ähnelt der vietnamesischen *nuoc mam*, enthält jedoch zusätzlich Erdnüsse.

Salate

Auch Salatgerichte sind in Kambodscha beliebt und lecker, wobei sie wenig mit einem westlichen Salat gemeinsam haben. *Phlea sait kow* besteht beispielsweise aus Rindfleisch und Gemüse mit Koriander, Pfefferminze und Zitronengras. Diese drei Gewürze findet man in sehr vielen landestypischen Gerichten.

Desserts & Obst

Günstige Desserts bekommt man auf den Nachtmärkten im ganzen Land. Viele Kinder freuen sich z. B. über ein Eis-Sandwich: Eine Kugel hausgemachtes Eis wird in Biskuit oder Brot gereicht.

In Kambodscha wachsen jede Menge tropische Früchte, die man sich während seines Aufenthalts nicht entgehen lassen sollte. Gängige Sorten wie *chek* (Bananen), *menoa* (Ananas) und *duong* (Kokosnuss) findet man zuhauf. Zu den größeren Früchten gehört die stark verbreitete *khnau* (Jackfrucht), die oft mehr als 20 kg wiegt. Die *tourain* (Durian) riecht man kilometerweit. Sie ist außen grün und mit spitzen Stacheln besetzt und ihr weiches, milchiges Fruchtfleisch wird von Chinesen als Aphrodisiakum geschätzt.

Traveller bevorzugen meist *mongkut* (Mangostane) und *sao mao* (Rambutan). Die kleine Mangostane hat eine lilafarbene Schale und köstliches weißes Fruchtfleisch, während das der Rambutan an eine Lit-

Das Friends ist eins der bekanntesten Restaurants in Phnom Penh. Es wartet mit einer leckeren Auswahl an Tapas, Shakes und Spezialangeboten auf, außerdem kommen die Erlöse Straßenkindern zugute. Das Kochbuch *The Best of Friends* ist ein Festschmaus fürs Auge und enthält wunderbare Rezepte.

Teuk trey (Fischsauce), eines der beliebtesten Würzmittel in der kambodschanischen Küche, darf laut den Bestimmungen zu stark riechenden oder ätzenden Substanzen auf internationalen Flügen nicht im Gepäck mitgenommen werden.

schi erinnert. Ihre Schale ist mit weichen roten und grünen Stacheln bedeckt.

Am besten, wenn auch weltweit bekannt, schmeckt jedoch *svay* (Mango), die von März bis Mai geerntet wird. Einige Mangosorten sind zwar das ganze Jahr über erhältlich, doch nichts reicht an die köstlichen Früchte der heißen Jahreszeit heran.

Getränke

Kambodscha hat eine lebendige Trinkkultur. Die starke Hitze und hohe Feuchtigkeit sorgen dafür, dass man nach allem greift, was den Durst stillt. Kaffee, Tee, Bier, Wein, alkoholfreie Getränke, Fruchtsäfte sowie einige der exotischeren „Feuerwasser" bekommt man an fast jeder Ecke. Tee ist das Nationalgetränk, doch mittlerweile wird genauso häufig Bier getrunken.

Bier

Bier bekommt man sogar in den abgelegensten Dörfern. Die National-marke Angkor wird in einer Brauerei in Sihanoukville hergestellt. In den meisten Restaurants und Bars kostet eine 0,6-l-Flasche 2 bis 3 US$. Angkor vom Fass bekommt man in den Touristenzentren für 0,50 bis 1,50 US$. Andere beliebte kambodschanische Marken sind Cambodia Beer, das Angkor als *das* Bier der Wahl ablösen will, und der Provinz-liebling Crown Lager.

Beerlao aus dem benachbarten Laos gilt als sehr gut trinkbar und ist eines der günstigsten Biere auf dem Markt. Das lokal gebraute Tiger Beer erfreut sich vor allem in der Hauptstadt großer Beliebtheit. In manchen Khmer-Restaurants trifft man auf eine Schar „Biermädchen", die jeweils für eine bestimmte Biermarke werben. Sie sind stets freundlich und las-sen einen in Ruhe, wenn man keinen Alkohol trinken möchte.

Vor einem seien Biertrinker gewarnt: Zwar gibt es viele gute Sorten in Kambodscha, doch mit der Kühlung sieht es in ländlichen Gegenden schlecht aus. Daher sollte man es wie die Einheimischen machen und „*Som teuk koh*" (Eis, bitte) bestellen.

Wein & Schnaps

Wenn man von kambodschanischem Wein spricht, ist normalerweise Reiswein gemeint. Dieser wird vor allem bei den ethnischen Minderhei-ten im Nordosten geschätzt. Manche Weine gären monatelang und sind extrem stark, andere schmecken frischer und erinnern eher an einen Cocktail. Wer in einem Minderheiten-Dorf zu einem Umtrunk einge-laden wird, sollte nicht ablehnen, denn das gilt als unhöflich. Zu den einheimischen Weinen zählen auch ein leichter Palm- sowie Ingwer-weine.

In Phnom Penhs und Siem Reaps Supermärkten bekommt man aus-ländische Weine und Schnäpse zu sehr günstigen Preisen, wenn man

Die Landbevöl-kerung trinkt am liebsten Zucker-palmwein. Er wird täglich direkt von den Bäumen destilliert und ist ziemlich stark, wenn er sich gesetzt hat. Straßenhändler verkaufen das leckere und günstige Getränk aus Bambus-containern von Fahrradgepäck-trägern aus. Vorsicht: nur pro-bieren, wenn man einen stählernen Magen hat.

In manchen Clubs können Gäste exquisite Flaschen mit Alkoholika wie Johnnie Walker Blue Label mieten, um sie auf ihren Tisch zu stellen – so wahrt man die Fassade, auch wenn im Glas nur Johnnie Walker Red Label ist.

PROST!

Wenn Kambodschaner einen Toast ausbringen, bestimmen sie, welche Menge die Runde beim Anstoßen trinken muss. Manchmal kommt man mit einem *ha-sip pea-roi* (50 %) davon, meistens läuft es allerdings auf ein *moi roi pea-roi* (100 %) hinaus. Aus diesem Grund bestellen die Einheimischen ihr Bier am liebsten mit Eis, denn dann können sie das Tempo im Verlauf des Abends selbst bestimmen. Bei dem Versuch, die Khmer-Jungs ohne Hilfe von Eis unter den Tisch zu trinken, ist übrigens schon so manch ein *barang* (Ausländer) mit dem Kopf auf der Tischplatte gelandet.

bedenkt, welch weite Reise sie hinter sich haben. Europäische und australische Weine sind ab etwa 5 US$ zu haben, bekannte Markenspirituosen kosten zwischen 5 und 15 US$.

Tee & Kaffee

Tai (Tee) nach chinesischer Art ist praktisch eine nationale Institution. In den meisten chinesischen und Khmer-Restaurants wird eine kostenlose Kanne auf den Tisch gestellt, sobald man sich setzt. *Kaa fey* (Kaffee) erhält man ebenfalls in fast allen Lokalen. Man trinkt ihn entweder schwarz oder als Café au lait mit Kondensmilch.

Wasser & Softdrinks

Niemals Wasser aus dem Hahn trinken, das gilt vor allem für die Provinzen. Es ist nur selten aufbereitet und kann zu Magenproblemen führen. Vor Ort produziertes Mineralwasser bekommt man ab 1000 R pro Flasche in Geschäften und an Ständen.

Eiswürfel sind im Allgemeinen kein Problem. Hergestellt wird das *teuk koh* (Eis) in lokalen Fabriken. Es besteht aus aufbereitetem Wasser und ist ein Erbe der Franzosen.

In Kambodscha bekommt man so gut wie jedes bekannte alkoholfreie Getränk. Für einen Softdrink in der Flasche zahlt man rund 1000 R, für Dosen ca. 2000 R und in Restaurants bzw. Bars mehr.

Teuk kalohk sind im ganzen Land beliebt. Sie erinnern ein wenig an Smoothies und schmecken herrlich zum Essen.

Wohin zum Essen?

Was auch immer man mag, in Kambodscha wird man fündig, sei es bei einem kleinen Händler, einer Marktbude, in einer lokalen Gaststätte oder in einem schicken Restaurant.

Überall im Land kann man die günstige Khmer-Küche probieren, insbesondere auf Märkten und in einfachen Imbissen. Gehobene Gerichte bekommt man am ehesten in Phnom Penh und Siem Reap, wo außerdem hervorragende vietnamesische, chinesische, indische, französische, mediterrane und Thai-Speisen locken. Chinesisches und vietnamesisches Essen findet man in vielen Städten, wo viele Angehörige dieser ethnischen Gruppen leben.

Bisher haben sich in Phnom Penh kaum westliche Fast-Food-Ketten niedergelassen. Eine Ausnahme bilden KFC und Burger King, darüber hinaus stößt man auf mehrere einheimische Imitate. Am erfolgreichsten sind Lucky Burger und BB World, die in der Hauptstadt diverse Filialen haben.

Oft gibt es keine festen Öffnungszeiten. Straßenstände haben meist von frühmorgens bis zum frühen Abend geöffnet, andere vor allem abends und nachts. Ein Großteil der Restaurants empfängt den ganzen Tag über Gäste, einige der schickeren Läden machen hingegen nur mittags (11–14.30 Uhr) und zum Abendessen (17–20 Uhr) auf.

Essen gehen mit Kindern

In Phnom Penh und Siem Reap gibt's viele kinderfreundliche Lokale, wobei eigentlich die meisten Restaurants in Kambodscha recht kinderfreundlich sind. Einige haben sogar eine Kinderkarte. Kinderstühle gibt's dagegen gewöhnlich nur in Restaurants mit internationaler Küche und Fastfoodläden. Wickeltische und dergleichen sind in kambodschanischen Restaurants so gut wie unbekannt. Empfehlungen für kinderfreundliche Speiselokale finden sich jeweils in den Regionalkapiteln.

Kulinarische Mutproben

Grillen *Wie wär's mit Grillen?*

Entenföten *Ungeborene Ente, mit Federn und allem Drum und Dran*

Durian *Stinkende stachelige Frucht, in Flugzeugen verboten.*

Prahoc *Fermentierte Fischpaste, fast eine biologische Waffe*

Spinnen *Genau, frittierte Taranteln*

Bevor Kambodscha Mitglied der Welthandelsorganisation wurde, war hier der Schutz des Urheberrechts nahezu unbekannt. Dadurch entstanden zahlreiche Nachahmer-Fast-Food-Restaurants wie Khmer Fried Chicken, Pizza Hot und Burger Queen, von denen mittlerweile leider keines mehr existiert.

Auf die Schnelle

Straßenessen ist ein wichtiger Bestandteil des Alltags. Wie viele Südostasiaten lieben auch die Kambodschaner Snacks. Man trifft sie sowohl tagsüber als auch nachts an improvisierten Imbissständen, an denen sie sich auf Frittiertes stürzen. Eine noch größere Auswahl bieten die Märkte, wo man vielleicht auch einen gemütlichen Sitzplatz ergattern kann. Hier isst man gut und günstig und kann sich mit der Khmer-Küche vertraut machen.

Die fünf beliebtesten Imbisssnacks in Kambodscha:

Banh chev Reispfannkuchen mit leckeren Kräutern, Bohnensprossen und Fleisch oder Fisch.

Bobor Reisbrei, beliebt mit getrocknetem Fisch und Ei oder würzig mit Chili und schwarzem Pfeffer.

Chek chien Frittierte Bananen, beliebt zu jeder Tageszeit.

Loat Kleine weiße Nudeln, die fast wie Bohnensprossen aussehen; köstlich aus der Pfanne mit Rindfleisch.

Nam ben choc Dünne Reisnudeln mit rotem Hühnchencurry oder Fischbrühe.

> Entenföten gelten als einer der beliebtesten Straßensnacks. Die weißen Eier enthalten ein kleines Küken. Wer das nicht essen mag, bestellt besser kein *kaun pong tier*.

Esskultur

Lernt man die kambodschanische Küche kennen, erkennt man, dass schlichtes Essen das Beste ist. Als Grundlagen dienen eine starke Flamme, sauberes Wasser, schlichte Schneidegeräte, Mörser und Stößel und ein oder zwei geschwärzte Töpfe.

Es gibt drei Mahlzeiten am Tag. Zum Frühstück verspeist man *kyteow* oder *bobor*. Baguettes bekommt man zu jeder Tages- und Nachtzeit. Sie schmecken am besten zu einer Tasse Kaffee.

Mittags wird früh, nämlich schon gegen 11 Uhr, gegessen. Traditionell setzt man sich mit der Familie zusammen, doch in den Städten besuchen mittlerweile viele Arbeitnehmer Restaurants oder den Markt.

Auch das Abendessen nimmt man im Kreis der Familie ein. Die Gerichte werden rund um eine Schüssel Reis in der Mitte angeordnet und jeder hat eine kleine Schale vor sich stehen. Das Prozedere ist einfach: Man nimmt sich Reis und garniert ihn mit Beilagen.

Wer im Restaurant mehrere Gänge bestellt, braucht sich keine Sorge über die richtige Menüabfolge machen – alle Gerichte werden in die Mitte des Tischs gestellt, sobald sie fertig sind. Dann bedient sich jeder mit dem, was er mag, egal, wer was geordert hat.

> Einblicke in die ländliche Küche bietet Gustav Auers und Sok Chonghs *Kambodschanische kreative Küche – Von Wasserlilien und Khmer-Currys*. (2008), ein Kochbuch, das im Restaurant Romdeng in Phnom Penh entwickelt wurde.

Tischsitten

Auf dem Tisch steht für jeden eine Schüssel mit einem kleinen Teller, Stäbchen oder Gabel und Löffel griffbereit. Manche Kambodschaner essen lieber mit Stäbchen, andere mit Besteck. In der Regel bekommt man beides. Zu jedem Gedeck gehört eine kleine Schale zum Dippen von Saucen, die sich oberhalb der rechten Hand befindet.

Wer sich aus einer der Schüsseln in der Mitte bedient, benutzt dazu den gemeinsamen Servierlöffel und nicht seine Stäbchen oder seinen eigenen Löffel. Zum Essen nimmt man die Schale in die linke Hand, führt sie dicht zum Mund und nimmt sich dann etwas auf den Löffel.

Hier einige Regeln:

➜ Erst Platz nehmen, wenn der Gastgeber sitzt.

➜ Kein Essen ablehnen, das einem der Gastgeber aufgetan hat.

➜ Lernen, mit Stäbchen zu essen.

➜ Die Stäbchen nicht V-förmig in der Schale liegen lassen – das ist ein Symbol für den Tod.

➜ In Restaurants 5 bis 10 % Trinkgeld geben, denn die Löhne sind niedrig.

➜ Kein Trinkgeld geben, wenn auf der Rechnung bereits eine Servicegebühr aufgeführt ist.

➡ Jedes Mal mittrinken, wenn jemand einen Toast ausbringt.

➡ Nicht mit dem Kopf auf dem Tisch einschlafen, wenn die ganze Nacht lang angestoßen wird.

Vegetarier & Veganer

Nur wenige Kambodschaner verstehen das Prinzip des strikten Vegetarismus. Möglicherweise behaupten sie, ein Gericht sei fleischlos, nur um es dem Kunden recht zu machen. Wer kein strenger Vegetarier ist und kein Problem mit Fischsaucen hat, sollte beim Bestellen keine Probleme haben. Fischesser können die Khmer-Küche von ihrer leckersten Seite kennenlernen. In vielen gehobenen internationalen Restaurants bekommt man dagegen „echte" vegetarische Gerichte. In chinesischen und Khmer-Lokalen werden fast immer pfannengerührtes Gemüse und gebratener Reis angeboten. Allerdings stammen sie vermutlich aus demselben Wok, in dem auch Fisch und Fleisch zubereitet werden. Großartige Varianten servieren indische Restaurants in beliebten Touristenzentren, da sie das Vegetarismusprinzip oft besser verstehen als die *prahoc* liebenden Khmer.

Natur & Umwelt

Kambodschas Landschaftstypen reichen vom Höhenzug der Kardamom-Berge bis zum Tiefland des Tonlé-Sap-Beckens, seine Schutzgebiete und Nationalparks beherbergen einige vom Aussterben bedrohte Arten. Diese Arten und ihr Lebensraum sind jedoch durch illeale Abholzung, Plantagenwirtschaft und den Bau von Staudämmen gefährdet. Kambodscha steht vor der Herausforderung, Wirtschaft und steigenden Energiebedarf mit dem Wunsch, einen nachhaltigen Tourismus zu entwickeln, unter einen Hut zu bringen.

Zum größten Teil wird die Proteinaufnahme der Kambodschaner – 70 % davon stammen aus dem Verzehr von Fisch – vom Tonlé Sap abgedeckt. Während der Regenzeit steigt das Wasservolumen des Tonlé Sap bis zu einem Faktor von 70.

Kambodschas höchster Berg ist mit 1813 m der Phnom Aural in der Provinz Pursat.

Forscher schätzen, dass in der Provinz Mondulkiri 50 bis 100 Elefanten in freier Wildbahn leben. Eine ähnliche Anzahl findet man im Kardamom-Gebirge.

Geografie

Kambodschas Grenzen sind das Ergebnis einer historisch bedingten Verkleinerung des Gebiets. Als die Vietnamesen südwärts in das Mekong-Delta vordrangen und die Thai sich in westliche Richtung nach Angkor ausbreiteten, schrumpfte das kambodschanische Territorium, das sich zu Zeiten des Angkor-Reiches von Südbirma bis Saigon und im Norden bis nach Laos ausgedehnt hatte. Nur die Ankunft der französischen Kolonialherren verhinderte, dass Kambodscha das Schicksal der Cham ereilte, die ein Volk ohne Staat geworden waren. Sie errichteten ein Protektorat, das tatsächlich eine Schutzfunktion erfüllte.

Heute umfasst der Staat eine Fläche von 181 035 km², ist also etwa halb so groß wie Vietnam bzw. Deutschland. Im Westen und Nordwesten grenzt es an Thailand, im Nordosten an Laos und im Osten an Vietnam. Im Süden liegt der Golf von Thailand.

Geografisch gesehen kennzeichnen Kambodscha vor allem der mächtige Mekong-Fluss und ein weitläufiger See, der Tonlé Sap. Bei Phnom Penh teilt sich der Mekong in drei kleinere Flüsse, den Tonlé Sap, der in den gleichnamigen See fließt, aus dem er auch entspringt, den Oberen Fluss (meist einfach Mekong oder auf Vietnamesisch Tien Giang genannt) und den Unteren Fluss (Tonlé Bassac, auf Vietnamesisch Hau Giang). Die reichhaltigen Ablagerungen, die sich während der Regenzeit ansammeln, wenn der Mekong über seine Ufer tritt, machen Zentralkambodscha zu einer ungemein fruchtbaren Region. Viele Einwohner leben in dieser tief gelegenen Schwemmlandebene und betreiben dem Rhythmus des Monsuns angepasst Landwirtschaft und Fischfang.

Der Südwesten ist von Bergen bedeckt. Das Kardamom-Gebirge (Chuor Phnom Kravanh) erstreckt sich über Teile der Provinzen Koh Kong, Battambang, Pursat und Krong Pailin, die sich immer mehr dem Ökotourismus öffnen. Im Südosten in den Provinzen Kompong Speu, Koh Kong und Kampot erhebt sich das Elefantengebirge (Chuor Phnom Damrei).

Bei Besuchern auf der Suche nach abgelegenen tropischen Stränden erfreut sich vor allem die 435 km lange Küstenlinie großer Beliebtheit. Im Meer vor Sihanoukville, Kep und Koh Kong liegen jede Menge Inseln.

Entlang der nördlichen Grenze mit Thailand treffen die Ebenen auf einen Steilhang aus Sandstein von über 300 km Länge und 550 m Höhe: das Dangkrek-Gebirge (Chuor Phnom Dangkrek). Als bester Ort, um in die Atmosphäre der Region einzutauchen, gilt der Prasat Preah Vihear (S. 286).

TONLÉ SAP: DER HERZSCHLAG KAMBODSCHAS

Der Tonlé Sap, Südostasiens größter Süßwassersee, gilt als beeindruckendes Naturphänomen. Er versorgt die Hälfte der Kambodschaner mit Fisch und Wasser zur Bewässerung; außerdem bieten seine 170 schwimmenden Dörfer 90 000 Menschen – viele davon vietnamesischer Abstammung – ein Zuhause.

Bei Phnom Penh verbindet ein 100 km langer Kanal, Tonlé-Sap-Fluss genannt, den See mit dem Mekong. Von Juni bis Anfang Oktober steigt der Pegel des Letzteren aufgrund der Regenfälle rapide an. So gewinnt auch der Tonlé-Sap-Fluss an Strömung und kann in Richtung Nordwesten in den gleichnamigen See fließen. Während dieser Zeit vervier- bzw. verfünffacht sich die Oberfläche des Sees und steigt so von 2500 bis 3000 km^2 auf bis zu 10 000 bis 16 000 km^2; seine Tiefe wiederum erhöht sich von durchschnittlich 2 auf über 10 m. Ganze 20 % des Wassers, das der Mekong in der Regenzeit zusätzlich führt, werden vom Tonlé Sap aufgenommen. Im Oktober, wenn der Pegel des Mekong allmählich fällt, ändert der Tonlé-Sap-Fluss seine Richtung und das Wasser im See fließt wieder in den Mekong zurück.

Dieser außergewöhnliche Vorgang macht den Tonlé Sap zu einem idealen Lebensraum für Vögel, Schlangen und Schildkröten sowie zu einer reichhaltigen Quelle für Süßwasserfische. Die überfluteten Wälder sind hervorragende Laichplätze und in der Trockenzeit wunderbare Angelplätze. Experten glauben, dass Fischwanderungen aus dem See zur Aufstockung der Bestände bis hin nach China helfen könnten.

2001 wurde das einzigartige Ökosystem zum Unesco-Biosphärenreservat erklärt. Allerdings genügt das wahrscheinlich nicht, um es vor der doppelten Bedrohung durch Staudammprojekten und ungezügelter Rodung zu schützen. Am chinesischen Abschnitt des Mekong, der dort Lancang heißt, sind bereits Staudämme in Betrieb, und inzwischen wurde auch mit dem Bau des riesigen neuen Xayaboury-Damms in Laos begonnen, des ersten großen Staudamms an Mittel- und Unterlauf des Mekong.

Mehr zum Tonlé Sap und seinem einzigartigen Ökosystem erfährt man im Gecko Centre (S. 136) bei Siem Reap.

Im äußersten Nordosten machen die Ebenen dem östlichen Hochland Platz. Diese entlegene Region voll dicht bewaldeter Berge zieht sich im Osten bis zum Zentralen Hochland Vietnams und im Norden bis nach Laos. Die relativ unberührten Provinzen Ratanakiri und Mondulkiri dienen zahlreichen Bergvölkern als Heimat und machen sich bei Ökotouristen allmählich einen Namen.

Tiere & Pflanzen

Bis in die 1990er-Jahre waren die Ökosysteme kambodschanischer Wälder in einem ausgezeichneten Zustand und verglichen mit den Nachbarstaaten sind sie heute noch relativ intakt. Doch die Kriegsjahre forderten ihre Opfer, auch wenn viele Spezies in den abgelegenen Dschungelgebieten im Südwesten und Nordosten unbehelligt gedeihen konnten. Ironischerweise verschlechterte sich mit dem Frieden die Situation; weite Teile des Primärwaldes wurden gefällt und der illegale Handel mit einigen bedrohten Tierarten weitete sich aus. Da sie viele Jahre lang keinen Zutritt hatten, konnten Wissenschaftler erst vor kurzem die kambodschanische Tier- und Pflanzenwelt erforschen und katalogisieren.

In Jean-Jacques Annauds Film *Zwei Brüder* aus dem Jahr 2004 geht es um die Geschichte von zwei verwaisten Tigerjungen während der Kolonialzeit, die bei den Tempeln von Angkor wieder zueinander finden.

Tiere

Kambodscha bietet Lebensraum für etwa 212 verschiedene Säugetierarten, darunter Tiger, Elefanten, Bären, Leoparden und Wildrinder. Eindrucksvoll sind auch kleinere Arten wie der Binturong, auch Marderbär genannt, der Kappengibbon, dessen weltweit größte Populationen im Kardamom-Gebirge und im Seima-Waldschutzgebiet in Mondulkiri leben, und der Plumploris, der sich den ganzen Tag über auf Bäumen räkelt. Darüber hinaus lockt hier eine große Vielfalt an Schmetterlingsarten.

In freier Wildbahn ist es äußerst schwierig, Tiere zu erspähen, deshalb besucht man am besten das Tierschutzzentrum Phnom Tamao (S. 95) in der Nähe von Phnom Penh, in dem alle bedeutenden Arten zu sehen sind.

720 Vogelarten finden in Kambodscha ideale Lebensbedingungen vor. Das liegt in erster Linie an den ganzjährig zugänglichen Wasservorkommen. Zu den gewöhnlicheren Vogelarten gehören Enten, Rallen, Kraniche, verschiedene Reiherarten, Kormorane, Pelikane, Störche und Sittiche. Watvögel, Kiebitze und Schwalben findet man rund um die Meeresarme der Südküste. Ambitionierte Vogelbeobachter sollten folgende Einrichtungen ansteuern: das Vogelschutzgebiet Prek Toal (S. 133), das Ang-Trapeng-Thmor-Reservat (S. 135), in dem der äußerst seltene Saruskranich haust (er ist auf den Flachreliefs in Angkor abgebildet), und das Tmatboey-Ibis-Projekt (S. 290), wo der vom Aussterben bedrohte Riesenibis, Kambodschas Nationalvogel, zu sehen ist. Mehr Informationen zur Vogelbeobachtung gibt's im Sam Veasna Center in Siem Reap (S. 135).

In Kambodscha leben ca. 240 Reptilienarten, u. a. neun gefährliche Giftschlangenarten, darunter verschiedene Kobras und Vipern.

Bedrohte Arten

Leider sind in Kambodscha viele Tierarten akut vom Aussterben bedroht. In den 1960er-Jahren wurde der Kouprey von König Sihanouk zum Nationaltier erklärt. Dieses Wildrind und die Wroughton-Bulldoggfledermaus, von der man vor ihrer Entdeckung in der Provinz Preah Vihear im Jahr 2000 glaubte, sie käme nur in Teilen Indiens vor, werden auf der Roten Liste gefährdeter Arten als kritisch, also akut bedroht, eingeordnet.

Zu den weiteren bedrohten Arten gehören der Asiatische Elefant, der Tiger, der Banteng, der Gaur, die Asiatische Goldkatze, der Schopfgibbon, der Nebelparder, die Fischkatze, die Marmorkatze, der Sonnenbär, das Schuppentier, der Riesenibis und das Siam-Krokodil.

In Kambodscha leben einige der letzten Irawadi-Delfine (auf Khmer *trey pisaut*), die man leicht an ihrer hervortretenden Stirn und ihrer kurzen Schnauze erkennt. Ihre Beobachtung ist eine beliebte Aktivität bei Kampi in der Nähe von Kratie.

Der Mekong beherbergt nach dem Amazonas die zweitgrößte Artenvielfalt an Fischen, doch Staudammprojekte gefährden wandernde Arten. Aufgrund des fortschreitenden Lebensraumverlusts und der Überfischung zählt der Mekong-Riesenwels, der bis zu 300 kg schwer werden kann, zu den akut vom Aussterben bedrohten Arten.

Folgende Naturschutzorganisationen sind in Kambodscha vorwiegend mit einheimischen Mitarbeitern aktiv und spielen eine führende Rolle im Kampf für den Schutz der kambodschanischen Umwelt:

Conservation International (www.conservation.org)
Fauna & Flora International (www.fauna-flora.org)
Maddox Jolie-Pitt Foundation (www.mjpasia.org)
Wildlife Alliance (WildAid; www.wildlifealliance.org)
Wildlife Conservation Society (www.wcs.org)
WWF (www.worldwildlife.org)

Pflanzen

Die genaue Anzahl der Pflanzenarten in Kambodscha ist unklar, da noch keine umfassenden Untersuchungen durchgeführt worden sind. Sie wird jedoch auf etwa 15 000 geschätzt; mindestens ein Drittel ist endemisch.

Die *khting vor* (Spiralhornantilope), von der niemals ein lebendes Exemplar gesichtet werden konnte, wurde aus eben diesem Grund zu einer vom Aussterben bedrohten Art erklärt. Nach einer DNA-Analyse ihrer charakteristischen Hörner stellte sich allerdings heraus, dass es dieses Tier gar nicht gibt – die Hörner stammten von ganz normalen Rindern und Büffeln!

Schlangenbisse verursachen in Kambodscha mehr Amputationen als Landminen. Viele Dorfbewohner lassen sich von Medizinmännern behandeln, was oftmals zu Infektionen, Wundbrand oder sogar zum Tod führt.

DER TIGER – VOM AUSSTERBEN BEDROHT?

Mitte der 1990er-Jahre wurden in Kambodscha jedes Jahr zwischen 100 und 200 Tiger getötet. In Asien, besonders in China, ist dies ein lukratives Geschäft, da man Produkten, die aus den Tieren erzeugt werden, eine aphrodisierende Wirkung nachsagt. 1998 sank die Zahl der getöteten Tiger auf 85, 2005 waren es nur noch zwei. Leider reflektiert dies wahrscheinlich den dramatischen Rückgang der Population und nicht etwa ein verändertes Bewusstsein oder eine effizientere Umsetzung von Gesetzen.

Experten befürchten, dass in Kambodscha nur noch weniger als 50 Tiger in freier Wildbahn leben. Ihre Anzahl ist so niedrig, dass trotz wiederholter Versuche von Forschern in den letzten Jahren keine einzige Aufnahme einer solchen Raubkatze gemacht werden konnte. Allerdings wurden Pfotenabdrücke und andere Zeichen gefunden, die auf eine Anwesenheit der Tiere hinweisen. Wahrscheinlich verstecken sich die wenigen übrig gebliebenen Tiger in abgelegenen Gebieten, wo sie sowohl von Wilderern als auch von Wissenschaftlern schwer aufzuspüren bzw. für Tierschützer kaum zu bewachen sind.

Heute leben die Tiger in zwei Gebieten: im mittleren Teil des Kardamom-Gebirges und in der Provinz Mondulkiri. Darüber hinaus sollen einige Tiere in Ratanakiri und Preah Vihear ansässig geworden sein.

Informationen, Geschichten und Links über Tiger in Kambodscha und über Schutzmaßnahmen gibt's unter www.felidae.org.

Im Südwesten, an den regenreichen Südhängen der Berge, erreichen die Regenwaldbäume eine Höhe von bis zu 50 m und mehr. In den kühleren Klimazonen über 800 m erstrecken sich Fichtenwälder, während die Küste von Mangroven gesäumt ist. Immergrüne Wälder bedecken die Berge im Norden; die Bäume thronen bis zu 30 m über einem dicken Unterholz aus Kletterpflanzen, Bambus, Palmen sowie verschiedenen Holzgewächsen und Kräuterpflanzen. In den nördlichen Ebenen gedeihen Flügelfruchtgewächse, während sich rund um den Tonlé Sap saisonal überschwemmte Waldgebiete ausbreiten. Typisch für das östliche Hochland sind sommergrüne Waldgebiete und Grassavannen. In den baumreichen Höhen findet man jede Menge Orchideenarten.

Die Blätter der Zuckerpalme, die rund um Reisfelder gedeiht, setzt man für den Bau von Dächern und Hauswänden ein, ihre Früchte für die Herstellung von Medizin, Wein und Essig. Zwar werden Zuckerpalmen über die Jahre hinweg immer größer, ihre rindenlosen Stämme hingegen wachsen nicht mit, sodass Granatsplitter-Einkerbungen aller in der Region ausgefochtenen Kämpfe in ihnen verewigt sind.

Nationalparks

Ende der 1960er-Jahre gab es in Kambodscha sechs Nationalparks, die insgesamt 22 000 km^2, also etwa 12 % des Landes, ausmachten. Der lange Bürgerkrieg zerstörte dieses System. Erst 1993 wurde es wieder aufgebaut, als auf königliche Anordnung hin 23 Regionen zu Nationalparks, Naturschutz-, Landschaftsschutz- und Mischgebieten erklärt wurden. In den letzten zehn Jahren stellte man weitere Wälder unter Schutz und nun beläuft sich die Fläche der Parks auf über 43 000 km^2 bzw. 25 % des Landes.

Im Grunde sind das gute Nachrichten, doch in der Praxis schützen die Behörden diese Gebiete nicht wirklich, sondern ziehen lediglich Linien auf der Landkarte. Die Regierung hat genug damit zu tun, Gelder für Aufseher aufzutreiben, die bekanntere Parks beaufsichtigen, abgelegene Schutzgebiete bleiben hingegen oft auf der Strecke. In den letzten Jahren haben sich allerdings mehrere internationale NGOs (Nichtregierungsorganisationen) an der Ausbildung und an der Finanzierung von Rangern beteiligt.

2005 wurden drei Ranger, die für die Nichtregierungsorganisation Flora & Fauna International gegen illegales Jagen und Roden im Kardamom-Gebirge vorgingen, ermordet, offenbar von Wilderern. 2012 wurde der bekannte Umweltaktivist Chhut Vuthy, Gründer der Natural Resource Protection Group, in der Provinz Koh Kong erschossen.

Kambodscha war 1925 das erste Land Südostasiens, das einen Nationalpark einrichtete: ein Schutzgebiet für die Wälder rund um Angkor.

KAMBODSCHAS WICHTIGSTE NATIONALPARKS

PARK	GRÖSSE	BESONDERHEITEN	AKTIVITÄTEN	BESTE REISEZEIT
Bokor	1581 km²	Hotel-Casino, Geisterstadt, Ausblicke, Wasserfälle	Wandern, Radfahren, Tierbeobachtung	Nov.–Mai
Kirirom	350 km²	Wasserfälle, Ausblicke, Kiefernwälder	Wandern, Tierbeobachtung	Nov.–Juni
Ream	150 km²	Strände, Inseln, Mangroven, Delfine, Affen	Bootstouren, Schwimmen, Wandern, Tierbeobachtung	Nov.–Mai
Southern Cardamoms Protected Forest	1443 km²	Flüsse, Wasserfälle, Dschungel, Elefanten	Wandern, Radfahren, Tierbeobachtung	Nov.–Juni
Virachey	3325 km²	unberührter Dschungel, Wasserfälle	Wandern, Abenteuer, Tierbeobachtung	Nov.–April

Das Mondulkiri-Waldschutzgebiet ist mit seinen 4294 km² heute das größte Naturschutzgebiet Kambodschas und geht auf vietnamesischem Boden in den Yok-Don-Nationalpark über. Im Westen grenzt das 4013 km² große Zentrale Kardamom-Waldschutzgebiet an das Phnom-Samkos-Naturschutzgebiet sowie im Osten an das Phnom-Aural-Naturschutzgebiet – insgesamt eine fast 10 000 km² große Schutzfläche. Das Südliche Kardamom-Waldschutzgebiet (1443 km²) verläuft entlang des Koh Kong Conservation Corridor, dessen Potenzial für den Ökotourismus groß ist.

2007 legte der vernichtende Bericht Cambodia's Family Trees *von der britischen Umweltschutzorganisation Global Witness (www.globalwitness.org) Kambodschas mächtigste illegale Holzfäller-Syndikate offen – die Veröffentlichung im Land selbst wurde verboten.*

Umweltprobleme
Abholzung

Als größte Bedrohung für Kambodschas Ökosysteme gilt die Abholzung von Wäldern zur Gewinnung von Holzkohle und Nutzhölzern sowie für den flächenmäßigen Anbau lukrativer Nutzpflanzen. Während der vietnamesischen Besatzung wurden große Gebiete gerodet, um Angriffe aus dem Hinterhalt entlang von Transportwegen vonseiten der Roten Khmer zu verhindern. In den 1990er-Jahren verschlimmerte sich die Zerstörung, als der Wandel hin zu einer kapitalistischen Wirtschaft dazu führte, dass gut vernetzte Geschäftsleute Gewinne witterten und natürliche Ressourcen ausbeuteten.

Mitte der 1960er-Jahre waren Berechnungen zufolge etwa 90 % des Primärwaldes Kambodschas intakt. Heute gibt es verschiedene Schätzungen, am häufigsten wird aber von 25 % gesprochen.

Die internationale Nachfrage nach Nutzholz ist hoch. Da Nachbarstaaten wie Thailand und Vietnam strengere Vorschriften einführten, gingen viele Holzfällerunternehmen nach Kambodscha. Als das Roden Ende der 1990er-Jahre seinen Höhepunkt erreichte, waren auf etwa 70 000 km², also ca. 35 % der Gesamtfläche des Landes, Konzessionen ausgegeben worden. Das entsprach sämtlichen Wäldern mit Ausnahme von Nationalparks und Naturschutzgebieten, die allerdings illegal gerodet wurden. Laut **Global Witness** (www.globalwitness.org), das umweltpolitische Fehlentwicklungen anprangert, sind die Königlichen Streitkräfte Kambodschas die treibende Kraft hinter jüngsten Entwaldungen in abgelegenen Grenzregionen.

Auf kurze Sicht trägt die Abholzung zur Verschlimmerung von Überschwemmungen entlang des Mekong bei, die Langzeitfolgen sind jedoch nur schwer abzuschätzen. Fehlen in den Bergen schützende Bäume, werden zukünftig große Mengen an Humusböden bei Monsunregen weg-geschwemmt, was bedenkliche Auswirkungen auf den Tonlé Sap haben wird.

Nach 2002 verbesserte sich die Lage für eine Zeit lang. Nach Druck von Geldgebern und internationalen Institutionen wurden alle Ver-träge zur Rodung erfolgreich eingefroren, weitere Verhandlungen mit der Regierung stehen noch aus. Dennoch geht die illegale Abholzung im kleinen Stil weiter, beispielsweise um Holzkohle zu gewinnen und Siedlungsgebiete durch Brandrodung zu erschließen.

Die neueste Bedrohung für Kambodschas Wälder sind „wirtschaft-liche Konzessionen", die für den Anbau lukrativer Nutzpflanzen wie Kautschuk, Mangos, Cashewnüsse und Jackfrüchte oder für die Agrar-forstwirtschaft (Akazien und Bambus, die der Papierherstellung dienen) erteilt werden. Die Regierung argumentiert, dass diese Plantagen für die wirtschaftliche Entwicklung notwendig seien und zählt sie als Auffor-stungen, tatsächlich aber fügen sie dem empfindlichen Ökosystem irre-parablen Schaden in gewaltigem Ausmaß zu.

Umweltverschmutzung & sanitäre Einrichtungen

Die Luftverschmutzung in Phnom Penh ist lange nicht so schlimm wie in Bangkok, doch weil die Anzahl der Autos rapide steigt, verschlimmert sich die Situation. In Provinzstädten und Dörfern kann einem der Rauch von Müllverbrennungen das Abendessen vermiesen oder er führt gar zu Atembeschwerden und Reizhusten.

Diverse Abfälle, insbesondere Plastiktüten und -flaschen, liegen in großer Menge an Stränden, Wasserfällen und Straßen und verschandeln Städte und Dörfer.

Sanitäranlagen sind in kambodschanischen Städten rudimentär und in ländlichen Gebieten schlicht nicht vorhanden. Nur ein winziger Teil der Bevölkerung hat Zugang zu anständigen Toiletten. Diese Situation führt zum Ausbruch und der schnellen Verbreitung von Krankheiten; Durchfallepidemien sind nichts Ungewöhnliches und Todesursache Nummer eins bei kambodschanischen Kleinkindern.

Der Organisation Global Forest Watch (GFW; www.global forestwatch.org) zufolge hat die Entwaldung Kam-bodschas seit 2001 schneller zugenommen als irgendwo sonst auf der Welt. 2010, als das Pro-blem am größten war, verlor das Land 2379 km² an Wald. Seitdem hat das Ausmaß des Kahlschlags abgenommen, wenn 2014 auch immer noch 1780 km² verloren gingen.

NATUR & UMWELT UMWELTPROBLEME

WAS JEDER EINZELNE TUN KANN

Wer Kambodscha besucht, kann zumindest einen kleinen Beitrag zur ökologischen Nachhaltigkeit im Land leisten.

➡ Mit gutem Beispiel vorangehen und seinen Müll entsorgen.

➡ Frischen Kokosnusssaft in seiner natürlichen Verpackung anstelle von Softdrinks in Einwegdosen und -flaschen trinken.

➡ Sich einen Wanderführer aussuchen, der sowohl das Ökosystem als auch die hier lebenden Menschen respektiert.

➡ Kein Fleisch von wilden Tieren wie Fledermäusen, Hochwild oder Haifischen essen.

➡ Beim Schnorcheln oder Tauchen keine lebenden Korallen berühren und keine Korallensouvenirs kaufen.

➡ Wer Zeuge wird, wie Wildtiere getötet oder gegessen werden bzw. Handel mit ihnen getrieben wird, sollte sich alle wichtigen Details notieren und sich mit der **Wildlife Alliance** (☏012 500094; wildlifealliance@online.com.kh) in Verbindung setzen, einer Nichtregierungsorganisation, die das staatliche Wildlife Rapid Rescue Team unterstützt. Gerettete Tiere werden entweder freigelassen oder in das Tierschutzzentrum Phnom Tamao gebracht (S. 95).

Staudammbau

Der 4800 km lange Mekong entspringt in Tibet und mündet ins Süd-chinesische Meer. Über 500 km schlängelt er sich durch Kambodscha, wo er eine Breite von bis zu 5 km erreicht. Angesichts des wachsenden Energiebedarfs in der gesamten Region ist es für Entwicklungsländer wie Kambodscha und seine Nachbarstaaten flussaufwärts sehr verlockend, am Mekong und seinen Nebenflüssen Dämme zur Wasserkrafterzeugung zu bauen.

Umweltschützer befürchten, dass diese Eindämmung katastrophale Auswirkungen auf das Strömungsverhalten des Mekong und auf Wanderfische haben könnte, dass der Irawadi-Delfin und der Tonlé Sap in ihrer Existenz bedroht sein könnten. Diskutiert wird z. B. der Bau des Sambor-Damms, ein massives 3300-MW-Projekt, das 35 km nördlich von Kratie umgesetzt werden soll. Für den Bau des Don-Sahong-Damms (Siphandone-Damm) nördlich der kambodschanisch-laotischen Grenze ist schon mit Vorbereitungsarbeiten begonnen worden.

Eine weitere Sorge sind die möglichen Auswirkungen auf die jähr-lichen monsunbedingten Überschwemmungen, bei denen sich nähr-stoffreicher Schlamm in weiten für die Landwirtschaft genutzten Gebieten einlagert. Wenn der Wasserspiegel des Tonlé Sap in der Regenzeit nur um 1 m sinkt, wird eine Fläche von etwa 2000 km² nicht überschwemmt, was katastrophale Folgen für die kambodschanischen Bauern haben könnte.

Die Pläne für den Fluss werden von der **Mekong River Commission** (MRC; www.mrcmekong.org). überwacht. Sie wurde vom Entwicklungspro-gramm der Vereinten Nationen ins Leben gerufen, beteiligt sind Kambodscha, Thailand, Laos sowie Vietnam, und hat sich nachhaltiger Entwicklung verschrieben.

Sandgewinnung

Die Gewinnung von Sand an den Meeresarmen der Provinz Koh Kong, einschließlich des Naturschutzgebiets Peam Krasaop, bedroht das sen-sible Ökosystem der Mangrovenwälder und das Meeresleben. Ein Groß-teil des Sandes wird nach Singapur gebracht. Weitere Informationen siehe den Bericht von Global Witness aus dem Jahr 2009, *Country for Sale* (www.globalwitness.org/reports/country-sale). Die Sandgewin-nung aus dem Mekong hat auch Auswirkungen für die ansässigen Siedlungen: In den vergangenen Jahren ist schon häufig über den Ab-bruch von Flussufern berichtet worden.

Obwohl China für fast 20 % des Mekong-Wassers verantwortlich ist, ist es nicht Mit-glied der Mekong River Commis-sion (MRC) und diskutiert seine umfassenden Staudammbau-pläne erst seit 2007 mit den MRC-Mitgliedern flussabwärts.

Praktische Informationen

Allgemeine Informationen

Arbeiten in Kambodscha

Arbeit gibt es zwar in ganz Kambodscha, doch abgesehen von Stellen als Englischlehrer oder als Aushilfe in Gästehäusern sind die meisten Jobs für qualifizierte Profis und werden im Voraus arrangiert. Die Bezahlung richtet sich unmittelbar nach der Erfahrung. Mit einem Zertifikat als Englischlehrer kann man erheblich mehr verdienen als ohne.

Wer sich über Arbeitsmöglichkeiten bei Nichtregierungsorganisationen (NGOs) informieren will, sollte beim **Cooperation Committee for Cambodia** (CCC; ☑023-214152; www.ccc-cambodia.org; 9-11 St 476) in Phnom Penh vorbeischauen; hier gibt es ein Schwarzes Brett für freie Stellen. Wer eine Bewerbung bei einer NGO ins Auge fasst, sollte Kopien von Bildungs- und Arbeitszeugnissen mitbringen. Angeboten werden jedoch meist nur ehrenamtliche Jobs, denn die Besetzung wichtiger Positionen erfolgt überwiegend in den Heimatländern der Bewerber bzw. durch internationale Organisationen.

Job-Anzeigen findet man auch in der *Phnom Penh Post* und im *Cambodia Daily* sowie an Schwarzen Brettern von Unterkünften und Restaurants in Phnom Penh.

Botschaften & Konsulate

Etliche Länder haben in Phnom Penh eine Botschaft. Wer hier nicht fündig wird, muss es in Bangkok versuchen. Jeder Traveller sollte sich bewusst machen, was die Mitarbeiter im Notfall für einen tun können und was nicht. Prinzipiell darf man nicht zu viel Hilfe erwarten, falls man die Notsituation auch nur im Entferntesten selbst verschuldet hat. Immer daran denken: Es gelten die Gesetze des Landes, in dem man sich aufhält. Hier wird niemand viel Mitgefühl haben, wenn man wegen einer Straftat im Gefängnis landet – auch wenn es zu Hause legal gewesen wäre, was man getan hat.

In schwerwiegenden Notfällen bekommt man eventuell Hilfe, aber nur, sofern alle anderen Möglichkeiten ausgeschöpft sind. Wem das Geld und alle Papiere gestohlen wurden, dem kann die Botschaft bei der Beschaffung eines neuen Passes behilflich sein, doch finanzielle Hilfe für die Weiterreise, auch als Darlehen, wird nicht gewährt.

Deutsche Botschaft (Karte S. 46; ☑023-216381; 76-78 St 214, Phnom Penh)

Österreichische Botschaft Es gibt in Phnom Penh keine österreichische Botschaft. Österreichische Staatsangehörige müssen sich an die Botschaft in Bangkok wenden.

Schweizer Botschaft (Karte S. 38; ☑023-219045; 53 St 242, Phnom Penh)

Thailändische Botschaft (Karte S. 38; ☑023-726306; 196 Norodom Blvd, Phnom Penh)

Vietnamesische Botschaft (Karte S. 58; ☑023-726274; 436 Monivong Blvd, Phnom Penh) Konsulate in Battambang (Karte S. 260; ☑053-952894; St 3; ⊙Mo–Fr 8.30–17.30 Uhr), stellt Visa innerhalb eines Tages aus; und Sihanoukville (Karte S. 201; ☑034-934039; 310 Ekareach St; ⊙Mo–Sa 8–12 & 14–16 Uhr), ebenfalls mit zügiger Visa-Bearbeitung.

REISEHINWEISE

Regierungs-Websites bieten immer den aktuellsten Stand der Sicherheitslage in allen Ländern, so auch in Kambodscha.

Deutschland (www.auswaertiges-amt.de)

Österreich (www.bmeia.gv.at)

Schweiz (www.eda.admin.ch)

Ermäßigungen

Weder Senioren noch Studenten haben in Kambodscha einen Anspruch auf Ermäßigungen.

Essen

Näheres zum Essen in Kambodscha siehe S. 372

RESTAURANT-PREISE

Die folgenden Preise beziehen sich auf ein durchschnittliches Hauptgericht. Falls nicht ausdrücklich angegeben, ist die Steuer bereits enthalten.

**$** unter 5 US$

**$$** 5–15 US$

**$$$** über 15 US$

Feiertage

Banken, Regierungsministerien und Botschaften schließen an öffentlichen Feiertagen und bei Festen, also muss man für diese Zeit vorausplanen. Fallen die Termine der Feiertage auf ein Wochenende, werden diese einfach angehängt. Wichtige Feste werden auch gerne mal um einen oder auch gleich um zwei Tage verlängert. Weil internationale Gedenktage hier ebenfalls Feiertage sind, hat Kambodscha mehr öffentliche Feiertage als jedes andere Land.

Neujahrstag 1. Januar

Sieg über die Roten Khmer 7. Januar

Internationaler Frauentag 8. März

Internationaler Tag der Arbeit 1. Mai

Internationaler Kindertag 8. Mai

Geburtstag des Königs 13.–15. Mai

Geburtstag der Königsmutter 18. Juni

Tag der Verfassung 24. September

Gedenktag 15. Oktober

Unabhängigkeitstag 9. November

Internationaler Tag der Menschenrechte 10. Dezember

Fotografieren

Viele Internetcafés brennen digitale Bilder mithilfe von Kartenlesern oder USB-Verbindungen auf CD bzw. DVD. Das kostet etwa 2,50 US$, wenn man eine DVD benötigt, ansonsten 1,50 US$. Digitale Speichersticks sind inzwischen leicht erhältlich und ziemlich billig. Digitalkameras gelten aufgrund der niedrigen Steuern und Zölle sogar als richtiges Schnäppchen. Wer sich eine kaufen möchte, sollte also in Erwägung ziehen, das hier zu tun und nicht in Bangkok oder Saigon.

Ein passendes Ladegerät mit dem richtigen Stecker sollte man auf jeden Fall dabeihaben. Vorsicht mit Strom in einigen Gästehäusern! Die Verkabelung ist manchmal alles andere als professionell.

Personen fotografieren

Wer Einheimische fotografieren möchte, sollte höflich sein, ihnen nicht die Kamera ins Gesicht halten und sich gegenüber Mönchen sowie betenden Menschen besonders respektvoll verhalten. Normalerweise sind die Khmer ausgesprochen zuvorkommend. Wenn man freundlich fragt, ob man sie ablichten oder filmen darf, werden sie einverstanden sein. In ländlichen Gebieten drängeln sich Kinder oft geradezu verzweifelt vor die Kamera und betrachten dann erstaunt ihr Bild auf dem Display. Einige Menschen wollen Geld dafür, dass man ein Foto von ihnen machen darf. Dies sollte geklärt sein, ehe man auf den Auslöser drückt.

Frauen unterwegs

Für Frauen ist Kambodscha ein problemloses Reiseland, auch wenn der eine oder andere Typ im Gästehaus vielleicht mal sein Glück versucht. Ausländerinnen werden schnell feststellen, dass sich die meisten Kambodschaner zuvorkommend und höflich verhalten. Wie vielerorts in der Welt ist es aber natürlich auch hier riskant, spätabends allein zu Fuß oder mit dem Rad unterwegs zu sein. Wer eine Tour abseits der ausgetretenen Pfade plant, sucht sich am besten einen Begleiter.

Die einheimischen Frauen kleiden sich recht konservativ (langärmlige T-Shirts, lange Hosen oder Röcke) und daran sollten sich weibliche Reisende orientieren, das gilt besonders beim Besuch von Wats. Wer abends mit dem *moto* unterwegs ist, sollte ebenfalls Hosen tragen – kurze Kleider sind für diese Zwecke einfach unpraktisch.

Tampons und Binden findet man in allen großen Städten und den Provinzhauptstädten, doch wer für mehrere Tage in sehr abgelegene Gebiete fährt, sollte bei Bedarf einen Vorrat dabeihaben.

Freiwilligen- arbeit

Für ein so armes Land wie Kambodscha gibt's weniger Arbeitsmöglichkeiten für Freiwillige, als es wahrscheinlich viele erwarten. Teilweise liegt das an der großen Zahl der professionellen Mitarbeiter in der Entwicklungszusammenarbeit, die heutzutage ein sehr lukratives Geschäft ist.

Einige der zahlreichen Nichtregierungsorganisationen (NGOs) benötigen gelegentlich Helfer. Die Mitarbeiter des **Cooperation Committee for Cambodia** (CCC; ☏023-214152; www. ccc-cambodia.org; 9–11 St 476)

WIE SICH EIN SCHLECHTER TRIP VERMEIDEN LÄSST

Man hüte sich vor *yama* (in Thailand *yaba* genannt), das den Unheil verheißenden Namen des hinduistischen Totengottes trägt. Bei der Droge, die bei uns als Ice oder Crystal Meth bekannt ist, handelt es sich nicht einfach um irgendeine Diätpille aus der Apotheke, sondern um hausgemachte Methamphetamine, die in kambodschanischen Labors hergestellt werden. Oft werden sie mit giftigen Substanzen wie Quecksilber, Lithium oder was immer der Hersteller gerade finden konnte vermischt. *Yama* ist eine schmutzige Droge und hat ein größeres Suchtpotenzial, als viele Konsumenten zugeben möchten. Es verursacht starke Halluzinationen, Schlafstörungen und Psychosen. Wer wieder gesund nach Hause kommen will, sollte sich von der Droge fernhalten.

Auch beim Kauf von „Kokain" ist größte Vorsicht geboten. Was in Kambodscha, besonders in Phnom Penh, als Kokain verkauft wird, ist meist reines Heroin und viel stärker als in anderen Ländern.

in Phnom Penh verfügen über eine Liste der einheimischen sowie internationalen Einrichtungen und sind zudem ausgesprochen hilfsbereit.

In Siem Reap sitzen mehrere professionelle Organisationen, die bei der Vermittlung helfen. **ConCERT** (Karte S. 102; ☎063-963511; www.concertcambodia.org; 560 Phum Stoueng Thmey; ⏲Mo–Fr 9–17 Uhr) gibt auf seiner Website nützliche Tipps zur Vorbereitung auf einen Einsatz als freiwilliger Helfer. **Globalteer** (☎063-761802; www.globalteer.org) koordiniert das Projekt Cambodia Kids und bietet Einsatzmöglichkeiten bei verschiedenen Projekten, allerdings wird dafür eine wöchentliche Gebühr erhoben.

Eine weitere Möglichkeit ist die professionelle Freiwilligenarbeit über Einrichtungen im Heimatland, darunter z. B. **Weltwärts** (www.weltwaerts.de) in Deutschland, der Freiwilligendienst des Bundesministeriums für wirtschaftliche Zusammenarbeit und Entwicklung. Allgemeine Tipps zur Freiwilligenarbeit in Kambodscha findet man auf den Seiten www.voluntourism.org und www.goabroad.com/volunteer-abroad.

Geld

Die kambodschanische Währung ist der Riel, in diesem Buch mit einem „R" abgekürzt. Auch der US-Dollar (manche würden sagen, dass es sich hierbei um die erste Währung handelt) wird überall und von jedem akzeptiert, wobei man das Wechselgeld vielleicht in Riel bekommt. Eingerissene Dollarscheine werden von den Kambodschanern wahrscheinlich nicht angenommen, darum zahlt es sich aus, Wechselgeld sorgfältig zu überprüfen, damit man nicht mit schlechten Scheinen dasteht. Im Westen des Landes ist auch der thailändische Bath (B) weit verbreitet. Drei Währungen sind möglicherweise ein bisschen viel, doch vielleicht haben die Kambodschaner Nachholbedarf, da es während der Pol-Pot-Ära gar kein Geld gab. Die Roten Khmer schafften es nämlich ab und sprengten das Gebäude der Nationalbank in Phnom Penh in die Luft.

Es gibt Riel-Scheine mit folgenden Werten: 100, 200, 500, 1000, 2000, 5000, 10 000, 20 000, 50 000 und 100 000 R.

Geschäfte geben ihre Preise in US-Dollar oder Riel an, im Westen des Landes manchmal auch in thailändischen Baht. Dies mag nicht konsequent erscheinen, aber so wird es in Kambodscha gehandhabt. Man sollte sich angewöhnen, parallel in Riel, Dollar und Baht zu rechnen, das erleichtert das Reisen.

Bargeld

Der US-Dollar ist in Kambodscha immer noch die Nummer eins. Wenn man genug Bargeld dabeihat, kann man sich den Besuch einer Bank komplett sparen, denn kleinere Dollarbeträge werden auch in Hotels, Restaurants sowie auf Märkten in Riel getauscht. Am besten hat man immer Riel im Wert von etwa 10 US$ zur Hand, um damit auf Märkten zu bezahlen. Auch für *motos* und *remork-motos* sind sie nützlich. Wer etwas mit US-Dollar bezahlt, bekommt das Wechselgeld meistens in Riel.

Thailändische Baht können vor allem im Westen des Landes von Nutzen sein. In Städten wie Koh Kong, Poipet und Sisophon werden die Preise oft in Baht angegeben. Selbst in Battambang ist der Baht ziemlich verbreitet.

Um sich bei Überlandreisen das Leben so leicht wie möglich zu machen, sollte man sich vor der Reise nach Kambodscha einen US-Dollar-Vorrat besorgen. Bargeld in anderen wichtigen Währungen kann man bei Banken in Phnom Penh oder Siem Reap tauschen. Viele Banken bieten jedoch einen schlechten Kurs, sodass es manchmal günstiger sein kann, zum Geldwechsler zu gehen. Letztere findet man meist rund um bzw. auf größeren Märkten.

Wenn es um schnellen Geldtransfer geht, wendet man sich an Western Union oder Money Gram – beides ist allerdings kostspielig. Western Union wird von der Acleda Bank vertreten, MoneyGram von der Canadia Bank.

Geldautomaten

Geldautomaten, die internationale Kreditkarten akzeptieren (Visa, Master-Card, JCB, Cirrus) gibt's in den meisten großen Städten. Wer aus Thailand oder Vietnam einreist, findet auch an den Grenzübergängen Cham Yeam, Poipet und Bavet Automaten. Sie geben US-Dollar und Riel aus. Man kann größere Beträge bis zu 2000 US$ abheben, wenn das im Rahmen der eigenen Karte liegt. Bei nächtlichen Geldabhebungen ist erhöhte Aufmerksamkeit angesagt.

Über das größte Geld-automatennetz verfügt die ANZ Royal Bank, sie betreibt auch Automaten an Tankstellen und in beliebten Hotels, Restaurants sowie Geschäften. Dicht dahinter folgt die Canadia Bank. Die Acleda Bank betreibt die meisten Zweig-stellen in Kambodscha – mindestens eine in jeder Provinzhauptstadt. Dies erleichtert die Planung von Reisen in entlegene Gebiete enorm. Die Canadia Bank erhebt keine Gebühr für das Geldabheben; bei den meisten anderen kostet es 3 bis 5 US$.

Handeln

Auf Kambodschas Märkten muss man einfach handeln, wenn man etwas kauft, ansonsten wird man über den Tisch gezogen (in Kambodscha nennt man das „shave your head"). Es ist sowohl auf Märkten als auch bei Fahrten mit Sammeltaxis oder Pick-ups und in einigen Gästehäusern üblich zu feilschen. Die Khmer sind nicht skrupellos: Oft genügen schon ein überzeugendes

Lächeln und ein paar nette Worte, um einen fairen Preis zu bekommen. Man sollte daran denken, dass es nicht darum geht, den tiefstmöglichen Betrag herauszuschlagen, sondern eine Summe, die für einen selbst und für den Verkäufer akzeptabel ist. Man sollte auch bedenken, dass ein paar Hundert Riel für einen Kambodschaner, der eine Familie ernähren muss, sehr viel mehr sind als für einen Traveller auf Langzeiturlaub.

Kreditkarten

Hotels der Spitzenklasse, Fluggesellschaften, teurere Boutiquen und Restaurants akzeptieren die meisten großen Kreditkarten (Visa, MasterCard, JCB und manchmal American Express), viele holen sich die Gebühren aber sofort vom Kunden zurück und schlagen 2 bis 3 % auf die Rechnung auf.

Bargeld gegen Kredit-karte bekommt man in Phnom Penh, Siem Reap, Sihanoukville, Kampot, Battambang, Kompong Cham und anderen größeren Städten. Die meisten Banken erheben eine Mindestgebühr von 5 US$, nur die Canadia Bank bietet diesen Service kostenlos.

Einige Reisebüros und Hotels in Phnom Penh und Siem Reap geben ebenfalls Bargeld gegen Kreditkarte gegen eine Gebühr von 5 %; das kann hilfreich sein, wenn einem am Wochenende das Bargeld ausgeht.

Reiseschecks

In den meisten Zweigstellen der Acleda Bank kann man Reiseschecks einlösen, was für Touren in abgelegene Provinzen wie Ratanakiri und Mondulkiri größere finanzielle Unabhängigkeit bedeutet. Am besten bringt man Schecks in US-Dollar mit. Im Allgemeinen zahlt man beim Einlösen ungefähr 2 % drauf.

Trinkgeld

In Kambodscha erwartet zwar niemand Trinkgeld, andererseits kann das bloße Aufrunden einer Summe in einem so armen Land für den Empfänger eine große Bedeutung haben. Die Löhne sind nach wie vor extrem niedrig und der Service ist oft freundlich und aufmerksam. Viele gehobene Hotels schlagen eine Servicegebühr von 10 % auf die Rechnung. Dieses Geld geht aber nicht immer an die Angestellten. Wer mehrere Nächte im gleichen Hotel übernachtet, sollte nicht vergessen, dem Zimmerpersonal ein Trinkgeld zu geben. Auch Fahrer und Guides können einen Extralohn gut gebrauchen, denn sie sind die meiste Zeit unterwegs und damit getrennt von ihren Familien.

Es wird als angemessen betrachtet, nach dem Besuch eines Wats einen kleinen Betrag zu spenden, besonders wenn man von einem der Mönche eine Führung durch die Kloster-anlage genossen hat; meist sind zu diesem Zweck Boxen aufgestellt.

TIPPS FÜRS TRINKGELD

In vielen kambodschanischen Lokalen bekommt man die Rechnung in einer Art Mappe. Wenn man das Wechselgeld darin liegen lässt, nimmt es häufig der Restaurantbesitzer an sich. Damit es auch wirklich derjenige erhält, der einen bedient hat, legt man es besser auf dem Tisch oder gibt es ihm direkt. In einigen Lokalen sind Trinkgeld-boxen aufgestellt, deren Inhalt sich das Personal dann teilt.

Internetzugang

Zugang zum Internet ist meist kein Problem, aber es gibt jetzt dank WLAN nicht mehr so viele Internetcafés wie früher. Die Nutzungsgebühren liegen zwischen 1500 R und 2 US$ pro Stunde. Viele Hotels, Pensionen, Restaurants und Cafés bieten kostenloses WLAN, selbst in den entlegensten Provinzhauptstädten.

Karten

Als beste Allzweckkarte für Kambodscha gilt die *Cambodia Road Map* von Gecko im Maßstab 1:750 000. Sie bietet jede Menge Details und akkurate Ortsbezeichnungen. Andere beliebte Faltkarten sind die *Cambodia, Laos and Vietnam Map* von Nelles im Maßstab 1:1 500 000, die allerdings nicht so detailliert ist, und die *Cambodia Travel Map* von Periplus im Maßstab 1:1 000 000, mit Stadtplänen von Phnom Penh und Siem Reap.

Es gibt etliche kostenlose Karten, die durch Anzeigen finanziert werden; man bekommt sie in Phnom Penh und Siem Reap in führenden Hotels, Gästehäusern, Restaurants und Bars.

Kinder

Kinder haben in Kambodscha einen Riesenspaß: Sie stehen überall im Mittelpunkt und jeder will mit ihnen spielen. Tolle Sache – vor allem mit Babys und Kleinkindern. Endlich kann man in Ruhe seine Nudeln essen, während jemand anders die Kleinen belustigt. Gute Tipps und ausführliche Infos zu Freud und Leid einer Reise mit Familie stehen im Lonely Planet Band *Reisen mit Kindern*. Er enthält außerdem einen Überblick über Gesundheitsvorsorge bei Kindern und Ratschläge für reisende Schwangere.

WAISENHAUSBESUCHE – JA ODER NEIN?

Besuche in Waisenhäusern in Entwicklungsländern – und ganz besonders in Kambodscha – erfreuen sich seit einigen Jahren immer größerer Beliebtheit. Doch tut man den Kindern und ihren Heimatländern auf längere Sicht damit einen Gefallen? Schwierige Frage! Die Entwicklung des „Waisenhaustourismus" mit allem, was dazugehört, wird häufig als beunruhigendes Phänomen wahrgenommen, das skrupellose Machenschaften in den kambodschanischen Kinderheimen fördert. So gab es bereits Berichte von neu eröffneten Heimen, deren einziges Ziel es ist, jeden Monat eine bestimmte Zahl von Besuchern anzulocken. In anderen Fällen sind die kleinen Heimbewohner gar keine Waisen und nur von den örtlichen Schulen gegen eine Gebühr „ausgeliehen".

Laut einem im November 2009 veröffentlichten Bericht der Organisation Save the Children hat ein Großteil der Kinder, die in Entwicklungsländern in Waisenhäusern leben, zumindest noch einen Elternteil. Weltweit wohnen mehr als 8 Mio. Kinder in solchen Einrichtungen. Viele werden von ihren Familien aus Verzweiflung in Heime geschickt, gezwungen durch ihre Armut. Die Kinder leben in der ständigen Gefahr, von Pflegern missbraucht oder vernachlässigt zu werden; Ausbeutung und internationaler Kinderhandel sind weitere Bedrohungen, insbesondere für Kinder unter drei Jahren.

Der Bericht von Save the Children stellt fest: „Eine der größten Mythen ist, dass Kinder in Waisenhäusern sind, weil sie keine Eltern haben. Das ist nicht der Fall. Die meisten sind hier, weil ihre Eltern einfach zu arm sind, um für ihre Nahrung, Kleidung und Bildung zu sorgen." Zwischen 2005 und 2010 hat sich die Zahl der Waisenhäuser in Kambodscha von 153 auf 269 fast verdoppelt. Von den 12 000 in solchen Institutionen untergebrachten kambodschanischen Kindern sind nur 28 % Vollwaisen.

Zahlreiche Heime in Kambodscha leisten hervorragende Arbeit unter schweren Bedingungen. Einige haben Weltklasseniveau und erhalten Finanzmittel bzw. Unterstützung von wohlhabenden Förderern. Solche Einrichtungen sind nicht auf Besucher angewiesen. Andere benötigen dagegen jede Hilfe, die sie bekommen können. Wenn ein Heim jedoch aktiv den Waisenhaustourismus fördert, sollte man Vorsicht walten lassen. Denn nicht immer liegen den Betreibern die Interessen der Kinder am Herzen. Kinderschutzexperten empfehlen außerdem, dass jede Freiwilligenarbeit mit Kindern mindestens drei Monate dauern sollte – ständig für kurze Zeit neue Fremde um sich zu haben kann sich negativ auf das emotionale Wohlbefinden und die Entwicklung von Kindern auswirken.

2011 haben Friends International und Unicef die Kampagne „Think Before Visiting" ins Leben gerufen. Wer Näheres zu dem Thema erfahren möchte, findet hier Informationen: www.thinkchildsafe.org/thinkbeforevisiting.

SHOPPING-TIPPS

Exzellente handgefertigte Waren wie Kleidung und Accessoires aus Seide, Steinfiguren und Holzschnitzereien sowie Silberschmuck sind weitverbreitet, vor allem in Siem Reap, Phnom Penh und Städten mit speziellen Handwerkstraditionen. Die Bergvölker in Mondulkiri und Ratanakiri stellen z. B. in kleinen Mengen handgewebte Baumwollstoffe her. In den Beschreibungen zu Phnom Penh und Siem Reap werden vor allem Geschäfte und Organisationen aufgeführt, die sich um die Erhaltung des traditionellen Handwerks bemühen und mit ihrer Arbeit benachteiligte und behinderte Menschen fördern.

Öffnungszeiten

Viele Kambodschaner stehen zeitig auf, deshalb ist es nicht ungewöhnlich, um 5.30 Uhr beim Heimkommen bzw. Aufstehen trainierende Einheimische zu sehen.

Ämter Ämter sind von Montag bis Freitag und samstagvormittags geöffnet, theoretisch ab 7.30 Uhr. Von 11.30 bis 14 Uhr wird Mittagspause gemacht, Schluss ist um 17 Uhr. Sehenswürdigkeiten sowie Museen haben normalerweise täglich geöffnet.

Banken Die Geschäftszeiten der Banken variieren, doch für gewöhnlich haben sie montags bis freitags in der Kernzeit von 8 bis 15.30 Uhr und am Samstagvormittag auf.

Läden Geschäfte sind meistens von 8 bis 18 Uhr geöffnet. Läden in Einkaufszentren haben gewöhnlich bis etwa 20 Uhr geöffnet, genauso wie Supermärkte. In den meisten größeren Städten gibt's außerdem rund um die Uhr geöffnete Minimärkte.

Lokale Einheimische Restaurants empfangen durchgängig von 6.30 bis 21 Uhr Gäste, internationale Lokale haben etwas länger offen, schließen dafür aber meist zwischen den Mahlzeiten. Einige Bars öffnen bereits tagsüber, andere erst abends, vor allem diejenigen, die kein Essen anbieten.

Märkte Die örtlichen Märkte finden sieben Tage die Woche statt. Sie öffnen bzw. schließen, wenn die Sonne auf- bzw. untergeht (6.30–17.30 Uhr). Während der wichtigen Feste Chaul Chnam Khmer (Neujahrsfest der Khmer), P'chum Ben (Totenfest) und Chaul Chnam Chen (Chinesisches Neujahr) setzen sie für ein paar Tage aus.

Post

Die Post ist in Kambodscha ein reines Glücksspiel. Wertsachen sollte man deshalb mit einem Kurierdienst oder aus einem anderen Land verschicken. Bei Briefen und Karten achtet man besser darauf, dass sie frankiert werden, solange man noch danebensteht.

Briefe und Pakete, die über die Grenzen Asiens hinausgehen, können zwei bis drei Wochen unterwegs sein. Mit einem Kurierdienst geht es schneller: **EMS** (☎023-723511; www.ems.com.kh; Hauptpostamt, St 13, Phnom Penh) betreibt in allen großen Postämtern des Landes eigene Filialen. DHL und Fed Ex sind in allen größeren Städten wie Phnom Penh, Siem Reap und Sihanoukville vertreten.

Rechtsfragen

Marihuana ist in Kambodscha illegal und die Polizei beginnt langsam, in diesem Punkt härter durchzugreifen. Es gab einige Razzien (sowie seltene Fälle von untergeschobenen Drogen)

in Bars und Restaurants, die Ausländern gehörten und in denen Gras geraucht wurde – die Tage der kostenlosen Joints in den Gästehäusern gehören also endgültig der Vergangenheit an. Allerdings kochen die Khmer traditionell einige Gerichte mit dem Rauschmittel, in der Küche wird es daher wohl noch lange zu finden sein. Raucher sollten auf jeden Fall diskret sein, wenn sie partout nicht darauf verzichten wollen.

Darüber hinaus sollte man es sich zweimal überlegen, von einem „freundlichen" Straßendealer irgendwelche Pillen zu kaufen: Sie könnten sich als Tranquilizer herausstellen und man wacht dann als Opfer eines Raubes auf.

Reisende sollten sich bewusst sein, dass Sex mit Minderjährigen nach den Gesetzen ihres Heimatlandes strafrechtlich verfolgt werden kann, auch wenn sie sich im Ausland aufhalten.

Reisen mit Behinderung

Für die meisten Menschen mit Behinderung ist Kambodscha alles andere als ein einfaches Reiseland, dafür sorgen kaputte Bürgersteige, mit Schlaglöchern übersäte Straßen und steile Treppen. Kaum ein Haus wurde mit Rücksicht auf Rollstuhlfahrer entworfen, doch immerhin gibt's einige neuere Bauwerke, darunter die internationalen Flughäfen in Phnom Penh und Siem Reap sowie einige Hotels der Spitzenklasse, die Rampen haben. Die Verkehrsmittel in den Provinzen sind normalerweise überfüllt. Ein Taxi von Etappe zu Etappe zu nehmen ist jedoch eine bezahlbare Alternative.

In der Regel sind die Kambodschaner Ausländern gegenüber sehr hilfsbereit, außerdem kosten Arbeitskräfte nicht viel, sodass man eine Begleitperson engagieren kann. In vielen Gästehäusern und kleinen Hotels finden sich Zimmer im Erdgeschoss, die relativ leicht zugänglich sind.

Die größten Kopfschmerzen dürften die Tempel von Angkor bereiten. Alle Dammwege sind uneben, häufig stößt man auf Hindernisse und die Treppenstufen stellen eine echte Herausforderung dar. Es wird wahrscheinlich einige Jahre dauern, bis sich das verbessert. Zumindest an den bedeutendsten Stätten wurden jetzt Rampen installiert.

Rollstuhlfahrer sollten sich vor der Reise nach Kambodscha umfassend informieren. Inzwischen gibt's ein wachsendes Netz von Informationsquellen, über die man auch Kontakt zu Personen aufnehmen kann, die bereits im Land waren. So kann man sich u. a. an die folgenden Organisationen wenden:

Disability Rights UK (http://disabilityrightsuk.org)

Mobility International USA (www.miusa.org)

Society for Accessible Travel & Hospitality (SATH; www.sath.org)

Schwule & Lesben

Zwar toleriert die kambodschanische Gesellschaft Homosexualität, aber es gibt keine mit Thailand vergleichbare Szene. Der frühere König Norodom Sihanouk war ein eifriger Unterstützer der Rechte für gleichgeschlechtliche Paare und das ist in der Offenheit jüngerer Kambodschaner spürbar. Sowohl in Phnom Penh als auch in Siem Reap stößt man auf schwulenfreundliche Bars, doch verglichen mit anderen Teilen Asiens kommt die Szene sehr zurückhaltend daher.

Da im ganzen Land unzählige Reisende, ob nun homosexuell oder nicht, das Hotelzimmer mit Personen des gleichen Geschlechts teilen,

DAS GROSSE STEHLEN VOR DEM FEST

Im Vorfeld von großen Festen wie dem P'chum Ben oder dem Chaul Chnam Khmer nimmt die Zahl von Raubüberfällen deutlich zu. Viele Kambodschaner benötigen nun Geld, um Geschenke zu kaufen, und für einige ist Diebstahl der schnellste Weg, sich welches zu besorgen. Zu diesen Zeiten sollte man nachts noch wachsamer sein und nicht mehr Wertsachen bei sich tragen als nötig.

kümmert sich niemand groß darum, in welcher Beziehung sie zueinander stehen. Es ist allerdings nicht angebracht, seine Sexualität offen zur Schau zu stellen. Genau wie bei heterosexuellen Paaren wird leidenschaftliches oder zärtliches Verhalten in der Öffentlichkeit als Tabu betrachtet.

Empfehlenswerte Websites:

Cambodia Gay (www.cambodia-gay.com) Unterstützt die schwul-lesbische Gemeinde in Kambodscha.

Siem Reap Gay Guide (www.thesiemreapgayguide.com) Gibt auch einen kostenlosen gedruckten Führer heraus.

Sticky Rice (www.stickyrice.ws) Kambodscha- und Asien-Reiseführer für Schwule.

Utopia (www.utopia-asia.com) Reiseinfos und Kontaktadresse für Schwule und Lesben sowie ein paar nützliche kambodschanische Ausdrücke.

Sicherheit

Kambodscha ist inzwischen ein ziemlich sicheres Reiseland, man sollte sich aufgrund der Landminen trotzdem an folgende goldene Regel halten: In entlegenen Gegenden stets auf den ausgeschilderten Wegen bleiben!

Die Zeitungen *Cambodia Daily* (www.cambodiadaily.com) und *Phnom Penh Post* (www.phnompenhpost.com) sind gute Quellen für die neuesten Nachrichten aus Kambodscha; vor dem Aufbruch lohnt es sich, mal auf ihre Webseiten zu schauen.

Abzocke

Die meisten der üblichen Maschen sind ziemlich harmlos. Es geht meist um eine kleine Provision hier und da für Taxi- oder *moto*-Fahrer, vor allem in Siem Reap.

Es gab jedoch ein oder zwei Berichte über Fälle, in denen Reisenden mit Wissen der Polizei Drogen untergeschoben wurden. Das scheint nur sehr selten vorzukommen, doch wer in eine solche Falle tappt, sollte die Polizisten besser sofort auszahlen, ehe bei der örtlichen Wache noch mehr Personen in die Angelegenheit hineingezogen werden. Je mehr Personen beteiligt sind, desto tiefer muss man am Ende in die Tasche greifen.

In der Region sind viele gefälschte Medikamente im Umlauf. Dagegen kann man sich schützen, indem man verschreibungspflichtige Arzneimittel nur in zuverlässigen Apotheken oder Kliniken kauft.

Vorsicht vor der philippinischen Blackjack-Betrugsmasche: Niemand sollte sich mit scheinbar freundlichen Filipinos auf Glücksspiele einlassen! Hier kann man sehr viel Geld verlieren.

Bettler in Städten wie Phnom Penh und Siem Reap tauchen mit einem Baby auf und bitten Ausländer um Milchpulver – meist die teuerste Marke. Wer sich hier vom Helfertrieb leiten lässt, sollte wissen, dass die vermeintlich arme Mama die Milch hinterher zurück in den Laden bringt und den Gewinn mit dem Besitzer teilt.

Diebstahl & Straßenkriminalität

Wenn man die hohe Anzahl der Schusswaffen in Kambodscha bedenkt, erstaunt es, dass sich hier so selten bewaffnete Raubüberfälle ereignen. Dennoch stellen Überfälle und Motorraddiebstähle in Phnom Penh und Sihanoukville eine potenzielle Gefahr dar. Man sollte sich zwar nicht verrückt machen, aber darauf verzichten, spätabends allein umherzulaufen oder zu fahren, das gilt im Besonderen für ländliche Gegenden.

In den vergangenen Jahren gab es in Phnom Penh immer wieder Taschenraub im Vorbeifahren. Auch die Motorraddiebe lassen nicht locker, sondern ziehen Passagiere von den *motos* und gefährden so deren Leben.

Wer Opfer eines Raubs wird, muss damit rechnen, dass die kambodschanische Polizei nur für bare Münze zur Hochform aufläuft. Jegliche Hilfe wie etwa ein Bericht kostet Geld. Der übliche Preis richtet sich nach der Größe des Schadens, aber 5 bis 50 US$ sind normal.

Gewalt gegen Ausländer kommt ausgesprochen selten vor. In überfüllten Bars oder Clubs in Phnom Penh zahlt sich jedoch ein wenig Vorsicht aus. Wer in einer Bar oder einem Club in eine Auseinandersetzung mit reichen jungen Khmer gerät, sollte seinen Stolz herunterschlucken und einlenken. Viele tragen Schusswaffen und haben ein ganzes Gefolge von Leibwächtern – das sollte genügen. Auch Sihanoukville genießt einen gewissen Ruf für gewalttätige Vorfälle, die sich gewöhnlich zwischen rivalisierenden Gruppen ausländischer Geschäftsleute abspielen.

Minen, Granaten & Blindgänger

Niemals Raketen, Granaten, Geschütze, Minen, Bomben oder andere Kriegsmaterialien berühren, wenn man welche sieht. Kambodschas am stärksten verminte Gegend ist das Grenzgebiet zu Thailand, doch Minen stellen überall im Land ein Problem dar. Kurz gesagt: Niemals und unter keinen Umständen die gekennzeichneten Wege verlassen! Wer eine Wanderung vorhat, sollte unbedingt einen Guide nehmen, selbst in sichereren Gebieten wie dem abgelegenen Nordosten, denn man kann nach wie vor auf Blindgänger *(unexploded ordnance;* UXO) aus den amerikanischen Bombenangriffen der frühen 1970er-Jahre treten.

Sprachkurse

Es gibt gegenwärtig nur Khmer-Sprachkurse und die richten sich eher an Einwanderer, die sich in Phnom Penh niedergelassen haben, als an Traveller. Eine Möglichkeit bietet das Institut für Fremdsprachen an der **Königlichen Universität von Phnom Penh** (Karte S. 38; ☎ 012 866826; www.rupp.edu.kh; Russian Blvd). Auch ein Blick auf die Schwarzen Bretter in Gästehäusern, Restaurants und Bars lohnt sich. Hier wird oft stundenweiser Unterricht von privaten Lehrern angeboten. Außerdem gibt es eine eigene Rubrik in den Anzeigenteilen der Zeitungen *Phnom Penh Post* und *Cambodia Daily*.

Telefon

Während des langen Bürgerkriegs wurden Kambodschas Festnetzleitungen total zerstört. Erst das Aufkommen von Mobiltelefonen machte es dem Land möglich, gegenüber seinen regionalen Nachbarn wieder aufzuholen, indem es sich kopfüber in die technologische Revolution stürzte. Handys gibt's mittlerweile überall, doch auch das Festnetz wird in den großen Städten immer mehr ausgebaut, sodass mehr Teile des Landes als je zuvor mit der Außenwelt verbunden sind. In diesem Buch sind die Festnetzvorwahlen in den jeweiligen Kapiteln unter den Namen der Städte aufgeführt. Das Netz ist allerdings

Strom

230 V / 50 Hz

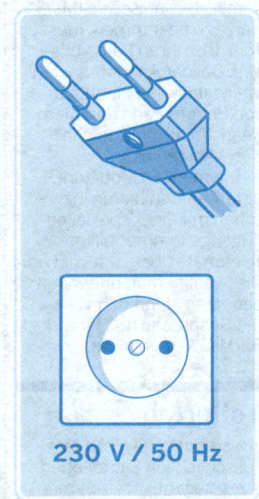

230 V / 50 Hz

nicht in allen Gebieten gleichermaßen gut ausgebaut.

Da es in den größeren und kleineren Städten jetzt allerorts WLAN gibt, kann man in Gästehäusern, Hotels, Cafés und Restaurants gewöhnlich FaceTime, Skype oder Viber nutzen. In einigen Gästehäusern und Hotels stehen in der Lobby Computer, die Gäste kostenlos benutzen dürfen.

Telefonnummern von Unternehmen und Behörden stehen auf www.yp.com.kh.

Handys

Mobiltelefone sind sehr beliebt, sowohl bei Privatpersonen als auch bei Unternehmen; die Mobilvorwahlnummern sind ⊘01, 06, 07, 08 und 09.

Viele Reisende mit einem Handy, das für internationales Roaming ausgerüstet ist, wählen bei ihrer Ankunft einfach ein Netz aus und telefonieren munter drauf los. In diesem Fall müssen sie sich allerdings nach der Rückkehr auf eine hohe Rechnung gefasst machen. Gerade in Kambodscha sind die Gebühren nämlich überdurchschnittlich hoch.

Wer plant, länger zu bleiben, sollte bei einem örtlichen Anbieter eine SIM-Karte kaufen. Um eine kambodschanische SIM-Karte zu bekommen, müssen Touristen ihren Pass vorzeigen. Bei der Ankunft an den internationalen Flughäfen von Phnom Penh und Siem Reap gibt es eine solche Karte kostenlos.

Die meisten Mobilfunkunternehmen bieten inzwischen mit einer speziellen Zugangsnummer billige Telefonate übers Internet an. Diese sollte man unbedingt benutzen, denn dann kosten Gespräche höchstens 0,10 US$ pro Minute.

Toiletten

In Kambodscha gibt's fast ausschließlich Sitztoiletten. Nur gelegentlich stößt man noch auf asiatische Hocktoiletten, vor allem in den billigsten Provinzabsteigen oder in Restaurants in der Provinz.

Wenn ein Abfalleimer neben dem WC steht, gehört das Toilettenpapier dort hinein, weil die Abwassersysteme damit nicht fertig werden. In den WCs der Busbahnhöfen oder in anderen öffentlichen Gebäuden findet man selten Papier, darum sollte man immer welches dabeihaben.

Viele westliche Toiletten haben außerdem einen Sprühschlauch. Man kann ihn als flexibles Bidet betrachten und zum Reinigen, Waschen bzw. Spülen benutzen.

Öffentliche Sanitäranlagen sind selten. Es gibt welche an der Uferpromenade in Phnom Penh sowie einige richtig schöne Holzhäuser zwischen den Tempeln von Angkor. Normalerweise kostet ihre Nutzung 500 R, doch in Angkor ist sie kostenlos. Die meisten Restaurants haben eine (mehr oder weniger gut gepflegte) Toilette.

Wer in abgeschiedenen Grenzgegenden von einem dringenden Bedürfnis überrascht wird, flüchtet besser nicht ins Gebüsch, denn in der Nähe von Straßen oder Wegen könnte es Landminen geben. Entweder man erledigt am Straßenrand, was man nicht aufschieben kann, oder beißt die Zähne zusammen und hält bis zur nächsten Stadt durch.

Touristeninformation

Die wenigen Touristeninformationen in Kambodscha (etwa in Phnom Penh und Siem Reap) bieten kaum Hilfe. In den Provinzen sieht die Sache anders aus: Dort sind die Angestellten oft ganz aus dem Häuschen, wenn Besucher kommen – falls die Touristeninformation gerade geöffnet ist. Allerdings haben sie selten Broschüren oder Flyer zur Hand. Meistens erweisen sich andere Reisende, Gästehäuser, Hotels und kostenlose örtliche Magazine als nützlicher.

Kambodscha betreibt keine Touristeninformationen im Ausland, zudem ist es unwahrscheinlich, dass einem kambodschanische Botschaften bei der Reiseplanung helfen – abgesehen davon, dass sie Visa ausgeben, aber die erhält man ohnehin bei der Ankunft.

Unterkunft

Im letzten Jahrzehnt haben sich die Unterkünfte stark verbessert. Inzwischen ist von der Backpackerbleibe bis zum vornehmen Palast nahezu alles im Angebot. Viele Hotels geben ihre Preise in US-Dollar an, während einige Gästehäuser in den Provinzen auch eine Zahlung in Riel und Pensionen nahe der thailändischen Grenze oft Baht verlangen.

Hotels & Gästehäuser

In den touristenreichen Städten Phnom Penh und Siem Reap sowie an der gut besuchten Südküste werden die Hotels ab einem Preis von 15 US$ wesentlich besser. Im Bereich von 20 bis 50 US$ kann man sich über ausgesprochen komfortable Unterkünfte freuen, eventuell sogar mit einem verlockenden Pool. In Phnom Penh, Siem Reap, Sihanoukville, Kep und Battambang sind inzwischen zahlreiche

HOTELPREISE

Die folgenden Preise beziehen sich auf ein Doppelzimmer in der Hochsaison. In Phnom Penh und Siem Reap sind die Preise meist höher.

$ unter 25 US$

$$ 25–80 US$

$$$ über 80 US$

Boutiquehotels entstanden, reizende Unterkünfte mit viel Flair in der Preisklasse von 50 bis 100 US$. Auch in den meisten kleineren Städten in den Provinzen gibt's inzwischen klimatisierte Zimmer für 10 bis 20 US$.

In Siem Reap haben sich zahlreiche Hotels mit internationalem Standard niedergelassen, einige findet man auch in Phnom Penh und an den Küsten von Sihanoukville und Kep. Wenn man nicht im Voraus bucht, sind die Preise allerdings meist saftig, und obendrauf kommen weitere 10 % Steuern und 10 % Servicegebühr. Günstigere Preise, die sowohl die Steuern als auch die Servicegebühr enthalten, gibt es meist bei der Buchung übers Internet.

Die großen Hotels in Phnom Penh, Siem Reap und Sihanoukville bieten in der Nebensaison (April bis September) beträchtliche Rabatte an, oft von 50 %. Außerdem gibt es häufig Spezialangebote wie „drei Nächte zum Preis für zwei". Informationen zu Preisnachlässen und Spezialangeboten gibt's auf den Websites der Hotels.

Schicke neue Hotels haben Fahrstühle, ältere dagegen oft keine, deshalb liegen die preiswertesten Zimmer ganz oben.

Budgetgästehäuser gab es früher nur in Phnom Penh, Siem Reap und Sihanoukville, doch mit dem Aufschwung des Tourismus tauchen sie nun auch in vielen anderen Provinzhauptstädten auf. Sie kosten pro Bett etwa 5 bis 10 US$, normalerweise mit Ventilator, Bad und Satelliten-TV.

Nach wie vor stößt man in Kambodscha hier und da auf Gästehäuser ohne warmes Wasser, doch die meisten haben mittlerweile ein paar teurere und komfortablere Zimmer mit Warmwasser im Angebot.

Hostels

In letzten Jahren sind zahlreiche gut geführte Backpacker-Unterkünfte

ONLINE BUCHEN

Noch mehr Beschreibungen von Unterkünften von Lonely Planet Autoren stehen auf www.lonelyplanet. com/hotels. Die Besprechungen sind unabhängig und es gibt Empfehlungen für die besten Herbergen. Und das Beste: Man kann auch online buchen.

entstanden, insbesondere in beliebten Reisezielen wie Phnom Penh, Siem Reap und Sihanoukville. Die Dorms (Schlafsäle) bieten allerdings nicht immer das beste Preis-Leistungs-Verhältnis und kosten häufig genauso viel wie ein Zimmer in einem normalen Gästehaus. Jedoch bieten die meisten Hostels auch Privatzimmer an und viele verfügen als Dreingabe über einen Swimmingpool.

Unterkünfte bei einheimischen Familien

In den Provinzen werden immer mehr Homestays (Privatzimmer) angeboten. Sie stellen eine schöne Gelegenheit dar, die Einheimischen kennenzulernen und etwas über den kambodschanischen Alltag zu lernen. In Provinzen wie Kompong Cham und Kompong Thom gibt's auf dem Land mehrere organisierte Homestay-Programme. Dazu kommen in abgeschiedenen Gebieten wie Preah Vihear noch jede Menge informelle Privatunterkünfte. Am Mekong Discovery Trail liegen zwischen Kratie und der laotischen Grenze mehrere Homestays. Einige Privatunterkünfte gibt's auch im Bezirk Banteay Srei bei Siem Reap – praktisch für alle, die nur nach Angkor wollen.

Versicherung

Eine Krankenversicherung ist unbedingt notwendig. Und sie sollte auch Notfall-Krankentransporte abdecken. Die eingeschränkte medizinische Versorgung

kann es erforderlich machen, dass man bei ernsthaften Verletzungen oder Erkrankungen nach Bangkok ausgeflogen werden muss.

Weltweite Versicherungen findet man auf der Webseite www.lonelyplanet.com/ travel-insurance. Hier kann man jederzeit online Verträge abschließen, erweitern und Schadensansprüche geltend machen, selbst wenn man schon unterwegs ist.

Visa

Die meisten Traveller benötigen ein Touristenvisum für einen Monat (30 US$). Besucher der meisten Nationen, darunter Deutsche, Österreicher und Schweizer, erhalten das Ein-Monats-Visum bei der Einreise an den Flughäfen in Phnom Penh und Siem Reap oder an bestimmten Grenzübergängen. Für das Visum braucht man ein Passbild; wer keines dabeihat, muss 2 US$ „Strafe" zahlen. Man kann das Visum für Kambodscha auch bei einer kambodschanischen Botschaft bzw. Konsulat (z. B. in Berlin, Wien oder Zürich) oder online beim kambodschanischen Außenministerium (www.mfaic.gov.kh) als E-Visum beantragen (30 US$ plus 5 US$ Bearbeitungsgebühr).

Wer in Kambodscha arbeiten möchte, sollte sich ein Business-Visum (35 US$) besorgen. Es kann problemlos für längere Perioden verlängert werden, einschließlich mehrfacher Aus- und Einreisen. Das Touristenvisum kann nur einmal und nur für einen Monat verlängert werden.

Eine Wiedereinreise ist mit dem Touristenvisum nicht möglich.

Wer aus Thailand über Land einreist, zahlt oft zu viel, denn die Grenzbeamten verlangen das Geld in Baht und runden äußerst großzügig auf. Überhöhte Gebühren sind auch beim Grenzübergang nach Laos ein Problem, weniger an der Grenze zu Vietnam. Man umgeht die Wucherpreise am besten, indem man sich das Visum im Voraus besorgt.

Das Überschreiten des Visums kostet gegenwärtig 5 US$ pro Tag.

Wer nach Vietnam weiterfahren will, bekommt ein Einmonatsvisum zur einmaligen Einreise nach Vietnam für 55 US$. In Phnom Penh muss man dafür zwei Tage Wartezeit einplanen – beim vietnamesischen Konsulat in Sihanoukville sogar nur einen. Laos-Reisende bekommen in der Regel problemlos bei der Einreise ein Visum (30–42 US$), während viele für Thailand überhaupt keines brauchen, das gilt auch für Deutsche, Österreicher und Schweizer.

Visaverlängerungen

Verlängerungen nimmt die Einwanderungsbehörde direkt gegenüber dem Internationalen Flughafen Phnom Penh vor.

Visaverlängerungen lassen sich leicht organisieren. Meist geht das innerhalb von ein paar Tagen und kostet 45 US$ für einen Monat (Touristen- und Geschäftsvisum), 75 US$ für drei Monate, 155 US$ für sechs Monate und 285 US$ für ein Jahr (die letzten drei Preise gelten nur für Geschäftsvisa). Es ist relativ einfach, ein Geschäftsvisum auf diese Weise endlos zu verlängern. Dabei helfen Reisebüros und einige Motorradvermietungen in Phnom Penh, manchmal gegen eine geringere Gebühr.

Zeit

In Kambodscha beträgt der Zeitunterschied ebenso wie in Laos, Vietnam und Thailand plus sechs Stunden zur Mitteleuropäischen Zeit (MEZ), zur Sommerzeit (MESZ) plus fünf Stunden. Wenn es in Kambodscha 12 Uhr ist, zeigt die Uhr in Berlin, Bern und Wien also 6 Uhr (in der Winterzeit).

Zoll

Falls Kambodscha Bestimmungen für die zollfreie Ein- und Ausfuhr von Waren hat, werden diese jedenfalls nicht groß hinausposaunt. Jeder Besucher darf „eine angemessene Menge" zollfreier Waren einführen. Wer mit dem Flugzeug einreist, sollte wissen, dass Alkohol und Zigaretten auf den Straßen Phnom Penhs sehr viel billiger verkauft werden als im Duty-free-Shop. Eine Stange Markenzigaretten kostet nur 13 US$, internationale Spirituosen gibt's ab 7 US$ je Liter.

Wie in jedem Land der Welt ist es in Kambodscha verboten, Waffen, Sprengstoffe oder Drogen einzuführen, von denen man hier ohnehin schon mehr als genug findet.

Alte Steinskulpturen aus der Angkor-Periode dürfen ebenfalls nicht aus dem Land gebracht werden.

Verkehrsmittel & -wege

AN- & WEITER-REISE

Einreise

Für Flüge aus dem Ausland hat Kambodscha zwei internationale Flughäfen – Phnom Penh und Siem Reap. Dazu kommen an den Landesgrenzen noch zahlreiche Grenzübergänge in die Nachbarländer Thailand, Vietnam und Laos. Meist geht die Einreise an den internationalen Flughäfen reibungsloser vonstatten als an den anderen Einreisepunkten, da hier mehr Andrang herrscht. Auch die Einreise über Land ist recht einfach, doch versuchen die Grenzbeamten entweder fürs Visum oder unter irgendeinem anderen Vorwand etwas Extrabargeld einzustreichen. Jeder, der kein Passbild für seinen Visumsantrag dabeihat, zahlt am Flughafen etwa 2 US$ extra, an den Grenzübergängen mit Thailand 100 B.

Für kürzere Aufenthalte bietet sich natürlich die Anreise per Flugzeug an. Wer länger reist, kommt gewöhnlich eher über Land nach Kambodscha – die Preise für die auf Straße und Fluss verkehrenden Transportmittel sind in Kambodscha recht gemäßigt.

Reisepass

Der Reisepass muss noch mindestens sechs Monate gültig sein, sonst stellen die kambodschanischen Grenzbeamten kein Visum aus.

Außerdem muss noch genügend Platz im Pass vorhanden sein, da das kambodschanische Visum schon eine ganze Seite einnimmt.

Den Pass zu verlieren ist nicht gleich der Weltuntergang, bringt aber viele Komplikationen mit sich. Damit ein neuer Pass möglichst schnell ausgestellt werden kann, sollte man zur Sicherheit eine Fotokopie der Fotoseite des Passes dabeihaben.

Flugzeug

Flughäfen & Fluggesellschaften

Internationaler Flughafen Phnom Penh (សិបបកម្មកសាងពាគទីធ្លាប៉ុរ:យៈវៃងស; PNH; ☎023-890890; www.cambodia-airports.com) Das Tor zur Hauptstadt Kambodschas.

Internationaler Flughafen Siem Reap (Map p130; ☎063-761 261; www.cambodia-airports.com) Für Besucher der Tempel von Angkor. Beide Flughäfen sind mit Restaurants, Bars, Geschäften und Geldautomaten ausgestattet.

Internationaler Flughafen Sihanoukville (☎012-333524; www.cambodia-airports.com) Bietet derzeit nur Inlandsverbindungen nach Phnom Penh und Siem Reap an.

Es gibt zwar immer mehr Flüge nach und von Kambodscha, die meisten verbinden das Land aber nur mit den Hauptstädten der Nachbarstaaten. In den letzten Jahren haben jedoch etliche Billigairlines den Verkehr aufgenommen und dafür gesorgt, dass die Preise stetig fallen.

Wer nur einen kurzen Urlaub in Kambodscha plant und möglichst wenig Umstände haben will, findet bei Thai Airways die besten Verbindungen mit Städten in Europa. Der regionale Ableger von Singapore Airlines, Silk Air, und die Budget-Fluggesellschaft Jetstar verkehren beide täglich mindestens einmal zwischen Kambodscha und Singapur. Andere Großstädte der Region, von denen man nach Kambodscha fliegen kann, sind Ho-Chi-Minh-Stadt (Saigon), Hanoi, Vientiane, Luang Prabang, Pakse, Kuala Lumpur, Seoul, Taipei, Hongkong, Guangzhou und Shanghai. Der weiteste Nonstopflug geht nach Doha auf der Arabischen Halbinsel.

Kambodschanische Fluggesellschaften kommen und gehen mit ziemlicher Regelmäßigkeit. Wer die Wahl hat, sollte lieber mit einer internationalen Airline anreisen als mit einer kambodschanischen.

Einige Unternehmen bieten auch Gabelflüge an: Dabei kommt man z. B. in Phnom Penh an und fliegt von Siem Reap ab, was etwas Zeit und Geld sparen kann.

REISEN & KLIMAWANDEL

Jede Form des Reisens, die auf Brennstoff auf Kohlenstoffbasis beruht, erzeugt CO_2, die Hauptursache des von Menschen verursachten Klimawandels. Modernes Reisen ist von Flugzeugen abhängig, die zwar pro Kilometer und Person weniger Kraftstoff als die meisten Autos verbrauchen, aber sehr viel weitere Strecken zurücklegen. Auch die hohen Luftschichten, in die Flugzeuge Treibhausgase (auch CO_2) und Schadstoffe ausstoßen, verstärken ihren Einfluss auf den Klimawandel. Viele Websites bieten „Emissionsrechner", mit denen Reisende die CO_2-Emissionen ihrer Reise ausrechnen und die Auswirkung dieser Treibhausgase mit einem Beitrag für klimafreundliche Projekte in der ganzen Welt ausgleichen können. Lonely Planet gleicht die CO_2-Bilanz aller Reisen der Mitarbeiter und Autoren aus.

Flugtickets gibt's direkt bei den Airlines oder bei Reisebüros in Phnom Penh.

Air Asia (www.airasia.com) Tägliche Budgetflüge verbinden Phnom Penh und Siem Reap mit Kuala Lumpur und Bangkok.

Asiana Airlines (www.asiana.co.kr) Regelmäßige Verbindungen zwischen Phnom Penh und Seoul.

Bangkok Airways (www.bangkokair.com) Verkehrt täglich von Phnom Penh und Siem Reap nach Bangkok.

Cambodia Angkor Air (www.cambodiaangkorair.com) Tägliche Verbindungen von Phnom Penh und Siem Reap nach Bangkok, Ho-Chi-Minh-Stadt (Saigon) und Guangzhou; außerdem Flüge von Phnom Penh nach Vientiane und Hanoi.

Cebu Pacific (www.cebupacificair.com) Dreimal wöchentlich Billigflüge zwischen Siem Reap und Manila.

China Eastern Airlines (www.ce-air.com) Regelmäßige Flüge zwischen Phnom Penh und Shanghai.

China Southern Airlines (www.cs-air.com) Tägliche Flüge zwischen Phnom Penh und Guangzhou.

Dragon Air (www.dragonair.com) Tägliche Verbindungen zwischen Phnom Penh und Hongkong.

Eva Air (www.evaair.com) Pendelt täglich zwischen Phnom Penh und Taipei.

Jetstar (www.jetstar.com) Tägliche Budgetflüge sowohl von Phnom Penh als auch Siem Reap nach Singapur.

Korean Air (www.koreanair.com) Regelmäßige Flüge verbinden Phnom Penh und Siem Reap mit Seoul und Incheon.

Lao Airlines (www.laoairlines.com) Regelmäßige Flüge von Phnom Penh nach Vientiane und von Siem Reap nach Pakse und Luang Prabang.

Malaysia Airlines (www.malaysiaairlines.com) Tägliche Verbindungen von Phnom Penh und Siem Reap nach Kuala Lumpur.

Qatar Airways (www.qatarairways.com) Regelmäßige Flüge von Phnom Penh nach Ho-Chi-Minh-Stadt und Doha.

Silk Air (www.silkair.com) Fliegt täglich von Phnom Penh und Siem Reap nach Singapur, außerdem gibt's einige Flüge zwischen Siem Reap und Da Nang.

Thai Airways (www.thaiair.com) Tägliche Flüge zwischen Phnom Penh und Bangkok.

Vietnam Airlines (www.vietnamair.com.vn) Tägliche Verbindungen von Phnom Penh und Siem Reap nach Hanoi und Ho-Chi-Minh-Stadt sowie von Phnom Penh nach Vientiane und von Siem Reap nach Luang Prabang, Da Nang und Phu Quoc.

Auf dem Landweg

Grenzübergänge

Kambodscha hat einen Grenzübergang nach Laos, fünf nach Thailand und sieben nach Vietnam. Ein kambodschanisches Visum bekommt man inzwischen an allen Landesgrenzen, egal ob man aus Laos, Thailand oder Vietnam einreist. Wer von Kambodscha aus weiterreist, bekommt Visa für Laos und Thailand direkt bei der Einreise, ein Visum für Vietnam gibt's an der Grenze nur für Angehörige bestimmter Staaten – vorher klären! Die meisten Grenzübergänge sind während der Kernzeiten von 7 bis 17 Uhr geöffnet, die beliebtesten haben abends teilweise länger offen. Die abgelegeneren machen eine Mittagspause.

Die abgelegeneren Grenzübergänge haben kaum legale Geldwechseleinrichtungen, es ist also immer gut, US-Dollar in kleiner Stückelung dabeizuhaben.

Touristenvisa bekommt man an allen Grenzübergängen für 30 US$. Leider stehen kambodschanische Grenzbeamte (v. a. an der Grenze zu Thailand) im Ruf, Touristen abzuzocken. Manchmal wird für die Einreise selbst oder irgendein fiktives Gesundheitszeugnis eine Gebühr von 1 US$ erhoben. Schwerwiegender wird die Betrugsmasche, wenn die Zahlung des Visums in thailändischen Baht verlangt wird oder Touristen gezwungen werden, US-Dollar zu einem schlechten Kurs in Riel umzutauschen. Was tun, wenn man betroffen ist? Tief durchatmen, nicht auf die Forderungen eingehen und vor allem nicht daraus auf die Mentalität aller Kambodschaner schließen.

Reisende sollten sich vor einer Fernreise über die Öffnungszeiten der Grenzüber-

Grenzübergänge

THAILAND · LAOS

Chong Jom · Chong Sa-Ngam · Prasat Preah Vihear
O Smach · Choam · Anlong Veng · Sra Em · Muang Khong
Samraong · Nong Nok Khiene · Trapeang Kriel · Le Thanh · O Yadaw
Aranya Prathet · Tbeng Meanchey · Ban Lung
Poipet · Sisophon · Siem Reap
Battambang · Kompong Thom · Kratie · Sen Monorom
Ban Pakard · Psar Pruhm · Pursat · Kompong Luong · Krakor
Pailin · Kompong Chhnang · Skuon · Kompong Cham · Snuol · Trapeang Sre
Romeas · Udong · PHNOM PENH · Trapeang Phlong · Loc Ninh
Khlong Yai · Prey Veng · Svay Rieng · Xa Mat · Tay Ninh
Hat Lek · Cham Yeam · Krong Koh Kong · Kompong Speu · Banteay Chakrey · Bavet · VIETNAM · Moc Bai
Kaam Samnor · Khanh Binh · HO-CHI-MINH-STADT (SAIGON)
Takeo · Phnom Den · Vinh Xuong · Chau Doc
Sihanoukville · Kampot · Prek Chak · Tinh Bien
Kep · Xa Xia · Ha Tien

gänge, Visabestimmungen und etwaige Verkehrsbetrügereien informieren. Da sich diese Details öfter mal ändern, sollte man herumfragen oder beim Lonely Planet Thorn Tree (lonelyplanet.com/thorn tree) nachsehen.

LAOS

Das abgelegene Grenzgebiet zwischen Kambodscha und Laos gehört in beiden Ländern zu den wildesten Gegenden überhaupt. Hier gibt es lediglich einen einzigen Grenzübergang, der für Ausländer passierbar ist.

THAILAND

Die 805 km lange Grenze zwischen Kambodscha und Thailand hat inzwischen fünf legale Grenzübergänge für Ausländer (Einheimischen stehen weit mehr Möglichkeiten zum Grenzübertritt offen).

VIETNAM

Kambodscha und Vietnam haben eine lange Grenze mit vielen Übergängen. Ausländern stehen derzeit sieben zur Auswahl. Kambodschanische Visa sind inzwischen an allen Grenzübergängen erhältlich, zweiwöchige vietnamesische Touristenvisa dagegen gibt's an der Grenze nur für die Angehörigen einiger weniger Staaten.

Auto & Motorrad

Wer ein Auto oder Motorrad nach Kambodscha einführen möchte, braucht Melde-papiere, Versicherungsnachweise und einen internationalen Führerschein (auch wenn dieser nicht offiziell anerkannt ist). Bei einem Auto ist die Einfuhr kompliziert, bei einem Motorrad aber relativ einfach, vorausgesetzt, man besitzt ein *carnet de passage* (Fahrzeugpass). Dieser dient als Einfuhrzollbefreiung und spart in den meisten Fällen eine Menge Ärger beim kambodschanischen Zoll.

Geführte Touren

Früher konnte man das Land eigentlich nur im Rahmen einer organisierten Tour besuchen, doch heutzutage ist es viel einfacher, eine individuelle Reise zu organisieren.

Auch Traveller mit kleinem oder mittlerem Budget können wunderbar auf eigene Faust durchs Land reisen, da sich vor Ort alles einfach und günstig arrangieren lässt. Wer nur wenig Zeit hat, für den lohnt es sich, im Voraus einen Inlandsflug zwischen der kambodschanischen Hauptstadt Phnom Penh und Siem Reap mit den Tempeln von Angkor zu buchen. Wenn man erst mal in Angkor ist, besteht an Guides und Verkehrsmitteln wahrlich kein Mangel.

Flüge und Touren können online auf lonelyplanet.com/bookings gebucht werden.

Bevor man eine Tour bucht, sollte man sich ein wenig umschauen, denn der Wettbewerb ist groß und manche Unternehmen bieten interessantere Ausflüge an als andere. Im Folgenden sind ein paar der zuverlässigsten in Kambodscha aufgelistet.

About Asia (☏063-760190; www.aboutasiatravel.com) Kleines Reiseunternehmen für maßgeschneiderte Reisen speziell in Siem Reap. Mit einem Teil des Gewinns wird der Bau von Schulen in Kambodscha unterstützt.

Hanuman (☏023-218396; www.hanuman.travel) Das alteingesessene Unternehmen mit einheimischen Besitzern und Managern hat innovative Touren im Programm, z. B. eine Tempelsafari. Unterstützt großzügig Initiativen für nachhaltigen Tourismus.

Journeys Within (☏063-964 748; www.journeys-within.com) Ein in Siem Reap ansässiges Unternehmen im Boutiquetourismus-Bereich, das verschiedene Reisen sowohl in die Nachbarländer als auch in Kambodscha selbst organisiert. Es hat auch einen wohltätigen Ableger, der Schulen und Gemeinden unterstützt.

Sam Veasna Center (☏063-963710; www.samveasna.org) ☏ Tagesausflüge, die Vogelbeobachtung mit Besuchen in abgelegeneren Tempeln kombinieren.

Dazu kommen noch Unternehmen für Motorradrundreisen, die weiter unten in diesem Kapitel genannt werden (S. 402), sowie spezialisierte Reiseunternehmen in Siem Reap (S. 108), die vor allem Ausflüge nach Angkor im Programm haben.

UNTERWEGS VOR ORT

Auto & Motorrad

In Kambodscha ist es relativ billig, ein Auto oder ein Motorrad zu mieten. Viele Besucher nutzen diese Möglichkeit, weil sie dadurch größere Freiheit beim Besuch abgelegener Gegenden haben und selbst entscheiden können, wann bzw. wo man anhält. Fast immer ist beim Automieten in Kambodscha ein Fahrer inbegriffen – angesichts des miserablen Zustands vieler Straßen, des Mangels an Straßenschildern und der großen Ignoranz mancher Fahrer hinsichtlich der Verkehrsregeln eine erfreuliche Einrichtung.

Führerschein

Ein normaler Führerschein ist hier nicht viel wert. Theoretisch benötigt man einen internationalen Führerschein, den man in der Regel zu Hause beim Straßenverkehrsamt erhält, allerdings wird dieser in Kambodscha zumeist ebenfalls nicht anerkannt. Für die meisten Reisenden dürfte der Führerschein deshalb wohl völlig wertlos sein, ausgenommen für Leute, die im Land arbeiten.

Was die Motorradvermietung angeht: Hier geht's ganz ohne. Wer in der Lage ist loszufahren, der hat anscheinend auch das Recht dazu.

Kraftstoff & Ersatzteile

Sprit ist verglichen mit anderen alltäglichen Produkten relativ teuer. Pro Liter zahlt

man etwa 4000–5000 R (1–1,25 US$). Benzin bekommt man in ganz Kambodscha problemlos, in ländlichen Gebieten steigen die Preise allerdings oft an. Selbst in den isoliertesten Orten gibt's normalerweise jemanden, der Benzin in Fanta- oder Schnapsflaschen verkauft. Einige Verkäufer mischen diesen Kraftstoff mit Kerosin, man sollte ihn daher sparsam und am besten nur im Notfall verwenden.

Was Ersatzteile betrifft: Das Land wird von chinesischen, japanischen und koreanischen Motorrädern geradezu überflutet, man findet also ohne Probleme Ersatzteile für Hondas, Yamahas oder Suzukis; bei Ersatzteilen für eine BMW oder Harley sieht die Sache allerdings anders aus. Gleiches gilt für Autos – Teile für japanische Wagen bekommt man leicht, doch für andere Fahrzeuge sollte man wichtige Ersatzteile besser mitbringen.

Straßenbedingungen & Gefahren

Es ist gefährlich, sich in falscher Sicherheit zu wiegen und davon auszugehen, dass am Ende jeder ländlichen Straße ein freundliches Dorf wartet. Selbst nach dem Niedergang der Roten Khmer gibt's noch vereinzelte Vorfälle von Banditentum und Raub. In Sihanoukville wurden außerdem ein paar hässliche Fälle von Motorradraub bekannt. Wer mit dem eigenen Fahrzeug unterwegs ist, insbesondere in abgelegenen Gegenden, sollte sich unbedingt nach der aktuellen Sicherheitslage erkundigen.

Besonders auf Kinder sollte man achten, die sich manchmal mitten auf einer großen Schnellstraße aufhalten. Auch Vieh stellt eine Gefahr dar: Wer eine Kuh anfährt, bringt sich in Lebensgefahr.

BELIEBTE GRENZÜBERGÄNGE

Laos

Der Grenzübergang Trapeang Kriel–Nong Nok Khiene verbindet Stung Treng in Kambodscha mit Don Det in Laos.

Thailand

GRENZÜBERGANG	STADT (KAMBODSCHA)	STADT (AUSLAND)
Cham Yeam–Hat Lek	Koh Kong	Trat
Choam–Chong Sa-Ngam	Anlong Veng	Phusing
O Smach–Chong Jom	Samraong	Surin
Poipet–Aranya Prathet	Siem Reap	Bangkok
Psar Pruhm–Ban Pakard	Pailin	Chanthaburi

Vietnam

GRENZÜBERGANG	STADT (KAMBODSCHA)	STADT (AUSLAND)
Bavet–Moc Bai	Phnom Penh	Ho-Chi-Minh-Stadt
Kaam Samnor–Vinh Xuong	Phnom Penh	Chau Doc
O'Yadaw–Le Thanh	Ban Lung	Pleiku, Quy Nhon, Hoi An
Phnom Den–Tinh Bien	Takeo	Chau Doc
Prek Chak–Xa Xia	Kep, Kampot	Ha Tien, Phu Quoc
Trapeang Phlong–Xa Mat	Kompong Cham	Tay Ninh, Ho-Chi-Minh-Stadt
Trapeang Sre–Loc Ninh	Kratie, Kompong Cham	Binh Long

Weitere Tipps für mehr Sicherheit von Motorradfahrern:

➡ Für längere oder schnelle Fahrten braucht man einen guten Schutzhelm.

➡ Am besten hat man das wichtigste Reparaturzeug immer dabei, darunter Reifenheber, Flickzeug für die Reifen und eine Pumpe.

➡ Auf längeren Reisen sollte man immer ein Seil mitnehmen, falls man abgeschleppt werden muss.

➡ In entlegene Gebiete mehrere Liter Wasser einpacken – man weiß nie genau, ob man nicht doch mehr braucht, als man vorher dachte.

➡ Lieber in kleinen Gruppen fahren als allein und nahe zusammenbleiben.

➡ Nicht beim Benzin sparen. Sollte es in ländlichen Gebieten ausgehen, könnte das gefährlich werden – besonders, wenn auch das Wasser knapp wird.

➡ Beim Fahren auf keinen Fall Marihuana rauchen oder Alkohol trinken.

➡ Die Augen immer auf die Straße richten, denn kambodschanische Schlaglöcher haben es in sich.

Verkehrsregeln

Falls es in Kambodscha Verkehrsregeln gibt, hält sich so gut wie niemand daran. Vielmehr gilt: Der Stärkere gewinnt. Wer mit dem Auto oder Motorrad unterwegs ist, sollte sich bei den anderen Verkehrsteilnehmern auf nichts verlassen.

Generell herrscht in Kambodscha Rechtsverkehr. An einigen Kreuzungen in Phnom Penh, Siem Reap und Sihanoukville gibt's Ampeln. Wo keine sind, versuchen Linksabbieger, sich links in den fließenden Verkehr einzufädeln und fahren so lange auf der falschen Seite der Straße mit, bis sie eine Lücke zum Eingliedern finden. Für Neulinge sieht das aus, als ob jeden Moment

eine Katastrophe passiert, doch die Einheimischen sind mit diesem System ziemlich vertraut. Ausländer sollten an Kreuzungen anhalten und sich ständige Wachsamkeit angewöhnen. Darüber hinaus darf man niemals voraussetzen, dass Fahrzeuge an roten Ampeln anhalten: Die meisten Kambodschaner betrachten diese Einrichtungen als freiwillige Hilfe, die sie aber nicht in Anspruch nehmen müssen, besonders abends und nachts.

Phnom Penh ist der einzige Ort, wo die Polizei mitten im größten Chaos westliche Verkehrsteilnehmer auch wegen der lächerlichsten Regeln anhält. Bei Schildern mit der Aufschrift *no left turn* sollte man nicht links abbiegen, zudem fährt man tagsüber nicht mit Licht. Sonderbarerweise scheint es erlaubt zu sein, dass die Kambodschaner auch nachts ohne Licht fahren. Nach dem Gesetz müssen Motorräder mit Spiegeln ausgerüstet

VERKEHRSSICHERHEIT

Mittlerweile werden jeden Monat mehr Menschen bei Verkehrsunfällen verletzt oder getötet als durch Landminen. Teilweise ist dies auf das größere Gefahrenbewusstsein bezüglich der Landminen und auf die kontinuierlichen Räumungsprogramme zurückzuführen. Es liegt aber auch in der gewaltigen Zunahme der Fahrzeuge auf den Straßen – und an den Fahrern, die in einem gefährlichen Tempo durch die Gegend heizen. Wer selbst am Steuer sitzt, muss extrem aufmerksam sein und besonders bei der Nutzung der National Highways (NH) gut aufpassen. Hier sollte man sich nachts am besten überhaupt nicht aufhalten, da die Unfallhäufigkeit dann zunimmt. Dies gilt ganz besonders für Motorradfahrer: Jedes Jahr sterben mehrere Ausländer bei Unfällen.

sein und die Fahrer einen Helm tragen (das gilt jedoch nicht für Beifahrer und Kinder). Die Verkehrspolizei im ganzen Land überwacht die Einhaltung der Gesetze streng und ist ganz scharf darauf, Strafgebühren zu erheben. Ausländer sind stets willkommene Opfer.

Vermietung

AUTO

Autos können in der Regel nur mit einem Fahrer gemietet werden. Sie sind am nützlichsten für Besichtigungen rund um Phnom Penh und Angkor. Manche Touristen mit reichlich bemessenem Budget mieten sich auch Wagen mit Allradantrieb und Fahrer, um durch die Provinzen zu reisen. Wenn man in den kambodschanischen Städten und ihrer Umgebung umherfährt, kostet das pro Tag 30 bis 35 US$. Eine Tour in die Provinzen lässt den Preis je nach Reiseziel auf 50 US$ oder mehr steigen, dazu kommt noch das Benzin. Einen Allradwagen kann man für 60 bis 120 US$ mieten, je nach Modell und Länge der Strecke. Es ist zwar möglich, selbst zu fahren, aber wegen der chaotischen Straßenverhältnisse, der persönlichen Haftung bei einem Unfall und höherer Mietwagenraten wird das nicht empfohlen.

MOTORRAD

Kambodscha kann per Motorrad erkundet werden, doch nur erfahrene Offroad-Biker sollten diese Straßen mit Motocrossrädern in Angriff nehmen. Anfänger hingegen sollten sich mit kleinen Mopeds begnügen. Wer eine längere Tour plant, tut gut daran, das Motorrad erst mal einen Tag lang in Phnom Penh zu testen, um sicher zu sein, dass es in Ordnung ist.

Für Offroad-Biker bietet Kambodscha einige der besten – d. h. schlechtesten – Straßen der Welt zum Geländefahren, vor allem in den Provinzen Preah Vihear, Mondulkiri und Ratanakiri sowie im Kardamom-Gebirge. Mehrere Anbieter im Land sind auf Motocrosstouren spezialisiert.

Man sollte unbedingt mit der nötigen Vorsicht und Aufmerksamkeit fahren, denn die medizinische Versorgung ist außerhalb von Phnom Penh, Siem Reap und Battambang absolut unzureichend. Wer noch nie auf einem Motorrad saß, fängt am besten nicht gerade in Kambodscha damit an. Sobald man aus der Stadt raus ist, wird es allerdings ein bisschen einfacher. Wer dennoch einfach ins kalte Wasser springen will, braucht auf jeden Fall einen erfahrenen Begleiter an seiner Seite.

Motorräder bekommt man in Phnom Penh und anderen Provinzhauptstädten. In Siem Reap und zeitweise auch in Sihanoukville) ist der Verleih verboten. Ein Fahrzeug mit 100 ccm kostet gewöhnlich 5 bis 10 US$ pro Tag, Geländemotorräder mit 250 ccm schlagen mit 10 bis 25 US$ zu Buche.

Cambodia Expeditions (www.cambodiaexpeditions.com) Führt seit 1998 in Kambodscha Motorradtouren und Rallyes durch. Sehr professionell, mit einigen tolle Strecken im Norden des Landes.

Dancing Roads (www.dancingroads.com) Motorradtouren rund um Phnom Penh und leichte Touren zur Südküste. Die Fahrer sind gut drauf und freundlich.

Hidden Cambodia (www.hiddencambodia.com) Das in Siem Reap ansässige Unternehmen hat sich auf Motorradreisen durch Kambodscha spezialisiert und steuert auch die abgelegenen Tempel im Norden Kambodschas sowie darüber hinaus an.

Red Raid Cambodia (www.motorcycletourscambodia.com) Eine teure, von Franzosen geführte Firma mit viel Erfahrung. Hier werden Touren durch das ganze Land einschließlich des Kardamom-Gebirges angeboten.

Näheres zu Geländetouren per Motorrad im Kapitel Outdoor-Abenteuer (S. 28).

MOTO-BRAND-WUNDEN

Reisende sollten auf langen *moto*-Fahrten darauf achten, mit den Beinen nicht zu nahe an den Auspuff zu geraten. Viele Touristen haben sich auf diese Weise nämlich unschöne Verbrennungen zugezogen, die bei dem feuchtheißen Wetter nur langsam heilen und oft mit Antibiotika behandelt werden müssen.

Versicherung

Touristenfahrzeuge mit einem Fahrer sind für gewöhnlich versichert. Das ist bei Miet-Motorrädern meistens nicht der Fall. Gewöhnlich muss man einen Vertrag unterschreiben, in dem man sein Einverständnis für eine Wertermittlung gibt, falls das Bike gestohlen wird. Darum sollte man sich um ein gutes Schloss kümmern und das Motorrad möglichst immer auf bewachten Parkplätzen abstellen.

Wer verrückt genug ist, ohne Krankenversicherung umherzureisen, sollte gar nicht erst erwägen, ein Motorrad auszuleihen. Die Kosten der Behandlung ernsthafter Verletzungen können jeden Budgetreisenden in den Ruin treiben, besonders bei einem Rücktransport in die Heimat.

Bus

Die Auswahl an Straßenverkehrsmitteln ist groß. Auf asphaltierten Straßen sind Busse mit Klimaanlagen die beste Wahl. Überall sonst sollte man sich für Sammeltaxis oder Minibusse entscheiden.

In den letzten Jahren hat das Bussystem enorme Fortschritte gemacht, da nun immer mehr Straßen ausgebaut werden. Inzwischen dürften Busse die sichersten Transportmittel sein, um durchs Land zu reisen. Die bei Ausländern beliebtesten Verbindungen sind die von Phnom Penh nach Siem Reap, Battambang, Sihanoukville, Kompong Cham und Kratie sowie die Touristenbusse von Siem Reap nach Poipet.

Zwischen Phnom Penh und allen größeren Städten im Land verkehren inzwischen „Express-Minibusse", die oft schneller sind als die größeren Reisebusse. Es handelt sich meist um einen modernen Ford Transit oder Toyota HiAce, der nach der Devise „ein Fahrgast pro Sitz" besetzt wird. In den Provinzen werden die meisten Strecken von älteren Minibussen bedient, allerdings nutzen Reisende aus dem Westen sie nur selten. Sie kosten nicht viel, sind dafür aber oft schrecklich überfüllt, außerdem fahren manche Fahrer viel zu schnell und rasant. Man sollte sie wirklich nur in Betracht ziehen, wenn gar keine Alternative besteht.

Fahrrad

Für erfahrene Radler ist Kambodscha ein tolles Land. Zu empfehlen angesichts des berüchtigten Zustands der Straßen ist ein Mountainbike. Die meisten Straßen verfügen über einen flachen unbefestigten Fahrstreifen für Radfahrer.

Ein Großteil des Landes ist flach wie ein Pfannkuchen bzw. nur leicht hügelig. Auf den neueren asphaltierten Straßen fahren die Einheimischen mit sehr hoher Geschwindigkeit, was für Radler gefährlich werden kann. Fahrräder können hinten in Pick-ups oder auf dem Dach von Minibussen mitgenommen werden.

In Gästehäusern und Hotels kann man Fahrräder für etwa 2 US$ pro Tag mieten, für importierte Markenräder wie Giant oder Trek zahlt man 7 bis 15 US$.

Sehr gute Räder, Sicherheitsausrüstung und Original-Ersatzteile sind inzwischen in Phnom Penh zu sehr günstigen Preisen problemlos erhältlich.

PEPY Ride (☏023-222804; www.pepyride.org) Ein Fahrrad- bzw. Freiwilligenunternehmen, das mit Abenteuertrips im ganzen Land aufwartet. PEPY fördert „abenteuerliches Leben" und „verantwortungsbewusstes Geben" und unterstützt mit den Einnahmen Schulbauten im ländlichen Kambodscha sowie die Finanzierung von Bildungsprogrammen.

Mehr zum Thema Radfahren in Kambodscha im Kapitel Outdoor-Abenteuer (S. 28).

Flugzeug

Fluggesellschaften in Kambodscha

Inlandsflüge bieten die Möglichkeit, schnell von einem Ort des Landes zum nächsten zu kommen. Problematisch ist nur, dass die Gesellschaften genauso schnell kommen und gehen. Im Moment gibt's nur drei Inlandslinien, mit Flügen zwischen Phnom Penh und Siem Reap sowie Siem Reap und Sihanoukville. Zwischen Phnom Penh und Siem Reap bestehen etwa sieben Verbindungen täglich. In der Regel bekommt man auch kurzfristig einen Flug. Zu Spitzenzeiten sollte man aber im Voraus buchen. Zwischen Siem Reap und Sihanoukville werden in der Hauptsaison derzeit etwa drei Flüge pro Tag angeboten.

Bassaka Air (☏023-217613; www.bassakaair.com) Bietet mindestens einen Flug täglich zwischen Phnom Penh und Siem Reap sowie zwischen Siem Reap und Sihanoukville.

Cambodia Angkor Air (☏023-212564; www.cambodiaangkorair.com) Die staatliche Fluggesellschaft bietet vier Flüge täglich zwischen Phnom Penh und Siem Reap sowie bis zu zwei Flüge täglich zwischen Siem Reap und Sihanoukville. Die Preise sind höher als bei der Konkurrenz.

Cambodia Bayon Airlines (☏023-231555; www.bayonairlines.com) Hat mindestens einen Flug täglich zwischen Phnom Penh und Siem Reap sowie zwischen Siem Reap und Sihanoukville.

Hubschrauber

Zwei private Unternehmen bieten Hubschrauberrundflüge über die Tempel von Angkor sowie Charterflüge.

Helicopters Cambodia (Karte S. 102; ☏012 814500; www.helicopterscambodia.com) Hat

Büros in Phnom Penh und Siem Reap und ist mit Helicopters New Zealand verbandelt.

Helistar (Karte S. 102; ☎088 888 0016; www.helistarcam bodia.com) Ein verlässlicher Anbieter von Hubschrauberflügen mit Büros in Phnom Penh und Siem Reap.

Nahverkehr

Außenborder

Außenborder (*outboard*, ausgesprochen „aut-buhr") sind das kambodschanische Gegenstück zu den Vaporetti in Venedig – eine Art Flussbus bzw. -taxi. Die kleinen Fiberglasboote mit 15-PS- oder 40-PS-Motoren findet man im ganzen Land. Sie können auf kurzen oder längeren Strecken bis zu sechs Personen transportieren. Einen Fahrplan gibt's nur selten; die Einheimischen warten geduldig, bis die Kähne voll sind, oder man chartert das ganze Boot. Eine Alternative ist das importierte *longtail rocket boat,* das kleine Dörfer im oberen Bereich des Mekong miteinander verbindet. *Rocket* (Rakete) ist wirklich das richtige Wort, die Sicherheit der Boote gilt aber leider als fragwürdig.

Bus

Momentan gibt's fast kein Nahverkehrsbusnetz in Kambodscha, jedoch hat Phnom Penh inzwischen ein paar städtische Buslinien, die bei Studenten beliebt sind, bei Touristen jedoch noch nicht.

Cyclo

Cyclos (Fahrradrikschas) sind genau wie in Vietnam und Laos ein preiswertes Verkehrsmittel in Städten. In Phnom Penh kann man entweder eines am Straßenrand heranwinken oder sich zu Märkten und größeren Hotels aufmachen, wo normalerweise zahlreiche Riksch-Fahrer warten. Wenn man vor einem Luxushotel, einem

Restaurant oder einer beliebten Bar in ein *cyclo* steigt, muss man den Preis herunterhandeln. Die Fahrt kostet zwischen 1 und 3 US$. In den Provinzen gibt es nur wenige Rikschas und in Phnom Penh werden sie zunehmend von *motos* verdrängt.

Moto

Wer von einem *moto* (*motodups* heißen die *moto*-Fahrer) spricht, meint ein kleines Motorradtaxi. Es handelt sich um ein schnelles Verkehrsmittel für kurze Wege in der Stadt. Der Preis für eine Fahrt beginnt bei 2000 R und kann je nach Entfernung und Stadt 1,50 US$ oder mehr betragen, nachts wird es in der Regel teurer. Früher wurden die Preise selten im Voraus ausgemacht, doch mit der zunehmenden Besucherzahl haben sich viele Fahrer angewöhnt, zu viel zu verlangen. Daher ist es wahrscheinlich am besten, den Betrag vorher auszumachen, besonders in den großen Touristenzentren, vor teuren Hotels oder nachts.

Remork-moto

Das *remork-moto* ist ein großer Anhänger, der von einem Motorrad gezogen und wie ein örtlicher Bus ohne Hightech und mit supernatürlicher Klimaanlage genutzt wird. Überall im ländlichen Kambodscha transportieren *remork-motos* Menschen und Güter. An den Stadträndern sieht man die Fahrer

oft auf Bauern warten, die zurück in ihr Dorf wollen.

Fast alle Touristenziele, darunter Phnom Penh, Siem Reap und die Südküste, haben ihre eigene Version des *remork* mit einem niedlichen überdachten Anhänger, der hinten am Motorrad befestigt ist und für zwei Personen komfortabel Platz bietet (was nicht heißt, dass nicht auch viel mehr mitfahren können). Per *remork-moto* kann man wunderbar die Tempel erkunden, denn man kann sich an der frischen Brise erfreuen, ohne Sonne und Regen ausgesetzt zu sein. Reisende aus dem Ausland nennen das Fahrzeug meistens *tuk-tuk.*

Rotei Ses

Rotei bedeutet Karren, Wagen oder Kutsche und *ses* ist das Pferd, doch der Begriff wird für alle Wagen benutzt, die von einem Tier gezogen werden. Kambodschas ursprünglicher Allradwagen, der Ochsenkarren, ist in abgelegenen Gebieten des Landes ein verbreitetes Verkehrsmittel, denn nur damit schafft man es auch auf dem Höhepunkt der Regenzeit durch dicken Schlamm. Meistens werden die Karren von Wasserbüffeln oder Kühen gezogen. Ein paar örtliche Tourismusinitiativen bieten solche Fahrten an.

Taxi

In den Städten wird es zunehmend einfacher, ein Taxi zu bekommen. Doch bis auf einige Unternehmen in Phnom Penh haben immer noch die wenigsten Gebührenzähler. Taxis für Besichtigungstouren in Städten und ihrer Umgebung kann man in Gästehäusern, Hotels und bei Reisebüros buchen.

Sammeltaxi

Mit den stetig besser werdenden Straßen verlieren Sammeltaxis immer mehr an Bedeutung gegenüber den „Express-Minibussen". Wenn man ein Sammeltaxi nehmen will, ist es vorteilhaft, mit einer Gruppe unterwegs zu sein, denn dann kann man zusätzliche Sitze „kaufen" und die Fahrt so bequemer machen. Für den Frontsitz zahlt man den doppelten Preis, für die komplette hintere Reihe den vierfachen. Man sollte daran denken, dass es nicht unbedingt auf jeder Route Festpreise gibt. Darum muss man vorher den Betrag aushandeln. Für wichtige Ziele kann man Sammeltaxis individuell mieten oder man zahlt für einen Sitz und wartet, bis sich genug Passagiere eingefunden haben. Gästehäuser helfen gerne dabei, Sammeltaxis zu arrangieren – natürlich gegen einen Aufschlag.

Schiff

Kambodschas 1900 km schiffbare Wasserwege haben seit der bedeutsamen Verbesserung des Straßennetzes für den durchschnittlichen Touristen nicht mehr so viel Bedeutung wie früher. Der Mekong lässt sich nördlich von Phnom Penh bis Kratie gut befahren, doch es gibt keine regulären Passagierboote mehr, denn der ganze Verkehr läuft jetzt über die Straße. Landschaftlich reizvolle Bootsrouten erstrecken sich zwischen Siem Reap und Battambang und auch der Tonlé-Sap-See ist das ganze Jahr über befahrbar, zwischen März und Juli allerdings nur mit kleineren Booten.

Die bei Ausländern traditionell beliebteste Route ist die zwischen Phnom Penh und Siem Reap. Mit dem Schnellboot dauert die Fahrt nur fünf Stunden. Doch es handelt sich nicht um die interessanteste Tour, da der Tonlé-Sap-See wie ein kleines Meer daherkommt und keine sehr abwechslungsreiche Landschaft bietet. Viel beliebter (und um einiges billiger) ist es, für diese Strecke den Bus auf der asphaltierten Straße zu nehmen.

Lohnender sind die kleinen Boote zwischen Siem Reap und Battambang, da die

Landschaft dort unvergesslich ist, allerdings kann die Reise mit Wartezeiten bis zu einem ganzen Tag dauern.

Zug

Kambodschas Eisenbahnnetz ist ebenso wie das alte Straßennetz eines der berüchtigtsten in ganz Asien. Derzeit fahren keine Passagierzüge, doch dies kann sich bald ändern, da das komplette Streckennetz von einer privaten Firma saniert wird. Zudem ist der Anschluss der kambodschanischen an die Transasiatische Eisenbahn geplant, die Singapur und China verbinden soll. Bis Phnom Penh über eine Mekong-Brücke mit Ho-Chi-Minh-Stadt verbunden ist, wird es jedoch noch ein paar Jahre dauern.

Das Schienennetz besteht aus 645 km eingleisigen Meterspurbahnen. Die 385 km lange nordwestliche Strecke, die vor dem Zweiten Weltkrieg gebaut wurde, verbindet Phnom Penh mit Pursat und Battambang. Die 254 km lange südwestliche Strecke zwischen Phnom Penh, Takeo, Kampot und Sihanoukville wurde 1969 fertiggestellt. Die schönsten Abschnitte des Schienennetzes liegen zwischen Takeo und Kampot sowie zwischen Kampot und Sihanoukville.

Gesundheit

In Kambodscha muss man mehr auf seine Gesundheit achtgeben als in den meisten anderen Regionen Südostasiens. Das liegt neben den weitverbreiteten Tropenkrankheiten und mangelhafter Hygiene vor allem daran, dass es nur wenige effektive medizinische Einrichtungen gibt. Wer ländliche Gegenden bereist, ist größtenteils auf sich selbst gestellt, auch wenn es heute in den meisten Städten halbwegs vernünftige Kliniken gibt.

Falls man sich nicht wohlfühlt, sollte man eher zu einem Arzt als ins Krankenhaus gehen; die Kliniken auf dem Land sind recht primitiv und möglicherweise werden dort falsche Diagnosen gestellt. Wenn man in Kambodscha ernsthaft erkrankt, steuert man Phnom Penh oder Siem Reap an, weil man nur in diesen Orten mit einer guten Notfallversorgung rechnen kann. Die Apotheken in den Großstädten warten mit einer sehr guten Ausstattung auf und man bekommt praktisch alles von Antibio-

tika bis zu Malaria-Medikamenten ohne Rezept. Auch die Preise sind erschwinglich. Allerdings sollte man das Verfallsdatum kontrollieren, denn manche Medikamente stehen bereits seit langer Zeit in den Regalen.

Die potenziellen Gefahren klingen beängstigend, aber in der Realität bekommen nur wenige Traveller mehr als eine Magenverstimmung. Von den Warnungen sollte man sich daher nicht verrückt machen lassen.

VOR DER REISE

Versicherung

Kambodscha sollte man auf keinen Fall ohne Krankenversicherung bereisen. Auf dem Land sind die Krankenhäuser extrem einfach und selbst in Phnom Penh haben medizinische Einrichtungen keinen internationalen Standard. Wer sich in Kambodscha schwer verletzt oder an einer schweren Krankheit leidet,

muss unter Umständen nach Bangkok ausgeflogen werden. Mit einer entsprechenden Versicherung, die pro Tag vielleicht nicht mehr als umgerechnet eine Flasche Bier kostet, ist solch ein Nottransport praktisch kostenlos. Ohne Versicherung kostet die Überführung zwischen 10 000 und 20 000 US$. Hinsichtlich seiner Gesundheit sollte man in Kambodscha kein Risiko eingehen.

Reiseapotheke

Folgende Arzneimittel sollten in der eigenen Reiseapotheke enthalten sein – welche Marken jeweils erhältlich sind, erfährt man bei seinem Apotheker.

➡ Aspirin oder Paracetamol – gegen Schmerzen oder Fieber

➡ Antihistamin – gegen Allergien sowie gegen Insektenstiche oder -bisse

➡ Tabletten gegen Erkältung und Fieber, Lutschtabletten und abschwellendes Nasenspray

➡ Multivitamine – besonders für längere Reisen, wenn man nicht genügend Vitamine über die täglichen Mahlzeiten einnehmen kann

➡ Loperamid oder Diphenoxylat – hilft gegen Durchfall

➡ Rehydrationslösung – beugt Dehydrierung vor, die bei Durchfall entstehen kann

---

GESUNDHEIT IM ALLTAG

Normalerweise darf die Körpertemperatur bis zu 37 °C betragen; ist sie mehr als 2 °C höher, hat man hohes Fieber. Der normale Puls eines Erwachsenen liegt bei 60 bis 100 Schlägen pro Minute (Kinder 80–100, Babys 100–140). Als Faustregel gilt: Erhöht sich der Puls um 20 Schläge pro Minute, führt dies zu 1 °C erhöhter Körpertemperatur.

➡ Insektenabwehrmittel, Sonnenmilch, Lippenbalsam und Augentropfen

➡ Galmei-Lotion oder Aloe Vera – zur Linderung von Sonnenbrand

➡ Antifungalcreme oder -puder – gegen Pilzinfektionen

➡ Antiseptikum (wie Povidon-Jod) – zur Behandlung von Schnitt- und Schürfwunden

➡ Bandagen, Pflaster und Ähnliches

➡ Wasserreinigungstabletten oder Jod

➡ Steriler Verbandskasten (versiegeltes medizinisches Kit mit Spritzen und Nadeln) – sehr empfehlenswert, da Kambodscha medizinische Hygieneprobleme hat

Impfungen

Man sollte genug Zeit für Impfungen einplanen (s. Kasten S. 386): Bei manchen sind mehrere Injektionen nötig, andere sollten nicht kombiniert gegeben werden.

Die vorgenommenen Impfungen müssen in einen internationalen Impfausweis eingetragen werden, den man bei seinem Arzt erhält und auf der Tour durch Kambodscha immer bei sich haben sollte.

VOR ORT IN KAMBODSCHA

Medizinische Versorgung

Seine Gesundheitsprobleme selbst zu diagnostizieren und zu behandeln kann riskant sein, deshalb sollte man immer professionelle medizinische Hilfe aufsuchen.

Antibiotika sollte man nur unter medizinischer Aufsicht einnehmen, die empfohlenen Dosen und Zeitintervalle einhalten und die Medikation vorschriftsmäßig zu Ende führen, auch wenn man das Gefühl hat, die Krankheit

sei schon früher geheilt. Bei ernsten Nebenwirkungen ist das Medikament unverzüglich abzusetzen.

Die besten Kliniken und Krankenhäuser in Kambodscha befinden sich in Phnom Penh und Siem Reap. Eine Konsultation kostet normalerweise zwischen 20 und 50 US$ plus Arzneimittelkosten. In anderen Landesteilen kommen die medizinischen Einrichtungen einfacher daher; dort sind Privatkliniken den staatlichen Krankenhäusern meist vorzuziehen. Bei schweren Verletzungen lässt man sich am besten nach Bangkok ausfliegen.

Infektionen

Darmparasiten

Darmparasiten kommen vor allem in den ländlichen Regionen vor. Die Würmer gelangen mit dem Essen in den Körper, etwa durch zu kurz gegarte Speisen (z. B. Bandwürmer), manche dringen durch die Haut ein (wie Hakenwürmer). Man sollte nach seiner Rückkehr einen Stuhltest machen

lassen, um bei einem positiven Befund die richtige Medikation zu erhalten.

Dengue-Fieber

Diese Viruserkrankung wird durch Moskitos übertragen. Für Reisende besteht nur ein kleines Risiko, außer bei Epidemien, die normalerweise während und nach der Regenzeit vorkommen.

Anders als der Malaria-Moskito ist der *Aedes-aegypti*-Moskito, der das Dengue-Virus überträgt, meist tagsüber aktiv und lebt überwiegend in den Städten.

Zu den Symptomen gehören plötzliches hohes Fieber, Kopf-, Gelenk- und Muskelschmerzen (daher der alte Name „Knochenbrecherfieber") sowie Übelkeit und Erbrechen. Drei bis vier Tage nach dem Fieberausbruch erscheinen kleine rote Punkte auf der Haut.

Wer glaubt, sich infiziert zu haben, sollte einen Arzt aufsuchen. Ein Bluttest kann die Infektion diagnostizieren, doch es gibt keine spezielle Behandlungsmethode. Aspirin sollte man nicht nehmen,

---

EMPFOHLENE IMPFUNGEN

Im Folgenden sind alle Impfungen aufgelistet, die für eine Reise nach Kambodscha empfohlen werden. Dennoch sollte man vorher unbedingt mit seinem Arzt sprechen.

Diphtherie und Tetanus Normalerweise werden die Impfungen für diese beiden Krankheiten kombiniert.

Hepatitis A Diese Impfung bietet langjährigen Schutz. Die erste Injektion muss nach sechs bis zwölf Monaten aufgefrischt werden. Der Impfstoff gegen Hepatitis A ist auch kombiniert mit dem gegen Hepatitis B erhältlich; hier sind drei Injektionen über einen Zeitraum von sechs Monaten nötig.

Hepatitis B Die Impfung besteht aus drei Injektionen und wird nach zwölf Monaten aufgefrischt.

Kinderlähmung Jeder sollte diese Impfung alle zehn Jahre auffrischen lassen.

Tuberkulose Eine Impfung gegen TB (Impfstoff BCG) wird für Kinder und junge Erwachsene empfohlen, die sich drei Monate oder länger in Kambodscha aufhalten.

Typhus Eine Impfung gegen Typhus ist vielleicht nötig, wenn man Kambodscha länger als zwei Wochen bereist.

denn es erhöht das Risiko innerer Blutungen, stattdessen wird viel Ruhe empfohlen.

Es gibt keine Impfung gegen Dengue-Fieber. Die beste Vorbeugung ist der Schutz vor Mückenstichen.

Durchfall

Schon einfache Dinge wie anderes Wasser und Essen oder ein Klimawechsel können leichten Durchfall verursachen, aber ein paar eilige Toilettengänge ohne weitere Symptome deuten nicht automatisch auf ein ernstes Problem hin. Fast jeder, der Kambodscha für längere Zeit besucht, bekommt Durchfall.

Das Hauptrisiko ist der Flüssigkeitsverlust, besonders bei Kindern oder älteren Menschen, denn dieser kann schnell zu Dehydrierung führen. Unter allen Umständen sollte man für genügend Flüssigkeitsersatz sorgen. Wenn der Durchfall überstanden ist, steht leichte Kost auf dem Speiseplan. Auch die überall erhältlichen Rehydrationssalze sind hilfreich; sie werden in abgekochtem oder in Flaschen abgefülltem Wasser aufgelöst.

Die Darmtätigkeit unterdrückende Medikamente wie Imodium lindern die Symptome, heilen jedoch nicht die Krankheit. Man sollte sie nur dann einnehmen, wenn keine Toiletten in der Nähe sind und man reisen muss.

KONTAKTLINSEN

Kambodscha ist ein extrem staubiges Land, was unterwegs für viel Ärger sorgen kann. Im Auto kann man zwar meist problemlos Kontaktlinsen tragen, auf dem Motorrad oder Pick-up aber definitiv nicht. Aus diesem Grund sollte man unbedingt eine Brille mitnehmen.

Geschlechtskrankheiten

Zu diesen Infektionen gehören Gonorrhöe, Herpes und Syphilis. Übliche Symptome sind Bläschen oder ein Ausschlag im Genitalbereich, Ausfluss oder Schmerzen beim Wasserlassen. Manche Geschlechtskrankheiten wie der Warzenvirus oder Chlamydien haben weniger oder gar keine Symptome, vor allem bei Frauen. Zuverlässige Präservative erhält man in Städten.

Hepatitis

Hepatitis ist ein allgemeiner Begriff für Leberentzündung. Diese Krankheit wird durch mehrere Viren hervorgerufen, die in ihrer Übertragungsweise variieren. Bei allen Infektionen sind die Symptome gleich: Zu ihnen gehören Fieber, Schüttelfrost, Kopfschmerzen, Erschöpfung, Schwächezustände sowie Schmerzen, denen der Verlust des Appetits, Übelkeit, Erbrechen, Bauchschmerzen, dunkler Urin, heller Kot, eine gelbe Haut und gelb verfärbte Augen folgen.

Hepatitis A und E bekommt man durch kontaminiertes Essen oder Wasser. Man muss einen Arzt aufsuchen, kann aber nicht viel tun außer sich auszuruhen, viel zu trinken, leicht zu essen und fettige Lebensmittel zu meiden.

Weltweit gibt es nahezu 300 Millionen chronische Hepatitis-B-Träger. Die Krankheit verbreitet sich durch den Kontakt mit infiziertem Blut, Blutzeugnissen oder Körperflüssigkeiten, etwa durch sexuellen Kontakt, nicht sterilisierte Nadeln, Bluttransfusionen oder Kontakt mit Blut durch kleine Hautrisse. Hepatitis C und D werden wie Hepatitis B übertragen und können ebenfalls lebenslange Schäden verursachen.

HIV/Aids

Eine Infizierung mit dem Humanen Immundefizienz-Virus (HIV) führt zum Erworbenen Immundefektsyndrom (Aids), einer tödlichen Krankheit. Jeder Kontakt mit Blut, Blutzeugnissen oder Körperflüssigkeiten kann ansteckend sein.

Oft wird die Krankheit durch sexuellen Kontakt oder schmutzige Nadeln übertragen: Impfungen, Akupunktur, Tätowierungen und Body-Piercing sind genauso riskant wie die intravenöse Einnahme von Drogen.

Malaria

Diese ernste und potenziell tödliche Krankheit wird durch Moskitos verbreitet. Wer gefährdete Regionen bereist, sollte Mückenstiche unbedingt vermeiden und Tabletten einnehmen, um zu verhindern, dass die Krankheit bei einer Infektion ausbricht. Es gibt keine Malaria in Phnom Penh, Siem Reap und den meisten anderen Großstädten, daher können Besucher, die nur kurz die bekanntesten Orte besuchen, auf Malariaprophylaxe verzichten. Überall in Kambodscha gibt es Malaria-Testpakete zu kaufen, die aber nicht besonders zuverlässig sind.

Zu den Symptomen zählen Fieber, Schüttelfrost und Schweißausbrüche, Kopfschmerzen, Gliederschmerzen sowie Durchfall und Magenschmerzen, denen normalerweise ein schwaches Krankheitsgefühl vorausgeht. Wer glaubt, sich angesteckt zu haben, muss sofort zum Arzt gehen, denn ohne Behandlung kann sich die Krankheit schnell verschlimmern oder sogar tödlich ausgehen.

Pilzinfektionen

Pilzerkrankungen treten meist bei heißem Wetter auf und zeigen sich normalerweise an der Kopfhaut, zwischen den Zehen (Fußpilz) oder Fingern sowie in der Leistenbeuge und am Körper (Ringelflechte). Letztere wird von infizierten Tieren und Menschen übertragen. Feuchtigkeit begünstigt Infektionen.

Um Pilzinfektionen vorzubeugen, sollte man lockere, bequeme Kleidung ohne Kunstfasern tragen, sich regelmäßig waschen und sorgfältig abtrocknen.

Typhus

Diese gefährliche Darminfektion wird durch verschmutztes Wasser und Essen hervorgerufen. Infizierte brauchen unbedingt ärztliche Behandlung.

Im Anfangsstadium haben die Erkrankten das Gefühl, eine schwere Erkältung oder Grippe zu bekommen, denn frühe Symptome sind Kopf- und Gliederschmerzen sowie Fieber, das über mehrere Tage bis auf 40 °C oder höher steigt. Es kann auch zu Erbrechen, Bauchschmerzen, Durchfall oder Verstopfung kommen.

In der zweiten Woche hält das hohe Fieber an, auf dem Körper können einige rosafarbene Punkte auftreten; außerdem kann es zu Zittern, Delirium, Schwächeanfällen, Gewichtsverlust und Dehydrierung kommen.

Gesundheitsrisiken

Essen

Ein altes Sprichwort besagt: „Kannst du's kochen, garen oder schälen, iss es ... sonst vergiss es." Das ist etwas extrem, aber viele Reisende befolgen es, um nicht krank zu werden. Gemüse und Obst sollte mit entkeimtem Wasser gewaschen oder, falls möglich, geschält werden. Niemals Eiscreme auf der Straße oder an Orten kaufen, wo sie möglicherweise schon einmal geschmolzen und wieder gefroren ist. Meiden sollte man Schalentiere wie Muscheln, Austern und Venusmuscheln, ebenso zu kurz gegartes Fleisch, besonders Gehacktes.

Hitzeschäden

Dehydrierung und Salzmangel können Hitzeschäden hervorrufen. Am besten gewöhnt man sich langsam an die hohen Temperaturen, trinkt genügend und strengt seinen Körper nicht zu sehr an.

Salzmangel führt zu Erschöpfungszuständen, Lethargie, Kopfschmerzen, Schwindel und Muskelkrämpfen. Salztabletten können helfen, am besten jedoch würzt man sein Essen gut nach.

Zu einem Hitzschlag kommt es, wenn die Mechanismen der Hitzeregulierung im Körper eines Menschen versagen, wodurch die Körpertemperatur bedrohlich ansteigt. Wer sich über lange Zeit hohen Temperaturen aussetzt und wenig Flüssigkeit zu sich nimmt, wird anfällig.

Insektenbisse & -stiche

Bettwanzen leben an verschiedenen Orten, aber speziell in schmutzigen Matratzen und Betten. Man erkennt sie an Blutspuren auf der Bettwäsche oder an den Wänden. Diese Viecher hinterlassen juckende Bisse in geraden Linien. Galmei-Lotion oder Spray gegen Insektenstiche können helfen.

Läuse verursachen Jucken und Unannehmlichkeiten. Sie machen es sich im Haar (Kopfläuse), in der Kleidung (Menschenläuse) oder im Schamhaar (Filzläuse) bequem. Man fängt sich Läuse durch den direkten Kontakt mit infizierten Personen ein oder durch die gemeinsame Benutzung von Kämmen, Kleidung und ähnlichen Dingen. Eine Behandlung mit Spezialpuder oder -shampoo tötet die Läuse; die befallene Kleidung muss in sehr heißem Seifenwasser gewaschen und zum Trocknen in die Sonne gehängt werden.

Blutegel leben im feuchten Dschungelklima und heften

sich an die Haut. Wanderer haben sie oft an den Beinen oder in den Stiefeln. Salz oder eine brennende Zigarette bewirken, dass sie abfallen.

In ganz Südostasien gibt es an den Stränden, vor allem an den abgelegeneren, Sandfliegen. Ihr Stich juckt extrem und kann sich leicht entzünden. Dem Juckreiz kann man mit einem Antihistaminikum zu Leibe rücken. Und wer sich unbedingt kratzen muss, sollte dies mit der Innenfläche tun und nicht mit den Fingernägeln, sonst kann eine Infektion die Folge sein.

Hitzepickel

Der juckende Hautausschlag wird durch starken, auf der Haut eingeschlossenen Schweiß hervorgerufen. Er entsteht meist bei Leuten, für die das heiße Klima ungewohnt ist. Am besten hält man sich in kühlen, klimatisierten Räumen auf, badet oft, trocknet die Haut sofort ab und benutzt ein mildes Talkum- oder Hitzepickelpuder.

Schlangen

Um die Möglichkeit eines Schlangenbisses zu reduzieren, sollte man immer Stiefel, Socken und lange Hosen tragen, wenn man durch schlangengefährdetes Dickicht läuft.

Wasser

Die wichtigste Faustregel: *Vorsicht mit Wasser und Eis,* auch wenn beides meist in Fabriken produziert wird (eine Hinterlassenschaft der Franzosen). Wenn man nicht genau weiß, ob das Wasser wirklich keimfrei ist, sollte man immer vom Schlimmsten ausgehen. Angesehene Wasser- und Getränkemarken gelten als sicher, Leitungswasser hingegen nicht. Nur Wasser aus Behältern mit versiegeltem Verschluss trinken. Tee und Kaffee sind für gewöhnlich genießbar, weil das Wasser abgekocht wurde.

Traditionelle Medizin

Traditionelle Medizin oder *thnam boran* erfreut sich in den ländlichen Regionen Kambodschas großer Be-liebtheit. Fast alle Provinzen haben ihre *kru Khmer* bzw. traditionellen Medizinmän-ner und manch ein Einhei-mischer vertraut ihnen mehr als modernen Ärzten und Krankenhäusern. Die Medizinmänner arbeiten mit Baumrinden, Wurzeln und Pflanzen, aus denen sie ein Gebräu kochen, das angeb-lich jedes Gebrechen heilt. Bei ernsten Krankheiten wie Schlangenbissen kann ihre Behandlung jedoch kontra-produktiv sein.

Sprache

Khmer (bzw. Kambodschanisch) wird in Kambodscha von etwa 9 Mio. Menschen gesprochen und auch von den Einwohnern vieler Nachbarländer verstanden. Das in Phnom Penh gesprochene Khmer wird zwar von Einwohnern im ganzen Land verstanden, in anderen Gegenden hört man jedoch mehrere unterschiedliche und recht ausgeprägte Dialekte. Am auffälligsten ist jener der Provinz Takeo. Dort spricht man Kombinationen aus Konsonanten und Vokalen oft modifiziert oder verschliffen aus, insbesondere solche mit einem „r": Aus *bram* (fünf) wird beispielsweise *pe-am*, aus *sraa* (Alkohol) *se-aa* und aus *baraang* (Franzose oder Ausländer) *be-ang*. In Siem Reap ist eine stark ans Laotische erinnernde Sprachmelodie zu hören. Hier verändern die Einheimischen bestimmte Vokale, so wird z. B. *poan* (tausend) zu *peuan*, und *kh'sia* (Pfeife) zu *kh'seua*.

Englisch ist zwar auf dem Weg, Kambodschas erste Fremdsprache zu werden, doch die Khmer halten sich beim lateinischen Alphabet und den meisten Fremdworten immer noch an die französische Aussprache. Das ist gut zu wissen, wenn man Namen und westliche Vokabeln laut buchstabiert.

Die Aussprachehinweise in diesem Kapitel zielen vor allem auf verständliche Kommunikation und weniger auf linguistische Perfektion ab. Sie sollten wie im Englischen ausgesprochen werden. Einige Konsonantenkombinationen sind zwecks leichterer Aussprache per Apostroph getrennt worden,

NOCH MEHR KHMER?

Zusätzliche Informationen zur Sprache und nützliche Wendungen für diejenigen, die fit in Englisch sind, gibt es im *Southeast Asia Phrasebook* von Lonely Planet. Es kann online auf **shop.lonely planet.com** oder als Lonely Planet iPhone Phrasebook im Apple App Store erworben werden.

z. B. „j-r" in j'rook (Schwein) und „ch-ng" in ch'ngain (köstlich). Zu beachten ist auch, dass k ausgesprochen wird wie das „g" in „gehen", kh wie das „k" in „Kind", p wie das zweite „p" in „Puppe", ph wie das „p" in „Punkt", r wie in „Rum" (hart und rollend), t wie das „t" in „stehen" und th wie das „t" in „Tee".

Vokale und Diphthonge (Doppelvokale) mit einem h am Ende werden aspiriert (gehaucht) ausgesprochen:

➡ a und ah kürzer und härter als aa

➡ aa wie das „a" in „Bar"

➡ ae wie „ä"

➡ ai wie „Ei"

➡ am wie „am"

➡ av wie ein nasales ao (das „v" ist stumm)

➡ aw wie das „aw" im englischen „jaw"

➡ awh wie das „aw" in „jaw" (aber kurz und hart)

➡ ay wie ai (aber leicht nasal)

➡ e wie in „nett"

➡ eh wie das „a" im englischen „date" (kurz und hart)

➡ eu wie „uu" (mit gestreckten Lippen)

➡ euh wie eu (aber kurz und hart)

➡ euv wie ein nasales eu (ohne das „v")

➡ ey wie im englischen „prey"

➡ i wie in „bitte"

➡ ia wie in „Bier"

➡ ih kurzes und hartes „i"

➡ ii langes „i"

➡ o wie „au"

➡ œ wie „ö"

➡ oh kurz und hart wie in „Schloss"

➡ ohm langes „o" wie in „Rom"

➡ ow wie im englischen „glow"

➡ u kurzes und hartes „u" wie in „Lust"

➡ ua wie das „ou" in „Tour"

➡ uah wie ua (aber kurz und hart)

➡ uh wie das „a" in „matt"

➡ uu langes „u" wie in „Uhr"

ANREDEFORMEN

Khmer spiegelt die soziale Stellung des Sprechers und der angesprochenen Person durch zahlreiche verschiedene Personalpronomen und Höflichkeitsfloskeln wider. Das reicht vom einfachen *baat* für Männer und *jaa* für Frauen, das an das Ende eines Satzes gehängt wird und „ja" bzw. „ich stimme zu" bedeutet, bis zur sehr formellen und archaischen *Reachasahp* („königliche Sprache"), einem eigenen Vokabular, das für die Anrede des Königs und hoher Beamter reserviert ist. Viele dieser Pronomen richten sich nach dem Alter und Geschlecht der angesprochenen Person in Bezug auf den Sprecher.

Von Ausländern wird nicht erwartet, dass sie all diese Formen kennen. Das einfachste und allgemeinste Pronomen ist *niak* (Sie/du), das in den meisten Situationen und für beide Geschlechter benutzt werden kann. Männer, die genauso alt oder älter sind, kann man *lowk* (Herr) nennen. Frauen, die genauso alt oder älter sind, können mit *bawng srei* (ältere Schwester) oder in förmlicheren Situationen mit *lowk srei* (Dame/Madam) angesprochen werden. *Bawng* ist ein informelles Pronomen für Männer und Frauen, die älter als man selbst sind (oder zu sein scheinen). Für die dritte Person – egal, ob männlich oder weiblich, Singular oder Plural – ist die höfliche Form *koat* und die Umgangsform *ke*.

Hallo.	ជម្រាបសួរ	johm riab sua
Auf Wiedersehen.	លាសិនហើយ	lia suhn hao-y
Entschuldigung.	សូមទោស	sohm toh
Bitte.	សូម	sohm
Danke.	អរគុណ	aw kohn
Gern geschehen.	អត់អីទេ/ សូមអញ្ជើញ	awt ei te/ sohm onh-jernh
Ja.	បាទ/ចាស	baat/jaa (m/f)
Nein.	ទេ	te

Wie geht es Ihnen?
អ្នកសុខសប្បាយទេ? niak sohk sabaay te

Gut.
ខ្ញុំសុខសប្បាយ kh'nyohm sohk sabaay

Wie heißen Sie?
អ្នកឈ្មោះអ្វី? niak ch'muah ei

Mein Name ist ...
ខ្ញុំឈ្មោះ:... kh'nyohm ch'muah ....

Spricht jemand Englisch?
ទីនេះមានអ្នកចេះ tii nih mian niak jeh
ភាសាអង់គ្លេសទេ? phiasaa awngle te

Ich verstehe nicht.
ខ្ញុំមិនយល់ទេ/ kh'nyohm muhn yuhl te/
ខ្ញុំស្ដាប់មិនបាន kh'nyohm s'dap muhn baan te

ESSEN & TRINKEN

Wo ist ein ...?	...នៅឯណា?	... neuv ai naa
Essensstand	កន្លែងលក់ ម្ហូប	kuhnlaing loak m'howp
Markt	ផ្សារ	psar
Restaurant	ភោជនីយដ្ឋាន	resturawn

Haben Sie eine Speisekarte auf Englisch?
មានម៉ឺនុយជា mien menui jea
ភាសាអង់គ្លេសទេ? piasaa awnglay te

Was ist hier eine Spezialität?
ទីនេះមានម្ហូប tii nih mien m'howp
អីពិសេសទេ? ei piseh te

Ich bin Vegetarier.
ខ្ញុំតមសាច់ kh'nyohm tawm sait

Ich bin allergisch gegen (Erdnüsse).
កុំដាក់ (សណ្ដែកដី) kohm dak (sandaik dei)

Nicht zu scharf, bitte.
សូមកុំធ្វើហឹរពេក sohm kohm twœ huhl pek

Das ist köstlich.
អានេះឆ្ងាញ់ណាស់ nih ch'ngain nah

Zahlen, bitte.
សូមគិតលុយ sohm kuht lui

Obst & Gemüse

Ananas	ម្នាស់	menoa
Apfel	ផ្លែប៉ោម	phla i powm
Banane	ចេក	chek
Drachenfrucht	ផ្លែស្រការនាគ	phlai srakaa neak
Durian	ធូរេន	tourain
Gemüse	បន្លែ	buhn lai
Guave	ត្របែក	trawbaik
Jackfruit	ខ្នុរ	khnau
Kokosnuss	ដូង	duong
Litschi	ផ្លែគូលែន	phlai kuulain

Longan	ម្យ៉ាន	mien
Mandarine	ក្រូចខ្ទិច	krow-it khwait
Mango	ស្វាយ	svay
Mangosteen	មង្ឃុត	mongkut
Netzannone	ទៀប	tiep
Orange	ក្រូចពោធិ៍សាត់	kroch pow saat
Papaya	ល្ហុង	l'howng
Pomelo	ក្រូចថ្លុង	kroch th'lohng
Rambutan	សាវម៉ាវ	sao mao
Sternfrucht	ស្ពឺ	speu
Trauben	ទំពាំងបាយជូរ	tompeang baai juu
Wassermelone	ឪឡឹក	euv luhk
Zitrone	ក្រូចឆ្មា	kroch ch'maa

Fleisch & Fisch

Aal	អន្ទង់	ahntohng
Fisch	ត្រី	trey
Frosch	កង្កែប	kawng kaip
Garnelen	បង្គា	bawngkia
Hähnchen	សាច់មាន់	sach moan
Hummer	បង្កង	bawng kawng
Krebs	ក្ដាម	k'daam
Rindfleisch	សាច់គោ	sach kow
Schnecke	ខ្យង	kh'jawng
Schweinefleisch	សាច់ជ្រូក	sach j'ruuk
Tintenfisch	ម្ឹក	meuk

Sonstiges

Brot	នំប៉័ង	nohm paang
Butter	ប៊ឺរ	bœ
Chili	ម្ទេស	m'teh
Curry	ការី	karii
Eis	ទឹកកក	teuk koh
Fischsoße	ទឹកត្រី	teuk trey
Frühlingsrollen (frisch/gebraten)	ណែម/ឆាយ៉	naim/chaa yaw
gebraten	ចៀន/ឆា	jien/chaa
gedünstet	ចំហុយ	jamhoi

gegrillt	អាំង	ahng
Ingwer	ខ្ញី	kh'nyei
Knoblauch	ខ្ទឹមស	kh'tuhm saw
Nudeln (Ei/Reis)	មី/គុយទាវ	mii/kyteow
Pfeffer	ម្រេច	m'rait
Reis	បាយ	bai
Salz	អំបិល	uhmbuhl
Sojasoße	ទឹកស៊ីអ៊ីវ	teuk sii iw
Suppe	ស៊ុប	sup
Zitronengras	ស្លឹកគ្រៃ	sluhk krey
Zucker	ស្ករ	skaw

Getränke

Bier	ប៊ីយ៉ែរ	bii-yœ
Kaffee	កាហ្វេ	kaa fey
Orangensaft	ទឹកក្រូចពោធិ៍សាត់	teuk kroch pow sat
Tee	តែ	tai
Wasser	ទឹក	teuk
Zitronensaft	ទឹកក្រូចឆ្មា	teuk kroch ch'maa

NOTFÄLLE

Hilfe!
ជួយខ្ញុំផង! · juay kh'nyohm phawng

Rufen Sie die Polizei!
ជួយហៅប៉ូលិសមក! · juay hav police mok

Rufen Sie einen Arzt!
ជួយហៅ · juay hav
គ្រូពេទ្យមក! · kruu paet mok

Ich bin ausgeraubt worden.
ខ្ញុំត្រូវចោរប្លន់ · kh'nyohm treuv jao plawn

Ich bin krank.
ខ្ញុំឈឺ · kh'nyohm cheu

Ich bin allergisch gegen (Antibiotika).
ខ្ញុំមិនត្រូវធាតុ · kh'nyohm muhn treuv thiat
(អង់ទីប៊ីយ៉ូទិក) · (awntiibiowtik)

Wo sind die Toiletten?
បង្គន់នៅឯណា? · bawngkohn neuv ai naa

SHOPPEN & SERVICES

Ich möchte den/die/das ... besichtigen.
ខ្ញុំចង់ទៅមើល...   kh'nyohm jawng teuv mœl ...

Wann öffnet er/sie/es?
វាបើកម៉ោងប៉ុន្មាន?   wia baok maong pohnmaan

Wann schließt er/sie/es?
វាបិទម៉ោងប៉ុន្មាន?   wia buht maong pohnmaan

Ich suche   ខ្ញុំរក...   kh'nyohm
einen/eine/ein ...   rohk ...

  Bank   ធនាគារ   th'niakia

  Post   «ប្រៃសណីយ៍   praisuhnii

  öffentliches   ទូរស័ព្ទ   turasahp
    Telefon   សាធារណៈ   saathiaranah

  Tempel   វត្ត   wawt

Was kostet das?
នេះថ្លៃប៉ុន្មាន?   nih th'lay pohnmaan

Das ist zu teuer.
ថ្លៃពេក   th'lay pek

Höchstens ...
មិនលើសពី...   muhn lœh pii ...

Was ist Ihr bester Preis?
អ្នកដាច់ប៉ុន្មាន?   niak dach pohnmaan

Ich möchte US-Dollar tauschen.
ខ្ញុំចង់ដូរ   kh'nyohm jawng dow
ដុល្លារអាម៉េរិក   dolaa amerik

Wie ist der Wechselkurs für US-Dollar?
មួយដុល្លារ   muy dolaa
ដូរបានប៉ុន្មាន?   dow baan pohnmaan

UNTERKUNFT

Wo ist ein Hotel?
អូតែលនៅឯណា?   ohtail neuv ai naa

Ich hätte gern   ខ្ញុំសុំបន្ទប់...   kh'nyohm sohm
ein Zimmer ...   bantohp ...

  für eine   សម្រាប់   samruhp
    Person   មួយនាក់   muy niak

  für zwei   សម្រាប់   samruhp
    Personen   ពីរនាក់   pii niak

  mit   ដែលមាន   dail mian
    Bad   បន្ទប់ទឹក   bantohp tuhk

  mit   ដែលមាន   dail mian
    Ventilator   កង្ហារ   kawnghahl

  mit   ដែលមាន   dail mian
    Fenster   បង្អួច   bawng-uoch

Was kostet das pro Tag?
តម្លៃមួយថ្ងៃ   damlay muy th'ngay
ប៉ុន្មាន?   ponmaan

VERKEHRSMITTEL

Wo ist   ...នៅឯណា?   ... neuv ai naa
der/die ...?

  Flughafen   វាលយន្ត   wial yohn
                ហោះ   hawh

  Bushaltestelle   ចំណត   jamnawt
                ឡានឆ្នួល   laan ch'nual

  Bahnhof   ស្ថានីយ   s'thaanii
                រថភ្លើង   roht plœng

Wann geht   ...ចេញម៉ោង   ... jeinh maong
der/das ...?   ប៉ុន្មាន?   pohnmaan

  Boot   ទូក   duk

  Bus   ឡានឆ្នួល   laan ch'nual

  Zug   រថភ្លើង   roht plœng

  Flugzeug   យន្តហោះ   yohn hawh

Wann fährt der letzte Bus?
ឡានឆ្នួលចុងក្រោយ   laan ch'nual johng krao-y
ចេញទៅម៉ោងប៉ុន្មាន?   jeinh teuv maong pohnmaan

Ich möchte (hier) aussteigen.
ខ្ញុំចង់ចុះ(ទីនេះ)   kh'nyohm jawng joh (tii nih)

Was kostet die Fahrt nach ...?
ទៅ...ថ្លៃប៉ុន្មាន?   teuv ... th'lay pohnmaan

Bitte fahren Sie mich nach/zu (dieser Adresse).
សូមជូនខ្ញុំទៅ   sohm juun kh'nyohm teuv
(អាសយដ្ឋាននេះ)   (aasayathaan nih)

Bitte halten Sie hier an, vielen Dank.
ឈប់នៅទីនេះក៏បាន   chohp neuv tii nih kaw baan

WEGWEISER

Wo ist ein/eine/der/die/das ...?
...នៅឯណា?   ... neuv ai naa

Wie komme ich nach/zum/zur …?

ផ្លូវណាទៅ…? phleuv naa teuv …

Gehen Sie geradeaus.

ទៅត្រង់ teuv trawng

Biegen Sie links ab.

បត់ឆ្វេង bawt ch'weng

Biegen Sie rechts ab.

បត់ស្ដាំ bawt s'dam

an der Ecke

នៅកាច់ជ្រុង neuv kait j'rohng

hinter

នៅខាងក្រោយ neuv khaang krao-y

vor

នៅខាងមុខ neuv khaang mohk

neben

នៅជាប់ neuv joab

gegenüber

នៅទល់មុខ neuv tohl mohk

ZEIT & WOCHENTAGE

Wie spät ist es?

ឥឡូវនេះម៉ោងប៉ុន្មាន? eileuv nih maong pohnmaan

morgens	ពេលព្រឹក	pel pruhk
nachmittags	ពេលរសៀល	pel r'sial
abends	ពេលល្ងាច	pel l'ngiach
nachts	ពេលយប់	pel yohp
gestern	ម្សិលមិញ	m'suhl mein
heute	ថ្ងៃនេះ	th'ngay nih
morgen	ថ្ងៃស្អែក	th'ngay s'aik
Montag	ថ្ងៃចន្ទ	th'ngay jahn
Dienstag	ថ្ងៃអង្គារ	th'ngay ahngkia
Mittwoch	ថ្ងៃពុធ	th'ngay poht
Donnerstag	ថ្ងៃព្រហស្បតិ៍	th'ngay prohoah
Freitag	ថ្ងៃសុក្រ	th'ngay sohk
Samstag	ថ្ងៃសៅរ៍	th'ngay sav
Sonntag	ថ្ងៃអាទិត្យ	th'ngay aatuht

Zahlen

Khmer zählen in Fünferschritten: Sobald die Zahl 5 (*bram*) erreicht wird, beginnt der Zyklus von vorne und die Zahlen ab 1 werden angefügt, z. B. 5-1 (*bram muy*), 5-2 (*bram pii*) und so fort bis zur 10; dann beginnt wieder ein neuer Zyklus. So besteht die 18 z. B. aus drei Teilen, nämlich aus den Zahlen 10, 5 und 3.

Es gibt auch eine umgangssprachliche Form zu zählen, bei der die Reihenfolge der beiden Worte für die Zahlen zwischen 10 und 20 umgedreht und dazwischen das Wort *duhn* geschoben wird: *pii duhn dawp* für 12, *bei duhn dawp* für Dreizehn usw.

1	មួយ	muy
2	ពីរ	pii
3	បី	bei
4	បួន	buan
5	ប្រាំ	bram
6	ប្រាំមួយ	bram muy
7	ប្រាំពីរ	bram pii
8	ប្រាំបី	bram bei
9	ប្រាំបួន	bram buan
10	ដប់	dawp
11	ដប់មួយ	dawp muy
12	ដប់ពីរ	dawp pii
16	ដប់ប្រាំមួយ	dawp bram muy
20	ម្ភៃ	m'phei
21	ម្ភៃមួយ	m'phei muy
30	សាមសិប	saamsuhp
40	សែសិប	saisuhp
100	មួយរយ	muy roy
1000	មួយពាន់	muy poan
1.000.000	មួយលាន	muy lian
1.	ទីមួយ	tii muy
2.	ទីពីរ	tii pii
3.	ទីបី	tii bei
4.	ទីបួន	tii buan
10.	ទីដប់	tii dawp

GLOSSAR

apsara – himmlische Nymphe oder engelhafte Tänzerin, wird oft in der Khmer-Bildhauerei dargestellt

Asean – Association of Southeast Asian Nations (Verband Südostasiatischer Nationen)

Avalokiteshvara – Bodhisattva der Barmherzigkeit, Inspiration für das von Jayavarman VII. erbaute Angkor Thom

baray – Wasserspeicher

Berg Meru – mythische Wohnstätte des Hindugottes Shiva

boeng – See

Chenla – präangkorianische Periode, 6. bis 8. Jh.

CNRP – Kambodschanische Partei der Nationalen Rettung

chunchiet – ethnische Minderheiten

cyclo – Fahrradtaxi; Fahrradrikscha

devadas – Göttinnen

devaraja – Kult des Gottkönigs, bei dem der Monarch die universelle Macht hat; eingeführt von Jayavarman II.

EFEO – École Française d'Extrême Orient

essai – weiser Mann oder traditioneller Medizinmann

Funan – präangkorianische Periode, 1. bis 5. Jh.

Funcinpec – „Nationale Einheitsfront für ein unabhängiges, neutrales, friedliches und kooperatives Kambodscha"; königstreue politische Partei

Garuda – mythisches, halb menschliches, halb vogelartiges Wesen

gopura – Eingangspavillon in der traditionellen hinduistischen Architektur

Hun Sen – Kambodschas derzeitiger Premierminister (seit 1985)

Jahr Null – 1975; das Jahr, in dem die Roten Khmer die Macht ergriffen

Jayavarman II. – Herrscher (reg. 802–50), der den Kult des Gottkönigs einführte und eine Zeit erstaunlicher architektonischer Produktivität anstieß, die in den außergewöhnlichen Tempeln von Angkor resultierte

Jayavarman VII. – Herrscher (reg. 1181–1219), der die Cham aus Kambodscha vertrieb und danach ein ambitioniertes Bauprogramm begann, zu dem auch die ummauerte Stadt Angkor Thom gehörte

Kampuchea – Name, den die Kambodschaner für ihr Land verwenden; für Ausländer ist der Begriff mit der blutigen Regentschaft der Roten Khmer verbunden, die darauf bestanden, dass die Außenwelt von 1975 bis 1979 den Namen Demokratisches Kampuchea benutzte

Khmer – eine Person kambodschanischer Herkunft; die kambodschanische Sprache

Khmer Krom – Khmer, die in Vietnam leben

KPK – Kambodschanische Volkspartei

krama – Schal

linga – Phallussymbol

Mahayana – wörtlich „Großes Fahrzeug"; eine buddhistische Schule (auch als die nördliche Schule bekannt), die auf frühe buddhistische Lehren aufbaut und diese erweitert; siehe auch *Theravada*

moto – kleines Motorrad mit Fahrer; übliches Verkehrsmittel in Kambodscha

naga – mythische Schlange, oft vielköpfig; ein Symbol, das häufig in der angkorianischen Architektur verwendet wird

nandi – heiliger Stier, Reittier von Shiva

NH – National Highway

Norodom Ranariddh, Prinz – Sohn von König Sihanouk und früherer Führer der Funcinpec

Norodom Sihanouk, König – früherer König von Kambodscha, Filmregisseur und

überragende Figur im modernen Kambodscha

NGO – Nichtregierungsorganisation

Pali – antike indische Sprache, neben Sanskrit der Ursprung des modernen Khmer

phnom – Berg oder Hügel

Pol Pot – einstiger Anführer der Roten Khmer, der für das Elend und den Tod von Millionen Kambodschanern verantwortlich gemacht wird; vorher bekannt als Saloth Sar

prasat – Stein- oder Ziegelhalle von religiöser oder königlicher Bedeutung

preah – heilig

psar – Markt

Ramayana – episches Gedicht in Sanskrit von etwa 300 v. Chr.; Titelheld ist der mythische Ramachandra, die Inkarnation des Gottes Vishnu

remork-moto – Anhänger, der von einem Motorrad gezogen wird; oft mit *remork* abgekürzt

rom vong – kambodschanischer Kreistanz

Rote Khmer – die revolutionäre Organisation ergriff 1975 die Macht und vollzog eine brutale soziale Neustrukturierung, die in den folgenden vier Jahren Millionen Kambodschaner in Tod und Elend stürzte

Sangkum Reastr Niyum – Sozialistische Volksgemeinschaft; eine Nationalbewegung, die von König Sihanouk angeführt wurde und das Land in den 1950er- und 60er-Jahren regierte

Sanskrit – antike Hindusprache; neben Pali der Ursprung der modernen Khmer-Sprache

stung – Fluss

Suryavarman II. – dieser König (reg. 1112–52) war verantwortlich für die Erbauung von Angkor Wat; er erweiterte und vereinte das Khmer-Reich

Theravada – eine buddhistische Schule (auch bekannt als südliche Schule oder Hinayana) in Myanmar (Birma), Thailand, Laos und Kambodscha; sie beschränkt sich auf die frühen buddhistischen Lehren; siehe auch *Mahayana*

tonlé – großer Fluss

UNDP – Entwicklungsprogramm der Vereinten Nationen

Unesco – Organisation der Vereinten Nationen für Erziehung, Wissenschaft und Kultur

Untac – Übergangsverwaltung der Vereinten Nationen in Kambodscha

vihara – Kultraum eines Tempels

WHO – Weltgesundheitsorganisation

yoni – weibliches Fruchtbarkeitssymbol

Hinter den Kulissen

WIR FREUEN UNS ÜBER EIN FEEDBACK

Post von Travellern zu bekommen ist für uns ungemein hilfreich – Kritik und Anregungen halten uns auf dem Laufenden und helfen, unsere Bücher zu verbessern. Unser reiseerfahrenes Team liest alle Zuschriften genau durch, um zu erfahren, was an unseren Reiseführern gut und was schlecht ist. Wir können solche Post zwar nicht individuell beantworten, aber jedes Feedback wird garantiert schnurstracks an die jeweiligen Autoren weitergeleitet, rechtzeitig vor der nächsten Auflage.

Wer Ideen, Erfahrungen und Korrekturhinweise zum Reiseführer mitteilen möchte, hat die Möglichkeit dazu auf www.lonelyplanet.com/contact/guidebook_feedback/new. Anmerkungen speziell zur deutschen Ausgabe erreichen uns über www.lonelyplanet.de/kontakt.

Hinweis: Da wir Beiträge möglicherweise in Lonely Planet Produkten (Reiseführer, Websites, digitale Medien) veröffentlichen, ggf. auch in gekürzter Form, bitten wir um Mitteilung, falls ein Kommentar nicht veröffentlicht oder ein Name nicht genannt werden soll. Wer Näheres über unsere Datenschutzpolitik wissen will, erfährt das unter www.lonelyplanet.com/privacy.

DANK VON LONELY PLANET

Vielen Dank an alle Reisenden, die mit der letzten Auflage unterwegs waren und uns hilfreiche Tipps sowie interessante Anekdoten geschickt haben:

A Andrea Rudan, Andrew Pitman, Anna Januszewska, Annemiek Lauwerijssen **B** Ben Nye, Bill Weir **C** Christopher Moyle **E** Emma Leslie **F** Francesco Licciardi **G** Georgiena Ryan **H** Heather Delany **J** James & Kassie Bowen, John Voegeli, Jose Stolk, Julia Dorman-Tejada **K** Karen Barnett, Katia Parolini **L** Laura Mattina **M** Marcel Ponti, Marcelo de Moura, Marjolaine & Hanael Sfez, Martijn Wiegman **P** Paul Gruncell **R** Rebecca Tilbrook, Rochelle Roberts **S** Sal Bolton, Salvatore Travia, Sandra Seiger, Sara Derr, Signe Fribo, Simon Joseph, Sophie Carr, Stefaan Ooms, Steve Scena **T** Tim Bushell **W** Werner Bruyninx **Z** Zita Hooke

DANK DER AUTOREN

Nick Ray

Ich danke von Herzen den Menschen von Kambodscha, deren Wärme, Humor, Gelassenheit und Scharfsinn den Aufenthalt hier zu einer großartigen Erfahrung machen, die einen demütig werden lässt. Mein größter Dank gilt meiner wunderbaren Frau, Kulikar Sotho, und unseren Kindern Julian und Belle, ohne deren Unterstützung und Ermutigung diese Abenteuer nicht möglich wären. Danke auch an Mum und Dad, die mich in jungen Jahren auf den Geschmack des Reisens brachten.

Danke an meine Mitreisenden, Freunde und Bekannte in Kambodscha, die mein Wissen und meinen Erfahrungsschatz bereichert haben. Es gibt leider nicht genug Platz, um jeden einzeln aufzuführen, aber ihr alle wisst, wer gemeint ist, denn wir treffen uns regelmäßig zu diversen Anlässen, vom Feierabendbier bis zur Ökotourismus-Konferenz.

Danke auch an meine Koautorin Jess Lee, die keine Mühen gescheut hat, damit diese neue Auflage ein würdiger Nachfolger wird. Schließlich danke ich dem Lonely Planet Team, das an dieser Ausgabe mitgearbeitet hat. Der Autor repräsentiert zwar das Werk, aber ein großer Teil der Arbeit erfolgt hinter den Kulissen, deshalb danke ich allen für ihre harte Arbeit.

Jessica Lee

Unterwegs Riesendank an Koautor Nick, Ritthy, Martin, die Tauch-Oberbosse Simon und Tom, Mr. Jack, die „andere Jess" und

Raph. Hut ab vor Leap, Arun, Heng und Lim, die zu den brillantesten Motorrad-taxifahrern gehören, die ich je getroffen habe. Zuhause tausend Dank an die beste Haus-Sitterin der Welt, Shannon Wang. Und den allergrößten Dank an die Menschen von Kambodscha, die eine Reise in ihr Land stets zu einem Vergnügen machen.

QUELLENNACHWEIS

Die Daten für die Klimakarte stammen von Peel MC, Finlayson BL & McMahon TA (2007) „Updated World Map of the Köppen-Geiger Climate Classification", *Hydrology and Earth System Sciences*, 11, 1633–444.

Titelfoto: *Apsara*-Tänzerin, Angkor Wat; Matteo Colombo, Getty Images ©

Illustration S. 144–145: Michael Weldon

HINTER DEN KULISSEN

ÜBER DIESES BUCH

Dies ist die 4. deutsche Auflage von *Kambodscha*, basierend auf der mittlerweile 10. englischen Auflage von Nick Ray und Jessica Lee. Die beiden vorangehenden Auflagen schrieb Nick zusammen mit Greg Bloom. Dieser Reiseführer wurde produziert von:

Titelredaktion Laura Crawford

Produktredaktion Katie O'Connell, Amanda Williamson

Kartografie David Kemp, Diana von Holdt

Layout Wibowo Rusli

Redaktionsassistenz Michelle Bennett, Peter Cruttenden, Ali Lemer, Lauren O'Connell

Bildredaktion Umschlag Naomi Parker

Redaktion Sprachführer Branislava Vladisavljevic

Dank an Kate Chapman, Andi Jones, Mao Monkolransey, Karyn Noble, Kirsten Rawlings, Luna Soo, Angela Tinson

Register

Kartenverweise **000**
Fotoverweise **000**

Kartenlegende

Sehenswertes

- Strand
- Vogelschutzgebiet
- buddhistisch
- Burg/Palast
- christlich
- konfuzianisch
- hinduistisch
- islamisch
- jainistisch
- jüdisch
- Denkmal
- Museum/Galerie/hist. Gebäude
- Ruine
- Sento/Onsen
- shintoistisch
- Sikh
- taoististisch
- Weingut/Weinberg
- Zoo/Naturschutzgebiet
- Sehenswürdigkeit

Aktivitäten, Kurse & Touren

- bodysurfen
- tauchen/schnorcheln
- Kanu/Kajak fahren
- Kurse/Touren
- Ski fahren
- schnorcheln
- surfen
- schwimmen/Pool
- wandern
- windsurfen
- sonstige Aktivitäten

Schlafen

- Hotel/Hostel
- Camping

Essen

- Restaurant

Ausgehen & Nachtleben

- Bar, Kneipe
- Café

Unterhaltung

- Unterhaltung

Shoppen

- Shoppen

Praktisches

- Bank
- Botschaft/Konsulat
- Krankenhaus/Arzt
- Internet
- Polizei
- Post
- Telefon
- Toilette
- Touristeninformation
- sonstige Informationen

Geografie

- Strand
- Hütte/Unterstand
- Leuchtturm
- Aussichtspunkt
- Berg/Vulkan
- Oase
- Park
- Pass
- Rastplatz
- Wasserfall

Städte

- Hauptstadt (Staat)
- Hauptstadt (Bundesstaat/Provinz)
- Großstadt
- Stadt/Ort

Transport

- Flughafen
- Grenzübergang
- Bus
- Seilbahn/Standseilbahn
- Radweg
- Fähre
- Metro-Station
- Schwebebahn
- Parkplatz
- Tankstelle
- Subway-Station
- Taxi
- Bahnhof/Bahnlinie
- Straßenbahn
- U-Bahnstation
- sonstiger Transport

Hinweis: Nicht alle in der Legende aufgeführten Symbole sind Bestandteil der Karten dieses Buches

Verkehrswege

- Mautstraße
- Autobahn
- Hauptstraße
- Landstraße
- Verbindungsstraße
- sonstige Straße
- unbefestigte Straße
- Straße im Bau
- Platz/Promenade
- Treppe
- Tunnel
- Fußgängerbrücke
- Spaziergang
- Abstecher von der Route
- Pfad/Wanderweg

Grenzen

- Staatsgrenze
- Provinzgrenze
- umstrittene Grenze
- Regional-/Bezirksgrenze
- Meeresschutzgebiet
- Klippen
- Mauer

Gewässer

- Fluss, Bach
- periodischer Fluss
- Kanal
- Gewässer
- Salzsee/trockener/periodischer See
- Riff

Gebietsform

- Flughafen/Landepiste
- Strand/Wüste
- christlicher Friedhof
- sonstiger Friedhof
- Gletscher
- Watt
- Park/Wald
- Sehenswertes (Gebäude)
- Sportplatz
- Sumpf/Mangroven

DIE AUTOREN

Nick Ray
Koordinierender Autor, Phnom Penh, Siem Reap, Die Tempel von Angkor, Ost-kambodscha. Nick ist zwar irgendwie ein Londoner, aber eigentlich stammt er aus Watford, einem langweiligen Vorort, der ihn zum Reisen angespornt hat. Mit seiner Frau Kulikar und den gemeinsamen Kindern Julian und Belle lebt er in Phnom Penh. Er hat für diverse Reiseführer über die Mekongregion geschrieben, darunter die Lonely Planet-Bände *Vietnam, Cambodia, Laos & Northern Thailand* und *Myanmar*, ebenso wie *Southeast Asia on a Shoestring*. Wenn er nicht gerade schreibt, ist er oft in entlegenen Ecken Kambodschas zu finden, wo er sich als Locationscout für Film und Fernsehen, von *Tomb Raider* bis *Top Gear*, betätigt. Motorräder sind seine Teilzeit-Leidenschaft und er hat bereits den größten Teil Indochinas auf zwei Rädern bereist.

Mehr über Nick auf:
http://auth.lonelyplanet.com/profiles/nickjray

Jessica Lee
Südküste, Nordwestkambodscha Jess kam erstmals in den späten '90er-Jahren nach Kambodscha und verliebte sich in die von Schlingpflanzen überwucherten Tempel und die palmgespickten Reisfeldpanoramen. Seither ist sie diverse Male kreuz und quer durchs Land gereist. Bei dieser willkommenen Wiederkehr hat sie die abgeschiedensten Tempel in einigen von Kambodschas entlegensten Winkeln erkundet und die sich schnell verändernde Strandszene auf den Inseln vor der Südküste unter die Lupe genommen. Jess ist auch als Autorin an den Lonely Planet-Bänden *Turkey*, *Egypt* und *Vietnam* beteiligt. Unter www.roadessays.wordpress.com betreibt sie einen Reiseblog.

Mehr über Jessica auf:
http://auth.lonelyplanet.com/profiles/jessicalee1

DIE LONELY PLANET STORY

Ein ziemlich mitgenommenes, altes Auto, ein paar Dollar in der Tasche und Abenteuerlust – 1972 war das alles, was Tony und Maureen Wheeler für die Reise ihres Lebens brauchten, die sie durch Europa und Asien bis nach Australien führte. Die Tour dauerte einige Monate, und am Ende saßen die beiden – erschöpft, aber voller Inspiration – an ihrem Küchentisch und schrieben ihren ersten Reiseführer *Across Asia on the Cheap*. Innerhalb einer Woche hatten sie 1500 Exemplare verkauft. Lonely Planet war geboren. Heute hat der Verlag Büros in Melbourne, London, Oakland, Franklin, Delhi und Beijing mit mehr als 600 Mitarbeitern und Autoren. Und alle teilen Tonys Überzeugung, dass ein guter Reiseführer drei Dinge erfüllen sollte: informieren, bilden und unterhalten.

Lonely Planet Global Limited
Unit E, Digital Court,
The Digital Hub,
Rainsford Street,
Dublin 8,
Ireland

Obwohl die Autoren und Lonely Planet alle Anstrengungen bei der Recherche und bei der Produktion dieses Reiseführers unternommen haben, können wir keine Garantie für die Richtigkeit und Vollständigkeit dieses Inhalts geben. Deswegen können wir auch keine Haftung für eventuell entstandenen Schaden übernehmen.

Verlag der deutschen Ausgabe:
MAIRDUMONT, Marco-Polo-Str. 1, 73760 Ostfildern,
www.lonelyplanet.de, www.mairdumont.com, lonelyplanet-online@mairdumont.com

Chefredakteurin deutsche Ausgabe: Birgit Borowski

Redaktion: Bintang Buchservice GmbH,
www.bintang-berlin.de
Übersetzung: Silvia Mayer, Gunter Mühl
An früheren Auflagen haben außerdem mitgewirkt: Julie Bacher, Anne Bacmeister, Valeska Henze, Claudia Keilig, Britt Maaß, Kathrin Schnellbächer, Katja Weber
Lektorat: Katharina Grimm, Jan W. Haas, Silvia Mayer
Satz: Anja Krapat

Kambodscha
4. deutsche Auflage November 2016, übersetzt von
Cambodia, 10th edition, August 2016 Lonely Planet Global Limited

Deutsche Ausgabe © Lonely Planet Global Limited, November 2016

Fotos © wie angegeben 2016

Die meisten Fotos in diesem Reiseführer können bei Lonely Planet Images, www.lonelyplanetimages.com, auch lizenziert werden.

Printed in Poland

MIX
Papier aus verantwortungsvollen Quellen
FSC® C018236
www.fsc.org